BARÉ

SERVIÇO SOCIAL DO COMÉRCIO
Administração Regional no Estado de São Paulo

Presidente do Conselho Regional
Abram Szajman
Diretor Regional
Danilo Santos de Miranda

Conselho Editorial
Ivan Giannini
Joel Naimayer Padula
Luiz Deoclécio Massaro Galina
Sérgio José Battistelli

Edições Sesc São Paulo
Gerente Marcos Lepiscopo
Gerente adjunta Isabel M. M. Alexandre
Coordenação editorial Clívia Ramiro, Cristianne Lameirinha, Francis Manzoni
Produção editorial Rafael Fernandes Cação
Coordenação gráfica Katia Verissimo
Produção gráfica Fábio Pinotti
Coordenação de comunicação Bruna Zarnoviec Daniel

2ª EDIÇÃO

BARÉ

POVO DO RIO

**MARINA HERRERO
ULYSSES FERNANDES
(ORG.)**

06 **APRESENTAÇÃO**
Danilo Santos de Miranda

08 **PREFÁCIO: O ÍNDIO EM DEVIR**
Eduardo Viveiros de Castro

14 **INTRODUÇÃO À SEGUNDA EDIÇÃO**
Marina Herrero e Ulysses Fernandes

20 **INTRODUÇÃO**
Marina Herrero e Ulysses Fernandes

26 **KURUMIM WASÚ / JOVEM**
Marivelton Barroso Baré

36 **BARÉ-MIRA IUPIRUNGÁ / ORIGEM DO POVO BARÉ**
Bráz França Baré

48 **UMA REDE DE FIOS MILENARES: UM ESBOÇO DA HISTÓRIA ANTIGA DO RIO NEGRO**
Eduardo Góes Neves

66 **OS BARÉ DO ALTO RIO NEGRO: BREVIÁRIO HISTÓRICO**
Paulo Maia Figueiredo

94 **"YASÚ YAFUMÁI YANERIMBAITÁ!" / "VAMOS FUMAR NOSSOS XERIMBABOS!"**
Paulo Maia Figueiredo

142 **PURANGA: A INDIANIDADE SITIADA**
Guillermo David

236 **POSFÁCIO: BARÉ EM PAUTA**
Beto Ricardo

240 **SOBRE OS AUTORES**

242 **ENGLISH VERSION**

APRESENTAÇÃO

DANILO SANTOS DE MIRANDA

EM SEU LIVRO *O POVO BRASILEIRO: A FORMAÇÃO E O SENTIDO DO BRASIL*, o antropólogo Darcy Ribeiro afirma que, passada a ilusão inicial que tocara os índios em relação ao homem branco, os habitantes de nosso território no período pré-colonial

> começam a ver a hecatombe que caíra sobre eles. [...] com a destruição das bases da vida social indígena, a negação de todos os seus valores, o despojo, o cativeiro, muitíssimos índios deitavam em suas redes e se deixavam morrer, como só eles têm o poder de fazer. Morriam de tristeza, certos de que todo o futuro possível seria a negação mais horrível do passado, uma vida indigna de ser vivida por gente verdadeira. [...] Os povos que ainda o puderam fazer, fugiram mata adentro, horrorizados com o destino que lhes era oferecido no convívio dos brancos, seja na cristandade missionária, seja na pecaminosidade colonial. Muitos deles levando nos corpos contaminados as enfermidades que os iriam dizimando a eles e aos povos indenes de que se aproximassem.

Desde os primeiros contatos entre índios e brancos, as mais variadas etnias vêm sendo dizimadas pela transmissão de doenças; pela adoção de distintas formas de espoliação e escravização; pelo aniquilamento de línguas, crenças e culturas; pelo uso sistemático da violência. Ao longo dos séculos, as situações de contato tenderam ao conflito, mantendo-se, ainda hoje, como tal.

Movendo-se em torno desse contexto, *Baré: povo do rio* capta memórias, histórias, costumes e experiências de um grupo social de relevância ancestral na Amazônia. Um povo que assistiu à dissolução de sua imagem e representatividade junto a outras comunidades indígenas, condição que comprometeu sensivelmente

> *Podem-se descobrir os outros em si mesmo, e perceber que não se é uma substância homogênea, e radicalmente diferente de tudo o que não é si mesmo; eu é um outro. Mas cada um dos outros é um eu também, sujeito como eu.*
>
> TZVETAN TODOROV

sua percepção a respeito de si mesmo. Se não são mais índios, tampouco se pode considerá-los brancos. Quem seriam, então, os baré?

Às margens do rio Negro, o povo baré habita um penoso intervalo que o coloca entre os aculturados, dissipando suas possibilidades de identificação, seja como verdadeiros representantes indígenas, seja como homens brancos.

Ao refletir sobre os baré, mais que redimensionar o imaginário ocidental em torno de visões de mundo segundo as quais os índios são considerados seres inferiores, ignorantes em face da ausência de conhecimentos necessários à vida nas sociedades capitalistas, cabe pensar em formas efetivas de dar novos significados à sua cultura, bem como valorizar sua identidade.

Por meio do presente livro e do documentário homônimo, disponível no portal do Sesc São Paulo na internet, a iniciativa do Sesc junto aos baré busca sedimentar a capacidade de resistência desse povo, no intuito de reinventar-se social e culturalmente em contraposição aos preconceitos gerados ao seu redor, um caminho de reconstrução identitária em que a compreensão de si mesmo se faz urgente, mas a percepção do outro não pode ser ignorada.

Nesse sentido, o Programa Diversidade Cultural desenvolve ações com vista ao reconhecimento, ao respeito e à preservação das identidades, bem como do patrimônio material e imaterial de distintos grupos étnicos e sociais em nosso país. *Baré: povo do rio* insere-se nessa perspectiva.

Para o Sesc, o diálogo com as singularidades e a reflexão sobre as condições de vida dos índios no Brasil reitera o compromisso institucional com ações socioeducativas e culturais em busca de uma sociedade mais igualitária, partidária do respeito pela diferença e alteridade.

O ÍNDIO EM DEVIR

EDUARDO VIVEIROS DE CASTRO

Mesmo assim, se alguns dos nossos antepassados nos vissem no estado em que estamos e lhes perguntássemos por que eles há quinhentos anos viviam livres e tranquilos, certamente nos responderiam: "Nós não éramos índios".

BRÁZ FRANÇA BARÉ

NÃO ME SINTO NO DIREITO nem disponho dos fatos que me autorizem a falar *sobre* o povo baré. Não posso dizer algo de realmente relevante a respeito de um povo que não conheço por experiência pessoal, e do qual quase tudo o que sei aprendi lendo a tese de meu ex-aluno Paulo Maia e os excelentes artigos reunidos neste livro. A prudência, muito mais que a modéstia, me obriga a sugerir que o leitor fará melhor se for direto a eles. Mas o pouco que sei talvez me permita, ao menos, dizer uma ou duas palavras *a partir* dos baré, daquilo que eles "simbolizam", de seu valor propriamente exemplar, paradigmático, quando se considera a complexa trajetória histórica que o drama da invasão da América pelos europeus impôs a esse povo: uma trajetória marcada pela ocupação militar, a expropriação territorial, a dizimação demográfica causada pelas doenças (físicas e metafísicas) disseminadas pelos invasores, a escravização econômica, a repressão política, a interdição linguística, a brutalização das crianças nos internatos missionários (um momento especialmente vil da atuação recente da Igreja católica na Amazônia), a violação ideológica por meio da destruição dos *sacra* indígenas e da imposição truculenta de uma religião alienígena – enfim, o longo e abominável rosário de violências que os povos ameríndios sofreram, e sob muitos aspectos continuam a sofrer, nas mãos dos orgulhosos representantes da "civilização cristã" e/ou da "nação brasileira" (a sinonímia, interna e externa, entre essas duas expressões não é a menor das ironias, no caso).

Como sobreviver a tal metódico etnocídio, melhor, como ressurgir a partir dele, como *refazer* um povo? Como recuperar a memória e reinventar um lugar no interior do estranho, do estreito e instável intervalo entre "índios" e "não índios" que ora se abre, ora se fecha para os povos nativos do continente? Os baré são uma das respostas em ato, hoje, a essas perguntas. É *nisso* que está a exemplaridade desses antigos senhores do rio Negro, desse povo que desempenhou um papel axial na dinâmica cultural pré-colombiana e que tem, entre seus louros, o fato de ter seu nome associado a uma das mais altas mitologias indígenas do continente, aquela registrada por Stradelli, Brandão de Amorim, Barbosa Rodrigues. A exemplaridade não consiste no compartilhamento de uma mesma triste narrativa de desindianização – de captura por uma fraudulenta e falida empresa de "civilização" –, mas na capacidade de resistir, reagir, *inverter* essa narrativa, mostrando ao chamado "povo brasileiro" que ele é, pois continua a ser, uma multiplicidade tanto patente como latente de *povos* em estado de variação contínua; que ele contém uma imensa reserva inconsciente de diferença capaz de gerar muitos outros futuros diferentes deste com que nos acenam, deste que os poderosos determinam como sendo o único possível, o único desejável, e mesmo como o único, puro e simples, pois estaria já presentificado. Mas se o Brasil é mesmo o país do futuro, é porque é o país onde os índios ainda não acabaram, já que o que se costuma chamar de "futuro", no Brasil, é cada vez mais parecido com o passado de outros países – com o passado das potências capitalistas dos séculos passados, as quais iniciam o século XXI em uma trajetória de nítida decadência, após terem tornado o planeta um lugar literalmente irrespirável (me refiro à catástrofe climática iniciada com a Revolução Industrial, mutação tecnoeconômica entre cujas condições de possibilidade deve-se incluir a invasão e o saque da América, dois séculos e meio antes). Se nosso verdadeiro futuro, se algum futuro, permanece aberto para nós, é apenas porque "o Brasil" – as oligarquias e burocracias e potestades que, por oprimi-lo, explorá-lo e destruí-lo, adquiriram o curioso hábito de falar em seu nome, mais, de se imaginarem sinônimas do Brasil – *não conseguiu* abolir completamente seu próprio passado, seu passado pré-brasileiro. Se ao Brasil ainda se abre algum futuro, é porque a óbvia competência política das classes dominantes sempre teve como contrapartida uma fenomenal incompetência antropológica. Graças a Jurupari.

"Nós não éramos índios", como diz em epígrafe o ancestral baré que vivia na véspera da invasão europeia ao baré contemporâneo. Já este último ouviu por muito tempo, tenho certeza, o juízo depreciativo de que os baré "não são mais índios" – que o Brasil abrigava povos que *ainda* eram índios "de verdade" e povos que *já não são mais* índios, são uma espécie de índios em negativo (no sentido fotográfico do termo). Eles na verdade *não são mais povos*, pois passaram a integrar "o povo". Atenção, porém: eles são "o povo brasileiro", mas não são exatamente não índios. Eles não são mais índios sem serem por isso não índios, isto é, *brancos*. Não são nada. São o que mais convém ao outro dizer o que eles são. E quando eles procuram recuperar sua condição – jurídica, antropológica, coletiva, distintiva – de índio, quando invertem o estereótipo e reivindicam que são índios *porque* são baré, e não não índios porque "baré" é o nome dos índios que não são mais índios, então se lhes acusa de serem índios falsos. Isto é, de serem índios que se deixaram falsear, fraudar, pela promessa dos brancos (dos governos que lhes proibiram o vernáculo, do missionário que lhes proibiu os rituais e raptou os filhos, do comerciante que os converteu ao alcoolismo, do patrão que os transformou em "clientes") de que se deixassem de ser índios, virariam brancos. E jamais viraram. Ficaram no meio. Nem índio nem não índio, nem "cristão" nem "pagão", ou, pior, os dois ao mesmo tempo. Índio secreto, índio rejeitado pelos índios "verdadeiros" e pelos "brancos" verdadeiros. Sofrendo em sua intercalaridade domesticada, mas gozando em seu indomável inconsciente indígena. E confrontados agora com o problema – a rigor, com a solução – de retomar seu devir-índio. Porque, como diziam Deleuze e Guattari, mesmo as mulheres, antes de tudo as mulheres, precisam se deixar carregar por um devir-mulher, pois "mulher" não é uma identidade dada, mas uma posição de divergência em relação a uma maioria masculina (e branca, cristã e europeia). Diga-se o mesmo dos índios. Os índios que "ainda" são índios são aqueles que não cessaram de perseverar em seu devir-índio durante todos esses séculos de conquista. Os índios que agora "voltam a ser" índios são os índios que reconquistam seu devir-índio, que aceitam redivergir da maioria, que reaprendem aquilo que não lhes era mais ensinado por seus ancestrais. Que se lembram do que foi apagado da história, ligando os pontos tenuemente subsistentes na memória familiar, local, coletiva, através de trajetórias novas, preenchendo o rastro em tracejado do passado com uma nova linha cheia.

As doutrinas nacionalistas da mestiçagem latino-americana, como bem desenvolveu José Antonio Kelly no contexto do conceito yanomami de "virar branco", se baseiam na dupla negação, um "nem-nem": o *criollo*, isto é, o membro da classe dominante nascido na antiga colônia, o *novo dono da nova nação*, é alguém que se constitui simultaneamente pela negação-afirmação do polo indígena *e* pela negação-afirmação do polo europeu. É preciso que ele afirme sua "indianidade" na medida em que é necessário distinguir-se politicamente da matriz colonial, mas é preciso negá-la sob pena de ser obrigado a reconhecer os direitos preexistentes e preeminentes dos povos indígenas sobre o território. E é preciso afirmar sua europeidade (sua cristianidade, seu letramento, sua "cultura") para poder negar esses direitos aos índios; mas é preciso negá-la para poder fazer valer seu direito à nova terra virada "nação", isto é, Estado – para poder subordinar os povos indígenas. Ora, o modelo yanomami do "virar branco", como mostra Kelly, é o exato oposto desse *double bind* que aprisiona a classe/etnia dominante pós-colonial. É um modelo que Kelly chama de *antimestiçagem* e que opera por adição ou dupla afirmação, antes que por subtração ou dupla negação. Se o mestiço como ideal pós-colonial é o ente antropológico que não é *nem* índio *nem* branco – *mas é branco,* porque a colônia tornada Estado-nação é um efeito da invasão europeia –, o antimestiço como ideal dos povos indígenas que se confrontam com a pressão modernizadora eurocêntrica é o ente antropológico que é índio *e* branco ao mesmo tempo – *mas é índio,* pois a teoria da transformação que está operando aqui é uma teoria indígena, não branca, uma teoria, justamente, que pressupõe a recusa do Um, do Estado que se constitui pela desconstituição dos povos sob sua totalização transcendente.

A vulgata antropológica que acompanha a teoria da mestiçagem, no Brasil como provavelmente no resto da América Latina, funciona inicialmente segundo um modelo de soma-zero: quanto mais branco, menos índio; quanto mais índio, menos branco. Como se as "culturas" índia e branca se cancelassem, não pudessem ocupar um mesmo espaço concebido como limitado e exíguo (a "cabeça", talvez). Mas essa soma-zero, que poderia tender, idealmente, para uma situação de 50/50 – o mestiço ideal, digamos assim –, é na verdade mais uma fraude. Pois o ideal do mestiço não é o mestiço ideal, mas o mestiço em processo de *branqueamento*. Quanto mais branco melhor, essa é a verdade da ideologia da suposta mestiçagem brasileira: a "melhora do sangue", o influxo dos imigrantes europeus para ensinarem esses caboclos preguiçosos a trabalhar, e assim por diante – todo mundo sabe do que estou falando, porque todo mundo neste país já ouviu essas frases. Reciprocamente, quanto mais índio pior, quanto menos branco pior, e tanto pior quanto mais vigora entre nós aquela filosofia da história (chamemo-la assim) segundo a qual "índio" é algo que só se pode teimar em continuar a ser, ou deixar aos poucos de ser – *é impossível voltar a ser índio, assim como é possível e desejável ir virando branco (mas é impossível virar branco completamente)*. Por isso o escândalo das classes dominantes e de seus "intelectuais orgânicos" quando, hoje, povos como os baré, entre tantos outros pelo Brasil afora, decidem voltar a ser índios, retomar o fio da tradição, reviver formas e conteúdos que haviam sido reprimidos, recalcados, interditados, amaldiçoados como parte do "processo civilizatório". Esses povos estão remando contra a corrente, invertendo a marcha unilinear da História, recusando a realização do Espírito e o advento do Milênio. Justamente. (Nota teológico-política: quem poderia prever que seriam os índios a revestir a máscara do *catechon*?)

Contra a concepção soma-zero de nossa pseudomesticação, as teorias antropológicas indígenas entendem que é perfeitamente possível – o que não quer dizer que seja fácil, nem isento de risco – ser índio e branco ao mesmo tempo, ou melhor, segundo tempos, contextos e ocasiões diferentes. É possível, no sentido de "deve ser possível", acumular posições simbólicas índias e não índias, controlar os modos e os momentos de uma transformação essencialmente *reversível*. É possível "ser branco" à moda indígena, isto é, acionar os códigos culturais dominantes segundo as prioridades, objetivos e estratégias indígenas, e, sobretudo, segundo a antropologia indígena, a teoria indígena (as teorias indígenas) da cultura, que pouco têm a ver com nossas teorias essencialistas da cultura.

Eliane Brum, notável jornalista e escritora, uma das poucas vozes na imprensa brasileira que se conseguiu fazer ouvir através da cortina de silêncio erguida por essa mesma imprensa, graças a sua coragem, talento e pertinácia, observou:

> **Nada é mais autoritário do que dizer ao outro que ele não é o que é. Essa também é parte da ofensiva de aniquilação, ao invocar a falaciosa questão do "índio verdadeiro" e do "índio falso", como se existisse uma espécie de "certificado de autenticidade". Essa estratégia é ainda mais vil porque pretende convencer o país de que os povos indígenas nem mesmo teriam o direito de reivindicar pertencer à terra que reivindicam, porque sequer pertenceriam a si mesmos. Na lógica do explorador, o ideal seria transformar todos em pobres, moradores das periferias das cidades, dependentes de programas de governo. Nesse lugar, geográfico e simbólico, nenhum privilégio seria colocado em risco. E não haveria nada entre os grandes interesses sem nenhuma grandeza e o território de cobiça[1].**

Com efeito, *transformar o índio em pobre*, que é o que pretende o "explorador", é também a realização objetiva da visão de mundo do "progressismo de esquerda" que se aboletou no Estado, mas que prolifera igualmente fora dele, em nossa esquerda de ascendência intelectualmente branca e europeia: a saber, aquela visão que concebe o índio como uma subespécie do "pobre". Essa metamorfose conceitual

---

1— Eliane Brum, "A ditadura que não diz seu nome", <http://brasil.elpais.com/brasil/2014/03/31/opinion/1396269693_200037.html>. Acesso em: 08 fev. 2015.

faz do índio o bem-vindo objeto de uma pressurosa necessidade, a de transformá-lo, paternalmente, em "não pobre", retirá-lo de sua abjeção e torná-lo um "cidadão", passar de uma condição de "menos que nós" à de um "igual a nós". A pobreza é condição que deve ser remediada, é diferença injusta que deve ser abolida. E tome "programa de governo", correndo logo atrás da colheitadeira, do agrotóxico, do pivô de irrigação, da barragem – tudo, naturalmente, financiado pelas proezas de nosso agrocapitalismo. Mas um índio é outra coisa, diferente de um pobre. Ele não quer ser transformado em alguém "igual a nós". O que ele deseja é poder permanecer diferente de nós – *justamente* diferente de nós. Ele quer que reconheçamos e respeitemos sua distância.

Mais uma vez, esta é a escolha crucial da esquerda em nosso continente e no presente momento histórico mundial: pensar os "índios" – isto é, todas as minorias do planeta – como "pobres", ou pensar os "pobres" como "índios" e *agir politicamente nessa direção*. Porque pobre é um conceito "*maior*", pobre é maioria, pobre é um *conceito de Estado* – um conceito, justamente, "estatístico". Mas acontece que a imensa maioria estatística dessa maioria pobre é minoria étnica, minoria política, minoria sexual, minoria racial. Pois no Brasil todo mundo é índio, exceto quem não é. E quem não é? Aqueles que a feitiçaria capitalista e a máquina colonial conseguiram transformar em "pobres" (perdeu, índio! dançou, negro!), ou aqueles que querem fazer os pobres um pouquinho menos pobres, justo o necessário para que eles possam, como bons trabalhadores de um país que vai para a frente aceleradamente, comprar (a crédito, é claro) o celular ou o televisor que importamos da China. Mas, antes que consigamos, aqui e "lá fora", transformar todos os índios do mundo em pobres, os pobres terão se retransformado em índios. O mundo está mudando, e não na direção que os herdeiros intelectuais dos séculos XIX e XX imaginavam. Os baré estão aí de prova.

MARINA HERRERO E ULYSSES FERNANDES

INTRODUÇÃO
À SEGUNDA EDIÇÃO

A SEGUNDA EDIÇÃO DE *Baré: povo do rio* acontece um ano após seu primeiro lançamento, o que reflete o interesse despertado por essa coletânea na qual diversos autores apresentam ampla reflexão sobre a preservação da identidade baré. Assim, nesta introdução, buscaremos traçar um breve panorama dos caminhos que o livro percorreu e dos desafios atuais enfrentados pelos povos indígenas no Brasil, especialmente os baré, com vistas à contextualização da edição às circunstâncias presentes.

Desde seu lançamento, em março de 2015, foram realizados eventos para a divulgação do livro com a presença de comunidades indígenas à beira do rio Negro, no Amazonas, e em Belém do Pará. O livro foi distribuído para cerca de cinquenta comunidades que abrigam remanescentes baré e despertou o interesse de alunos e professores da Universidade Federal do Amazonas, que oferece os cursos de licenciatura intercultural indígena e de licenciatura em nheengatu, idioma falado hoje pelos baré. O documentário *Baré: povo do rio*, que está disponível em <www.sescsp.org.br/bare>, foi um dos finalistas do Prêmio Televisão da América Latina (TAL), em Montevidéu, Uruguai, na categoria Melhor Produção de Relevância Social. O documentário também foi vencedor na categoria Realização Artística de Documentário na segunda edição do Festival Internacional de Televisão de São Paulo (Telas). Ambos ocorreram em 2015.

A professora e vereadora Sandra Gomes Castro, de Santa Isabel do Rio Negro (AM), satisfeita com a repercussão do projeto junto às comunidades, afirma que o livro colaborou para a autoidentificação de pessoas como pertencentes ao povo baré, por reconhecerem os próprios traços culturais nas memórias apresentadas. Ela afirma: "Enquanto ser baré significava discriminação, hoje o resgate em andamento da identidade baré valoriza a autoestima dos que não se identificavam. E o livro contribui nesse aspecto".

Marivelton Barroso Baré, diretor da Federação das Organizações Indígenas do Rio Negro (FOIRN), afirma que a chegada do livro foi um excelente reforço para o processo de revitalização da cultura do povo baré:

> O resgate de aspectos culturais e históricos pelas narrativas e descrições contidas no livro foi de grande importância para a autoimagem e valorização da identidade baré, a identidade de um povo que ficou na linha de contato com o homem branco e viu o seu idioma original ser extinto. Conheço pessoas que se identificaram com o conteúdo do livro e se motivaram a recuperar a capacidade de se comunicar em nheengatu, idioma utilizado hoje pelos baré remanescentes.

Marivelton conta que os baré chegaram a ser considerados extintos no início dos anos 1990. Desde então, muito se evoluiu e se conquistou, e hoje os povos baré passam por um processo de revitalização. Já contam com a demarcação de terras indígenas (T.I.) próprias e hoje são o 15º povo indígena mais populoso, com mais de mil e novecentos indivíduos.

Ainda segundo Marivelton:

Havia um grande desconhecimento sobre o povo baré. Mas agora os baré estão vivos e, apesar da língua extinta, continuam. O livro proporcionou uma excelente divulgação sobre o nosso povo e mostrou aspectos da trajetória da colonização até hoje. Serviu também como instrumento para pesquisas e contribuiu para a valorização da nossa autoimagem. Participar desse projeto foi para mim um momento gratificante.

Nas últimas duas décadas, o Brasil buscou se adequar a uma série de disposições relacionadas aos direitos dos povos indígenas. O país tornou-se referência na política de demarcação de territórios na região amazônica e constituiu um quadro jurídico e administrativo internacionalmente reconhecido. Houve evolução na prestação de serviços diferenciados para os indígenas nas áreas da saúde, educação e assistência social. Em dezembro de 2015, o país realizou a primeira Conferência Nacional de Política Indigenista, que culminou na criação do Conselho Nacional de Política Indigenista. Os baré estiveram presentes na conferência e utilizaram o livro e o documentário resultante do projeto como uma referência de identificação.

Paradoxalmente, vivemos no presente uma inquietante ausência de avanços em relação a novas demarcações, enquanto surgem sérias ameaças de retrocessos, acompanhadas do enfraquecimento das principais entidades governamentais que atuam em favor dos povos indígenas.

As restrições orçamentárias que atingem a Funai, as pressões conservadoras a que estão submetidos os poderes Legislativo e Judiciário, essenciais à contraposição aos ataques contínuos aos direitos dos povos indígenas, tornam cada dia mais frágeis as condições para a demarcação e defesa das T.I. de invasões para extração de madeira e mineração.

Foram fundamentais as ocasiões em que o Judiciário pôde evitar a prevalência dos interesses econômicos predatórios, como nos casos em que o Supremo Tribunal Federal impediu o despejo de povos indígenas em diferentes estados brasileiros.

Porém, em tempos de crise e de instabilidade institucional, não pode haver nenhum descuido na defesa dos direitos dos povos indígenas, pois já se apresentam várias ameaças de retrocessos.

O Poder Executivo também deveria protagonizar a proposição de medidas que façam valer os direitos indígenas, ampliando a sua atuação por meio do fortalecimento de entidades como a Funai.

Hoje, o Judiciário está inundado de processos de demarcação demandados por não indígenas com títulos concedidos pelo Estado. Grandes obras com a chancela de "projetos de desenvolvimento" utilizam amplamente do "instituto da suspensão de segurança" como artifício para evitar questionamentos legais por parte de povos indígenas.

Isso preocupou a relatora especial da ONU sobre povos indígenas, Victoria Tauli-Corpuz, que, em visita oficial ao Brasil em março de 2016, verificou o cumprimento das recomendações do último relator e averiguou denúncias de possíveis violações aos direitos desses povos.

Após visitas a vários estados, fez contatos com representantes dos povos, com organizações civis e governamentais, e ao final relatou os problemas encontrados, vindo a traçar o panorama dos principais desafios a que estão submetidos os povos indígenas do Brasil. Victoria lista em seu relatório de viagem as principais ameaças e desafios aos povos indígenas no Brasil:

- Proposta de Emenda à Constituição (PEC) 215 e outras legislações que solapam os direitos dos povos indígenas a terras, territórios e recursos;
- interpretação equivocada dos artigos 231 e 232 da Constituição na decisão judicial sobre o caso da T.I. Raposa Serra do Sol;
- introdução de um marco temporal e imposição de restrições aos direitos dos povos indígenas de possuir e controlar suas terras e recursos naturais;
- interrupção dos processos de demarcação, incluindo vinte terras indígenas pendentes de homologação pela Presidência da República, como, por exemplo, a T.I. Cachoeira Seca, no estado do Pará;
- incapacidade de proteger as terras indígenas contra atividades ilegais;
- despejos em curso e ameaças constantes de novos despejos de povos indígenas de suas terras;
- profundos e crescentes efeitos negativos dos megaprojetos de infraestrutura em territórios indígenas ou próximo a eles;
- violência, assassinatos, ameaças e intimidações contra os povos indígenas perpetuados pela impunidade;
- falta de consulta sobre políticas, leis e projetos que têm impacto sobre os direitos dos povos indígenas;
- prestação inadequada de atendimento relacionado a saúde, educação e serviços sociais, tal como assinalam os indicadores de suicídio de jovens, adoção ilegal de crianças indígenas, mortalidade infantil e alcoolismo;
- desaparecimento acelerado de línguas indígenas.

Esse relatório também sugere a necessidade da adoção, por parte das comunidades e das entidades que as defendem, de iniciativas que resultem em ações proativas que possam ser contrapostas às ameaças relatadas.

Os "protocolos de consulta" estão previstos na Convenção 169 da Organização Internacional do Trabalho (OIT), da qual o Brasil é signatário, e tratam da obrigatoriedade de consulta prévia das populações indígenas sobre qualquer projeto que lhes diga respeito ou que possa influenciar nos seus direitos. As iniciativas de geração desses "protocolos de consulta" ajudam no posicionamento das comunidades e servem de referência para a definição dos limites de territórios.

Outra medida proativa se refere à autodemarcação de terras. A demora na finalização dos processos de demarcação geralmente acarreta consequências irreversíveis e devastadoras para os povos que a aguardam. Em muitas dessas ações, o Executivo se diz paralisado enquanto aguarda os posicionamentos do Judiciário ou as aprovações no Legislativo. Como única opção, os povos indígenas se antecipam na ocupação dos territórios, gerando litígios.

Os longos períodos de espera da conclusão dos processos de demarcação, somados à ausência de autoridade estatal independente da autoridade local nas áreas de litígio, propiciam condições para o desencadeamento da violência aos povos indígenas, com ataques e assassinatos dos seus líderes.

A injustificável impunidade da violência, o crescimento do número de mortes, a fragilização das entidades estatais de defesa dos índios, a criminalização arbitrária daqueles que contrariam interesses, o fomento do preconceito contra povos indígenas entre o público em geral, tudo isso leva a situações que induzem ao confronto, o que representa um imenso risco de retrocessos.

A subjunção dos povos indígenas aos projetos de desenvolvimento de grande impacto, sem o consentimento prévio e sem o devido respeito à efetiva implementação de condicionantes ou medidas mitigatórias de danos, está em total desacordo com a Convenção 169 da OIT e a Declaração das Nações Unidas sobre os Direitos dos Povos Indígenas.

As terras indígenas do rio Negro, distribuídas em ampla extensão geográfica, abrigam múltiplas etnias e idiomas, sendo que cada local teve sua própria história de contato. Essa região torna-se ainda mais complexa porque abriga as fronteiras entre três países: Brasil, Colômbia e Venezuela.

Isso, no contexto atual, mostra a importância da atuação da FOIRN, sediada em São Gabriel da Cachoeira, a oitocentos quilômetros de Manaus, e dirigida por Marivelton Barroso Baré, autor de artigo nesta coletânea. A federação é composta de 89 associações de base que representam 750 aldeias e abrangem 23 grupos étnicos.

Como exemplo dos benefícios das iniciativas da FOIRN, podemos citar a realização, em 2015, em Santa Isabel do Rio Negro, da segunda etapa local da Conferência Nacional de Política Indigenista, que reuniu mais de duzentos participantes de sete etnias. Na ocasião, foram elaboradas propostas a partir de debates relacionados ao tema "Avaliando a relação do Estado Brasileiro com os povos indígenas no médio e baixo rio Negro".

Os grupos de trabalho compostos pelos indígenas reforçaram os alertas para a necessidade imediata de demarcações na região do baixo rio Negro. A repercussão da iniciativa fomentou o debate e a reflexão entre os participantes indígenas, e serviu de canal para a comunicação de denúncias e o encaminhamento de reivindicações.

Seria importante também citar como exemplo o apoio da FOIRN às iniciativas de desenvolvimento regional por meio da exploração de atividades relacionadas ao turismo sustentável e de base comunitária, em conjunto com as associações locais e com a participação de outras entidades. Essas iniciativas visam garantir a defesa e preservação dos territórios, gerar recursos e empregabilidade local, e ter como prioridade o respeito aos modos de vida das pessoas da região. Os recursos gerados devem ser distribuídos de maneira transparente e adequados aos interesses coletivos.

Um exemplo recente e inovador é o circuito de turismo em Santa Isabel do Rio Negro, que será gerido por indígenas. O projeto prevê trilhas, canoagem, gastronomia e artesanato em um roteiro de navegação em uma das regiões mais exuberantes do rio Negro. A FOIRN e o Instituto Socioambiental – ISA discutem, inclusive, a formação de uma agência indígena de turismo.

Em entrevista recente, publicada no site do ISA, Marivelton Barroso Baré, diz:

> **As comunidades, ao longo dos anos, vêm discutindo a proposta de projetos alternativos voltados à geração de renda e à sustentabilidade da população. Por meio de suas organizações, estão decididas a construir um modelo inovador de circuito de turismo, com atrativos naturais, históricos e mitológicos. O objetivo da FOIRN é apoiar o turismo em terras indígenas e organizar a criação de uma agência própria de turismo.**

Esperando que nossa reflexão possa contribuir com essa causa, desejamos boa leitura e agradecemos a todos os que nos ajudaram nas diversas etapas do projeto.

INTRODUÇÃO

MARINA HERRERO E ULYSSES FERNANDES

EM 2009, GERSEM BANIWA, antropólogo e líder indígena da região do rio Negro, chamada também de Cabeça do Cachorro, foi consultado a respeito do povo que, por sua desestruturação social, seria o mais indicado, na opinião dele, para ser foco de uma pesquisa sociocultural tendo em vista um trabalho de revitalização cultural: "Sem lugar a dúvida tem que escolher os baré", falou. E assim nasceu *Baré: povo do rio*.

    O povo baré já ultrapassou a fase do risco "simbólico" de deixar de ser índio. Perdeu sua língua, e outros povos indígenas do mesmo território não os consideram índios. Claro que nem por isso viraram brancos, pois os brancos os consideram índios "aculturados"– diga-se que se trata de uma subcategoria de menos valor. Em seu próprio estado, o Amazonas, "baré" virou nome de refrigerante e um qualificativo racista na expressão "leseira baré". Os próprios baré chegam a acreditar que, pelo fato de terem perdido sua língua-mãe, já não têm o mesmo direito de se autoafirmar índios, como os baniwa e outras etnias da mesma região, que ainda as mantêm. Tudo isso importa na relação com os outros, pois na vida comunitária não faz diferença; só mesmo na hora de lutar por direitos coletivos. E é exatamente contribuir para essa revitalização que se propõe o projeto *Baré: povo do rio*, que reúne um documentário e uma publicação abordando as transformações históricas pelas quais esse povo vem passando até hoje: as influências sociais e religiosas que sofreram; a língua imposta, o nheengatu, que falam até hoje; e o que, apesar de tudo, conseguiram preservar da sua cultura tradicional: as crenças, as festas e os rituais, que só a duras penas conseguem praticar.

    O projeto se propõe a documentar e divulgar a vida atual dos baré, um pouco da sua história e seus rituais – alguns até então mantidos em segredo devido à constante perseguição das igrejas que, na tentativa de impor-lhes seus valores, buscam convencê-los de que suas tradições e costumes são coisas "do demônio" –, além das lutas e conquistas desse povo bravo e corajoso. Povo que tira sua subsistência de um rio majestoso, mas naturalmente pobre, onde não abundam peixes nem caça, devido à composição química altamente ácida das águas, que afeta também a composição da flora, fazendo-a menos rica do que em outras áreas da Amazônia. Mesmo assim, eles estão lá, há séculos, defendendo seu pedaço de terra árida, onde só se consegue cultivar mandioca-brava e tradição.

    Para participar dessa empreitada, muito mais passional do que antropológica, foram convidados a compor o time de autores desta publicação o diretor da Federação das Organizações Indígenas do Rio Negro (FOIRN) e principal colaborador deste projeto, Marivelton Barroso Baré, na intenção de dar voz e vez aos protagonistas, e também o ex-presidente da mesma FOIRN, Bráz França Baré, que participa com um texto de sua autoria. *Baré: povo do rio* traz também textos dos seguintes autores-pesquisadores, convidados por atuarem intensamente na área ou nos temas em questão. Eduardo Góes Neves, especialista em arqueologia da Amazônia da Universidade de São Paulo, contribuiu com um texto sobre a cultura pré-baré, ou seja, a história antiga ou pré-história dos grupos indígenas da região. Paulo Maia Figueiredo, antropólogo e professor na Universidade Federal de Minas Gerais, tendo vivido alguns anos entre os baré, dedica-se ao estudo principalmente de sua cultura e seus rituais, e aborda, em seu texto a história recente e o xamanismo entre esses índios. Guillermo David, escritor e ensaísta voltado a temas políticos e antropológicos, produziu uma crônica sobre os modos de existência baré, na qual reflete sobre os paradoxos da indianidade vivida num mundo sob a sina da mistura cultural, as catástrofes, os enfrentamentos e as opções soberanas, explorando também o mundo espiritual e os modos especificamente baré de se relacionar com outras sociedades. Pisco del Gaiso, fotógrafo renomado, com vasto trabalho dedicado às populações indígenas e ribeirinhas, ficou encarregado de documentar em fotografia todo o projeto na sua fase de captação de material.

O documentário teve produção executiva de Ulysses Fernandes e direção de Tatiana Toffoli. Inteiramente filmado no médio e alto rio Negro, aborda principalmente o cenário atual da vida dos baré, relata algumas lendas desse povo, por meio de depoimentos e cenas captadas nas aldeias e nos rios da região, e acompanha também (de forma inédita) o até então fechado ritual de iniciação *kariamã*, quando aos iniciados são apresentadas pela primeira vez as flautas do Jurupari.[1]

Baré: povo do rio é o quinto projeto realizado em uma parceria que já dura 12 anos. Exceto nos primeiros projetos, realizados com os kalapalo, em que o foco foi definido pelas demandas dos próprios protagonistas ("Jogos e brincadeiras na cultura kalapalo" e "Kwarìp, rito e mito no Xingu"), os trabalhos posteriores foram pautados por uma sequência muito parecida de ações, o que acabou por criar um particular processo de trabalho. Assim foi com os macuxi da Raposa Serra do Sol, com os kariri-xocó do baixo São Francisco, em Alagoas, e agora com os baré do rio Negro.

Entre os objetivos dessas ações estão o fortalecimento da autoestima e da autodeterminação dos atores, por meio da revitalização de traços de sua cultura tradicional, produzindo uma peça (literária e/ou cinematográfica) que sirva como fonte de informação sobre sua etnia, referência para os mais jovens e também um "abre portas" ou "cartão de visita", ou mesmo um documento de identidade cultural – o que constitui, como se sabe, uma forte ferramenta para as lutas por direitos coletivos dos povos indígenas e das comunidades tradicionais. Chamamos esse tipo de tecnologia social de "ressignificação simbólica".

O início de cada novo projeto é orientado pela necessidade de projeção e fortalecimento cultural de certa etnia ou grupo, seja pela urgência atual de fatores, como no caso dos macuxi, seja pela necessidade de grupos que tiveram contato com as civilizações invasoras, ou muito cedo na sua história, ou com muita frequência, como é o caso dos kariri-xocó. Esses grupos são quase sempre os chamados "índios aculturados", ou nem isso, mas caboclos, ribeirinhos, seringueiros, caiçaras etc. Marginalizados pela população em geral e também pelos indígenas, que os consideram não índios por não manterem a maioria de seus costumes tradicionais e, principalmente, a língua original, muitas vezes são esquecidos também na produção bibliográfica especializada: antropológica ou etnográfica.

1—O documentário *Baré: povo do rio* está disponível em <www.sescsp.org.br/bare>.

Definida a direção, recorre-se principalmente à pesquisa de informação voltada o mais próximo possível do nosso objetivo, em livros, artigos, documentários, entrevistas, palestras etc. Procura-se também entrar em contato com especialistas, estudiosos e conhecedores. Nesse ponto, conta-se com indicações de pessoas pertencentes ao grupo a ser trabalhado, e é dado início aos contatos e à troca de informações diretamente com os atores.

Inicia-se, então, a etapa de visitas técnicas. São realizadas viagens à região e às aldeias, permanecendo-se ali por um tempo, durante o qual investigam-se as informações, coletam-se dados novos e, por meio de muita conversa, reuniões, debates, convívio, anotações, entrevistas, fotografias e filmagens, desenvolve-se um pré-projeto conjuntamente com os índios.

A seguir, procuram-se parceiros para se juntar a essa trajetória e contribuir para o conteúdo da obra. São eles os próprios índios, antropólogos, linguistas, sertanistas, fotógrafos, diretores de cinema etc. Com o material literário em mão, o projeto é ajustado e produz-se um pré-roteiro para o filme, que é enviado e submetido à análise da comunidade indígena envolvida. Com a resposta, mais ajustes e correções são feitos. Nessa fase, o projeto passa pela apreciação institucional para a aprovação orçamentária.

As épocas propícias são escolhidas considerando-se fatores climáticos e o calendário cultural das aldeias. Escalados diretor de cinema, fotógrafo, autores, observadores e equipe técnica, volta-se para a área indígena, dando início à captação de material. Tais viagens podem durar mais de um mês, e mais do que uma podem ser necessárias. Com esse material em mão, inicia-se a edição e montagem do documentário.

Finalizado o primeiro corte, a equipe retorna novamente às comunidades que participaram das filmagens e do projeto em geral para exibição do filme em telões para todos das aldeias, além de exposição das fotografias e análise dos textos que compõem o livro. Eventuais modificações são feitas com base nas opiniões ouvidas, atendendo às reivindicações para manter íntegro o protagonismo dos participantes. Acontece, então, a finalização do filme e da peça literária.

Quando do lançamento, promove-se um evento com a direta participação dos índios, quer trazendo uma delegação representativa para São Paulo quer levando a celebração até eles.

Prontos, os produtos são distribuídos gratuitamente para escolas, museus, bibliotecas, organizações não governamentais, centros de pesquisa e em boa quantidade para as aldeias participantes e associações indígenas. Outra parcela é colocada à venda. Também começa a veiculação do documentário pelo SescTV e por meio de canais educativos, mostras culturais e festivais.

Além dos benefícios advindos da visibilidade promovida pela veiculação do livro e do filme, outras contrapartidas são oferecidas pelo Sesc. No caso dos baré, a reivindicação mais contundente pesava sobre a dificuldade de comunicação externa. Assim, para cada uma das dez aldeias envolvidas, foi disponibilizada uma estação de radiofonia completa, composta de antena, placa solar, bateria e rádio transmissor-receptor. Algumas poucas comunidades que já possuíam sistema de comunicação preferiram receber combustível para barcos ou gerador de energia comunitário.

Para que a proposta seja finalizada integralmente, os próximos passos são a vinda de uma delegação das comunidades atendidas pelo projeto à cidade de São

Paulo e outras cidades do estado. Nessa fase, desenvolve-se uma série de atividades com a participação de professores, lideranças, músicos e condutores de rituais, contadores de histórias, artesãos, todos indígenas. Mantendo a mesma política do protagonismo e da autodeterminação que orienta todo o projeto, são as próprias comunidades que decidem quem virá para essa fase. Organiza-se a viagem e, se necessário, envia-se um mediador ou guia de turismo para acompanhar os embarques e a própria viagem. Chegando à cidade de São Paulo, os indígenas recebem todo o apoio e acompanhamento na hospedagem e traslados.

A programação é planejada com a duração mínima de um dia para cada unidade do Sesc que participa, incluindo algumas unidades do interior, da capital e do litoral do estado de São Paulo. Quando há interesse e parceiros solicitantes, também são atendidos espaços comunitários, áreas de convivência públicas e escolas das regiões em que o Sesc atua. A programação geralmente inclui atividades para crianças com jogos e brincadeiras, seguidas de rodas de conversa, atividades para adultos, exibição do documentário, intervenções em locais de convivência (danças, música, rituais) e, no fim do dia, uma grande roda de convivência e conversa para todos, com condução e mediação da equipe de coordenação e participação de convidados, estudantes, professores e público geral para troca de ideias entre índios e não índios, num formato de autêntica troca e com o objetivo de aprendermos a viver juntos. Nesse momento, é comum também a promoção de venda de artesanato que os índios costumam trazer. Sempre que possível, é oferecida a eles uma programação de turismo e lazer, com visitas a outras comunidades indígenas, locais de interesse para compras, sobretudo de materiais necessários para produção de artesanatos, museus e pontos de turismo cultural, de acordo com o perfil de cada grupo.

Nem sempre é coincidente com a programação socioeducativa, mas também faz parte dos projetos a realização de uma exposição que aborda diferentes questões. No caso dos baré, o enfoque é a cultura da mandioca, que recentemente ganhou a titulação de Patrimônio Imaterial pelo Instituto do Patrimônio Histórico e Artístico Nacional (Iphan).

Os projetos de revitalização cultural são desenvolvidos respeitando-se processos permanentes de captação, análise/compreensão e devolução. Sendo projetos de revitalização, ação social e intervenção comunitária, o principal objetivo aponta para o reforço das identidades e o empoderamento, objetivos complexos de aferir por meio de indicadores. Até hoje são utilizadas como ferramentas a observação e a escuta, para perceber o grau de apropriação dos produtos desenvolvidos (filmes, livros) e as possíveis transformações e posteriores iniciativas nas comunidades. O alcance dessas ações é visível, mas, sabe-se, há um grande desafio a ser alcançado: conceber um sistema de avaliação da qualidade dos projetos baseado em indicadores concretos que possibilitem mensurar os resultados.

ÁREA DE ATUAÇÃO DO PROJETO BARÉ: POVO DO RIO

Região noroeste da Amazônia, estado do Amazonas, área conhecida como Cabeça do Cachorro. Na calha do rio Negro, duas cidades isoladas, São Gabriel da Cachoeira e Santa Isabel do Rio Negro, serviram de base para os trabalhos de campo com os baré. Delas saíamos de voadeira (canoa com motor de popa) para as aldeias, que às vezes ficavam a dias de distância.

Foram ao todo vinte as aldeias visitadas, das quais dez tiveram participação direta no desenvolvimento dos trabalhos. São elas: no alto rio Negro, à montante de São Gabriel da Cachoeira, margem esquerda, as comunidades de Iabe, Tabocal dos Pereira e São Francisco; na margem direita, a comunidade de Cué-Cué; no rio Xié (afluente do rio Negro), a comunidade de Campinas. No médio rio Negro, região de Santa Isabel do Rio Negro, as comunidades do Cartucho e Canafé; Acaricuara, no rio Jurubaxi (afluente), e, subindo o rio Preto (afluente), a comunidade de Campinas do Rio Preto.

KURUMIM WASÚ

MARIVELTON BARROSO BARÉ

JOVEM

SOU MARIVELTON RODRIGUES BARROSO, indígena baré de Santa Isabel do Rio Negro, antiga Tapurukuara. Hoje, dezembro de 2013, estou compondo a atual diretoria da Federação das Organizações Indígenas do Rio Negro (FOIRN) para a gestão de 2013-2016, com referência de atuação política do movimento indígena na região do médio e baixo rio Negro, que contempla o município de Barcelos, de Santa Isabel do Rio Negro e uma parte de São Gabriel da Cachoeira e tem onze organizações de base distribuídas na calha principal e nos afluentes do rio Negro. Ao longo de 22 anos em que venho na caminhada de vida, nascido no dia 20 de março de 1991, pude ver desde a minha infância e entender a vida como um indígena. Não me sentia diferente, mas no modo de convivência e no dia a dia, sim, pois fui morador do município de Santa Isabel do Rio Negro, em um bairro denominado Santa Inês, conhecido também como "povoado", que ganhou esse nome de pessoas não indígenas por ser um pequeno lugar onde moravam apenas indígenas, alguns daí mesmo, outros oriundos do alto rio Negro.

Como filho de um indígena criado pelos avós, a primeira questão a ser afetada pelo próprio contato é que desde pequeno a gente só fala o português, e assim foi se dando ao longo dos anos. Por parte de meu pai, sim, a língua nheengatu, bem falada pelos meus avós, mas para o contato com a gente, por ser criança, só era o português, primeiro por não se dar tanto valor ao indígena em Santa Isabel. Naquele tempo já era difícil até a própria auto identificação, fato de muita discriminação, de dizerem muitas das vezes as pessoas: "é atrasado igual a índio" ou "só índio pra ser assim mesmo", e por aí em diante. Por outro lado, ter ou fazer parte de uma família por parte de mãe não totalmente indígena e sentir na pele muitas vezes certa discriminação traz muitas tristezas em certos momentos.

Com o tempo fui crescendo, vendo que no sangue corria o verdadeiro valor cultural e étnico dentro de um jovem que, por questões sociais, quase se deixou levar por realidades e convivências da cidade. Com a cabeça mais madura e entendendo melhor a sociedade como ela é, comecei a ver outro lado positivo de seguir o caminho melhor à frente. Me amiguei com uma indígena também baré e tivemos dois filhos, um casal, propriamente no ano de 2006. Ao final comecei a ver a Associação das Comunidades Indígenas do Médio Rio Negro (ACIMRN), pessoas sempre lá reunidas, e aquilo me deixava curioso de saber por que de fato aquelas pessoas se reuniam todas as vezes e ficavam várias horas conversando. E através do Sr. Joaquim Rodrigues Costa, também baré, comecei a frequentar e vi que se tratava de uma política e questão de defesa dos direitos indígenas dos povos que se tinha em Santa Isabel, e aos poucos fui me engajando cada vez mais. A primeira tarefa a fazer foi ser zelador da sede da associação, depois operador de radiofonia, em 2007 ainda, coordenador do departamento de adolescentes e jovens indígenas do médio rio Negro; em 2008 fui secretário da Coordenadoria das Associações Indígenas do Médio e Baixo Rio Negro e em 2012 fui eleito para diretor da FOIRN, na qual estou atualmente, e hoje venho aqui falar um pouco sobre o povo a que pertenço.

Com uma visão atual da globalização e modernidade, chega aos povos indígenas um resultado da convivência com não índios, quando há tempos atrás os baré habitavam de forma geral, e ainda habitam hoje, a calha do rio Negro desde o baixo ao alto em seu curso principal. O resultado da chegada de catequizadores, como já diz a história que sabemos, escutamos e estudamos, foi uma grande perda cultural para o povo baré; para a Igreja, significou um grande avanço de educar e ensinar os índios.

Não poderíamos ser chamados de índios, mas, sim, povos diferentes, como temos argentino, espanhol etc., apenas por um simples falar de pessoas que se diziam enganadamente estar indo a outro país e que acabaram descobrindo o Brasil, habitado pelos povos diferentes das florestas. Assim fomos chamados de índios, não apenas os baré, mas todos os povos diversos que moravam e alguns que, não extintos ainda, estão nessa imensidão de natureza e riquezas naturais. Mantínhamos nossos costumes, línguas e crenças originais, respeitando nossa natureza, nossos ancestrais, nossas mitologias, nossas histórias acreditadas e vivenciadas a cada passo, locais sagrados bem respeitados, e nos resguardávamos das coisas que eram proibidas culturalmente.

Os processos de rituais de iniciação, tanto para os homens como para as mulheres, sempre eram praticados como uma preparação para a nova fase da vida, passando assim, depois de todo o processo, a estar prontos para fazer o seu trabalho. Pois, para nós, é uma forma de passar os conhecimentos e ser aconselhados pelo mais velho (sábio), que dará um conselho de como se preparar ou seguir a vida, seja individual ou familiar.

Os encantados são uma crença respeitada entre os povos baré. Citamos sempre o Curupira, mãe da mata e da natureza, que não deixa desrespeitar a natureza, no sentido de fazer coisas indevidas, que não agradem a natureza, por exemplo, deixar queimar um peixe sendo assado, provoca trovoadas, ventanias, temporal, o que nós chamamos de *saruã*. Com o tempo e vivendo durante muitos tempos com os não indígenas e educadores, os ditos que vieram a fazer a civilização dos índios, os baré, como majoritariamente moradores desse imenso rio, foram os primeiros afetados, ficando assim religiosos. Hoje temos uma crença que segue em todo o rio Negro sobre as ditas festas de santo nas comunidades, que acontecem em meses diferentes dependendo da data que seja para o santo, em que os empregados da festa, mordomos, juízes do mastro, festeiro, cada um com um papel fundamental para essas festas, pagam suas promessas por doenças, entre outras coisas assim, conforme a sua necessidade de firmar o compromisso com o santo ou santa.

Como já mencionado ao longo dos anos, podemos ver o resultado nos dias atuais: a língua aruak baré não é mais falada hoje no rio Negro; de forma geral se fala o nheengatu ou língua geral. Nossas práticas culturais de danças, sim, ainda estão bem vivas hoje, que podemos vivenciar e mostrar na região do rio Negro acima de São Gabriel da Cachoeira. Hoje somamos a décima população indígena do país; tempos atrás, até 1990, éramos dados como uma população extinta da região, que não existiria mais o povo baré no rio Negro. Mas, com a luta pelos direitos territoriais e garantia do território, o povo baré se posicionou e mostrou que não era o povo extinto, mas, sim, vivo e ali presente, apenas com uma máscara para não se identificar ao público, pois, naquele período, se tinha muita discriminação pelo fato de ser índio ou ser descendente. Por essa pressão, se fez falar e se chamar de caboclo ou mestiço, somente para não se identificar como tal.

A questão cultural e étnica hoje está bem mais vivenciada do que quinze anos atrás; nos dias atuais podemos dizer que outros povos indígenas ainda falam que os baré são o povo sem cultura, não falam sua língua, mas mantém sim a cultura; só por que não fala mais a própria língua, isso não que dizer que não são mais índios. Assim como os baré, também existem hoje povos no rio Negro que não falam a própria língua, mas, sim, um empréstimo de língua tal, como aconteceu com o nosso povo baré, com uma justificativa clara e bem visível por conta do contato com o homem branco na região. Somos herdeiros de consequências de interesses manipuladores, e não do nosso bem viver como indígenas. Hoje temos o foco em nossa revitalização cultural em busca daquilo que os brancos chamavam ou denominavam diabólico, levando o que praticávamos ao extermínio.

Vendo hoje as comunidades localizadas nas diferentes comunidades onde habita, o povo baré vive o cotidiano de sua agricultura tradicional, com as suas práticas de plantio e cultivo das plantas e uma imensa variedade de manivas, com que se produz a farinha, o beiju, a curada, a farinha de tapioca, o beijucica, a marapata, o pé de moleque etc.

Também se faz o tucupi para fazer parte da receita alimentar nossa. A quinhampira (peixe com pimenta) é feita com esse ingrediente e deixa a comida deliciosa com o complemento do beiju, como se diz em nosso linguajar "nem cachorro come porque não sobra". Além disso, podemos fazer a nossa pesca do modo tradicional e, assim, também temos o peixe moqueado, uma forma de conservar o peixe; se faz em um moquém, espécie de jirau, com o fogo de lenha, colocando como se fosse assar, mas um pouco diferente; ali fica só com o calor do fogo e vai ficando moqueado aos poucos. Essas são coisas mais bem praticadas nas comunidades, podendo ser vistas e convividas com os visitantes não indígenas e indígenas que por ali andam ou vão participar de atividades nas comunidades.

> *Aqui conto alguns acontecimentos ou locais, assim podemos chamar, onde acontecem coisas ou histórias que respeitamos. Aprendi com os baré mais velhos.*

ORIGEM DA MANIVA

Antigamente não existia a maniva. Certo dia, um rapaz saiu de sua aldeia para caçar e pescar em um igarapé próximo. Porém, não encontrou nada e subiu até a cabeceira do igarapé para pegar camarão. Quando estava lá, começou a procurar o camarão, fazendo, assim, barulhos, e de repente ouviu o voo das aves. Ficou quieto para ouvir e escutou uma sementinha caindo e fazendo barulho. Parou de pegar camarão e foi se aproximando de onde vinha o barulho, e viu uma linda árvore, diferente das que conhecia, embaixo dela o chão era muito limpo. Embaixo se via muito rasto de animais e aves que ciscavam quando a semente caía. Vendo isso, ele armou a armadilha para pegar os animais e voltou para sua casa. No dia seguinte pela manhã foi ver sua armadilha.

Quando chegou lá viu em cima de sua armadilha uma massa branca. Era a goma, pois isso aconteceu porque ele enfincou a armadilha na mandioca, que é a raiz da maniva. Nesse momento apareceu o dono da maniva, o Napirikuri. E falou a ele: "não tenha medo, pegue e leve essa massa e mostre aos outros, pois esta pequena árvore é a maniva. Fazendo o plantio desta árvore nas suas roças, vocês vão produzir muita mandioca e dela vão produzir muitos alimentos e nunca passarão fome; se me obedecerem não irão sofrer muito no trabalho, vou ensinar a vocês como fazer".

O rapaz levou a massa branca para sua casa, mas não mostrou a ninguém. Assou e escondeu o alimento, e só foi comer à noite, quando foi se deitar. Quando ele comeu a massa, os farelos caíram na rede de sua avó. Dos farelos que caíram, a avó comeu e gostou. Depois perguntou ao neto o que ele estava comendo. Ele tentou enganá-la, mas ela insistiu três vezes, dizendo que estava com fome e queria mais; daí o rapaz mostrou a todos a massa branca que ele assou.

No outro dia, ele levou todos para verem a árvore da maniva, falou-lhes que tinha ouvido o deus baré Napirikuri e explicou tudo a eles sobre a massa que serviria de novo alimento. Como já sabiam como era, as pessoas começaram a fazer suas roças como Napirikuri tinha falado e orientado, pois na maniva maior, em cada galho, se tinha outras espécies de manivas que eles tiravam para plantar nas roças. Por isso que até hoje o povo baré planta maniva.

A ORIGEM DA PUPUNHA

O Napirikuri, o deus baré, chamou um dia todos os homens para buscar a fruta pupunha, mas ninguém queria ir. Apenas o Bacurau aceitou e disse ao deus: "vou de noite, à meia-noite, e voltarei pela manhã às cinco horas".

Na hora que falou, ele partiu. Chegando na cidade dos encantos, viu quatro pés de pupunha: um estava verde, um amarelo, outro vermelho, e uma outra pupunheira miúda era uma paxiúba-pupunha.

Quando se aproximava do horário marcado, por volta de quatro horas, Napirikuri falou ao seu irmão: "vamos esperar lá na pedra". E para lá foram. No horário marcado, o Bacurau chegou e deixou a pupunha na cesta.

O deus baré ordenou que eles experimentassem qual era o gosto da pupunha. O Bacurau, por ser mas gaiato e danado, pegou a pupunha e mordeu, e perguntaram qual era o gosto da pupunha.

O Bacurau respondeu "*Yausara Kuá*". Pois até hoje o Bacurau faz "*Kuá*"; a pupunha ficou para a gente até hoje e o Bacurau virou uma ave para sempre.

A ORIGEM DA ÁGUA

Há muito tempo no povo baré, havia duas *kunhã muku puranga* (moças bonitas); as duas moravam na Lua. A Lua não sabia com quem ficar e resolveu fazer uma aposta pedindo para as duas moças flecharem em cima do seu colar. Pois a pessoa que acertasse ficaria com o mesmo. As duas aceitaram a aposta; somente uma acertou e conseguiu casar com a Lua, como tinha sido a aposta.

Com isso a outra ficou muito triste e magoada profundamente, e começou a chorar bastante por não ter casado com a Lua. Suas belas lágrimas escorreram no chão e transformaram-se em água.

A ORIGEM DO FOGO

Há muito tempo atrás não existia no mundo o fogo. Quem tinha o fogo eram apenas os jacarés, para preparar seus alimentos; quando eles abriam a boca, de lá saía o fogo. O deus baré Napirikuri queria muito roubar o fogo dos jacarés. Porém, não sabia como fazer! Quando ia visitar o jacaré, ele observava tudo e imaginava como poderia fazer para levar o fogo para o seu povo, pois eles não conheciam o fogo. E sempre manteve o olho nos jacarés.

Um dia bonito, o jacaré estava botando o fogo pela boca, e ele só observando e teve uma ideia. Convidou o jacaré para uma luta e o mesmo aceitou. Os dois começaram a luta e, enfim, Napirikuri venceu a luta, pois ele conseguiu cortar a língua do jacaré. Na sua língua é que ficava o fogo e, com medo, o jacaré correu para a água e ficou lá até hoje.

A ORIGEM DA NOITE

Napirikuri certo dia falou: "o que podemos fazer para que o nosso povo não sofra com muitos trabalhos e doenças depois que nós morrermos? Porque a melhor opção é procurar uma maneira para que não passem por muito sofrimento. Vamos atrás de Cajubi, para acompanhar o nosso avô. Duas pessoas foram com ele. Quando chegaram a um velho chamado de Dainary, falaram: "chegamos, viemos buscar a noite". Mas ele estava dormindo. O deus baré disse para o Cajubi: "agora você leva o velho, o dono da noite, e tira um pedaço de pau-brasil e bate nele até acordar". Fizeram o que foi mandado, até acordá-lo. Ele sentou, abriu os olhos, limpou a remela e jogou na cabeça do Cajubi, e perguntou: "qual tipo de noite que vocês querem? Pois há três tipos. Uma opção é que se pode comer três vezes durante a noite até de manhã; outra, apenas duas vezes por noite; a última, é apenas uma vez por noite.

Napirikuri com isso pediu aquela em que se come apenas uma vez à noite, e assim foi entregue a noite escolhida pelo avô a ele. Fez um pedido de que eles tirassem envira vermelha para carregar a noite, e teve a seguinte recomendação: "carreguem a noite com cuidado e não abram pelo caminho, pois se fizerem isso ficará tudo escuro". Assim voltaram. Na metade do caminho, Napirikuri falou a eles que ia urinar, e o outro ficou vigiando a noite. Porém, não se contendo, o que ficou a vigiar, muito curioso, abriu o pote, que era fechado com folhas de ambaúba. Quando ele fez isso, desobedecendo o velho, escureceu, e todos dormiram por ali mesmo. Pois assim existe a noite até hoje.

HISTÓRIA DE NAPIRIKURI

Antigamente, no princípio do mundo, existiam três irmãos: Napirikuri, que morava em uma serra; o outro, chamado Coidaré, morador no rio Cubate, perto de sua tia; e Mathinai, que era o Majuba. Certo dia, Napirikuri convidou seus irmãos para ir pescar no rio Cubate. Toda noite eles iam pescar e só matavam peixes pequenos.

A tia deles tinha uma filha que escamava os peixes que seus primos pegavam. Certo dia ela estava comendo quando, de repente, se engasgou. Vendo isso a tia deles reclamou, falando que só matavam peixes pequenos. Com isso, tiveram a ideia de matar peixes grandes. Na boca da noite, pegaram seu *turi* (tocha) e foram para o rio. Napirikuri se intitulou o chefe, e assim embarcaram numa canoa.

Eles foram assim: um na frente, outro no meio e outro atrás. De repente, Napirirkuri disse aos seus irmãos: "vamos fazer um paraná-mirim". Para isso acontecer, tocaram na terra com a popa da canoa, que num piscar de olhos virou um paraná. Assim foram por ele. Logo após viram dois jandiás com a cabeça trocada, uma para frente e outra para trás. Era uma majuba, e logo encontraram a avó na posição do jandiá; eram duas traíras enormes.

Como antes, fizeram mais uma vez o paraná-mirim para passarem. Mais adiante, encontraram um puraquê; assim, fizeram mais um paraná-mirim e passaram por ele. Foram remando e encontraram a avó, que já era um tucunaré-açu, pois eram os peixes preferidos de Napirikuri. Vendo o tucunaré, o irmão mais novo disse que ia flechar, mas foi recomendado por Napirikuri que tivesse muito cuidado, que ele poderia comê-lo. Pois assim foi que viveu o Napirikuri, o deus dos baré.

O CURUPIRA E OUTRAS HISTÓRIAS

Um dia, um homem falou a seu filho: "filho, vamos caçar". "Sim, pai, vamos", respondeu o filho. No dia seguinte cedo foram para a mata caçar. Quando já estavam na mata, onde passaram uma semana, não conseguiram matar nada.

Na semana seguinte, eles foram para mais longe do local onde estavam e encontraram com um bando de queixadas. Conseguiram matar oito e carregaram até a barraca onde estavam acampados; prepararam o suficiente para comer e o restante eles moquearam. Quando se deram conta de que era muita comida, o filho mais velho falou: "sobe na árvore e lá de cima você grita bem alto, pois muitas das vezes tem gente perdida na mata". Fazendo isso, demorou um pouco e eles puderam ouvir um grito respondendo, e para sua surpresa quem chegou foi o Curupira, que falou a eles: "o que vocês querem, homens?". E o velho respondeu: "nós estamos chamando você para se alimentar conosco". E o Curupira começou a comer. Ao mesmo tempo, outro homem gritou de longe e veio se aproximando e chegando mas perto. A comida já estava acabando; vendo isso o velho cozinhou mais. Enquanto isso, o Curupira dizia para eles: "quero mais comida para mim; se vocês não me derem, eu vou comer todos vocês". Nesse momento chegou um homem e falou a eles: "eu quero comer". Pois o velho disse que não teria mais comida para ele.

Ele então respondeu: "pois se não tiver comida, vou comer esse monstro que está aqui na minha frente". Com medo, o Curupira correu para o mato e sumiu.

O homem falou: "vá embora, Curupira, eu ia te comer mesmo; isso é para você aprender e saber respeitar as pessoas que andam na natureza atrás de alimento para sua sobrevivência".

> *Agora venho falar de histórias que aconteceram na região durante muito tempo atrás na área do rio Jurubaxi, próximo ao município de Santa Isabel. São histórias contadas pelos senhores conhecedores das localidades, em conversas feitas na boca da noite nas comunidades onde trocávamos conversas falando sobre antigamente. Nesse rio tem um local chamado Lago do Jurupari. É um local com bastante abundância de bicho de casco cabeçudo e irapuca, mas há um respeito a esse local, pois quando o rio seca tem o formato de uma igreja; é mais conhecido como igreja dos encantados. Antigamente, os pajés que moravam e andavam por aí, através do benzimento, cegaram esse dono "encantado" para não fazer mal às pessoas que vêm usufruir de sua abundância.*

LAGO DO PIXANA

Antigamente, aconteceu assim: certo dia, um rapaz sonhou com algo muito feio, não teve um bom sonho. No dia seguinte o chefe dele o convidou para ir pescar nesse lago, mas ele não queria ir. Com muita insistência, acabou indo. Quando chegou lá viu todos os seus companheiros animados e alegres, pegando de mergulho quelônios. Então resolveu também ir mergulhar. Quando pulou na água para pegar uma grande *piraiwa* (piraíba), ela engoliu ele. Rapidamente formou-se um grande redemoinho no meio do lago e levou o rapaz para o fundo. Os outros, assustados com isso, foram para a barraca pegar suas armas e voltaram para o lago. Mas, no dia seguinte, quando estavam chegando perto de uma praia, viram a piraíba e o pé do rapaz para fora da boca do peixe, e a arpoaram com o arpão. Ela escarrou o corpo dele, o qual estava todo derretendo, e foi para o fundo do lago. Os mais velhos falam que tem um buraco no fundo desse lago, pois a arpoeira, que tinha uma corda imensa, não boiou. Depois de dias que já tinham passado, um mariscador encontrou a boia da arpoeira de bubuia e foi puxar. Quando viu, a enorme piraíba estava morta. Depois disso, o local passou a se chamar Piraíba Poço, até hoje, pelos moradores do local.

> *Esses são alguns relatos dos muitos locais que existem nesta localidade. São muitos e inúmeros locais que tem nesta região, assim como também existem alguns animais que tem que se respeitar ao andar nas matas pescando ou caçando, como o waribacana: esse animal aparece de vez em quando na cabeceira do rio Ãiuri, no lago Acarabixi. Esse ser é muito perigoso. Quando vem atrás de você, vem gritando "ãu, ãu" e é perigoso pelo seguinte: se você cai na água para nadar, ele vem atrás de você; se correr ou subir em árvore, ele também vai atrás, come você e não deixa nada. Por isso dizemos, quando as pessoas morrem misteriosamente e não são encontrados vestígios, que foi ele que comeu. Isso muito raramente.*

MIRA KANGA (CABEÇA DE GENTE)

Antigamente, numa aldeia, um rapaz vivia com sua mãe mais dois irmãos e uma irmã. Um dos filhos adoeceu e cada dia que passava ia ficando mais fraco, não queria comer nada. Um dia o outro irmão resolveu levar ele para ver o cacuri. Mesmo adoentado e fraco, o irmão foi. Quando chegaram lá, o irmão que não estava doente começou a pegar os peixes e jogar para a canoa. O irmão que estava doente começou a comer os peixes que estavam crus e vivos ainda. Quando o irmão olhou o outro, seus dentes pareciam de piranhas, bem afiados, pois ele ria; depois, se jogou dentro do cacuri, e seu irmão, com medo, foi rapidamente para a aldeia.

Chegando na casa, contou para sua mãe o que aconteceu no cacuri. De repente, o irmão apareceu com uma forma só, a cabeça com um pé de papagaio, e ficou no seu ombro, não saía de jeito algum, e tudo era o irmão dele, que já tinha se transformado no Mira Kanga. Ele comia tudo que o rapaz ia comer; com isso o outro já estava ficando fraco com o passar dos dias, por não se alimentar. Quando já estava muito fraco, quase a ponto de morrer, sua mãe pensou em fazer um mingau de farinha com bastante pimenta para oferecer ao filho. E assim ela fez: derramou toda a água que tinha nas *darapi* (panela de barro), preparou bem o mingau, com bastante pimenta mesmo, e ofereceu, dizendo: "toma esse mingau, meu filho, faz tempo que você não se alimenta". Mas, rapidamente, o Mira Kanga tomou o mingau e começou a arder, e saiu do ombro do rapaz procurando água para beber. Mas na casa não tinha e ele foi para fora da casa, para o rio; depois, voltou novamente para casa e não conseguiu mais entrar. Assim teve origem o Mira Kanga. Por isso, hoje o nosso ombro é fundo dos dois lados: foi onde ele atracou com os pés de papagaio.

Essas são histórias e acontecimentos que já passaram, ou seja, aconteceu tudo isso nessas localidades e até hoje existe.
Kuekatu-retê *(Muito obrigado).*

BARÉ-MIRA IUPIRUNGÁ

BRÁZ FRANÇA BARÉ

ORIGEM DO POVO BARÉ

INTRODUÇÃO

ESTE TEXTO ESCRITO PELO AUTOR é um resumo de uma matéria de 125 páginas trabalhada em quase cinco anos, cujo original contém relatos sobre a origem do povo baré. O povo baré teve sua origem a partir de uma pessoa que viajava do lado de fora de uma grande embarcação e que foi aprisionada por um grupo de mulheres guerreiras na confluência dos rios Negro e Solimões. Neste minitexto você ficará sabendo resumidamente a história dessa origem, seus princípios, suas dificuldades, obstáculos e superação.

    O rio Negro, que sempre foi o berço desse povo, era ocupado desde Manaus até a cachoeira de Curucuí e Buburí no alto rio, local hoje denominado cidade de São Gabriel da Cachoeira. Certamente, esse povo que chegou a ocupar toda essa calha do rio Negro teve que lutar muito, por milhares de anos, para poder conquistar todo esse espaço. Atualmente sabemos que uma grande parte dessa tribo vive na Colômbia e na Venezuela por causa da invasão do homem branco a partir do descobrimento dos portugueses nos anos 1500. No rio Negro, essa migração aconteceu nos meados dos séculos XVII e XVIII, no período do ciclo da borracha e do extrativismo dos produtos naturais renováveis, como a seringa, a piaçaba, o cipó-titica, a castanha-do-pará e outros. Dessa época até aqui, muitas coisas foram esquecidas e perdidas, a exemplo desta narrativa feita pelo autor.

    Tanto a história da origem quanto os ensinamentos e rituais sagrados não possuem nenhuma comprovação registrada em livros ou cartórios, mas estão gravados na memória do povo e são repassados de pai para filho de geração em geração.

    Por viver no rio Negro, esse povo foi o primeiro a manter contato com os colonizadores portugueses, holandeses, franceses e espanhóis. O modo de vida atual desse povo seria rejeitado pelos velhos, pois seu comportamento é totalmente diferente daquilo que foi ensinado pelos seus ancestrais.

    A partir desses primeiros contatos com o homem branco, a vivência desse povo foi gradativamente mudando. A opressão dos patrões e a imposição dos primeiros missionários obrigaram o povo a aceitar uma nova doutrina e, dessa forma, abandonar e esquecer suas práticas nas festas e rituais sagrados.

    Nós, que ainda resistimos como membros de um povo que dominou toda a região do rio Negro, sabemos muito pouco de tudo aquilo que nos foi ensinado. A matéria completa da narrativa do autor nunca poderá ser publicada, pois ela foi preparada para conhecimento e uso exclusivo da família. O grande mensageiro de Tupana nunca abandonou seu povo enquanto eles seguiam restritamente suas orientações. Porém, depois que começaram a desrespeitar as regras da tribo, Poronominaré ainda veio pela última vez para dizer: "a partir de agora vocês serão dominados, maltratados e humilhados por outras pessoas. No dia em que se lembrarem de mim, vocês deverão ir até o rio, tomar banho, limpar sua cara, para que o grande Tupana vos reconheça e devolva tudo o que sempre foi de vocês". Desse dia em diante, começou a desunião do povo baré, uns porque passaram a ser submissos aos patrões, outros porque já seguiam uma nova crença.

A Fundação Nacional do Índio já considerava o povo baré no médio rio Negro extinto. Atualmente, através da FOIRN (Federação das Organizações Indígenas do Rio Negro) e da criação da Acibrin (Associação das Comunidades Indígenas do Baixo Rio Negro) e da ACIMRN (Associação das Comunidades Indígenas do Médio Rio Negro), que se propuseram a incentivar o povo baré a assumir sua identidade original e reivindicar a demarcação e o usufruto de seu território de direito, a situação tem mudado e foi dado início a um processo de recuperação da identidade baré. Essa perda de identidade teve início a partir da chegada dos não índios que, numa investida cruel, escravizavam e aniquilavam as populações locais, principalmente o povo baré, por se encontrar ocupando a calha do rio Negro.

BARÉ-MIRA IUPIRUNGÁ – ORIGEM DO POVO BARÉ

Kuirí Açu ambêu panãram, maiê taá barrita iupirungá: "agora eu vou contar para vocês a história da origem do povo baré", diziam os nossos historiadores do passado. E começavam a história dizendo:

Antigamente, ainda no início do mundo, entrou no rio Negro, vindo do rio maior, um grande navio, cheio de gentes no seu interior e cada um com seu par. Apenas um homem viajava nesse mesmo navio, pelo lado de fora, pois o mesmo não foi aceito dentro por não estar acompanhado. Ao passar pela foz do rio Negro, viajava tão próximo das margens do rio que os passageiros viram que havia muitas pessoas na margem; o homem que viajava pelo lado de fora, não resistindo à tentação, logo se jogou para fora e nadou para a margem do rio. Ao alcançar a beira, ele foi agarrado por um grupo de mulheres guerreiras, que tinham o costume de aceitar apenas mulheres em seu grupo. Quando tinham necessidade de ter filhos, aprisionavam machos de outras tribos e dessa relação, se nascesse uma mulher, elas criavam, e se fosse homem elas o matavam. Esse seria o destino do homem que nadou do navio até as margens do rio, para quem deram o nome de Mira-Boia ("gente-cobra"), se não fosse sua estrutura física ser um pouco diferente das que elas conheciam, por isso resolveram poupar-lhe a vida depois de terem submetido Mira-Boia a um rigoroso teste de masculinidade. As guerreiras então prepararam uma grande festa na primeira lua cheia, grande fogueira no centro do pátio foi feita; muitas frutas e mel silvestre foram coletados. A festa, com os seus devidos rituais, durou oito dias. No final da festa, o grupo tomou a seguinte decisão: Mira-Boia ficaria morando com o grupo com a condição de gerar um filho com cada uma delas. Teria que dormir três noites com uma mulher que estivesse na época do período fértil. Terminando essa missão, ele seria executado, assim como todo filho que nascesse homem.

Mira-Boia então passou a conviver com o grupo por um longo período, nessas condições, até que gerasse filho com a última mulher, e esta última era Tipa (Rouxinol), uma jovem muito bela que estava no primeiro período fértil de menstruação. Ela, por sua vez a mais nova, a mais bonita e muito querida pelo grupo, teve o privilégio de morar com Mira-Boia até que sua gestação aparecesse visualmente para o resto do grupo. Devido a essa decisão, Tipa e Mira-Boia passaram a viver uma vida a dois, e quando ela percebeu já estava gestante e perdidamente apaixonada pelo companheiro. O mesmo acontecia com Mira-Boia. Como o destino do nosso herói seria a morte, ela conseguiu convencer o seu já considerado marido para a fuga. Assim, no primeiro período da lua nova, ele e ela fugiram, aproveitando o momento em que as guerreiras saíram para caçar e coletar mel e frutas, que serviriam para consumo nos dias da festa de execução do homem que dera ao grupo muitas guerreiras de sua geração.

Nessa fuga, Mira-Boia e Tipa foram para um lugar muito distante do grupo, onde viveram por um longo período. Eles temiam que as guerreiras os descobrissem para atacá-los.

Com o passar do tempo, a família Mira-Boia já era numerosa. Nos dias de tardes bonitas, toda a família descia para a margem do rio para curtir mais um dia de harmonia e felicidade.

Com isso, eles viram que podiam ser uma família muito maior. Porém, de Mira-Boia e Tipa nasciam mais meninos que meninas, e essa situação já começava a provocar disputa, confusão e até briga entre os irmãos homens. A preocupação de Mira-Boia e Tipa era cada vez maior. Eles tinham que achar uma forma de controlar a situação que se agravava. Então Mira-Boia e Tipa resolveram invocar os espíritos da natureza para que lhes dessem alguma orientação sobre o problema. Saíam, então, todos os dias antes do sol para algum lugar escondido esperar o sol nascer e pedir proteção para sua grande família. Durante uma semana eles repetiram a invocação aos espíritos da natureza. Um dia, quando chegaram no local da invocação, viram uma pessoa sentada em cima de um monte de folhas secas. Mira-Boia e Tipa ficaram muito assustados e desmaiaram. Quando retornaram os sentidos, viram que a pessoa estava no mesmo lugar, desta vez olhando para eles, dizendo: "Não fiquem com medo, eu sou Poronominaré, vim até vocês a mando de Tupana para dizer que ele (Tupana) escutou e vai atender o pedido de vocês".

O mensageiro de Tupana, que se identificou como Poronominaré, conversou com os dois e lhes disse que naquele dia, antes de escurecer, chegaria a eles um homem que ficaria morando com eles por um bom tempo. Ao voltarem para a oca, reuniram toda a família para dizer a todos aquilo que viram e conversaram com a pessoa que apareceu a eles na concentração. Ordenou que todos fossem tomar banho e se preparassem para receber o homem que deveria chegar ao anoitecer.

Assim, antes de escurecer, quando todos estavam na beira do rio esperando o homem chegar, ele apareceu do nada no meio deles dizendo: "Aquilo que vocês estão pensando agrada a Tupana, por isso ele me enviou para ensinar a vocês tudo que precisam para viver, trabalhar e, com isso, garantir a comida de todos os dias. Vou morar com vocês até quando aprenderem tudo aquilo que vim lhes ensinar".

O MENSAGEIRO E SEUS ENSINAMENTOS

Ele então passou a morar com a família por um longo período, ensinando-os a fazer canoa, remo, roça, armadilha para pegar caça, peixe, e treinando o novo grupo para a guerra. Nos vários anos que passou ali, ele não só ensinou, mas também explicou como eles deveriam usar aquilo que aprenderam a fazer, como:

> a festa do *dabukuri*, que seria a forma de homenagear Tupana na época da fartura de peixe, caça e frutas. Tinha também a função de unificar, fortalecer e manter o povo sempre alegre e feliz;

> o *adabi*, que não seria propriamente uma festa, mas sim uma concentração de homens e mulheres, para que o povo relembrasse dos ensinamentos dos velhos e continuasse praticando sempre o bem. Com isso, eles estariam preparados para superar todos os tipos de obstáculos da vida. Era nessa festa que os velhos selecionavam os jovens para serem curandeiros, benzedores e pajés;

> o *kariamã*, que era uma festa de uma semana em que os curandeiros, benzedores e pajés tinham a missão de preparar todas as crianças de 10 e 12 anos para purificarem seu espírito e o corpo nessa primeira fase da vida. Esse ritual de preparação deveria se repetir quando essas crianças alcançassem seus 14 e 16 anos. (Os detalhes sobre esse ritual são impublicáveis).

Quando o pequeno grupo já sabia de tudo que lhe foi ensinado, Poronominaré organizou uma grande festa com *dabukuri*, *adabi* e *kariamã* para deixar o povo pronto para uma nova caminhada, dizendo: "Agora que vocês já sabem de tudo o que lhes ensinei para viver, voltem para a terra de Tipa e tomem todas as mulheres que ainda possam ter filhos para serem vossas mulheres. Aí, então, vocês serão grandes, numerosos, respeitados e serão conhecidos e chamados Baré-Mira (povo baré)".

Dito isso, ele sumiu misteriosamente.

Então o grupo, ainda no comando de Mira-Boia e Tipa, começou a preparar todos os materiais necessários para fazer a grande viagem até a terra de Tipa. Para, assim, cumprir a recomendação de Tupana, dita por seu mensageiro Poronominaré, ou seja, atacar e prender todas as mulheres do grupo.

No entanto, essa preparação demorou muito tempo, pois embora Poronominaré tivesse ensinado a fabricar canoa e remo, ele não ensinou a remar. Isso causou grande confusão. A canoa era dominada pela correnteza do rio e pela força do vento; por causa disso eles ficaram muito zangados com Poronominaré por não os ter ensinado a remar. Resolveram, então, invocar o mensageiro para matá-lo, pois armas e treinamento eles já tinham. Poronominaré veio, mas não apareceu. Eles apenas puderam escutar sua voz, que dizia: "eu vos ensinei a fazer a canoa e o remo, Tupana deu para cada um de vocês uma cabeça e muita inteligência; usem isso para se deslocar para o outro lado do rio nessa canoa".

Daí por diante o grupo fez várias outras tentativas para que a canoa andasse para qualquer que fosse a direção. Pegaram varas compridas, com as quais eles conseguiam dominar a grande canoa, porém isso só era possível no rio raso; nos lugares mais fundos, a vara não alcançava o leito e aí a canoa perdia a direção e era dominada pela correnteza do rio. Mesmo assim, eles se sentiram satisfeitos, pois já conseguiam se deslocar ora empurrando com a vara, ora se agarrando nas ramas das árvores.

Certo dia, viram um bando de patos subindo o rio, apesar de a correnteza ser forte. Aquilo despertou a curiosidade dos que viram esses animais se movimentar no rio. Seguiram o bando e, quando esses patos passaram bem próximo, puderam ver com muita atenção o movimento que faziam os seus pés dentro d'água. As pessoas que observavam voltaram imediatamente para sua oca para anunciar aos outros a descoberta feita por eles, observando o nadar dos patos. Ao saberem da grande novidade, todos os homens que tinham seu remo logo desceram para a canoa para testar a descoberta e viram que, realmente, para dominar seus instrumentos, eles só precisavam usar sua cabeça e sua inteligência.

Mira-Boia, então, reuniu toda a sua família para dizer que agora os homens tinham ainda que treinar muito o remo e a canoa, e, enquanto isso, teriam que fabricar várias outras canoas e depois ir até as terras de Tipa, resgatar todas as mulheres daquele grupo.

Assim passou um tempo até eles dominarem totalmente a canoa com seus remos. Quando isso aconteceu, muitas canoas também já estavam prontas.

OS PREPARATIVOS PARA A INVESTIDA DE MIRA-BOIA

Esse tipo de ação exigia muita concentração, jejum e sacrifícios. Eles tinham que se afastar de suas mulheres uma semana, durante a fase da lua cheia; se alimentar apenas de frutas e mel de abelha; se comunicar com Tupana através dos rituais ensinados por Poronominaré.

Os homens selecionados para essa missão se reuniam todas as noites para discutir as estratégias e as formas de chegar ao destino e como deveriam agir para prender as mulheres sem ferir e nem matar nenhuma delas. Tipa tinha todos os conhecimentos dos costumes do grupo. Por exemplo, de ano em ano elas faziam uma grande festa e nessa festa ficavam desarmadas, pois as suas armas ficavam guardadas em algum lugar que Tipa sabia onde era; a partir da terceira noite, elas iam dormir quando a lua ficava bem no centro do céu e, depois desse horário, elas se recolhiam dentro da oca até o sol brilhar no dia seguinte.

Foi então decidido que a matriarca Tipa iria junto com os filhos e netos nessa aventura, pois somente ela e seu marido sabiam como chegar lá viajando pelo rio, embora eles no passado tivessem chegado aonde ficaram, viajando pelo mato por vários anos.

Começaram, então, a organizar a equipe de resgate, canoas, remos, armas de caça, de pesca e principalmente de guerra. Quando tudo ficou pronto, iniciaram a grande viagem.

Tipa, embora certamente já bastante velhinha, assumiu o comando do seu pequeno exército. Ao chegar ao local destinado, ficaram escondidos nas proximidades por uma semana, observando atentamente o movimento das guerreiras.

Viram que as guerreiras tinham retornado da "caçaria" e também já tinham iniciado a grande festa de todos os anos; viram que o grupo era bem menor do que quando Tipa fazia parte dele, o que era bem favorável ao exército de Tipa. Mesmo assim, eles planejaram com os mínimos detalhes a hora e o momento de atacar.

Na madrugada da terceira noite de festa, quando as dançarinas e guerreiras se recolheram para dormir dentro da oca, enquanto dormiam, os homens cercaram a maloca, pegaram todas as armas de guerra que as mulheres haviam escondido em algum determinado local. Feito isso, ficaram atentos a qualquer movimento dentro da oca, esperando o dia clarear.

Quando o sol começou a brilhar no horizonte, os comandados de Tipa começaram a entoar o som de seus instrumentos de guerra, flautas e buzinas, imitando vozes de animais silvestres. Muito assustadas, as mulheres acordaram sem saber o que fazer naquele momento: "estamos cercadas, o nosso inimigo vai nos matar", diziam elas entre si.

Combinaram de sair da maloca em três grupos de uma só vez, sem usar a única porta da maloca, e assim saíram correndo os três grupos na direção do depósito de suas armas; mas essas armas já estavam em poder dos seus considerados inimigos. Perceberam que estavam sem saída, sem suas armas e cercadas; mesmo assim, algumas tentaram fugir, mas foram facilmente dominadas pelos homens. Eles, então, depois de dominar todas, juntaram todas no meio do terreiro, para que Tipa dissesse a elas o motivo daquele ataque e aprisionamento, falando na sua língua, que também era das guerreiras.

"Escutem bem o que vou dizer para vocês neste momento: eu sou a Tipa que fugiu com um homem para longe daqui muitos anos atrás; esses homens que vocês estão vendo são meus filhos e meus netos. Viemos até aqui não para ferir, nem matar nenhuma de vocês, como viram; viemos para levar vocês conosco."

Ao escutar a voz de Tipa, as velhas que permaneciam dentro da oca saíram, viram e reconheceram a mulher que tinha fugido do grupo, levando Mira-Boia com ela. As velhas se juntaram e passaram a xingar, chamando-a de traidora, falsa, e que iriam matá-la naquele momento. Porém, nada mais podiam fazer com suas guerreiras dominadas e desarmadas; o jeito era mesmo se render, mesmo que não tivesse morrido ninguém, mas tiveram que aceitar a derrota. Enquanto isso, as guerreiras, já totalmente dominadas e cercadas pelos soldados de Tipa, aguardavam o pior momento de suas vidas, porque, no entendimento delas, seriam mortas.

Mas não foi isso que ouviram dos homens que as dominaram, porque foi anunciado a elas que todas iriam viajar com eles para um lugar muito distante, que era a nova terra de Mira-Boia e toda sua geração. Portanto, elas deveriam ficar calmas e obedecer a todas as ordens que lhes fossem dadas, pois, assim, nada de mal aconteceria com nenhuma delas.

Mira-Boia, por sua vez, juntou os que não foram na expedição para lhes dizer: "vossa avó e irmãos já estão retornando, mas somente podem viajar durante a noite, o vento está impedindo viajarem de dia. Por isso, vamos ter que ir ao encontro deles, levando mais canoas". Como nenhum deles conhecia o canal do rio, Mira-Boia os acompanhou nessa viagem de socorro. Duas semanas depois, chegaram de volta em sua terra, trazendo consigo todas as mulheres que ainda pudessem ter filhos. Vieram também todas as crianças, desde as adolescentes até as recém-nascidas (a história diz que o grupo desapareceu pouco tempo depois, pois não puderam mais gerar filhos).

Agora Mira-Boia e Tipa se viram diante de um grande problema: a quantidade de pessoas aumentara e isso exigia mais comida e também mais rigidez na ordem aos seus comandados. Duas semanas depois da chegada, todos já tinham recuperado suas energias. Mira-Boia juntou todos numa noite clara de lua cheia para anunciar as novas regras a ser seguidas a partir daquele dia, e ordenou aos que tinham habilidade de caçar e pescar que fossem caçar e pescar.

Quando os caçadores e pescadores voltaram, trazendo muita caça e peixes, foi organizada uma grande festa numa semana sem lua, pois assim tinha sido a orientação de Poronominaré; a iluminação era da fogueira ao redor do terreiro.

Quando terminou a festa, que durou três noites, o grupo ficou sabendo como passariam a viver a partir daquele dia sob as novas regras, entre quais: todos os homens solteiros ficaram em pé de frente para as moças trazidas do antigo grupo e aí uma a uma tinha que escolher livremente um rapaz para ser seu marido a partir desse dia; para as mais velhas o procedimento foi o mesmo.

No final, sobraram duas mulheres que, pelas regras do procedimento, ficaram sem escolha, pois a divisão teria que ser igual. Aí, então, essas duas foram morar com Tipa e Mira-Boia, e tiveram filhos com Mira-Boia, que, embora já bastante velho, mas ainda com bastante energia, comandou seu grupo até o último momento de sua vida.

Alguns anos depois, o grupo cresceu muito e Mira-Boia, já muito cansado, reuniu novamente todos os seu filhos, netos e bisnetos para fazer suas últimas recomendações e dividir a geração em vários grupos separados.

O POVO BARÉ E SEU DESTINO

Não precisou passar muito tempo para que o número de pessoas aumentasse bastante. Com muita gente morando no mesmo lugar, já estava surgindo discórdia, já era preciso andar mais longe para caçar e pescar. O espaço já era pouco para o número de pessoas; eles tinham que andar longe para cultivar suas roças, enfim, a cada dia eles enfrentavam um novo problema. Por isso Tipa e Mira-Boia, já muito velhos, resolveram separar cada família para lugares diferentes, uns para uma margem e outros para outra margem do rio.

Nessas alturas, todo o grupo só tinha um pajé, um curandeiro, um benzedor e um único homem que fazia tipiti, balaio, cumatá (um tipo de peneira), urupema, tapecua (abano) e outros.

Ficou então acertado que cada família, enquanto preparava sua nova morada, escalasse um jovem para aprender pajelança, outro para ser benzedor, curandeiro e fabricante de materiais de farinha. Porém, o jovem só podia aprender a fazer uma coisa de cada material de farinha; assim, quem aprendesse a fazer balaio, não poderia fazer peneira ou cumatá. Isso para que eles sempre precisassem uns dos outros e, assim, estariam sempre em constante comunicação entre os grupos.

Na verdade, as famílias se separaram realmente quando Mira-Boia e Tipa morreram.

Assim aconteceu a origem do povo baré, que ao longo de milhares de anos conseguiu ocupar toda a calha do rio Negro até a Cachoeira de Tawa (aldeia), onde os primeiros ocupantes desse local, hoje denominado São Gabriel da Cachoeira, foram os irmãos Curucuí e Buburí.

Poronominaré, o mensageiro de Tupana, voltou várias vezes para visitar e instruir o povo. O grupo cresceu bastante a ponto de dominar totalmente a região do baixo e médio rio Negro. No entanto, nessa cachoeira, Curucuí e Buburí se desentenderam e, por essa razão, resolveram dividir o espaço, Curucuí de um lado e Buburí de outro.

Assim, Tipa e Mira-Boia fizeram e conseguiram ser pais de um grande povo que, até a chegada dos "brancos", era um povo forte e respeitado de ponta a ponta em toda a região.

"NÓS NÃO ÉRAMOS ÍNDIOS"

Aicué curí uiocó, Paraná-assú sui, peruaiana, quirimbaua pirrí pessuí: "vai aparecer do rio maior, o maior e mais poderoso inimigo de vocês". Foi com essa mensagem que Poronominaré, o grande mensageiro de Tupana, tentou prevenir todos os povos que dominavam estas terras antes de 1500. Talvez os pajés e os chefes imaginassem que esse poderoso inimigo fosse uma epidemia, ou a ira dos ventos, revolta das matas, ou mesmo vingança de Curupira. Mas em nenhum momento eles imaginaram que o inimigo seria o homem branco, vindo do meio do mar, conforme testemunharam os olhares tupiniquim, tupinambá e quem sabe outros povos nativos da costa atlântica. Muitos anos depois, essa mesma história se repetiria nas terras dos valentes xavante, kaiapó, juruna e kayabi, no Centro-Oeste, entre os tarumã, baré e manao, na confluência dos rios Negro e Solimões, e entre os tukano, baniwa, desana e outros no extremo Norte, no alto rio Negro.

Possivelmente foram recebidos com grande surpresa e admiração, mostrando-se, por sua vez, com cara de bons amigos, oferecendo presentes, tentando se comunicar através de gestos e sinais. Em seguida, voltaram a seu país de origem, para comunicar ao rei a descoberta de novas terras, habitadas por indianos bugres ou indianos selvagens. Com essa notícia, o rei de Portugal deve ter, naturalmente, enviado para estas terras vários navios com milhares de pessoas, com autorização para ocupar e dominar o maior espaço possível de território então ocupado por seus verdadeiros donos, à custa de qualquer preço.

Enquanto isso, o povo jamais poderia imaginar a tamanha barbaridade de que o homem branco seria capaz. Não sabiam que a partir de então estavam decretados o genocídio, o etnocídio, os massacres e as opressões contra aqueles que passaram a ser chamados de índios.

No rio Negro, habitado ao longo de todo o seu curso pelo povo baré e, em seus afluentes, pelos tukano, desana, arapasso, wanano, tuyuka, baniwa, warekena e outros, ocorreram as mesmas violências. Povos e aldeias inteiras foram dizimados pelos invasores franceses, holandeses e portugueses. Comerciantes brancos, credenciados pelos governadores das províncias, eram portadores de carta-branca para praticar qualquer ato criminoso contra os povos indígenas. Nem mesmo o grande cacique guerreiro Wayury-Kawa (Ajuricaba) conseguiu livrar seu povo dos carrascos invasores, pois a luta era totalmente desigual: enquanto os índios lutavam com suas flechas e zarabatanas, os brancos disparavam poderosos canhões contra homens, mulheres e crianças que tentavam impedi-los de entrar em suas terras. Mas, mesmo dominado, preso e ferido, Ajuricaba preferiu a morte, jogando-se acorrentado ao rio.

Hoje, quinhentos anos depois, ainda lembramo-nos das tristes histórias contadas pelos nossos avós. Eles diziam que os primeiros comerciantes que apareceram no rio Negro traziam consigo mercadorias como fósforo, terçados, machados e tecidos, com que tentavam convencer os índios a produzir borracha, castanha, balata, piaçaba, cipó-titica e outros produtos naturais. Como essas mercadorias despertavam pouco interesse entre os índios, eles passaram a usar a violência, atacando aldeias e aprisionando homens e mulheres para levá-los aos seringais, castanhais, sorvais ou piaçabais localizados nos rios Branco, Uacará, Padauiri e Preto. Muitos nunca mais voltaram desses lugares, uns porque não resistiram aos maus-tratos dos patrões, outros porque foram vítimas de doenças contagiosas, como febre amarela, gripe, varíola ou sarampo. Ainda hoje, há descendentes dos baré, tukano, baniwa e warekena que vivem nesses rios, em uma vida de escravidão. Há pessoas de mais de 60 anos que sequer conhecem o rio Negro, mas apenas a lei do patrão.

Até as primeiras décadas do século XX, era "de praxe" o branco ter a seu serviço homens e mulheres indígenas, fosse para simples trabalhos domésticos ou para trabalhos mais sacrificados, como servir como remadores nas grandes canoas que saíam de Tawa (São Gabriel) até Belém do Pará, levando produto e trazendo mercadoria, numa viagem que demorava de seis a dez meses. Muitos remadores não conseguiam retornar, mortos durante a viagem pelo patrão. Aqueles que iam para extrair borracha ou outros produtos eram obrigados a produzir uma determinada quantidade para entrega e, caso não atingissem sua cota, eram açoitados no terreiro do barracão. Os que eram obrigados a assistir a esse espetáculo deviam dar risadas para não terem o mesmo destino.

Nessa mesma época, apareceram os primeiros missionários. Eles tinham o propósito de aldear os índios, com a intenção de livrá-los da garra dos patrões e submetê-los a crer em Deus através da evangelização católica. Essa investida, no entanto, foi pior do que qualquer sofrimento físico, pois obrigou os índios a abandonar várias de suas práticas culturais, como as curas, as festas de *dabukuri*, os rituais de preparação dos jovens e suas formas de homenagear e agradecer o grande criador do universo. Tudo isso virou ato diabólico na lei dos missionários. Nos grandes prédios das missões, foram criadas escolas onde os índios eram obrigados a falar a língua portuguesa e a rezar em latim.

Nas primeiras décadas do século também se instalou na região do baixo rio Waupes (Uauapés), na ilha de Bela Vista, a família Albuquerque. Um desses, que se fez conhecer por Manduca, não por ser bom, mas por ser perverso e bêbado, recebeu o título de diretor de índios pelo antigo Serviço de Proteção aos Índios. Manduca Albuquerque fazia questão de divulgar sua fama pelos rios Waupes, Tiquié e Papuri. Toda a população desses rios tinha que ser seu produtor de borracha e farinha. Nesse tempo, ele comprou um dos primeiros motores, com que transportava sua produção e seus homens, mas índios tinham que remar mesmo quando o motor estava funcionando e só podiam viajar sentados ou deitados. Conta-se que um dia ele viajou com seu motor até Manaus, quando alguns índios decidiram matar um de seus capangas mais perversos. Quando Manduca chegou, ao saber da notícia, mandou seus capangas prenderem todos os homens e mulheres de um determinado lugar para conversar com ele.

Quando esse pessoal chegou, ele já estava em estado de embriaguez e ordenou que todos fossem amarrados a um pé de laranjeira onde havia um enorme formigueiro, até o dia seguinte. Decidiu, então, que todos embarcassem no seu barco motorizado para que ele, pessoalmente, os levasse de volta.

Nessa viagem, em meio a uma grande bebedeira de cachaça, ordenou que três de cada vez caíssem na água. Então começou a disparar com seu rifle 44 na cabeça de cada um, e assim matou todos.

Nas décadas de 1950 e 1960, nos rios Waupes, Tiquié, Içana e Xié, o produto industrializado chegava através dos chamados regatões (comerciantes ambulantes), que também se aproveitavam da mão de obra barata dos índios. Na sua mercadoria sempre tinha a cachaça, com a qual embriagavam os homens, para abusar sexualmente das mulheres casadas e solteiras, como forma de pagamento das dívidas contraída pelos pais e maridos.

Apesar de todo esse passado de violência e massacres, podemos registrar alguma coisa como vitória: a demarcação das cinco terras indígenas do alto rio Negro, confirmando mais uma vez a profecia do grande mensageiro de Tupana, o Poronominaré. Em uma de suas visitas a seu povo, muito irritado, disse: *Puxí curí peçassa amun-itá ruaxara maramên curí pemanduari ixê, aramem curí peiassúca peiaxiú Paraná ribiiuá upê, pemucamém peruá, pericu-aram maam peiara, tupanaumeém ua peiaram* ("vocês agora vão ser dominados por outras pessoas, até quando se lembrarem de mim, aí então irão ao rio tomar banho e chorar mostrando suas caras, para que assim eu vos reconheça e Tupana devolva aquilo que sempre foi de vocês").

Analisando essa grande profecia, vemos que o povo de Tupana não era unicamente o povo baré. Concluímos que os povos tinham que passar por esse longo período de sofrimento. Mas, depois que se reconhecessem, começariam, então, a reconquistar seus direitos originários, agiriam como índios, brasileiros, amazonenses, são-gabrielenses. A grande conquista do reconhecimento dos mais de dez milhões de hectares de terras demarcadas no rio Negro resultou de uma luta que foi consequência desse passado. Mesmo assim, se alguns dos nossos antepassados nos vissem no estado em que estamos e lhes perguntássemos por que eles há quinhentos anos viviam livres e tranquilos, certamente nos responderiam: "Nós não éramos índios".

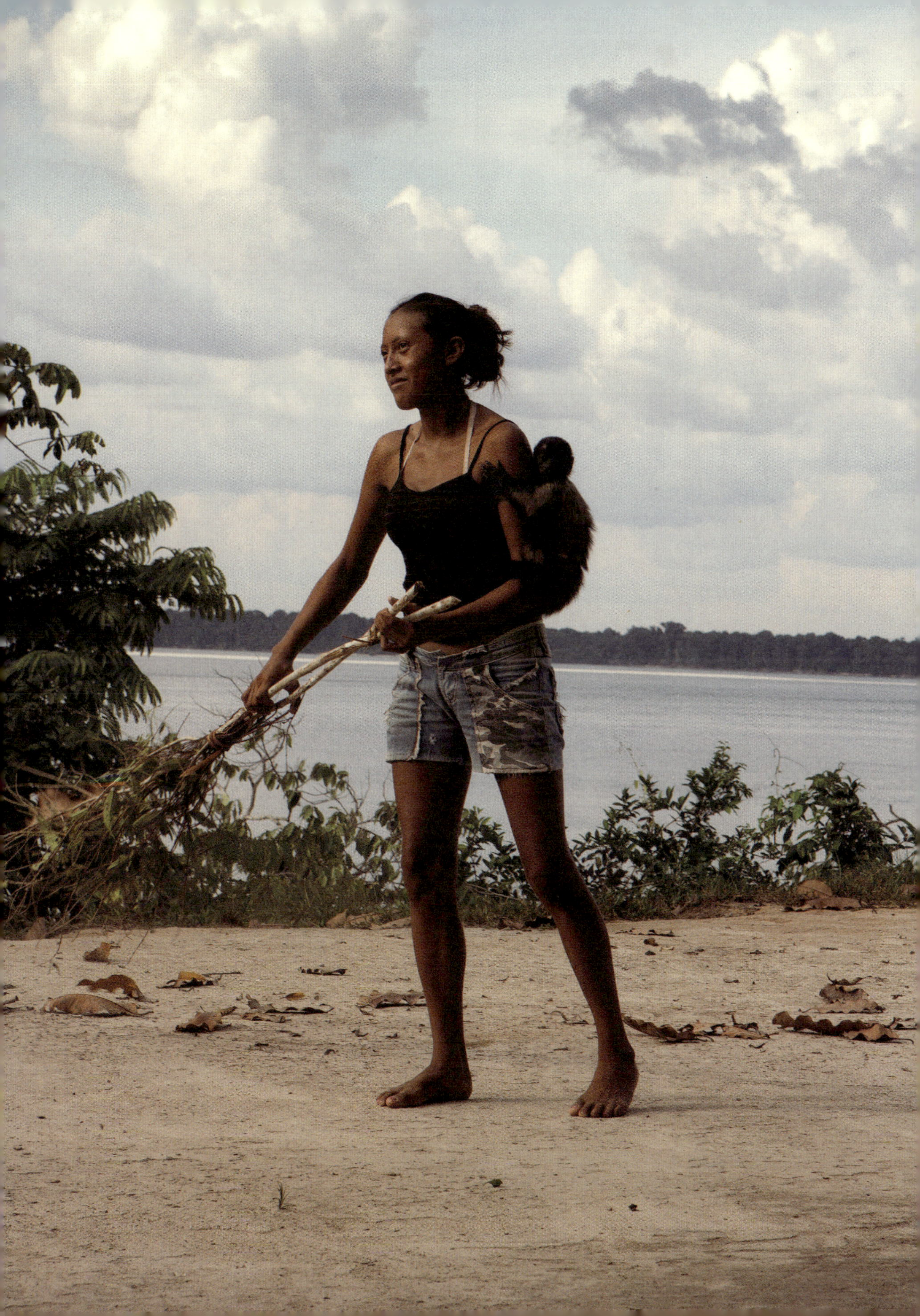

UMA REDE DE FIOS MILENARES

UM ESBOÇO

DA HISTÓRIA ANTIGA

DO RIO NEGRO

EDUARDO GÓES NEVES

UMA DAS QUESTÕES MAIS IMPORTANTES da arqueologia brasileira é entender qual foi o impacto da conquista europeia sobre os modos de vida das populações indígenas que habitavam o que é hoje o Brasil antes do início do século XVI. Apesar de inúmeros avanços feitos em pesquisas nos últimos vinte anos, não há ainda respostas claras para essa questão, apesar de sabermos que muitas partes da Amazônia hoje cobertas por floresta aparentemente virgem – situadas em locais remotos e desabitados –, têm abundantes sinais de presença humana no passado.

No caso das áreas próximas às margens do rio Amazonas, os textos escritos pelos primeiros europeus que passaram pela região mostram que alguns desses locais, como a foz do rio Tapajós, onde hoje está a cidade de Santarém, no Pará, eram densamente ocupados no passado. Nos dias de hoje, se alguém fizer uma viagem de barco de Macapá, na foz do Amazonas, a Tabatinga, na fronteira com Colômbia e Peru, milhares de quilômetros rio acima, encontrará grandes áreas de terras indígenas formalmente reconhecidas apenas no alto Solimões, muito a oeste de Manaus. De fato, qualquer exame de um mapa de distribuição de terras indígenas na Amazônia mostrará que a maioria se encontra na periferia da bacia, em regiões limítrofes com a Colômbia, Venezuela e Guianas, ou então junto às cabeceiras dos afluentes da margem sul do Amazonas, como o alto Xingu, Tapajós e Madeira.

Apesar de um intenso movimento contemporâneo de revitalização do autorreconhecimento da herança indígena por parte de populações que vivem em muitos locais às margens do Amazonas, é inegável que o impacto da colonização europeia nessas áreas foi muito intenso, comparável ao que ocorreu no Nordeste e Sudeste do Brasil. Para que se tenha ideia da densidade demográfica de algumas dessas áreas no passado pré-colonial, Gaspar de Carvajal, cronista da primeira expedição europeia que desceu o rio Amazonas, liderada por Francisco de Orellana, afirmou, durante a travessia da chamada província de Machiparo, localizada em algum lugar do alto Amazonas no território hoje compreendido entre o Equador e o Peru, que aquelas cerca de oitenta léguas eram tão densamente ocupadas "que era coisa maravilhosa de ver" (Papavero *et al.*, 2002, p. 30).

A arqueologia é uma fonte privilegiada de informação sobre o passado pré-colonial indígena no Brasil. Atualmente, a maioria dos arqueólogos atuantes no Brasil não utiliza mais o termo "pré-história do Brasil", já que ele não faz justiça à rica história dos povos que habitavam o que é hoje nosso país antes da chegada dos europeus. Em substituição a "pré-história", utilizam-se hoje designações como "história pré-colonial" ou mesmo "história antiga". História antiga é talvez a denominação mais feliz porque dá conta da já mencionada riqueza histórica, ao mesmo tempo em que permite que se estabeleça uma perspectiva comparativa com outras histórias regionais em todo o planeta. Assim, por exemplo, enquanto Carlos Magno era coroado imperador pelo papa Leão III em 800 d.C., apareciam, na Amazônia central, os primeiros sinais de ocupação de grupos que provavelmente falavam línguas tupis, cuja origem estava mais ao sul, na bacia do alto rio Madeira.

O Brasil, tal o conhecemos hoje, é um fenômeno geopolítico recente, resultado das ações da metrópole portuguesa na época colonial e posteriormente da diplomacia do início do período republicano. O Brasil, portanto, não existia antes de 22 de abril de 1500. Na verdade, ele não existiu durante quase toda a história colonial, uma vez que o território era dividido em capitanias hereditárias e, posteriormente, em dois estados independentes entre si: Brasil e Maranhão. Foi só depois da independência que esses dois estados fundiram-se em um só, mas isso à custa de muitas guerras e muito sangue: o maior exemplo na Amazônia foi a Cabanagem, iniciada em 1835, que durou mais de dez anos, mobilizou populações indígenas e ribeirinhas do interior e tornou toda a região ingovernável pelo poder central do Império por cerca de dez anos.

Feita essa ressalva, há alguns padrões mais ou menos característicos que permitem que se fale em algo como "arqueologia brasileira" ou mesmo, como será feito aqui, "história antiga do Brasil" ou, particularmente, "história antiga do rio Negro". As populações que habitavam o atual território brasileiro aqui chegaram há pelo menos 12 mil anos, mas pode ser que essa ocupação seja ainda mais antiga. Os dados genéticos disponíveis indicam que os grupos indígenas contemporâneos mantêm maior proximidade biológica com populações asiáticas, o que apoia a ideia, defendida pela maioria dos arqueólogos, de que a ocupação da Américas se deu pelo estreito de Bering, no extremo noroeste do continente, entre a Sibéria e o Alasca. Há, no entanto, uma série de questões não resolvidas sobre esse tema: se, de fato, a colonização das Américas ocorreu a partir do norte do continente, como explicar que o sítio com datas mais antigas aceitas – Monte Verde – esteja localizado no sul do Chile, na extremidade oposta? No Brasil há evidências de que diferentes partes já eram ocupadas há cerca de 11 mil anos por populações que tinham modos de vida distintos e também padrões culturais diversificados.

Os grupos indígenas que ocupavam o Brasil e o resto da América do Sul antes da chegada dos europeus não tinham escrita. Isso quer dizer que não produziram documentos escritos sobre si mesmos, o que faz da arqueologia a melhor fonte que temos para o estudo de sua história antiga. Para o início do período colonial, é possível também consultar os documentos escritos pelos primeiros europeus que aqui estiveram. Para os períodos mais remotos, no entanto, ou então para os locais onde os europeus só chegaram muito depois, há que recorrer à arqueologia como fonte de informação.

É comum que se pense que arqueólogos estudam o passado, mas essa ideia é incorreta. Arqueólogos estudam fenômenos do presente: os sítios arqueológicos e outros tipos de registros que viajaram pelo tempo, às vezes por milhões de anos, até os dias de hoje. Essa não é apenas uma distinção semântica, mas define de saída quais são as possibilidades e limitações que a arqueologia oferece para o conhecimento do passado. O passado é um país estrangeiro, um território estranho, ao qual jamais poderemos retornar. Qualquer tentativa de reconstituí-lo será sempre especulativa, sujeita a variações de humores, interesses ou agendas. Nada disso constitui grande novidade: há décadas historiadores sabem que qualquer pretensão de conhecimento objetivo sobre o passado é ilusória.

No caso da arqueologia, essa tarefa é ainda mais complexa. Houve uma época, na década de 1960, em que, inspirados pela ilusão positivista radical, os arqueólogos se preocuparam em construir um projeto de ciência exata para a disciplina, semelhante ao da física. Como consequência, leis gerais do comportamento humano e outros tipos de generalizações foram propostas, como se a capacidade de produzir leis fosse o único caminho possível para a autenticidade científica. Tal projeto ruiu de maneira fragorosa a partir da década de 1980, embora redutos ainda resistam encastelados em alguns departamentos acadêmicos espalhados pelo mundo.

Feitas essas ressalvas, é surpreendente a capacidade que os arqueólogos têm de revelar detalhes obscuros ou surpreendentes sobre o passado e seus habitantes. Refiro-me, nesse ponto, especialmente à arqueologia das populações sem escrita, também conhecida como arqueologia pré-histórica, pré-colonial ou mesmo arqueologia dos povos "sem história". A prática da arqueologia requer boa dose de esperança e até mesmo de ingenuidade: há que ter muita fé para acreditar que o estudo de pedaços de rocha e cacos de cerâmica enterrados ou espalhados pelo chão pode gerar algum tipo de produção de conhecimento. No entanto, como por milagre, isso é possível. Nossa espécie, *Homo sapiens*, tem mais ou menos 200 mil anos de idade, dos quais apenas os últimos quatro ou cinco mil encontram-se registrados em alguma forma de escrita. Ou seja, nossa capacidade de registrar nossa própria história estende-se a apenas 2,5% do tempo que temos vivido no planeta. Se considerarmos a antiguidade de nossos ancestrais remotos, que viveram nas savanas africanas há cerca de 6 milhões de anos, a relação é ainda menor: de 0,05% a 0,1%. A realização desses pequenos milagres constitui a prática da arqueologia. Essa esperança quase pueril é dividida com outros profissionais obcecados pelo passado, mas é talvez com a astronomia que as semelhanças são maiores, pois o brilho das estrelas ou as ondas de rádio que atingem hoje as antenas ou lentes dos modernos telescópios são viajantes que iniciaram sua jornada pelo tempo e pelo espaço também há milhões ou milhares de anos.

Qual é, afinal, o objeto de estudo da arqueologia e por que é tão importante defini-lo como um fenômeno do presente? Arqueólogos são cientistas sociais que pretendem entender a história de populações do passado, mas fazem sua investigação a partir de uma fonte diferente da usada por historiadores. Enquanto estes trabalham com documentos escritos como fonte primordial, embora não única, para o estudo do passado, os arqueólogos usam outro tipo de fonte: objetos, estruturas, feições, sepultamentos, restos orgânicos e outros tipos de detritos. Documentos escritos, mesmo que sejam os mais áridos dos relatórios, contêm sempre uma carga de intenção. A própria pretensão à objetividade ou à neutralidade já revela algum tipo de postura. Aos historiadores cabe, por força de seu ofício, realizar a crítica a esses documentos para deles extrair as informações procuradas. As fontes empregadas por arqueólogos são, por sua vez, mudas. Lascas de pedra, restos de carvão, conchas de bivalves, cacos de pote, amostras de pólen, pedaços de telha, sementes têm um silêncio profundo, o silêncio das pedras e dos túmulos, se comparados às fontes escritas.

Por falta de nome melhor, o objeto de estudo da arqueologia pode ser definido como "registro arqueológico" ou, então, em uma alternativa mais justa com a língua portuguesa, "patrimônio arqueológico". O problema, no entanto, com o uso do termo "patrimônio" é que ele vem carregado de uma série de conotações e expectativas jurídicas e políticas. Assim, por falta de opção melhor, seguiremos com "registro". A propriedade mais importante sobre o registro arqueológico é sua natureza híbrida. É enganoso pensar que arqueólogos trabalham só com o objetos, com a chamada "cultura material". Embora objetos fragmentados ou inteiros componham uma parte importante do registro arqueológico, este é uma matriz de componentes culturais e naturais, que inclui também elementos que não foram modificados pela atividade humana. Por causa da natureza híbrida de seu objeto de estudo, a boa arqueologia retém um pouco do sonho renascentista de uma espécie de conhecimento generalizado sobre as sociedades humanas e a natureza. É também por isso comum que a formação profissional e acadêmica em arqueologia tenha tantos caminhos distintos: embora seja visivelmente crescente a tendência de criação de cursos superiores de arqueologia no Brasil, a maioria dos arqueólogos em atividade fez seus cursos de graduação em história, ciências sociais, biologia, geografia, geologia ou até artes plásticas.

É óbvio que, em um mundo onde a produção e circulação de conhecimento é cada vez mais fragmentada, a utopia de uma espécie de conhecimento generalizante é inalcançável, mas resta ainda uma espécie de consolo aos arqueólogos que diz respeito ao menos à capacidade de formulação de perguntas passíveis de resposta a partir da investigação do registro arqueológico. É justamente aqui, no âmbito das perguntas, que reside a particularidade da arqueologia: a diferenças entre objetos de estudo, e entre as perguntas que a tais objetos se podem fazer, estabelecem de saída o campo no qual a arqueologia pode melhor operar e trazer uma contribuição única, que só ela pode fazer.

No novo mundo é com a antropologia das sociedades indígenas, também conhecida como etnologia indígena, que a arqueologia tem estabelecido um diálogo mais consistente ao longo dos anos, e é justamente nos pontos de convergência e divergência ensejados por essa conversa que seu campo de atuação e suas possibilidades interpretativas podem ser exemplificados. Tais convergências e divergências vêm das diferenças de objeto de estudo: o trabalho de campo em etnologia consagrou o modelo clássico da etnografia, através do qual investigadores permaneciam por períodos prolongados em campo, estudando minuciosamente uma sociedade em particular, normalmente um grupo habitando pequenos assentamentos como aldeias ou vilas. Após esse mergulho profundo, voltava o etnógrafo de campo com um registro detalhado das formas de produção material da sociedade estudada, bem como com dados demográficos, informações sobre a religião, sistemas de parentesco, produção artística etc. De fato, as informações eram tão detalhadas que poderiam incluir, por exemplo, um censo preciso do total de habitantes naquela comunidade.

Para continuar esse exercício comparativo, vale a pena recuar no tempo e imaginar uma comunidade semelhante, só que ocupada ao redor do ano 1.000 d.C. em algum lugar da Amazônia brasileira. É óbvio que nessa época não havia antropólogos nem arqueólogos e que uma comunidade ocupada há mil anos era diferente, por exemplo, das comunidades indígenas contemporâneas. Mesmo assim, a favor do exercício aqui proposto, vale a pena seguir com o exemplo. Os habitantes dessa comunidade podem ter empilhado o solo para construir aterros sobre os quais erguiam suas casas. Em alguns casos, tais aterros eram dispostos em estruturas circulares, circundando um pátio interno. As casas construídas eram de palha e madeira, assim como a maior parte dos objetos que nelas se guardavam, com exceção dos vasos de cerâmica e eventuais artefatos de pedra. De fato, dependendo do local, rochas são escassas na Amazônia e é pouco comum que tenham sido usadas, por exemplo, como material de construção. A produção de lixo orgânico, como restos de carvão, ossos de animais, sementes, folhas etc., lentamente depositado nos fundos das casas, promoveu mudanças lentas na coloração e composição química do solo, que aos poucos foi escurecendo e adquirindo um pH menos ácido. Imaginemos que essa comunidade foi ocupada durante dois séculos e que, ao longo do processo de ocupação, novos aterros foram sendo construídos, casas foram reconstruídas e mais lixo foi depositado.

    Um belo dia, por alguma razão desconhecida, a aldeia é abandonada e quase instantaneamente o mato começa a crescer nos locais que eram anteriormente de habitação e trânsito. Frutificam algumas das sementes jogadas nos quintais das casas, continuam crescendo as árvores plantadas pelos antigos moradores e aos poucos uma espessa mata de capoeira se forma, recobrindo os objetos abandonados na superfície. Esses objetos, se feitos de palha, pluma ou madeira, vão aos poucos apodrecendo, enquanto os de cerâmica ou pedra podem até se quebrar, mas dificilmente irão se decompor. As casas vão caindo e, sobre elas, crescem árvores. Animais abrem suas covas em meio ao solo escuro e, eventualmente, moradores de outros locais visitam a capoeira para coletar frutas ou caçar. Como não é incomum, é possível que o local seja reocupado mais de uma vez e que até, posteriormente, alguma cidade surja ali também. Afinal, a coisa mais frequente na Amazônia é as cidades modernas crescerem sobre os sítios arqueológicos.

    Após essa longa história, chegam por fim os arqueólogos e o que encontram está longe de ser um registro preciso sobre o que ocorreu ali no passado. Assim, ao contrário de seus colegas etnógrafos que podem ter um registro preciso das atividades e seus significados em comunidades de tempos e lugares determinados, os arqueólogos normalmente se defrontam com contextos repletos de ruídos aos quais tentam impor algum sentido, como se estivessem lendo um livro velho sem capas, com páginas arrancadas e nem sempre numeradas, cheias de anotações e rabiscos, cuja ordem se foi alterando com o tempo. É talvez por tal razão que o arqueólogo Lewis Binford denominou o que se conhece como "premissa de Pompeia": a ideia de que o sítio arqueológico de Pompeia é tão famoso justamente por ser único, por trazer uma espécie de instantâneo da cidade à época da erupção do Vesúvio. Casos como esses são raríssimos em arqueologia. É por isso que arqueólogos não fazem paleoetnografias; a contribuição que podem fazer vem muito mais da capacidade, oferecida pelo próprio registro arqueológico, de entender a história de longa duração, às vezes por centenas ou milhares de anos.

    No rio Negro, os dados etnográficos e históricos disponíveis mostram que diferentes grupos étnicos ocupam atualmente a região. As diferenças étnicas são associadas às línguas faladas por essas populações. O rio Negro propriamente dito parece ser ocupado há milênios pelos baré, seus ancestrais e grupos aparentados, como os manao – cujo nome dá origem ao nome da capital do estado do Amazonas –, todos eles falantes de línguas da família aruak. No final do século XV, as línguas aruak eram as que tinham a distribuição mais ampla pelo continente americano, sendo faladas desde as Bahamas, no Caribe, até pelo menos o Pantanal Mato-grossense, e desde o sopé dos Andes, próximo a Cusco, até a foz do rio Amazonas. Para alguns autores, o rio Negro teria sido o centro de origem dessas populações, devido à grande quantidade e diversidade de falantes dessas línguas ali encontrados. Ao longo do rio Branco, o maior afluente do rio Negro, encontram-se falantes de diferentes línguas da família karib, como macuxi e taurepang e, em suas cabeceiras, nas terras altas da fronteira com a Venezuela, também diferentes falantes de línguas yanomami. No alto rio Negro, na fronteira com Colômbia e Venezuela, há falantes de cerca de vinte línguas da família tukano oriental, como o próprio tukano, e de línguas da família maku. Para que se tenha ideia das dimensões dessa diversidade cultural, enquanto na bacia do rio Negro há falantes de línguas de cinco famílias linguísticas (aruak, karib, tupi-guarani, tukano oriental e maku), todas as línguas europeias contemporâneas – com exceção do basco, que é isolado, e do húngaro, estoniano e finlandês, que fazem parte de outra família – pertencem a uma única família, a indo-europeia.

É certo que o padrão de diversidade linguística hoje verificado entre os povos do rio Negro já era prevalente na região antes do início da colonização europeia. A única exceção talvez seja o uso do nheengatu, a língua hoje falada pelos baré e outros povos outrora falantes de línguas aruak, que pode ter sido introduzido pelos europeus e utilizado como língua franca na área, embora dados arqueológicos indiquem também a possibilidade de ocupação, pelo menos do baixo rio Negro, de falantes de línguas tupis a partir do século X (Moraes e Neves, 2012).

Com uma quantidade tão grande de línguas, é esperado que os habitantes indígenas do rio Negro sejam poliglotas, o que é a mais pura verdade; qualquer habitante da região fala com fluência pelo menos três línguas distintas: as línguas de sua mãe e de seu pai, que normalmente são diferentes porque há uma regra que prescreve o casamento entre falantes de línguas diferentes, conhecida como "exogamia linguística", bem como o português, no caso do Brasil, ou o espanhol, no caso da Colômbia e Venezuela, línguas neolatinas que substituíram o nheengatu como língua franca.

As regras de casamento entre falantes de línguas diferentes no rio Negro mostram que a melhor maneira para se compreender os modos de vida de seus habitantes se dá a partir de uma perspectiva regional. Normalmente, as mulheres se mudam para a casa de seus maridos após o casamento. Em alguns casos, a distância entre as aldeias pode ser pequena, mas em outros é grande a distância entre o local de origem e o de residência após o casamento. Além de construir uma malha regional que conecta populações locais dispersas por lugares distantes, as redes de relações estabelecidas pelas regras de casamento criam também um rico contexto que estimula a biodiversidade das plantas cultivadas e manejadas. Talvez o melhor exemplo seja o da mandioca: sabe-se que essa planta se reproduz de maneira vegetativa, através do plantio de seus talos, também conhecidos como manivas. Nas viagens entre suas aldeias, quando visitam mães, irmãs ou filhas, as mulheres do rio Negro dão e recebem como presente talos de maniva com diferentes propriedades – por exemplo, as que são adequadas para produzir farinha ou tucupi de qualidade, mais resistentes a pragas, as de ciclo produtivo mais curto. O mesmo vale para diferentes tipos de pimentas ou frutas. Esse fluxo de plantas, ao longo do tempo, criou um complexo e sofisticado sistema agroflorestal, composto por centenas de variedades, que foi registrado como patrimônio cultural brasileiro pelo Instituto do Patrimônio Histórico e Artístico Nacional. Atualmente, tal sistema superou os limites do alto rio Negro e se expandiu em direção a Manaus, cidade que tem hoje bairros em sua periferia com habitantes integrados a redes que remontam ao alto curso do rio, a quase mil quilômetros de distância. O dinamismo pelo qual as redes de relação se transformam e expandem, geralmente à sombra do poder público, serve como antídoto à ideia obsoleta e politicamente perigosa de que os povos indígenas contemporâneos estariam condenados a desaparecer e se diluir na sociedade nacional brasileira.

Além do rio Negro, sistemas regionais foram descritos em outras áreas da Amazônia e do norte da América do Sul. Descrições etnográficas vêm de áreas atualmente localizadas principalmente na periferia das fronteiras de colonização do Brasil e seus países vizinhos: bacia do alto Xingu no Brasil central, bacia do Ucayali, no Peru, as terras altas das Guianas. A literatura histórica remete igualmente para casos em que tais sistemas foram completamente desmontados, durante o período colonial, em áreas onde poucas sociedades indígenas sobreviveram, como as Pequenas Antilhas e o médio rio Solimões.

A literatura etnográfica mostra que há grande variação a ser encontrada na estrutura e no funcionamento desses sistemas. Na maioria dos casos, como o alto rio Negro, as terras altas da Guiana e do alto Xingu, eles são caracterizados pela produção local especializada de bens – como bancos de madeira, colares de contas, cestos cargueiros, vasos de cerâmica – que circulam por áreas mais extensas através do comércio. A natureza e o modo de interações variam. Em alguns casos, as prerrogativas de determinados grupos locais para especialização da produção pode ser baseada na disponibilidade imediata de matérias-primas, mas uma razão puramente econômica não é adequada para explicar os padrões na produção especializada e na distribuição de mercadorias.

‡

Como o próprio nome indica, o rio Negro é um rio de águas pretas. Rios de águas pretas são comuns pela Amazônia, mas nenhum deles tem as dimensões e o volume de água do rio Negro, e é por isso que ele é tão belo. No verão, quando as águas baixam, formam-se extensas praias cujo branco das areias contrasta com o verde da mata, o céu equatorial azul-profundo e o preto-avermelhado das águas. A origem da cor escura das águas é um tema de pesquisas desde a época de Alexander von Humboldt, Alfred Russel Wallace e Richard Spruce, cientistas europeus que passaram pelo rio Negro no século XIX. Sabe-se hoje que a cor escura é devida às condições geológicas da bacia. O rio Negro e seus principais afluentes têm suas nascentes nas áreas geologicamente antigas de afloramentos graníticos e escarpas areníticas do planalto das Guianas. Por essa razão, é comum que os solos na região sejam arenosos, o que gera também um padrão muito particular de vegetação, típico da bacia, conhecido como campinarana ou caatinga amazônica. Devido às características dos solos arenosos, que são menos ricos em nutrientes e muito drenados, as matas de campinarana são normalmente mais abertas que uma típica floresta ombrófila amazônica: as árvores são menores e menos espessas. Em contrapartida, também como consequência dessas características, as plantas da região desenvolveram uma série de mecanismos químicos de defesa contra predadores, assim como adaptações específicas que fazem da região, principalmente o alto rio Negro, uma das mais biodiversas da Amazônia.

Nas épocas de chuvas, a folhagem que cai sobre a superfície tem seus compostos secundários, como taninos, diluídos pela água. Como acontece toda vez que se prepara uma xícara de chá, a água é escurecida por esses compostos e, por causa do solo arenoso, que é bastante poroso, parte dessa água penetra solo abaixo até encontrar o embasamento rochoso ou o lençol freático, por onde é carregada até as nascentes. Os povos indígenas que habitam há milênios a bacia do rio Negro desenvolveram estratégias de manejo de plantas e animais para lidar com essas aparentes limitações ecológicas. Aparentemente, elas não foram uma barreira para ocupações humanas bem-sucedidas, como se verá a seguir.

‡

No início da colonização europeia, em 1541 e 1542, após uma série de contratempos, uma pequena expedição exploradora, que havia iniciado sua viagem nos Andes equatorianos, desceu os rios Napo e Amazonas até sua foz, no oceano Atlântico. A expedição, chefiada por Francisco de Orellana, teve um cronista, frei Gaspar de Carvajal, que nos deixou o primeiro relato escrito sobre os povos indígenas da bacia amazônica. Desde sua redescoberta, no final do século XIX, o relato de Carvajal tem servido como uma fonte preciosa, embora às vezes vaga, sobre os modos de vida desses povos nos períodos que antecederam a colonização europeia. E constitui também o primeiro texto escrito sobre o rio Negro, em particular sobre o encontro das águas dos rios Solimões e Negro. De acordo com Carvajal,

> prosiguiendo nuestro viaje, vimos una boca de otro rio grande a la mano siniestra, que entraba en el que nosotros navegávamos, el água del cual era negra como tinta, y por esto le pusimos el nombre del Río Negro, el cual corría tanto y con tanta ferocidad que en más de veinte leguas hacía raya en la otra agua sin revolver la una con la otra.[1] (Papavero *et al.*, 2002, p. 31)

Embora vivam em locais distantes dos grandes centros urbanos do país, os povos indígenas do alto e médio rio Negro tiveram, desde o início da colonização, contato com os europeus, que estabeleceram ali missões já no século XVII. Esses contatos se tornaram mais intensos, regulares e contínuos a partir do século XVIII. Curiosamente, no entanto, essa história de convivência, nem sempre pacífica ou harmoniosa, não conseguiu desmantelar o padrão de organização social em redes regionais ainda hoje visto na região. O interesse dos colonizadores portugueses sobre o rio Negro e seus povos estava ligado à captura de mão de obra escrava, uma das principais atividades econômicas do período colonial na Amazônia. Ao longo

---

1— "prosseguindo nossa viagem, avistamos à esquerda a boca de um outro rio grande, que entrava nesse em que navegávamos e cuja água era negra como tinta, por isso lhe demos o nome de rio Negro, o qual corria tanto e com tamanha impetuosidade que, por mais de vinte léguas, deixava uma risca na outra água sem que elas se misturassem."

do século XVII, a expansão militar e religiosa portuguesa pelo baixo rio Amazonas e pelos rios Tocantins, Xingu e Tapajós levou ao extermínio ou à escravização dos povos que viviam nesses rios. A cidade de Manaus foi fundada em 1669, ao longo desse movimento expansivo, que se acentuou no século XVIII, quando o rio Negro se tornou a nova fronteira para a expansão econômica da metrópole.

Com o estabelecimento das colônias e dos assentamentos europeus no litoral, os antigos padrões de comércio e de guerra nas Guianas foram transformados. As zonas costeiras adquiriram importância como centros para a aquisição de bens produzidos na Europa, mas também como centros de consumo de trabalho escravo indígena. Como consequência, iniciou-se a competição entre diferentes grupos locais pelo acesso a esse fluxo de mercadorias. A partir do início do século XVIII, os portugueses passaram a competir com outros povos do rio Negro, como os manao, no apresamento e comércio de mão de obra indígena. Os manao eram, como os baré, falantes de uma língua da família aruak e ocupavam a região do médio rio Negro, a montante de Barcelos. Dessa região tinham acesso, através do rio Branco, às rotas de comércio que interligavam o médio rio Negro ao litoral das Guianas e seus colonizadores holandeses. Essas rotas eram certamente de antiguidade pré-colombiana, mas assumiram outra importância e significado com o estabelecimento das colônias europeias no litoral.

Já no século XVII, há evidências de que produtos trazidos da Europa pelos holandeses estavam chegando à Amazônia central (Sweet, 1974, p. 252), embora não seja claro o envolvimento dos manao com essas redes de comércio. A partir do final do século XVII, eles assumiram um papel cada vez mais importante nessa rede, provendo urucu, raladores de mandioca e cestaria (Porro, 1987). Com o aumento da demanda de escravos índios, os manao substituíram seu papel antigo de provedores de artesanato pelo de provedores de mão de obra escrava. É provável que outros grupos, além dos manao, também estivessem envolvidos nessas redes de comércio de mão de obra escrava, como se verifica na tradição oral do rio Uaupés. Na década de 1720, os manao buscaram acesso direto aos holandeses, sem intermediários (Dreyfus, 1993, p. 32), o que justificou a guerra que contra eles lançaram os portugueses em 1724. A partir daí, a ocupação portuguesa do rio Negro se intensificou, culminando com a construção do forte de São Gabriel da Cachoeira, em 1761, e a fundação da cidade de Barcelos, primeira capital da província de São José do Rio Negro, em 1758.

A definição precisa dos limites entre grupos étnicos e das formas de organização social e política no passado é uma tarefa complexa e em muitos casos inexequível. A própria existência de sistemas regionais como os aqui mencionados mostra que formulações clássicas como "estado" ou "tribo" não dão conta da variabilidade e do dinamismo dos arranjos políticos fluidos que se constituíam e se desfaziam ao longo do tempo no passado. Por outro lado, o envolvimento direto ou indireto de grupos indígenas locais com os europeus, que viviam à época seu próprio processo de definição de Estados nacionais, levou a que ocorresse o que se chama de "tribalização": a emergência de maior rigidez na definição de fronteiras étnicas ou políticas, formando "tribos" mais ou menos definidas. Exemplo clássico disso foi o que ocorreu entre os grupos falantes de línguas tupi-guaranis que ocupavam o litoral Atlântico do Rio de Janeiro e de São Paulo no século XVI, cujo envolvimento na disputa entre franceses e portugueses pelo controle dos territórios recém-descobertos deu um significado adicional aos conflitos entre grupos locais que certamente já ocorriam antes da conquista. Desse envolvimento surgem tribos que vieram a ser conhecidas na literatura como tamoio ou tupinambá. Nesse sentido, embora seja possível afirmar que os ancestrais dos baré e manao habitam continuamente a bacia do rio Negro há mais de 2 mil e quinhentos anos, é também certo que tais denominações étnicas, ou etnônimos, têm uma história muito mais recente.

As evidências mais antigas de ocupação humana na bacia do rio Negro vêm do sítio Dona Stella, localizado próximo a Manaus e com datas que recuam a cerca de 6.500 a.C. Localizado em uma típica campinarana, junto a um igaparé que deságua diretamente na margem direita do rio Negro, o sítio Dona Stella tem o registro de uma série de acampamentos ocupados por grupos que produziam objetos de pedra lascada, incluindo pontas de projéteis bifaciais, cujas fontes de matéria-prima ficavam a centenas de quilômetros de distância ao norte, na região onde está hoje a cidade de Presidente Figueiredo. A exploração desses afloramentos distantes implicava a identificação e o mapeamento de áreas de terra firme, igarapés de pequeno porte ou locais junto a corredeiras ou cachoeiras, nem sempre acessíveis à navegação. É sabido que algumas das evidências mais antigas de ocupação da Amazônia vêm de áreas de terra firme, como a serra dos Carajás ou o alto Guaporé, indicando desde o início uma preferência indistinta pela ocupação de áreas ribeirinhas ou de terra firme. A própria escolha do local de ocupação do sítio Dona Stella pode, nesse sentido, ser elucidativa, já que, apesar de habitar uma mesopotâmia entre dois dos maiores rios do mundo, o Negro e o Solimões, os antigos habitantes optaram por ocupar ou, ao menos, passar parte do tempo às margens de um pequeno igarapé, e não em locais junto aos grandes rios.

É desnecessário ressaltar que o quadro que aqui se apresenta é parcial, já que ocupações antigas junto às planícies aluviais dos rios Negro, Solimões ou Amazonas não foram ainda identificadas. É também perfeitamente plausível – quase uma obviedade – que os ocupantes do sítio Dona Stella tivessem um sistema de assentamento que incluísse estadias de variadas durações nessas planícies aluviais, principalmente no verão, com os níveis dos rios mais baixos, os igapós secos, as praias aflorando, um contexto propício à pesca, à captura de mamíferos como o peixe-boi e à coleta de recursos importantes, como ovos de tracajá enterrados na areia. Quem conhece as praias do rio Negro consegue entender que seria praticamente impossível que esses lugares não fossem ao menos sazonalmente ocupados. De qualquer modo, a localização do sítio Dona Stella mostra que, no início do Holoceno, locais de terra firme eram também ocupados, mesmo em áreas próximas a grandes rios.

Apesar de ainda incipientes, as pesquisas realizadas com ocupações do início do Holoceno na região de Manaus mostram um padrão que correlaciona tais ocupações ou sítios à presença de matas de campinarana. Em Manaus, próximo ao igarapé Tarumã-açu, pesquisas de arqueologia preventiva à construção de loteamentos identificaram vários sítios ou ocorrências dessa natureza, às vezes enterrados sob espessas camadas arenosas, às vezes aflorando em antigos locais de extração de areia. Tais sítios, que são difíceis de delimitar e que não foram ainda datados com precisão, têm indústrias bifaciais muito parecidas às de Dona Stella (Py-Daniel *et al.*, 2011). Em Iranduba, os levantamentos regionais mostraram também alguma correlação entre sítios com indústrias bifaciais e áreas de areais. Não se sabe até o momento se tais correlações resultam do fato de terem esses locais maior visibilidade arqueológica, já que areais são cobertos por campinaranas, que têm vegetação mais esparsa, ou se refletem uma escolha preferencial por esses locais por parte desses antigos habitantes.

Não há ainda dados paleobotânicos disponíveis, mas é provável que os primeiros habitantes do rio Negro tivessem modos de vida baseados na caça e pesca e no manejo de plantas não domesticadas e domesticadas. Modos de vida desse tipo estão ainda presentes na região do alto rio Negro entre os diferentes grupos que falam línguas maku e que habitam partes do Brasil e da Colômbia. Trata-se de populações que têm um conhecimento sofisticado das florestas e seus recursos, mais ainda que grupos ribeirinhos como os baré. Ao contrário, portanto, de uma perspectiva que encararia essas populações como representantes fósseis, no presente, de modos de vida evolutivamente atrasados e já superados com o advento da agricultura, o registro arqueológico do rio Negro mostra surpreendente estabilidade, ao longo dos milênios, de ocupações assentadas em economias produtivas baseadas na caça, na pesca e no manejo, com contribuição relativa menor para o cultivo de plantas domesticadas. De fato, parece cada vez mais claro, quando se estuda a arqueologia da Amazônia, principalmente as relações entre humanos e plantas, que é tênue o limite entre o que é domesticado e o que não é. Talvez o melhor exemplo seja o açaí (*Eutherpe oleracea* e *Eutherpe precatoria*): atualmente uma planta economicamente importante, constituindo-se como objeto de exportação, o açaí é, tecnicamente, uma planta selvagem, já que não foi domesticado pela atividade humana no passado. O que se vê, no caso do açaí, é que se o manejo de recursos selvagens, principalmente de palmeiras, pode assegurar uma produtividade razoável em contextos de sociedades altamente urbanizadas como as do presente, ele é mais que suficiente para prover uma base econômica confiável para populações com densidades demográficas mais baixas, como entre os grupos caçadores do rio Negro.

Os habitantes contemporâneos falantes de línguas maku do alto rio Negro fazem uso extensivo de zarabatanas, que são armas maravilhosas, longas, com até dois metros de comprimento, que permitem caçar em silêncio os animais que vivem no alto da copa das árvores. Não se sabe qual é a antiguidade do uso de zarabatanas. No sítio Dona Stella, a ponta de projétil identificada, quase sem desgaste, parece sugerir que se tratava mais de um objeto de uso simbólico que propriamente parte de uma arma de caça.

‡

Apesar de sua extensão, há ainda poucas pesquisas arqueológicas realizadas no rio Negro, além dos trabalhos pioneiros de Peter Hilbert na região de Manaus nos anos 1950 (Hilbert, 1968), de Mário Simões, no baixo e médio curso, nos anos 1960-70 (Simões, 1974; Simões e Kalkmann, 1987), de Neves (1997) no alto rio Negro, nos anos 1990, e do Projeto Amazônia Central e projetos a ele associados, na área de confluência dos rios Negro e Solimões, entre 1995 e 2010 (Neves, 2013). Para a área do médio rio Negro quase nada ainda foi feito, exceto uma tese de fôlego que é um estudo sobre as gravuras rupestres da região (Valle, 2012) e uma dissertação de mestrado que traz dados muito interessantes sobre a arqueologia do rio Unini, afluente da margem direita do rio Negro (Lima, 2014). Esses trabalhos recentes mostram o imenso potencial de informações históricas que a arqueologia dessa região ainda trará.

Talvez devido à escassez de pesquisas, no entanto, há ainda grandes lacunas no conhecimento sobre a história antiga do rio Negro. Paradoxalmente, sabe-se mais sobre a ocupação humana no Holoceno antigo, entre 10 e 7 mil anos atrás, que sobre o Holoceno médio, entre 7 e 3 mil anos atrás. Não há ainda uma boa explicação para isso, mas uma possibilidade é a ação de eventos mais marcados de sazonalidade nessa época (Neves, 2007). O fato é que, a partir de 3 mil anos atrás, ou 1.000 a.C., os sinais de ocupação humana passam a ser mais evidentes e abundantes, com a possibilidade de se correlacionar mais claramente as ocupações arqueológicas às contemporâneas.

Grande parte dos arqueólogos que trabalham hoje na bacia amazônica aceita a hipótese de que as populações indígenas antigas da região realizaram modificações marcantes e duradouras nas condições naturais dos biomas dessa vasta área das terras baixas da América do Sul. Tal hipótese vem sendo amparada por dados produzidos em diferentes contextos da Amazônia, seja em áreas adjacentes a planícies aluviais de rios de água branca, clara ou negra, seja em áreas de interflúvio. No entanto, resta ainda estabelecer em que contextos – culturais, demográficos e sociais – ocorreram tais modificações da natureza, ou criações de paisagens, já que a ocupação humana da Amazônia não foi cumulativa, mas sim marcada pela alternância de longos períodos de estabilidade entremeados por rápidos episódios de mudança (Moraes e Neves, 2012; Neves, 2011). Paisagens têm história: são tempo, espaço e forma plasmados.

No rio Negro e em uma ampla área da Amazônia – espalhando-se de oeste para leste, ao longo de uma linha reta de cerca de 1.300 quilômetros, desde a foz do Japurá até Santarém, e de norte a sul, por mais de 700 quilômetros, desde o baixo rio Branco até a região de Manaus – há sítios com ocupações datadas a partir do ano 1.000 a.C. que apresentam depósitos com fragmentos de belas cerâmicas com padrões decorativos semelhantes entre si, incluindo as incisas, as modeladas e o abundante uso da pintura amarela, laranja, cor-de-vinho e vermelha, denominadas Pocó-Açutuba (Neves *et al.*, 2014). É plausível que os grupos que produziram cerâmicas Pocó-Açutuba fossem falantes de línguas geneticamente próximas entre si, mais ou menos como os grupos falantes de línguas da família tupi-guarani no litoral Atlântico no início do segundo milênio da nossa era. Se essa hipótese estiver correta, é provável que esses grupos falassem línguas da família aruak, de acordo com a velha hipótese de Max Schmidt (1917) e Erland Nordenskiold (1930).

A hipótese de correlação entre falantes de línguas aruak e grupos produtores de cerâmicas incisas e modeladas, como é o caso de Pocó-Açutuba, vem sendo apresentada e rediscutida desde o início do século xx. O fato de Pocó-Açutuba ser o conjunto de cerâmicas incisas e modeladas mais antigo encontrado até o momento na Amazônia confere apoio a essa hipótese, embora não a prove. É certo, no entanto, que as línguas aruak foram as que tiveram a dispersão mais ampla pelas terras baixas da América do Sul (Urban, 1992). Os mecanismos subjacentes à expansão dos grupos falantes de língua aruak são ainda controversos, mas muitos autores

(Ericksen, 2011; Lathrap, 1970; Heckenberger, 2002; Hornborg, 2005) associam tal processo à adoção da agricultura da mandioca. Essa hipótese tem em muitos aspectos a mesma base dos argumentos propostos por Renfrew (1987) para explicar a expansão indo-europeia, que diz que a adoção da agricultura provocou o crescimento demográfico e a consequente expansão geográfica, ou "difusão dêmica", de populações específicas – no caso da Amazônia, os falantes de línguas da família aruak. Para Lathrap (1970), os correlatos materiais dessa expansão seriam vistos nos sítios com cerâmicas com decoração incisa e modelada distribuídos pela Amazônia e pelo norte da América do Sul. Heckenberger (2002) refinou ainda mais a hipótese de Lathrap e acrescentou, aos correlatos arqueológicos anteriormente propostos, também a ocupação de aldeias de formato circular, um padrão claramente associado à ocupação das primeiras aldeias dos grupos falantes de línguas aruak no Caribe insular.

Os indígenas que produziram cerâmicas Pocó-Açutuba eram grupos que exploravam e manejavam a Amazônia com uma tecnologia aparentemente nova para a época, que deveria incluir uma ênfase maior no cultivo de plantas domesticadas, embora não seja possível afirmar que tenham sido agricultores, já que o manejo de plantas não domesticadas parece ter permanecido também importante. Essa tecnologia permitiu que se espalhassem por uma grande área, ocupando locais anteriormente vazios ou previamente habitados por populações culturalmente distintas. Não há até o momento evidências que mostrem a associação entre as formas de conflitos e o início das ocupações Pocó-Açutuba, o que sugere o estabelecimento, entre grupos que já habitavam anteriormente essas áreas, de algum tipo de relação que permitisse a incorporação desses povos por meio de relações de comércio ou casamento, como se vê atualmente em áreas que têm influência de grupos aruak em sua ocupação, como é o caso do alto rio Negro.

No sítio Lago das Pombas, localizado no rio Unini, Márjorie Lima (2014) identificou camadas de terras pretas antrópicas datadas ao redor de 300 d.C. e associadas a cerâmicas Pocó-Açutuba. Terras pretas são, como o nome diz, solos que foram modificados e tiveram sua fertilidade aumentada pela atividade humana no passado. Tais solos, hoje disseminados por toda a Amazônia, têm, além de alta fertilidade, uma notável estabilidade, que faz com que mantenham por séculos uma grande quantidade de nutrientes, o que não ocorre normalmente com solos tropicais, que perdem rapidamente seus nutrientes devido à lixiviação resultante das chuvas intensas.

Na região de Manaus, próximo à foz do rio Negro, as ocupações associadas a cerâmicas Pocó-Açutuba são ainda mais antigas, chegando ao século IV a.C., ou seja, cerca de 2 mil e trezentos anos atrás. Se estiver correta a hipótese que correlaciona essas ocupações a grupos falantes de línguas aruak, como os baré, pode-se ter uma ideia da longevidade da história da ocupação desses grupos na área, que ocorreu, por exemplo, na mesma época que Alexandre, o Grande, formava seu efêmero império. Não se sabe ainda qual é o centro de origem dos falantes de línguas da família aruak. Cerâmicas com decorações semelhantes, denominadas Ronquin Sombra no baixo Orinoco, têm datas mais comparáveis em antiguidade às das ocupações identificadas nos contextos amazônicos (Barse, 2000; Roosevelt, 1997). O padrão de distribuição de datas na Amazônia é, no entanto, pouco elucidativo:

embora as datas do primeiro milênio a.C. na bacia do Caquetá-Japurá sugiram uma origem no noroeste da Amazônia, as datas publicadas por Gomes (2011), bem como por Hilbert e Hilbert (1980), indicam ocupações no final do segundo milênio a.C. na região do Tapajós-Trombetas.

Quando Cristóvão Colombo chegou à ilha de Hispaniola, em 1492, encontrou povos indígenas, os taino, que, sabe-se hoje, falavam uma língua aruak. A tradição oral desses grupos e os próprios padrões arqueológicos do Caribe insular já indicam há tempos que os ancestrais dos taino eram grupos falantes de línguas aruak que emigraram de algum lugar no norte de América do Sul, provavelmente a Venezuela, e paulatinamente ocuparam todo o arquipélago, com exceção do oeste de Cuba (Rouse, 1992). Os dados de ocupações Pocó-Açutuba no rio Negro mostram que a região já era parte dessa teia milenar de relações entre grupos aruak, que conecta há milênios o Caribe, o norte da América do Sul e o coração da Amazônia.

A transição entre o primeiro e o segundo milênios d.C. foi uma época de profundas mudanças na Amazônia. Na região onde está hoje Santarém, começou a se constituir um assentamento que viria a ter no futuro grandes dimensões, talvez comparáveis às de uma cidade. No alto Xingu, estradas lineares foram abertas para conectar grandes aldeias. No litoral do Amapá, estruturas de pedra, alinhadas ao movimento das estrelas e associadas a cemitérios, foram construídas. Tal processo de mudanças é também visível na arqueologia do rio Negro. Os correlatos são sítios arqueológicos ou reocupações de sítios mais antigos que apresentam uma cerâmica vistosa e ricamente decorada com pinturas em vermelho, laranja, preto e branco, conhecidas como parte da chamada "tradição policroma da Amazônia".

A distribuição de sítios da tradição policroma engloba boa parte da Amazônia ocidental, incluindo os rios Madeira, Negro, Solimões e Amazonas, Japurá, Içá, Napo e Ucaialy. No alto rio Napo, no Equador, há sítios com materiais policromos situados literalmente ao sopé da cordilheira dos Andes. A julgar pelas datas obtidas, o processo de ocupação desses assentamentos foi relativamente rápido: em poucos séculos, por exemplo, toda a área que vai do baixo Amazonas, próximo a Itacoatiara, até o rio Napo, com mais de dois mil quilômetros de distância em linha reta, tem sítios com sinais de ocupação associados à tradição policroma entre os séculos IX e XII. A cronologia para esses sítios sugere um movimento populacional de leste para oeste, e, embora haja certo consenso em considerar a região do alto rio Madeira como o centro de origem dos povos que produziram essas cerâmicas, algumas das datas mais antigas para essas ocupações foram, por exemplo, obtidas no médio rio Negro, próximo a Barcelos. Em outras palavras, há ainda necessidade de muitas pesquisas para entender melhor tal história. Apesar dessas incertezas, alguns autores associam a distribuição de sítios da tradição policroma à expansão, ao menos inicialmente, de grupos falantes de línguas da família tupi-guarani pela Amazônia ocidental (Lathrap, 1970; Neves, 2013).

No rio Negro, conforme já discutido, as ocupações mais antigas com cerâmicas policromas datam do final do século IX. Além do próprio rio Negro, sítios com esses materiais são visíveis nos baixos cursos dos rios Uaupés e Içana. Se a hipótese que correlaciona a expansão policroma à expansão de grupos falantes de línguas tupi-guarani estiver correta, talvez ela possa explicar a ampla disseminação do nheengatu, que é uma língua tupi-guarani, pela região mesmo antes da colonização europeia. Apesar dessa influência linguística, grupos como os baré, falantes de nheengatu, têm modos de vida e visões de mundo perfeitamente compatíveis com os de seus parentes que falam línguas aruak pela bacia do rio Negro.

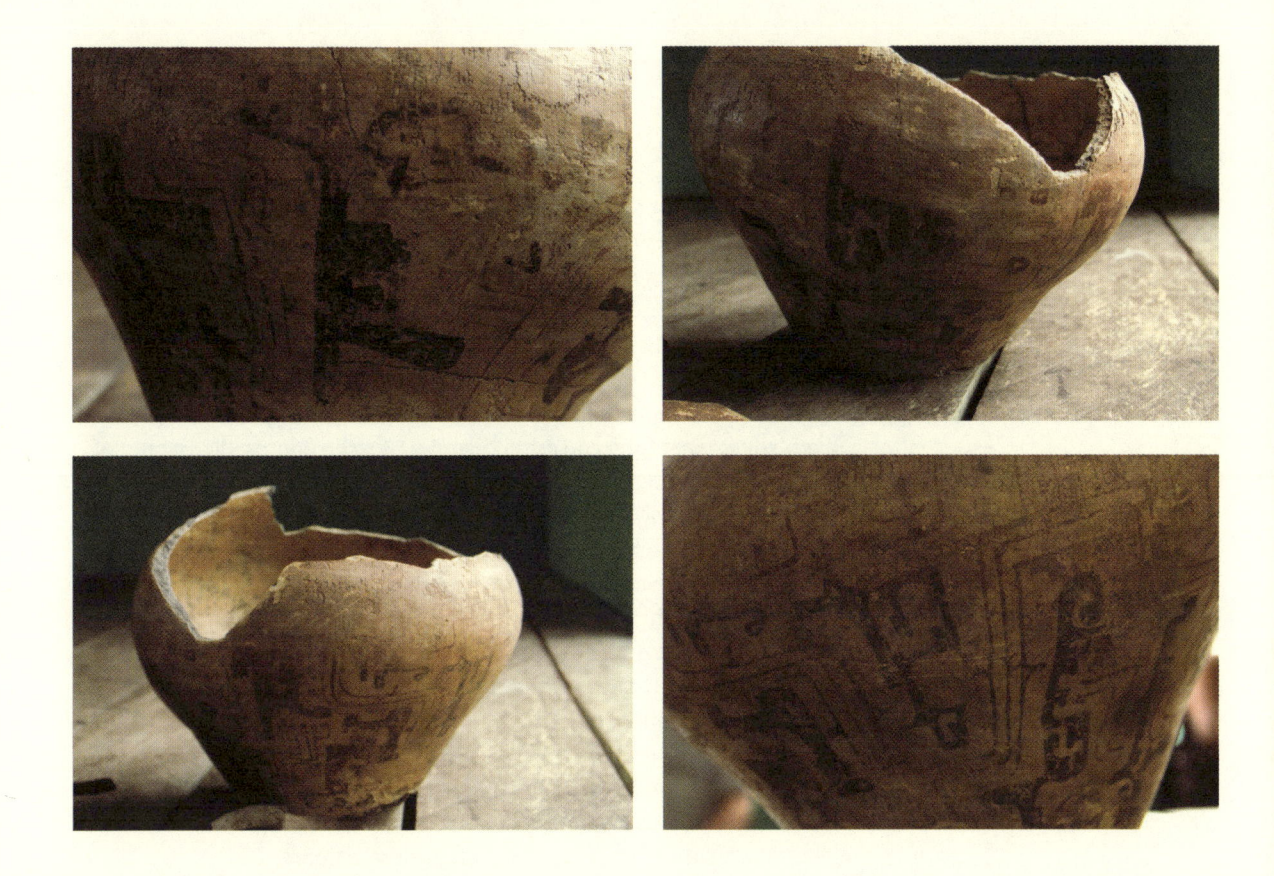

    Ao contrário de outras partes da Amazônia, as ameaças que pairam atualmente sobre os povos indígenas do rio Negro são relativamente pequenas, ao menos se os compararmos aos índios do Xingu e Tapajós, ameaçados direta ou indiretamente pela construção de grandes barragens perto dos locais onde vivem. Os solos pobres da região parecem também afastar, ao menos no curto prazo, qualquer forma de expansão agropecuária desenfreada, exceto talvez a região do alto rio Branco, em Roraima. Talvez o mais belo na história dos baré e outros povos do rio Negro seja o seu dinamismo silencioso: há mais de 2 mil anos seus ancestrais aruak começaram a colonizar essa área, que passou posteriormente pela ocupação de outros povos indígenas, pela guerra e pela construção de cidades e fortes pelos europeus. Nada disso foi suficiente para truncar essa longa trajetória que se refaz a cada dia, quietamente, nas aldeias, vilas e cidades do rio Negro.

Peça encontrada e recolhida em abril de 2012 por Aelton José Pereira e Maria Conceição Melgueiro de Jesus na comunidade de Campinas do Rio Preto, município de Santa Isabel do Rio Negro. Acredita-se que provém da cultura guarita, cuja data mais antiga para a calha do Rio Regro é 880 d.C.

REFERÊNCIAS BIBLIOGRÁFICAS

BARSE, William. "Ronquin, AMS dates, and the Middle Orinoco sequence". *Interciencia*. Caraças, 25(7), pp. 337-341, 2000.

DREYFUS, Simone. "Os empreendimentos coloniais e os espaços políticos indígenas no interior da Guiana Ocidental (entre o Orenoco e o Corentino) de 1613 a 1796". Em: VIVEIROS DE CASTRO, E., e CARNEIRO DA CUNHA, M. (org.). *Amazônia: Etnologia e história indígena*. São Paulo: Núcleo de História Indígena e Indigenismo/USP, 1993. pp. 19-41.

ERIKSEN, Love. "Nature and culture in prehistoric Amazonia: using G.I.S. to reconstruct ancient ethnogenetic processes from archaeology, linguistics, geography and ethnohistory". Tese de doutorado. Faculty of Social Sciences, Lund University, 2011.

GOMES, Denise M. C. "Cronologia e conexões culturais na Amazônia: as sociedades formativas da região de Santarém, PA". *Revista de Antropologia*. São Paulo, FFLCH/USP, 54(1), pp. 269-314, 2011.

HECKENBERGER, M. J. "Rethinking the Arawakan diaspora: hierarchy, regionality, and Amazonian formative". Em: HILL, J., e SANTOS-GRANERO, F. (org.). *Comparative Arawakan histories: rethinking language, family and culture area in Amazonia*. Urbana/Chicago: Universidade of Illinois Press, 2002. pp. 99-122.

HILBERT, Peter Paul. *Archäologische Untersuchungen am Mittlern Amazonas*. Berlim: Dietrich Reimer Verlag, 1968.

HILBERT, Peter Paul, e HILBERT, Klaus. "Resultados preliminares da pesquisa arqueológica nos rios Nhamundá e Trombetas, baixo Amazonas". *Boletim do Museu Paraense Emílio Goeldi – Antropologia*. Belém, (75), pp. 1-15, 1980.

HORNBORG, Alf. "Ethnogenesis, regional integration, and ecology in prehistoric Amazonia". *Current Anthropology*. Chicago, (46), pp. 589, 2005.

LATHRAP, Donald. *The Upper Amazon*. Londres: Thames & Hudson, 1970.

LIMA, Márjorie. "O rio Unini na arqueologia do baixo rio Negro, Amazonas". Dissertação de mestrado, Programa de Pós-Graduação em Arqueologia. São Paulo: Museu de Arqueologia e Etnologia/USP, 2014.

MORAES, Claide, e NEVES, Eduardo G. "O ano 1000: adensamento populacional, interação e conflito na Amazônia Central". *Amazônica: Revista de Antropologia*. Belém, (4), pp. 122-148, 2012.

NEVES, Eduardo G.. "Paths in dark waters: archaeology as indigenous history in the northwest Amazon". Tese de doutorado não publicada. Departamento de Antropologia da Indiana Univesity, 1997.

_____. "El formativo que nunca terminó: la larga história de la estabilidad en las ocupaciones humanas de la Amazónia Central". *Boletín de Arqueología*. Lima, (11), pp. 117-142, 2007.

_____. "El nacimiento del 'presente etnográfico': la emergencia del patrón de distribución de sociedades indígenas y famílias linguísticas en las tierras bajas sudamericanas, durante el primer milenio d.C.". Em: CHAUMEIL, Jean-Pierre *et al.* (org.). *Por donde hay soplo: estudios amazónicos en los países andinos*. Lima: Instituto Francés de Estudios Andinos, 2011. pp. 39-65.

_____. "Sob os tempos do equinócio: 8.000 anos de história na Amazônia Central (6.500 a.C.-1.500 d.C.)". Tese de livre-docência. São Paulo: Museu de Arqueologia e Etnologia/USP, 2013.

NEVES, Eduardo G., *et al*. "A tradição pocó-açutuba e os primeiros sinais visíveis de modificações de paisagens na calha do Amazonas". Manuscrito não publicado, 2014.

NORDENSKIÖLD, Erland. *L'archéologie du bassin de l'Amazone*. Ars Americana, vol. 1. Paris: G. Van Oest, 1930.

PAPAVERO, N., *et al*. (org.). *O novo Éden: A fauna da Amazônia brasileira nos relatos de viajantes e cronistas desde a descoberta do rio Amazonas por Pinzón (1500) até o Tratado de Santo Idelfonso (1777)*. Belém: Museu Paraense Emílio Goeldi, 2002. pp. 20-41.

PORRO, Antonio. "Mercadorias e rotas de comércio intertribal na Amazônia". *Revista do Museu Paulista*. São Paulo, N.S., 30, pp. 7-12, 1985.

PY-DANIEL, Anne R. *et al*. "Ocupações pré-ceramistas nos areais da Amazônia Central". *Revista do Museu de Arqueologia e Etnologia*. São Paulo, (11), pp. 43-49, 2011.

RENFREW, C. *Archaeology and language: the puzzle of Indo-European origins*. Londres: Jonathon Cape, 1987.

ROOSEVELT, Anna C. *The excavations at Corozal, Venezuela: stratigraphy and ceramic seriation*. New Haven, Departamento de Antropologia e Peabody Museum, Yale University, 1997.

ROUSE, Irving. *The Tainos: rise and decline of the people who greeted Columbus*. New Haven: Yale University Press, 1992.

SCHMIDT, Max. *Die Aruaken. Ein Beitrag zum Problem der Kulturverbreitung*. Leipzig: Veit & Comp., 1917.

SIMÕES, Mário. "Contribuição à arqueologia dos arredores do baixo rio Negro". *Programa Nacional de Pesquisas Arqueológicas 5*. Belém: Museu Paraense Emílio Goeldi, 1974. pp. 165-200.

SIMÕES, Mário, e KALKMANN, Ana. "Pesquisas arqueológicas no médio rio Negro (Amazonas)". *Revista de Arqueologia*. Belém, 4(1), pp. 83-116, 1987.

SWEET, David. "A rich realm of nature destroyed: the middle Amazon valley, 1640-1750". Tese de doutorado. University of Wisconsin, 1974.

URBAN, Greg. "A história da cultura brasileira segundo as línguas nativas". Em: CARNEIRO DA CUNHA, M. (org.). *História dos índios no Brasil*. São Paulo: Cia. das Letras/Fapesp/SMC, 1992. pp. 87-102.

VALLE, Raoni. "Mentes graníticas e mentes areníticas: fronteira geocognitiva nas gravuras rupestres do baixo rio Negro, Amazônia setentrional". Tese de doutorado, Programa de Pós-Graduação em Arqueologia. São Paulo: Museu de Arqueologia e Etnologia/USP, 2012.

PAULO MAIA FIGUEIREDO

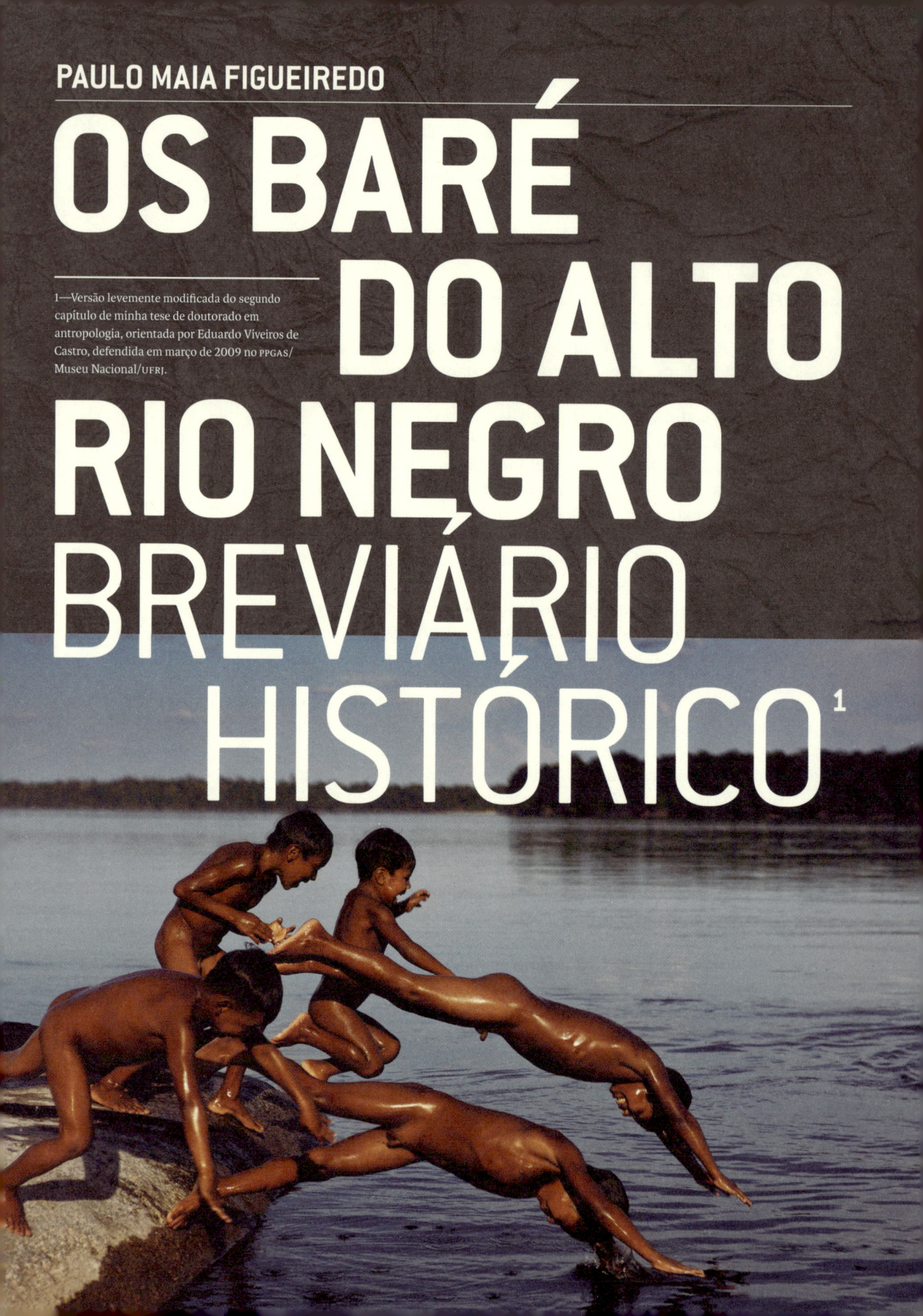

OS BARÉ DO ALTO RIO NEGRO BREVIÁRIO HISTÓRICO[1]

1—Versão levemente modificada do segundo capítulo de minha tese de doutorado em antropologia, orientada por Eduardo Viveiros de Castro, defendida em março de 2009 no PPGAS/Museu Nacional/UFRJ.

O ETNÔNIMO "BARÉ" É DE ORIGEM INCERTA. Sempre que questionados acerca do significado do nome baré, meus interlocutores – habitantes do alto rio Negro em território brasileiro – afirmavam que não conheciam a origem da palavra, que não sabiam precisar uma tradução ou mesmo estabelecer uma relação do termo com um significado qualquer. Talvez, muitos diziam, os "antigos" soubessem. De todo modo, "baré" sempre foi o nome dado àqueles cujos antepassados viviam espalhados por quase toda a calha do rio Negro até a Venezuela, onde, ainda hoje, encontramos um número expressivo de descendentes desse povo.

Antonio Pérez (1988, p. 446) sugere que o termo *bale* (ou *bare*) talvez fosse derivado de *bári*[2] (branco), vindo a significar "homens brancos", em contraposição a "homens negros" ou *táiñi* (negro). Silvia Vidal (1993, pp. 88-89) lança a hipótese de que *Báale*, além de denotar a cor branca, a claridade e a luz do sol, foi o nome de um antigo grande chefe (*wákali kumáleje*) dos baré. Chefes dessa estirpe, que não existem mais, eram reconhecidos pelo enorme prestígio e pela capacidade de liderança sobre um vasto território. Outra característica importante desses chefes de antigamente era que, além de serem poliglotas – já que lidavam com pessoas e povos de diferentes línguas –, eram reconhecidos como grandes pajés, pois, de acordo com Vidal, "possuíam poderes sobrenaturais"[3]. Eram, assim, bem diferentes dos "capitães" e "chefes de comunidade" atuais, que os baré de antigamente chamavam simplesmente de *wákali*, líder de "magnitude menor" ao qual não se atribui o adjetivo *kumáleje*. Nesse sentido, informa Vidal, outras composições seriam possíveis para o etnônimo derivado do nome do antigo líder/pajé Báale: *Báale-jéntibe* (os filhos de *Báale*), *Báale-kinánu* (gente baré), *Balénu* (os baré) ou *Báalenai* (como os baré costumavam ser chamados por outros povos, tais como os baniwa, os curripaco e os werekena).

O território protobaré no início do século XVIII, de acordo com Antonio Pérez (1988), cobria uma vasta região, compartilhada por outros povos, que ia desde a foz do rio Marié, no médio rio Negro (na margem direita), estendendo-se pelas beiradas das duas margens do alto rio Negro até o Cassiquiare e o alto Orinoco. Ao mesmo tempo, como veremos adiante, deve-se levar em consideração o fato de que os baré dos séculos XVII e XVIII não eram identificados como um único grupo com fronteiras bem definidas. O território de influência de subgrupos e grupos correlatos aos baré (ou de línguas semelhantes) estendia-se até o baixo rio Negro, avançando sobre o território dos antigos Manao e Passé.

A língua baré[4], outrora falada pelos antepassados dos baré do alto rio Negro, encontra-se hoje praticamente extinta. Nimuendajú

2—As palavras e termos indicados a seguir, a partir dos trabalhos de Pérez (1988) e Vidal (1993) sobre os baré venezuelanos, estão em língua baré.

3—Uma das principais características desses chefes ou líderes gerais era que eles exerciam seu poder sobre: 1) seu próprio povo; 2) as comunidades ou malocas de um mesmo rio, cujos chefes eram seus irmãos menores, reais ou classificatórios; 3) as aldeias da sua fratria e 4) outros povos cujos chefes eram seus aliados ou parentes por afinidade (Vidal, 1993, p. 89).

4—Os principais trabalhos sobre a língua baré são: Lopez Sanz (1972); Pérez de Borgo (1992); Cunha de Oliveira (1993); Aikhenvald (1995) e Ramirez (2001). Segundo Cunha de Oliveira, a língua baré é também conhecida na literatura por outros nomes, tais como baria, baraúna e barawana (Oliveira, 1993, p. 3).

(1982, p. 176) relatou, em 1927, que o baré, apesar de não ser mais falado no Brasil, ainda era uma língua em uso no território venezuelano, em San Carlos, às margens do Guainía e no canal do Cassiquiare. Cunha de Oliveira constatou que, na década de 1990, a língua baré já se encontrava em pleno processo de desaparecimento, embora admitisse que a sua sobrevivência ainda estivesse assegurada "pelos representantes mais velhos desse grupo étnico, ao passo que as pessoas não tão idosas e os jovens apresentam-se nas condições de semifalantes e não falantes" (Oliveira, 1993, p. 8). Sua pesquisa de mestrado foi realizada com apenas três informantes que viviam na região de Cucuí, do lado brasileiro da fronteira com a Venezuela, sendo que somente um deles, Candelário da Silva (72 anos), dominava o baré perfeitamente. Os demais eram semifalantes.

Durante minha pesquisa, entre 2004 e 2007, pude verificar pessoalmente, em Cucuí, que não havia restado nenhum falante ou semifalante dessa língua. Já em San Carlos, na Venezuela, em uma viagem realizada em 2004, encontramos um semifalante do baré, com mais de 70 anos, que, como um dos informantes de Cunha de Oliveira, confundia o baré com o nheengatu, o baniwa e outras línguas[5]. Contudo, ainda é válido lembrar que essa língua pertence ao ramo maipure do norte (região do alto rio Negro), da família aruak; ainda é comum dizermos – antropólogos, linguistas, escritores em geral, assim como alguns índios mais "informados" – que os "baré são um povo de língua aruak", embora estes não a falem mais. Mesmo assim, isso vale como o reconhecimento de uma filiação cultural, pois os baré de hoje, apesar de não mais falarem sua língua materna, compartilham inúmeros traços culturais característicos de outros povos aruak da região, cujas línguas ainda são faladas, tais como os baniwa, curripaco, werekena e wakuenái, os quais, por sua vez, também compartilham traços culturais com os tukano orientais, da bacia do Uaupés.

Estamos, portanto, diante de um dilema típico da região rio-negrina – a identificação entre povo e língua indígena. As fontes históricas consideram uma série de línguas aparentadas ao baré; são comuns identificações de nomes diferentes para grupos que falam uma língua reconhecida como filiada ao baré. Isso fica patente no relato de um jesuíta que data de meados do século XVIII, como veremos mais adiante. De todo modo, a linguística moderna e a antropologia têm relacionado o termo "baré" a uma língua e a um povo particular, a despeito das variações dialetais (Oliveira, 1993, pp. 8-9). Mesmo assim, "baré" pode também se estender a um uso mais amplo, no qual a identificação entre povo e língua particular não é completamente considerada.

Dito isso, podemos afirmar que a população indígena que vive em território brasileiro e que se autodenomina baré não fala mais a língua dos seus antepassados, e são poucos os que recordam algumas palavras dessa língua, embora muitos, sobretudo os mais velhos, afirmem que seus avós e/ou bisavós falassem o baré. Koch-Grünberg (1995) e Curt Nimuendajú (1982), que coletaram listas de palavras em baré, atentaram para o fato de que é nessa língua boa parte da toponímia da região. Assim, até o início do século XX, ainda era possível encontrar falantes do baré no médio e no alto rio Negro. Desde essa época, porém, era notável o declínio substantivo do número de

---

5—Convido o leitor a conferir, no Anexo III de minha tese (Figueiredo, 2009), um relato dessa viagem, feita juntamente com o linguista Henri Ramirez e mais dois índios baré de São Gabriel da Cachoeira. O objetivo da viagem era encontrar um dos últimos falantes do baré de que se tinha notícia na região do alto rio Negro, Don Simon Bolívar.

falantes, causado, em grande medida, pelo avanço colonial e pela escravização dos índios e sua inserção numa economia extrativista, o que culminou com um processo de missionarização extremamente acentuado na região, que parece ter tido um papel decisivo para o abandono das línguas indígenas.

Atualmente, os baré do médio e do alto rio Negro são bilíngues; falam o nheengatu (língua geral amazônica) – língua que, como há muito se sabe, foi introduzida pelos missionários jesuítas e carmelitas por ocasião da fundação das primeiras missões, ainda no século XVIII – e o português, tornado obrigatório pelo ministério pombalino (pós-1755) em substituição ao nheengatu (Farage, 1991, p. 43). Contudo, pode-se afirmar que foi somente com a chegada dos missionários salesianos, que fundaram a primeira missão em São Gabriel da Cachoeira, em 1914 (Andrello, 2006, p. 105), e com o sistema religioso-educacional instituído por estes, que o português tornou-se uma língua amplamente falada pela população rio-negrina, visto que os salesianos proibiam o uso das línguas indígenas nas missões, inclusive do nheengatu, além de desestimularem o uso dessas línguas também fora das missões.

Não são apenas os baré, porém, que falam o nheengatu[6]. Como pude constatar em duas viagens que fiz para o rio Xié (afluente do alto rio Negro), os werekena, habitantes tradicionais desse rio, contam hoje com poucos falantes de sua língua materna (o werekena), embora todos dominem o nheengatu e a maioria fale ou compreenda bem o português. Os baniwa do baixo rio Içana, de acordo com informações dos próprios índios baniwa dessa e de outras regiões, são igualmente falantes do nheengatu. Dizem, inclusive, que são muitos aqueles que não falam mais o baniwa e são apenas bilíngues em nheengatu e português. Essa situação é diferente da existente no médio e no alto rio Içana, onde o baniwa é a língua de maior expressão, embora o nheengatu e o português não sejam línguas de todo desconhecidas.

Na região do rio Uaupés, entre os tukano orientais, tudo indica que o nheengatu, atualmente, quase não é falado. Já a população das bacias do Içana e do Uaupés que migrou para a região do rio Negro abaixo das fozes desses rios costuma falar (ou entender) o nheengatu, e essas comunidades são, na maioria das vezes, "misturadas" ou pluriétnicas. Afora o conjunto de comunidades pluriétnicas que se estendem pelo alto rio Negro, de São Gabriel da Cachoeira às fozes do rio Uaupés e do Içana, pode-se, grosso modo, dizer, em consonância com os índios da região, que no rio Negro vivem os baré; no rio Uaupés, os tukano (desano, tuyuka, miriti-tapuya, pirá-tapuya, wanano, tariano[7] etc.); no rio Içana, os baniwa; e no rio Xié, os werekena.

De todo modo, o nheengatu é reconhecido no rio Negro como a língua dos baré[8], outrora sinônimo de uma "língua civilizada" – esse "estigma" pode ser observado na seguinte declaração de Nimuendajú:

> [...] como a tendência para taes mutilações e "enriquicimentos" hoje se manifesta com intensidade cada vez maior, a língua geral, aproxima-se rapidamente

6—É importante considerar que minha pesquisa foi realizada na região localizada acima da cidade de São Gabriel da Cachoeira. A região abaixo, que compreende ainda os municípios de Santa Isabel e Barcelos, no médio e baixo rio Negro, também é habitada pelos baré e por outros índios da bacia rio-negrina. Sobre a população indígena do baixo e médio rio Negro, cf. Meira (1991); Peres (2003); e Dias e Andrello (2006).

7—Os tariano, como se sabe, apesar de ser um povo de origem e língua aruak, foram parcialmente "tukanizados" e falam principalmente o tukano e o português. Sobre os tariano, ver Andrello (2006).

8—Na Venezuela, diferentemente do Brasil, parece haver distinção entre aqueles que se autodenominam baré e yeral, a despeito de os segundos serem igualmente de descendência aruak. Ainda não estou certo se essa é uma autodenominação marcada pelos indígenas que vivem em território venezuelano, ou se essa diferenciação foi criada pelos censos governamentais ou mesmo por antropólogos que trabalham na região, que compartilham da ideia de "um povo, uma língua; acabou a língua, acabou o povo". O fato é que a literatura antropológica escrita por pesquisadores que trabalharam em área venezuelana costuma distinguir os baré propriamente ditos dos yeral. Jonathan Hill (comunicação pessoal) informou que são chamados de yeral parte dos índios que migraram do Brasil para a Venezuela e que falam o nheengatu. Ele próprio, porém, admite que, apesar de serem assim chamados, são claramente descendentes de povos de língua aruak (do Brasil), tais como baniwa, werekena e, sobretudo, baré. De todo modo, do lado brasileiro, apesar de alguns índios dizerem que são da "tribo nheengatu", o mais comum é os que falam nheengatu ou o "geral" se auto identificarem como baré.

> ao último gráu de corrupção de um "jargon" que está prestes a extinguir-se. E não merece ela outra sorte, ao meu ver, porque a língua geral do Rio Negro não é absolutamente, como muitos pensam, a "língua dos índios", mas sim a "língua dos brancos".
> (Nimuendajú, 1982 [1927], p. 173.)

Considero a afirmativa acima demasiado negativa e precipitada, porque coincide com o argumento de que o nheengatu é uma "língua inferior" ou mesmo artificial, criada por missionários com o intuito de facilitar a catequização e dominação dos índios para, em seguida, impor o português aos seus falantes. Talvez seja querer demais exigir que Nimuendajú imaginasse, já naquela época, que a "função" dessa língua pudesse ser deslocada ou transformada, tal como admite Bessa Freire (1983), ao considerar que, mesmo sendo uma língua imposta pelo sistema colonial, como a grande maioria dos escritores se aprazia em ressaltar, o nheengatu[9] no rio Negro teria atualmente uma "função diversa". Apesar de o termo "função" estar hoje um tanto fora de moda, a ideia de "diverso" não está, o que nos levaria ao entendimento do nheengatu como uma língua "menor" (Deleuze, 1979), mas num sentido muito diferente do aludido acima. Assim, pode-se dizer que o nheengatu foi tomado ou levado, com o tempo, pelos próprios índios do rio Negro, a se tornar um dispositivo de subjetivação indígena e um diacrítico importante da identidade dos baré, que hoje se esforçam para manter a sua singularidade, dando continuidade a um processo incessante de resistência aos inúmeros mecanismos de destruição cultural, de sujeição política e de exclusão social, como recorda Viveiros de Castro, processos de desindianização promovidos pela catequização, pela missionarização, pela modernização e pela cidadanização (2008, p. 147).

Nas comunidades do alto rio Negro em que realizei minha pesquisa de campo, pude observar que todos, inclusive as crianças, conversam preferencialmente em nheengatu, embora o português também seja falado constantemente. Todavia, vale notar que o nheengatu falado pelos baré de hoje não é um nheengatu "puro", sendo comuns inúmeros empréstimos de palavras do português, assim como a mistura, em uma mesma frase, de expressões das duas línguas. Como diria um morador da comunidade de São Francisco, atualmente não falam nem o nheengatu ("puro") nem o português ("puro"), mas outra coisa, uma mistura entre essas duas línguas.

Já no contexto da cidade de São Gabriel da Cachoeira, o nheengatu costuma ser falado pelos baré sobretudo em casa ou na intimidade – entre amigos e parentes –, e o português, nas relações sociais mais abrangentes. Assim, pode-se dizer que o nheengatu se vincula, na cidade, ao âmbito "doméstico", e o português, ao "público". Também pude observar, em São Gabriel da Cachoeira, que crianças e jovens entendem o nheengatu falado por seus pais e avós, apesar de não o falarem; costumam afirmar que "escutam" o nheengatu, mas que não sabem falar. Desse modo, o nheengatu é mais utilizado pelos baré que vivem nas comunidades ribeirinhas do que por aqueles que vivem na cidade. Entretanto, esse panorama pode mudar, visto que as escolas de São Gabriel da Cachoeira passaram a incorporar em seu

---

9—A literatura sobre o nheengatu, ou língua geral amazônica (LGA), é copiosa; cf., nas referências bibliográficas, livros e artigos de Bessa Freire (1983, 2003, 2004). Para o nheengatu do rio Negro: histórias e mitos, cf. Rodrigues (1890, 1892), Stradelli (1929), Amorim (1987), Pereira (1967); lista de palavras e histórias, cf. Alves da Silva (1961); para uma abordagem linguística moderna, cf. Taylor (1985) e Moore *et al.* (1993); dicionário, cf. Grenand e Ferreira (1989); gramática, lendas e vocabulário, cf. Casasnovas (2006).

currículo aulas de três línguas indígenas: o nheengatu, o tukano e o baniwa, línguas de maior difusão, respectivamente, na região do alto rio Negro, Uaupés e Içana[10].

Ao consultar, logo no início de minha pesquisa, parte da bibliografia sobre a região, pude verificar que tanto Nimuendajú (1982 [1927]), em um famoso relatório para o Serviço de Proteção aos Índios (SPI) sobre a região do alto rio Negro, quanto Eduardo Galvão (1979 [1959]) em um outro artigo, igualmente famoso, sobre "aculturação" no alto rio Negro, excluíam os baré das estatísticas da população indígena da região. Talvez os baré tenham sido inseridos em uma categoria, indefinida e genérica, de "caboclos", "civilizados" e/ou "não falantes de língua indígena", o que denotava uma posição incômoda entre a população indígena e branca da região. Essas informações contrastavam imensamente com as da expressiva população atual na região. Esse contraste, a meu ver, indica uma relação histórica bem característica do Estado, do indigenismo e da antropologia com esse coletivo do rio Negro.

O processo de desindianização desenhado pelo Estado, por missionários e antropólogos (e, em menor medida, pelos próprios índios) para a região do rio Negro, e também para outros lugares, acabou não se completando como esperado. Isso é notável em relação aos baré, cuja população, desde a década de 1970, não para de crescer, contrariando as estimativas anteriores. Em 2006, no Banco de Dados do Programa Povos Indígenas no Brasil, do Instituto Socioambiental – ISA, a população dos baré em território brasileiro foi estimada em 10.275 (dados DSEI-FOIRN-Lev SGC2004, em Ricardo e Ricardo, 2006)[11]. Logo se vê que o fato de os baré terem passado de "extintos", na década de 1960, para uma população bem expressiva, em 2006, está relacionado, entre outras coisas, com o processo identificado por Viveiros de Castro em entrevista:

> **A Constituição de 1988 interrompeu juridicamente (ideologicamente) um projeto secular de desindianização, *ao reconhecer que ele não se tinha completado*. E foi assim que as comunidades em processo de distanciamento da referência indígena começaram a perceber que voltar a "ser" índio – isto é, voltar a virar índio, retomar o processo incessante de virar índio – podia ser uma coisa interessante. Converter, reverter, perverter ou subverter (como se queira) o dispositivo de sujeição armado desde a Conquista de modo a torná-lo dispositivo de subjetivação; deixar de sofrer a própria indianidade e passar a gozá-la. Uma gigantesca ab-reação coletiva, para usarmos velhos termos psicanalíticos. Uma carnavalização étnica. O retorno do recalcado nacional. (Viveiros de Castro, 2008, pp. 140-41.)**

É nesse *entre* – entre os brancos e os índios – que os baré estiveram metidos desde a chegada dos brancos na calha principal do rio Negro, seu território tradicional. Após esse pequeno desvio inicial sobre o território e a língua dos baré, passemos ao breviário histórico propriamente dito.

10—Cabe observar que o nheengatu, o tukano e o baniwa foram, juntamente com o português, co-oficializados no município de São Gabriel da Cachoeira, em lei aprovada no dia 22/11/2002 (Lei nº 145/2002). O decreto que regulamenta essa lei foi assinado pelo então prefeito da cidade, Juscelino Gonçalves, em 10/11/2006. É a primeira vez que, no Brasil, línguas indígenas são consideradas co-oficiais ao lado da língua portuguesa. Com a implementação da lei, que se dará paulatinamente, as repartições públicas da cidade, como bancos e hospitais, serão obrigadas a prestar atendimento em nheengatu, tukano e baniwa, além do português. Documentos públicos e campanhas publicitárias institucionais deverão considerar os três idiomas. A prefeitura assumiu, assim, o dever de incentivar o aprendizado dessas línguas e o seu uso nas escolas, instituições privadas e meios de comunicação. Resta aguardar como acontecerá tal processo de normatização dessas línguas.

11—Segundo Silvia Vidal (2002, p. 248), a população baré na Venezuela gira em torno de dois mil indivíduos.

‡

A colonização portuguesa do rio Negro teve início na segunda metade do século XVII, quando a economia da colônia do Grão-Pará e Maranhão era fortemente dependente do extrativismo das então chamadas "drogas do sertão", as quais, segundo Nádia Farage, "consistiam em uma gama variada de frutos e raízes silvestres, principalmente cacau, baunilha, salsaparrilha, urucu, cravo, andiroba, almíscar, âmbar, gengibre e piaçaba" (1991, p. 25). Contudo, a produção extrativista desse período era bastante irregular, não permitindo grandes investimentos, como, por exemplo, a compra de escravos africanos, cujos preços eram superfaturados a fim de compensar os riscos dessa economia flutuante. Desse modo, a mão de obra escrava negra foi logo considerada inviável para a região do Grão-Pará, sendo compensada, quase de forma exclusiva, pela mão de obra escrava indígena (Farage, 1991, p. 24).

Essa fase de implementação da exploração e da ocupação territorial pela colônia foi marcada pela fundação do forte de São José do Rio Negro em 1669 – no local onde mais tarde viria a ser construída a cidade de Manaus – e pela corrida em busca de escravos indígenas que servissem de mão de obra tanto para o trabalho em construções quanto para a economia extrativista em curso. Esses movimentos ou operações escravistas ficaram conhecidos pelo nome de "tropas de resgate", instituição legal que data dos anos 50 do século XVII.

Nas décadas seguintes à fundação do forte, essas tropas de resgate iniciaram a exploração de todo o curso do rio Negro e o reconhecimento de seus principais afluentes, a fim de estabelecerem contatos e alianças com a população indígena rio-negrina. De acordo com Andrello (2006, p. 72), essa fase de exploração do rio Negro contou com o apoio dos missionários jesuítas que fundaram as primeiras missões no baixo rio Negro. Entretanto, coube aos carmelitas (Farage, 1991, p. 33; Wright, 1992, p. 212) a fundação dos primeiros povoamentos, na metade do século.

Robin Wright (2005, p. 29) assegura que a derrota histórica dos manao diante da ofensiva portuguesa acabou por deixar o caminho aberto para que novas tropas de resgate adentrassem o rio Negro, acima da foz do rio Branco. Segundo o autor, entre 1728 e 1755 as tropas de resgate atuaram de forma constante no rio Negro. Nessa época, os carmelitas fundaram a aldeia Santo Eliseu de Mariuá (Arraial de Mariuá), que, segundo Andrello (2006, pp. 72-75), além de ter sido a base de onde os escravos capturados eram levados para a capital da colônia, mais tarde, por volta de 1755, após a assinatura do tratado de limites com a Espanha (1750), foi elevado à categoria de Capitania de São José do Rio Negro, embora ainda subordinado ao Grão-Pará. Wright (2005, p. 211) estima, a partir de registros das tropas oficiais, acrescidos do tráfico feito por particulares, que, somente nas décadas de 1740 e 1750, cerca de 20 mil escravos indígenas teriam sido levados do rio Negro[12]. Entre eles, estariam incluídos, em grande número, os antepassados dos baré, tukano, baniwa, maku e werekena contemporâneos.

Um dos fatores determinantes para o sucesso do processo de captura de escravos, na primeira metade do século XVIII, de acordo com Wright (2005, p. 52), foi o fato de algumas alianças terem sido travadas pelos responsáveis pelas tropas de resgate ou mesmo por escravistas particulares com poderosos líderes indígenas da região,

---

12—Para uma análise detalhada da colonização do rio Negro, conferir, além dos trabalhos dos autores citados até o momento (Wright, 1981, 2005; Farage, 1991; e Andrello, 2006), os de Sweet (1974), Vidal (1993) e Meira (1993, 1997).

como aquela estabelecida entre o português Francisco Xavier Mendes de Moraes e os líderes irmãos Cucui e Immu, da nação dos Marabitenas (baré).

A fim de compreender a extensão da escravidão indígena promovida pela colônia portuguesa no noroeste amazônico, Wright (2005, cap. 1) apresenta duas fontes primárias importantes, ambas datadas de meados do século XVIII. A primeira é a tradução de um documento escrito originalmente em latim – *Sequente Notitiate de Rio Negro* –, do padre jesuíta Ignácio Szentmartonyi, que esteve no rio Negro na década de 1750. A segunda é um registro da tropa escravista oficial do rio Negro que atuou na calha desse rio de junho de 1745 a maio de 1747.

O primeiro documento foi encontrado por Wright na Biblioteca Nacional do Rio de Janeiro e, conforme o autor, "corresponde a uma espécie de relato de reconhecimento militar contendo informações sobre geografia, localização de aldeias, bem como dados linguísticos e etnográficos escritos por uma série de comandantes de tropas escravistas e pelo principal jesuíta capelão de escravos do rio Negro" (Wright, 2005, p. 27), Achiles Avogradi. Como afirma Wright, os nomes de lugares e "grupos étnicos" indicados nesse documento são de grande interesse para a história indígena da região, pois se trata da principal fonte que permite que tenhamos hoje uma visão, ainda que parcial, da ocupação indígena do rio Negro em meados do século XVIII, sendo provável que se trate igualmente de uma das primeiras referências históricas aos índios baré.

Interessante notar que, na parte do documento transcrita por Wright, o primeiro "povo" indígena a ser citado por Szentmartonyi foi o baré. Segue abaixo uma edição de partes do documento nas quais os baré ou nações correlatas são indicados[13]:

> Na subida do Rio Negro, o primeiro é o Rio Anavingena [Anavilhena], à direita, e depois o Paravingena [Rio Branco]. Depois, à esquerda, é o Majuisshi, cinco dias distante do Arraial, onde estão os *Baré, que habitam ao longo do mesmo rio Negro*. Depois à esquerda do Majuisshi, vem o Aisuara, onde os mesmos *Baré* estão; [...] À leste do Iurubasshi, talvez 10 [*lencarum*] distante, é o Ajoanna, um pouco maior do que o último [rio]. A fonte, diz-se, fica a uma distância de dois dias de viagem do Japurá. É abundante em puxiri. Na parte inferior fica *a nação Mariarana, de língua Baré*, distante, e, na parte superior do rio, os Maku. Depois de um dia e meio [de viagem], o Ajoanna é seguido pelo Uenuisshi, maior do que o último. A meio dia de viagem da fonte é o Japurá. Os habitantes bem próximos à boca eram os Manaos, hoje são *os Amariavanas, de língua Baré*, outros [habitantes são] os Mepurí, também do idioma *Baré*; mais para cima habitam os Makuni errantes. [...] Após 8 dias, o Shiuara é seguido pelo Mariah [Marié], da mesma magnitude e já em nosso tempo famoso por causa do assassinato do embaixador lusitano pelo chefe Manakazeri [Manacaçari]. A fonte do Mariah vai até o Japurá. Seus habitantes são os *Barés*, Mepuris e Makus. (Segue uma mudança no texto, subtitulado por uma frase em italiano – talvez por Avogradi? – indicando que a descrição a seguir se baseia em informação fornecida

13—As palavras ou frases entre colchetes e parênteses são acréscimos do próprio Wright.

por Mendes. O conteúdo do seguinte trecho é sobre o médio Rio Negro e os afluentes de sua margem direita). Três dias de viagem depois de Darahá, sendo [distante] tanto quanto de Bereroa a Mariua, segue o Marauiah [Marauiá], maior do que Isshiemiri. Depois vem uma montanha abundante em salsa; e ali moram os Jabanas [Yabahana], com seu próprio idioma, e *os Carnaus de língua Baré*. [...] Subindo nesse, à direita é o Iuh [Ia] e os povos que lá moram *são os Demakuris, com idioma Baré*, e os Iaminaris. À esquerda, a uma distância como entre Mariua e Arikari, é o Shamani, *cujos povos são Demakuris, os Tibakenas, os Cubenas, e outros povos desconhecidos, todos com idiomas Barena*; pois o Caburis tem muitos índios e é abundante em salsa, acima da qual há uma divisa do rio [...]. Depois da cachoeira está Caua, menor do que o Isshie; é habitado por *uma população de Demanaos, da língua Barena*. Das fontes do Caua, onde são os Demakuris, até as fontes do Caburi há uma distância de dois dias de viagem. Depois do Caua fica o Imula, a dois dias de viagem, também habitado pelos *Demanaos*. Do Imula até o Maboabi há a mesma distância do que entre o Cabukuena e Bereroa, a ele é tão grande quanto o nosso Issie. É habitado pelos *Demanaus*. Iabana fica tão distante de Maboabi quanto nós de Bereroa; é habitado pelos Kuenas, cujo sobrerano é Ioa, que, tendo descido, mora no Pará. *Os Kuenas falam uma língua Barena*. Maboabi é tão distante de Iabana quanto Bereroa de Mariua. É habitado *pelos Maribitenas, da língua Barena, cujo soberano Cucui*, foi convidado a descer. No Cassiquiare, vivem os Bacimunari. Padre Roman e os Lusitanos conseguiram comprar 80 Bacimunari. No Bacimuni, vivem os Mabanas, com seu próprio idioma, e os *Madavakas*[14]. Depois do Shiaba segue nosso Issie. Verikenas [Warekenas] vivem lá, com a sua própria língua e os *Madavakas*. (Szentmartonyi, 1749 *apud* Wright, 2005, pp. 34-42, itálico nosso.)

De acordo com o relato deixado pelo padre Szentmartonyi, fica claro que até meados do século XVIII as tropas de resgate oficiais e os traficantes particulares de escravos já haviam percorrido e mapeado todo o curso do rio Negro, até a região do alto Orinoco, na Venezuela. Pelo documento também é notável o fato de os baré não serem identificados como um único "povo" ou "nação" do rio Negro, visto que as referências oscilam, ora em favor de uma "nação" (como sugere a seguinte passagem: "onde estão os baré, que habitam ao longo do mesmo rio [o Majuisshi[15]]"), ora de uma "família linguística" que abarcava diferentes "nações" indígenas aparentadas ou filiadas à língua baré ou barena (como denota a seguinte passagem: "a nação Mariarana, de língua Baré [...], os Demakuris, com idioma Baré" etc.).

Apoiado tanto no relato de Szentmartonyi quanto nos registros oficiais da tropa de resgate que atuava no rio Negro entre 1745 e 1747, além de outras fontes da segunda metade do século XVIII, Wright ainda fornece uma extensa lista de nomes de "grupos" ou "nações" constantes nesse registro. São listados quase 300 nomes. O autor

---

14—Segundo Vidal (1993, p. 4), madawaka é também uma variante dialetal do baré.

15—Essa região, de acordo com Wright, junto com a região do rio Jurubaxi no médio rio Negro, era "território dos outrora poderosos Manao que foram dispersos e dominados nos anos 1740" (2005, p. 49).

admite, porém, a dificuldade e a imprecisão desses dados, dada a heterogeneidade das informações arroladas, uma vez que:

> Alguns se referem a grupos que provavelmente corresponderiam a tribos atualmente (os portugueses do período colonial preferiam o termo "nações"). Outros nomes podem referir-se a subdivisões de tribos, clãs, habitantes de certas aldeias etc. Em muitos casos, o nome pode ser nada mais que uma aldeia específica, ou um chefe de aldeia cujos seguidores mencionam seu nome. Além disso, existem os problemas advindos das diferenças linguísticas entre os escrivãos e os índios escravizados, a ortografia indisciplinada do século XVIII por parte dos colonos portugueses (que resulta em múltiplas grafias para o mesmo nome), e ainda os casos de simples erros no registro de nomes não familiares, como eram os das tribos. (Wright, 2005, p. 59.)

Contudo, o autor observa que as terminações de alguns nomes fornecem uma pista para a identificação da filiação linguística dessas palavras. Por exemplo, diversos nomes encontrados com as terminações *-minavi*, *-navi*, *-tana* e *-ary*, segundo Wright, "são característicos dos povos Aruak da região, significando 'donos do', 'senhores do'" (2005, p. 60).

Na listagem em ordem alfabética dos "Povos Nativos do Noroeste Amazônico Escravizados nos Anos 1745-7 (com possíveis identificações e localizações)", fornecida por Wright (2005, pp. 61-70), encontramos as seguintes referências relacionadas com os baré: Barivitena [baré?], Barabitena [baré?; marabitena?], Barena [baré: rio Negro], Iaminary (baré? Rio Iá), Ihanhininula [baré (Ihini): rio Negro], Mabe, Maué (baré: rios Xié, Miuá, Maroene, Anavexy, Xuara e Marié], Manitibitena (baré: alto rio Negro), Maratibitena (baré: alto rio Negro).

Diante da pletora de nomes indicados pelos documentos apresentados por Wright, podemos concluir com o autor que o nome baré (barena, barivitena, dentre outros) era utilizado, no século XVIII (e nos seguintes), não apenas em referência a "uma" etnia do médio e alto rio Negro, mas também a uma "família linguística" composta por diferentes povos indígenas que habitavam todo o curso do rio Negro e alguns dos seus afluentes até o Cassiquiare – povos estes cujos descendentes, mais tarde, seriam identificados ao ramo maipure do norte da família linguística aruak (Wright, 1992b; Lopez Sanz, 1972; González Ñañez, 1980; Vidal, 1993). De todo modo, é valido concluir que, de acordo com as fontes supracitadas, a calha principal do rio Negro é o território tradicional da nação pluriétnica dos baré.

Vimos que, por volta de 1755, o arraial de Mariuá (atual Barcelos) havia se tornado a capital da Capitania de São José do Rio Negro[16]. A criação dessa capitania fazia parte de um "pacote" de medidas que visavam a uma ocupação mais efetiva do rio Negro, diante das disputas pelos limites da ocupação espanhola ao norte. Contudo, a capitania continuava subordinada ao governo do Grão-Pará, sob o comando de Francisco Xavier Furtado (meio-irmão do poderoso marquês de Pombal). A criação dessa capitania marca uma nova fase da colonização portuguesa, conhecida pela historiografia como

16—Uma vasta região que corresponde hoje aos estados do Amazonas e de Roraima.

"período pombalino", cujos aspectos mais marcantes relativamente aos grupos indígenas foram a exclusão temporária dos missionários religiosos (sobretudo jesuítas) da direção das missões indígenas, em 1755 (Alves da Silva, 1977, p. 18) e, mais tarde, em 1758, sob a égide do Diretório Pombalino, a instituição formal da lei que acabava com a escravidão indígena e criava um novo cargo, aquele de Diretor de Índios. Como afirma Farage, porém, "a liberdade dos índios, neste contexto, era certamente uma ficção política" (1991, p. 47). Além disso, houve a proibição do uso da língua geral (o nheengatu) e a imposição do português como língua oficial.

Em 1761, o capitão José da Silva Delgado foi destacado para a região do alto rio Negro, onde teria fundado uma série de localidades[17]: São José dos Marabitanas (Fortaleza), Nossa Senhora do Guia, São João Batista do Mabé, Santa Isabel, São Gabriel da Cachoeira (Fortaleza), dentre outros. Mais tarde, o coronel Manoel da Gama Lobo D'Almada foi incumbido de visitar e mapear os domínios da coroa portuguesa até as nascentes dos formadores do rio Negro (Andrello, 2006, p. 78), quando fundou, em 1784, a povoação de São Marcelino, na foz do Xié (Alves da Silva, 1977, p. 18)[18].

Das disposições instituídas pelo Diretório, merece destaque aquela que estimulava o casamento entre os vassalos brancos da coroa e as índias que viviam nas "povoações" (ou que para elas haviam sido "descidas"). Segundo Andrello (2006, p. 79), tais medidas de incentivo – visto que aqueles que contraíssem o matrimônio receberiam honras e benefícios – à mistura entre índios e brancos (portugueses) foi tomada como um mecanismo que supostamente garantiria o sucesso da política implantada pelo Diretório Pombalino nos aldeamentos indígenas, que se multiplicaram pelo rio Negro nessa época, "pois os filhos dessas uniões já não seriam gentios e, desse modo, poderiam ser contabilizados nas estatísticas da população da colônia" (Andrello, 2006, p. 79).

Contudo, o sistema de aldeamentos foi abolido em 1798 (Farage, 1991, p. 168). Como recorda Andrello, o ouvidor da capitania, Francisco Xavier Ribeiro de Sampaio, ao comentar os casamentos cruzados entre brancos e índios nos aldeamentos do rio Negro, traduz uma impressão quase cômica desses enlaces: "os casamentos dos Brancos, que tanto persuadiu a Lei de 4 de abril de 1755, tem sido pela maior parte pouco afortunados; porque em logar das Índias tomarem os costumes dos Brancos, estes têm adotado os daquellas" (apud Andrello, 2006, p. 80). É paradigmático o fato de esses primeiros "casamentos" entre índias e brancos da colônia terem sido descritos nesses termos; se foram os brancos que vieram a adotar o costume das índias, imaginemos o costume adotado pelos filhos desses casamentos.

Findo o período do Diretório Pombalino, segundo Wright (1992, p. 212), o governo do rio Negro em Barra (atual Manaus) entrou em colapso, e a colônia reconhecia assim o fracasso do projeto de "civilizar os índios" a todo custo. Dessa forma, admite-se uma espécie de "vazio institucional" (Andrello, 2006, p. 80) em toda a região do rio Negro, o que possibilitou que parte dos índios aldeados nas missões retornasse a suas terras e se recompusesse, ainda que parcialmente, diante das perdas sofridas. Contudo, parte da população indígena

---

17—O salesiano padre Bruzzi Alves da Silva (1977, p. 23) também fornece uma lista de "Lugares do rio Negro, no século XVIII, com indicação das Tribos", conforme os dados do Pe. Noronha, Xavier Sampaio, Rodrigues Ferreira e Braum. Os baré (o autor não problematiza a identificação unitária da tribo, uma vez que o foco do seu trabalho é a identificação das tribos do Uaupés) são indicados como presentes nas seguintes localidades (do baixo para o alto rio Negro): Moura (MD), Poiares (MD), Barcelos (MD), Moreira (MD), Thomar (MD), Lamalonga (MD), Santo Antônio do Castanheiro Novo (ME), São José (ME), São Gabriel da Cachoeira (ME), Nossa Senhora da Guia (MD) e São José dos Marabitanas (MD) (ME = margem esquerda e MD = margem direita). Exceto na localidade de São José (99 almas), em todas as demais a composição é "pluriétnica".

18—Vale notar que os baré continuam habitando esses mesmos lugares. Alguns deles tomaram feição de cidade, como Santa Isabel e São Gabriel da Cachoeira, e os demais deixaram de ser chamados de povoações e passaram a ser denominados "comunidades".

aldeada era do próprio rio Negro, como parece ter sido o caso dos baré, que as fontes aqui citadas indicavam habitar diversas das missões carmelitas e povoados desse rio.

De todo modo, deve-se considerar, como sugerem Wright (1992), Vidal (1993), Meira (1997) e Andrello (2006), que a população do rio Negro, moldada pela fusão de diversas etnias nos aldeamentos e pelos casamentos com os portugueses da colônia, seja o sintoma do processo de transformação histórica e fusão de subgrupos identificados nas fontes históricas como falantes de línguas baré, entre outras, indicando, segundo Andrello, "uma redução drástica da diversidade étnica rio-negrina preexistente ao início da colonização, seja pela extinção completa, seja pela assimilação de parcelas remanescentes de muitos outros grupos" (2006, p. 113).

‡

Uma das heranças deixadas pelos missionários que atuaram no alto rio Negro foram os festivais nos dias santos, os quais, segundo Wright (1992a, p. 212), tornaram-se, desde essa época, uma das principais formas de religiosidade da região. Wright observa que, no segundo trimestre do século XIX, apenas um missionário carmelita visitava periodicamente o alto rio Negro e tais festivais já haviam sido completamente integrados ao ciclo ritual da região, tanto do lado brasileiro quanto do lado venezuelano. Esses festivais eram levados a cabo de forma autônoma (em relação aos missionários e à Igreja) pela população indígena da região e pelos brancos ou caboclos que lá viviam. Posteriormente chamados de festas de santo, os festivais ocupam um aspecto central do que vem sendo caracterizado por "catolicismo popular" ou "catolicismo amazônico" (Galvão, 1955; Pereira, 1989; Brandão, 1994; Tassinari, 2003).

Wright (*apud* Andrello, 2006, p. 81) chama a atenção para uma dinâmica social peculiar dos habitantes da calha principal do rio Negro, relacionada não apenas com o calendário das festas de santo em meados do século XIX, mas também com o surgimento de uma "nova economia", instituída por comerciantes brasileiros que começaram a atuar na região das antigas fortificações de São Gabriel da Cachoeira e de Marabitanas. Essa dinâmica social revela que, já nessa época, parte da população indígena tida por "civilizada" ou "semicivilizada", como eram considerados os "convertidos" ao catolicismo e falantes do nheengatu, vivia dispersa em sítios familiares construídos nas margens do alto rio Negro. Essa população se deslocava frequentemente para as povoações, outrora povoados coloniais sob a jurisdição de missionários e diretores de índios, a fim de festejar os dias dos santos padroeiros ou mesmo para se "endividar", iniciando, assim, uma "nova economia" baseada no escoamento de produtos extrativos e/ou no trabalho compulsório para os "patrões" e "comerciantes", em troca de mercadorias trazidas por estes para a região (Wallace, 1979).

Em resposta à exploração excessiva exercida sobre os índios baré, baniwa e werekena por uma indústria florescente de construção de barcos em San Carlos e Maroa, na Venezuela, data dessa mesma época a ameaça de uma rebelião, que seria levada a cabo pelos baré de San Carlos, sob a influência de um pregador zambo (descendente de índios e negros) chamado de padre Arnaoud (Wright, 1992a, p. 213), em 24 de junho de 1853, dia de São João. Tal reação anteciparia uma suposta "conspiração contra os civilizados", iniciada em 1857, pelo messias e poderoso pajé baniwa

Venâncio Kamiko, inaugurando uma série de movimentos milenaristas ou de resistência indígena no noroeste amazônico, fortemente reprimidos pelos militares (Wright e Hill, 1986; Wright, 1992a; Hugh-Jones, 1996).

Outra característica desse período de transição para o século XX foi a introdução do rio Negro na economia global da borracha. Ermano Stradelli, que viajou em 1881 pelo rio Negro, de Cucuí, na divisa com a Venezuela e a Colômbia, até Manaus, descreve uma impressão bastante decadente e esvaziada dos antigos povoados desse rio. O italiano confrontava o que via ao relato "Ensaio Corográfico sobre a Província do Pará, Rio Negro e Marajó", publicado em 1839, do português Antonio Ladislau Monteiro Baena, que viajou pelo rio Negro no início do século XIX. Marabitanas, antiga fortificação do alto rio Negro, que, segundo Baena (*apud* Stradelli, 1991, pp. 208-9), no início do século XIX contava com 1.500 casas (!), e São Marcelino, na foz do rio Xié, que contava com cerca de 400 casas (!), na época que Stradelli passou por essas localidades, não tinham mais do que cerca de vinte casas e quatro casas, respectivamente. Essa decadência, identificada em quase todos os povoados do rio Negro, estaria diretamente relacionada à goma elástica, ou seja, à borracha, considerada "a riqueza e a ruína" do rio Negro.

Stradelli viajou pelo rio Negro no período da seca, quando a maioria da população já havia se deslocado para os seringais do médio e baixo rio Negro. O conde fornece uma detalhada descrição tanto da rotina do trabalho nos seringais quanto da lógica do sistema de endividamento promovido pelos patrões. A certa altura de sua narrativa, ele questiona:

> Mas, quem usufrui deste lucro? Por certo que não o extrator, que, poucas exceções feitas, endividado começa o trabalho e endividado o termina; mas apesar de tudo isto, receberá o crédito necessário para manter-se até a nova colheita; e, ao invés de pagá-lo, aumentá-lo-á, e assim indefinidamente. É comum ver gente que passa a vida em uma embriaguez crônica, que só possui uma camisa e uma canoa, devendo deste modo milhares e milhares de liras. E o hábito é a coisa mais natural do mundo, seja para o aviado, seja para o aviador. *O homem que não deve é gente que não tem valor*, e um tapuio nunca pagará completamente a sua dívida, ou se pagar, será para fazer uma nova, imediatamente, para dizer que tem um patrão [...]. (Stradelli, 1991, p. 220, itálico nosso.)

"Tapuio", como informa Andrello, que também recorre à citação acima, é um termo utilizado para se referir aos índios e mestiços das comunidades e dos sítios ribeirinhos do médio e alto rio Negro que, durante o verão, deslocavam-se em massa para os seringais do médio e baixo rio Negro. Andrello precisa tal identificação nos seguintes termos:

> [...] eram barés, mamelucos e tapuias em geral [...]. Alguns deles mais tarde subiriam os rios Içana e Uaupés, estendendo suas dívidas aos índios, aos quais a civilização haveria de ser imposta. A alternativa que se apresentou aos índios desse rio [Içana e Uaupés] foi investir

> nas relações com outros agentes da civilização, os missionários.
> (Andrello, 2006, p. 95.)

Andrello vai mais longe ao sugerir que, entre os "barés", "tapuios" ou "os grupos do rio Negro", a dívida compulsória assumida em troca de mercadorias dos brancos tenha desempenhado um papel central, visto que, segundo o autor, era a mediação para uma nova condição, signo de um novo *status* (o de civilizado), enquanto para os grupos do Uaupés teriam sido decisivos outros elementos, mais espirituais do que materiais, como o batismo e a obtenção de novos nomes, além da adesão às palavras proféticas dos xamãs "amigos de Deus", isto é, dos messias dos movimentos milenaristas indicados anteriormente. A divisão proposta pelo autor é, porém, questionável, visto que, como mostrou Wright (1992a, pp. 194-95; 2005, p. 157), os baré do alto rio Negro, assim como os werekena do rio Xié, os baniwa e curripaco do Içana e Guainia, estiveram, ainda que de forma diferenciada, envolvidos em movimentos milenaristas[19]. São Felipe, Santa Ana, São Marcelino e Marabitanas (localidades da calha principal do alto rio Negro) teriam, inclusive, sido palco dos movimentos de 1857-1859 (Wright, 1992a, p. 197). Além disso, Alexandre Cristo, seguidor do messias Kamiko, era um índio do alto rio Negro cuja etnia não é precisada por Wright, que afirma somente que este havia sido criado por um comerciante português, Marques de Caldeira, nas proximidades de Marabitanas, vila de índios baré e marepitana (Wright, 2005, p. 140).

A pergunta sobre as razões de os índios se envolverem no sistema de endividamento com os patrões é irredutível a uma resposta simples, embora possamos nos perguntar o que os índios, sobretudo os baré do rio Negro, faziam com o pouco dinheiro ou com as mercadorias que ganhavam nos trabalhos nos seringais. Stradelli, após descrever a lógica ou o sistema de endividamento citado acima, admite, se assim podemos dizer, o outro lado da moeda:

> **Terminados os trabalhos da borracha, começam as festas, onde todos repousam[20], desfrutam do lazer, e mesmo os mais previdentes consomem tudo o que ganharam, e começam a gastar por conta daquilo que ganharão. Essas festas duram, quase sem interrupção, de maio a setembro; todos os santos são festejados; e nesta época, as casas da gente pobre formigam de visitas, regurgitam mesmo, de modo que é comum que muitos durmam nos barcos nos quais vieram.**
> (Stradelli, 1991, p. 221.)

Dessa forma, é possível admitir que as dívidas também estivessem relacionadas com a lógica ritual que subjaz às festas de santo. Como sugere Nunes Pereira, nas festas do Divino, Santo Antônio e São Sebastião, entre outras, "o mestiço do índio encontrou meio de associar os seus dabucuris a manifestações pagãs que a elevação e derrubada dos mastros festivos lhe propiciavam" (Pereira, 1989, p. 16). Sendo assim, gostaria de sugerir que se deva levar em conta o fato de que o endividamento e o trabalho nos seringais levados a cabo pelos baré do rio Negro contribuíram e estiveram relacionados com a continuidade,

---

19—A despeito de diferenças importantes entre os messias aruak e tukano, destacadas por Wright (1992a, p. 218, e 2005) e por Andrello (2006, p. 102).

20—Percebe-se que Stradelli possivelmente não esteve presente em nenhuma festa de santo, pois a última coisa que se faz nessas ocasiões é repousar.

ainda que em outros termos, de formas de socialidades anteriores, compartilhadas pelos índios de toda a região. Nesse sentido, as festas de santo, como argumentei em minha tese de doutorado (Figueiredo, 2009), talvez tenham "substituído" e "modificado" um espaço que outrora era ocupado pelos antigos dabucuri, que objetivavam, entre outros, a expansão das relações sociais entre grupos e povos afins através de novas alianças e casamentos. Pois, como recorda o naturalista Alexandre Rodrigues Ferreira (cem anos antes da viagem de Stradelli):

> **É verdade, que entre elles [as tribos do rio Negro] a dansa se não deve chamar divertimento, antes é uma ocupação muito séria e importante, que se envolve em todas as circumstancias de sua vida publica e particular, e de que depende o principio, e o fim de todas as suas deliberações. Si é necessário entenderem-se entre si duas aldeias, dansando é que se apresentam os embaixadores, e entregam o emblema da paz. Si declara guerra ao inimigo, por outra dansa é que de parte a parte se principia a esprimir o seu resentimento e a vingança que se medita. Então esta dansa é uma verdadeira scena, em que se representa a campanha dos gentios. (Ferreira, 1983 [1787], p. 623.)**

Os baré do rio Negro, estigmatizados como ainda são pelo fato de terem estado no meio do caminho[21] por onde diferentes agentes da civilização – tropas de resgate, missionários, comerciantes, entre outros – penetraram no rio Negro, acabaram tornando-se "invisíveis", na medida em que seus diacríticos indígenas foram aos poucos sendo "eclipsados" em favor de um suposto afastamento de suas referências indígenas. Com isso, foram logo tomados como os agentes de um estado transitório (o de indígena) para um novo *status* (o de civilizados), ou, para ser mais direto, haveriam de "tornar-se brancos" para finalmente serem incorporados, ainda que parcialmente ou de forma deficitária, pela população brasileira.

É importante notar que os baré, fruto da "miscigenação com os civilizados" (Meira, 1997) ou mesmo tidos como índios que se transformaram em brancos, podem ser compreendidos dentro de um processo mais geral, caracterizado por Antonio Kelly (2005) como uma "teoria do virar branco":

> **O processo de "virar branco" mantém importantes continuidades com outras formas de devir-Outro, e que, enquanto uma forma de diferenciação, é, com efeito, um processo "realmente indígena". [...] um eixo de transformação em branco pode ser visto enquanto uma *inovação do espaço convencional ameríndio*, retendo muito de suas características. Ambas as proposições sugerem inúmeras reservas diante de análises que resumem tudo isso sob a rubrica da "mudança histórica". (Kelly, 2005, pp. 227-28, itálico nosso.)**

Uma "teoria do virar branco" na Amazônia, tal como proposta por Kelly, parece ser extremamente relevante para pensar e descrever os "processos de diferenciação" dos baré no alto rio Negro. A meu ver, o "virar branco", no caso baré, deve ser tomado como uma das

---

21—Os baré do médio e alto rio Negro, devido a sua posição territorial, como já notado, foram os principais mediadores do contato com as frentes de colonização e os agentes da civilização na região; desse modo, podem igualmente ser considerados, como sugere Taylor, espécies de "tribos-tampão instaladas nas vizinhanças dos estabelecimentos coloniais e nos grandes eixos de comunicação" (1992, p. 221).

formas de "devir-índio", por meio das quais estes constroem suas respectivas formas de diferenciação num contexto de relações interétnicas intensas e bem antigas. O processo de "transformação em branco", sempre incompleto, em que se engajam os baré[22], em vez de produzir uma identidade com os brancos, produz dupla diferença, tanto em relação aos demais indígenas da região como em relação aos brancos, com os quais se produz uma "identificação diferenciada". É comum dizerem na região que os baré são "quase brancos", e esse "quase" indica um limite no qual a diferença chega a seu ponto irredutível, apesar de provocada pela identificação com os brancos. Dessa forma, o "devir-índio" dos baré é um tornar-se "quase branco".

Certa vez, conversando com um índio pira-tapuyo que mora no alto rio Negro em uma comunidade baré, este me confessou que alguns baré se acham "superiores" aos índios dos afluentes do Negro (do rio Içana e do Uaupés, por exemplo) por identificarem alguns traços de seus hábitos aos dos brancos. Ele destacou, curiosamente, o fato de que os baré são mais acostumados a tomar cachaça do que caxiri, além de café. De fato, esses aspectos são frequentemente marcados como traços distintivos da população baré do alto rio Negro em relação aos povos de outros rios.

Se, como notou Bráz França (2000 [1999]) – índio baré e uma das principais lideranças indígenas da região –, os índios não são *naturalmente* distintos, acreditamos que, no caso dos baré, o fato de eles serem tradicionalmente apontados como quase brancos significa, entre outras coisas, que essa foi uma das formas pelas quais esses indígenas se mobilizaram (*agency*) para se diferenciar tanto dos outros índios da região, como dos próprios brancos. Assim, o "devir-índio" dos baré é um processo ativo de diferenciação cultural e política diante de outros índios e de brancos da região – o "tornar-se branco" só é possível graças ao fato de não ser branco, visto que a identidade não é senão um caso de diferença.

‡

Em território brasileiro, atualmente, os baré continuam distribuídos por toda a calha principal do rio Negro, tanto nas cidades de Barcelos, Santa Isabel e São Gabriel da Cachoeira e no distrito de Cucuí, que marca a tríplice divisa entre o Brasil, a Colômbia e a Venezuela, quanto em uma centena de sítios e comunidades dispersos ao longo de todo o rio. Somente no trecho a montante da cidade de São Gabriel encontramos cerca de 45 comunidades e mais de 50 sítios familiares (dados de 2008).

O nexo regional de minha pesquisa de doutorado, realizada entre os anos de 2004 e 2008, compreendeu um trecho do alto rio Negro formado pelas comunidades (começando pela foz do rio Xié e descendo o rio Negro em direção à cidade de São Gabriel) de São Marcelino (margem direita), São Francisco de Sales (margem direita), Tabocal dos Pereira (margem direita), Mabé (margem esquerda), Iábi (ilha), São Gabriel Miri (ilha), Cué-Cué (margem esquerda) e Juruti (margem esquerda), além dos sítios espalhados por esse mesmo trecho de rio (Figura 2). Essa região coincide com a área de influência da Associação das Comunidades Indígenas do Rio Negro (Acirne). Se a população baré em território brasileiro foi estimada em 10.275 indivíduos (dados DSEI-FOIRN-Lev SGC2004, em Ricardo e Ricardo, 2006, p. 10), na região da Acirne a população total gira em torno de 530 pessoas (dados do censo DSEI

22—Apesar de esse processo de "transformação em branco" não ser exclusividade dos baré, acredito que se trata de um processo que caracteriza fortemente o significado de ser baré num contexto pluriétnico como o do rio Negro.

2007, não publicado). Em todas essas comunidades e sítios, a população é majoritariamente de indivíduos que se autodenominam baré, porém em algumas localidades também são encontrados índios de outras etnias da região.

As comunidades e os sítios localizados na margem direita desse trecho do rio Negro estão na Terra Indígena Alto Rio Negro, homologada em 1998; as comunidades da margem esquerda estão igualmente localizadas em Terra Indígena, chamada Cué-Cué/Marabitanas, tendo todo o processo de demarcação sido concluído somente em abril de 2013.

A história da comunidade de São Francisco de Sales – onde permaneci durante a maior parte de minha pesquisa de campo –, segundo seu Filó, capitão da comunidade em 2007, teria se iniciado com um acontecimento ocorrido em meados da década de 1960 na povoação de São Marcelino, quando seu pai, Humberto Gonçalves[23], era o capitão do povoado. Baseio-me no depoimento de seu Filó e no de seus irmãos Beto e Nilo Gonçalves para uma pequena reconstrução dessa história.

Até a década de 1940, São Marcelino era habitado tanto pelos baré do rio Negro quanto pelos werekena do rio Xié. O povoado era, inclusive, dividido em duas seções: em uma delas vivia o "pessoal do Xié" e na outra, o "pessoal do Negro". A relação entre os dois lados não era muito amistosa, não sendo incomuns desentendimentos, conflitos e querelas, sobretudo por ocasião das festas de santo, quando a bebida era abundante e os ânimos ficavam exaltados. Em meados daquela década, o "pessoal do Xié" decidiu fundar uma comunidade própria não muito distante de São Marcelino, no próprio rio Xié, à qual foi dado o nome de São José. Nessa comunidade passaram a comemorar o santo padroeiro. Contudo, por volta de 1950, sob a influência da famosa missionária Sophie Muller, os moradores de São José converteram-se ao protestantismo, abandonando os santos católicos e mudando o nome da comunidade para Vila Nova (ou Táwa Pisasú, em nheengatu)[24].

A dinâmica social do povoado de São Marcelino não era diferente da de outros povoados do rio Negro, como foi notado por Wallace (1979 [1853]) desde meados do século XIX. Os povoados eram habitados sazonalmente pela população indígena, que, na maior parte do tempo, vivia nos sítios familiares nas cercanias dos povoados, onde cultivava suas roças e cuidava dos trabalhos diários. Vale ainda atentar para o fato de que o período da borracha no rio Negro estendeu-se até meados do século XX, e muitas famílias, sobretudo os homens, que estavam ligadas ao povoado de São Marcelino, quando não coletavam a seringa disponível nas proximidades de seus sítios, viajavam para a Colômbia e a Venezuela ou para o médio e baixo rio Negro, onde estavam os principais seringais da região e, portanto, a maior parte do trabalho da borracha. Havia, ainda, o trabalho de coleta da piaçaba, que, diferentemente da borracha, continuou sendo realizado até a década de 1990, como demonstra Meira (1993) em um trabalho dedicado integralmente à atividade extrativa dessa fibra na região. Em alguns afluentes do rio Xié, a piaçaba sempre foi abundante, e para lá também se deslocavam frequentemente muitos moradores desse rio e do rio Negro na época da coleta, que se concentrava no período das cheias.

Mesmo com toda essa flutuação da população, até a década de 1960, São Marcelino contava, além da capela com o santo (imagem) e

---

23—Filho do emigrante espanhol João Gonzáles, que se casou com uma índia baré do povoado Nossa Senhora do Guia, próximo à foz do rio Içana, no final do século XIX.

24—Sobre a atuação de Sophie Muller na região do rio Negro, sobretudo no rio Içana, cf. Wright (1999).

Figura 1
Mapa regional dos baré do alto rio Negro. *Fonte:* Laboratório de Geoprocessamento do Instituto Socioambiental – ISA, setembro de 2008.

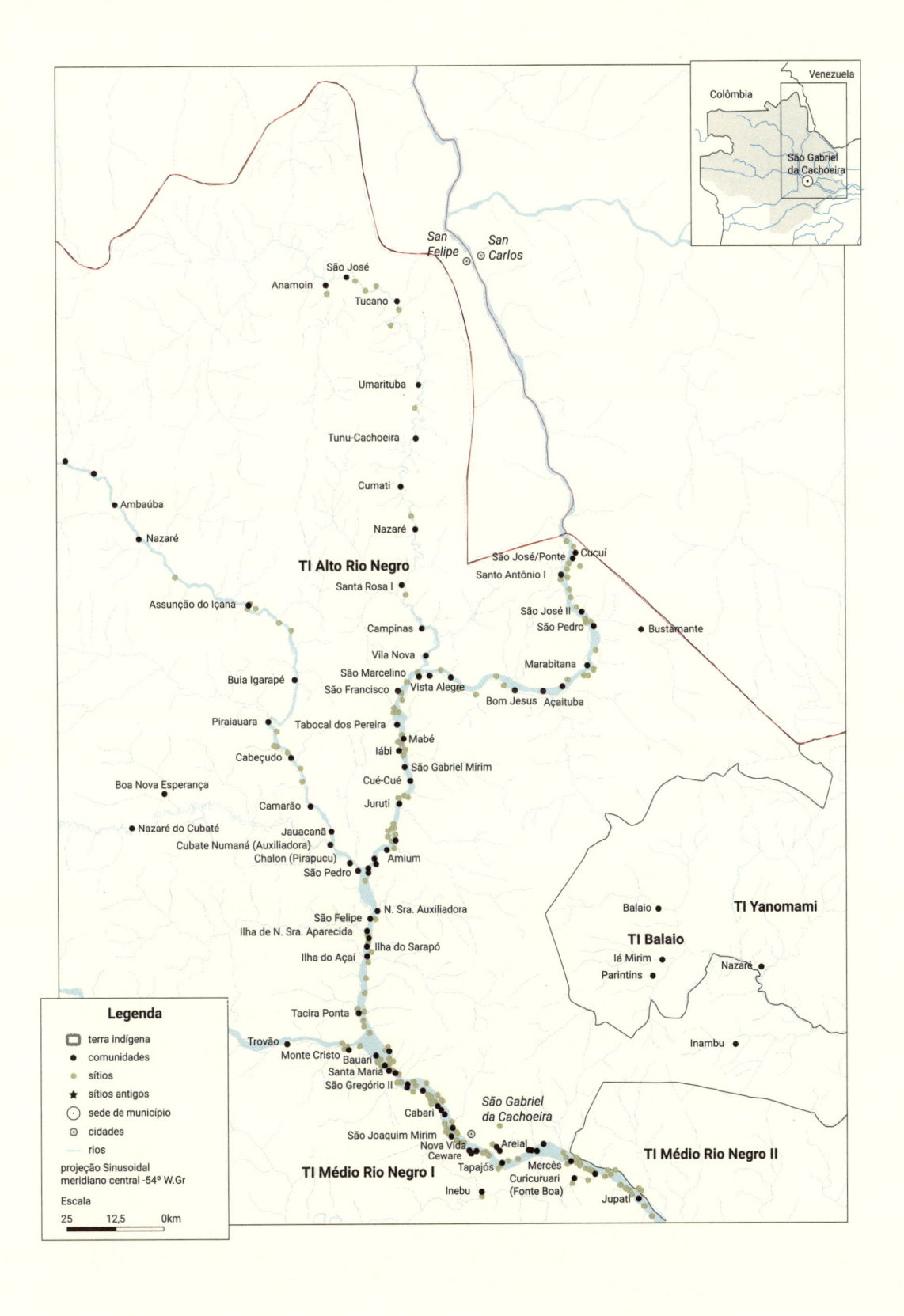

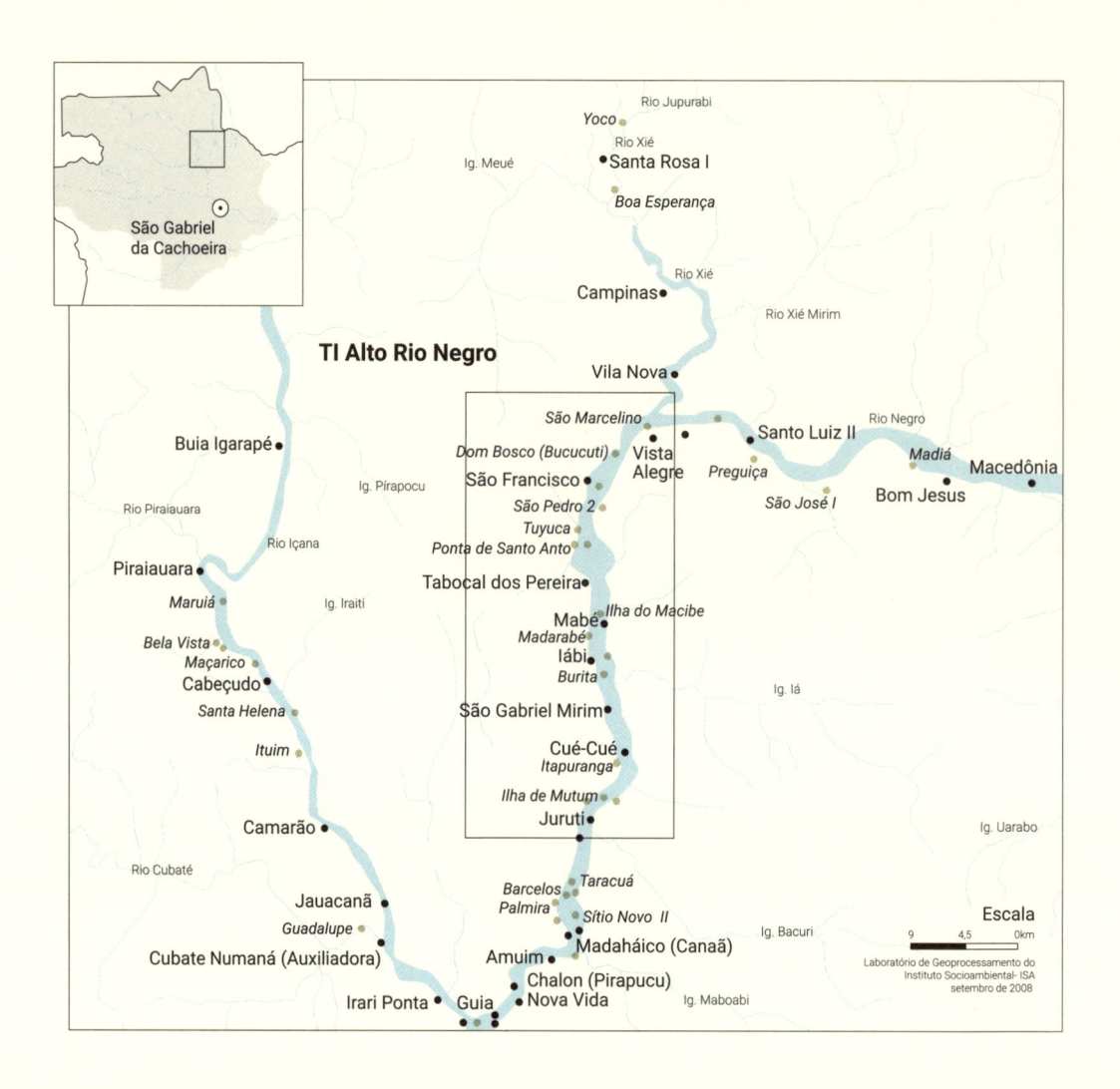

Figura 2
Mapa do nexo regional da pesquisa. Fonte: Laboratório de Geoprocessamento do Instituto Socioambiental – ISA, setembro de 2008.

dois sinos deixados pelos religiosos carmelitas (em meados do século XIX), com cerca de vinte casas, sobretudo de índios baré. O povoado possuía um capitão, que cuidava da ordem local, convocava frequentemente os moradores para os trabalhos coletivos de limpeza, mediava os conflitos que porventura surgissem, estimulava os habitantes a assumirem as responsabilidades e, sobretudo, as despesas por ocasião das festas de santo, além de responder pelas demandas dos "brancos" e pelo trato com eles, incluindo padres, comerciantes e eventuais agentes do Estado.

O acontecimento que acabou por dividir definitivamente a população de São Marcelino (desde a sua origem já dividida) e deu início à comunidade de São Francisco, ao qual aludi no início desta seção, foi o que narro a seguir. Certa vez, algumas crianças, que haviam ficado sozinhas no povoado enquanto seus pais trabalhavam na roça, queimaram um ninho de caba para alimentar os rouxinóis que criavam.

O fogo acabou atingindo o telhado de palha de uma das casas, alastrando-se rapidamente e incendiando quase todo o povoado. Restaram apenas duas casas – construídas um pouco distantes das demais – e a capela. Diante do ocorrido e das acusações que recaíram sobre os familiares das crianças, o povoado foi praticamente desfeito e seus moradores acabaram se mudando de vez para os sítios da redondeza, entre estes, São Francisco, que até então era o sítio da família Gonçalves, localizado a cerca de duas horas a remo, rio Negro abaixo, do antigo povoado.

Nessa época, o sítio São Francisco contava apenas com duas casas, a do casal Olívia dos Santos e Humberto Gonçalves, que, como dito, era até então capitão do povoado de São Marcelino, e a de seu cunhado, Rafael Melgueiro, casado com sua irmã Ambrosina. Para lá foram levados os sinos da capela e a imagem de São Marcelino, e também para lá foi transferida a festa que comemora o santo padroeiro.

Em meados da década de 1980, São Francisco já havia crescido o bastante para ser chamada de comunidade e contava com uma "escolinha" (escola primária municipal), tal como as instituídas pelas freiras (Filhas de Maria Auxiliadora) em inúmeras comunidades do alto rio Negro, rio Uaupés, rio Içana e rio Xié (Cabalzar, 1999, p. 371).

Na época de minha pesquisa, dos oito filhos de seu Humberto e dona Olívia dos Santos (ambos falecidos), três ainda residiam em São Francisco com suas respectivas famílias. Os demais viviam em São Gabriel da Cachoeira e só eventualmente iam até a comunidade onde moraram, pois eram seus irmãos que os visitavam com mais frequência. Já os três filhos de seu Rafael Melgueiro e dona Ambrosina (ambos também falecidos), seu Dengo, seu Lindo e seu Tipa, ainda moram na comunidade com suas famílias. Desse modo, a população atual de São Francisco descende diretamente dessas duas famílias.

A comunidade de São Francisco está localizada bem próxima à margem do rio, de frente para uma grande ilha, chamada Ilha do Abade, que impede a visão da outra margem do rio Negro. Bem na frente da comunidade, a alguns metros do rio, encontra-se uma pequena capela, na qual, além dos dois sinos trazidos de São Marcelino, estão dispostas (no altar) algumas imagens, entre as quais as de São Marcelino, Santo Alberto e um retrato emoldurado de São Francisco de Sales, santos festejados pela comunidade, além de toda a parafernália utilizada nas festas. Destaca-se também, ainda na frente da comunidade, uma ampla "casa comunitária", com uma cozinha acoplada, onde eventos coletivos, refeições e reuniões são realizados. Durante as festas de santo, a casa é transformada em "sala", onde os bailes acontecem.

Entre as construções que ocupam a frente da comunidade e as casas familiares, há um grande pátio onde jovens e crianças costumam brincar e jogar bola. No canto esquerdo desse pátio, para quem está de frente para as casas, encontra-se um pequeno cemitério onde estão enterradas apenas cinco pessoas. A maioria das casas estão alinhadas logo atrás do pátio principal. Atrás destas, a comunidade ainda conta com um grande campo de futebol gramado, onde jovens e adultos costumam jogar bola nos fins de tarde. Atrás desse campo estão localizadas pequenas roças, além de caminhos ("picadas") que levam a roças mais distantes.

A vida diária em São Francisco segue o ritmo normal de qualquer comunidade do rio Negro. As mulheres trabalham diariamente nas roças – onde plantam vários tipos de mandioca e outros tubérculos, como batata-doce e cará, frutas como abacaxi, cana, caju e cúbio – e nos afazeres domésticos. Vale acrescentar que as mulheres baré não produzem caxiri de mandioca. Desse modo, toda a produção de mandioca é destinada à fabricação de farinha, beiju, tapioca e outros derivados. Os homens, por sua vez, são responsáveis pelo abastecimento diário de peixes e, eventualmente, pela caça (os baré preferem a pesca à caça), bem como por outros trabalhos manuais, tais como a construção e a reforma de casas, canoas, remos, armadilhas de pesca e outros utensílios domésticos. Sendo assim, a dieta continua fortemente centrada no consumo de peixe, farinha, beiju, pimentas e frutas plantadas nas roças e nos quintais das casas, tais como açaí, pupunha, buriti, ingá, coco, jambo, goiaba, abiu, inajá, entre outras, além das frutas selvagens coletadas na mata das cercanias da comunidade.

Atualmente, o trabalho extrativo é praticamente inexistente. Somente o cipó é comercializado; contudo, ele é cada vez mais escasso, e o pouco que ainda resta na região é utilizado nos trabalhos domésticos, na construção das casas, na feitura de cestaria e armadilhas de pesca. A única renda dos que vivem na comunidade provém do salário dos aposentados, do agente de saúde e do professor e, eventualmente, dos benefícios sociais fornecidos pelo Estado, tais como o auxílio-maternidade e a "bolsa família" (no entanto, diante da burocracia, não são todos os que conseguem ter acesso a esses benefícios). A produção extra de farinha é uma fonte de renda segura: dada a escassez desse produto em certas regiões onde há grande concentração de pessoas e sendo esse item indispensável na dieta local, o excedente pode ser facilmente comercializado na cidade ou mesmo com os poucos regatões que ainda circulam pela região.

Eventualmente, alguns homens, sobretudo os mais jovens, passam uma temporada em São Gabriel da Cachoeira trabalhando como vigias, no comércio ou em obras da cidade, a fim de conseguirem recursos para a compra de itens considerados de primeira necessidade, como roupas, utensílios domésticos, combustível (gasolina e óleo diesel), sabão, sal, açúcar, café e outros alimentos industrializados. De todo modo, mensalmente (ou de dois em dois meses), os assalariados viajam até São Gabriel da Cachoeira a fim de receberem seus rendimentos[25]. Os deslocamentos até San Carlos, na Venezuela, também são frequentes, seja para visitar parentes, seja para comprar gasolina, visto que o preço desta nessa localidade é infinitamente menor do que no Brasil[26].

A população da comunidade de São Francisco, em 2007, somava 77 pessoas, distribuídas em 11 "casas". A Figura 3 apresenta uma visão geral da comunidade e indica os "grupos domésticos" (ou casas).

São seis os sítios ligados à comunidade de São Francisco: Laranjal, São Pedro, São Marcelino 2, Uruá, Tuyuka Ponta e Acutiwaia. O sítio Laranjal fica localizado ao lado da comunidade, separado apenas por um pequeno igarapé; já os demais são mais distantes (Figura 4). Nesses sítios habitam tanto famílias nucleares quanto extensas, e a vida cotidiana é levada de forma mais ou menos independente da comunidade. As famílias desses sítios, porém, participam da vida comunitária de São Francisco – as crianças estudam na escola, as famílias frequentam os cultos dominicais e são assistidas pelo agente de saúde, além de possuírem casas na comunidade, nas

---

25—São Francisco fica a um dia de viagem de São Gabriel da Cachoeira em canoa com motor (rabeta) 5hp; já para retornar à comunidade gastam-se normalmente dois dias.

26—Em San Carlos, cinquenta litros de gasolina costumavam ser vendidos, em 2007, por 50 mil bolívares (moeda local), o que correspondia a cerca de R$ 50,00. Já o litro de gasolina em São Gabriel da Cachoeira custava cerca de R$ 3,10. Contudo, nem sempre a gasolina venezuelana se encontra disponível para os índios brasileiros, pois, além de o posto militar controlar a quantidade de combustível transportada, o máximo permitido por pessoa (canoa) era duzentos litros.

quais se hospedam durante as festas e em outras ocasiões rituais. A população desses sítios gira em torno de cinquenta indivíduos. Desse modo, pode-se concluir que a população total da comunidade e dos sítios de São Francisco girava em 2007 em torno de 130 pessoas, configurando assim uma típica comunidade baré rio-negrina.

Figura 3
Croqui da comunidade São Francisco de Sales.

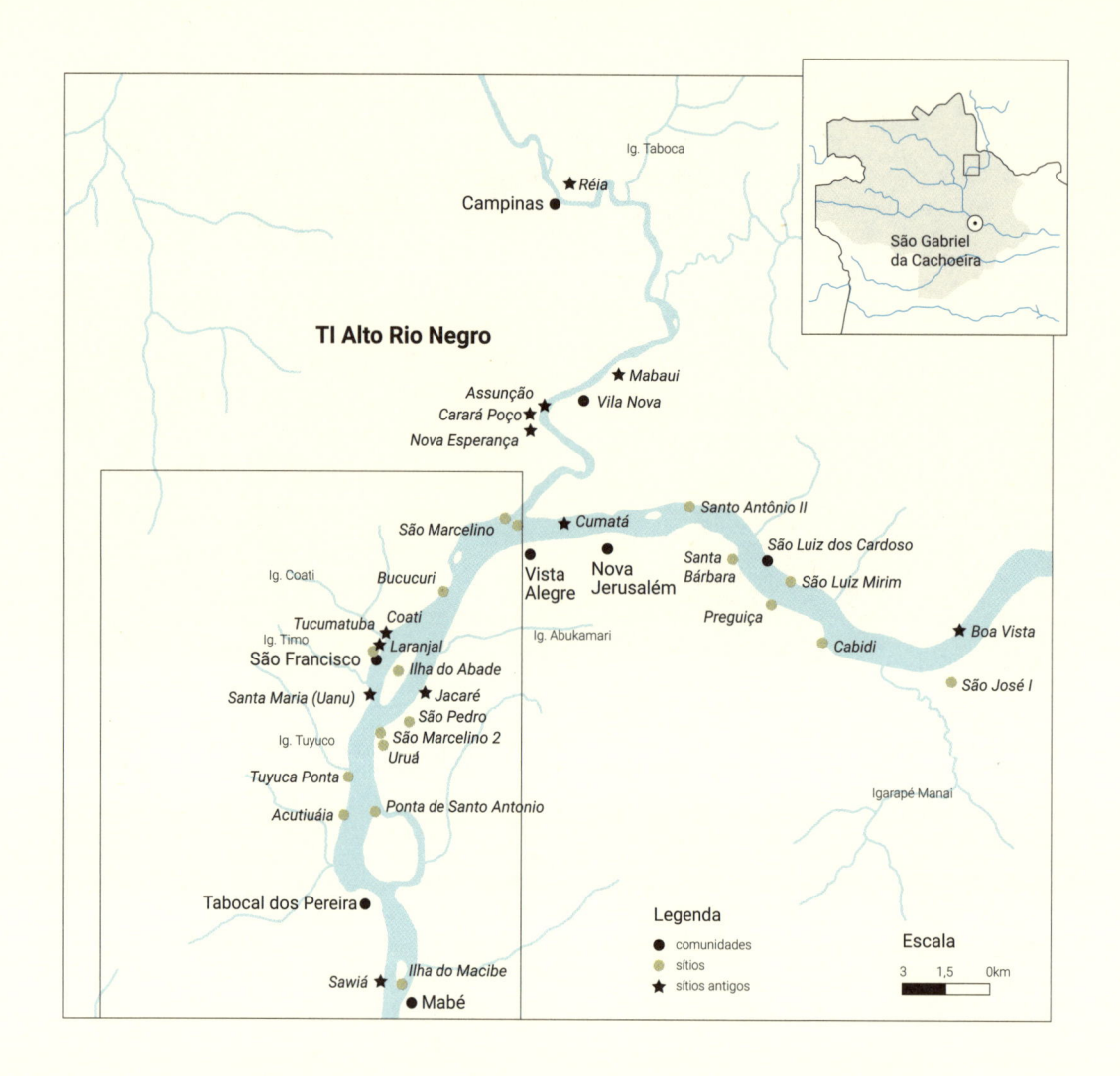

Figura 4
Mapa da região do entorno da comunidade
São Francisco de Sales. *Fonte*: Laboratório
de Geoprocessamento do Instituto
Socioambiental – ISA, setembro de 2008.

REFERÊNCIAS BIBLIOGRÁFICAS

AIKHENVALD, Alexandra. *Bare.* Languages of the world/Materials 100. München/Newcastle: Lincom Europa, 1995.

ALVES DA SILVA, A. Brüzzi (org.). *Discoteca etno-linguístico-musical das tribos dos rios Uaupés, Içana e Cauaburi.* São Paulo: Centro de Pesquisas de Iauareté da Missão Salesiana do Rio Negro, 1961.

_____. [1949]. *A civilização indígena do Uaupés.* Roma: LAS, 1977.

AMORIM, Antonio B. de. [1928]. *Lendas em nheengatu e em português.* Manaus: Fundo Editorial/ACA, 1987.

ANDRELLO, Geraldo. *Cidade do índio: transformações e cotidiano em Iauareté.* São Paulo/Rio de Janeiro: Unesp-ISA/Nuti, 2006.

BRANDÃO, Carlos R. "A alma do outro: identidade, alteridade e sincretismo na ética das relações de reciprocidade entre vivos e mortos em religiões do Brasil". *Somos as águas puras.* Campinas: Papirus, 1994, pp. 239-57.

CABALZAR, Aloísio. "O templo profanado: missionários salesianos e a transformação da maloca tuyuca". Em: WRIGHT, R. (org.), *Transformando os deuses: os múltiplos sentidos da conversão entre os povos indígenas no Brasil.* Campinas: Editora da Unicamp, 1999, pp. 363-96.

CABALZAR, A., e Ricardo, C. A. (org.). *Povos indígenas do rio Negro: uma introdução à diversidade socioambiental do noroeste da Amazônia brasileira.* Mapa-livro. 3ª ed. rev. São Paulo/São Gabriel da Cachoeira: ISA/FOIRN, 2006.

CASASNOVAS, Pe. Afonso. *Noções de língua geral ou nheengatu: gramática, lendas e vocabulário.* Manaus: Editora da Universidade Federal do Amazonas/Faculdade Salesiana Dom Bosco, 2006.

DELEUZE, Gilles. "Un manifeste de moins". Em: DELEUZE, Gilles, e BENNE, Carmelo. *Superposition.* Paris: Les Éditions de Minut, 1979, pp. 87-132.

DIAS, Carla de J., e ANDRELLO, Geraldo. "Áreas protegidas e identidades étnicas no médio rio Negro". *Anais da 25ª Reunião da ABA.* Goiânia: 2006. mimeo.

FARAGE, Nádia. *As muralhas dos sertões: os povos indígenas no rio Branco e a colonização.* Rio de Janeiro: Paz e Terra/Anpocs, 1991.

FERREIRA, Alexandre R. [1787]. *Viagem filosófica ao rio Negro.* Belém: CNPQ/MPEG, 1983.

FIGUEIREDO, Paulo Maia. "Desequilibrando o convencional: estética e ritual com os baré do alto rio Negro (Amazonas)". Tese de doutorado. Rio de Janeiro: PPGAS/Museu Nacional/UFRJ, 2009.

FRANÇA, Bráz de Oliveira. "Nós não éramos índios". Em: RICARDO, C. A. (org.). *Povos indígenas no Brasil 1996-2000.* São Paulo: ISA, 2000, pp. 39-41.

FREIRE, José Ribamar B. "Da 'fala boa' ao português na Amazônia brasileira". *Amerindia: Revue d'ethnolinguistique amerindienne.* Paris: 8, pp. 39-83, 1983.

_____. "A arte de gramática da língua mais usada na costa do Brasil e as línguas indígenas brasileiras". Em: FREIRE, J. R. B., e ROSA, M. C. (org.). *Línguas gerais: política linguística e catequese na América do Sul no período colonial.* Rio de Janeiro: EdUerj, 2003, pp. 195-209.

_____. *Rio Babel: a história das línguas na Amazônia*. Rio de Janeiro: Atlântica, 2004.

GALVÃO, Eduardo. *Santos e visagens: um estudo da vida religiosa de Itá, Amazonas*. São Paulo: Companhia Editora Nacional, 1955.

_____. [1959]. "Aculturação indígena no rio Negro". *Encontro de sociedades: índios e brancos no Brasil*. São Paulo: Paz e Terra, 1979.

GONZÁLEZ ÑÁÑEZ, Omar. *Mitologia guarequena*. Caracas: Monte Avila Editores, 1980.

GRENAND, Françoise, e FERREIRA, Epaminondas H. *Pequeno dicionário da língua geral*. Série Amazonas Cultura Regional. v. 6. Manaus: Seduc/Núcleo de Recursos Tecnológicos, 1989.

HUGH-JONES, Stephen. "Shamans, prophets, priests and pastors". Em: THOMAS, N., e HUMPHREY, C. (org.). *Shamanism, history, and the state*. Ann Arbor: University of Michigan Press, 1996, pp. 32-75.

KELLY, José Antonio. "Notas para uma teoria do 'virar branco'". *Mana: Estudos de Antropologia Social*. Rio de Janeiro: 11(1), pp. 201-234, 2005.

KOCH-GRÜNBERG, Theodor. [1909/10]. *Dos años entre los indios*. 2 vols. Santafé de Bogotá: Universidad Nacional de Colombia, 1995.

LOPEZ SANZ, Rafael. "El baré: estudio lingüístico". Trabalho apresentado na Universidade Central da Venezuela para a categoria de professor assistente, Caracas: 1972.

MEIRA, Márcio. "Baniwa, baré, warekena, maku, tukano...: os povos indígenas do 'baixo rio Negro' querem ser reconhecidos". *Povos indígenas no Brasil 1987/88/89/90. Aconteceu Especial*. São Paulo: Centro Ecumênico de Documentação e Informação, (18), pp. 135-42, 1991.

_____. "O tempo dos patrões: extrativismo da piaçava entre os índios do rio Xié (alto rio Negro)". Dissertação de mestrado. Campinas: Departamento de Antropologia da Unicamp, 1993.

_____. "Índios e brancos nas águas pretas: histórias do rio Negro". Versão revisada da conferência apresentada no seminário Povos Indígenas do Rio Negro: Terra e Cultura, organizado pela Fundação Universidade do Amazonas e Federação das Organizações Indígenas do Rio Negro. Manaus: 1997, 45 pp.

MOORE et al. "Nheengatu (língua geral amazônica), its history, and the effects of language contact". Em: LANGDON, M. (org.). *Proceedings of the meeting of the Society for the Study of the Indigenous Languages of the Americas*. Berkeley: 2(4), pp. 93-118, 1993.

NIMUENDAJÚ, Curt. [1927]. "Reconhecimento dos rios Içana, Ayari e Uaupés". Em: MOREIRA NETO, C. de Araújo (org.). *Curt Nimuendajú: textos indigenistas*. São Paulo: Loyola, 1982.

NOGUEIRA, Bianca. Relatório Circunstanciado de Identificação e Delimitação Terra Indígena Cué-Cué/Marabitanas. Brasília. Grupo Técnico constituído pela Portaria Funai/PRES nº 417 de 26 março de 2010.

OLIVEIRA, Christiane C. de. "Uma descrição do baré (Arawak): aspectos fonológicos e gramaticais". Dissertação de mestrado. Florianópolis: Universidade Federal de Santa Catarina, 1993.

PEREIRA, Manoel Nunes. *Moronguetá: um decameron indígena*. 2 vols. Rio de Janeiro: Civilização Brasileira, 1967.

_____. *O Sahiré e o Marabaixo*. Recife: Fundaj/Massangana, 1989.

PERES, Sidnei C. "Cultura, política e identidade na Amazônia: o associativismo indígena no baixo rio Negro". Tese de doutorado. Campinas: Departamento de Antropologia da Unicamp, 2003.

PÉREZ, Antonio. "Los bale (Baré)". Em: LIZOT, J. (org.). *Los aborigenes de Venezuela*. vol. III. Etnologia Contemporanea II. Caracas: Fundación La Salle de Ciências Naturales/Monte Avila Editores, 1988.

PÉREZ DE BORGO, Luisa Elena. *Manual bilingüe de la lengua baré*. Puerto Ayacucho: Alcadía del Territorio Federal Amazonas, 1992.

RAMIREZ, Henri. *Línguas Arawak da Amazônia setentrional: comparação e descrição*. Manaus: Editora da Universidade do Amazonas, 2001.

RICARDO, Beto, e RICARDO, Fany (org.). *Povos indígenas no Brasil: 2001-2005*. São Paulo: Instituto Socioambiental – ISA, 2006.

RODRIGUES, João Barbosa. *Poranduba amazonense, ou Kochiyma-uara porandub, 1872-1887*. Rio de Janeiro: G. Leuzinger & Filhos, 1890.

_____. *Vocabulário indígena comparado para mostrar a adulteração da língua (complemento do Poranduba Amazonense)*. Rio de Janeiro: Biblioteca Nacional/G. Leuzinger & Filhos, 1892.

STRADELLI, Ermano. "Vocabulários da língua geral português-nheengatu". *Revista do Instituto Histórico e Geográfico Brasileiro*, Rio de Janeiro. 158, 1929.

_____. [1896]. "Leggende dei Taria". *La Leggenda del Jurupary e outras lendas amazônicas*. São Paulo: Instituto Cultural Ítalo-Brasileiro, 1964.

_____. [1889]. "O rio Negro, o rio Branco, o Uaupés (1888-1889)". Em: ISENBURG, T. (org.), *Naturalistas italianos no Brasil*. São Paulo: Ícone Editora/Secretaria de Estado da Cultura, 1991, pp. 203-308.

SWEET, David. "A rich realm of nature destroyed: the Middle Amazon Valley, 1640-1750". Tese de doutorado. Ann Arbor: University of Wisconsin/University of Microfilms International, 1974.

TASSINARI, Antonella M. I. *No bom da festa: o processo de construção cultural das famílias karipuna do Amapá*. São Paulo: Edusp, 2003.

TAYLOR, Anne-Christine. "História pós-colombiana da alta Amazônia". Em: CUNHA, M. Carneiro da (org.). *História dos índios no Brasil*. São Paulo: Fapesp/Companhia das Letras/SMC, 1992, pp. 213-38.

TAYLOR, Gerald. "Apontamentos sobre o nheengatu falado no rio Negro, Brasil". *Amérindia: Revue d'éthnolinguistique amérindienne*. Paris: 10, 1985.

VIDAL, Silvia M. "Reconstrucción de los procesos de etnogenesis y de reproducción social entre los baré de rio Negro, siglos XVI-XVIII". Tese de doutorado. Centro de Estudios Avançados, Instituto Venezolano de Investigaciones Cientificas, 1993.

_____. "Liderazgo y confederaciones multiétnicas amerindias en la Amazonia luso-hispana del siglo XVIII". *Antropológica*. Caracas: Fundación La Salle, 87, pp. 19-46, 1997.

_____. *El chamanismo de los arawakos de rio Negro: su influencia en la política local y regional en el Amazonas de Venezuela*. Série

Antropologia. Brasília: Departamento de Antropologia da Universidade de Brasília, 2002.

VIVEIROS DE CASTRO, Eduardo. "No Brasil todo mundo é índio, exceto quem não é". Em: SZTUTMAN, Renato (org.). *Eduardo Viveiros de Castro*. Série Encontros. Rio de Janeiro: Beco do Azougue, 2008.

WALLACE, Alfred. [1853]. *Viagens pelos rios Amazonas e Negro*. Belo Horizonte/São Paulo: Itatiaia/Edusp, 1979.

WRIGHT, Robin. "Uma conspiração contra os civilizados: história, política e ideologias dos movimentos milenaristas dos arawak e tukano do noroeste da Amazônia". *Anuário Antropológico*. Brasília, 89, pp. 191-231, 1992.

_____. "História indígena do noroeste da Amazônia: hipóteses, questões e perspectivas". Em: CUNHA, M. Carneiro da (org.). *História dos índios no Brasil*. São Paulo: Fapesp/Companhia das Letras/SMC, 1992, pp. 253-66.

_____. "O tempo de Sophie: história e cosmologia da conversão baniwa". Em: WRIGHT, R. (org.). *Transformando os deuses: os múltiplos sentidos da conversão entre os povos indígenas no Brasil*. Campinas: Editora da Unicamp, 1999, pp. 155-212.

_____. *História indígena e do indigenismo no alto rio Negro*. Campinas: Mercado de Letras, 2005.

WRIGHT, Robin, e HILL, Jonathan. "History, ritual and myth: nineteenth century millenarian movements in the northwest Amazon". *Ethnohistory*. Durham, Duke University Press, 33(1), pp. 31-54, 1986.

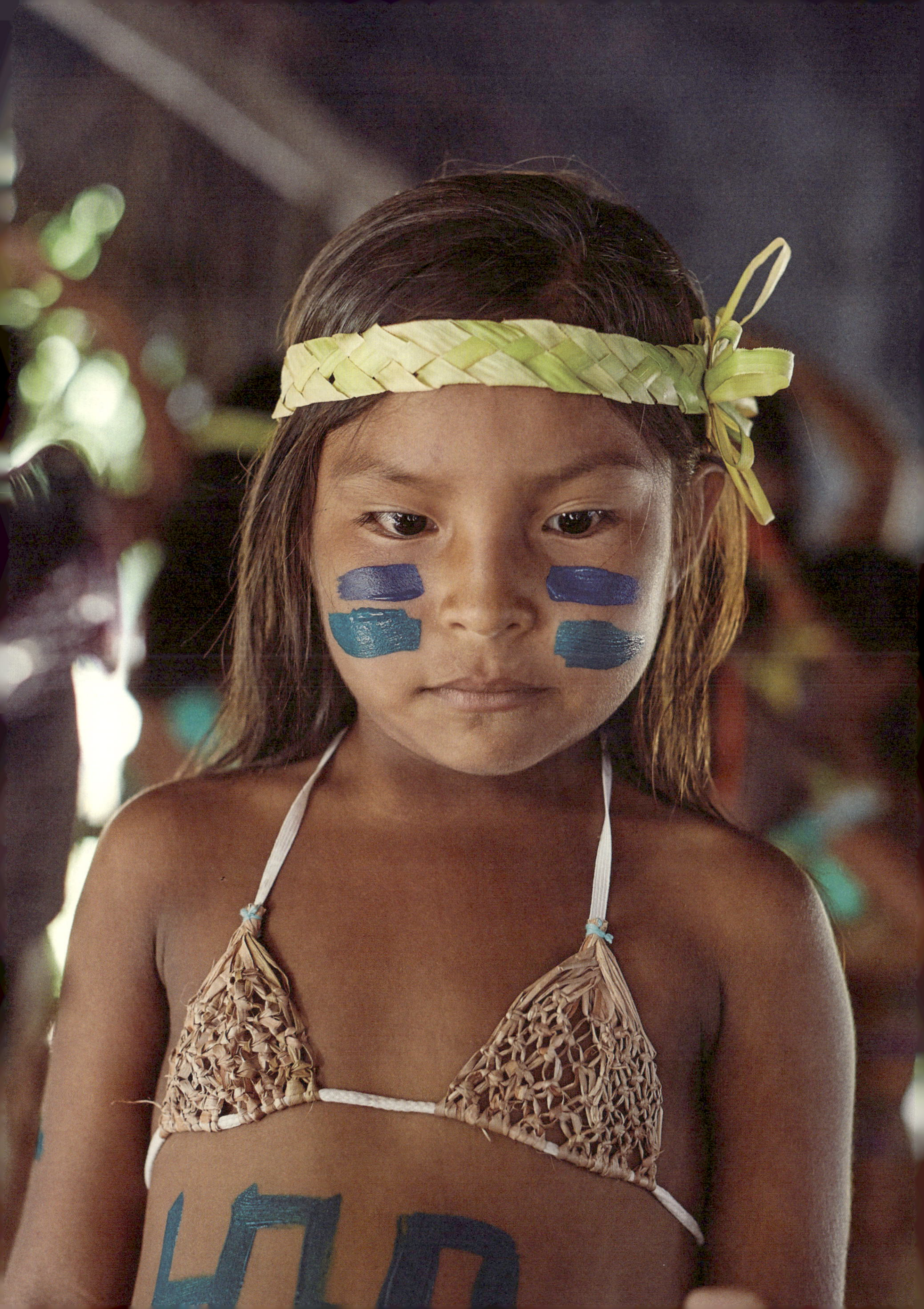

PAULO MAIA FIGUEIREDO

'YASÚ YAFUMÁI YANERIM — BAITÁ!"

"VAMOS FUMAR NOSSOS XERIMBABOS!"[1]

1 — Relato de uma iniciação nos segredos de Jurupari com os baré do alto rio Negro. Versão resumida e levemente modificada do segundo capítulo de minha tese de doutorado em antropologia, defendida em março de 2009 no PPGAS/Museu Nacional/UFRJ.

FUI PARA O RIO NEGRO PELA PRIMEIRA VEZ em 2004 sem um tema de pesquisa definido para, mais tarde, escrever uma tese de doutorado para o Programa de Pós-Graduação em Antropologia Social do Museu Nacional (UFRJ). A ideia era que a própria convivência com os baré – coletivo indígena do alto rio Negro, que havia resolvido pesquisar por sugestão de meu orientador de tese Eduardo Viveiros de Castro – iria aos poucos impor um rumo ou um eixo para que eu pudesse organizar minha experiência de campo, visto que eu só poderia reconhecer a socialidade dos baré empiricamente, isto é, a partir das próprias relações sociais em que estes estivessem inseridos.

Assim, quando, em maio de 2005, voltei para o rio Negro, após a primeira viagem de reconhecimento no ano anterior, segui diretamente para a comunidade de São Francisco (não muito distante da cidade de São Gabriel da Cachoeira rio Negro acima). Dois dias depois da minha chegada, no dia 30 de maio, a comunidade já estava em festa. Comemoravam o santo padroeiro, São Marcelino, que também empresta o nome à comunidade vizinha (antigo povoado[2]) rio Negro acima, localizada na foz do rio Xié, de onde vieram os antigos fundadores de São Francisco. De imediato, fui apresentado a centenas de pessoas que afluíram de seus sítios e comunidades para a festa em São Francisco. Desse modo, tive a nítida impressão de que as festas de santo deveriam ocupar uma parte considerável da minha etnografia, diante do investimento coletivo despendido e da vivacidade de todo o ritual. Vale destacar que durante essa segunda estada no rio Negro, de cerca de cinco meses, eu iria participar de mais sete festas de santo em diferentes comunidades da região, não somente nas cercanias de São Francisco, mas também em uma comunidade werekena (aruak) do médio rio Xié, em Tunun Cachoeira, além da famosa festa de santo de São Joaquim, na boca do Uaupés, local do antigo povoado[3] de mesmo nome.

Somente na comunidade de São Francisco são realizadas anualmente três festas de santo: a de São Marcelino, mencionada acima, entre os dias 30 de maio e 2 de junho; a de São Francisco de Sales, entre os dias 26 e 29 de janeiro, e a de Santo Alberto, entre os dias 4 e 7 de agosto. Somadas as festas que acontecem nas comunidades vizinhas com as quais São Francisco relaciona-se mais intensamente, o calendário anual de festas de santo nesse trecho do alto rio Negro chega a um total de 14 festas. Logo, devemos concordar com Wallace, que, desde sua viagem pelo rio Negro em meados do século XIX, notara que "os habitantes de Marabitanas [hoje, uma comunidade localizada não muito longe de São Francisco, rio Negro acima] são famosos pelas suas festas. Costuma-se dizer na região que eles passam a metade de suas vidas nas festas, e a outra metade, preparando-se para elas [...]" (Wallace, 1979, p. 172).

2—Fundado em 1784, pelo coronel Cabra Lobo D'Almeida, por ordem do general Joaquim Pereira Caldas, a fim de ocupar permanentemente o alto rio Negro diante das tendências expansionistas espanholas (Alves da Silva, 1977, p. 18).

3—O aldeamento de São Joaquim da Foz (do Uaupés) foi fundado pelos religiosos carmelitas, a quem, por carta régia de 1694, foi confiada a catequese do rio Negro (Alves da Silva, 1977, p. 17).

Desse modo, minha pesquisa de campo foi pontilhada de momentos festivos, seja na comunidade de São Francisco, seja em outras comunidades para as quais os habitantes de lá se deslocavam em massa. Por um lado, ficou claro, desde muito cedo, que a realização e a participação nas festas de santo indicavam processos sociais, nesse caso, rituais, nos quais a população nativa do alto rio Negro estava engajada e, assim, faziam parte de um tipo de dinâmica, igualmente transformacional, relevante para uma etnografia sobre esse povo.

Por outro lado, um dos aspectos mais salientes das etnografias do noroeste amazônico, tanto dos povos aruak quanto dos tukano orientais, diz respeito não à centralidade das festas de santo, introduzidas pelos missionários católicos que, junto à coroa portuguesa, colonizaram e catequizaram os índios da região, mas a uma série de rituais (de iniciação e de trocas cerimoniais) que giram em torno de um personagem central da cosmologia rio-negrina, denominados na literatura "culto do Jurupari". Nas palavras de Stephen Hugh-Jones:

> **The Yurupary cult, like other secret men's cult widespread almost lowland South American Indian groups, centers on the use of sacred musical instruments that women and children are forbidden to see. These cults serve to express and to reinforce a fundamental division between the sexes that permeates almost every aspect of society. The cult embraces all adult men, new members begin incorporated through rites of initiation at which they are shown the Yurupary instruments for the first time. Yurupary rites are thus rites of initiation but [...] they are much more than this. They are also the high expression of the religious life of the Barasana and their neighbours and as such have no single or simple interpretation.**[4] (Hugh-Jones, 1979, p. 4.)

Infelizmente, desde o início da minha pesquisa, fui levado a crer, tanto pela literatura disponível quanto pelos meus interlocutores baré, que tais rituais haviam sido abandonados e que, se eram realizados ainda, isso acontecia apenas em algumas comunidades mais remotas na cabeceira dos rios Uaupés e Içana.

Ettore Biocca, que viajou pelo alto rio Negro na década de 1960, participou de um dabucuri (ritual de troca cerimonial) em uma comunidade chamada Ilha das Flores, próxima à foz do rio Uaupés e da cidade de São Gabriel da Cachoeira, quando teve a oportunidade de gravar o único registro de que dispomos de canções em baré, dançadas em ocasiões rituais. Sobre esse encontro, além da gravação dos cantos, o italiano deixou a seguinte impressão:

> **Nei pressi di S. Gabriel, abbiamo assistito nel gennaio 1963 a una grande festa di cascirí [...], alla quale partecipavano Indi di origine diversa (Baré, Tukâno, Tariâna, ecc.). Sui dischi abbiamo inciso il 'canto Ben Un' e la 'danza e il canto Marié'. Abbiamo cercato di farci tradurre il testo di questi canti, in cui si sentivano ripetere parole di 'lingua geral' e parole Baré, forse non più comprensibili neppure agli stessi cantori. Il vecchio**

4—"O ritual do Jurupari, assim como outros rituais secretos masculinos disseminados por grupos indígenas das terras baixas sul-americanas, é centrado no uso de intrumentos musicais sagrados que mulheres e crianças são proibidos de ver. Esses rituais servem para expressar e reforçar uma divisão fundamental entre os sexos que permeia quase todos os aspectos da sociedade. O ritual abarca todos os homens adultos, sendo que novos membros são inicialmente incorporados por meio de ritos de iniciação nos quais são apresentados aos instrumentos do Jurupari pela primeira vez. Assim, os ritos do Jurupari são ritos de iniciação, mas [...] são muito mais do que isso. São também a grande expressão da vida religiosa dos barasana e de seus vizinhos e, como tal, não possuem uma interpretação definitiva nem simples."

> Baré, capo della denza, così ha tradotto il canto Ben Un: 'I nostri avi bevevano cascirí e non sono morti; noi, loro nipoti, berremo cascirí e non moriremo'. Ben piu drammatica è stata, invece, la traduzione del canto Marié: 'Siamo fligi di qui, resti dei Baré, cantiamo Marié; cantiamo la nostra miseria'. Penso che le parole non abbiano in realtà tradotto il canto, ma espresso l'amarezza dell'animo indio. (Biocca, 1983, v. 3, pp. 259-60.)[5]

Imagino que *"l'amarezza dell'animo indio"* descrita pelo autor acima diz respeito, entre outros aspectos, a um *ethos* característico da região, desde essa época e provavelmente antes dela: os índios sentiam que, diante das pressões impostas pela "civilização", sobretudo aquelas impostas pelos missionários que desde muito cedo estiveram presentes na região – e cujas histórias de perseguição à religião tradicional dos povos do rio Negro não são poucas[6] –, estavam "perdendo sua cultura", caracterizada por ser fortemente centrada nos benzimentos, cantos, danças e instrumentos sagrados do Jurupari.

O canto Marié parece ser de enorme difusão no noroeste amazônico. Robin Wright e Jonathan Hill (1986), em artigo de referência sobre os movimentos milenaristas na região, afirmam que Venâncio Kamiko, o messias baniwa mais famoso do rio Negro, líder de um movimento contra os "civilizados" iniciado em 1858, teria evocado os poderes de Kuwai (um dos nomes do Jurupari na região). Segundo os autores:

> Venancio's order that his followers dance "in rounds to the lugubrious and monotonous sounds of the words – 'Heron! Heron!'" was a significant symbolic act. The words "Heron! Heron!" are translation of *"Máariye, máariye"*, a pan-Arawakan musical verse that refers, among other things, to the white heron feathers used to decorated the sacred flutes and trumpets of Kuwái and worn a sign of prestige by ceremony owners. *Máariye* is a refrain word sung at the beginning and end of

---

5—"Nas proximidades de S. Gabriel, assistimos em janeiro de 1963 a uma grande festa de caxiri [dabucuri], na qual participavam índios de origens diversas (baré, tukano, tariana etc.). Nos discos, gravamos o "canto Ben Un" e a "dança e canto Marié". Tentamos que eles nos traduzissem a letra desses cantos, nos quais se ouviam repetir palavras de língua geral e palavras baré, talvez não mais compreensíveis nem mesmo aos próprios cantores. O velho baré, chefe da dança, assim traduziu o canto Ben Un: "os nossos antepassados bebiam caxiri e não morriam. Nós, netos deles, beberemos caxiri e não morreremos". Bem mais dramática foi, ao contrário, a tradução do canto Marié: "Somos filhos daqui, os últimos baré, cantamos Marié; cantamos a nossa miséria". Penso que as palavras na realidade não traduziram o canto, mas expressaram a amargura do humor indígena."

6—Lembremos da famosa "revolta dos juruparis", que teria ocorrido no dia 6 de novembro de 1883 em Ipanoré, no rio Uaupés, quando os franciscanos, dentre eles o padre Coppi, teriam trancado as mulheres do povoado dentro da igreja e exibido a elas a máscara e os instrumentos sagrados do Jurupari, a fim de desencantar o tabu que ronda tais objetos. Segundo Buchillet (em nota como revisora do livro de Alves da Silva, 1994, p. 260), tal revolta "foi retratada por numerosos autores (Coudreau, 1887/89, por exemplo), inclusive o próprio P. Coppi. Coudreau (*op. cit.*) disse que Coppi, para não ser morto pelos índios, livrou-se deles com golpes de crucifixo. Os missionários franciscanos saíram da região e nunca mais voltaram. As atividades missionárias na região somente recomeçaram em 1915 com a chegada dos primeiros padres salesianos". Esse episódio poderia servir igualmente para Bruno Latour (2002) iniciar seu brilhante livro sobre o culto moderno dos deuses "faitiches".

each verse in a genre of sacred dance music called *kápetiápani* (whipdance). The mythical origins of *kápetiápani* are found in the Kuwái myth cycle which describes and explain the first initiation ritual.[7] (Wright e Hill, 1986, p. 43.)[8]

Durante minha pesquisa, indaguei aos meus interlocutores do alto rio Negro sobre o canto Marié. Estes me disseram que de fato era um canto dançado pelos antigos no dabucuri e no *kariamã* (rituais de iniciação), e um ou outro conseguia ainda se lembrar da melodia da canção, mas todos afirmavam que havia muito tempo não dançavam mais o Marié.

Desse modo, como já notado, questões relativas à prática ritual envolvendo o uso dos instrumentos sagrados do Jurupari eram frequentemente ignoradas por meus interlocutores, que sempre me desanimavam dizendo que isso era coisa do passado. Seu Filó, chefe da família com a qual morei durante todo o tempo em que estive em São Francisco, costumava me dizer que seu pai não demonstrava nenhum interesse pelo Jurupari e, inclusive, aconselhava seus filhos a não se interessarem pela cultura dos antigos. Seu maior desejo era que seus filhos aprendessem bem o português e fossem estudar na missão em São Gabriel, o que de fato aconteceu.

Os desejos do finado Humberto Gonçalves – pai de seu Filó e neto de um espanhol que teria migrado da Venezuela para o Brasil na segunda metade do século XIX e se casado com uma índia baré do povoado Nossa Senhora do Guia, próximo à foz do rio Içana – coincidiam, parcialmente, com os interesses da política catequética e educacional implantada pelos salesianos tão logo se instalaram na região na década de 1910. O sucesso dessa política dependia, em alguma medida, do rompimento das gerações vindouras com a cultura dos antigos. Inicialmente esse rompimento se dava pelo próprio sistema de internatos, que retirava os índios da vida comunitária entre os seus familiares, contribuindo de forma decisiva para o seu afastamento da cultura nativa por meio de uma educação pautada pela pedagogia cristã. Dentro desse quadro, que aparentemente era difundido desigualmente na região, eu ouvia a todo instante afirmações de que os baré haviam perdido a tradição do Jurupari, e que apenas um ou outro ainda sabia um *pouquinho* sobre o assunto, sem que jamais se apontasse diretamente quem eram os guardiães desse segredo. Era também comum dizerem que a cultura baré estava agora restrita à comemoração das festas de santo, cujo calendário, como notado anteriormente, é bastante intenso na calha do rio Negro.

O tema da "perda da cultura", assim como o da perda da língua baré e dos últimos "pajés de verdade", era sempre trazido à tona quando o assunto passava por questões relativas à cultura tradicional. Eram frequentes os comentários de que, nos dia de hoje, os baré do rio Negro estariam "lá embaixo" se comparados aos tukano orientais ("gente do Uaupés") e aos baniwa ("gente do Içana"), pois estes, sim, ainda possuiriam "muita cultura". Como prova disso era sempre destacado o grande interesse da Federação das Organizações Indígenas do Rio Negro (FOIRN) e das ONGs pelos povos e pela cultura

---

7—"A ordem de Venâncio para seus seguidores dançarem "em roda ao som lúgubre e monótono das palavras 'Garça! Garça!'" era um ato simbólico importante. As palavras "Garça! Garça!" são traduções de "*Máariye, máariye*", um verso musical pan-aruak que, entre outras coisas, refere-se às penas de garça brancas usadas para decorar as flautas e trombetas sagradas do Kuwai e ostentadas nas vestimentas dos condutores das cerimônias como símbolo de prestígio. *Máariye* é um refrão cantado no começo e no final de cada verso em um gênero de música de dança sagrada chamado *kápetiápani* (dança do açoite). As origens míticas da *kápetiápani* são encontradas no ciclo do mito Kuwai que descreve e explica o primeiro ritual de iniciação."

8—Koch-Grünberg (1995a, p. 117), após ter, literalmente, passado por algumas festas de santo no rio Negro, em sua viagem pela região no início do século XX, presencia no Ayari (afluente do Içana), em uma maloca *huhúteni* (Hohodene), um dabucuri de ingá. O alemão transcreve em seu livro o canto de uma dança que assistiu nessa ocasião, a saber, o Marié. Infelizmente, o autor não fornece nenhum comentário adicional sobre o famoso canto: "*máliehé-máli-é- máliheé / máliheé-máli-é- máliheé / nunúyahá málie-hé / nunúyahá málie-hé*".

das comunidades desses rios. Já os baré, segundo eles próprios, continuam "abandonados", e o motivo maior desse desinteresse diria respeito, entre outros, a sua "falta de cultura e tradição". Vale lembrar que, desde a passagem do século XIX para o século XX, os baré têm sido tratados pela literatura de viagem e etnográfica como "índios aculturados ou civilizados", sobretudo pelo fato de não mais exibirem os estereótipos categoriais de outros coletivos indígenas, entre os quais o mais significante é a língua materna aruak, no caso, a língua baré.

Diante das inúmeras afirmativas de que o Jurupari era coisa dos antigos, e não mais da geração atual, deixei de insistir sobre o tema, pois sempre que tocava no assunto sentia que causava certo incômodo aos meus interlocutores. Talvez, pensava eu naquela época, de fato eles houvessem perdido a tradição dos instrumentos sagrados do Jurupari, como a grande maioria costumava afirmar. Entretanto, mesmo diante das evasivas em relação ao culto do Jurupari, minha impressão era a de que, na falta de atualizações mítico-rituais explícitas, pairava uma espécie de "Jurupari mítico-virtual ou submerso", o qual, além de informar sobre parte das práticas cotidianas, poderia a qualquer momento ser atualizado em rituais. O difícil era saber se isso aconteceria enquanto eu estivesse fazendo minha pesquisa de campo, pois uma etnografia depende, em larga medida, do que os índios estão fazendo enquanto o etnógrafo realiza sua pesquisa. Nessa época eu pensava mais na retomada de uma prática cultural quase perdida, na linha de "projetos e oficinas de revitalização cultural", do que em encontrar uma continuidade dessas práticas, mesmo a despeito da pouca informação e dos grandes intervalos na execução desses rituais. Enquanto isso, eu teria de me contentar com os temas relativos à história recente de meus interlocutores, à vida cotidiana na comunidade, à política indígena levada a cabo pelas escolas e associações, além das inúmeras festas de santo frequentemente realizadas.

Em 2006, seu Nilo, irmão de seu Filó (com quem eu morava em São Francisco), contou que ele, três de seus filhos e um neto haviam participado, em 2005, de um *kariamã* (ritual de iniciação nas flautas e nos trompetes sagrados de Jurupari), na comunidade do Iábi, localizada duas comunidades rio abaixo de São Francisco, onde viviam duas filhas casadas de seu Nilo.

Infelizmente, nem seu Nilo, nem seus filhos dispuseram-se naquela ocasião a contar detalhadamente como havia sido o ritual, limitando-se a dizer que o pessoal do Iábi ainda sabia das coisas e que possuíam alguns instrumentos de Jurupari. Essa foi a primeira evidência de que os baré ainda mantinham, de algum modo, a tradição das flautas e de outros instrumentos sagrados do Jurupari. Nesse mesmo ano, tentei aproximar-me do pessoal do Iábi e até passei alguns dias na comunidade durante uma festa de santo, sem obter nenhuma informação sobre o Jurupari. Havia também, como sempre acontecia quando eu visitava outras comunidades, certa indisposição das pessoas pelo fato de eu ter me fixado na comunidade de São Francisco.

As pessoas do rio Negro, sobretudo os não iniciados, têm muito medo do Jurupari; já os iniciados têm muito respeito por ele. Assim, as pessoas evitam ao máximo falar sobre o tema. Aliás, um dos conselhos dados àqueles que estão se iniciando é que sobre o Jurupari deve-se manter segredo. Afirmam que, ainda que esteja completamente bêbado, o "caboclo" não sai por aí falando do Jurupari à toa, pois aqueles que falam se dão mal; em alguns casos, acabam mesmo morrendo.

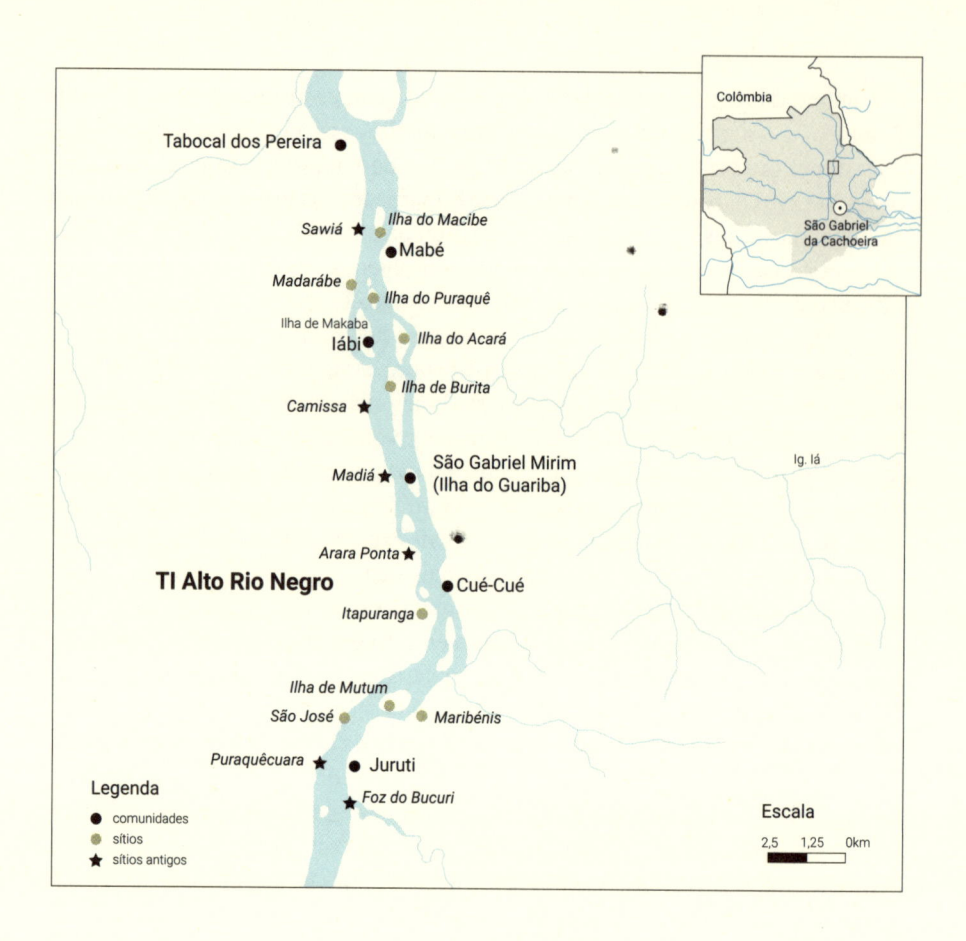

Figura 1
Mapa da região do entorno da comunidade do Iábi.
Fonte: Laboratório de Geoprocessamento do Instituto Socioambiental – ISA, setembro de 2008.

9—Para descrições de dabucuri e rituais de iniciação no noroeste amazônico conferir Wallace ([1853] 1979), Koch-Grünberg ([1909/10] 1995b), Nimuendajú ([1927] 1982), Goldman ([1963] 1979), Reichel-Dolmatoff (1971, 1997), Eduardo Galvão (1979), Stephen Hugh-Jones (1979), González Ñañez (1980), Jean Jackson (1991), Robin Wright (1981), Jonathan Hill (1993), Wright e Hill (1986), Nicolas Journet (2011), Lasmar (2005), Cabalzar (2005) e Andrello (2006).

10—Suspeito que o raio de dispersão ou o "campo sonoro" das flautas de Jurupari (até onde é possível ouvir o som das flautas) diz algo sobre a extensão mais intensiva da rede de relações de parentesco e território entre as comunidades de um trecho de rio. O mesmo pode ser dito sobre o "campo sonoro" de uma festa de santo – amplificadores e foguetes cobrem, ainda que parcialmente, um "nexo regional" similar ao proposto por Cabalzar (2000) para o espaço *tuyuka*.

Em dezembro de 2006 retornei ao rio Negro com o objetivo de concluir minha pesquisa de campo. Pretendia passar de quatro a cinco meses na região. Entretanto, em abril de 2007, assim que retornei para a comunidade de São Francisco, após ter passado três longas semanas em São Gabriel da Cachoeira, fui informado de que, na comunidade de Cué-Cué – localizada rio abaixo a uma distância de quase duas horas de rabeta (motor 5HP) de São Francisco –, estavam realizando um dabucuri, um ritual bastante característico e relativamente diverso em todo o noroeste amazônico[9], que entre os baré da região do Iábi e de Cué-Cué (Figura 1) envolve sempre o uso dos instrumentos sagrados do Jurupari. De São Francisco era possível ouvir a zoada das flautas e dos trompetes tocados em Cué-Cué[10].

Se até aquele momento questões relativas ao Jurupari eram praticamente inexistentes ou surgiam apenas de forma alusiva, em meu último mês de campo dessa suposta última fase tudo se transformou – o Jurupari passou a ser um assunto em pauta e o dabucuri em Cué-Cué, do qual não pude participar, representou apenas o início de uma série de acontecimentos e rituais relacionados com o Jurupari que ocorreriam nesse mês de abril de 2007. Nunca poderia imaginar que tantos eventos, imensamente relevantes para a minha pesquisa, pudessem acontecer em um único mês. Esse foi o período mais intenso de todo o meu trabalho de campo, que culminou na minha iniciação nos instrumentos sagrados de Jurupari, cuja memória resgatei em linhas mal traçadas, fragmentadas e repetidas – como Lévi-Strauss caracterizou o ritual, e não sem alguma emoção. Este capítulo tem como objetivo relatar essa iniciação e, assim, apresentar, em primeira mão, a estética dos rituais de iniciação que os baré continuam levando a cabo com grande criatividade no alto rio Negro.

A ANTECENA DO RITUAL

A realização do dabucuri em Cué-Cué permitiu que eu e alguns de meus interlocutores retomássemos o assunto nunca antes desenvolvido. Para minha surpresa, nesse mesmo mês de abril, Lápi, um rapaz de seus 22 anos, aceitou contar como havia sido sua iniciação no Jurupari em 2005. Após ouvir seu relato, fiquei impressionado com a complexidade e a quantidade de detalhes envolvidos no ritual de sua iniciação, de seus irmãos e de outros jovens da comunidade de Iábi. Tive a forte impressão de que, apesar de todas as afirmativas em contrário, ao menos nessa parte do rio Negro a tradição do Jurupari, a despeito das transformações sofridas, havia sido mantida. Portanto, eu precisava saber mais sobre o Jurupari entre os baré caso não quisesse que esse tópico ficasse de fora da minha etnografia ou permanecesse meramente implícito.

Assim, não me restava opção senão ir novamente para a comunidade do Iábi, onde mora o velho Leopoldo Barreto, tido como um dos últimos baré do rio Negro a manter a tradição e o conhecimento das flautas do Jurupari. O velho Leopoldo é, como costumam dizer, o "dono" dos xerimbabos ou instrumentos sagrados dessa região.

Seu Nilo, morador de São Francisco, tem duas filhas casadas com dois filhos de seu Leopoldo no Iábi. Em meados de janeiro de 2007, um desses filhos, também chamado Leopoldo, tomou a decisão de mudar-se do Iábi com a mulher e os cinco filhos para um local próximo do sítio de seu sogro, chamado Uruá, sítio antigo que fica bem próximo de São Francisco, na outra margem do rio. Eu já o conhecia desde 2005, mas foi somente após sua mudança para o Uruá que pude tornar-me seu amigo. Foi ele, inclusive, uma das pessoas que mais me estimularam durante o curto processo que desembocou em minha iniciação no Jurupari.

Uma semana após a realização do dabucuri em Cué-Cué, fui até a comunidade de Tabocal dos Pereira, para uma conversa com os professores da escola de lá[11]. Em um intervalo da nossa conversa, um rapaz comentou que "o Jurupari estava zoando lá pro Iábi". Estava sendo realizado o ritual da menarca, o *kariamã* de uma menina chamada Kanka, enteada de um dos filhos do velho Leopoldo. Infelizmente, não fui para o Iábi, pois não poderia chegar sem aviso prévio na comunidade, sobretudo em uma ocasião como aquela. O certo é que em apenas três semanas – após inúmeras tentativas frustradas de simplesmente

11—A escola de Tabocal, como praticamente todas as escolas de comunidades do alto rio Negro, está passando por uma reestruturação. De acordo com a nova política, cada escola poderá construir um currículo e um calendário específicos de acordo com as atividades comunitárias. Em 2006, a escola de Tabocal, antes chamada de "Escola São Pedro", passou a denominar-se "Escola Indígena Baré Napirikuri", nome de um dos personagens principais, junto com o *Kuwai* ou Jurupari, da cosmologia que os baré compartilham com outros coletivos aruak da região. Esse foi um dos primeiros sinais das mudanças "culturais" que vêm sendo implantadas nas escolas atuais. Se antes o nome da escola se ligava ao de um santo católico, agora é o nome de um ancestral dos baré que ocupa esse lugar. Essa transformação revela a entrada em cena dos temas da "cultura tradicional", que os baré estavam "quase perdendo", para a grade curricular da nova escola indígena, contrastando e modificando a pedagogia cristã, herdada das "escolinhas" criadas pelos salesianos em algumas comunidades da região em meados do século xx.

abordar o assunto – era a segunda vez que realizavam rituais nos quais estavam implicados os instrumentos sagrados, ou, como é mais comum afirmarem na região, as flautas de Jurupari: primeiro em Cué-Cué, depois no Iábi, comunidades vizinhas.

Na semana seguinte, retornei para Tabocal e pude ouvir e gravar cerca de oito histórias de Napirikuri contadas por Eduardo. Os relatos, como ele mesmo chamou a atenção, eram bem parecidos com as histórias baniwa que ele havia lido em uma coletânea de mitos dos Hohodene e dos Walipere-Dakenai do rio Aiari (um afluente do Içana), publicada em 1993. Ele também afirmou que as histórias que sabia tinham umas "diferençazinhas" em relação às do livro, mas não muitas. Essa foi a primeira vez que ouvi da boca de um índio o mito de origem dos instrumentos sagrados do Jurupari. Contudo, Eduardo jamais havia visto uma flauta ou um trompete sagrado, pois não havia sido iniciado, como muitos outros baré do rio Negro, nos segredos de Jurupari. Mesmo assim, disse-me ele, a falta de iniciação ritual não o havia impedido de aprender com seus avós diversas histórias sobre o tempo dos antigos, de Napirikuri e de Jurupari.

Na manhã seguinte, ainda em Tabocal, tive uma conversa com seu José Pereira (65 anos), capitão da comunidade. Ele disse que estava pensando em fazer um dabucuri em Tabocal, pois nunca havia visto as flautas de Jurupari. Também disse que muitos dos velhos que ele conhecia e que tinham sido iniciados no *kariamã*[12] estavam muito bem de saúde, eram dispostos e quase não sentiam dores no corpo, ao contrário dele e de outros velhos não iniciados, que tinham diversos problemas de saúde e dores constantes. Foi nesses termos que ele justificou seu interesse tardio pelo Jurupari, dizendo esperar que, após passar pelo ritual do *kariamã*, sua saúde melhorasse.

Aproveitei para perguntar se eu poderia participar desse dabucuri (de *kariamã*) que ele estava planejando. Ele disse que dependia de seu Leopoldo do Iábi, pois era ele o único que poderia realizar o ritual. Insisti, perguntando quando ele estava pensando em fazer o dabucuri e ofereci, caso ele quisesse, levá-lo de voadeira (bote de metal com motor de popa) até o Iábi para conversar com seu Leopoldo. Ele concordou e fomos de Tabocal até o Iábi, de motor 15HP. A viagem não levou nem 20 minutos. Lá chegando, fomos recebidos por Casimiro, genro de seu Leopoldo, e por ele ficamos sabendo que seu Leopoldo e seu filho Jurandir tinham ido para a cidade de São Gabriel. Já na casa comunitária, após uma rodada de xibé (água com farinha), seu José Pereira, o capitão de Tabocal, explicou o motivo da nossa vinda e contou para Casimiro que eu também estava querendo participar do *kariamã*. De imediato, novamente para minha surpresa, Casimiro disse que estava de acordo e achava que era possível realizar o *kariamã* na semana seguinte, mas que de todo modo era necessário aguardar a volta de seu Leopoldo, pois a palavra final seria de seu sogro. No travessão da casa comunitária estava disposto um conjunto dos famosos *adabi*, chicotes rituais que haviam sido utilizados na semana anterior durante o *kariamã* da Kanka, que havia ficado menstruada pela primeira vez.

Saímos do Iábi confiantes de que tudo daria certo. Deixei o capitão em Tabocal e segui para São Francisco. Era uma sexta-feira, a marca (data da chegada) de seu Leopoldo era no domingo. Restava então aguardar pelo recado que poderia chegar a qualquer momento, confirmando ou não a realização do *kariamã* do capitão de Tabocal.

12—Os baré costumam usar as palavras "dabucuri" e "*kariamã*" de forma genérica, apesar das diferenças entre um e outro, sendo o primeiro um ritual de troca, e o segundo, um ritual de iniciação dentro do qual também acontece um ritual de troca, a saber, um *kariamã*, donde o caráter englobante do segundo sobre o primeiro.

Rapidamente a notícia se espalhou por Tabocal e São Francisco. A coordenação da escola de Tabocal marcou, inclusive, uma reunião para o domingo, a fim de saber se havia muitos alunos interessados em participar do *kariamã*, uma vez que participar de todo o ritual significava perder quase uma semana de aula.

No domingo, seu Filó, capitão de São Francisco, foi até Tabocal para uma visita e para dar uma conferida na reunião. Ao retornar, trouxe a notícia de que seu Leopoldo havia chegado, mas que não poderia realizar o *kariamã* como havia sido combinado com Casimiro. Diante da expectativa criada, recebi essa notícia como um balde de água fria em meus planos. Sem me dar por vencido, ainda na tarde desse domingo, conversei bastante com Leopoldo (filho) e perguntei se ele achava que valeria a pena eu insistir com seu pai, o oficiante dos rituais. Ele disse que, se essa era a minha vontade, eu deveria insistir. Dessa forma, combinamos que no dia seguinte, depois que ele voltasse da roça, iríamos até o Iábi, onde eu falaria pessoalmente com o velho.

No dia seguinte, por volta do meio-dia, escutei o barulho de uma rabeta (motor 5HP, utilizado em canoas) que vinha subindo o rio Negro; era Jurandir, filho mais novo do velho Leopoldo. Chegando a São Francisco, ele foi até a minha casa. Durante nossa conversa, explicou que realizar um *kariamã* era coisa muito séria e que não podia ser feita assim de uma hora para outra, por isso seu pai havia decidido não fazer o ritual. Percebi que o problema era de tempo, não de falta de vontade. Como eles ficaram sabendo que eu "estava para descer para a cidade", o mais tardar, na sexta-feira, para devolver tanto o bote emprestado da ONG Saúde Sem Limites quanto o motor do ISA, eles haviam levado a sério a minha data de partida. Assim, falei para Jurandir que, apesar de ter me comprometido a devolver o bote e o motor naquela semana em São Gabriel, poderia permanecer o tempo que fosse preciso para participar do *kariamã*. Jurandir disse que achava que assim, sem correria, seria possível fazer o ritual, mas antes ele teria que falar novamente com seu pai. Disse que iria descer imediatamente para o Iábi e que de tardinha eu deveria ir até lá. Como eu já havia combinado com Leopoldo de ir até o Iábi, só restava aguardar a hora combinada para descer o rio.

Chegando ao Iábi, a conversa com o velho foi bem direta. Ele me explicou que não era seguro fazer o *kariamã* para o capitão em Tabocal, porque a maioria das pessoas que mora lá não havia sido iniciada; disse que temia que não houvesse respeito ao Jurupari e que, em consequência disso, acontecesse alguma coisa ruim lá. Ele, como oficiante do ritual, seria responsabilizado por qualquer problema ou contratempo que eventualmente acontecesse. Durante um dabucuri ou *kariamã*, emendou seu Leopoldo, "tudo é perigoso".

Finalmente, seu Leopoldo disse que, como eu estava ali diante dele insistindo para que ele realizasse o *kariamã*, não me iria negá-lo. Assim, faria o *kariamã* no Iábi para mim, o *kariwa*[13] antropólogo, e quem quisesse participar poderia comparecer, inclusive o capitão de Tabocal. Seu Leopoldo disse que eu deveria voltar no dia seguinte bem cedo para começarmos os trabalhos. O ritual duraria cinco dias, começaria na terça-feira e terminaria no sábado pela manhã. Além disso, foi pedido que eu contribuísse com gasolina para o mesmo. Assim, fui para São Francisco arrumar minhas coisas e me despedir da comunidade, pois após o ritual eu seguiria diretamente para São Gabriel.

13—*Kariwa*, vocativo utilizado pelos baré para denominar ou chamar qualquer "homem branco".

Na manhã seguinte, fui para o Iábi cedo; ninguém de São Francisco quis me acompanhar. Percebi que a grande maioria dos não iniciados têm muita curiosidade em relação ao Jurupari, mas têm também medo do ritual; temem, sobretudo, o jejum e as famosas surras de *adabi* (chicotes rituais), além, é claro, do próprio Jurupari. Quando eu estava saindo de São Francisco, Lamutcho, um garoto de uns 12 anos, tentou me convencer a não participar do *kariamã*, alertando-me: "Ah, seu Paulo, o senhor vai se arrepender, vai apanhar um bocado e padecer de fome, você vai ver!".

O RITUAL DO KARIAMÃ

1º DIA: 24/04/2007

Leopoldo e eu chegamos um pouco atrasados ao Iábi (Figura 2), às 10h30, após uma tempestade. No Iábi moravam na ocasião cerca de trinta pessoas. Trata-se de uma comunidade com feição de sítio, onde vive uma família extensa dividida em cinco casas. Chegando lá fomos recebidos por seu Leopoldo (o homem mais velho da comunidade, 82 anos), Jurandir[14] (seu filho mais novo, 34 anos), Casimiro (genro de seu Leopoldo, 44 anos), Sarapó (filho de Casimiro e neto de seu Leopoldo, 17 anos) e pelo professor Francisco (índio baniwa do baixo Içana, 30 anos). Essa era a turma de homens presentes no início do ritual[15]. Desses, somente Sarapó era solteiro. As respectivas mulheres – dona Alexandrina, Dirce, Marlene e a mulher do professor (cujo nome não anotei) – e as crianças não estavam presentes na comunidade quando chegamos; provavelmente estavam na roça.

Às 11h, comemos todos juntos, em cima de uma mesa e em uma única vasilha, uma *kiñãpira* (cozido de peixes com bastante pimenta, prato típico rio-negrino) com peixes miúdos e alguns beijus. Havia também um prato com tucupi (molho bem apimentado de manicuera[16] cozida) para molhar o beiju. Era uma refeição bem leve, como haveriam de ser as poucas refeições realizadas durante o ritual. As mulheres e crianças, como de costume, comeram depois dos homens.

Por volta do meio-dia, seu Leopoldo disse que iríamos para o mato e só retornaríamos de tardinha. Dentre todos os homens presentes, eu era o único não iniciado. Francisco, o professor baniwa, fora iniciado havia duas semanas, e, assim, já tinha acesso direto aos instrumentos sagrados do Jurupari. Fomos para o porto e lá nos dividimos. Eu e seu Leopoldo embarcamos em uma canoa, ele na proa e eu na popa, e seguimos remando em direção ao igarapé Iá. Os demais embarcaram em outra canoa.

Depois de um tempo, ouvimos o som do Jurupari sendo tocado ao longe, fora do nosso campo de visão. Fiquei impressionado com a força da zoada dos instrumentos musicais, com a diferença dos timbres e com a beleza dos sons tocados simultaneamente – era a primeira vez que eu ouvia tão nitidamente o som do Jurupari. A sessão pareceu não ter durado mais do que 15 minutos. Enquanto isso, seguimos remando pelo rio Negro até chegarmos à boca do igarapé Iá.

14—A única exigência posta por Jurandir, o filho mais novo de seu Leopoldo, foi a de que eu não fotografasse em hipótese alguma os instrumentos sagrados, nem gravasse seus sons. Enquanto as flautas não estivessem presentes e/ou sendo tocadas, caso quisesse, era permitido fotografar. Jurandir e eu fizemos algumas fotografias em uma câmera digital durante alguns momentos do ritual.

15—Nesse início do ritual, só estavam presentes os moradores do Iábi. Alguns rapazes de Tabocal, comunidade vizinha, que pretendiam ser iniciados, só viriam no dia seguinte, pois o padre Ivo (diocesano) estava fazendo sua visita anual às comunidades locais e nessa noite dormiria em Tabocal, rezando missa e realizando batizados, confissões e casamentos. Na noite anterior ele estivera em São Francisco e, no dia seguinte, passaria pelo Iábi.

16—Manicuera é o líquido venenoso extraído da mandioca-brava, que pode ser transformado em molhos ou bebidas.

Adentramos no igarapé e aportamos em terra firme. Quando chegamos, seu Leopoldo disse que iríamos arrancar folhas de tucum[17] para o dabucuri que mais tarde iríamos entregar às mulheres. Minutos depois, ouvimos que os demais estavam chegando pelo som de uma das flautas que costuma ser tocada em separado, fora das sessões coletivas. Seu Leopoldo contou que essa flauta é chamada de *Abu* ou *Mawá* (espécie de sapo não identificada).

Quando todos já estavam presentes, penetramos no mato, e cada pessoa (exceto eu e o velho) ficou responsável por conseguir cinco feixes de folhas novas de tucum. Durante o trabalho, em intervalos variados, a flauta *Abu* era tocada. Todos podiam ver e tocar a flauta, menos eu. Não era possível saber nem quem soprava a flauta, nem de onde vinha o som, mas às vezes eu sentia que o som estava bem próximo.

Após cerca de duas horas de trabalho, nos reunimos para fumar cigarros e amarrar os feixes de tucum. Durante a conversa, foi avisado que não poderíamos beber água nem comer qualquer tipo de fruta que encontrássemos pelo caminho, pois estávamos submetidos ao jejum ritual. Caso este fosse quebrado, uma grande tempestade poderia se formar sobre o transgressor, que, ao tentar proteger-se da chuva em um abrigo qualquer – um pau oco ou uma gruta –, seria imediatamente engolido pelo próprio Jurupari.

17—Das folhas novas dessa palmeira são extraídas fibras que normalmente são beneficiadas pelas mulheres e transformadas em linhas e cordas finas. Para tal, é preciso retirar, com alguma técnica, uma camada fina da fibra que cobre as folhas novas do tucum. Essa fibra é depois deixada de molho na água por alguns dias para, em seguida, secar ao sol. Depois de secas, as fibras podem ser transformadas em linhas. Para isso é necessário que a mulher, com a ajuda de uma das mãos, deslize uma pequena quantidade de fibras sobre a pele da coxa, fazendo com que estas se enrolem e assumam a forma de uma cordinha ou barbante fino. Essas linhas, quando enroladas em grande quantidade, transformam-se em belos novelos estilizados com padrões variados. As talas das folhas também são usadas para fazer abano pelos homens. Atualmente o tucum é tanto usado nas atividades domésticas nas comunidades, quanto comercializado em São Gabriel da Cachoeira.

Figura 2
Croqui da comunidade Iábi.

Disseram-me também que, durante as sessões coletivas de flautas, todos deveriam tocar forte e durante o maior tempo possível, pois enquanto os instrumentos sagrados são tocados na terra, lá no céu o Jurupari mantém esticada uma de suas pernas no ar; quando a sessão dura muito tempo, a perna do Jurupari fica dormente, o que significa que os tocadores, por terem tocado muito, como esperado pelo próprio Jurupari, terão vida longa.

Por volta das 15h30, eu e seu Leopoldo retornamos antes dos demais para a comunidade com os feixes de tucum, um *pêra* (pequeno cesto feito, naquela hora, com folhas de palmeiras trançadas) e alguns frutos de umari coletados pelo velho. Enquanto nos afastávamos, os trompetes foram tocados novamente. No meio do caminho, fomos rebocados pela outra canoa, que estava motorizada. Paramos na boca do igarapé Iábi, que fica bem ao lado da comunidade. Fora do meu campo de visão, mais para dentro do igarapé, tocaram-se novamente os trompetes. Após a sessão, tanto os instrumentos quanto o tucum coletado foram deixados no igarapé, segundo me disseram, dentro da água.

Por volta das 17h chegamos ao Iábi. No porto, Leopoldo disse que eu deveria ir para a casa de seu pai. Também disse que enquanto estivesse lá, deveria manter as duas portas da frente fechadas, mas, se desejasse, poderia deixar aberta a dos fundos. Fiz como recomendado.

Às 17h30, seu Leopoldo me chamou para banhar com ele, e falou que os banhos durante o *kariamã* deveriam ser "rápidos e ligeiros". De volta a sua casa, o velho me ofereceu um café, explicando-me que eu não precisava me preocupar com o meu jejum, porque ele já havia benzido o café. Mesmo assim, recomendou que, antes de bebê-lo, eu colocasse só um pouquinho na boca, desse uma bochechada e cuspisse fora; após esse procedimento xamânico, o café poderia ser bebido normalmente. Também disse que, se eu quisesse, poderia comer uma bolachinha de sal e deitar na rede, que isso não tinha problema, pois "a gente já havia banhado".

Nesse meio-tempo, fiquei sozinho na casa de seu Leopoldo. Os homens estavam conversando na casa comunitária, separados das mulheres, que preparavam a comida. Às 18h, Jurandir veio me buscar para comer com eles; imagino que isso só aconteceu pelo fato de eu ser branco/antropólogo e também porque, até o momento, só havia eu de *kaximaro*[18].

No pátio externo entre a casa comunitária e a casa de seu Leopoldo, as mulheres dispuseram no chão dois pratos de tucupi com saúva e pimenta e alguns pedaços de beiju. Jurandir disse que nós todos, isto é, os homens, deveríamos nos agachar em volta da comida e, juntos, pegar um pedaço de beiju. Deveríamos molhá-lo no tucupi, colocá-lo na boca e mastigá-lo rapidamente sem engolir. Imediatamente, todos juntos, deveríamos nos levantar girando o corpo com um pulo para trás, gritando "êêêêêê", quando então cuspiríamos a comida para fora da boca e do nosso círculo, o que foi feito em seguida. As mulheres estavam próximas de nós e riram um bocado da nossa performance.

Comemos mais alguns nacos de beiju molhado na pimenta, tomamos um pouco de xibé[19] de bacabinha, e a refeição estava feita. Foi dito que, durante o *kariamã*, mesmo os homens que já foram iniciados deveriam fazer jejum de dia, e na boca da noite comer só um

---

18—*Kaximaro* é o nome dado a cada um dos rapazes que está sendo iniciado; já as meninas são chamadas de *kaximafo*. Disseram-me, sem saber ao certo, que são nomes em língua baré.

19—*Xibé* é o nome dado a uma série de bebidas refrescantes. O xibé "clássico" da região do rio Negro é feito da mistura de água e farinha. Já o *xibé* de açaí é feito de "vinho" (suco não alcoólico) de açaí com farinha. O mesmo vale para o xibé de bacabinha. Outros frutos de palmeiras que são transformados em "vinhos" também servem para fazer xibé.

pouquinho. Já os *kaximaro* deveriam ficar em jejum todo o tempo; só tomariam um *karibé*[20] pela manhã e xibé na boca da noite, e mais nada até o dia da entrega/finalização do *kariamã*, que só aconteceria no quinto e último dia do ritual.

Em seguida, fomos para a casa comunitária, onde os homens se reuniram para fumar um cigarro e papear. O assunto girou em torno da visita que o padre faria ao Iábi na manhã seguinte. Também foi muito comentado o fato de que em Tabocal ia haver festa naquela noite, por causa dos casamentos que seriam realizados. Ficamos na casa comunitária até as 20h, a hora de tomar banho.

Seu Leopoldo me chamou para tomar banho, e fomos os dois, separados dos demais. No caminho ele repetiu que no *kariamã* tudo tem que ser feito com agilidade e rapidez, não pode ter preguiça. Na hora do banho, por exemplo, recomenda-se que, logo que se chegue ao porto, deve-se cair na água, lavar-se e sair rapidamente, sem ficar enrolando. O mesmo vale durante os trabalhos no mato: se for para pegar açaí, tem que ser ligeiro; ao se encontrar um pé maduro, tem que chegar logo e já ir subindo, sem ficar titubeando.

Enquanto retornávamos do banho, encontramos com Rogério (22 anos) e Lauro (17 anos), primos paralelos e netos de seu Leopoldo, que estudam em Tabocal e tinham acabado de chegar de lá para participar do *kariamã* – eles haviam sido iniciados juntamente em 2005. Também encontramos Jurandir, que disse que o "meu" *kariamã* seria feito tal como se fosse para um índio da região; por isso, todas as vezes que se ouvisse o som do Jurupari, eu deveria ficar de pé, jamais deitado ou assentado.

Após o banho, enquanto eu e seu Leopoldo fomos fumar um cigarro em um banco, de frente para o rio, os outros foram tomar banho. Ao ouvirmos o som do Jurupari vindo do porto, fiquei de pé. Seu Leopoldo permaneceu sentado e disse: "Já estão fumando os xerimbabos". Xerimbabo é a palavra em nheengatu para animal de estimação ou criação e é desse mesmo modo que os baré costumam referir-se aos seus instrumentos musicais sagrados do Jurupari. Esses instrumentos por vezes também são chamados de "animais", "bichos", "ancestrais" e "avós". Em vez de dizerem que vão "tocar os xerimbabos" ou mesmo as flautas ou os trompetes, eles costumam dizer que vão "fumá-los"; dizem que fazem assim, entre outros motivos, para enganar as mulheres.

Dessa vez o som me pareceu mais forte e diferente, pois além de os "animais" terem sido tocados a uma distância relativamente próxima de nós, essa sessão contava com a participação de mais dois rapazes. Logo, imaginava eu, mais duas flautas ou trompetes deveriam estar sendo tocados. Nos momentos em que o Jurupari é tocado no porto, as mulheres costumam se trancar dentro de casa, na maioria das vezes reunidas em uma única casa, mas nem sempre.

Após o término da sessão, os homens foram banhar-se. De onde estávamos, foi possível ouvir que, assim que todos entraram no rio, puseram-se a bater com as mãos na água, produzindo uma grande algazarra. Depois de saírem, tocaram os instrumentos mais uma vez (depois os guardaram, imagino, no igarapé).

Por volta das 21h fomos para a casa comunitária conversar um pouco e fumar mais cigarros. Achei as pessoas um pouco desanimadas; as mulheres estavam ausentes. Uma tempestade se formou; antes que ela caísse, todos resolveram ir dormir. Seu Leopoldo disse que

20—*Karibé* (caribé) é uma bebida fria feita da mistura de beiju amassado com água.

na manhã seguinte, após a passagem do padre Ivo pelo Iábi, assim que ele rezasse a missa e fosse embora, sairíamos para a floresta para mais um dia de trabalho.

2º DIA: 25/04/2007

Acordamos às 4h, junto com as galinhas. Eu e seu Leopoldo fomos nos banhar; no caminho, ouvimos o som do *Abu*. Não dava para saber direito onde ele estava sendo tocado. Banhamo-nos rapidamente, como recomendado, e voltamos para casa. Em seguida, os outros homens foram banhar-se. No porto, as flautas e os trompetes foram tocados e fez-se uma pausa para o banho. Os homens bateram mais uma vez na água; em seguida, ocorreu outra sessão de flautas e trompetes, os quais foram então guardados no igarapé. O *Abu* foi tocado novamente após a sessão. Pareceu-me que ele era sempre tocado em separado dos outros instrumentos, antes e após as sessões, no mato, durante os trabalhos, e ao navegar pelo rio. Enquanto os homens ainda estavam no porto, seu Leopoldo contou que as mulheres gostam muito do *Abu*, sobretudo de conversar com essa flauta na noite do benzimento do *kariamã*, quando podem perguntar ao "vovô" o sexo dos filhos das mulheres grávidas e quem serão os futuros maridos e mulheres dos solteiros.

Às 8h, o professor foi dar aula para as crianças. Todos aguardavam a chegada do padre. Voltei do café para a casa de seu Leopoldo, enquanto os demais esperavam na casa comunitária. Leopoldo (o filho) foi falar comigo e disse que antigamente os *kaximaro*, além de terem seus cabelos cortados, não podiam dormir nem descansar na rede, somente diretamente no chão ou em cima de um *tupé* (esteira), mas que hoje em dia isso acabou. Outros tempos de um mesmo ritual.

Por volta das 9h, o padre chegou com três irmãs (religiosas). Permaneci dentro da casa de seu Leopoldo enquanto todos foram para a casa comunitária ouvir a missa e conversar com o padre. Pareceu-me que o assunto de maior relevo para o pessoal do Iábi era cobrar do padre a reconstrução da capela, que estava praticamente em ruínas. Leopoldo não assistiu à missa, ficando em casa comigo. Às 11h30, o padre e as irmãs foram embora.

Quando saí de casa pude perceber que algumas pessoas tinham chegado ao Iábi. Da comunidade de Tabocal, tresnoitados por causa da festa de casamento que devia ter durado toda a noite, tinham vindo quatro rapazes que seriam iniciados juntamente comigo: Kúli (30 anos), solteiro que mora em Tabocal; Jacaré (25 anos), casado e com filhos, também morador de Tabocal; Tene (26 anos), nascido em Tabocal, mas que mora há cerca de 12 anos com parte da família em Puerto Ayacucho, na Venezuela, e que estava visitando pela primeira vez, desde sua mudança, os parentes de Tabocal; e Edmundo (26 anos), de São Francisco, que em 2006 casou-se com uma mulher de Tabocal e passou a morar lá, perto do sogro. Também chegaram Cesário (53 anos), genro de seu Leopoldo, que estava em Tabocal, e Sebastião (39 anos), da comunidade de Cué-Cué, conhecido pelo nome de Sabá, filho de um dos últimos "pajés verdadeiros" da região, falecido nos anos 1990.

Nesse segundo dia de ritual, éramos 15 homens: cinco seriam iniciados. Às 12h, fomos para o porto. Dividimo-nos em três canoas. Os cinco *kaximaro* saímos na frente, em uma canoa; os demais foram buscar os xerimbabos. Enquanto nos afastávamos a remo, ouvimos de longe o som forte do Jurupari. Nesse momento, Kúli exclamou: "Ah, caramba!". Ficamos todos calados ouvindo a profusão de sons de diferentes timbres e ritmos tocados simultaneamente, ao longe. Ao final da sessão, ouvimos o som do *Abu* e continuamos remando para o igarapé Iá, o mesmo a que tínhamos ido no dia anterior.

Assim que nos encontramos em terra firme, seu Leopoldo reuniu os *kaximaro* e, em nheengatu[21], explicou que durante todo o *kariamã* era necessário que ficássemos em jejum, sem comer nada, nem mesmo frutinhas do mato, sob pena de se formar uma forte tempestade. Além disso, havia também o iminente perigo de que quem desobedecesse a essa ordem fosse engolido e morto pelo Jurupari, como frisado no dia anterior. Também não era aconselhável beber água. Esse regime deveria continuar até no sábado pela manhã, quando fosse entregue o *kariamã*, ou seja, dali a quatro dias. Seu Leopoldo também disse que iríamos coletar folhas de tucum e frutos da palmeira bacaba. Cada homem deveria pegar cerca de cinco feixes de tucum por dia e a maior quantidade de frutos maduros encontrados. Tudo deveria ser feito com agilidade e esperteza, sem preguiça. O recado foi direcionado aos *kaximaro*, mas servia igualmente para todos os presentes. Assim que o velho acabou de falar, seguimos para o meio do mato em busca de tucum e frutos. Pequenos grupos e duplas de trabalho foram se formando (um dos grupos era composto pelos *kaximaro*). Cada grupo seguiu um caminho diferente. Estávamos em uma ilha de terra firme. Foi também aconselhado que os *kaximaro* deveriam permanecer sempre juntos.

Durante todo o trabalho, seu Cesário e Sabá permaneceram juntos, um ajudando o outro nas respectivas tarefas. Eles conversavam animadamente e tratavam um ao outro de *semoangá* (*se* é uma partícula possessiva, "meu *moangá*"), que significa "filho do meu padrinho" e/ou "afilhado do meu pai". Já os demais costumavam tratar um ao outro de *semũ*, cuja tradução para o português seria algo como "meu irmão" (não necessariamente, mas inclusive o irmão de sangue). *Semũ* é uma forma de tratamento muito difundida entre os nativos que falam nheengatu no rio Negro, e demonstra intimidade entre os que se tratam assim. As mulheres também chamam umas às outras de *seamũ*, significando, do mesmo modo, "minha irmã"[22].

Ficamos cerca de duas horas buscando tucum e bacaba pelo mato. De vez em quando ouvíamos o som do *Abu* vindo de diferentes pontos da ilha. Ainda não era possível saber quem tocava essa flauta; eu desconfiava que fosse Casimiro. Por volta das 16h, reunimo-nos para ajuntar o material coletado (cerca de 40 feixes de tucum e uns quatro cachos de bacaba).

Todo o material coletado foi colocado na canoa dos *kaximaro*. Seguimos a remo na frente dos demais. O *Abu* continuou sendo tocado e em seguida houve mais uma sessão, com os demais instrumentos. Paramos em uma sombra numa pedra bonita, bem ao lado de um grande cacuri (armadilha de peixe), e ficamos aguardando os demais, como havia sido combinado. Rapidamente as canoas apareceram, e uma delas nos rebocou até outro local onde havia outro cacuri, este de Casimiro. Seguimos a remo, na frente dos demais, para a ponta da Ilha de Burita, em frente da comunidade do Iábi. No caminho, ouvimos novamente o som do Jurupari. Em seguida o *Abu* também foi tocado.

21—Durante todo o ritual a conversa entre os baré se dava como no dia a dia, ora em nheengatu, ora em português. Já comigo, os diálogos eram sempre em português, pois não sou fluente em nheengatu, apesar de compreender.

22—Os termos *semũ* e *seamũ* podem provavelmente ser entendidos como "meu outro", como sugerido por Viveiros de Castro (comunicação pessoal), forma comum de dizer "meu germano de mesmo sexo" em línguas TG (tupi-guarani).

Chegamos ao Iábi por volta das 17h. Fui com os demais *kaximaro* para uma casinha meio afastada em uma das pontas da comunidade, onde eles estavam hospedados. A casa possuía um único cômodo, era feita de barro e o telhado era coberto de palha de *karanã*. Fomos orientados a manter a porta e as janelas fechadas.

Por volta das 18h, Casimiro apareceu na casa de seu Leopoldo com um balde cheio de uma poção por ele preparada. Encheu uma cabaça e me entregou dizendo que era para eu beber o "pajé". Bebi todo o conteúdo. Mais cedo ele havia me mostrado rapidamente um tubérculo que guardava no bolso e dito que se tratava de uma *pusanga* (remédio do mato ou caseiro em nheengatu) forte e rara na região. Quando devolvi a cabaça, Casimiro comentou que eles tomavam esse tipo de *pusanga* quando doentes, mas não disse para que tipo de doença. Afirmou apenas que estávamos bebendo esse "pajé" para que não sentíssemos dores no corpo. Deixou claro, porém, que utilizavam desse "pajé-*pusanga*" somente "quando não havia um pajé verdadeiro" para benzer os *kaximaro* no *kariamã*. Ele dizia que o "pajé-*pusanga*" estava na "vaga" do "pajé verdadeiro". Casimiro saiu da casa de seu Leopoldo com o balde cheio da poção e foi para a casa dos *kaximaro*. Passados alguns minutos, retornou com outro balde, cheio de xibé de água com farinha. Mais tarde fiquei sabendo que esse tubérculo que Casimiro chamava de "pajé" era também conhecido na região pelo nome genérico de *pipiriaka* (na verdade esse "pajé" era um tipo específico de *pipiriaka*[23]).

Às 18h30 vieram me chamar para comer com os homens. Tudo no mesmo esquema e no mesmo lugar do dia anterior. Agachamos – os 11 homens – em torno da comida, no pátio da comunidade, do lado de fora da casa comunitária, molhamos um pedacinho de beiju no tucupi com pimenta, levamos até a boca, mastigamos um pouco, gritamos "êêêêêêê" e demos um salto para trás cuspindo a comida no chão. As mulheres reunidas em frente à casa de dona Alexandrina, mulher de seu Leopoldo, riram novamente.

Às 20h, vieram me chamar para o banho como no dia anterior. No caminho para o porto, encontrei com os *kaximaro*. Chegamos praticamente juntos ao porto e, enquanto tomávamos banho, uma forte tempestade se formou, relampejando. Tomamos banho rapidamente, como recomendado. Voltei sozinho para a casa de seu Leopoldo e no caminho ouvi o *Abu* sendo tocado. Minutos depois, foi iniciada a sessão com os xerimbabos no porto e eu permaneci de pé enquanto os instrumentos eram tocados. Aconteceu como na noite anterior: o *Abu* abriu e fechou as duas sessões intercaladas pelo banho coletivo e, assim que os homens foram tomar banho, bateram água. A chuva desabou, ninguém saiu de casa e fomos dormir.

23—Consultando as anotações de campo do antropólogo Eduardo Galvão no arquivo do Museu Goeldi encontrei a seguinte referência: "Maquiritare: indivíduo que se transforma em onça para atacar e devorar as vítimas, a transformação em onça se faz por meio de um remédio que o indivíduo passa no corpo, é o *piripiriáca*" (Galvão, 1955, caderno 2, p. 78). É provável que o tubérculo *pipiriaka* também seja conhecido na flora brasileira pelo nome de priprioca ou piri-piri (*Cyperus articulatus*).

3º DIA: 26/04/2007

Às 4h a chuva não havia ainda diminuído. O galo só foi cantar às 6h. O banho foi a essa hora, e não às 4h, como era costume. Culpa do galo. Fui poupado do banho, pois a chuva caía torrencialmente. Da casa de seu Leopoldo, ouvi primeiro o som do *Abu* e depois a sessão dupla de execução dos instrumentos intercalada pelo banho.

Tomamos mingau de bacaba por volta das 7h. Seu Leopoldo disse que assim que a chuva passasse sairíamos para o mato à procura de açaí e que no fim da tarde os *kaximaro* iriam ver o Jurupari pela primeira vez.

Assim que a chuva passou, saímos para o mato. Novamente nos dividimos em três canoas e Jurandir nos rebocou até o outro lado do rio, na mesma ponta de ilha onde havíamos parado no dia anterior. De lá, seguimos a remo em nossa canoa e, no caminho, ouvimos os "animais" sendo tocados. Chegamos como combinado na pedra do cacuri de Casimiro. Quando os outros também chegaram, fomos para o mato colher mais tucum; novamente, cinco feixes por pessoa.

Às 13h estávamos de volta à pedra do cacuri. Seu Leopoldo já estava lá com seus netos fabricando alguns *adabi*[24]. Enquanto ele amarrava no *adabi* os fios de tucum que ia retirando de uma mecha colocada no meio dos dedos do pé (esses fios de tucum seco já haviam sido preparados com antecedência e trazidos da comunidade), ele me disse: "É, seu Paulo, hoje mais tarde o senhor vai sentir a força do *adabi* pela primeira vez!".

Após alguns minutos, chegaram os demais, e com eles vieram mais três pessoas da comunidade vizinha Ilha de Guariba (ou São Gabriel Mirim): Berlindo (41 anos), casado com uma neta de seu Leopoldo e genro de Casimiro; Joaquim (51 anos) e seu filho Edvan, um garoto de 13 anos, recentemente iniciado no *kariamã* da Kanka (a iniciação acontecera no início do mês, junto com Francisco, o professor baniwa, que, como ele, tinha já o acesso franqueado aos instrumentos sagrados do Jurupari). Eram mais três pessoas que se juntavam à tropa do Jurupari.

Continuamos rodeando a ilha em busca de açaí. Em alguns trechos, algumas pessoas desciam da canoa e iam caminhando pelo mato procurando frutas maduras, enquanto os demais seguiam contornando a margem com a canoa e pegavam o açaí em outro ponto da ilha, mais acima ou mais abaixo. Às 15h30 paramos de colher açaí e ficamos nas três canoas de bubuia, esperando o momento de seguir para a pedra do cacuri, onde veríamos os "animais", ou seja, os instrumentos sagrados do Jurupari, pela primeira vez. O encontro estava previsto para as 16h. Nesse ínterim, o professor Francisco chegou em sua "ubazinha" (canoinha) a remo do Iábi, após ter dado aula na escolinha para as crianças pela manhã. Nesse momento, estavam presentes 18 homens, distribuídos em quatro canoas, mais a canoinha do professor recém-chegado.

A canoa de seu Leopoldo seguiu na frente das demais. Após alguns minutos, quando se aproximava das 16h, chegava a hora de um dos momentos mais marcantes do ritual, aquele em que os *kaximaro* seriam apresentados ao Jurupari. Se antes só podíamos ouvi-lo fora do alcance de nossos olhos, em breve iríamos não apenas ouvir como também "ver o som" ou a matéria do som; enfim, o segredo nos seria revelado.

Quando chegamos, seu Leopoldo já nos aguardava com seus netos no local. Fomos colocados, os cinco *kaximaro*, um ao lado do outro e de costas para todos os homens. Mandaram-nos tirar a camisa e amarrá-la na cintura. Fomos orientados a, assim que ouvíssemos o som do Jurupari ou dos "animais", virar-nos imediatamente, com

24—Espécie de chicote talhado em um cipó de uns dois centímetros de diâmetro e cerca de um metro e meio de comprimento. O cipó é chamado de *makubí* (espécie não identificada). A matéria desse cipó é bem mole e bastante maleável, segundo disseram, própria para a confecção do *adabi*. O cipó é talhado com o terçado. Uma das pontas, a mais grossa, é deixada bruta para servir de cabo; do restante do cipó é retirada toda a casca, de ambos os lados. A intenção é deixar apenas o miolo em forma de uma lingueta fina, da largura de um dedo. Depois de talhado, todo o corpo do *adabi*, fora o cabo, é coberto com fios de tucum.

toda agilidade, em sua direção. Antes disso, seu Leopoldo veio com um cigarro e soprou em cada um dos *kaximaro*. Meu corpo tremia e meu coração estava disparado. O clima estava carregado. Enquanto estávamos de costas não ouvíamos quase nada. Não era possível perceber o que eles estavam armando atrás de nós. Tudo era feito no maior silêncio e com cuidado.

De repente, uma enxurrada de sons foi lançada sobre nossos corpos. Imediatamente nos viramos e vimos, bem na nossa frente, a não mais de um metro de distância, 11 instrumentos de dimensões e sons variados sendo soprados ao mesmo tempo em nossa direção. No canto direito do lajeado, outras três flautas eram tocadas simultaneamente. O velho Leopoldo tocava uma delas. Tive de me segurar para me manter de pé, pois o impacto foi intenso. Os instrumentos eram tocados com tanto vigor que o som parecia explodir das buzinas, invadindo o espaço e os corpos dos *kaximaro*. O Jurupari nos benzia pela primeira vez.

Seu Leopoldo, Cesário e Francisco tocavam flautas parecidas, mas cada uma de um tamanho. Eles formavam um grupo à parte, mas não independente. No início todos tocaram parados, exceto o trio de seu Leopoldo, que se deslocava – dava uns três ou quatro passos para frente, virava-se e voltava para trás e, assim, sucessivamente. Após alguns minutos, todos os instrumentos, flautas e trompetes, começaram a ser deslocados aos pares e em fila indiana, exceto o trio, em volta dos *kaximaro*. Foram dadas três ou quatro voltas ao nosso redor e, finalmente, fomos enredados pelo som dos "animais", os ancestrais dos baré. Em seguida, os homens se dispuseram novamente de frente para os *kaximaro*, como no começo, e a sessão foi encerrada. Imagino que a sessão tenha durado entre 10 e 20 minutos – perdi a noção do tempo. Olhei para os meus companheiros de iniciação e vi seus olhos consternados, talvez de emoção e medo. Afinal, desde criança eles haviam ouvido falar dos proibidos e temidos xerimbabos ou "animais" do Jurupari, e aquele era o momento no qual parte da ambivalência desse ser lhes era revelada, em troca do fato de que agora eles, como eu, também eram parte do segredo. Havíamos caído na "armadilha" do Jurupari?

As flautas e os trompetes foram dispostos no chão bem na nossa frente. Jurandir (o filho mais novo e aprendiz do velho Leopoldo) deu início à exortação, dizendo que os instrumentos eram feitos de um material muito simples, tão simples que podia matar aqueles que contassem o que lhes era revelado, sobretudo para as mulheres e os homens não iniciados. Disse também que o traidor poderia ser morto mesmo se estivesse na cidade (até em Belo Horizonte). Em seguida, seu Leopoldo, em nheengatu, também falou para os *kaximaro* e aconselhou-os a viver bem neste mundo com as mulheres e as crianças.

Depois da exortação, também chamada pelos nativos de "conselho", era hora de mastigar pimenta e tomar uma surra com o *adabi* que, mais cedo, seu Leopoldo, juntamente com seus netos, havia fabricado. Casimiro chamou cada um dos *kaximaro* para a lateral da pedra e ofereceu um pedaço de beiju com bastante pimenta retirada de uma cuia. Orientou que mordêssemos a pimenta, mas que não era preciso engoli-la, apenas mantê-la na boca por um instante e em seguida cuspi-la. O que não deveríamos fazer era soprar ou expirar para aliviar o ardor. Em seguida, o próprio Casimiro mandou que cada um de nós levantasse os braços e sapecou uma lapada com o *adabi* nas nossas costas. As lapadas foram dadas bem no meio das costas. Um *adabi* costuma ser tão flexível que, com a força da batida, contorna o dorso da pessoa e sua ponta toca, e na maioria das vezes espoca a pele da barriga, deixando a sua marca. Depois que nós, os *kaximaro*, mastigamos a pimenta e levamos a surra de *adabi*, os demais trocaram chicotadas entre eles, cada um ao seu estilo[25]. Nem todos levantaram os braços ou tiraram a camisa para ser surrado – essa é uma prerrogativa dos já iniciados. Mesmo assim a maioria apanhou sem camisa e de braços levantados.

Após a sessão de pimenta e *adabi*, Jurandir iniciou uma apresentação dos instrumentos, explicando como eles eram feitos e quais os materiais utilizados. A seguir falou o nome de cada um dos xerimbabos presentes, sem mais explicações. Os trompetes presentes eram os seguintes: um casal de Mamanga (macho e fêmea), um casal de Paca, um casal de Uacari, um casal de Caba, um casal de Jacamim, uma espécie de flauta-buzina chamada de Cutia e a já famosa flauta *Abu* ou *Mawá*, ambas flautas solitárias, e, por último, as três flautas de diferentes tamanhos chamadas *Uari*, somando um total de 15 "animais", entre trompetes e flautas. Assim que Jurandir terminou a apresentação dos xerimbabos, disse que os *kaximaro* poderiam aproximar-se dos instrumentos, pegá-los e observar como eram feitos. As instruções de como soprá-los foram mínimas, e praticamente não conseguimos, de início, tirar som algum dos instrumentos.

Finalmente, fomos convidados a tocar as flautas juntamente com os demais, durante toda uma sessão e do jeito que desse. Toquei a Caba. Procurei imitar a respiração e a intensidade do sopro do meu companheiro, sem muito sucesso. Tocávamos aos pares, um de frente para o outro, com os trompetes inclinados para baixo, os maiores apoiados no chão com os "chifres" dos "animais" e suas "bocas" quase se encontrando. Devo admitir que não tive fôlego para acompanhar meu parceiro. Na maior parte do tempo tocamos alternadamente, às vezes simultaneamente, mas sempre na mesma intensidade. Estive tão entretido com o que eu, meu parceiro e os "animais" fazíamos que não vi nada do que acontecia ao nosso redor. De repente, Jurandir começou a suspender o trompete numa panorâmica direcionada para cima. Todos o acompanharam e encerraram tocando para Jurupari no céu, proporcionando um belo *finale*. Jurandir, com a Paca, era o "cabeça" da turma. Era ele quem controlava o início e o término das sessões.

Ainda sob o impacto desse "primeiro contato", enquanto guardávamos os "bichos" em duas canoas, Leopoldo comentou que no dia seguinte iríamos entregar o dabucuri – as frutas e os tucuns coletados – para as mulheres, e, na boca da noite, entraríamos na escola com todos os "animais". De lá só sairíamos para a entrega do *kariamã* benzido (comida ritual), ao amanhecer, no findar do ritual. Seguimos para o Iábi. Dessa vez fomos todos juntos, nas quatro canoas. Estávamos um pouco mais integrados aos demais, mas ainda não completamente. Continuávamos sendo os *kaximaro*, pois ainda não havíamos recebido o *kariamã*. Durante o caminho o *Abu* foi tocado algumas vezes, inclusive por mim.

O *Abu* é o instrumento mais fácil de "fumar" – ele é pequeno e para tocá-lo é necessário usar uma das mãos para obliterar e/ou liberar a passagem do ar pela "bunda" do "animal". Deve ficar clara a sinonímia entre "tocar" e "fumar" os instrumentos (trompetes e flautas) do Jurupari, visto que a todo instante essas palavras eram usadas de forma intercalada pelos baré. Eles também praticamente não

---

25—Vale notar que o ritual da surra do *adabi* exige toda uma técnica. Ficou evidente que alguns sabiam bater melhor que outros e conseguiam, inclusive, produzir um som estalado *sui generis* que era prontamente admirado pelos presentes através de exclamações.

utilizam as palavras "flauta" e "trompete" ao se referirem aos instrumentos, preferindo usar outros nomes, como "animais", "xerimbabos" e "bichos". Neste texto, tomo a liberdade de utilizar, vez ou outra, os mesmos termos que os nativos.

Paramos na ponta da Ilha de Burita e lá foram deixados a bacaba e o açaí coletados durante todo o dia. Os cachos foram cobertos com uma lona azul. Disseram-me que as frutas "dormiriam" naquela pedra, por se tratar de um bonito lugar. Seguimos para a comunidade e, dessa vez, fomos nós, os *kaximaro*, que guardarmos os "animais" dentro da água no igarapé. Chegamos à comunidade por volta das 18h. Do porto, os *kaximaro* foram para a casa deles e eu para a casa de seu Leopoldo.

Às 20h voltamos ao porto para o banho. Foram os *kaximaro* que buscaram as flautas no igarapé. Pareceu-me que a função de buscar e guardar os xerimbabos no igarapé passava a ser dos que se iniciavam no Jurupari. O *Abu* já estava sendo tocado quando fomos orientados a, assim que os demais instrumentos fossem tocados, entrarmos e batermos com as mãos na água. Seu Leopoldo, Cesário e Francisco tocaram o *Uari* como no dia anterior. A Caba não foi soprada; o "casal" ficou deitado na pedra do porto.

O som do *Uari* é doce e melódico, exige uma harmonia entre os três diferentes sons e contrasta com o vigor dos trompetes, cujos timbres são mais fortes e o ritmo mais acelerado e bem marcado. A Cutia produz um som enérgico e veloz – aspira-se e respira-se através do seu corpo num ritmo alucinante. Durante a primeira sessão os tocadores do *Uari,* um ao lado do outro, movimentaram-se desde o começo: iam para frente, viravam-se e voltavam para trás. A Paca, a Mamanga, o Uacari e o Jacamim foram tocados parados. Após certo tempo, os tocadores começaram a andar em círculo e aos pares, um atrás do outro. Como Jurandir costuma "fumar" a Paca, foi ela que puxou a roda e definiu o momento do grande final. Quando terminaram, foram tomar banho e, assim que se jogaram no rio, bateram água.

Para a segunda sessão fomos convidados a participar. Eu e Kúli pegamos a Caba, o único trompete que não tinha sido tocado na sessão anterior, e embora não soubéssemos como fazer, conseguimos tirar um pouco de som, alternando as respiradas e as sopradas. A força era a que o xerimbabo exigia. Foi melhor do que da outra vez. O mais difícil foi andar em círculo e tocar o instrumento ao mesmo tempo. Cheguei novamente no final com o rosto todo dormente, aos trancos e barrancos, completamente sem fôlego.

Do porto fomos todos dormir. Todos pareciam cansados. O dia havia sido intenso e inesquecível, sobretudo, imagino, para os *kaximaro*, que viam tudo aquilo pela primeira vez.

4º DIA: 27/04/2007

Acordamos às 4h e vi seu Leopoldo benzendo a si mesmo com um cigarro. Ele soprava fumaça de tabaco no próprio corpo, nos braços, no dorso e nas pernas. Os *kaximaro* foram buscar os xerimbabos no igarapé. O *Abu* foi o primeiro a ser tocado. Às 5h já estávamos todos no porto, homens e "animais", e aconteceu como na noite anterior: durante a primeira sessão não participamos, batemos água e tomamos banho rapidamente. Os instrumentos também foram tocados segundo o mesmo esquema.

No caminho de volta para casa, disseram que dali a pouco o enfermeiro da equipe de saúde do Departamento Sanitário Especial Indígena (DSEI) faria uma visita de "quase rotina" na comunidade e que, assim que ele fosse embora, iríamos sair para o último dia de trabalho. O dabucuri seria entregue nessa tarde, por volta das 16h. Leopoldo disse que, para um "dabucuri normal", sem que houvesse o *kariamã*, o procedimento é o mesmo que estávamos fazendo, com a diferença de que em um "dabucuri normal" ninguém é iniciado. Outra diferença ressaltada por ele era que, apesar de no *kariamã* haver sempre um dabucuri que é entregue às mulheres, o *kariamã* não acaba do mesmo modo que o "dabucuri normal", isto é, após a entrega do dabucuri. O *kariamã* estende-se noite adentro e, em vez de "cair na festa", como normalmente fazem em um "dabucuri normal", os homens passam toda a noite separados das mulheres, em um ambiente fechado, benzendo o *kariamã* com o Jurupari até a manhã seguinte, quando finalmente ele é entregue aos *kaximaro* e *kaximafo* que estiverem, eventualmente, sendo iniciados. O contraste entre um *kariamã* e um dabucuri, concluiu Leopoldo, é que o primeiro contém o segundo e o segundo não contém o primeiro, ou seja, no dabucuri não há ninguém sendo iniciado, logo não há *kariamã* para benzer nem para ser entregue.

Depois das 9h, após a equipe de saúde ter deixado o Iábi, Rogério reuniu os *kaximaro* na casa de sua avó e nos ofereceu um balde de *karibé*. Em seguida, saímos para o mato. Era nosso último dia de trabalho.

Deixamos o Iábi por volta das 10h30 da manhã, em quatro canoas. Os *kaximaro* seguiram separados em uma delas, em direção a outra ilha próxima à comunidade. No caminho fomos tocando o *Abu*. Quando paramos, alguns homens desceram para procurar açaí no mato e ficamos oito pessoas nas canoas. Estávamos com os dois pares de Jacamim, os dois de Paca e a Cutia. Jurandir e Edmundo (*kaximaro*) pegaram a Paca; Sabá e Tene (*kaximaro*), o Jacamim; Edvan, a Cutia; seu Leopoldo, Cesário e eu, o *Uari*. Os trompetes maiores – Paca, Jacamim e Cutia – iniciaram a sessão. Em seguida entramos com o *Uari*. Tocamos os instrumentos ainda dentro das canoas. Antes de Jurandir terminar a sessão, seu Leopoldo mandou que parássemos de tocar o *Uari* e disse que o mais bonito era quando os "animais" zoavam como um só, em uníssono, o Jurupari.

A ilha ficava atrás da comunidade do Iábi, local por onde ainda não havíamos passado. Eram quase 11h da manhã quando todas as quatro canoas, com os 18 tripulantes, foram amarradas e descemos de bubuia, ao ritmo da correnteza do rio. De repente, seu Leopoldo começou a contar em nheengatu o mito de origem das flautas e trompetes sagrados do Jurupari. Mais tarde, pedi a Leopoldo, filho de seu Leopoldo, que a seu modo contasse a mesma história que o velho havia narrado nessa ocasião. O mito narrado por ele em português foi o seguinte:

> **Napirikuri estava fazendo o *kariamã* de seus filhos. De repente [parece que o *kariamã* já havia começado dois ou três dias antes], apareceu Jurupari. Ele chegou e disse que iria ajudar Napirikuri. "Então está bom", Napirikuri respondeu, "embora tirar fruta para a gente chegar para o dabucuri". Então eles foram apanhar uacu [fruto de uacu]. Aí Jurupari, o próprio Jurupari, subiu no uacu. Jurupari disse: "Eu vou tirar uacu". Ele foi engolindo todo o uacu para dentro da sua barriga,**

sem deixar cair nenhum uacu lá de cima. Ele estava na metade, quando errou de pegar um uacu, e o uacu caiu no chão. Então os meninos foram lá pegar, fizeram fogo e assaram o uacu. Próximo havia um igarapezinho onde tinha uns peixinhos. Aí eles amarraram uma iscazinha, com pedacinho de uacu mesmo, e jogaram para os peixes. Conseguiram então pescar um peixe, um acará, fizeram fogo e assaram. Quando fizeram fogo, a fumaça subiu para Jurupari e ele cheirou. Ele sentiu o cheiro de uacu e de peixe. Então Jurupari falou: "Estão fazendo fogo". De repente, para comê-los e engoli-los, ele armou uma enorme tempestade e se transformou em um grande pau oco, para os meninos se esconderem da chuva que começou a cair. Jurupari chamou os meninos: "Embora entrar aqui para se esconder da chuva". Aí os seis entraram. Quando entraram, ele fechou e passou a chuva. Os meninos estavam dentro da barriga do Jurupari.

Quando Napirikuri chegou lá, ele viu que estavam faltando mais seis meninos. "Pronto, embora voltar", disse Napirikuri. Então eles voltaram para entregar o dabucuri, aquelas frutas. Chegando lá, Jurupari mandou colocar seis balaios para ele botar aquelas frutas. Aí ele botou, foi botando, saindo da boca dele, e em cada balaio era uma criança, um menino, já morto. Aí Napirikuri pegou aqueles meninos – ele ainda não tinha benzido, não naquela noite, a última noite. Aí não sei se enterraram os meninos, ninguém sabe. Jurupari subiu do Napirikuri, foi embora lá para o céu.

Napirikuri ficou preocupado, já fazia uma semana desde que os meninos haviam desaparecido. Aí ele falou: a gente tem que descontar no Jurupari. Ele começou a fabricar os bonecos de pau de molongó, fez igualzinho aos meninos desaparecidos e os arrumou assentados em um lugar. Aí ele benzeu para poder voar saúva, para ele poder pegar saúva. Então ele torrou a saúva, fez caxiri e pôs na *turua*, uma panelinha de barro. Aí ele chamou caba, antes mandou todo tipo de pássaro para chamar de volta o Jurupari. Primeiro chamou o urubu, o corocoró, todos esses pássaros que são diferentes, de outra cor, eles iam lá pro céu onde estava Jurupari, mas quando chegavam perto do Sol, eles não conseguiam passar, aí o Sol os queimava, então eles voltavam. Caba falou que ela conseguiria ir. Então, ela pegou o caxiri e a saúva e foi embora. Ela conseguiu passar o Sol, chegou até a porta do céu dizendo que era ela, que Napirikuri havia mandado ela vir chamar Jurupari para que ele voltasse para benzer os meninos, pois eles já estavam passando muita fome. Caba mandou Jurupari abrir a porta, ela ia tentando entrar devagarzinho, mas ele não a deixava entrar não. Ela contou que tinha saúva e caxiri, que era para ele provar para ver se estava bom. E Jurupari estava lá dentro da casa dele. A caba ia fazendo força empurrando a porta. Empurrou até conseguir, mas quando estava na metade da passagem, Jurupari fechou a porta novamente e a cintura da caba quase que arrebenta e parte ela no meio, por isso a sua cinturinha de hoje, mas ela finalmente conseguiu entrar. Pronto, então Jurupari provou o caxiri e a saúva, disse que estava bom. Então ele falou: "Eu vou descer para encontrar Napirikuri". Jurupari mandou um recado pela caba para Napirikuri esperá-lo ao meio-dia, quando ele iria descer.

Era meio-dia e Napirikuri já estava esperando Jurupari. Aí pronto, já começou a zoar lá para cima (por isso que, quando a gente acaba de tocar, a gente bota as flautas para cima). Ao meio-dia em ponto, Napirikuri ouviu que ele já vinha zoando. Até que ele chegou. Quando ele chegou, Napirikuri conversou com Jurupari. "Eu mandei te chamar porque os meninos já estão com muita fome, tem que benzer para eles poderem comer essa noite", disse Napirikuri, "benzer a noite inteira para amanhã eles poderem comer". Jurupari ficou lá até na boca da noite, quando ele começou a benzer o *kariamã* dos meninos. Napirikuri falou para os companheiros dele para mais tarde eles pegarem muita lenha para fazer fogo. Napirikuri também sabia benzer; quando ele começou a benzer, davam caxiri e saúva para Jurupari sem parar. Napirikuri continuava benzendo e Jurupari ia comendo saúva e bebendo caxiri; ele benzia para Jurupari sentir frio e para ele ficar bêbado também, para depois eles poderem jogá-lo no fogo.

Era meia-noite, por aí, Napirikuri perguntou ao Jurupari se ele estava com frio. Ele falou que estava, e Napirikuri continuava benzendo para ele sentir mais frio. Ele perguntou novamente ao Jurupari se ele estava com frio, e Jurupari respondeu mais uma vez que estava. Então, Napirikuri mandou seus companheiros fazerem fogo. Eles fizeram um fogo assim, pequenininho, perto do Jurupari. A cada instante ele perguntava ao Jurupari se ele estava com frio, e ele respondia que sim. Aí Napirikuri mandava fazer mais fogo, ia aumentando o fogo, botando lenha, mais lenha. Já para a madrugada, o frio foi aumentando e o fogo já estava grande. Aí ele disse para os companheiros ficarem perto do Jurupari e que na hora que ele levantasse eles podiam tacá-lo no fogo. De madrugada ele estava mais bêbado ainda. Então os companheiros do Napirikuri empurraram Jurupari para o fogo e ele caiu lá e pronto. Quando ele caiu na fogueira, jogaram mais um monte de lenha em cima dele para ele não conseguir sair de lá. Até queimar tudo. Até quando estourou. Quando apagaram o fogo, de lá cresceu aquela paxiúba, já para fazer esses pedaços "daquele".

Aí, Uacutipuru, que é uma espécie de cutiazinha, mas que anda como o macaco, por cima das árvores, começou a cortar lá de cima. Foi às 6h da tarde que Uacutipuru derrubou a paxiúba, por isso que o Sol quando aparece assim de tarde, bem vermelhinho, é o rabo do Uacutipuru. Quando Uacutipuru terminou o seu trabalho, Napirikuri deu nome para cada tipo de flauta que saiu, pois aquele Jurupari já tinha falado para Napirikuri, porque antes Jurupari funcionava tudo nele mesmo, os dedos dele eram as flautas dele, não precisava de nada, ele era só um, os dedos todos funcionavam.

Aí pronto, ele ficou assim; quando ele morreu, Napirikuri pegou as flautas. Depois, das cinzas e dos ossos do Jurupari, foi saindo cobra, aranha, todo tipo de animal que tem veneno. O próprio Jurupari já tinha dito para Napirikuri que iam sair aqueles bichos dele, pois não ia ficar por isso mesmo quando ele morresse, ele ia deixar esses animais para vingá-lo. Assim, quando a gente está no dabucuri, quando a gente é *saruã*[26], é tudo perigoso, a cobra, a aranha; a aranha até que não é muito, mas a cobra se picar é muito perigoso. Por isso que a gente não pode tomar xibé sem lavar a boca, a gente não toma xibé debaixo de chuvisco, quando está chuviscando a gente tem que esperar passar a chuva para poder tomar xibé, para aquele não te picar por aí, cobra, aranha, escorpião, alguma coisa. Depois que Napirikuri soube de tudo, ele foi e espalhou todos os animais, e mandou-os todos irem viver só num lugar; ele não os deixou todos espalhados, mas cada qual na sua toca, principalmente a surucucu, que nunca mora fora, vive mais no buraco, na toca, é difícil de encontrá-la por aí.

Quando Napirikuri viu que estava tudo pronto, aí ele acabou com o *kariamã*. Os convidados que estavam lá foram embora. Eles já haviam matado Jurupari. Se eles não tivessem feito isso, falou o velho naquele dia, se Jurupari não tivesse sido morto, a gente nunca iria conseguir fazer *kariamã* ou dabucuri, porque a gente não ia ter esses instrumentos que ele deixou. (Leopoldo, Comunidade do Iábi, 2007.)

Após o mito do rito no rito, sem nenhum comentário sobre a história narrada, nos separamos entre as canoas novamente, e cada grupo foi atrás de mais açaí e bacaba.

Já passava das 11h30 da manhã, quando todos nos reencontramos em uma pedra chamada *Yakutcho*. Na canoa de seu Leopoldo foi deixada uma boa quantidade de cipós de *makubí*, com os quais seriam confeccionados os *adabi* utilizados na entrega do dabucuri. Cada um dos homens presentes deveria confeccionar o seu. Enquanto esperávamos os demais chegarem do mato, seu Leopoldo ia fazendo três *pindaíwa*, outro tipo de chicote, famoso pela força, pela dor que provoca e pela marca que costuma deixar em quem é surrado[27]. A surra de *pindaíwa*, adiantaram-me, é dada apenas uma vez nos *kaximaro* pelo mestre da cerimônia, no caso, o próprio seu Leopoldo, e marca o corpo do *kaximaro* e o fim do ritual do *kariamã*.

Diferentemente do *adabi*, o *pindaíwa* não é talhado, mas confeccionado a partir de um único galho de um arbusto homônimo cuja base (ou cabo) não ultrapassa dois centímetros de diâmetro. Seu tronco e seus galhos são secos e finos e, normalmente, do meio para a ponta, apresentam algumas ramificações (como gravetos). Algumas dessas ramificações são arrancadas e as restantes são ajuntadas e amarradas de forma firme e esparsa por fios de tucum, deixando boa parte do galho visível. É comum também haver uma forquilha na ponta. Durante uma surra com *pindaíwa*, o cipó entra em contato direto, apesar dos poucos fios de tucum, com o dorso tangenciado por ele. Já com *adabi* esse contato é completamente mediado por uma película (fios) de tucum que cobre todo o chicote. Os índios se compraziam em dizer que uma das diferenças entre esses dois instrumentos

---

26—Conceito destacado especialmente, mas não exclusivamente, pelos baré, abordado nas últimas seções do capítulo sobre o xamanismo baré de minha tese (Maia Figueiredo, 2009).

27—Fui informado de que existem vários tipos (cores) de *pindaíwa*, que é normalmente usado como vara de pescar, isto é, como instrumento de pesca.

era que uma surra de *adabi* não doía tanto quanto uma surra de *pindaíwa*, que costuma deixar uma marca característica. A vantagem é que só se leva essa surra uma vez na vida, durante a primeira vez em um *kariamã*; depois, nunca mais.

Por volta das 12h, quando a maior parte das pessoas já havia retornado do mato com o açaí e a bacaba coletados, nos reunimos na mesma pedra *Yakutcho* e lá permanecemos parados por mais de uma hora. Seu Cesário retornou do mato tocando o *Abu* pelo caminho. Quando todos estavam presentes, foi realizada mais uma sessão com os instrumentos. Dessa eu não participei e pude observar com mais cuidado como Jurandir tocava a Paca com seu companheiro. No início, a dupla começou a tocar alternadamente e, enquanto Jurandir soprava, seu companheiro respirava pela boca sem desencostá-la do trompete. Ele enchia o peito de ar através do corpo da flauta. Em alguns momentos, ambos sopravam e respiravam ao mesmo tempo, produzindo um som mais homogêneo, bem marcado e intenso. Também pude observar que quando Sarapó e o professor Francisco sopravam o Jacamim, além de intercalarem ou tocarem simultaneamente os trompetes, acontecia de o primeiro soprar em dois tempos e o segundo responder em um só, alternadamente. Normalmente, os trompetes maiores eram tocados em um ou dois tempos, isto é, durante a soprada às vezes o som era contínuo e direto, antes da respiração para retomar o fôlego da próxima soprada. Outras vezes, a soprada era dada em dois tempos, de forma descontínua. Quando isso acontecia, o som parecia duplicado em dois sopros antes do intervalo provocado pela respiração.

Após a sessão, nos deslocamos novamente para a ponta da Ilha Burita, local por onde havíamos passado diversas vezes e onde iríamos em breve arrumar todo o material coletado – o tucum, o açaí e a bacaba –, além de confeccionar os *adabi* para a chegada e a entrega do dabucuri para as mulheres que nos aguardavam com as crianças na comunidade.

Assim que chegamos à ponta da ilha, os xerimbabos foram colocados na água em um remanso protegido por pedras, bem no raso. Cada pessoa pegou, na canoa de seu Leopoldo, um dos pedaços disponíveis de *makubí*, o cipó usado para a confecção do *adabi*, e começou a trabalhá-lo. Para testar se o chicote estava ficando bom, todos balançavam seus *adabi* no ar, a fim de perceber a maleabilidade do corpo do instrumento. Ninguém ensinou aos *kaximaro* como fazer; todos foram fazendo juntos como se fosse uma coisa que já soubessem.

Enquanto estávamos distraídos com a confecção dos *adabi*, a arrumação e a separação dos grãos de bacaba e açaí, bem como com as amarras finais dos feixes de tucum, disseram que um dos xerimbabos havia sumido. Uma Mamanga havia desaparecido. Como disse mais de uma pessoa, a Mamanga poderia ter sido levada ou mesmo ter "fugido" pelas águas. Alguns meninos mergulharam próximo de onde o trompete havia sido colocado e não encontraram nada. Restava apenas um dos pares da Mamanga.

Assim que todos os *adabi* foram confeccionados e os produtos dispostos nas canoas para a nossa chegada, foi realizada mais uma sessão com os xerimbabos. Os *kaximaro* foram orientados a, enquanto as flautas fossem tocadas, estrearem os respectivos *adabi* entre si; eu dei uma lapada no Jacaré e ele retribuiu, Edmundo deu uma lapada no Tene, que também retribuiu, e finalmente, Jacaré repetiu a dose e surrou Kúli, que concluiu o ciclo.

Eram quase 16h, horário estipulado de chegada na comunidade para a entrega do dabucuri às mulheres. Saímos da ponta da ilha em direção ao Iábi em quatro canoas amarradas, como se formassem uma balsa. Agregados às canoas estavam todo o tucum, o açaí e a bacaba coletados durante os quatro dias de trabalho (o dabucuri), todos os xerimbabos, os *adabi*, os *pindaíwa*, os *kaximaro*, os homens já iniciados, as rabetas, a gasolina, os terçados e um pouco de garapa (caxiri de cana). Atravessamos o rio tocando os instrumentos. O *Abu* dessa vez foi tocado simultaneamente aos demais. A excitação da chegada estava desenhada na cara das pessoas.

Quando chegamos ao porto da comunidade, não havia ninguém no pátio. Todas as mulheres e crianças, além dos homens que não haviam sido iniciados, estavam trancados na escola. Disseram ser uma vergonha ter, entre as mulheres, homens não iniciados, pois nesses momentos, sublinharam, eles são como mulheres.

No mais absoluto silêncio, deslocamo-nos com os instrumentos para a porta da escola e, de repente, todos foram tocados de uma só vez, direcionados e com uma força descomunal. O som emitido quebrou o silêncio como a explosão de um raio. Imaginei que, do ponto de vista de quem estava trancado dentro da escola, o barulho que se ouvia poderia ser ao mesmo tempo assustador e familiar. Fiquei pensando nas mulheres e crianças que ouviam aquilo tudo e sabiam que se tratava de algo proibido e perigoso. Pensei em um misto de medo e admiração pelo enigma sonoro que vazava pelas paredes e provavelmente invadia o interior da escola.

Após alguns minutos, ainda em frente à escola, os homens continuavam a tocar os instrumentos, mas começaram também a andar em círculo no sentido horário e aos pares (com exceção da Cutia, que é uma flauta solitária). Já as três pessoas que tocavam o *Uari* se deslocavam, uma ao lado da outra, para frente e para trás e de forma aparentemente independente das demais. Assim que o *Uari* deixou de ser tocado, a sessão pôde ser terminada com o *finale* característico. Após essa sessão, apenas os *kaximaro* surraram-se com os *adabi*. Os xerimbabos foram dispostos no chão em frente à escola e alguns dos homens correram em silêncio para o porto, para buscar os produtos que seriam entregues no dabucuri. As mulheres e crianças continuavam trancadas na escola. Nesse instante, houve uma reviravolta no céu, e começou a trovejar e a ventar fortemente.

As três construções principais da comunidade, na época, eram a pequena escola de alvenaria, uma capela quase demolida – da qual só restaram os esteios e travessões que sustentam um telhado de zinco, localizada à esquerda da escola (para quem está de frente para a mesma) –, e uma pequena casa comunitária sem divisória, cercada de tábuas e coberta com um telhado também de zinco, localizada ao lado da capela. Os produtos foram trazidos e arrumados no pátio em frente à casa comunitária. O açaí e a bacaba foram dispostos em oito bacias ou *aturá* (cestos), um ao lado do outro. Cerca de 22 feixes de tucum foram arranjados em três montes, cada qual composto de cinco a oito feixes que, apoiados uns nos outros, ficavam de pé em forma cônica. Os 18 *adabi* foram todos espetados no chão de terra, atrás das vasilhas de açaí, para que permanecessem na vertical. A composição era benfeita e bonita. Disseram que as bacias de açaí e bacaba dispostas no chão eram os meninos vomitados que o Jurupari havia engolido.

Depois de tudo arrumado, foi realizada mais uma sessão na frente da escola, onde as mulheres e crianças permaneciam trancadas. A sessão aconteceu como a anterior, com a diferença de que, dessa vez, logo após tocarem andando em círculo, todos saíram, ainda soprando as flautas e os trompetes, em fila dupla indiana para o porto.

Retornamos rapidamente para o pátio da comunidade, onde estava todo o produto, o dabucuri, a ser entregue para as mulheres. Os homens formaram uma grande fila, cada um disposto ao lado do outro, cada qual atrás do seu *adabi*, espetado no chão. A porta da escola foi aberta e de lá saíram todas as mulheres e crianças. Elas olhavam para os produtos que haviam sido coletados e, em fila indiana, uma a uma, foram cumprimentar os homens com um aperto de mão de boas-vindas. Como disse Jurandir mais tarde, nesse momento era como se os homens estivessem voltando de uma longa jornada com os produtos do seu trabalho e fossem recebidos por suas mulheres e crianças.

O dabucuri foi finalmente entregue às mulheres. Dona Alexandrina, mulher de seu Leopoldo, apareceu com uma peneira redonda bem grande e ficou passando-a por cima das bacias de frutas e do tucum. Foi dito que ela tirava o *saruãsa* das frutas e do tucum ofertados. Esse movimento tornava as frutas e o tucum seguros, respectivamente, para o consumo e o manejo. Quando a chuva estava prestes a cair e o vento soprava com intensidade, seu Leopoldo apareceu com um cigarro e começou a soprar sobre os produtos do dabucuri e, em seguida, em direção ao céu. Pelo movimento dos seus braços, a atitude parecia ter o objetivo de mandar a tempestade embora; mas, mesmo assim, a tempestade caiu.

Corremos debaixo de chuva para a capela (da construção antiga só restava o telhado). Cada homem levou consigo seu próprio *adabi*. Naquela hora eu não sabia, mas havia chegado o momento no qual as mulheres iriam desafiar os homens com os *adabi*. Um círculo foi feito com o coletivo, homens de um lado e mulheres do outro. Imediatamente, uma mulher, filha de Cesário, chegou ao centro do círculo e me chamou através do olhar e por um sinal com uma das mãos. Eu logo entendi. Ao me aproximar, ela suspendeu os dois braços e eu, por obrigação, tive que surrá-la. Ela estava me desafiando. Surrei com moderação e a seguir passei o meu *adabi* para ela, que devolveu a minha tímida lapada com uma de verdade, imensamente mais forte do que a que eu tinha lhe dado. Da plateia-participante ouvi um sussurro-comentário, uma interjeição que queria dizer algo do tipo: "*Uuuuuuuu*, essa foi bem dada!". Depois dela, foram mais três que me chamaram na sequência. Acredito que se tratava de um grupo de irmãs e primas. Confesso que fiquei temeroso. Por um momento achei que iria apanhar de todas as mulheres presentes, mas, depois da quarta lapada, elas decidiram variar e chamaram outro homem para o centro da roda.

Não sei quanto tempo essa surra generalizada com *adabi* durou, talvez cerca de meia hora. No início eram somente as mulheres que desafiavam os homens. Do meio para o fim da sessão, qualquer pessoa, de qualquer sexo, podia desafiar outra. O desafiado podia, inclusive, ser do mesmo sexo ou do sexo cruzado. As crianças também apanharam, mas com lapadas de menor intensidade. Normalmente é o pai ou a mãe quem surra os próprios filhos. Na maioria das vezes, as crianças saem horrorizadas e aos prantos. Outras poucas crianças nem se importam, parecem se divertir. Assim que as crianças recebem uma lapadinha em suas costas, são levantadas pelos dois braços pelo pai ou pela mãe e muitas vezes acabam acalentadas no colo. Uma mulher me disse, sem que eu perguntasse nada, que esse, o *adabi*, era o costume deles, dos baré, e que faziam assim para tirar a preguiça, o *saruãsa*, e para ajudar no crescimento das crianças.

São notórios o encantamento e a admiração que algumas lapadas com o *adabi* causam, a coragem de quem surra, sua experiência e força diante da atitude estoica, por vezes temerosa, de quem apanha. Em uma surra de *adabi*, a troca de posição acontece imediatamente: aquele que apanhou bate logo em seguida. A posição de quem bate primeiro é a do desafiador. Ele desafia uma pessoa e o desafiado vira-se de costas, levanta os braços e se dispõe para a surra. Imediatamente depois da lapada, o batedor/desafiador entrega o mesmo *adabi* para o desafiado, que muda de posição e surra seu parceiro – o mesmo que, segundos atrás, estava na posição de batedor. Acontece de o desafiador, como foi o meu caso, não cumprir seu papel e acabar dando uma surra sem relevo (sem marca) no desafiado. Nesse caso, é possível que, para a surpresa de todos, em vez de a retribuição acompanhar a medida da lapada dada pelo desafiador, ela a supere imensamente. O acerto de contas desse descompasso, caso desejado, nunca vem imediatamente – não há tréplica, somente mais tarde. Vale dizer, como os baré, que bonito mesmo é quando o estalo do *adabi* nas costas do índio zoa alto, quando a surra é bem dada e corajosa.

Assim que a intensidade diminuiu, seu Leopoldo interrompeu a sessão dizendo que ela estava encerrada e que, em breve, nós, os homens, iríamos para a escola, onde passaríamos toda a noite benzendo o *kariamã* com os instrumentos do Jurupari. A noite já ia caindo e a chuva ainda não tinha passado. Ficamos por um tempo comparando as marcas dos *adabi* deixadas nos nossos corpos, algumas lapadas foram rememoradas, inclusive as mal dadas, e em seguida fomos tomar banho no rio.

Às 18h30 o sino foi tocado para a refeição. Dessa vez, talvez devido à chuva, a refeição foi feita dentro da casa comunitária, e não fora dela como de costume. Os *kaximaro* permaneciam em jejum e não participaram. O prato principal era o *kudiári*, uma comida feita à base de farinha e caldo de peixe desfiado. A comida foi disposta pelas mulheres no chão. Seguiu-se o mesmo ritual de agachar em volta da comida, molhar um pedaço de beiju na pimenta, colocá-lo na boca, mastigar, e juntos nos levantarmos gritando "êêêêê" e cuspir a comida fora, para só em seguida comê-la. Essa refeição foi mais farta que as dos dias anteriores e tomamos uma grande quantidade de vinho de açaí. As mulheres também comeram no chão, logo depois dos homens. Quando elas terminaram continuamos todos assentados nos bancos da casa comunitária, fumando. As mulheres pegaram, cada uma, uma bacia de açaí e saíram em fila indiana, oferecendo para cada homem uma imensa cuia cheia do mesmo. Em seguida, fomos nós que pegamos as bacias e fizemos uma rodada de açaí para as mulheres. Esse açaí foi o primeiro consumo coletivo (exceto os *kaximaro*) feito com parte dos produtos oferecidos às mulheres no dabucuri.

Após a refeição e a beberagem de açaí, algumas mulheres começaram logo a trabalhar o tucum dentro da casa comunitária. Esse tucum, depois de beneficiado, seria levado para ser enrolado em forma de novelo pelos parentes "desempregados" que moram na cidade, para, em seguida, serem comercializados em São Gabriel da Cachoeira. Enquanto trabalhavam, as mulheres disseram que a tempestade no fim da tarde havia sido causada pela falta de cuidado dos homens com os xerimbabos (elas se referiam à "fuga" ou ao sumiço de uma das Mamangas). Já seu Leopoldo sustentava que a tempestade havia ocorrido pelo fato de alguns homens terem bebido garapa (caxiri de cana) enquanto atravessávamos o rio para chegar com o dabucuri, o que não deveria ter acontecido.

Às 20h30, quando os *kaximaro* (exceto eu) foram buscar os "animais" no igarapé, depararam com uma jararaca no caminho, perigo iminente durante um *kariamã*. Felizmente a jararaca foi morta antes que picasse alguém. Os instrumentos foram levados para o porto, onde os homens estavam reunidos. Novamente, as mulheres ficaram trancadas em casa – a maioria trancou-se na casa de Jurandir; algumas ficaram na casa de dona Alexandrina (mulher de seu Leopoldo). No porto, os trompetes Jacamim foram enchidos com água e levados com os outros "animais", no mais absoluto silêncio, para a frente da casa de Jurandir. Tal como acontecera mais cedo, na porta da escola, de repente todos os instrumentos foram tocados com muita força, rompendo o silêncio antes reinante. Enquanto os instrumentos eram tocados, a água que estava nos Jacamins foi despejada por debaixo da porta para dentro da casa das mulheres. Disseram que elas, do lado de dentro, fazem de tudo para pegar um pouco dessa água, que se esvai rapidamente pelo chão de terra batida, pois essa água tem o poder de trazer saúde e crescimento para as crianças, longevidade para as mulheres e, principalmente, contribui para que os partos sejam realizados sem grandes problemas. Por isso, quando elas conseguem pegar dessa água, ela é passada rapidamente na cabeça e no corpo das crianças e na barriga das mulheres.

A sessão transcorreu como de costume. Os trompetes maiores, depois de alguns minutos, circularam em sentido horário, aos pares, enquanto as *Uari* desempenhavam seu movimento característico, para frente e para trás. Antes de encerrar a sessão, os homens foram se deslocando em direção ao porto. Quando chegamos lá, fomos orientados, os *kaximaro*, a cairmos na água e, em seguida, batermos nela. Assim que saímos do banho, a sessão foi encerrada com a suspensão das flautas e dos trompetes. A seguir, os "animais" foram "deitados" nas pedras do porto, enquanto os homens foram tomar banho e bater um pouco d'água.

A segunda sessão começou no porto e encaminhou-se para a escola. Novamente os Jacamins foram enchidos com água, mas dessa vez a água foi despejada debaixo da porta da casa de dona Alexandrina. Quando passamos pela casa comunitária, foi realizada uma volta de 360 graus no sentido horário e seguimos diretamente para a escola, que estava às escuras e com as janelas completamente fechadas. Seu Leopoldo já se encontrava lá dentro, iluminado apenas por uma lamparina, assentado em um banquinho, fumando um cigarro e batendo com a ponta do *pindaíwa* no *kariamã* (nome dado não apenas ao ritual de iniciação, mas também à comida benzida na última noite). O som dos "animais" no ambiente fechado foi ensurdecedor, e meu corpo, completamente afetado pelo som que reverberava no interior da escola, refletia a intensidade dessa entrada na *kariamãruka* (casa de *kariamã*). Rodeamos seu Leopoldo e o *kariamã* tocando os xerimbabos; em seguida dispusemos os instrumentos voltados para o "centro" do ritual, para o *kariamã*.

O *kariamã* estava disposto no chão da escola e repartido em três vasilhas/panelas (nenhuma era de barro): duas delas eram de alumínio tampadas com folhas de embaúba e continham *kiñãpira* (cozido de peixe com muita pimenta); a outra, uma vasilha com tampa plástica, continha pedaços de frutas silvestres.

A sessão terminou com os instrumentos direcionados para o teto da escola (para o céu). Depois, eles foram novamente dispostos no chão em volta do *kariamã*. Seu Leopoldo continuou benzendo o *kariamã*. Ele era o *mutawarisá kariamã* (benzedor do *kariamã*). Ele levantou a tampa das panelas e soprou tabaco dentro delas para benzer diretamente os alimentos, em seguida fechou-as novamente e se levantou. Ele me pediu que buscasse um abacaxi, um cupuaçu e algumas bananas das diversas frutas que eu havia trocado por gasolina em São Francisco, a fim de serem também benzidas nesse *kariamã*. Coloquei os frutos inteiros ao lado da vasilha de plástico onde havia outros tipos de frutas picadas. O mais indicado – como Jurandir me explicou depois – é fazer o *kariamã* com grande variedade de peixes, caças e pimentas, além de diversos tipos de frutas silvestres, pois os *kaximaro* que vão receber o *kariamã* vão lamber dessa comida benzida e ficarão protegidos contra qualquer mal que esse tipo de alimento possa lhes causar. Assim, quanto maior a variedade de frutas, peixes e caças benzidas, mais completa a proteção contra o "revide" desses alimentos.

A carne de tatu é muito apreciada para um *kariamã*, pois ela é tida como uma espécie de "metacarne" que possui todas as demais. Dizem que a carne de tatu contém carne de anta, de paca, de cutia, de veado e outras mais. Assim, quando se benze uma carne de tatu no *kariamã*, é como se todas as demais carnes fossem benzidas através dela. Seu Casimiro me informou que, caso houvesse um pajé presente, ele ficaria benzendo o *kariamã* durante toda a noite, sem parar, como seu Leopoldo havia feito na abertura do benzimento. Se, por um lado, as pessoas da região do Iábi costumam dizer que não há mais "pajés de verdade" próximos delas, por outro, afirmam que "quando não tem pajé", o *kariamã* é parcialmente benzido por seu Leopoldo, pois o "grosso" do benzimento é feito pelos instrumentos sagrados, os quais, segundo elas, são o próprio Jurupari, o "pajé dos pajés".

Para a entrega do dabucuri, no fim da tarde, três famílias haviam chegado, uma de Tabocal e duas da Ilha de Guariba (como já notado, comunidades vizinhas e aparentadas ao Iábi). Os três homens que chegaram eram iniciados; assim, integraram-se imediatamente ao grupo dos homens e começaram a participar das atividades. O restante da família – mulheres e crianças – ficou com as outras mulheres na casa comunitária, onde conversavam, contavam histórias e trabalhavam o tucum. As mulheres também não deveriam dormir. Enquanto elas trabalhassem o tucum, os homens estariam benzendo o *kariamã* na escola durante toda a noite, até o amanhecer.

Durante os intervalos entre uma sessão e outra na escola, as pessoas permaneciam sentadas nas cadeiras espalhadas próximas à parede, em forma de um quadrado. Espontaneamente, pequenos grupos iam sendo formados e as conversas apareciam. Ora se aglomeravam para ouvir a história que um contava, ora se isolavam para fumar um cigarro sozinhos. Alguns aproveitavam para dar um cochilo no chão. Conversas paralelas também foram frequentes.

Berlindo (41 anos), que havia chegado mais cedo de Guariba, explicou que dava para comparar o *kariamã* com a passagem pelo exército em São Gabriel: em ambos os casos, passa-se fome; algumas pessoas comem, outras não; é comum o trabalho forçado/mandado e há o envolvimento em práticas de flagelação que induzem a um sentimento de humilhação, além de provas de resistência.

Todos se levantaram assim que o movimento para uma nova sessão foi esboçado. Eram quase 23h. Durante essa noite os *kaximaro* tinham a prerrogativa de escolher os instrumentos que quisessem experimentar. Nessa segunda sessão, decidi tocar outra flauta *Uari*, que eu havia tentado tocar na sessão anterior sem muito sucesso. Dessa vez acreditei ter conseguido tirar um som. Imitava o modo como Casimiro tocava e até improvisava com as notas ou quase notas que eu conseguia tirar da flauta. O som que eu fazia me agradava e me entusiasmei com isso. Acreditei que o "animal" havia contribuído comigo. Algo ali, apesar de ser feito por mim, me ultrapassava. Acho que o caso era geral. Contaram-me que, às vezes, quando o xerimbabo está com preguiça, não adianta você saber soprá-lo, visto que nessas ocasiões, se o "animal" não coopera, o som não sai de jeito nenhum. A fim de evitar esse tipo de comportamento indesejado por parte do xerimbabo, recomenda-se conversar diretamente com ele antes da sessão, reafirmando que ele tem dono. O melhor, sugeriram, é dizer ao "animal" com segurança: "Todo xerimbabo tem um dono, eu sou seu dono!". Desse jeito o xerimbabo não enrola.

Entre uma sessão e outra, além de fumarmos, bebermos e ouvirmos alguns mitos e histórias, o *Abu* era o único instrumento frequentemente tocado tanto dentro quanto fora de escola. Nesses momentos as mulheres da casa comunitária aproveitam para conversar com o *Abu*. De lá elas fazem perguntas ao adivinhão. As mulheres costumam perguntar em voz alta da casa comunitária: "*Abu*, essa criança que está na barriga da minha filha vai ser de que sexo?". *Abu* normalmente responde: "*kurumi kurí kurumi kurí*" (menino agora, menino agora ou menino dessa vez...) ou "*kuñatai kurí, kuñatai kurí*" (menina dessa vez), dependendo do caso. Outra pergunta frequente, como já notado por seu Leopoldo anteriormente, é sobre o futuro esposo ou esposa de uma mulher ou homem ainda solteiros. Como afirmou Jurandir, às vezes ele acerta, às vezes não, mas esse é o modo de "fazer a festa". Foi o próprio Jurandir que também me contou que havia um modo especial de tocar o *Abu*, quando o intuito é pedir caxiri ou cauim para as mulheres. Na língua do *Abu*, caxiri é chamado de *tchorôrô*, então os homens da *kariamãruka* tocam o *Abu* de modo que o som soe como a seguinte expressão: *tchorôrô tchorôrô tchô*. Da casa comunitária, as mulheres, quando ouvem esse som/pedido, logo vão respondendo: "Não se preocupem não, pois daqui a pouco vai ter aí [caxiri ou cauim] para vocês".

ÚLTIMO DIA: 28/04/2007

Era 1h40 quando aconteceu a terceira sessão. Tocamos novamente com as flautas e os trompetes direcionados para o *kariamã* e, mais uma vez, participei mais que observei a sessão. Como Leopoldo disse mais tarde, eu tinha conseguido tirar um som daquela flauta. Contudo, mesmo com o aval do meu amigo, eu não sabia como nem por que havia tocado a flauta daquele jeito. Pelo que percebi, minha performance não incomodou a deles nem a eles; senti, inclusive, ao contrário, uma espécie de aprovação pela minha participação ainda amadora e bastante desengonçada[28].

Após a sessão veio o cigarro. Continuamos assentados em volta do *kariamã*, e Leopoldo começou a contar histórias do Jurupari, sobretudo as aventuras de Jurupari com um tal João, personagem que aparece na maioria das histórias contadas pelos velhos aos jovens e às crianças. Tupãna também contracenava com Jurupari em uma ou outra dessas histórias. A performance de Leopoldo, enquanto narrava, era impressionante. Diversos tons e velocidades de voz eram articulados com pausas e movimentos corporais que davam muita agilidade e vivacidade à história contada. Rapidamente, a maioria dos presentes aglomerou-se em torno dele. Seu Cesário e seu Leopoldo também se revezavam

28—É necessário dizer que não sei tocar nem tenho intimidade com nenhum instrumento musical.

contando histórias, mas era a performance de Leopoldo a mais marcante, e suas histórias eram imensas. Continuamos ouvindo as histórias de Jurupari até o momento da próxima sessão, a quarta, que aconteceu por volta das 3h30 da manhã.

Durante essa sessão, resolvi soprar o Uacari, um grande trompete que eu ainda não havia experimentado. Esse instrumento, como a Mamanga, a Paca, a Caba, o Jacamim e a Cutia, exige do tocador um esforço descomunal e contínuo durante sua execução. O ritmo de uns é mais forte do que o de outros, mas são todos bem acelerados, diferentemente das *Uari* e do *Abu*. O mais impressionante dessa sessão foi a performance de Leopoldo com a Cutia. Enquanto todos tocavam parados em círculo e voltados para o *kariamã* disposto no meio da roda, Leopoldo começou a tocar a Cutia de forma eletrizante: ele corria e saltava em torno de nós como uma cutia arisca correndo pelo mato.

O galo já cantava e passava das 4h. Normalmente seria hora de tomar banho, como havia acontecido nos dias anteriores. Enquanto alguns ficaram bêbados de álcool, outros ficaram bêbados de sono. O ambiente era de embriaguez, e o cansaço da maioria já era evidente. Entre uma história e outra, acontecia de a escola ser tomada por um grande silêncio. Um senhor da Ilha de Guariba que havia chegado naquela noite e que era muito animado, com a intenção de cortar o silêncio, exclamou: "Ih, tá *sasiara!*" ("Estão tristes!"). Assim ele esperava induzir Leopoldo a contar outro caso para romper com a tristeza do silêncio.

Às 5h da manhã, seu Leopoldo assentou no banquinho e voltou a benzer o *kariamã*. Após ter benzido o *kariamã*, seu Leopoldo buscou um pacote de tabaco e também uma garrafa de álcool etílico. Ele entregou a garrafa a seu filho, que diluiu o conteúdo em água. A medida dessa mistura – uma bebida bastante usual na calha do rio Negro – é uma parte de álcool para duas de água.

Seu Leopoldo, assim que ofereceu o tabaco e o álcool, veio dizer que ele já tinha "visto tudo", que o *kariamã* estava pronto, já estava completamente benzido e que tudo ia correr bem com os *kaximaro* que se iniciavam no Jurupari. Disse também que viveríamos bem e por muitos anos, pois tudo tinha corrido como previsto, sem incidentes durante o ritual, o que é o mais importante. Ele destacou que, se durante o ritual tudo ocorre dentro dos conformes, ninguém fica doente ou se acidenta, é sinal de que o trabalho foi benfeito e, com isso, as previsões para a vida futura dos *kaximaro* e dos participantes envolvidos são as melhores. Sublinhou que isso também dependeria em larga medida do compromisso assumido de guardar o segredo de Jurupari. Concluiu dizendo que em breve tomaríamos banho e depois o *kariamã* seria entregue. Para encerrar o ritual, tomaríamos a última surra de *pindaíwa*. Estávamos, novamente, quase lá...

Às 6h da manhã, quando o sol já havia nascido, Jurandir pegou a Paca para mais uma sessão. Cada qual escolheu um xerimbabo. O número de pessoas presentes durante toda essa noite era maior do que o número de instrumentos disponíveis, e, como uma das Mamangas havia se perdido, a outra ficou parada, "deitada" no chão da escola. Depois de alguns minutos, Jurandir e seu parceiro, que tocava a outra Paca, foram saindo da escola e todos nós os seguimos. Fomos em direção ao porto. Eu não tive força para soprar o trompete enquanto andava; os demais faziam isso com grande desenvoltura. Quando lá chegamos, a sessão foi encerrada, os "animais" foram dispostos no chão de pedra e fomos tomar banho. Assim que saímos do banho foi realizada a última sessão do *kariamã*. Em seguida, os xerimbabos foram guardados pelos *kaximaro* no igarapé, de onde sairiam apenas no próximo dabucuri ou *kariamã*. Não havia previsão de quando isso ocorreria. Durante esse percurso de saída da *kariamãruka*, as mulheres haviam deixado a casa comunitária e, como sempre, trancaram-se em alguma casa.

Era sábado de manhã, o *kariamã* havia sido iniciado na terça-feira por volta do meio-dia. Os *kaximaro* – fora eu – chegaram na quarta-feira pela manhã e, desde então, estavam praticamente em jejum; só haviam se alimentado em horas determinadas, pela manhã e à noite, de pequenas porções de xibé e *karibé*, ambos alimentos frios. O trabalho havia sido frequente durante todos esses dias. O clima final era de exaustão, sobretudo para os *kaximaro*.

Finalmente, por volta das 7h, o *kariamã* estava pronto para ser entregue. Como os xerimbabos já haviam sido guardados, as mulheres e as crianças já estavam presentes. As duas panelas de *kiñãpira* – uma vasilha de frutas picadas e um *aturá* de frutas inteiras – tinham que ser levadas para a frente da casa comunitária, onde seriam entregues. Esse transporte não foi feito de qualquer jeito, mas de uma forma igualmente ritualizada: cada *kariamã* (vasilhame com comida benzida) era carregado por duas pessoas simultaneamente e deslocado por uns dois ou três passos; era, então, disposto no chão e os carregadores trocavam em seguida uma lapada de *adabi*. O caminho até a casa comunitária foi, assim, todo fragmentado. As mulheres e mocinhas também participavam do transporte do *kariamã*. Imagino que foram necessárias cerca de 15 pausas com cada um dos *kariamã* até que se chegasse à frente da casa comunitária.

Assim que todo o *kariamã* foi disposto no chão, em frente à casa comunitária e ao ar livre, os *kaximaro* foram também dispostos um ao lado do outro, em frente à comida. Pediram-nos que fizéssemos um buraquinho no chão com o cabo do nosso *adabi* e que cada um ficasse em frente ao respectivo buraco. Seu Leopoldo se agachou e começou a descascar as frutas que estavam inteiras. Em um prato separado, ele colocou uma porção da *kiñãpira* com muita pimenta, amassou as pimentas ainda inteiras no peixe e, ao lado da *kiñãpira* amassada, dispôs pequenos pedaços de cada fruta benzida: cúbio, abacaxi, cupuaçu, banana, goiaba, ingá e limão.

Seu Leopoldo levantou-se e, com o prato na mão, proferiu algumas palavras – era hora do conselho final. Ele praticamente repetiu o que havia me dito mais cedo: disse que o *kariamã* havia corrido bem, que os *kaximaro* haviam se comportado corretamente e que ele previa que todos teriam vida longa e saudável. Também afirmou que estava com saúde aos 82 anos e que acreditava que estava ainda forte em larga medida por causa do Jurupari. Lembrou-se do seu *kariamã*, cerca de 70 anos atrás, ocorrido no mesmo local onde estávamos. Informou-nos que iria colocar em nossa boca um pouco do *kariamã*, e que deveríamos mastigar a carne e a pimenta por alguns segundos, sem soprar para aliviar a ardência. Em seguida, deveríamos cuspir o alimento no buraco que havíamos feito com o *adabi*. No caso das frutas, deveríamos apenas lamber cada um dos pedaços oferecidos e cuspi-los igualmente no buraco do *adabi*. Ele começou a entregar o *kariamã* pelo seu lado esquerdo, primeiro para Kúli, depois para Jacaré, Edmundo, Tene e, por último, para mim.

Assim que o *kariamã* nos foi entregue, seu Leopoldo buscou os três *pindaíwa* que ele próprio havia feito. Na mesma ordem, deu uma lapada em cada um dos *kaximaro* com o *pindaíwa*. A lapada não foi tão forte quanto nos fizeram acreditar que seria. Mais tarde, um dos *kaximaro* até reclamou. Seu Leopoldo disse que o *kariamã* estava finalizado e que os *kaximaro* podiam fazer a sua primeira refeição após quatro dias de jejum. Os que estavam presentes também podiam comer uma pequena porção do *kariamã*. Todos se amontoaram em volta do *kariamã* para comer junto com os filhos uma prova da comida benzida. Quando os pais ofereciam às crianças um pouco do *kariamã*, mandavam que elas cuspissem a comida como os *kaximaro* haviam feito e, em seguida, davam uma lapadinha com o *adabi* em suas costas. A seguir suspendiam-nas pelos braços e as acalmavam no colo. Muitos adultos, homens e mulheres, continuaram trocando lapadas de *adabi*. Um dos objetivos maiores das surras com *adabi* é tirar das pessoas o *saruãsa*, um conceito que foi provisoriamente traduzido por Jurandir como "medo".

Em uma mesa disposta ao lado da casa, foram servidas algumas porções de *kiñãpira* e beijus. Os *kaximaro* avidamente fizeram sua primeira refeição após o jejum; eles certamente estavam famintos. Também havia grande quantidade de *xibé* de açaí e bacaba em diversas panelas e baldes. Como nem meus pais, nem os dos demais *kaximaro* estavam presentes no ritual, Casimiro e sua mulher, Marlene, filha de seu Leopoldo, assumiram a responsabilidade e o papel que seria dos pais dos *kaximaro*, sobretudo das mães, de retribuírem as famílias que tinham ajudado no *kariamã* de seus filhos e filhas com beijus; estes foram distribuídos a todos os homens presentes.

Eram quase 9h da manhã e eu, como a maioria dos presentes, estava acordado havia quase trinta horas. Enquanto alguns já iam se dispersando para as respectivas comunidades, fui deitar em minha rede para descansar, pois estava completamente confuso. Assim que cheguei à casa de seu Leopoldo, Casimiro veio me entregar todos os *adabi* e *pindaíwa* de presente. Disse que eu poderia fazer com eles o que bem entendesse, deixá-los ali mesmo, levá-los comigo e até mesmo jogá-los fora. Disse também que estava me entregando os *adabi* e *pindaíwa* pelo fato de aquele ter sido o meu *kariamã*. Normalmente, os *adabi* e *pindaíwa* são mantidos na comunidade; essa oferta parece ter sido uma exceção.

De repente, entraram na casa onde eu estava todos os *kaximaro*. Chegaram sem dizer muitas palavras. Entre os quatro que ali estavam presentes, Edmundo, que é de São Francisco e com quem eu tinha mais intimidade, falou em nome de todos. Disse que tinham vindo se despedir de mim, pois precisavam voltar para casa depois de tantos dias longe da família. Disse que tudo o que havíamos passado juntos tinha sido muito forte e difícil, mas que mesmo assim ele estava contente de ter sido iniciado no Jurupari. Encerrou dizendo que esperava meu retorno, fosse quando fosse, para continuarmos os trabalhos com o Jurupari. Todos se despediram apertando a minha mão e partiram.

Assim que deitei na rede para, enfim, descansar o corpo e o espírito, meu coração disparou e comecei a chorar. Estava imerso em uma sensação bastante ambígua, não sabia o que de fato havia acontecido comigo e qual seria o significado de toda aquela experiência. Tudo tinha sido forte e intenso demais para ser apenas uma coleta de dados para uma tese de doutorado. A sensação era de que somente mais tarde eu poderia entender o que havia acontecido durante todo aquele processo. Do choro, caí num sono profundo[29].

29—Talvez a experiência de ter visto e tocado os instrumentos do Jurupari tenha me permitido viver algo semelhante ao que relata Márcio Goldman após ouvir os tambores dos mortos de um candomblé baiano: "uma experiência que sem ser necessariamente idêntica a dos meus amigos de Ilhéus [eu diria, dos meus amigos do alto rio Negro], tinha com ela ao menos um ponto de contato fundamental: o fato de ser total e de não separar os diferentes territórios existenciais que habitamos" (Goldman, 2006, p. 19).

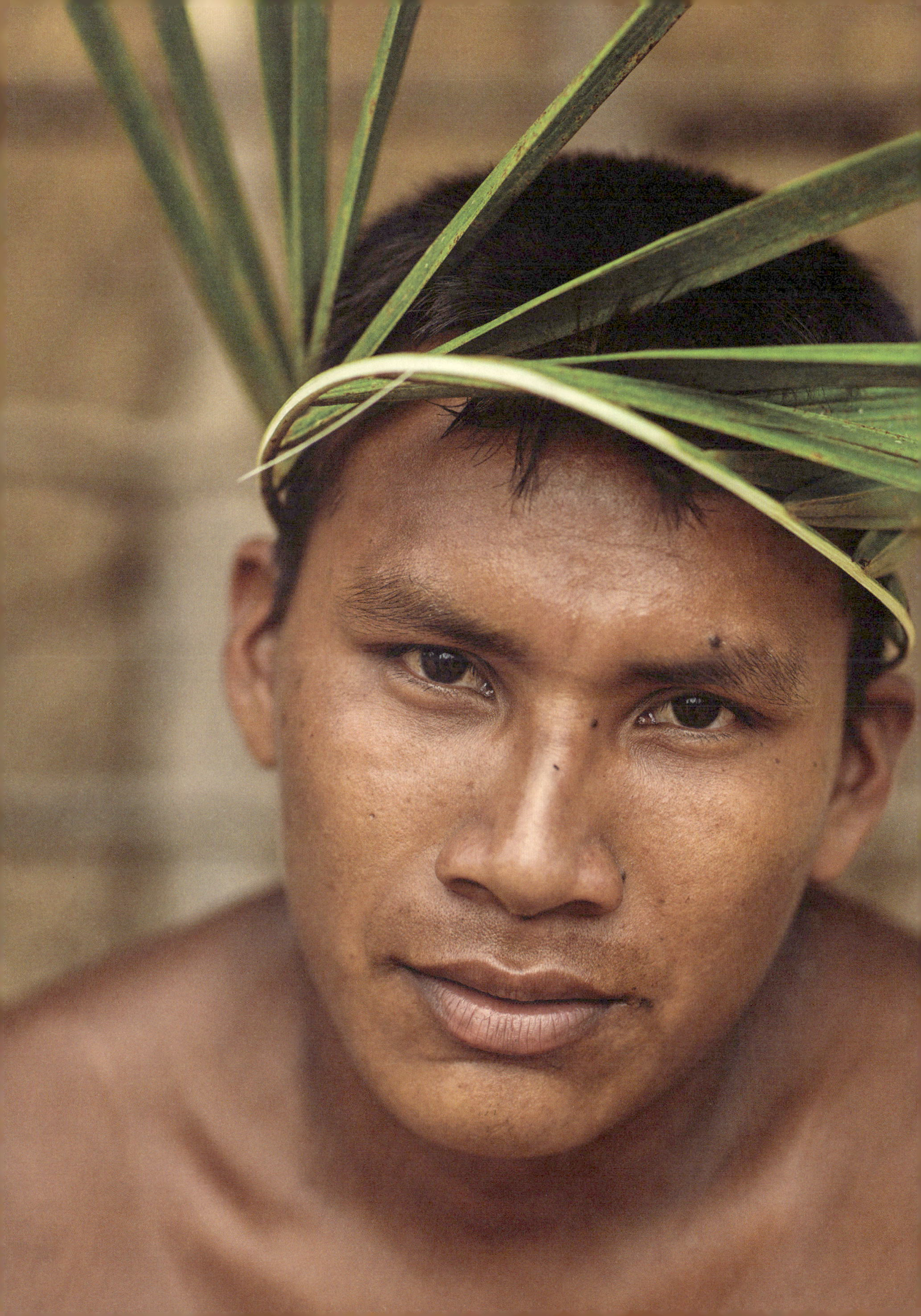

130

No primeiro dia do Jurupari, o ancião e líder xamânico Leopoldo sai em uma canoa seguido de outra levando os *kaximaro* (iniciantes no ritual) e o orientador (um baré já iniciado) rumo ao igarapé Iá. Durante o percurso, param a canoa para ouvir melhor o som dos xerimbabos (flautas do Jurupari) ao longe. Já no igarapé, param a canoa e adentram a mata para colher folhas de tucum.

Os *kaximaro* amarram as folhas de tucum em feixes para levar às mulheres. No final do dia, retornam à aldeia e, após um banho, recolhem-se em uma casa destinada a eles durante todo o ritual, passando a noite lá. Na manhã seguinte, fazem uma leve refeição de beiju e xibé (farinha de mandioca com água), pulando para tirar o *saruãsa*. Então, voltam ao igarapé para iniciar o aprendizado na arte de tecer o arumã e fazer tipitis, cestos e também os *adabi*, chicotes a serem utilizados no final do ritual *kariamã*.

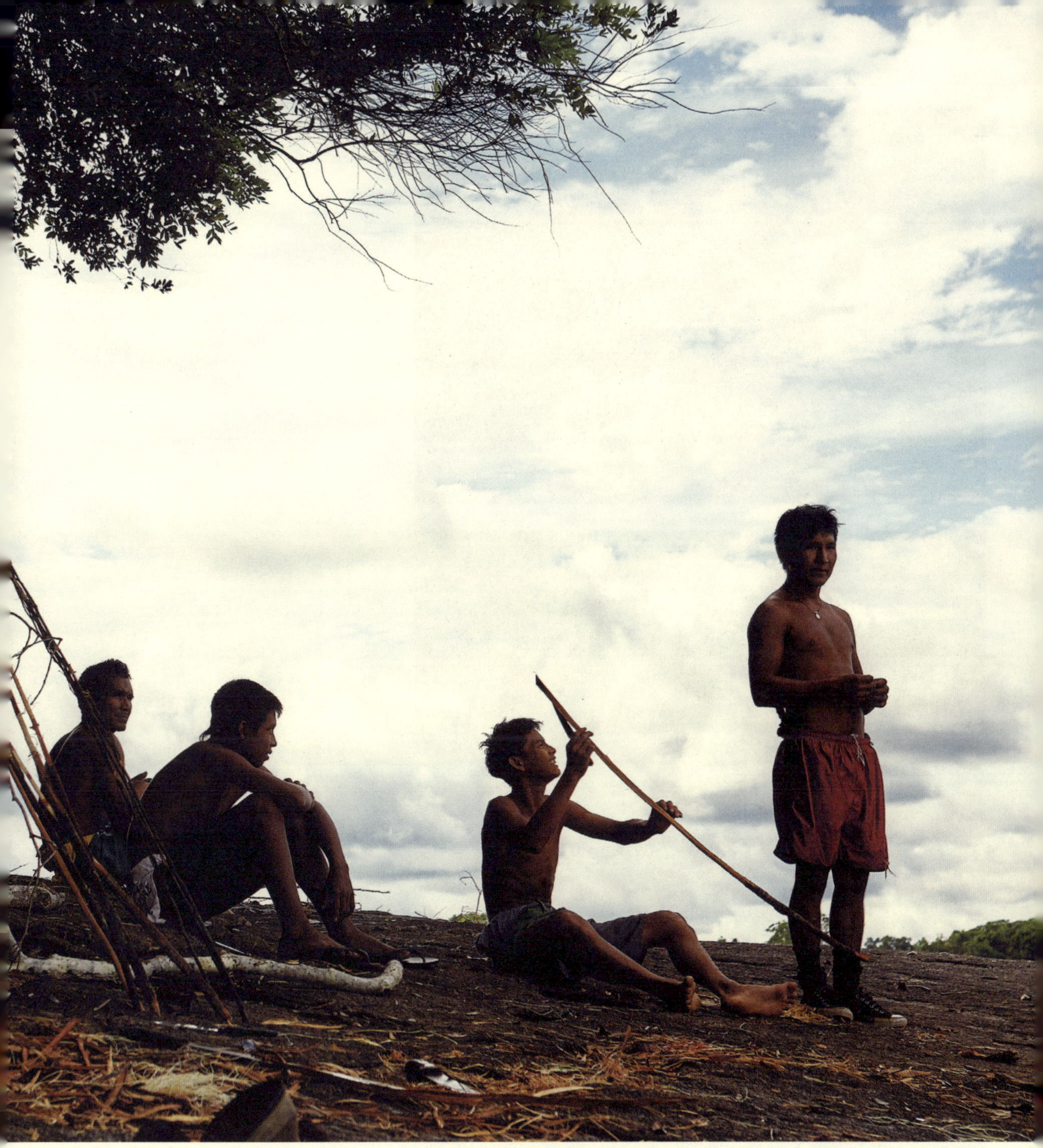

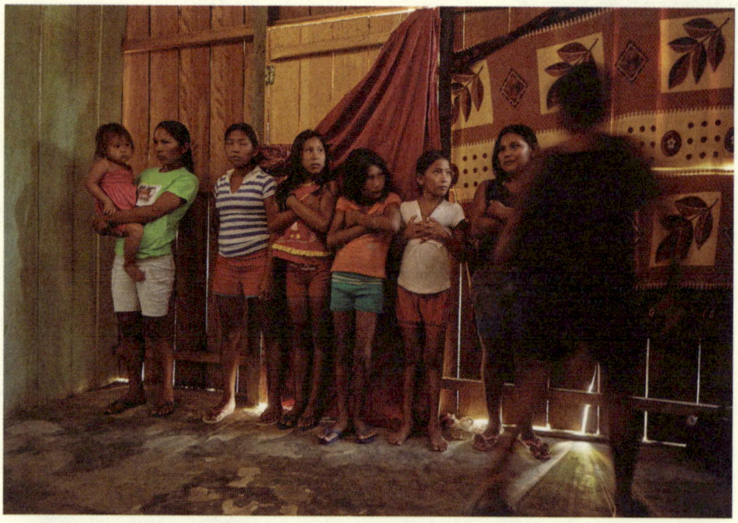

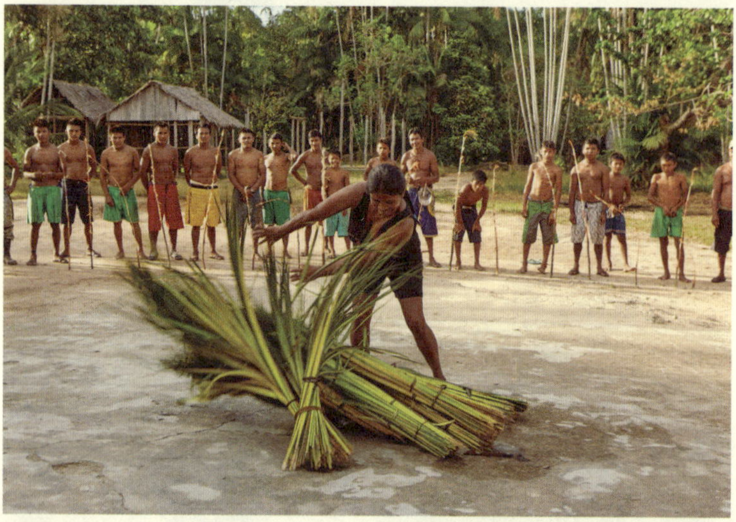

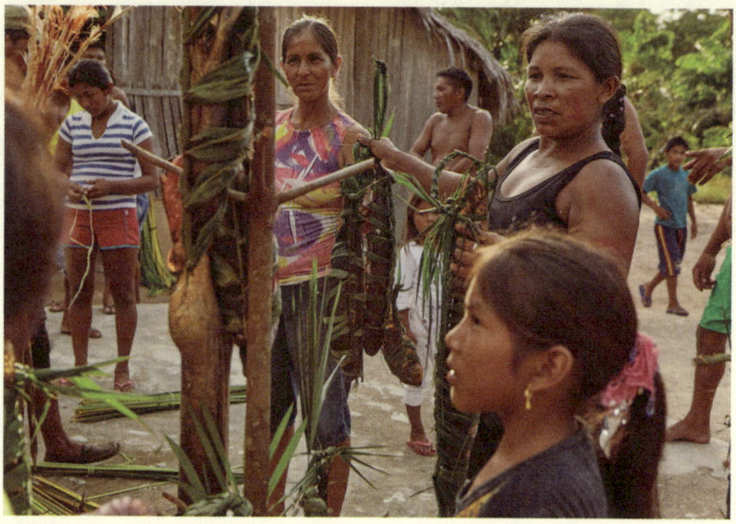

Chega o dia em que os *kaximaro*, na volta da mata, adentram a aldeia ao som dos xerimbabos. A visão das flautas é proibida às mulheres, que ficam recolhidas no interior de uma casa, só podendo ouvi-las. Faz-se, então, a preparação do dabucuri com todos os produtos recolhidos na mata, como peixes e folhas de tucum.

Os *adabi* entram em ação. Primeiro os *kaximaro* se chicoteiam uns aos outros e depois todos tiram o *saruãsa* por meio das surras. No final do dia, voltam a se recolher numa noite intensa, repleta de atividade xamânica, culminando num banho ritual.

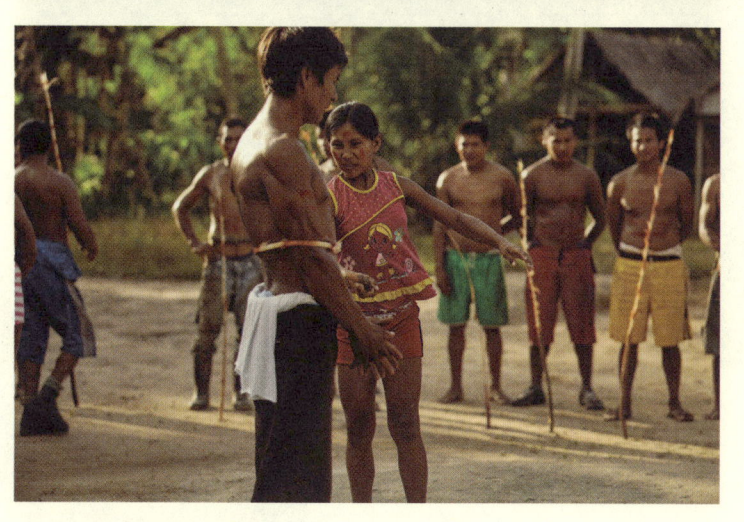

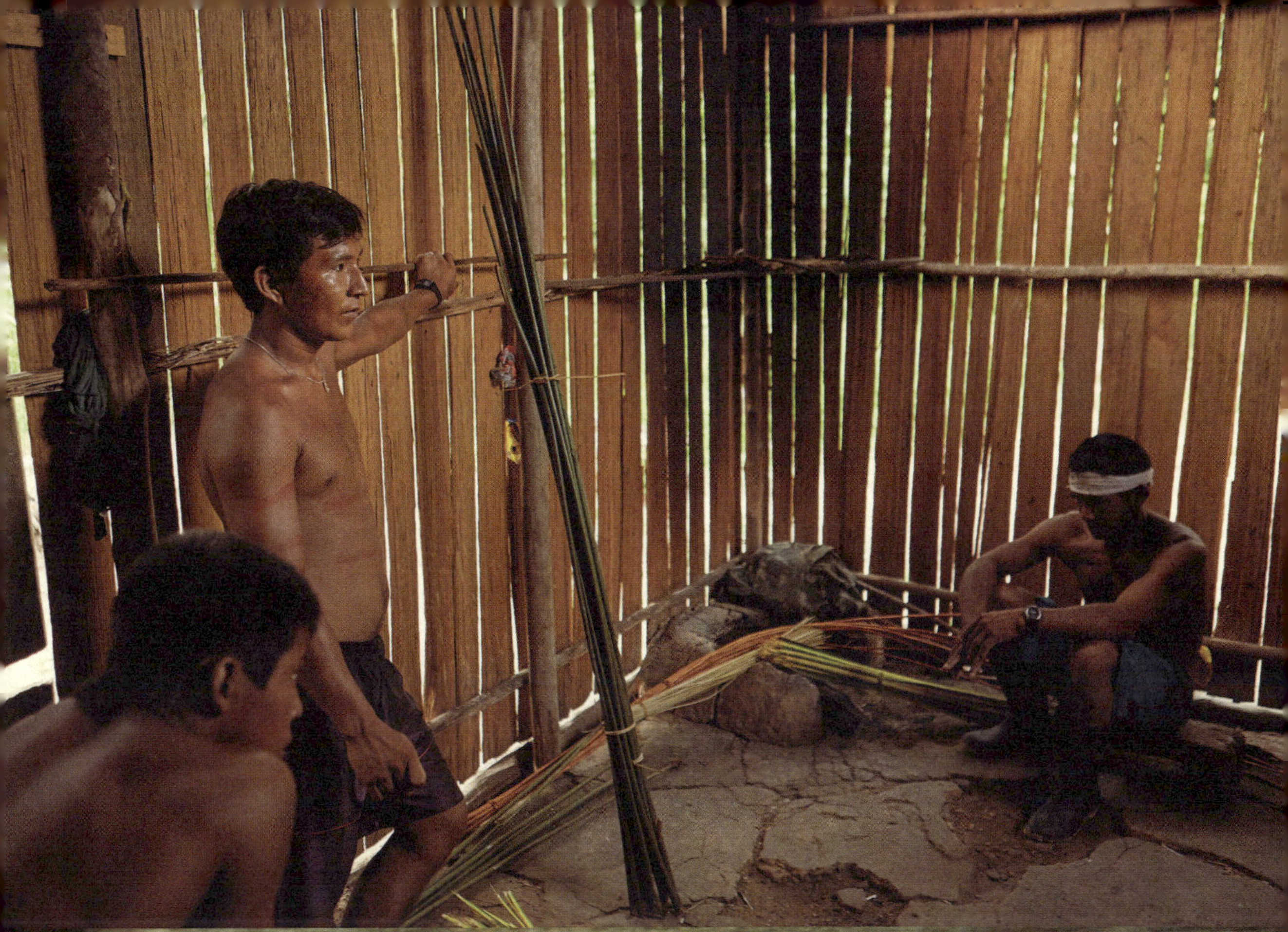

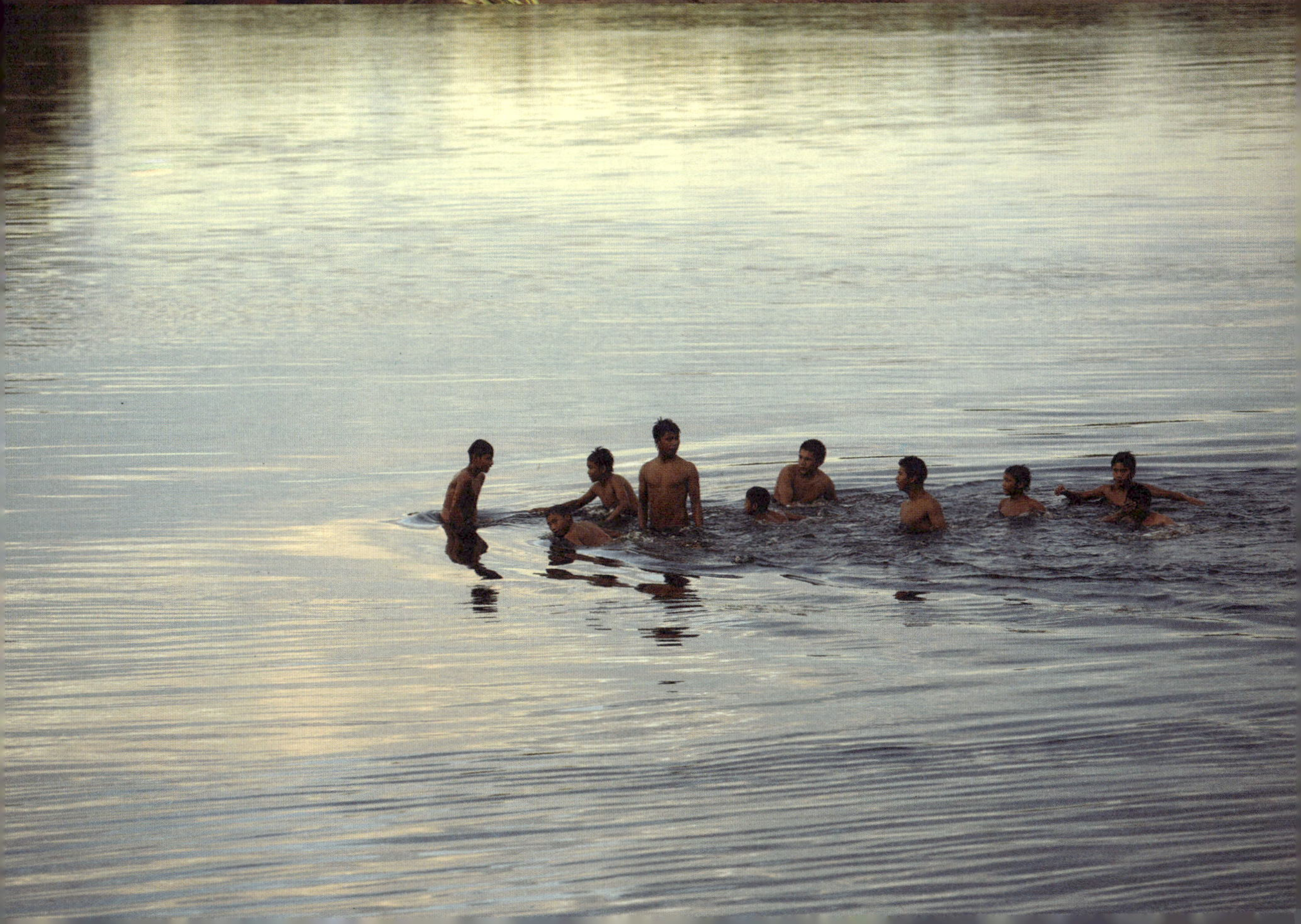

138

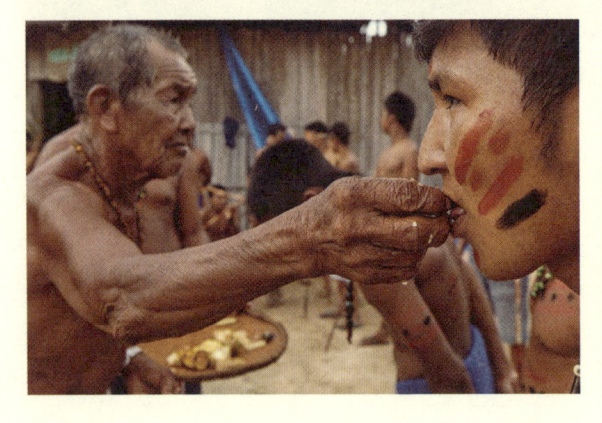

O *kariamã* (panelas contendo alimento) é transportado pela aldeia sempre por duplas que se surram mutuamente, trocando de duplas a cada trecho, até chegar à frente da casa comunitária. Lá, os *kaximaro* depositam junto ao *kariamã* os artefatos trançados que produziram durante seu aprendizado. Leopoldo distribui diretamente na boca de cada *kaximaro* pequenas porções de frutas e peixe com muita pimenta, que devem ser cuspidas em um pequeno buraco, ministrando depois seu conselho final. A seguir, outra sessão de lapadas de *adabi* acontece entre todos os presentes. Assim, o ritual do *kariamã* se encerra, após a distribuição do último dabucuri.

REFERÊNCIAS BIBLIOGRÁFICAS

ALVES DA SILVA, A. Brüzzi. [1949]. *A civilização indígena do Uaupés.* Roma: LAS, 1977.

_____. *Crenças e lendas do Uaupés.* Quito: Abya-Yala, 1994.

ANDRELLO, Geraldo. *Cidade do índio: transformações e cotidiano em Iauaretê.* São Paulo/Rio de Janeiro: Unesp-ISA/Nuti, 2006.

BIOCCA, Ettore. [1965]. "Documentazione sonora: indi dell'alto rio Negro: alcune danze e canti degli indi dell'alto rio Negro, danze e canti Ben Un e Marié – Alcuni canti di Tukâno e Tariâna – Canti sciamanici Tariâna – Gli strumenti musicali: elenco". Em: *Viaggi tra gli indi, alto rio Negro – Alto Orinoco, appunti di un biologo.* Roma: Consiglio Nazionale delle Ricerche, 1983, pp. 259-63 (vol. 3), dischi 14-15 (vol. 4).

CABALZAR, Aloísio. "Descendência e aliança no espaço Tuyuka: a noção de nexo regional no noroeste amazônico". *Revista de Antropologia.* São Paulo, 43(1), pp. 61-88, 2000.

CABALZAR, Flora, *et al.* (org.). *Wiseri Makañe Niromakañe – Casa de Transformação: origem da vida ritual Utapinopona Tuyuka.* São Paulo: ISA, 2005.

COUDREAU, Henri. *La France équinoxiale: voyage à travers les Guyanes et l'Amazonie.* 2 vols. Paris: Challamel Aine, 1887/89.

FIGUEIREDO, Paulo Maia. "Desequilibrando o convencional: estética e ritual com os baré do alto rio Negro (Amazonas)". Tese de doutorado. Rio de Janeiro: PPGAS/Museu Nacional/UFRJ, 2009.

GALVÃO, Eduardo. *Santos e visagens: um estudo da vida religiosa de Itá, Amazonas.* São Paulo: Companhia Editora Nacional, 1955.

_____. [1959]. "Aculturação indígena no rio Negro". *Encontro de sociedades: índios e brancos no Brasil.* São Paulo: Paz e Terra, 1979.

GOLDMAN, Irving. "Tribes of the Uaupes-Caqueta Region". Em: STEWARD, J. H. (org.). *Handbook of South American Indians.* vol. III. Nova York: Cooper Square Publishers, 1948, pp. 763-98.

_____. [1963]. *The Cubeo. Indians of the northwest Amazon.* Urbana: University of Illinois Press, 1979.

GOLDMAN, Márcio. *Como funciona a democracia: uma teoria etnográfica da política.* Rio de Janeiro: 7 Letras, 2006.

GONZÁLEZ ÑÁÑEZ, Omar. *Mitologia guarequena.* Caracas: Monte Avila Editores, 1980.

HILL, Jonathan. *Wakuenai society: a processual-structural analysis of indigenous cultural life in the Upper Rio Negro region of Venezuela.* Tese de doutorado. Ann Arbor: University of Indiana/University of Microfilms International, 1983.

_____. "Social equality and ritual hierarchy: the Arawakan Wakuenai of Venezuela". *American Ethnologist.* Nova York, 11, pp. 528-44, 1984.

_____. *Keepers of sacred chants: the poetics of ritual power in an Amazonian society.* Tucson: University of Arizona Press, 1993.

HUGH-JONES, Stephen. *The palm and the pleiades: initiation and cosmology in North-west Amazonia*. Cambridge: Cambridge University Press, 1979.

JACKSON, Jean. "Rituales Tukano de violencia sexual". *Revista Colombiana de Antropología*. Bogotá, 28, pp. 25-52, 1991.

JOURNET, Nicolas "Hearing without seeing: sacred flutes as vehicule of a declared secret". Em: HILL, J., e CHAUMEIL, J-P. (org.). *Burst of breath: indigenous ritual wind instruments in lowland South America*. Lincoln: University of Nebraska Press, 2011.

KOCH-GRÜNBERG, Theodor. [1909/10]. *Dos años entre los indios*. vol. 1. Santafé de Bogotá: Universidad Nacional de Colombia, 1995.

_____. [1909/10]. *Dos años entre los indios*. vol. 2. Santafé de Bogotá: Universidad Nacional de Colombia, 1995.

LASMAR, Cristiane. *De volta ao lago de leite: gênero e transformação no alto rio Negro*. São Paulo/Rio de Janeiro: Editora da Unesp-ISA/Nuti, 2005.

LATOUR, Bruno. *Reflexão sobre o culto moderno dos deuses fe(i)tiches*. Bauru: Edusc, 2002.

NIMUENDAJÚ, Curt. [1927]. "Reconhecimento dos rios Içana, Ayari e Uaupés". Em: MOREIRA NETO, C. de Araújo (org.). *Curt Nimuendajú: textos indigenistas*. São Paulo: Loyola, 1982, pp. 123-91.

REICHEL-DOLMATOFF, Gerardo. *Amazonian cosmos: the sexual and religious symbolism of the Tukano indians*. Chicago: University of Chicago Press, 1971.

_____. *Rainforest shamans: essays on the Tukano indians of the northwest Amazon*. Londres: Themis Books, 1997.

RODRIGUES, João Barbosa. *Poranduba amazonense, ou Kochiyma-uara porandub, 1872-1887*. Rio de Janeiro: G. Leuzinger & Filhos, 1890.

STRADELLI, Ermano. "Vocabulários da língua geral português-nheengatu". *Revista do Instituto Histórico e Geográfico Brasileiro*. Rio de Janeiro, 158, 1929.

_____. [1896]. "Leggende dei Taria". *La Leggenda del Jurupary e outras lendas amazônicas*. São Paulo: Instituto Cultural Ítalo-Brasileiro, 1964.

_____. [1889]. "O rio Negro, o rio Branco, o Uaupés (1888-1889)". Em: ISENBURG, T. (org.), *Naturalistas italianos no Brasil*. São Paulo: Ícone Editora/Secretaria de Estado da Cultura, 1991, pp. 203-308.

WALLACE, Alfred. [1853]. *Viagens pelos rios Amazonas e Negro*. Belo Horizonte/São Paulo: Itatiaia/Edusp, 1979.

WRIGHT, Robin. "History and religion of the Baniwa peoples of the Upper Rio Negro Valley". Tese de doutorado. Stanford: Stanford University, 1981.

WRIGHT, Robin, e HILL, Jonathan. "History, ritual and myth: nineteenth century millenarian movements in the northwest Amazon". *Ethnohistory*. Durham: Duke University Press, 33 (1), pp. 31-54, 1986.

PURANGA
A INDIANIDADE SITIADA

GUILLERMO DAVID

ABRAÇAR

Cada cultura erige uma poética do rio. Há o navegar leve e a guerra. Há a vida e o destino, as distâncias e o mistério. E a chegada dos outros sob o signo da promessa ou da ameaça. O rio, para os povos ribeirinhos, é tudo, é o igual a si mesmo, o permanente que flui. No entanto, "nunca descerás duas vezes ao mesmo rio", advertiu há mais de dois milênios Heráclito de Éfeso, o filósofo do fogo. As coisas estão deixando de ser o que eram. O mundo é, sempre, outro.

O rio Negro, o grande rio das águas escuras, é uma vertigem horizontal que serpenteia pela selva. Seu estilo, como quase tudo na Amazônia, é o excesso. Em alguns pontos de seu trajeto, sua cota costuma variar uns trinta metros: o que na temporada de seca se vê como um alcantil de difícil acesso, com escadinhas instáveis dependuradas, durante o verão aparenta ser uma praia natural, como qualquer outra. Rochedos inteiros, frequentemente marcados com petróglifos enigmáticos, desaparecem sob suas águas durante a cheia; imensas castanheiras apenas exibem seu longo pescoço acima da superfície turva, repleta de presságios. Durante a vazante, os igapós – manguezais inundáveis, que costumam ser habitados por caboclos empobrecidos – assemelham-se a áreas devastadas por maremotos ou guerras.

Diante da impressionante magnificência do rio, cai por terra toda pretensão de compreender: o primeiro artifício a que recorremos para ter uma medida que o torne ao menos pensável é a comparação pictórica. Porque o rio Negro não é análogo a qualquer outro rio de província: a selva, a água de cor parda, por vezes sinistra, e a luminosidade infinitamente oscilante que refrata tornam a diferença irremediável. Pensamos, então, não em cenas idílicas de uma paleta impressionista, mas, sim, em uma alternância entre a candura do aduaneiro Rousseau ou de Tarsila do Amaral, os pesadelos de Max Ernst e as visões pré-rafaelitas do turbulento Turner. A selva densa, povoada de mistérios, torna-se potência quase abstrata ao emaranhar-se com os fulgores de tempestades, trovões e mudanças climáticas imprevisíveis; a paleta de deus se torna febril, alucinada. Apenas um dia de viagem ao longo do rio nos proporciona sol abrasador, nuvens loiras, cabeleiras bestiais de tempestades que arrasam os céus, ventos de furacão e chuvas de mil intensidades, para derivar em céus prístinos com entardeceres rubros e noites estreladas como em nenhum outro lugar do planeta.

Entretanto, como bons filhos do século XX que somos, foi o cinema que formatou nossa visão de modo irreversível. Ao sobrevoar a mata espessa, de um verde profundo, suscetível a alterar-se com infinitos matizes, não podemos senão posicionar nossa visão nos filmes de guerra ambientados no Vietnã ou nos velhos documentários de coloração sépia que nos mostram aldeias perdidas, tribos isoladas, animais lendários. Vale dizer que carecemos de um olhar inocente sobre a

Amazônia: já não somos sujeitos afetados pela experiência direta. Não confrontamos as observações do caminho com a memória sensorial construída ao longo de uma vida; estamos mediados pela construção da subjetividade moderna que perdeu conexão com a materialidade vivente e rende-se ante a hegemonia do olho virtual do Ocidente. Mas de nada nos serve, aqui, essa virtualidade espectral. Porque vamos ao encontro de um outro que, por mais que o ignoremos, já está em nós. Um outro que nós, interpelados pelos habitantes da selva, havemos de voltar a encarnar. Inocentemente, carregamos em nosso corpo um saber que desconhecemos haver possuído. Quando este nos é imposto por alguma circunstância fortuita, atribulados pela descoberta do que pensamos ser nossa animalidade recuperada, esboçamos rápidas explicações de urgência. "É próprio da espécie", dizemos, tentando convencer-nos. "É a cultura que nos distancia", argumentamos sem vigor. Ou, como dissera Spinoza, acabamos balbuciando: "ninguém sabe do que um corpo é capaz". A mera vida cotidiana nas comunidades deve propor-nos uma revisão do uso de nossas faculdades adormecidas, um apelo ao conhecimento atávico que jaz no nativo americano que em algum momento fomos.

A selva é um ponto cego das comunicações: nela, radares, retransmissões via satélite e ondas de rádio revelam-se inúteis. Simplesmente colapsam, não funcionam. As únicas formas de comunicação social confiáveis são as pessoas que se trasladam de uma aldeia a outra, em rabetas[1], voadeiras[2], batelões[3] ou regatões[4] que sulcam as águas, levando e trazendo famílias inteiras, gasolina, mercadoria, notícias, visitantes. Para os habitantes das ribeiras, o tempo se mede pela dificuldade de navegação. Às vezes é um barco que costuma fazer o trajeto rio acima até a fronteira ou até Manaus; outras, uma lancha de transporte ou um barco areeiro ou pesqueiro que anuncia o latido dos cães nas aldeias. A passagem de embarcações a motor precedidas por um ronronar é observada com certa curiosidade displicente pelos habitantes das margens.

Durante o mês de junho de 2013, fui convidado para participar de uma etapa crucial na produção do filme *Baré: povo do rio*, uma realização do Sesc São Paulo, sob a direção de Tatiana Tóffoli, com produção, pesquisa e roteiro de Marina Herrero e Ulysses Fernandes. Duas viagens prévias já haviam sido feitas pela equipe e, com o primeiro corte do filme, percorremos 11 aldeias (desde São Francisco, no alto rio Negro, até Acariquara, perto de Santa Isabel, sobre o rio Jurubaxi, afluente do curso médio do rio Negro), onde exibimos e submetemos à crítica de seus próprios protagonistas a versão de aproximadamente uma hora e vinte minutos. O objetivo do filme é expor a situação do povo baré por meio de entrevistas e sobretudo do registro do ciclo da mandioca, da pesca e dos rituais do *kariamã* e dabucuri, como momentos do processo de reafirmação étnica em curso. Este texto, entre o ensaio e a crônica, busca refletir essa experiência e reunir, na forma de uma singela contribuição ao enorme trabalho de meus companheiros de viagem, os pensamentos compartilhados com o grupo.

A viagem de Manaus a Santa Isabel, de avião, e depois a São Gabriel da Cachoeira, de barco, é como uma falsa introdução àquilo com que a vida nas aldeias nos faria deparar. Porque, como toda urbe de grandeza improvisada, essas cidades incrustadas em meio

---

1—Embarcação, em geral de madeira, similar à sampana oriental, usada para o transporte de mercadorias e pessoas. Seu motor, de baixa potência, tem uma longa espiga com uma pequena hélice.

2—Embarcação moderna, de fibra ou metal de alumínio, propulsada por um potente motor de popa. Atinge alta velocidade; às vezes, sua proa literalmente alça voo sobre a água, o que explica seu nome.

3—Chalanas de maior porte usadas para o transporte de pessoas e mercadorias.

4—Lanchas do tipo chalupas usadas para a venda ou permuta de produtos nas aldeias.

ao monte exibem, não sem uma obscenidade por momentos grotesca, sua pretensão de serem vanguarda civilizatória, quando na realidade não são mais do que o último bastião da invasão fenícia sobre territórios indígenas ancestrais. Locais de atividade de comerciantes, traficantes, instituições mais ou menos benéficas, pastores evangélicos e militares de fronteira que atuam como ímã para as populações do rio Negro, exercendo uma atração irresistível cujos efeitos devastadores a palavra "etnocídio" não basta para resumir. Cais abarrotados, ruas infestadas de lojas que se multiplicam repletas de bugigangas chinesas a preço vil, de utilidade escassa ou nula, construções de uma precariedade que evidencia sua penúria, com amplos arrabaldes de favelados excluídos do banquete, São Gabriel e Santa Isabel mostram a face modernizada de uma indianidade que, reconvertida, dá forma a novos padrões civilizatórios a cada instante.

Mas, às vezes, algumas figuras espectrais atravessam suas ruas, lembrando que o universo indígena em cujo seio se incrustam as cidades tem outras regras. Eu vi caminhar em fila, pelo meio da rua, com portentosos arcos de caça ao ombro e transportando em seus balaios[5] peças de artesanato de finíssima confecção para comercializar, toda uma família ianomâmi alheia ao corre-corre urbano, orlada de uma dignidade própria de guerreiros antigos, imune às seduções bárbaras daquela que se autodenomina – não sem incorrer em um abominável paradoxo – "civilização". A cena é impactante. Há uma fidalguia sem par nesses homens e mulheres pequeninos, seminus, donos de um andar seguro em um âmbito hostil. "Sabem quem são" – digo a mim mesmo. Eu os observo entrar nas lojas e dispersar-se entre as gôndolas como quem entra em um território de caça sob o sol ardente, lentos, seguros, alertas. Em pouco tempo trocarão algum arco ou um par de cestos por um machado, um enxadão ou um machete, sem sequer pôr em dúvida a desigualdade do escambo. Sua tecnologia, de uma precisão e beleza ajustadas a suas necessidades, será dada em troca de umas poucas bugigangas de produção industrial, anônima. Mas algo me diz que, no caso deles, nada deverá perturbar sua determinação de continuar sendo quem são.

Enquanto os vejo seguir rua acima, saboreio em uma pousada à beira do rio uma gostosa carne na brasa. Os espetos com que degustamos uma *brochette* assada demais, me explicam, provêm de várias aldeias do arquipélago Anavilhanas, próximo a Manaus, que abandonaram seus cultivos tradicionais e demais práticas produtivas para dedicar-se a abastecer, a preços que seriam irrisórios se não fossem miseráveis (de R$ 1,00 a R$ 3,00 cada cem unidades), a demanda dos pequenos restaurantes para turistas e mercadores de passagem. É tal a iniquidade, e a iniquidade naturalizada, que por momentos tornam-se compreensíveis os arrebatamentos violentos com que alguns grupos indígenas às vezes respondem a tanto abuso. Com o tempo irão me contando, como quem desfia lembranças muito antigas, restos de uma saga de insurreições e levantes de índole diversa que sacudiram a região em períodos de convulsão. (Ainda ecoa, um tanto diluído, o nome do grande cacique Ajuricaba, que, no início do século XVIII, desafiando a presença do império escravista português, arvorou a bandeira de seus aliados holandeses e entrou em combate; capturado, imolou-se atirando-se ao rio com os grilhões postos.)

Mas também irei descobrindo o revés da trama da famosa leseira baré, acusação desonrosa com a qual se tinge de preconceito a visão dos não índios, que resulta numa modalidade de resistência

5—Cesto cilíndrico tecido com fibra de palmeira.

à integração de grande eficácia estratégica. Trata-se de uma espécie de estilo indolente temperado com certa enganosa ingenuidade, um simulado desdém com o qual o índio baré consegue distanciar-se amavelmente das instigações do sistema moderno sem deixar de considerá-las. Há ali uma lição existencial: os vertiginosos assédios da economia e da técnica hão de ser derrotados pela observância estoica e o desacato de suas solicitações, como em uma espécie de ludismo primitivo que recusa a modernidade, escapulindo por uma tangente impensada. Outra temporalidade, outra ética; em suma, outra cosmovisão, bem diversa da ocidental tardo-capitalista, será um dos traços mais notórios da sobrevivência da indianidade em condições de integração forçosa que haveremos de descobrir.

Meio dia de navegação rio acima nos faz submergir em um silêncio paulatino no qual vão se abrindo os sentidos. A vontade de conhecer entra em estado de suspensão; pouco a pouco nos entregamos à pura contemplação da paisagem, em um trajeto sinuoso, por momentos interrompido pela presença de alguns povoados com gente que olha indiferente a nossa passagem. Cravejado de aldeotas com nomes literários, o volume de água que os mitos indígenas descrevem como uma serpente de origem estelar propõe sendeiros bifurcados que distribuem sortilégios entre os diferentes grupos étnicos. O rio sulcado em alta velocidade propõe, como em um *travelling* de filme francês, o vento na cara, o zumbido dos motores se intensificando, a água salpicando, a ideia vagamente aproximada das enormes distâncias que tecem a urdidura social. Demoraremos pouco para saber que aquilo que para nós é uma incógnita, que em uma deriva errada colocamos sob a ideia de *deserto verde*, para os habitantes da ribeira carece de mistério. O território é tudo, seu mapa está impresso na experiência dos baré como uma paisagem ao mesmo tempo pessoal, singular e coletiva.

Ao desembarcar em São Francisco, no alto rio Negro, o que acontece primeiro é o abraço. Toda uma aldeia, um por um, nos abraça. E fazem-no de um modo que mostra o quanto de convenção há no gesto: com certa intimidade forçada, é um abraço um pouco mais longo do que o habitual, um tanto incômodo. Não sabemos muito bem quando começa e muito menos quando termina. Às vezes, nem sequer sabemos se deverá levar a beijo na bochecha, como costuma ocorrer, ou se permanecerá como um abraço de circunstância. Mas há algo incomum: é, sem sombra de dúvidas, absolutamente genuíno. Não é o tipo de abraço protocolar a que estamos acostumados. Com os dias aprenderemos que o contato físico, embora os baré tendam a evitá-lo, é um elemento central na sua socialização: é garantia de verdade.

Alguns homens nos dão a mão com certa timidez e um pouco de arrogância velada. Jamais apertam – à moda gaúcha, que tenta mostrar hombridade e exibir poder – e, sim, exercem uma certa displicência, quase um meditado desdém. O aperto de mãos parece mais uma concessão a um costume que antecipa algo fundamental: a exata medida da distância que havemos de manter durante todo o tempo que durar nossa estada. Tomo nota: nem tão íntima nem tão alheia deve ser a colocação de nossos corpos, de nosso olhar e de nossas palavras. É o reino da mesura.

A cerimônia de recepção dura um certo tempo: seu Filó, o capitão[6] da aldeia, nos conduz suavemente até a cabana que funcionará

6—A denominação suplanta a de cacique – hoje em dia, usual entre os índios do Brasil e de quase toda América – ou *tuxaua*, em tukano. Foi antecedida pela de inspetor, vigente na primeira metade do século XX, que segundo Koch-Grünberg era uma dignidade outorgada pelo prefeito de São Gabriel aos chefes de antigas famílias, representativas de cada região, que possuíssem algo de português. Atualmente é um cargo eletivo, renovado nas próprias comunidades a cada três anos, aproximadamente. Entre suas prerrogativas consta a de arrecadar uma espécie de imposto para gasolina, necessária para o traslado de alguns dos moradores, para alimentar os geradores elétricos ou para outros serviços. É, ainda, quem sustenta os vínculos políticos da aldeia.

como lar. Trata-se de seis ou oito troncos bem plantados que sustentam um teto de palha unida em porções bem generosas. O projeto, que admite leves variações, é absolutamente funcional. Fresco no verão, impermeabiliza perfeitamente, constituindo um bom resguardo das chuvas quase diárias. Discretas paredes de madeira, que em alguns casos chegam apenas até o tronco, expõem fendas por onde passa o necessário vento refrescante e a luz matinal. O chão de terra batida mantém-se limpo, por ser varrido constantemente pelas vassouras feitas de piaçava preta, tarefa que exercem silenciosa, quase imperceptivelmente, as mulheres idosas. As redes são penduradas de um lado a outro: o sono aqui é coletivo. Não há nem haverá intimidade, descobrimos. Nem faz falta.

ORIGINÁRIOS ESTRANGEIROS

Uma série de lugares-comuns fala dos equívocos que a figura do índio, *aborígene*, *indígena*, ou o politicamente correto, hoje em voga, "pessoa pertencente a uma etnia ou *povo originário*", suscita entre os não índios (a que os índios, plenos de incorreção, e na falta de uma palavra melhor, chamam *brancos*). Considerados *nativos*, mas não por isso menos estranhos à nacionalidade determinada pelo Estado, que se empenha em incorporá-los, para muitos constituem, na verdade, um contemplável resíduo histórico. Ora execráveis, ora veneráveis, às vezes são objeto de certa folclorização que os torna passíveis de entrar ao mercado simbólico ou das piedosas políticas de preservação – sobretudo do contato com os brancos. Os índios, que chamam a si mesmos índios (embora, influenciados pelo contato assíduo com antropólogos, já não usem a palavra *raça*, a qual substituem por *etnia*), são percebidos não mais do que como um estorvo à modernidade, testemunho sobrevivente de mundos desaparecidos, seres anacrônicos que fatalmente hão de ser varridos pela história ou transmutados mediante assimilações ou integrações mais ou menos compulsórias.

    A versão romântica pela qual se inclinam as almas belas, conscientes da culpa do Ocidente, considera-os uma espécie de joia natural do passado, atributo que deverão sustentar à custa de permanecerem dotados de sua aura de pureza em seu gueto tribal, cultivando o pensamento mágico, ou pré-lógico, lendário ou mítico, tido como incapacitado para o pensamento abstrato. Esses selvagens ou bárbaros, *raças sem riso nem ciência*, seriam entes naturais despojados de historicidade, representantes da infância idílica da humanidade; *animais ecológicos* cuja sabedoria ancestral é apenas isto: um atavismo improfícuo, objeto de estudo para curiosos, que serve para recordar o universo enclausurado da pré-história. Até mesmo sua destreza no domínio da natureza é vista como parte desse não pertencimento ao mundo da cultura, o que explicaria sua resistência à integração ao modo de produção capitalista mediante a fuga, a revolta ou a indolência. Maleáveis, pouco maleáveis, indômitos, dóceis, fisicamente inferiores, fisicamente superiores, moralmente reprováveis e moralmente exemplares, os índios tornam-se sábios, obtusos, algo comunistas, apolíticos, antinacionais e nacionalistas, fundamentalistas e incrédulos, crédulos e pluralistas, um tanto propensos aos regimes de força, ao mesmo tempo democráticos e autoritários, tomados por poderes carismáticos e sujeitos a estruturas pré-políticas que ressentem sua conversão estatal, tais como a raça, a tribo, o clã, ou a fratria, onde as formas modernas da representação não encontram seu lugar. É assim que os índios são sempre, mais cedo ou mais tarde, o ponto cego do pensamento político que nem sequer percebe seu próprio fracasso diante desse *objeto* elusivo.

TRAÇOS

O povo baré não escapa a nenhum desses equívocos. Tratemos de esclarecer alguns aspectos-chave para sua compreensão. Em princípio, precisamos lembrar que os equívocos baré são uma *nação pluriétnica* composta por uma alta porcentagem de indígenas aldeados e não poucos urbanizados, que praticam a exogamia linguística – ou seja, os homens casam-se com mulheres de outras etnias, de línguas diferentes. Exercem a sucessão patrilinear, núcleo e fundamento da frágil identidade étnica, e comunicam-se por meio de ao menos três línguas: o português imposto pelo contato com o mundo *branco* reforçado pela hegemonia estatal; o nheengatu[7], variedade antiga do tupi, imposto ao longo dos séculos pelos sacerdotes católicos de diversas ordens, principalmente jesuítas, carmelitas, capuchinos e salesianos, como língua geral (chamada de *língua geral* ou simplesmente *geral*), que tomou o lugar do baré, já sem falantes; e as línguas maternas faladas pelas mulheres e misturadas com as outras pelas crianças. Sua presença é dominante no médio e baixo rio Negro, sobretudo nas cidades, onde alcançam certa predominância em quase todas as atividades, à custa de sua aculturação relativa (já veremos as dobras que o conceito assume, perpassado por paradoxos que mal encobrem sua valoração negativa). A busca de serviços de saúde, de trabalho remunerado ou de estudos superiores, junto ao ingresso no serviço militar, é um dos eixos de atração que produz o deslocamento dos habitantes, principalmente jovens, das aldeias ribeirinhas. A sedução da barbárie que chamamos *civilização* alenta migrações que costumam ter consequências devastadoras para a etnicidade; ao sair das comunidades, não se abandona só a aldeia, a família, os parentes; são múltiplos os abandonos que se sucedem. Ainda que, em um duplo movimento de reversão cultural, a apropriação técnica e a inscrição educativa, ou seja, a integração que se dá, contribua de um modo paradoxal para o atual processo de reconstituição identitária de base étnica.

Como outros grupos arawak, os baré não só foram *tupinizados* linguisticamente, mas também foram aldeados de forma compulsória, o que provocou sua destribalização parcial. Desterrados em função da economia de rapina, sofreram a ruptura das relações interétnicas estabilizadas ao longo de séculos entre os diversos povos indígenas do rio – uma autêntica confederação –, destruindo a vida comunal das malocas[8] e boa parte da complexa trama de intercâmbios que garantiam a reprodução do esquema social e o equilíbrio

7—A grafia foi mudando com o tempo: a antiga "nheengatu" foi sendo substituída por ñengatú ou "yẽngatú".

8—"A distribuição circular das cabanas em torno da casa dos homens é de tal importância, no que se refere à vida social e à prática do culto, que os missionários salesianos [...] logo perceberam que o meio mais seguro de converter os bororo consistia em fazê-los abandonar sua aldeia por outra em que as casas estivessem dispostas em linhas paralelas. Desorientados com relação aos pontos cardeais, privados do plano que fornece um argumento ao seu saber, os indígenas perdem rapidamente o senso das tradições, como se seus sistemas social e religioso (veremos que são indissociáveis) fossem complicados demais para dispensar o esquema que o plano da aldeia tornava patente e cujos contornos os seus gestos cotidianos refrescavam perpetuamente. [...] A estrutura da aldeia não permite apenas o jogo refinado das instituições: ela resume e garante as relações entre o homem e o universo, entre a sociedade e o mundo sobrenatural, entre os vivos e os mortos." Claude Lévi-Strauss (1955, pp. 210-11 e 223). [Tradução para o português retirada da edição brasileira de *Tristes trópicos* publicada em 1957 pela Editora Anhembi (pp. 230-31 e 243). (N. do E.)]

ecológico da região. Os baré sofreram aculturação até quase o etnocídio; padeceram a extirpação ou hibridação de boa parte de suas crenças, consideradas malditas pelos sacerdotes que infestaram o rio durante séculos, e seus rituais, associados ao demoníaco, foram presa de um desmedido afã inquisitorial. Durante os descimentos (expedições de caça humana que reproduziam as antigas campanhas dos bandeirantes do Sul do Brasil), os baré foram submetidos ao ciclo extrativista, marcado pela busca das drogas do sertão, perdendo, em certa medida, suas próprias tradições agrícolas. Com sua autonomia lesada, segregados, foram sendo associados à cidade, à cultura dos brancos, à ideia de uma certa mestiçagem envergonhada de signo negativo, recebendo o nome depreciativo de caboclos (do tupi *ca'a boc*, que significa "proveniente do mato") ou, mais ao norte, de tapuios, que supõe – e propõe – a dissolução da etnicidade.

Entretanto, a história dos sucessivos sincretismos e mestiçagens produziu momentos de eclosão rebelde que mostra a articulação em instâncias de agregação coletiva de grande potência autônoma: não seria compreensível a tentativa emancipatória da Cabanagem nem a sequência de levantes dirigidos por messias indígenas, sem o processo de hibridação étnica que se deu ao longo de cinco séculos. Embora tampouco seja um dado menor o fato de que essas rebeliões acabaram em derrotas cuja lembrança hoje os habita como uma maldição.

SUBMISSÃO E HUMILHAÇÃO

Ao conversar com alguns homens de cerca de 70 anos, é bastante habitual que esgrimem palavras em espanhol, o qual costumam tomar por sua língua étnica esquecida. Um dos entrevistados mais velhos, ao ser requisitado por suas lembranças pessoais da língua baré, que sua mãe falava, mencionava palavras castelhanas aprendidas nas plantações de balata (variedade de borracha similar ao caucho, explorada pelos seringueiros) da Venezuela ou Colômbia. Pudorosos, alguns idosos costumam envergonhar-se da escravização encoberta a que foram submetidos pelo sistema de *padroado* próprio do ciclo do caucho, pois revela sua fraqueza diante da supremacia econômico-cultural dos brancos. Mas, nesse caso, trata-se de memórias familiares: muitos falam de avós, pais, parentes ou simples conhecidos que foram vítimas da ambição desenfreada desatada pela indústria extrativa que arrasou a região, deixando como saldo a miséria econômica e, sobretudo, a falência moral de seus habitantes pela perda de etnicidade.

A isso sobrepõem-se as operações efetuadas pelos missionários nos internatos e capelas, com as quais lavraram o senso comum da região. A culpa induzida por esse fogo cruzado ideológico marca com seu estigma o discurso baré, no qual estão particularmente presentes os traços, sem dúvida acentuados pelos salesianos, que enfatizam suas áreas mais sombrias. Como se fosse uma memória pessoal, ouvi relatos envergonhados sobre as incursões de caça humana de outrora nas quais os baré, de vítimas de um sistema de opressão, passam a ser colaboracionistas e algozes; tudo isso explicaria, e em certo sentido até justificaria, o desprezo ou a indiferença que dizem receber de outras etnias. Desde meados do século XIX, os baré são envolvidos na caça de índios para seringueiros (caucheiros), garimpeiros (buscadores de ouro) e missionários escravistas, embora alguns autores matizem a questão ao atribuir à exogamia arawak a origem do rapto de mulheres que funda as alianças clânicas com outras etnias, versão que apareceria transmutada ou sobreimpressa no relato das caçadas humanas. A propósito, apesar do despojamento de não poucas tradições fundamentais, a exogamia continua assinalando a estrutura básica das relações familiares. Entre os baré, o clã concede irmãs e ganha esposas em outras etnias, de modo que a transmissão linguística e onomástica é patrilinear.

TERRITÓRIO

A ocupação ao longo do rio – e não na orla dos riachos e afluentes, os igarapés, ou nos meandros ocultos das áreas inundáveis, os igapós – é um privilégio, segundo os mitos, concedido *ab origine* a certos grupos. O que, paradoxalmente, foi desfavorável para a autonomia étnica, pois expôs os baré e, em menor medida, os tukano, grupos predominantes em termos demográficos e territoriais, ao contato com o universo colonizador e missionário. Contudo, ao término do ciclo histórico, hoje em dia os grupos baré e tukano são os mais desenvolvidos tanto política como institucionalmente: a diretoria colegiada da Federação de Organizações Indígenas do Rio Negro (FOIRN) que desde a sua fundação, em 1987, foi um órgão-chave na gestão de políticas públicas no território, mantém uma alternância entre ambas as etnias. De fato, no momento de nossa visita, a presidência estava a cargo de Almerinda Ramos de

Lima, de origem tukano, a primeira mulher a dirigir a organização, o que representou, sem dúvida, uma grande vitória de gênero e um esforço não menor de adaptação por parte dos homens.

A região – conhecida como Cabeça do Cachorro, situada no limite do estado da Amazônia com a Venezuela e a Colômbia – é composta por vários territórios indígenas em processo de demarcação: as Terras Indígenas do Médio Rio Negro I e II, T.I. Rio Téa, T.I. Yanomami, T.I. do Balaio, Floresta Nacional do Amazonas, Parque Nacional Pico da Neblina e APA de Tapurucuara. Os baré, concentrados principalmente no alto e médio rio Negro, são maioria nas cidades de São Gabriel da Cachoeira, com uma população estimada em aproximadamente 42 mil habitantes; Santa Isabel (cerca de 10 mil habitantes) e Barcelos (25 mil habitantes), sendo sua presença importante em toda a bacia até Manaus. Em 2008, São Gabriel da Cachoeira foi a primeira cidade de governo indígena do país, o que redundou no reconhecimento identitário que articulou uma série de políticas correlatas, como a sanção oficial do trilinguismo (nheengatu, tukano e baniwa passaram a ser idiomas legais, ainda que na região sejam faladas 22 línguas) e o fortalecimento das 42 associações indígenas da região congregadas na FOIRN. Não obstante, embora seja a região indígena mais desenvolvida política e institucionalmente, os riscos continuam à espreita.

CULTURA MATERIAL COMPARTILHADA

Conforme Berta Ribeiro detalha em *Os índios das águas pretas* (1995), há três fratrias ao longo do rio Negro que decidem as políticas de alianças por casamento e cujas relações trianguladas são regidas por tabus muito precisos. Desse modo, os baré, desãna, tariana, baniwa, arapaso e kubewa, entre outros, consideram-se irmãos entre si, estando, em princípio, interdito o casamento entre eles (embora hoje em dia esse limite tenha sido transpassado). Por outro lado, é factível, sim, o casamento exogâmico destes com os membros da fratria dos tukano, entre os quais estão os siriana e os bará, assim como com os membros da fratria tuyuka. Essas relações de intercâmbio resultam em adoções ou adaptações de todo tipo, sobretudo técnicas, linguísticas e culturais. Por exemplo, segundo Ribeiro,

> [...] dos baré, os desãna receberam, entre outras coisas, o motivo pirarucu do trançado do tipiti, em que se usam três talas de arumã de cada vez, em lugar de duas. Foram eles que ensinaram essa técnica e o desenho aos desãna. Isto ocorreu quando os índios do Alto Rio Negro iam trabalhar em Barcelos na coleta de piaçaba e de castanhas. (Ribeiro, 1995, p. 71)

Em rigor, e apesar da especificidade da atribuição de funções que garantem a trama confederada de etnias, pode-se dizer que há, em geral, uma cultura material tradicional compartilhada entre praticamente todos os habitantes ribeirinhos do rio Negro.

Ao longo do rio, pode-se constatar uma certa divisão étnica do trabalho no que diz respeito à confecção de utensílios. O ralador de mandioca – ralo – é monopólio dos baniwa, assim como a olaria. As cuias (cabaças cortadas ao meio, sutilmente decoradas, que são usadas como tigelas para beber ou comer) são de elaboração wanano; os tuyuka se especializaram na fabricação de canoas; os tukano, nos bancos monóxilos. Os makú teriam sido os especialistas no cesto de carga aturá ou uaturá, feitos de cipó-imbé. As cumatá (urupema, em tukano), variedades de cestos para peneirar mandioca, feitas de arumã, atualmente são confeccionadas por quase todas as etnias. Em algum momento, diante do retrocesso do ciclo do cauco, foram um importante elemento de comercialização substitutiva, incentivado pelos missionários que redirecionaram a produção indígena para o mercado em suas áreas de influência. Muitos dos trançados são de elaboração masculina; os segredos de sua confecção são transmitidos durante a iniciação, no *kariamã*. Essas especializações funcionam no sistema de intercâmbio interétnico, ritualizado no dabucuri, para reforçar as alianças clânicas com base em um registro econômico que promove a complementaridade material entre os diversos grupos. Daí a importância da reconstituição dos rituais, que são abonos simbólicos – isto é, garantias morais – da reprodução social.

Além disso, há certo consenso na valoração da qualidade da cestaria baniwa, cujos desenhos, facilmente distinguíveis pela delicada mistura de tiras pretas e brancas com faixas tingidas de urucum vermelho, implicam uma função de identificação tribal, ao mesmo tempo em que supostamente refletem visões místicas, obtidas mediante a inalação de paricá. Alguns desses desenhos geométricos estão presentes nos petróglifos encontrados nas cachoeiras de toda a região, atribuídos a deidades antigas. O ralo baniwa também é um elemento fundamental na economia e na identidade do processamento da mandioca. É construído a partir de uma tábua na qual se inserem fragmentos pontiagudos de quartzo ou sílex obtidos em alguns lugares, considerados sagrados, do alto rio Negro. Entre os baré são as mulheres as portadoras de grande parte desses elementos que dão forma à vida material das comunidades.

DEIDADES

Só acontece nos livros. E, às vezes, nem sequer neles.

O primeiro é a imagem. Vejo a mulher sentada, as costas eretas, gesticulando enquanto balbucia com a língua apressada, como quem quer que os relatos ouvidos repetidas vezes não lhe escapem à memória, não se diluam nos seus lábios enquanto fala. Mas a dela é uma memória feita de retalhos malcerzidos, uma acumulação de camadas geológicas da língua que luta para construir um presente vertiginoso: brotam-lhe aos borbotões as palavras antigas, que parecem invocadas por uma força superior, da qual ela parece ser apenas uma porta-voz vicária.

A mulher narra, como se fosse a primeira vez, a origem do universo. Tento pensar sob que circunstâncias no mundo urbano podemos assistir a esse pequeno milagre inesperado, que ocorre com a naturalidade de um fenômeno meteorológico. Penso: nunca ouvi falar da origem do mundo mais do que sob a forma da especulação científica, e sempre o fiz com um ar incrédulo, atento ao inverossímil que erode a consistência do relato. Só me ocorre – ideia que rejeito imediatamente, mas que terá muitas derivações com o correr dos dias – que o drama do nascimento do

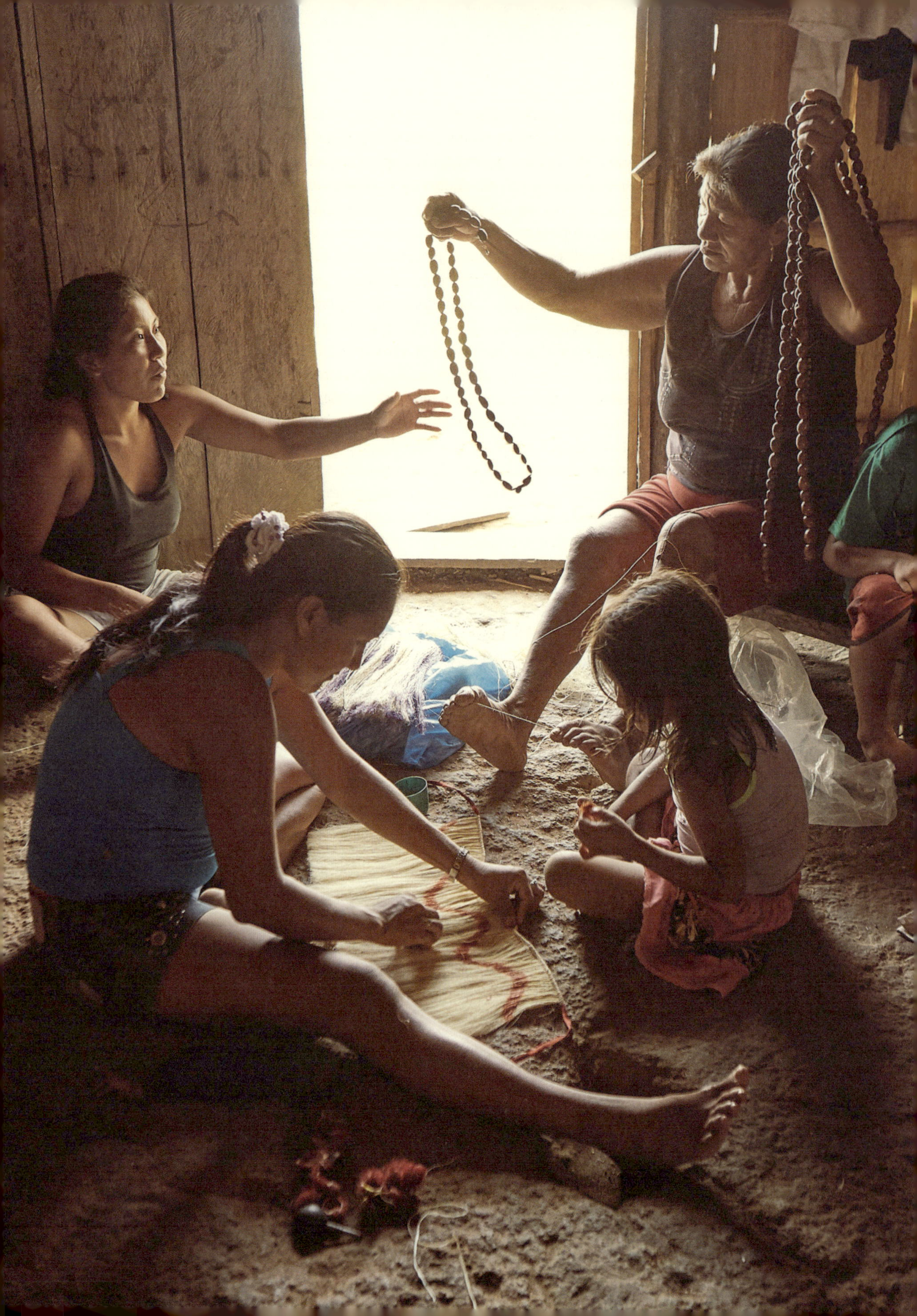

mundo, para nós, os modernos, há de jazer no esquecimento. E que sua presença em nossas vidas é parte de um rastro desbotado que só é convocado diante de instantes sublimes: a morte, a dor, ou, por que não, o amor. Mas aquela lembrança, com muito de ficcional, nos é roubada pela maquinaria de mediações técnicas e sociais que constitui a cidade, que só conta com espaços sagrados designados – templos, santuários, memoriais, monumentos –, projetados para adequar a natureza do abominável à modernidade profana. Talvez somente em igrejas, mesquitas ou sinagogas, sob suas formas antigas, prestigiosas, que de algum modo propõem um alerta à liquidação atual de seu poderio sacramental, possamos ter um vislumbre daquele relato perdido, que hoje, quase sem pedir, em meio à Amazônia brasileira, me é concedido como um presente, uma oferenda, um dom. Os modos em que a religiosidade tradicional sobrevive nas aldeias é uma das chaves do arcabouço étnico, sujeito à ameaça de múltiplas invasões. Velhos cinemas abandonados, salões de esportes, cassinos, ou meras garagens dos subúrbios, agora transformados em templos evangélicos, tomam conta das metrópoles latino-americanas, lembrando de um modo ruim as artes da convocação dos deuses, ou de Deus. Porém, uma marca escandalosamente falsa, que resulta no *kitsch* ou na farsa (não menos eficaz por sua reiteração) das burocracias sacerdotais, impede que a unção sagrada, a conexão mística com um além manifesto, seja assumida como o que é: a potência libertadora – ou opressora – que substancia o mundo.

Contudo, aqui, na comunidade Tabocal dos Pereira, sob o beiral da escola Ñapirikury, que orgulhosamente exibe seu nome em um cartaz enorme, pintado com primor, assisto ao relato da origem do mundo pelos lábios de uma jovem mulher. Apontada como a portadora de uma memória portentosa, herdeira da cultura oral sedimentada durante séculos de cultivo da língua, enviesada por uma sequência de tragédias e de esquecimento, ela convoca a história de Ñapirikury. Aquele deus com nome de sonoridade saltitante, que aqui é simplesmente *Deus* (ao que costumam comparar, mas apenas para o que acreditam ser nossa comodidade, com Jesus Cristo; comparação que se estende, para espanto dos padres católicos, a Jurupari), investe-se de poder com a mera pronúncia de seu nome. Evanildo, nosso guia, que se oferece para dar-me a tradução do relato pronunciado em baniwa e nheengatu, me conta que o que para mim a princípio é algo natural, poder ler a palavra Ñapirikury no frontispício de uma escola que acaba de ser batizada assim, foi fruto de um árduo debate não isento de lutas políticas pela memória comunitária. A imposição do nome do herói sagrado a um espaço público pela própria comunidade – até onde sei, caso único no estado da Amazônia – é, penso eu, um sinal dos tempos. Nessa nomeação soberana, a contrapelo da voz estatal, é narrado o advento da consciência indígena, de seu próprio poderio, da soberania baseada em sua recuperação étnica, do ressurgimento de um núcleo profundo que alenta a esperança emancipatória de um continente.

Mas também pude constatar que a narração da história que me foi oferecida fazia parte de um ritual profano de intercâmbio, evidentemente já estabelecido como costume diante da visita de antropólogos e, mais em geral, de brancos perguntões, como no meu caso. Pois, segundos após haver falado, a mulher me dirigiu em perfeito português uma série de reivindicações, em tom de reprovação, que resultaram no pedido urgente de um novo forno para a casa de mandioca.

ÑAPIRIKURY

Ñapirikury é palavra de um mito de origem siuci ou hohodene – fratrias baniwa –, que carrega uma clara marca colonial em sua formulação atual. Segundo as versões hoje aceitas do mito, que se repete em quase toda a bacia do rio Negro, as diferentes etnias esparramadas pela ribeira teriam surgido, ao mesmo tempo, de Ñapirikury. Mas os *brancos* se banharam primeiro, perdendo a cor e transferindo sua sujeira ao rio, que desde então corre com águas pretas e ácidas. (Note-se a ambiguidade do relato: os brancos são sujos e contaminam a natureza com sua própria sujeira, mas antecedem as outras etnias, adquirindo, somente por isso, preeminência.) Outras versões, mais explícitas em sua vocação colonial, fazem os brancos se banharem, após seu nascimento, em uma fonte de pó de ouro. Ñapirikury teria oferecido aos índios uma espingarda – em outros relatos seria uma moeda –, mas apenas os brancos souberam utilizá-la; daí procederia sua supremacia técnica, cultural e econômica.

Como todo herói civilizador, a presença de Ñapirikury causa o rompimento na ordem natural: é ele quem decide tirar dos animais a capacidade da fala e doá-la aos homens, traçando, desse modo, a diferença que hominiza. Seu filho é Kuwai, quem replica as potestades criacionistas de seu pai, sobretudo na Venezuela, e é convocado em condições xamânicas para a cura de doenças. Pois, contrariamente ao cristianismo, é o filho quem introduz o mal no mundo, pelo qual também deverá ser sacrificado.

É preciso consignar o fato de que Ñapirikury, assim como Jurupari, é um deus transétnico; sua presença é aceita e incorporada entre os baré com absoluta naturalidade, talvez pela vizinhança e o intercâmbio permanente com os baniwa. Seria, assim, uma deidade transculturada na cultura baré, sobre a qual, ademais, continuamente se sobreimprimem tópicos modernos.

Um complexo de mitos protagonizados pelo deus, cujo nome significa "eles dentro do osso", narra a origem, destruição e reconstrução cíclica do mundo. Três irmãos homônimos chamados Ñapirikury, escondidos no osso de um morto sob a forma de três camarões, foram resgatados e criados por uma senhora que assistiu à sua transformação em grilos e depois em humanos. Estes deram forma ao cosmos e vingaram os animais que haviam matado os homens, mas, enganados, foram encurralados com fogo em uma roça. Os irmãos esconderam-se em uma árvore de embaúba que, ao ser atingida pelas chamas, explodiu e mandou-os para o céu. Kuwai, filho de Ñapirikury, será o responsável (como Jurupari, do qual supostamente é um avatar) por ensinar e controlar a iniciação dos jovens em um ritual que termina com a morte do próprio Kuwai pelas mãos de seu pai, que faz o mundo consumir-se em uma grande conflagração. Das cinzas de Kuwai nascem as madeiras com que Ñapirikury fez as primeiras flautas sagradas, que emulam o som do deus ao explodir e ser ejetado ao céu.

Outro momento da saga postula uma guerra de gênero: as mulheres roubam os instrumentos e reintroduzem o caos no mundo, que só será suspenso com a recuperação dos mesmos pelos homens. (Daí a interdição, para as mulheres, de ver e tocar os instrumentos, sob risco de morte.) O conceito fundamental da cosmogonia baniwa, que permeia o mundo de crenças baré e prefigura uma articulação possível com o ideário cristão, é a certeza de que o mundo dos homens está marcado

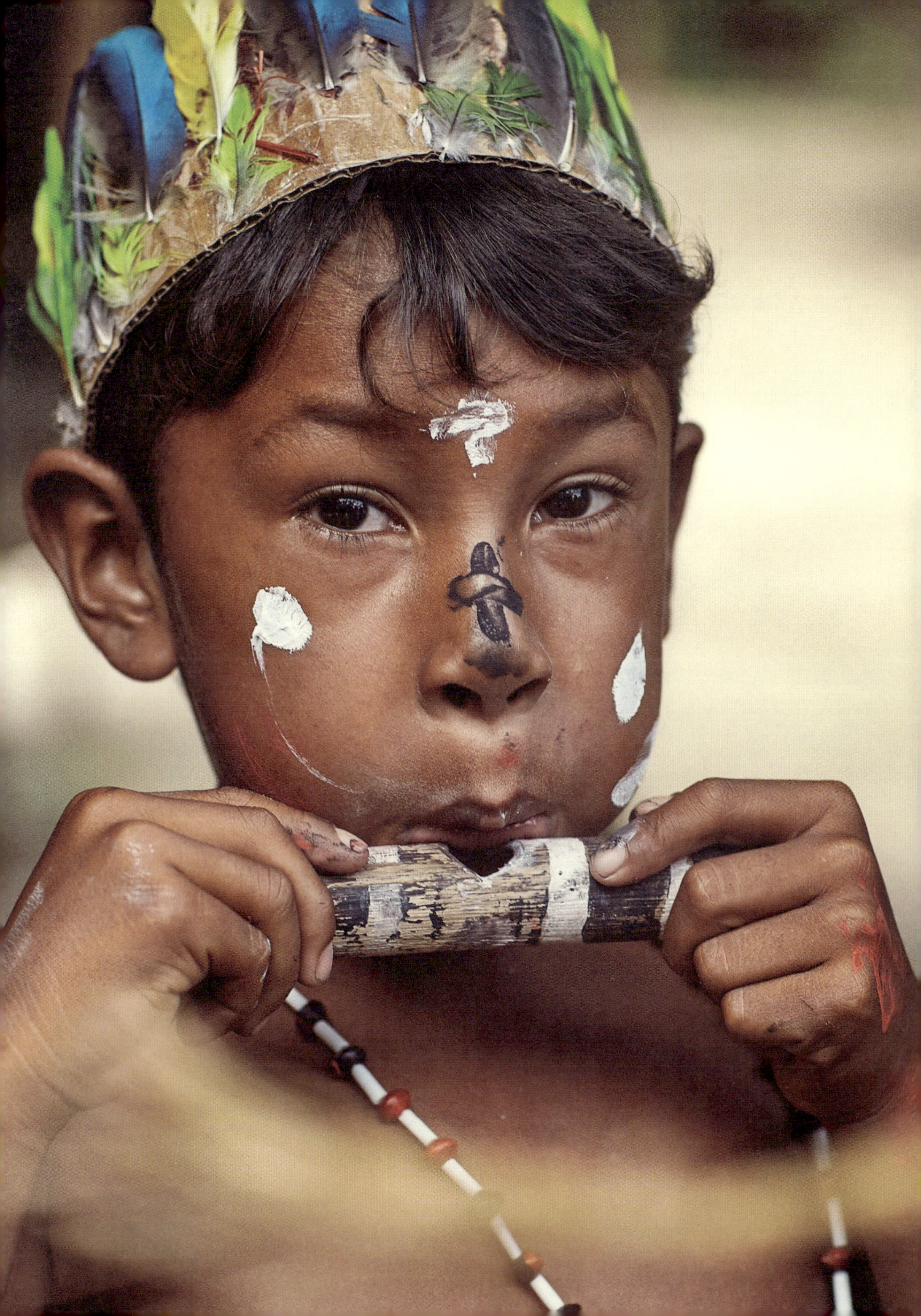

pelo mal, pela dor, pela doença e pela morte, em contraposição ao mundo celeste de Ñapirikury, onde o bem impera. A guerra de xamãs e benzedores pela expurgação do mal do mundo tem essa origem mítica que se atualiza no ritual.

MIRA MBOIA

Outras deidades menores reformuladas e sobreimpressas durante o período colonial compartilham a origem do mundo baré, nome que nas novas coordenadas significaria "homem branco". Uma grande embarcação com casais humanos teria subido o rio Negro em tempos remotos; um homem solteiro, por essa razão excluído do grupo, jogou-se do navio e foi raptado pelas mulheres guerreiras que viviam, sem homens, nas margens. Devido a seus atributos sexuais, ele foi chamado de gente-cobra, Mira Mboia, e adotado como semental. De acordo com o mito, devia gerar filhos com cada amazona e depois seria sacrificado. Mas ocorreu que ele se apaixonou pela mais jovem e bela, Tipa, com quem fugiu e se estabeleceu no baixo rio Negro, onde sua família prosperou. Ao cabo de três décadas, o deus Tupã[9] enviou o seu mensageiro, Poronominaré, que lhes ensinou as artes do bom viver e devolveu o casal fundacional ao povoado das mulheres guerreiras; dessa aliança procedem os baré. O relato inclui uma profecia retrospectiva, na qual Poronominaré teria advertido a chegada pelo rio de um mal que resultaria catastrófico para os índios: os mesmíssimos brancos.

PORONOMINARÉ

A biblioteca interior de cada índio é formada por uma trama de relatos recebidos, recriados, retransmitidos, que se vão cerzindo em sua memória como em um palimpsesto sem fim. Suas mutações disseminam sentidos múltiplos que iluminam fragmentos da experiência indígena. Poronominaré talvez seja o mais especificamente baré dos deuses da criação. Foi Brandão de Amorim quem reuniu a versão mais completa, reproduzida por Câmara Cascudo.

Um pajé de nome Kariuá (que em tupi significa "branco") saiu para pescar e não voltou. Sua filha, preocupada, foi buscá-lo nas margens do rio, onde a lua a surpreendeu. A moça olhou-a fixamente e viu saírem algumas formas que descem à terra, pouco antes de cair em um sono profundo. Ao despertar, a lua fundia-se no poente tingida de carmim. Invadiu-a uma grande tristeza. Seu pai, entretanto, tinha retornado à casa e, ao não encontrá-la, temeu por sua sorte. Inalou paricá e, em suas visões, chegou a detectar uma sombra humana ascendendo ao céu, antes de adormecer. A situação repetiu-se a cada dia.

Durante muito tempo, a moça descia ao rio e caía também em sonhos. Uma vez sonhou que dava à luz um menino translúcido, dono de todas as coisas. Ao despertar, notou que estava submergindo na água; nadou até uma ilha localizada no fundo do rio, mas um peixe mordeu seu ventre. Ao emergir, notou que seu ventre estava vazio. As águas continuavam subindo, tudo se inundava.

9—Deus abstrato, criador de todas as coisas, importado na região pelos missionários junto com o nheengatu, era oposto a Jurupari, semelhante ao demônio. Procedente da mitologia tupi, tem presença espectral nos registros etnográficos amazônicos.

Um curupira – demônio da selva – sentou-se a seu lado em uma árvore e ofereceu-lhe uma poção para que ela esfregasse no corpo e bebesse; feito isso, a moça transformou-se em um macaquinho guariba.

Seu pai já havia advertido que o filho de sua filha estava na terra; buscava-o com denodo. Um dia, viu, em sonhos, pessoas com cabeça de pássaro. Pegou suas flechas e partiu para a selva. Em seu trajeto, parecia-lhe encontrar seu neto em todos os animais. Finalmente, achou as pessoas com cabeça de pássaro, entre as quais estava seu neto. Aproximou-se e deu-lhe seu arco e flecha para que fosse caçar. Como duvidava de sua identidade, resolveu colocá-lo à prova e transformou-se em lagarto. Seu neto, tendo recobrado a figura humana, tentou caçá-lo, ferindo-o gravemente; ele mal conseguiu escapar. Ao anoitecer, o jovem apareceu diante de seu avô com muitas presas, dizendo que só lhe havia escapado um lagarto. Ao ver sua ferida na cabeça, produzida por suas flechas, perguntou-lhe quem havia feito aquilo com ele: uma *daridari* (espécie de ave mitológica), cega pelo sol, bateu em mim – alegou o avô.

Nessa noite, o pajé viu sua filha, transformada em macaco, padecendo de fome. Decidiu ir a seu resgate. Ao chegar com seu neto de canoa ao lugar inundado, encontraram-na em uns galhos, mas não puderam agarrá-la. O velho, então, atirou-lhe uma pedra e, quando ia caindo, sua filha se abriu, transformou-se em pessoa e cobriu seu filho. Seu ventre estava enorme: ela gestava. Voltaram para a casa, ela comeu e adormeceu. No dia seguinte, contou seu sonho, no qual paria seu filho em uma serra grande, mas não podia alimentá-lo: um bando de beija-flores e borboletas encarregava-se disso. Seu pai interrogou a seu próprio sonho, no qual os animais lhe revelaram o nascimento de seu neto Poronominaré na serra do Jacamim. Viajou para lá, mas não podia subir porque a montanha estava repleta de animálias. Transformou-se, então, em uma coruja e subiu. Poronominaré estava sentado no topo com uma zarabatana na mão. Dividia a terra entre os seres, mostrando a cada um o seu lugar. Anoiteceu, e, ao amanhecer do dia seguinte, estava apenas a figura solitária de uma coruja recostada sobre a pedra. Ao longe, ouviam-se as tristes endechas da mãe de Poronominaré, enquanto era levada ao céu por um enxame de borboletas.

Segundo Lévi-Strauss, o mito de Poronominaré guarda certa afinidade com crenças de ordem lunar. Avatar de Macunaíma, herói epônimo das sagas sertanejas, é aventureiro, mulherengo e, como bom *trickster*, vence com artimanhas os índios ciumentos:

> transforma-os em animais, atribuindo a cada um o aspecto físico e o gênero de vida que terá a partir de então. O último a ser enfrentado é o Preguiça, que com muita esperteza o certifica de suas boas intenções. Atrai o herói para o topo da árvore e derruba-o no vazio. Impulsionado pelo seu peso, Poronominaré fura o solo como um bólido e chega ao mundo inferior. O Preguiça exulta; pensa que se tornou o senhor absoluto do Sol, da Lua, das estrelas, da terra, da água, dos pássaros e dos outros animais, de tudo... Promete para si mesmo que comerá sua vítima, fabricará uma flauta com um de seus ossos e tocará essa flauta para seduzir as moças.

As cigarras recebem Poronominaré no mundo subterrâneo. Dizem que irão levá-lo de volta à superfície quando para lá retornarem, na lua nova do fim do verão. No dia prometido, as cigarras ajudam Poronominaré a subir por dentro de sua zarabatana. Ele vê o Preguiça cantando ao luar, vangloriando-se de tê-lo matado. O herói criva o Preguiça de dardos de zarabatana, e ele cai no mundo inferior. Poronominaré sobe na árvore, desamarra a rede de seu inimigo e joga-a no chão: a rede se transforma em Preguiça, com o aspecto que tem hoje em dia: "Nunca mais você vai cantar ao luar; de agora em diante você vai assobiar no silêncio da noite. Você será o chefe dos preguiças. (Lévi-Strauss, 1986, pp. 87-88.)[10]

Uma das representações de Poronominaré é a de uma pequena rã de inverno, símbolo de fertilidade: o muiraquitã. Nas lojas das cidades, nos mercados populares, nos *shoppings* ou aeroportos amazônicos, é possível adquirir pedras verdes talhadas em forma de sapo, transpassadas artesanalmente com fio de tucum, a um preço razoavelmente acessível, que são oferecidas como amuletos da fertilidade. Segundo a lenda, os muiraquitãs – palavra que em tupi designa o nó das árvores ou da madeira –, são trazidos pelas amazonas – as Icamiabas – do fundo do rio na noite que compartilham com os homens eleitos para procriar, e podem ser exibidos por eles como prova.

10—Tradução para o português retirada da edição brasileira de *A oleira ciumenta*, publicada pela editora Brasiliense em 1985 (pp. 114-15). (N. do E.)

JURUPARI

Assimilado ao demônio pelo catolicismo, Jurupari é a deidade mais difundida no rio Negro, adotada por quase todas as etnias. Carece de forma física, embora "encarne", por assim dizer, nas flautas de paxiúba com as quais se imita sua voz no ritual de iniciação. Seu nome seria uma corruptela de *juropoari*, "mão sobre a boca", ou "tirar a palavra da boca": impede o grito de quem é aterrorizado pelos pesadelos, mas também rege o segredo em seus iniciados. Outras versões traduzem como "ser que acode a nossas redes", o sonho ruim que assalta aquele que dorme. Mas também parece aludir à cautela na fala, uma das virtudes cruciais para os baré. Stradelli lhe atribui uma pouco provável origem africana: as amas de leite seriam as responsáveis por sua difusão para aterrorizar as crianças. Na versão canônica percebe-se um vago ar bíblico, talvez impresso pelos jesuítas, no qual se mesclam o Gênesis e os evangelhos. Pois Jurupari, o legislador, o herói civilizador, chamado às vezes de "Moisés amazônico", é filho de uma virgem de nome Ceuci: foi concebido sem cópula em virtude de um sumo de *curura do mato*, fruto proibido às donzelas, que teria se deslizado sub-reptícia e voluptuosamente pelo corpo de sua mãe. Deidade da ordem, foi enviado pelo Sol para reformar os costumes, a fim de que a Terra se transformasse na mulher perfeita para desposar, tarefa afinal inconclusa, que o retém entre os vivos. Jurupari é, então, quem destituiu o matriarcado originário. As iniciações que levam seu nome[11] reproduzem essa imposição com a proibição da participação feminina. No relato de origem, até sua própria mãe teria morrido por ter acesso ao conhecimento secreto.

Uma interessante discussão foi suscitada em torno dos tabus ligados a Jurupari, com a exibição do filme *Baré: povo do rio* na aldeia de Iábi. Lá vive seu Leopoldo, que não só é o capitão da aldeia, mas, além disso, é o último benzedor[12] baré e protagonista, no filme, das cenas de iniciação dos jovens. Seu filho Jurandy, que herdou alguns dos atributos místicos do pai, assim como o dom da chefia, assumiu sua voz após a exibição: não concordava com que se mostrasse nem se nomeasse a árvore de paxiúba, com a madeira da qual se confeccionam os xerimbabos – trombetas mágicas que encarnam o deus. Segundo o mito, são parte da Cobra Grande, Boiúna, que dera origem, a partir de seu esquartejamento, aos diversos grupos étnicos distribuídos ao longo do rio – e sobretudo sua visualização está proibida às mulheres (já não o seu som, um zumbido grave e profundo, de apenas duas notas, que se ouve a centenas de metros, cujo efeito hipnótico é aterrador). Cada flauta sagrada é Jurupari e ao mesmo tempo um animal: paca, jacamim, cutia, macaco. A discussão, por momentos bastante tensa, girou em torno de duas opções taxativas: cortar o filme nessa parte ou destruí-lo (nenhuma das alternativas era possível, já que se tratava de uma versão digital em DVD), mas, após árdua deliberação, acabou-se decidindo cobrir a tela com um tecido nas sucessivas projeções quando se chegasse a esse momento do filme, que durava apenas alguns segundos. Mas o interessante foi que ninguém se opôs a sua presença sonora; inclusive se ofereceram para gravar novamente na selva o som correspondente a cada animal, para poder diferenciar um do outro, o que só teria sido possível com a presença de um técnico que tivesse feito seu *kariamã*.

11—Ver a respeito a tese de doutorado e o estudo de Paulo Maia Figueiredo (2009).

12—Figura similar à do pajé, embora de nível e especialização inferiores, o benzedor possui uma série de conhecimentos mágicos com os quais conjura certos males.

Vale dizer que nem mesmo a mediação técnica, no caso a reprodução em imagem digital, era um obstáculo para a vigência do tabu. Contudo, uma rápida pesquisa na internet – incluindo a página da FOIRN – exibe dezenas de fotografias e filmagens, históricas e contemporâneas, tanto dos xerimbabos como das paxiúbas, de acesso livre. Quando o fato foi apontado para alguns dos objetores, usuários de internet, sua resposta foi que esses registros não haviam sido realizados entre os baré, mas sim no alto rio Negro, entre grupos étnicos como os tukano, que supostamente não são tão "aculturados". Novamente nos deparamos com o paradoxo da reserva cultural resistente em um meio que não a prevê.

MARCUS E O JACARÉ

O dia está claro, ensolarado, quase primaveril. Estranho para esse período do ano. Algo desponta na superfície prateada do rio, que interrompe os raios de sol e me deslumbra. É uma cabeça humana. Uma mulher toma seu banho matinal, com uma criança de colo, nu, virginal, erguendo-a, suave e brincalhona. Sorriem placidamente; olham-se nos olhos. É como uma cena em câmera lenta, ou ao menos parece ser. Serenidade absoluta. Ela mergulha seus cabelos fartos muito devagar, inclinando a cabeça para trás, enquanto segura o bebê no alto, fora da água. Por um momento o corpo pequeno, gorducho, um pouco inquieto, fica como que suspenso no ar: é um anjo de Michelangelo, penso eu. Outra imagem do início do mundo.

Cada aldeia baré possui entre cinquenta e cem habitantes, às vezes um pouco mais, aparentados entre si. Costuma haver entre dois e quatro filhos por casal. Isso faz com que se formem bandos de crianças pequenas que brincam, passeiam, exploram a selva, fazem suas primeiras caçadas, quase sem a supervisão dos maiores, em total liberdade. Em Acariquara um deles captou minha atenção: Marcus. Ainda não chegou à idade escolar, mas já escreve certas palavras em alguma das línguas que domina – que nem ele sabe quantas são. Miudinho, com um sorriso maroto permanente que deixa ver alguns dentes amarronzados, assim como muitos baré – propensos às doenças oculares, em particular cataratas e estrabismo –, sofre de um ligeiro desvio em um olho.

Marcus é um líder natural: os outros obedecem a seus impulsos, que costumam ser extremamente voluntariosos. Nas tardes de ócio e tédio, na hora da sesta, é o guia em cada uma das atividades. Meu guia, inclusive.

Joaquín Sorolla retratou há pouco mais de um século algumas crianças espanholas tomando sol em uma praia. Mestre da luz, o valenciano consegue fazer com que a pele citrina, curtida pela natureza, resplandeça ao ser alcançada pela água e o sol em uma sala do Museu do Prado em Madri, exatamente do mesmo modo que os meninos que brilham ao submergir-se e emergir do rio Negro aqui, no estado da Amazônia. Em épocas de cota baixa trepam em algumas pedras enormes para lançar-se e mergulhar, mas com as chuvas o rio está muito alto e os rochedos ficam cobertos, por isso Marcus escolheu com cuidado uns galhos robustos de uma castanheira, de onde eles se deixam cair em meio à corrente. Podem ficar horas fazendo isso, nus ou seminus, movidos a risadas. A imagem é idílica. Mas, como em toda imagem paradisíaca, o perigo está à espreita.

Sigo diariamente seus passos – com ele sei que estou em uma área segura do rio, não muito profunda e sem redemoinhos, resguardado da correnteza – para entrar na água. Apesar do inverno, o calor se intensificava e, além do banho ritual que todos tomam pela manhã e ao entardecer, costume que adotamos quase sem perceber, convém refrescar-se com assiduidade. Mas um dia, a ponto de entrar na água, vejo que as crianças, com Marcus à frente, param na beira do rio. Cochicham, apontam com o dedo, esquadrinham as águas. O habitual espírito festivo dera lugar a sinais inequívocos de preocupação. Eles me informam que se trata de um jacaré enorme, de dois, talvez três metros de comprimento, que deambula muito perto, nas margens da ilhota da frente, a cerca de cinquenta metros, quiçá menos. Não chego a vê-lo, eles sim. "Ele mora ali", me explicam, com naturalidade. "E lá" – comenta Marcus, enquanto assinala uns troncos caídos a pouca distância – "mora o outro". Ambos habitam seus esconderijos a escassos segundos do lugar onde diariamente tomamos nossos banhos restauradores. Observo aterrorizado durante um momento e vejo o nariz do sáurio assomar apenas, pétreo, hierático, sobre a superfície cintilante. Alarmado, acudo aos maiores, que, reunidos na casa comunal, assistem à televisão. Entre eles está o pai de uma das crianças. Dissuadem-me, sorrindo, do meu temor: "os jacarés caçam à noite", explicam. Não corro perigo algum. "Além disso, os garotos já os conhecem."

Ao contar a história em Buenos Aires, um velho amigo aponta meu erro com uma pequena lição de relativismo. Recorda-me que aqueles rapazinhos compartilham a natureza, os espaços vitais, com o jacaré, do mesmo modo que nós, animais urbanos, compartilhamos os nossos com, por exemplo, automóveis ou ônibus, que cortam as ruas sem maiores precauções e constituem para o transeunte uma possibilidade de morte muito maior do que aqueles predadores na selva. (De fato, segundo minhas averiguações, na região não havia registro de mortes humanas por ataque de jacarés.) Para eles, nadar no rio, disse meu amigo, é como para nós atravessar a rua: algo que se faz com a prevenção quase automática de quem está habituado a essa convivência.

    De todo modo, a experiência do perigo natural recolhe em meu corpo algo de um terror antigo, próprio da espécie, e atualiza-o. Ao ver vários crânios em outra aldeia, pensei: nenhum ritual os – nos – protege, nenhum saber específico. Somente o conhecimento certeiro de seus hábitos. É a condição natural em estado puro, cujas coordenadas ignoramos. Decidi não voltar a entrar sozinho na selva nem no rio.

    Meus pequenos amigos têm nomes sonoros, musicais, literários: abundam os Marlison, os Dailson, que eu somo aos de meus guias Marivelton e Evanildo. Um fato curioso é a mescla idiomática possível de detectar entre eles: falantes das línguas maternas, com baixa escolarização, até os 6 ou 7 anos compõem com retalhos de vários idiomas – o próprio e o de seus amigos, cujas mães provêm quase sempre de grupos linguísticos diferentes – sua fala híbrida usual, por momentos inextricável. Comprovei esse fato fazendo várias crianças desenharem diferentes espécies animais, em uma tentativa de alfabetização silvestre, o que me permitiu assistir a uma maravilhosa discussão sobre os nomes: cada um sustentava com fervor a nomeação correspondente a sua língua materna de serpentes, insetos, peixes ou plantas. Com absoluta naturalidade todos aceitavam alegremente tanta polissemia, enquanto constatavam que, para nomear uma mesma coisa, seus amigos utilizavam em suas casas outras palavras, que logo incorporariam em seu jargão, sem sequer distinguir o fato de que estavam realizando operações de tradução.

A educação sensorial das crianças baré vai se construindo no diálogo com a natureza de um modo continuado ao longo dos primeiros anos: habilíssimos caçadores, são vistos correndo daqui para lá, de mãos dadas, subindo nas palmeiras, lançando-se à água do alto de rochedos lisos, executando as rotinas domésticas desde a mais tenra idade. Vi muitas vezes a cena captada no filme em que duas menininhas muito pequenas escalam habilmente uma palmeira de açaí altíssima e, ao alcançar o cacho abundante no topo, fartam-se de frutos maduros, a boca violeta, rindo às gargalhadas. Em outra ocasião, enquanto explorávamos o mato circundante, Marcus viu no mato uma serpente extremamente venenosa. Com cautela, mas sem temor, pegou-a com um pequeno pau e tirou-a do caminho, não sem antes discutir longamente com seus companheiros de andanças se se tratava de uma *sacaiboia*, uma *suradeira*, ou uma *secorija*. Em outra ocasião, instruídos por Ulysses Fernandes, nosso produtor, que é biólogo, realizaram incansáveis buscas de insetos da mais ampla variedade, incluindo horrorosas aranhas gigantes que manipulavam com absoluta tranquilidade.

ANIMAIS DE ESTIMAÇÃO

Quase sempre falamos de identidade, quando falamos de índios, para nomear a diferença. Sustentando consciência culpada, graças ao milenar empenho judaico-cristão, costumamos mitigar ou esquivar sua irredutibilidade, ou tendemos a acreditar na sua inexistência. Entretanto, quando nos deparamos com uma diferença impossível de assimilar, por ser inadmissível, surgem graves dilemas de ordem ética sobre a tolerância e o reconhecimento do direito à diferença: nosso limite à aceitação da singularidade do outro torna-se patente. Quase grosseiro.

No Brasil eles são chamados de *animais de estimação*. Porém, raramente se desestima tanto um animal domesticado como entre os baré. Para o pasmado observador não indígena, inicia-se um drama íntimo quando assiste ao trato dispensado, por exemplo, aos cachorros. Ser cachorro entre os índios deve ser uma das piores maldições, cuja chave em vão tentei decifrar. Restou-me apenas viver com resignação a indigesta experiência dos maus-tratos usuais que lhes são infligidos, munido da vaga hipótese que atribui a falta de valor dos cães à sua origem *branca*.[13] Ou, o que é quase o mesmo, o seu não pertencimento à natureza, à selva, o que de algum modo avaliza sua exclusão da condição de *animal estimável*.

Vi pessoas de idades muito diversas, extremamente refinadas e afáveis, maltratarem deliberadamente e com certa sanha filhotinhos adoráveis que mendigavam migalhas durante o café da manhã. Uma vez, uma jovem e meiga mãe, sem interromper seu diálogo com uma amiga, assestou um violentíssimo pontapé nas costelas de uma cadela

13—Philippe Descola (2012) conjeturou que, para os ashuar equatorianos, a exclusão dos cachorros da sociedade – que inclui quase todas as espécies animais e vegetais – é devida à sua promiscuidade, que altera as regras de parentesco, em particular a exogamia.

esquelética que, distraída, ousou passar perto. Em algumas ocasiões, os garotões entediados e um pouco alcoolizados brincavam de acertar pedradas nos membros das próprias matilhas que nesse mesmo dia haviam levado como auxiliares de caça. A única exceção era Marcus: cuidava com ternura dos filhotinhos, sem se importar com sarna, nem pulgas, nem nada.

É bastante comum a domesticação de macacos, tucanos, araras e papagaios, os quais são mantidos amarrados e recebem todo tipo de cuidados. Em Campinas, numa das aldeias mais cuidadosamente modernizadas – com suas ruas com nomes, seu cabeamento de rede elétrica, seus cestos específicos para pilhas e plásticos, suas palavras de ordem politicamente corretas exibidas com orgulho –, havia um macaco que conseguira fugir de seu cativeiro e, ao se pendurar em um cabo elétrico, tomou um choque. Na área afetada, faltava-lhe totalmente a carne: dois ossinhos brancos, terminados em garras, sustentavam-no em pé. As crianças se esmeravam em tratá-lo com delicadeza em suas brincadeiras; alguém se encarregava de higienizar suas feridas. Em São Francisco conheci o macaco Cadu, que, amarrado com um cordel na cintura, chiava e abraçava seus circunstanciais visitantes com desespero quase humano.

Por outro lado, nenhum cachorro alcança o estatuto de animal de estimação com nome; são seres anônimos que não merecem cuidado, armas biológicas úteis para a caça, apenas. Entretanto, nunca são presas, como os macacos. As mesmas pessoas que, assim como qualquer um de nós – e aqui a palavra *nós* assume toda sua diferença específica –, manifestavam uma afeição especial pelos macacos que foram aprisionados como animais de estimação, fato no qual não podemos ver senão uma natural empatia com sua proximidade genética e sua aparência quase humana, não tinham nenhum inconveniente em caçar, guiados por seus desprezados cães, essas mesmas espécies de macacos para comê-los. Paradoxos da indianidade. A visão de um macaco exatamente igual a Cadu estendido sobre uma grelha, assando sem sequer ter sido despojado de sua pele, cabeça, extremidades e entranhas, não causava choque para os donos de Cadu, que nem mesmo se davam ao trabalho de nomear – muito menos alimentar – seus cachorros.

A primeira vez que comi carne de macaco foi em Acariquara. Não me avisaram. Mas algo intuí. Era meu primeiro dia sozinho na aldeia; estavam me testando. Esperaram eu meter a colher no caldo espesso, bem apimentado, com pedaços de carnes amorfas que cheiravam maravilhosamente bem. Eu me servi, vi como me olhavam, comi. Gostei. Voltei a me servir, e somente então me impressionou um pouco ver as costelinhas, os ossos pequeninos flutuando. "É macaco", advertiu-me, um pouco tarde, meu anfitrião. Como continuei comendo, não se falou mais: haviam me aceitado. Resultou ser, para minha surpresa, uma carne cartilaginosa, com gosto muito parecido com a de pato. "Gosto de carne humana", lembro que pensei, não sem sobressalto.

Embora não entrem na categoria de animais de estimação, as enormes tartarugas anfíbias chamadas de *cabeçudos* (*Testudines pleurodira*) costumam fazer parte da paisagem interior das moradias baré. São criadas para engorda e mantidas de barriga para cima para que não fujam nem mordam algum desprevenido. O espetáculo do animal pateando lentamente no ar durante dias, que nos parece de uma crueldade desnecessária, em nada perturba a rotina dos baré, que se mantêm impassíveis. A carne de quelônio (espécie protegida, mas apta para consumo

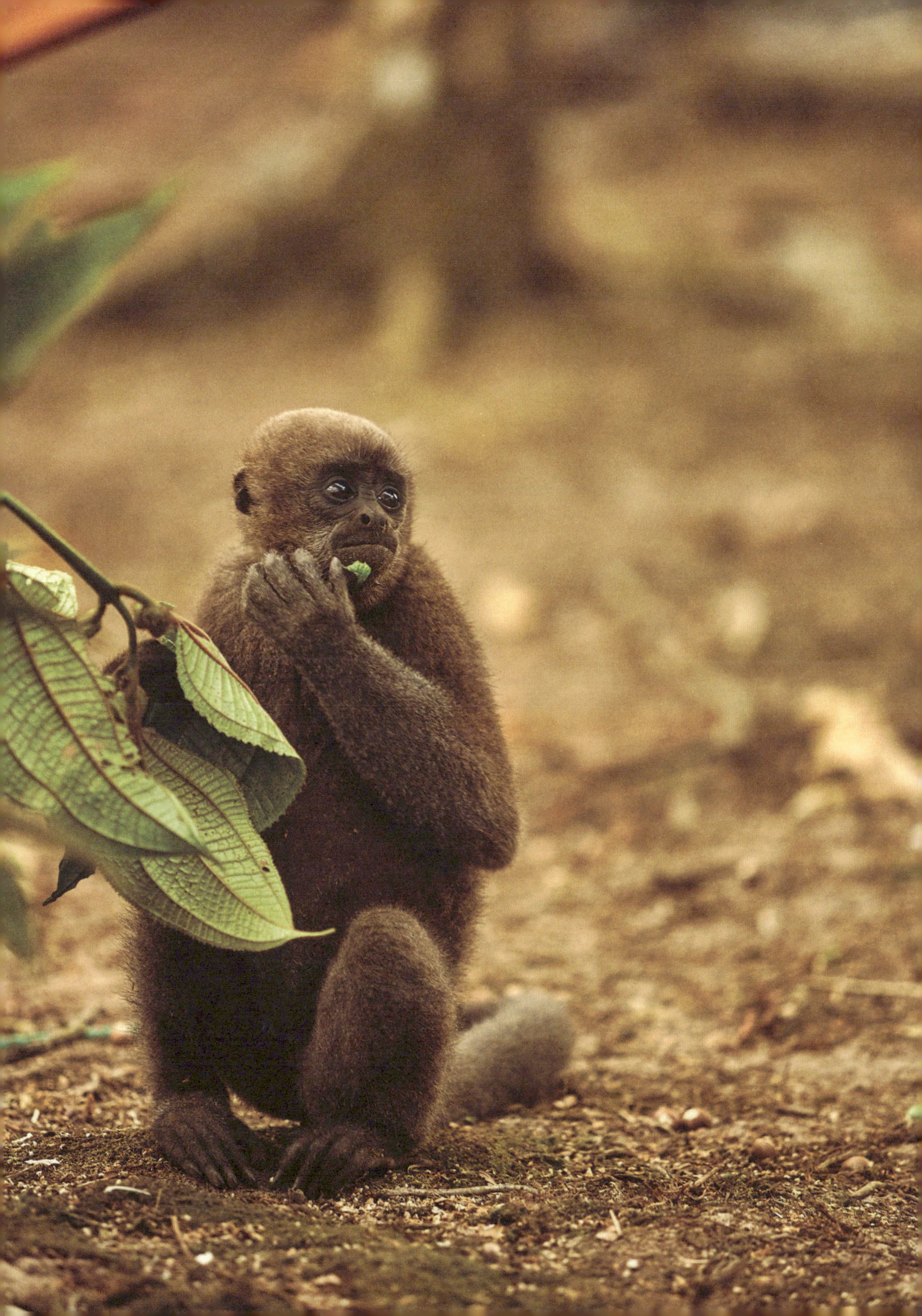

em território indígena) é muito apreciada, e lhe são atribuídas virtudes de todo tipo – inclusive afrodisíacas. O espetáculo de sua morte é um momento duro para o não indígena: sua cabeça é decepada com um talho certeiro do machete e, segurando um extremo do casco, com um puxão se abre a metade superior, deixando descobertas as vísceras ensanguentadas do animal. O trabalho é feito com absoluta naturalidade, a mesma que esquecemos estar presente nos frigoríficos que abatem e esquartejam a carne bovina, ovina, suína ou aviária que consumimos na cidade. Há um século, Koch-Grünberg (2005) descrevia outra forma de preparo do quelônio: "Colocam o animal de costas sobre um fogo forte, onde pateia no ar lentamente até a morte. Somente então o esvaziam e cortam, pois a carne se solta mais facilmente do casco. Às vezes abrem um buraco de um lado do animal ainda vivo, retiram os intestinos e assam-no inteiro no casco".

Apesar do esforço do cristianismo ao longo de quatro séculos, carecem do conceito de piedade – disse a mim mesmo. Assim como parece plausível conjeturar um ato de vingança no prazer quase sádico com que castigam gratuitamente os cães, escolhi ver na atitude indiferente diante do sofrimento animal um resto de aboriginalidade resistente, impermeável à invasão cultural exógena. Aliás, uma das primeiras discussões que presenciei entre índios sobre o que é e o que não é índio teve a ver com a caça de quelônios.

No primeiro corte do filme incluía-se uma cena de pesca de tartarugas, labuta realizada por crianças munidas de escafandros, que mergulhavam e voltavam com pequenos exemplares do animal, recolhidos em cestos ou em sacos. Ao ser exibido, uma espectadora objetou sua inclusão com o argumento de que aquele acessório não é propriamente indígena. Era um debate estranho, além do mais, que os próprios índios deram por encerrado, já que não veem nenhum problema na apropriação da tecnologia para seus usos tradicionais (aliás, a espectadora em questão, uma das indígenas baré mais lúcidas que conheci, usava celular, *e-mail* e morava na cidade), e só fazia sentido ao ser proposto em condições de contato interétnico. Somente diante de nós, captando e tentando interpretar essas situações em código não indígena, faz-se pertinente a pergunta pela indianidade, pela diferença – e pela indiferença.

Outro animal que convive nas aldeias é o urubu, cuja função profilática é muito apreciada. Ave carniceira, perambula em busca de sobras de carne sem ser incomodada. Convive bem com as galinhas domésticas, que não são trancadas em galinheiros e passeiam livremente, ainda que sua propriedade e consumo sejam familiares. É muito divertida a cena que se desenrola quando se tenta agarrá-las para sacrificá-las: grupos de homens, calejados caçadores, correm alegremente de um lado para outro a manotaços, não sem experimentar certa dificuldade na captura. Algumas vezes, quando o risco do ridículo fica evidente demais, a caça é abatida de forma expedita na base do chumbo. Por outro lado, diz-se que quem matar um urubu se tornará *panema*, isto é, verá que a caça lhe escapará, fatalmente.

MADEIRA

O batuque rítmico que alterna machete e machado ecoa na tarde. Aproximo-me silenciosamente do canto do bosque onde um grupo de homens, em atitude muito concentrada, observam e trocam opiniões em voz baixa. Dois deles constroem uma canoa; os demais olham. Sobre uns utensílios, alinham-se as tábuas que são suave e lentamente dobradas até calçar nos suportes que lhe darão forma. Fazem com que a operação pareça muito simples. Em poucas horas, a barca, uma vez calafetada com breu, estará navegando. Outro dia observo o processo final do calado de uma pequena embarcação, para uma ou duas pessoas, feita inteiramente de um tronco desbastado a machete. Alguns queimam o interior, mas, neste caso, limitam-se a alisá-lo.

    A habilidade dos baré no manejo da madeira é surpreendente. Seu ponto máximo é a confecção de remos inteiramente executados com uma peça única, aos quais dão forma e polimento em menos de uma hora. O resultado é incrível: o cabo perfeito, o punho em cruz, adequado à mão, e no extremo oposto a pá lanceolada, em forma de coração, se for utilizado para remar, ou de folha simples, com um lado reto, se sua função for a de mexer a farinha no forno. Confeccionados com *pau amarelo*, às vezes – para venda no mercado turístico, principalmente – são feitos em pau-brasil, espécie protegida, liberada apenas para usos indígenas dentro dos territórios demarcados.

    Um dos presentes me convida a visitá-lo. É um homem jovem, de origem baniwa, que me conduz a um aposento muito amplo, sustentado com pau a pique e palha trançada, no qual há somente dois banquinhos monóxilos pequenos, sem nenhum ornamento. Nossa conversa transcorre amavelmente, apenas interrompida por uma menininha envergonhada que se mete dentro de uma caixa de papelão e assiste à cena de um canto. Sou uma curiosidade para ele, pois, assim como a maioria dos índios que conhecerei nessa viagem, nunca havia visto um argentino. Interroga sobre a caça, a pesca, a mandioca em meu país; vejo-me em dificuldades para dar respostas razoavelmente satisfatórias. Eduardo – assim se chama – me explica a arte dos bancos tukano, feitos de madeira sorva, leve, maleável. Uma vez talhados, são lixados e cobertos com uma demão de pigmento vermelho em pó, chamado de *caraiuru*. Em seguida, é laqueado em verniz, que, mesclado com um barro argiloso, lhe confere uma cor enegrecida. Os que são de uso ritual – seu pai é pajé, me explica, e mora perto do limite com a Venezuela, rio acima; dele procede seu conhecimento, que compartilha com satisfação – têm desenhos geométricos vermelhos, pretos e brancos, e respeitam a ligeira curvatura da madeira. São também os que mais se vendem nas cidades para o turismo, me explica. Tento indagar sobre o modo como percebe a diferença étnica ao viver em uma aldeia e área baré. Assim como ocorre com os arapaso que moram a uns tantos metros, nem sequer entende a pergunta. "Aqui tudo é *puranga*", é sua resposta, lacônica.

IGREJAS

Uma das situações mais comoventes que presenciei durante a projeção do filme se deu no primeiro dia em que chegamos a Acariquara, sobre o rio Jurubaxi, um dos afluentes do Negro. Na visita anterior, ocorrida apenas seis meses antes, havia sido registrada ali, na mesma casa comunitária onde o filme era agora exibido, uma refeição de boas-vindas. Na cena, o capitão da aldeia, seu Leôncio, cedia a palavra a um homem jovem que benzia a comida e rezava um pai-nosso que era repetido pelos comensais em uma espécie de missa improvisada.[14] Mas agora aconteceria um fato extraordinário: praticamente os mesmos vizinhos que apareciam na filmagem, ao assistir a essa cena, se levantaram e, unindo suas mãos em oração, murmuraram discretamente a prece que lhes chegava da tela, repetida digitalmente. Como ocorrera em Iábi, diante da violação involuntária da proibição de mostrar a paxiúba, em Acariquara comprovei a vigência da religiosidade reproduzida em dispositivos que supostamente são destruidores de toda sacralidade, como no caso das mediações tecnológicas modernas.[15] Algo que, a propósito, já sabíamos pela experiência das igrejas eletrônicas, fundamentalmente evangélicas, que em aliança com a técnica multiplicaram de maneira exponencial o alcance de suas tentativas de captação de almas e bolsos. Isso põe em xeque as bem argumentadas páginas de Max Weber, transformadas em lugar-comum do pensamento ocidental, que colocam a modernidade como uma progressiva dessacralização do mundo outorgada pela racionalidade técnica. É que o laicismo da sociedade regrada convive perfeitamente com os atavismos reproduzidos por via tecnológica, já não como sobrevivência, mas, sim, como núcleo fundante do ser social.

14—Depois soube o motivo daquela delegação vicária: Leôncio havia abraçado o evangelismo na cidade e estava impedido de oficiar, como fizera outrora, cerimônias católicas.

15—Lembro-me de ter discutido em Buenos Aires com o filósofo Jacques Rancière sobre o significado da nada casual, no meu entender, implantação de igrejas evangélicas em antigas salas de cinema: essa religião laica do homem moderno que propõe orbes imaginários autônomos oferece agora sua potência comunicativa à busca da reconfiguração do mundo das crenças. A antiga rua Lavalle, que por décadas fora o espaço de acolhimento das vanguardas cinematográficas, transformou-se, nos últimos anos, em uma cadeia de religiões pentecostais oferecidas para a cura das almas. Os antigos cinemas passaram a ser franquias de vistosas igrejas evangélicas que usufruem do dispositivo de exibição do drama humano da representação, sobrepondo-lhe cenas de cura com os adequados xamãs trajados: os pastores, não raramente chegados do Brasil, que, com seu sedutor "portunhol" e suas técnicas extáticas, concitam a adesão dos sofredores. Ao contrário de Rancière, para mim o cinema enquanto maquinaria ficcional dispõe do universo anímico com o qual se cozem as crenças – daí sua eficácia comunicacional –, e interpela o sujeito moderno com as mesmas articulações imaginárias que fundam as religiões reveladas. Ainda que a conjunção de religiões iconoclastas encontre seu limite patente na proibição de símbolos, são os sofredores transformados em testemunho palpável das devoções, interpretados pelas vozes dos pastores, quem, como nas novelas, instigam as identificações dos espectadores.

O – errôneo – pressuposto implícito com que eu assistia a essas novas configurações da religiosidade era o de que o universo indígena opunha certo tipo de resistência a essa modalidade de comunicação, pressuposto que se viu desmantelado pela sagaz apropriação soberana que os índios exercem sobre os avanços da civilização moderna. (Vi na própria Acariquara alguns jovens estudantes do ensino médio tendo aulas de sociologia por meio de um *home theater* de última geração, doado por uma fundação japonesa. Ouvir uma noite, em meio à Amazônia, uma palestra de Pierre Bourdieu em francês, legendada, enquanto um conjunto de garotas e rapazes anotavam as palavras que o professor escrevia no quadro – *habitus*, *campo intelectual* etc. –, foi uma das experiências mais impensadas que tive a sorte de viver.)

De todo modo, a questão da *invasão religiosa* é um dos aspectos cruciais para se pensar a indianidade assediada por disputas hegemônicas entre discursos resistentes e novas configurações da crença que põem em jogo a própria etnicidade. Entre os baré, é possível perceber a clara presença do universo mítico tradicional praticamente desritualizado, arruinado por séculos de relações interétnicas em condições de subalternidade colonial, articulado com restos de catolicismo popular, em tensão com o assédio das novas seitas evangélicas. Abandonadas pelos missionários já há várias décadas, as modestas capelas católicas, que em algum momento foram espaços de recolhimento, ritualização e adoração, restam como cascas vazias de sentido, sem culto, sem curas, sem paroquianos, testemunhas mudas da história em quase toda a ribeira.

Contudo, são exibidas com orgulho pelos habitantes, que se encarregam de mantê-las limpas e de vez em quando acrescentam um ou outro santo de plástico ou de gesso aos altares. Os quais, bem ao estilo sincrético brasileiro, se enchem de fitas coloridas, imagens profanas que nomeiam um passado nunca inteiramente consolidado nem nunca inteiramente desaparecido. De fato, com certa frequência algum diácono laico improvisado oficia missa diante de uma grei pouco entusiasta. Em Campinas do Rio Preto, uma antiga capela incendiada deu lugar a um deus mais profano: o gerador elétrico que abastecia a aldeia – "O Senhor da Luz", brincavam os vizinhos. Enquanto isso, uma nova capela havia sido povoada por elementos do santoral popular que não excluíam uma ou outra imagem do candomblé. Seu reverso é a emblemática Pedra do Jacamim, um antigo local sagrado indígena no qual os mitos consignam o nascimento de Poronominaré: a rocha, de uns 15 metros de altura, desponta de um lado do rio com sua altiva majestade. Mas um detalhe interfere em sua natureza. Trata-se de duas pequenas capelas de tijolos pintadas a cal, erigidas no topo, que abrigam santos católicos, delatores vergonhosos das obscenas políticas de expropriação das crenças executadas pela Igreja católica.

    Quando se conversa com os habitantes ribeirinhos, quase todos concordam em que a radicalidade da política de destruição étnica teve nos salesianos suas figuras mais extremas. Mesmo entre os mais aguerridos em sua fé de matriz católica – pessoas de idade avançada, principalmente – a lembrança dos internatos é uma mácula pessoal a que não se pode obviar. Várias pessoas – entre elas seu Filó, da comunidade São Francisco – testemunharam a sanha com que eram infligidos os castigos corporais e outros tipos de abusos vinculados à vocação de extirpar o mundo de crenças indígenas, postos em prática no sistema de pupilagem, modo de apropriação sistemática de crianças executado pela ordem durante quase todo o século XX. Se os internos eram surpreendidos falando em nheengatu, recebiam um severo castigo, que ia desde fazê-los ajoelhar sobre grãos de milho, portar no pescoço um pesado crucifixo que lhes fazia encurvar a cervical, impondo um dolorosíssimo ato de submissão, até o acorrentamento com grilhões em torno dos pés. Essas eram as formas clássicas de reprimenda, sujeição disciplinar e despojamento de identidade às quais apelavam os religiosos. A alfabetização em português, durante muito tempo avalizada e financiada pelo Estado, concorria com a orientação de consciência e as disciplinas físicas e morais para produzir a conversão do indígena em não indígena, objetivo central da ordem. A designação de tutores que monitoravam cada interno para seu controle permanente era um mecanismo de singular potência no arrasamento da cultura trazida pelas crianças que, retiradas do núcleo familiar nas aldeias, onde eram criadas em absoluta liberdade, passavam a essa situação infernal, para elas tão aterradora quanto incompreensível, da reclusão vigiada. Tal é a dimensão do dano causado pelo sistema de internatos, que nos últimos anos o estado do Amazonas reconheceu a condição de pupilo como um mal a ser reparado, razão pela qual concede uma redução de cinco anos na idade da aposentadoria para quem o tenha sofrido.

    Ademais, os limites da evangelização tornam-se notórios quando se leem os textos produzidos por alguns missionários. Um dos casos emblemáticos é, por outro lado, o interessantíssimo livro do salesiano Alcionilio Bruzzi Alves da Silva,

A civilização indígena do Uaupés, no qual, apesar de seu exaustivo conhecimento da especificidade étnica que lhe outorgam várias décadas de convivência com os índios nas missões do alto rio Negro, não deixa de reproduzir os cegos preconceitos etnocêntricos de sua formação. Assim, o índio é egoísta, invejoso, ganancioso, vingativo, vaidoso, fingidor, irresponsável, ladrão, estúpido, supersticioso e indolente por natureza, e, em última instância, só se torna redimível, socialmente útil, mediante sua transformação em servo, artesão ou escravo. Por outro lado, a vocação redentora da evangelização salesiana encontrou seu fim com o fechamento dos internatos, quando da suspensão dos subsídios estatais em 1980, o que levou à retirada da ordem da região.

Contudo, o catolicismo genérico remanescente como senso comum entre os baré oferece um freio comunitário ao avanço do proselitismo evangélico. Até o momento, salvo uma ou outra exceção, mostraram-se especialmente infrutuosas as tentativas de estabelecimento de templos evangélicos nas aldeias, que tramitam sua resistência afirmando o caráter consuetudinário do catolicismo. Em lugares como Campinas do Rio Preto chegou a ocorrer a expulsão dos pastores.

A modalidade de penetração mais eficaz foi a proliferação de templos – pentecostais, principalmente – nas cidades. Em Santa Isabel, em um rápido percurso pelas ruas, contabilizei o elevado número de aproximadamente vinte igrejas de nomes desconexos, nas quais se propunha a vertiginosa salvação dos males que a própria natureza indígena acarreta. O mecanismo é simples: ao mudar-se para as cidades, por menores que sejam, o indígena experimenta uma tal ruptura em relação a seu mundo, que tende a cair em situações de vícios, alcoolismo, depressão e inclusive suicídio – uma das taxas mais altas de suicídios do país se dá em Manaus, São Gabriel e Santa Isabel. O índio desterritorializado, saído de seu mundo conhecido, fragilizado ao extremo em sua capacidade de sobrevivência, torna-se terreno fértil para o labor das igrejas evangélicas, particularmente em suas versões pentecostais, que prometem a redenção mediante a extirpação dos males e, com isso, confluem com as crenças indígenas mais profundas e se sobrepõem à experiência do profetismo que a região conhecera. Robin Wright mostrou em diversos trabalhos a articulação entre a presença evangélica, que conseguiu a conversão em massa dos baniwa nos anos 1950, e a tradição profética indígena imediatamente anterior, cujas guerras xamânicas geraram as condições para esse arranjo. Minha hipótese – apenas uma suspeita – é que a ausência de pajés entre os baré[16], por ação e efeito da ditadura que os perseguiu e expulsou para a Venezuela – que no imaginário baré aparece como lugar de refúgio e conservação das tradições –, embora tenha significado um retrocesso na continuidade dos rituais (*kariamã* e dabucuri) que alentam a reprodução social com uma garantia de crenças sólidas, dificultou o aproveitamento e a conversão da estrutura xamânica ou profética em um regime pastoral por incidência evangélica. A ética protestante, com sua ênfase no indivíduo que é colocado em conexão direta com o numinoso, sem mediação sacerdotal, e sua permanente situação de discriminação baseada no combate ao demônio – que estaria espreitando no profundo da mesma etnia – encontra entre os baré aldeados o espírito comunitário blindado por uma catolicidade residual, difusa, porém firme. Situação que claramente não ocorre nas cidades,

16—Em sua tese de doutorado, Paulo Maia Figueiredo (2009) fala de um *xamanismo sem pajés* ao considerar a situação baré. Pessoalmente, só pude recolher testemunhos sobre um pajé de nome Gregório Feliciano, de Cué-Cué, já falecido, cujo filho relatou a mim como fazia benzimentos com pimenta, breu e cigarros durante noites inteiras. "O que o médico cura, o pajé não cura. Mas o que o pajé cura, o médico não cura" – diz seu Filó.

onde a tramitação da integração – individual – ao universo salvacionista evangélico se dá à custa da própria identidade étnica. Para expurgar o demônio é preciso deixar de lado absolutamente tudo e transformar-se em branco, urbano, moderno, monolíngue português, sem vínculo com o mundo da selva. É necessário, em suma, ser outro. Um outro impossível.

SEMEAR, COLHER

O solo amazônico sulcado pelo rio Negro é muito pobre em nutrientes, possui apenas uns poucos centímetros de terra vegetal apta para cultivo. Além disso, a derrubada da floresta produz erosão e tem ciclos de exploração breves, motivo pelo qual a própria existência do sistema de cultivo requer um controle rigoroso do solo, que é fundamental para a sobrevivência tanto humana quanto ambiental. A queimada antigamente era feita de acordo com a aparição das constelações e o ciclo de chuvas ligado a elas. Hoje resta apenas a memória daquele ciclo despojado de sua sustentação mítica.

Nas aldeias, de manhã cedo, após um café da manhã frugal, uma silenciosa fila de mulheres parte, quase na escuridão, a caminho da roça familiar, acompanhada por uma corte de meninos e meninas que participarão da labuta. A taxativa divisão do trabalho, na qual cabe às mulheres a maioria da faina vinculada ao cultivo e processamento da mandioca, se vê nuançada pelo auxílio que alguns homens prestam, sobretudo no processo de derrubada e queima, assim como na capina – retirada de ervas daninhas – e preparação do terreno.

O método da roça vem sendo praticado há pelo menos 4 mil anos na região e permanece inalterado. Em geral, é escolhida uma área não muito próxima ao rio, um pouco arenosa ou com boas drenagens, que impeçam o acúmulo das chuvas e o apodrecimento dos plantios. Delimita-se uma área circular de aproximadamente um hectare, a uma distância de 200 a 2 mil metros da aldeia, e procede-se ao desmatamento com machados e machetes, usando-se também motosserras em alguns lugares. Em seguida, faz-se a queima controlada. Em pouco tempo, o solo, limpo e enriquecido, está pronto para a semeadura do tubérculo que irá colonizar o terreno com seus rizomas e, ao cabo de alguns meses, anunciará com lindas plantas erguidas, de talo forte e finas folhas lanceoladas, o momento da colheita. A maior variedade de mandioca encontra-se na área de Acariquara, onde o Iphan (Instituto do Patrimônio Histórico e Artístico Nacional), que declarou patrimônio imaterial protegido o sistema de aproveitamento integral do tubérculo, chegou a registrar mais de uma centena de espécies, e cada mulher administra o cultivo de cerca de trinta por roça.

Sua denominação genérica é mandioca-brava (*Manihot esculenta*), embora não falte a mandioca-doce (a macaxeira, *Manihot utilissima*), introduzida pelos missionários, e outras variedades de diferentes cores, tamanhos, texturas e graus de toxicidade que são identificados pela forma da planta – chamada maniva –, ainda que recebam sua classificação por outros fatores. As variedades se constituem, no pensamento indígena, pela adição de uma característica que vincula a planta às propriedades de outra espécie. Assim, existe a maniva açaí, a maniva abacaxi, a tucunaré, ou a cutia, a banco ou a cachimbo, por serem objetos, plantas ou animais associados ao mito de origem da mandioca.

O fluxo de intercâmbio de plantas é bastante amplo. Às variedades introduzidas na roça familiar por meio de troca ou importação são acrescentadas certas características para diferenciá-las, frequentemente baseadas na condição física – baixa, branca, avermelhada – ou em sua origem, caso seja conhecida – do Pará, de Cué-Cué etc. Segundo o relatório do Iphan, uma versão de origem tukana do mito das manivas associa as plantas cultivadas com as plantas da floresta:

> Baaribo – deidade primordial tukana –, por ódio a seu filho, decide partir. Porém, antes de fazê-lo, esconde os *pés* (as mudas) das plantas de mandioca dentro de vários troncos. Colocou-os erguidos dentro dos troncos. Na embaúba escondeu o pé da maniva *bere*. Na abacaterana, o pé de maniva de caroço de umari, a branca. No pau de carapanaúba escondeu o pé de maniva branca. No *curunizeiro*, o pé de maniva *curuni*. No tronco de piaba de Japurá, escondeu o pé de piaba de Japurá [...]. Escondeu também os carás, as batatas-doces e as ararutas dentro da selva. Por isso se tornaram plantas selváticas, selvagens. (Emperaire, 2010, p. 84.)

A analogia às vezes rege o nome: os tubérculos pequenos correspondem à variedade caroço de inajá; os de aspecto espigado, à variedade açaí; os de superfície rugosa, à

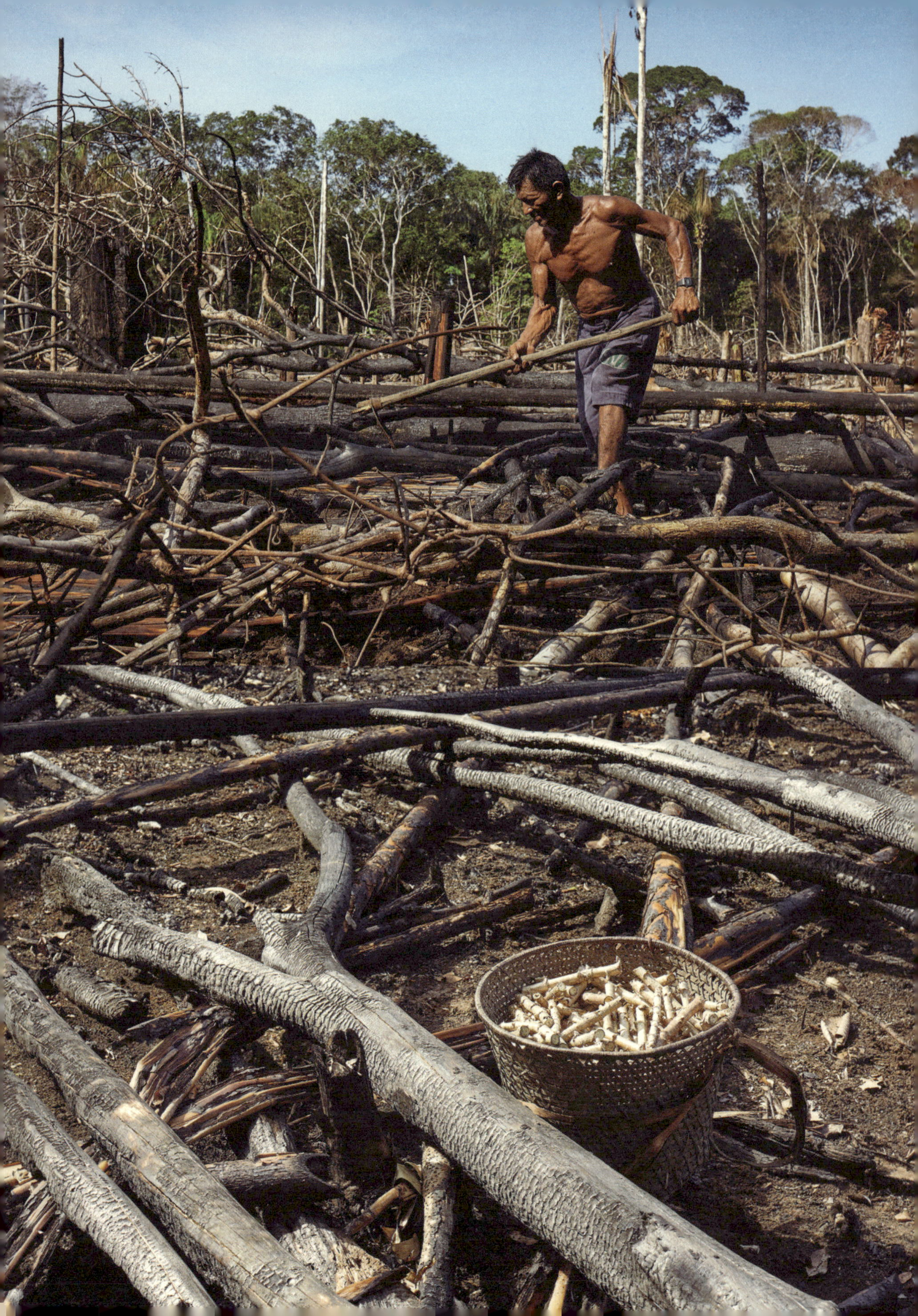

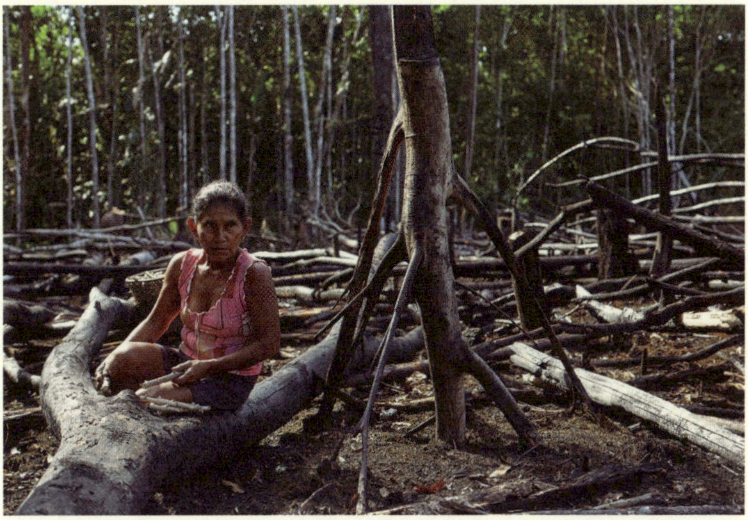

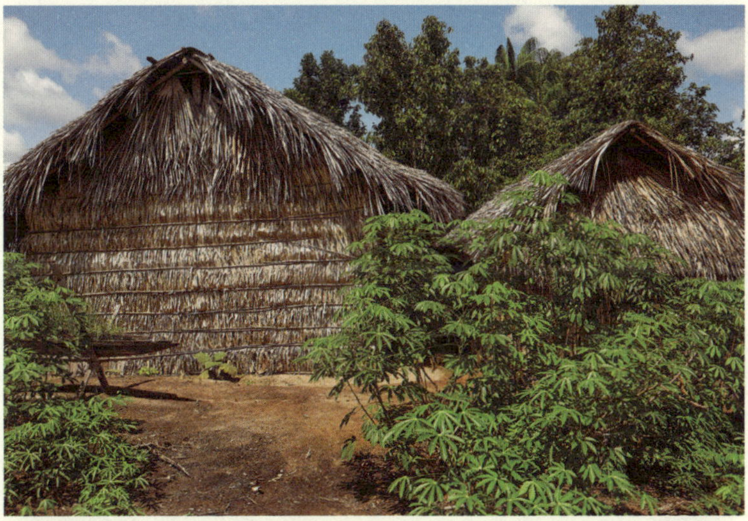

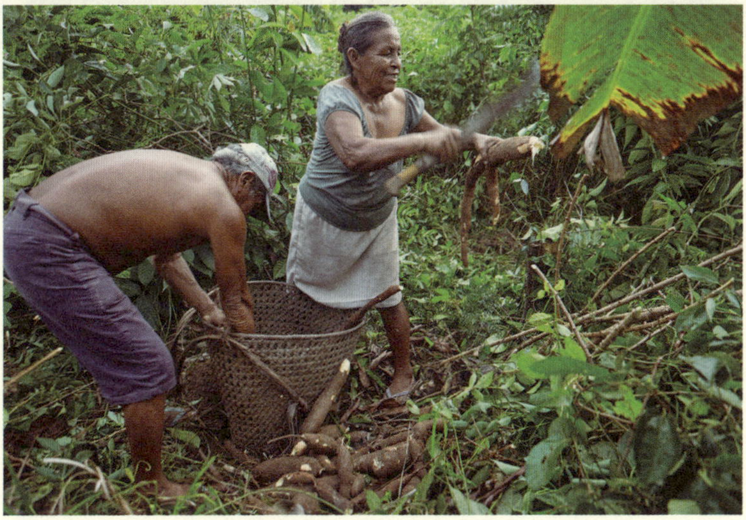

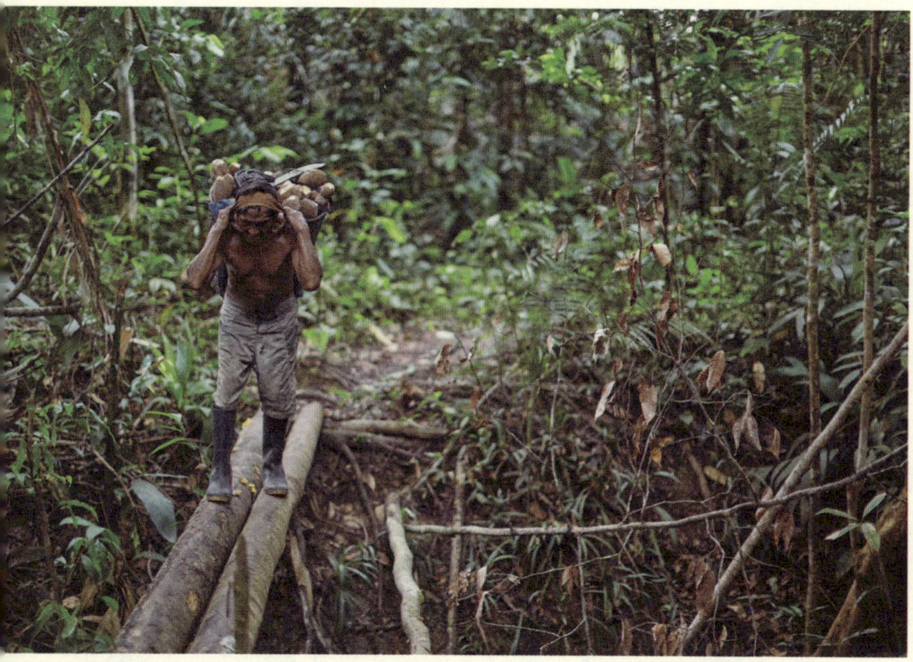

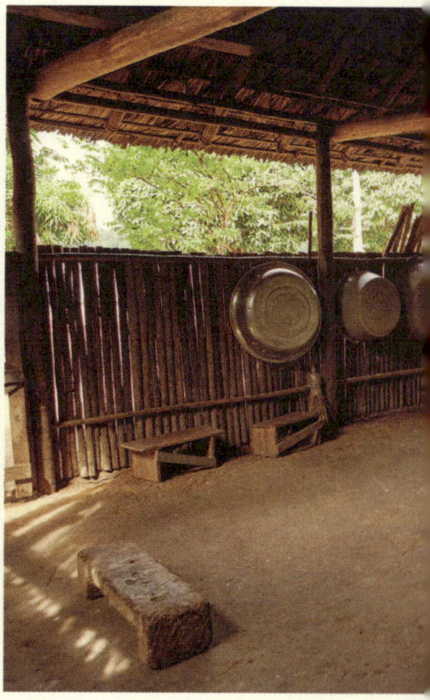

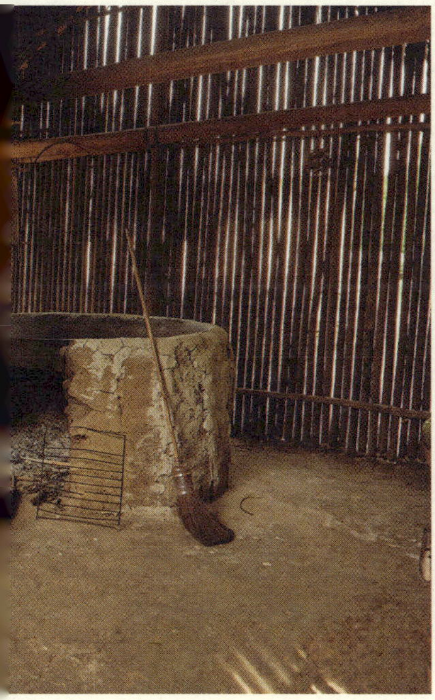

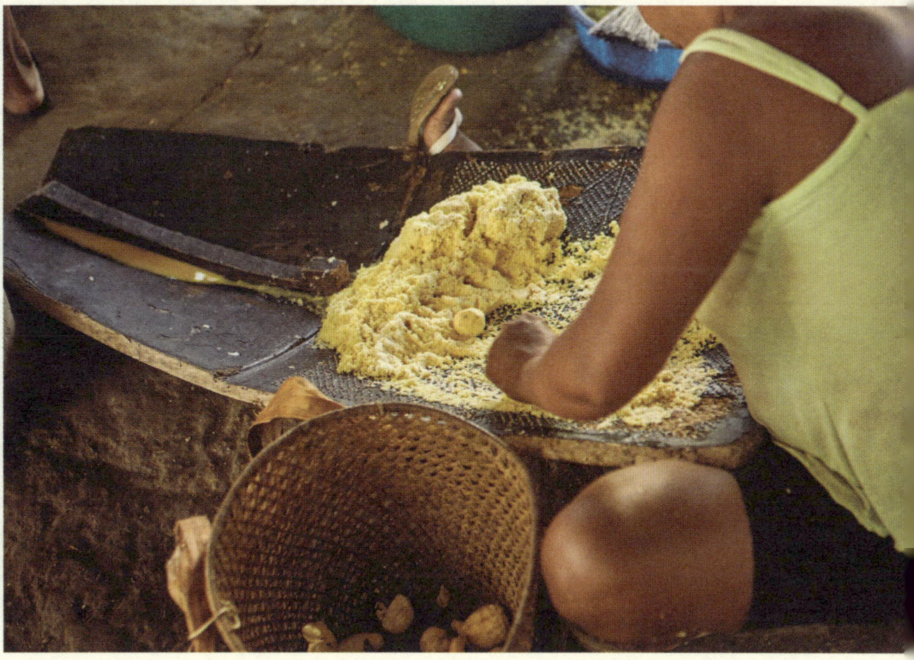

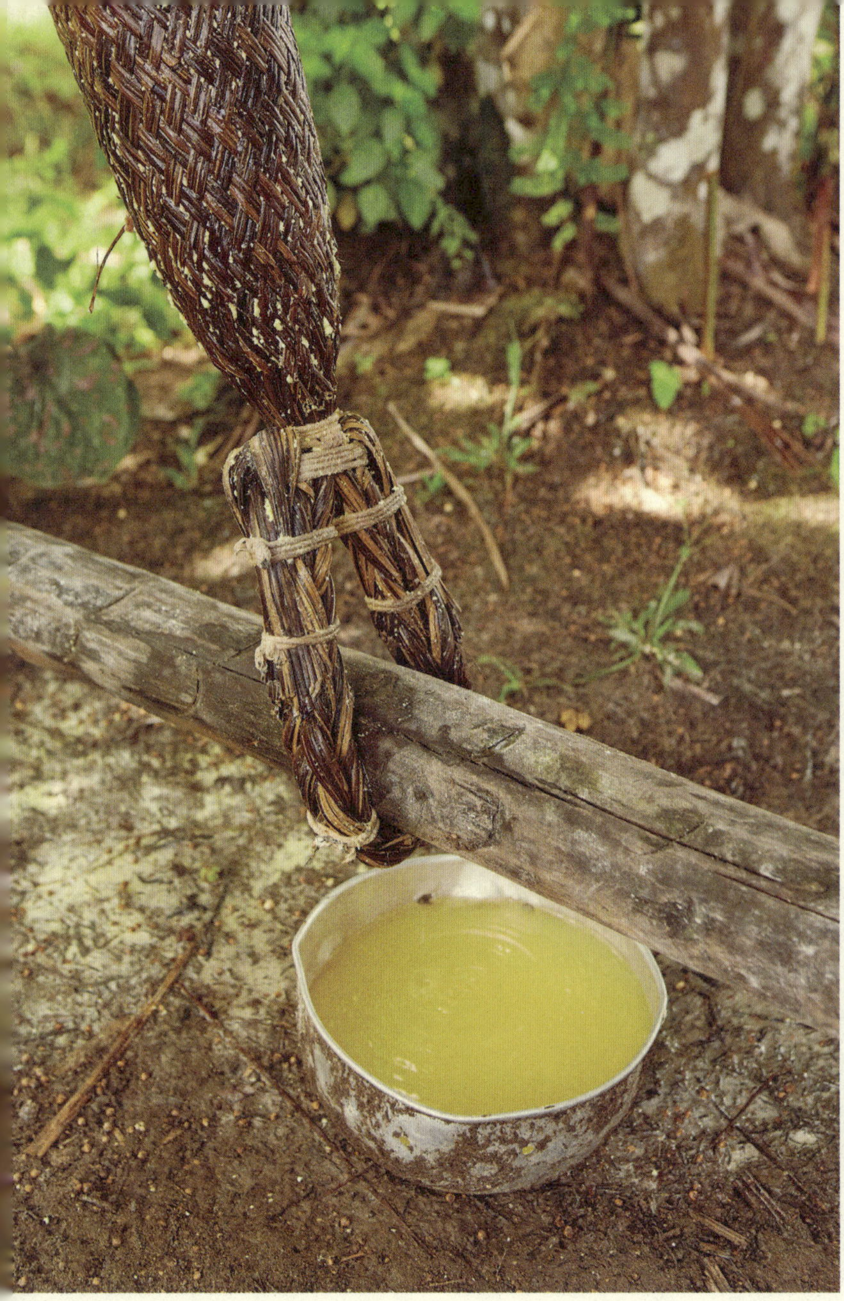
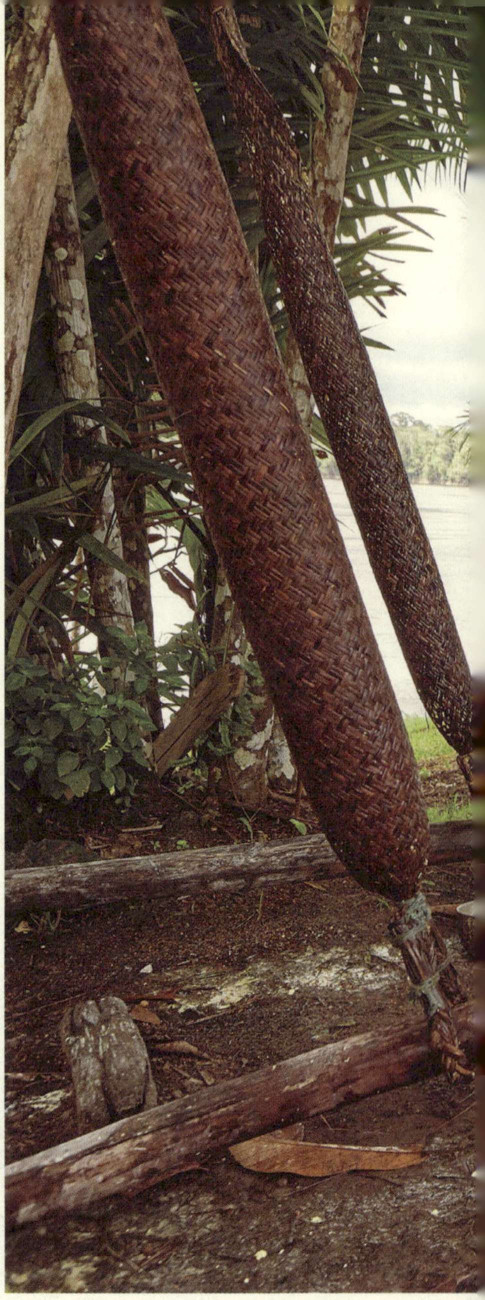

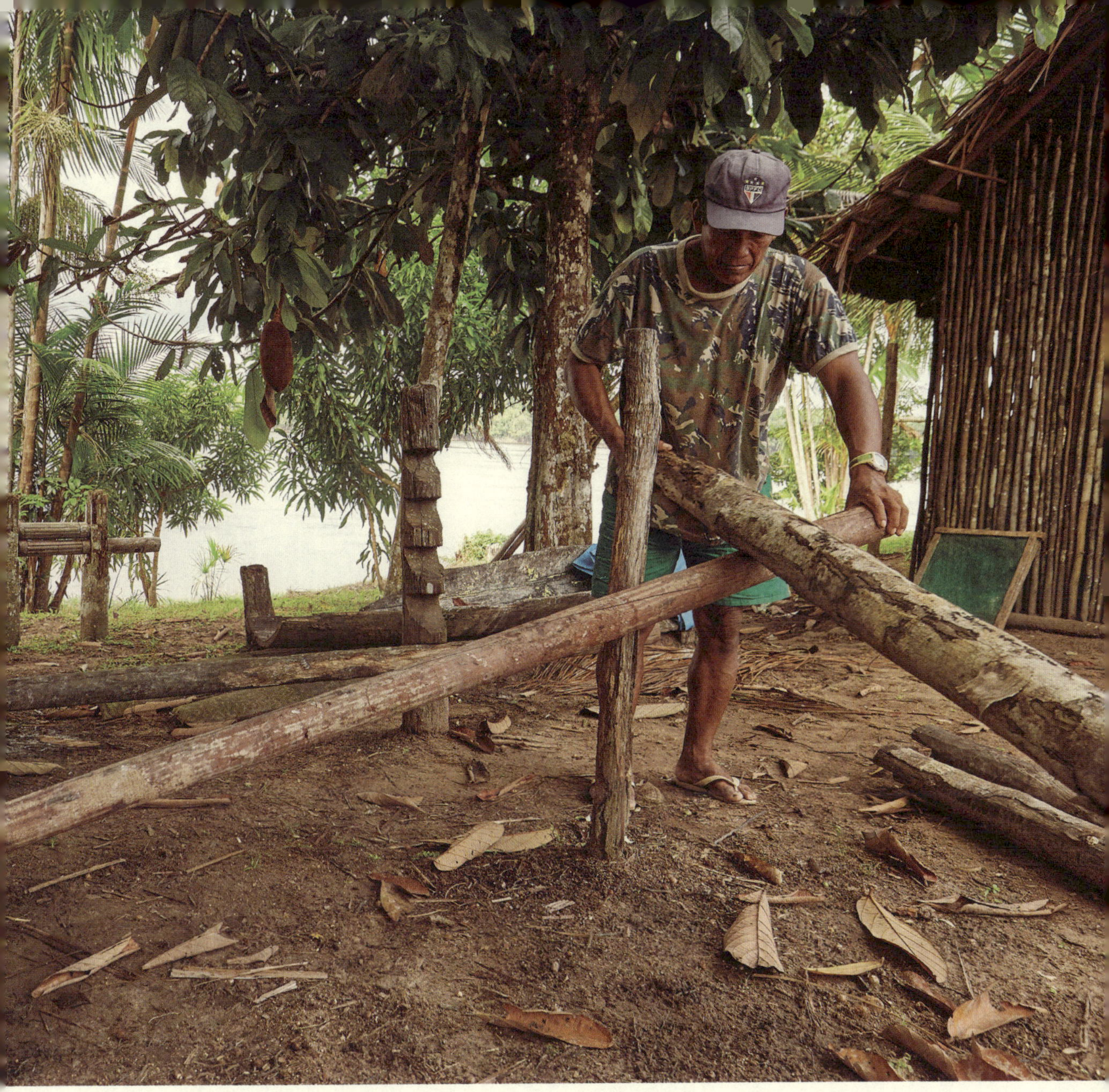

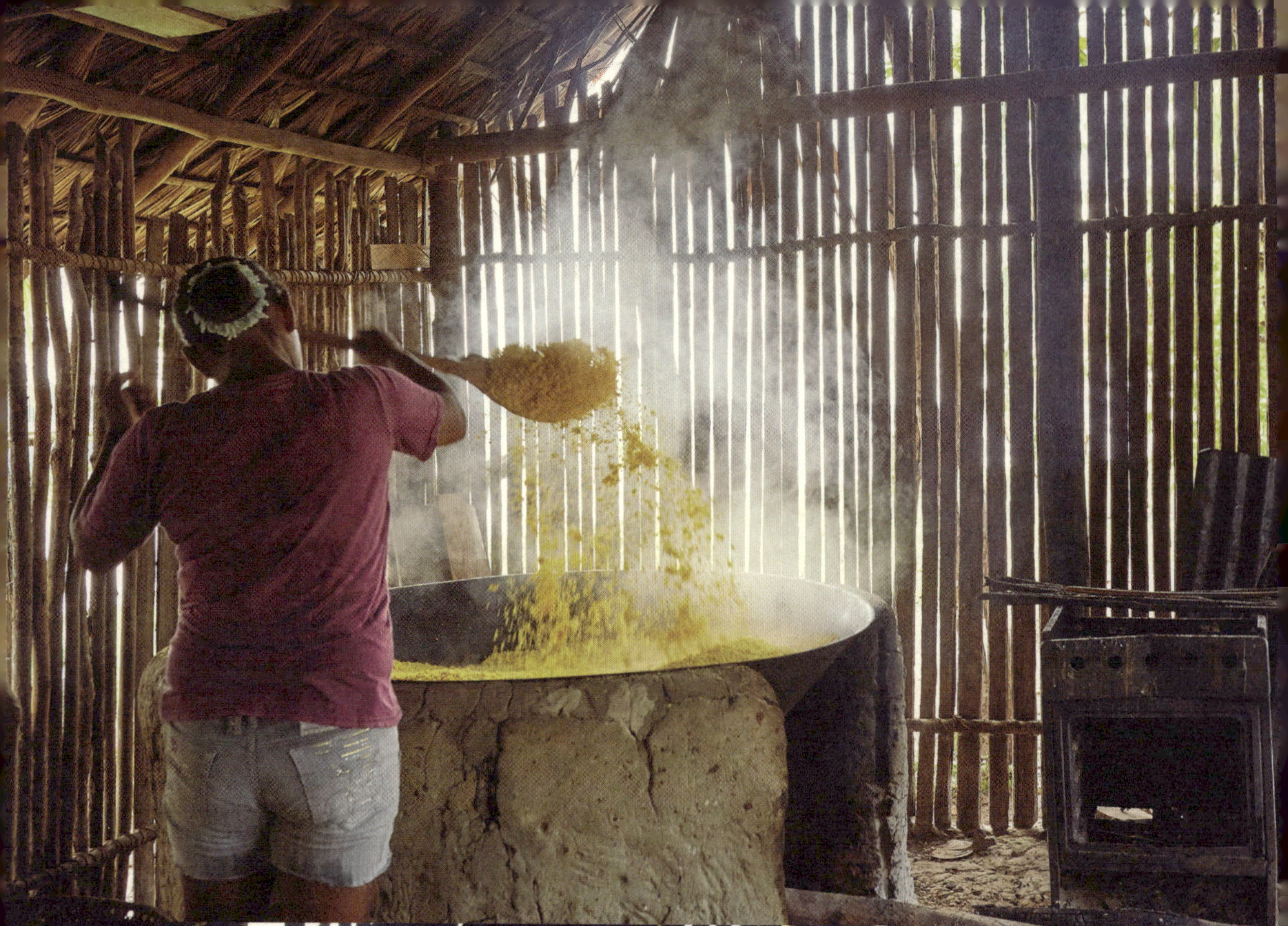
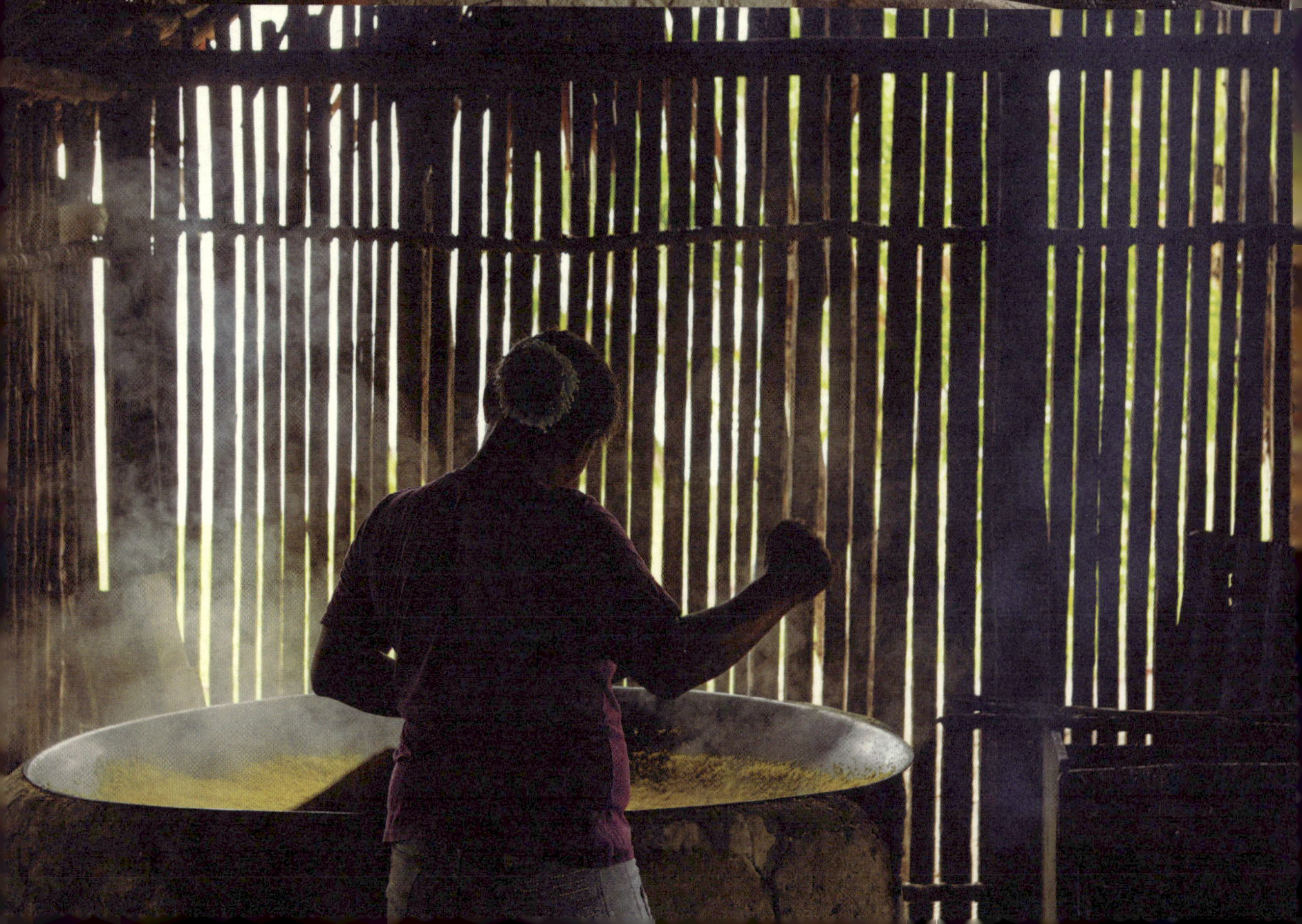

183

variedade jabuti etc. Essas associações povoam a roça de características que representam mundos plenos de bem-estar – o daquela comunidade familiar que deverão alimentar e do entorno natural com o qual interagem – e implicam uma relação social: enquanto seres que devem ser atendidos, mantidos sem ervas daninhas, as manivas constroem vínculos entre si, com outras plantas e com os humanos, e por conseguinte são permeadas pelas vicissitudes de todo vínculo.

Assim como existe a *mãe da mandioca* – a planta matriz que rege o destino do semeadouro, procurando seu bem-estar, garantindo a prosperidade –, há manivas sem *mãe*. Esse nome é dado às plantas que são fruto de sementes não semeadas, germinadas em uma roça antiga, ou encontradas em outros lugares, as quais são submetidas a um processo de adaptação e controle – isto é, de domesticação, mediante a qual devem demonstrar sua fecundidade – antes de entrar para a *sociedade das manivas*.

Além da *mãe da roça*, localizada no centro, existem junto a ela manivas auxiliares ou protetoras, chamadas de *remédios da roça*. O suco extraído de suas raízes é utilizado para banhar as manivas ou para ungir o ferro da enxada com o qual é realizado o trabalho de semeadura.

Os mitógrafos registraram a lenda do pequeno sapo Aru, que, enviado por Jurupari, aparece após a queima, no momento de semear, anunciando a presença da *mãe*, e portanto augurando prosperidade na colheita. Sua ausência, ao contrário, vaticina um mal desenvolvimento das manivas, às vezes vinculado ao descuido de sua dona. Porém, a lenda mais popular, apesar de não apresentar mais do que contornos difusos, estabelece que a mandioca nasceu do túmulo de uma moça morta.

Toda roça é plantada do centro para a periferia do círculo queimado, assim como o beiju se abre do centro para fora no forno, habitualmente com uma escova feita de piaçava preta. A dona da roça demonstra seu orgulho diante da beleza de seu semeadouro, que costuma ser guardado por manivas avermelhadas, localizadas no centro, ao redor da *mãe*. No lado externo plantam-se os tajás (*Caladium bicolor*), plantas domesticadas que levam apelidos de animais e que, com suas folhas venenosas manchadas de vermelho, guardam as manivas: afastam intrusos, animais, ervas daninhas e insetos, obedecendo a seus donos. Estes as alimentam com restos de carne e, como uma fera doméstica, as plantas são enjauladas com um cesto que as cobre. Se alguém entrasse no território, por exemplo, o tajá jaguar rugiria, espantando o curioso.

Há uma certa hierarquia não estipulada entre as manivas, sendo o lugar privilegiado o das brancas, que possuem mais fécula do que as outras e compartilham seu prestígio com as mais antigas. Às vezes, são classificadas por seu parentesco com outros seres: assim, fala-se de irmãos, companheiros ou cunhados das plantas, reproduzindo-se as características dos grupos humanos. Por exemplo, os abacaxis serão plantados para abastecer as manivas com água (que recolhem na base das folhas, embora talvez se trate de uma analogia com a suculenta provisão de líquido de seu interior).

Uma planta de mandioca não pode ser maltratada ou abandonada. Deve-se dedicar o máximo de cuidado para o aproveitamento de cada pé – a pequena muda do rizoma que será plantada para dar origem a uma nova maniva –, assim como reservar o espaço onde ele será replantado no ano seguinte. O pé é extraído, e o talo, cortado um pouco acima do nível do solo, é deixado em um tronco durante alguns dias até sua germinação, como no mito, para em seguida ser cortado em estacas e plantado. A dona é responsável pelo destino de suas manivas. Se por motivos de força maior precisar ir embora dali, deverá transferir sua roça a alguma mulher aparentada ou, na falta desta, terá de retirar as plantas em sua totalidade; mas jamais poderá abandoná-las.

Quando uma mulher, seja por casamento seja por migração, chega a uma nova região, sua sobrevivência e a de sua família dependem inteiramente, ao menos durante os primeiros tempos, das demais mulheres da aldeia, que generosamente lhe ofertarão algumas estacas para que comece sua própria roça. De fato, há uma circulação ativa permanente de estacas e sementes entre clãs associados por casamentos. A transmissão de mãe a filha ou de sogra a nora consolida os laços parentais de um modo que se vê refletido na evolução do uso da terra, que, com o tempo, apresentará uma maior biodiversidade. A sociedade das manivas que constitui cada roça reflete, assim, a estrutura social.

Diariamente cada mulher retorna com um uaturá[17] pendurado na cabeça, repleto de grossos tubérculos. É um verdadeiro espetáculo ver como analisam – com uma perícia que vem somente da experiência acumulada e transmitida de geração a geração – os semeadouros nos quais, para o profano, é praticamente impossível distinguir uma planta de outra, bem como seu grau de maturação. Com facas, machetes ou enxadas, sob o sol ardente, trazem à superfície a quantidade necessária de mandioca para abastecer sua família durante alguns dias e retornam pela trilha aberta na selva a passo lento, ajudadas por seus filhos menores e pelas outras mulheres da casa – filhas, irmãs e cunhadas –, que transportam uma boa quantidade de lenha e uma ou outra fruta – abacaxi, bacaba, açaí, umari, cupuaçu – colhida no caminho ou na própria roça. O peso sobre suas cabeças oscila entre vinte e quarenta quilos; vi mulheres idosas, de idade indefinida, suportarem cargas consideráveis com o corpo erguido, as costas retas, sem queixar-se de coisa alguma.

O passo seguinte ocorre na *casa de mandioca* ou *casa de farinha*, também chamada de *casa do forno*, espaço familiar ou comunitário (nem por isso menos regido pelas relações de parentesco, marcadas pela patrilocalidade) onde, sob um amplo telhado de palha, é realizado o processamento do tubérculo colhido. Alguns fornos por aldeia – amplas superfícies circulares de ferro fundido (antigamente eram de cerâmica) de aproximadamente um metro e meio de diâmetro, sustentadas por suportes de adobe e debaixo das quais é aceso o fogo – são suficientes para a produção necessária de farinha de mandioca.

A casa de farinha é um espaço de trabalho – e também de socialização – essencialmente feminino: é um prazer ver as mulheres conversando e rindo durante horas enquanto descascam os tubérculos, extraindo a casca com uma faca. Após isso, deixam uma parte repousar em água até obter a mandioca *puba*, amolecida e um pouco fermentada, que será misturada com a mandioca dura ralada e espremida antes de ser torrada. Uma mistura de mandioca branca – rica em amido – e amarela – com um maior índice de betacaroteno – constitui a base do processo.

Sentadas no chão com as pernas abertas, as mulheres apoiam o ralo – de origem baniwa – no peito e, com um movimento alternado

17—Aturá ou uaturá: cesto de carga com forma cilíndrica, que possui uma alça longa que se coloca na cabeça para transportá-lo. Costuma ser feito de lascas de arumã, planta marantácea que constitui a matéria-prima principal para a cestaria. São conhecidos ao menos três tipos de uaturá: o de seis, quatro e três cantos, ou seja, com base hexagonal, quadrangular ou triangular, e borda circular, que, em geral, é feita de cipó. Variam em tamanho e uso, que nem sempre é só feminino; porém, como a maior parte dos implementos para o processamento da farinha, ficam guardados na casa de mandioca.

de cada mão que sobe e desce pela superfície áspera de pedras pontiagudas, vão transformando a polpa em raladura. Quando a quantidade acumulada é razoável, ela é colocada no tipiti, a prensa fabricada pelos homens (habilidade adquirida durante o *kariamã*) para a extração da manicuera, o líquido tóxico que contém altas doses de ácido cianídrico. O tipiti, um dos símbolos da indianidade em toda a região, é um tubo cilíndrico tecido com fibras de palmeira que pode chegar a quase dois metros de comprimento. Em suas extremidades possui fortes anéis trançados[18] em que são inseridos pedaços de madeira, pelos quais será suspenso – por cima – e travado – por baixo. Para tanto, é pendurado em um tronco previamente preparado em cuja extremidade inferior se trava um pedaço de madeira horizontal que, ao passar pelo anel do tipiti, faz com que ele se estique, devido ao seu próprio peso. Às vezes, para aumentar a torsão, as mulheres sentam-se nessa madeira para espremer mais e extrair uma maior quantidade de líquido da massa, que, comprimida pelo estrangulamento das estrias do tipiti, escorrerá em um recipiente (atualmente um balde de plástico ou alumínio). Deixa-se o líquido em repouso para levigar (decantar) e, uma vez separadas as fases por suas diversas densidades, extrai-se a parte mais leve, chamada de *tucupi*, com a qual se faz a tapioca.

A seguir, a massa do tipiti é extraída, quase seca, e a mandioca ralada é passada por uma peneira chamada cumatá (ou urupema, quando a abertura da malha é maior), que geralmente fica suspensa em um tripé e com a qual são retirados manualmente os restos de manicuera que ainda houver. Depois, a massa é espalhada no forno quente e mexida com uma vassourinha de piaçava preta até transformar-se em farinha torrada. Ali começa um universo de sutileza sem par, pois, para o paladar inexperiente, a nuance entre uma e outra combinação de produtos derivados da mandioca é quase imperceptível. Dentre eles, vale destacar o beiju, uma panqueca de mandioca prensada que é virada no forno com um leque de fibras de folhas de tucum trançadas em forma de coração ou com uma espátula de madeira similar a um remo, mas com a lâmina em forma de coração cortada no centro. *Xibé* é o nome genérico de uma mistura de água com algum derivado da mandioca. O *caribé* é um beiju dissolvido em água ou transformado em massa puba. O *caxiri* é a bebida feita com o fermento de farinha de mandioca. O *curadá* é o beiju de tapioca pura. A *massoca* é a massa puba misturada com massa ralada; é passada pelo tipiti e seca no moquém, ao fogo.

Dentro do limitado repertório culinário baré, as nuances obtidas em sucessivas misturas de certos produtos da mandioca com outros elementos produzem variantes deliciosas. Por exemplo, com a pupunha, que é o fruto da palmeira homônima; depois de cozida, ralada e coada, a polpa restante é fervida com manicuera, misturada com beiju e deixada para fermentar. O resultado é um caxiri bastante forte. Mas é claro que, na forma de farinha, a mandioca é adicionada a todas as comidas, como caldos, *quinhapira*, vinho de açaí, *mujeca*, entre outros, seja como complemento seja como base.

Nos últimos tempos, uma série de fenômenos de modernização vem colocando em risco o sistema tradicional de usos da mandioca. Um deles é a substituição do ralo tradicional baniwa por uns cilindros dentados que os índios batizaram de caititu (nome de uma variedade de porco selvagem que tem uma dentição poderosa), movidos por motores a diesel. Do mesmo modo, como não mais se pratica

---

18—A sexualização de alguns elementos ligados ao processamento da mandioca, que é um modo de relacioná-la à ideia de fecundidade, de procriação, muitas vezes é mais que evidente. Costuma-se considerar os anéis do tipiti como vaginas; o próprio tipiti, por sua forma, é associado ao mesmo tempo a um pênis e a um útero.

o *kariamã*, restam poucas pessoas, principalmente nas áreas próximas às cidades, capazes de fabricar o tipiti. Por esse motivo, ele tem sido substituído por prensas mecânicas de ferro e madeira parecidas com as utilizadas para espremer uvas na indústria vitivinícola.

Em Acariquara, um centro privilegiado da cultura da mandioca, participei de um programa do Idam (Instituto do Desenvolvimento Agropecuário e Florestal Sustentável do Estado do Amazonas) que reuniu quase todas as mulheres da aldeia e uma delegação vinda de Cartucho. Haviam construído uma casa de mandioca moderna com concreto, cimento e telhado de zinco, perfeitamente pintada com tinta industrial, equipada com dois fornos de circulação externa, um espaço para o caititu elétrico e outro para a prensa. O curso era ministrado por dois especialistas – homens – provenientes da cidade de São Gabriel da Cachoeira, mas oriundos da própria Acariquara, que vinham ensinar a otimizar a produção de mandioca para o mercado. O esquema era clássico: aqueles que, por diversos motivos, haviam migrado e obtido educação superior, que haviam feito seu estágio na *civilização*, traziam seus benefícios ao retornar, apoiados – financiados – pelo Estado.

A expectativa era grande. A construção da obra havia demorado vários meses e fora executada por pedreiros vindos da cidade, de acordo com um projeto que imitava, em um alarde de correção política, as casas de mandioca tradicionais. Tudo era impecável. As mulheres, que receberam aventais e toucas de plástico, os quais lhes davam o aspecto de uma assepsia hospitalar, trouxeram uns duzentos quilos de mandioca de suas roças, pronta para ser moída. Entre risos de suspeita e uma curiosidade indisfarçada, mas não sem exibir um sorriso cético, as especialistas em mandioca viram o motor devorar em poucos minutos a montanha de tubérculos. A seguir, os docentes do Idam colocaram em sacos de náilon a raladura e tentaram submetê-la à prensagem. O processamento foi difícil não só porque os sacos, cheios de mandioca-brava, não toleravam a pressão e se rasgavam, mas também porque a manicuera não escorria o suficiente e ficava na massa. Finalmente, após várias tentativas e diversos ajustes improvisados, conseguiu-se uma boa quantidade de farinha, que foi torrada nos fornos. Até aí tudo estava dentro do previsto: em menos de duas horas todo o processo terminara bem.

Contudo, o interessante foi a troca de opiniões, na qual se confrontaram duas visões de mundo claramente diferentes. Pois os técnicos, esforçados e bem-intencionados em sua missão, tentavam argumentar a favor da eficácia dos métodos que traziam, a qual foi pronta e generosamente reconhecida pelas mulheres. Para eles, tratava-se de "perder" menos tempo no processo e de obter uma maior quantidade de farinha para a comercialização. Mas, ao chegar a esse ponto, surgiu a pergunta de para que era preciso tudo aquilo, pois nenhuma das presentes considerava as horas consagradas ao ralo uma perda de tempo; era tempo que passavam conversando com suas amigas e vizinhas, consolidando laços sociais. Além disso, praticamente nenhuma delas cogitava a possibilidade de processar a mandioca para ser comercializada – embora, às vezes, admitiram, o excedente fosse vendido aos regatões.

Penetrar nessa esfera de raciocínios era violentar a racionalidade indígena, que propõe um consumo mesurado dos produtos que a natureza dá, sob o risco de romper-se o equilíbrio ecológico. Foi-me instrutivo comprovar, mais uma vez, que a resistência à modernização técnica não provinha de preconceitos, como se poderia prever, mas, sim, da comprovação de que o modo tradicional de vida é sustentável e de que a introdução de modificações na matriz mais sólida – em última instância, a observância dos limites e potencialidades constatáveis da natureza – alteraria o rumo já verificado pela experiência. Ainda assim, as mulheres mais jovens consideravam os possíveis benefícios econômicos – monetários – como uma vantagem a ser avaliada, sem perceber o quanto de risco e de perda estava em jogo. O fato é que há décadas o dinheiro faz parte da vida das aldeias e as mulheres são suas principais administradoras. A circulação pelo rio gera intercâmbios e comércio de todo tipo, e o dinheiro tem ganhado um espaço que por vezes se torna perturbador no que diz respeito à dissolução dos laços tradicionais. A produção agrária, é claro, não está livre de seu alcance: aliás, nós mesmos, os visitantes, paliamos nossas necessidades alimentícias com a compra de víveres dos indígenas.

O universo de cultivos e vegetais colhidos para consumo, elaboração ou comercialização entre os baré é muito amplo. Junto com a mandioca, que ainda é a base por excelência de toda a cultura da região, plantam-se batata-doce, pimenta, abacaxi, ingá, pupunha, cana-de-açúcar e banana; e colhem-se frutas como o açaí e a bacaba, além da seringa. Também são coletados materiais vegetais para tecidos, cestaria utilitária e artesanato, como a piaçava ou as fibras de palmeira buriti, tucumã, miriti etc. Todos esses materiais são processados em espaços diferentes da casa de farinha, como nas cozinhas familiares ou nas casas.

As pimentas são importantes como tempero, mas também possuem certas funções simbólicas específicas, associadas a rituais que correspondem a diversos momentos da vida. A maniva e a pimenta passam de uma geração a outra e são parte essencial da transmissão étnica feminina. Beiju, farinha, massoca e pimenta *jukitaia* são os elementos que uma mulher deve ter quando está pronta para dar à luz. (A resina abençoada – *kãnta* – também deve acompanhar a gestante para não ser atacada por Manjuba. O conjunto passado como herança estende-se a outros utensílios domésticos, como o *masariko*, um pau terminado em tripé com o qual se mexe o caribé ou o mingau). A *jukitaia*, pimenta torrada, defumada ou desidratada, moída no pilão, que costuma ser preparada com formigas e sal, deve ser submetida à prece de um benzedor para poder ser utilizada no ensopado de peixe – a *quinhapira*. Também é conservada em arubé – água com massa de mandioca puba. No processo do *kariamã* é consumida "bem ardida" e crua pelo benzedor e pelo jovem iniciante. Às vezes, é consumida como pimenta de cheiro, ou seja, transformada em um pó que é inalado. É cultivada perto das casas e nas roças e costuma-se colocá-la em troncos com orifícios preparados com cinzas. Entre as variedades mais comuns, encontram-se a malagueta, a murupi, a de urubu, a pênis de cachorro, a olho de periquito e a merda de passarinho.

É comum ver, a poucos metros das casas, canteiros construídos com velhas canoas em desuso, suspensas a um metro ou metro e meio de altura, nos quais são feitos cultivos como cebola, coentro, tomate ou manjericão, mas também podem ser flores e plantas ornamentais. Lembram estranhamente qualquer quintal urbano e dão um toque feminino às aldeias.

Às vezes são organizadas expedições à caatinga, área imprópria para a agricultura, de mata alta, que fornece madeira ou frutos extrativos, como a palmeira bacaba, a sorva, os cipós etc., além das plantas medicinais. Outras buscas são feitas nos igapós, cuja terra argilosa costuma esconder açaizais, pés de ingá e plantações

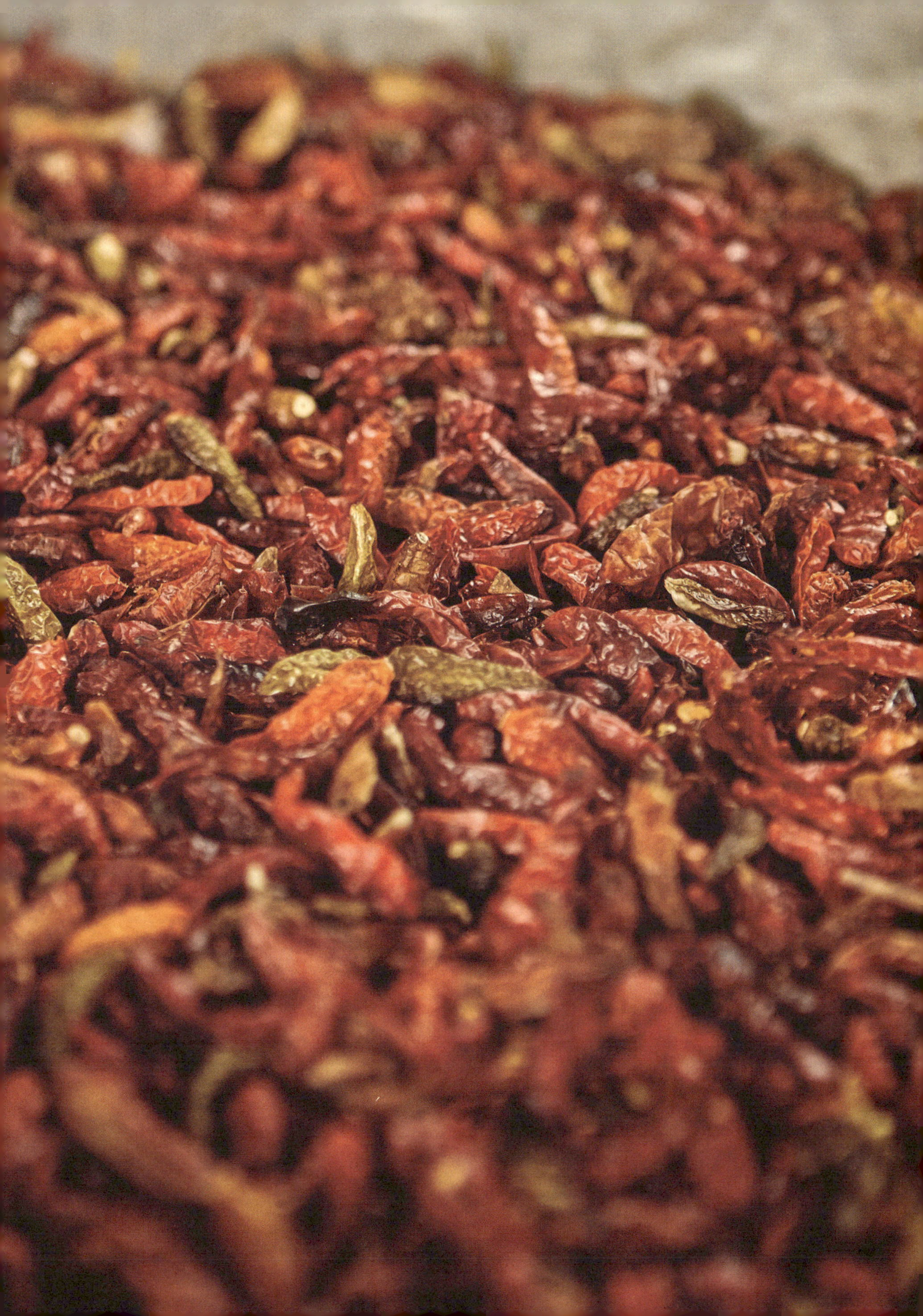

de banana ou abacaxi silvestre, onde também cresce a paxiúba, o cacau, a árvore de breu (resina que será utilizada tanto para calafetar canoas ou impermeabilizar qualquer tipo de superfície, quanto para queimar como incenso durante os benzimentos), entre outros. A busca das palmeiras miriti, tucumã e buriti ou de árvores como a imbaúba, cujo núcleo fornece a fibra para tecidos, é crucial para a elaboração da cestaria – sendo não menos apreciados seus frutos comestíveis. É comum ver junto ao rio, repousando em um balde de plástico ou bacia de alumínio, folhas amareladas de tucumã sendo amolecidas após terem sido batidas contra as pedras para remover os espinhos. Depois são ensaboadas, para manter sua textura e maleabilidade, e secas até estar prontas para serem trançadas. Algumas dessas palmeiras são matéria-prima para a indústria extrativista, como a piaçava, que fornece material duradouro e forte para a cestaria de quase toda a bacia do rio Negro. O mesmo se pode dizer da mangabeira e das diversas espécies de plantas produtoras de látex com múltiplos usos. Como último refúgio das habilidades manuais, a cestaria resiste à colonização de suas funções por elementos industriais. Em todos os grupos indígenas da região, entre eles, naturalmente, os baré, há forte consciência do caráter identitário da cestaria, da qual se sentem orgulhosos.

Embora continuem sendo muito apreciadas as plantas frutíferas como o abacaxi e o ingá, uma leguminosa cujo fruto adquire a forma de uma vagem semelhante a uma serpente arborícola, a predileta de toda a região é, sem dúvida, a fruta do açaí. Homens, mulheres e crianças, somente com a força de seus pés e mãos – embora às vezes usem uma bolsa de estopa dobrada e colocada nos pés para fazer pressão contra o tronco e conseguir sustentação para escalar –, sobem em palmeiras altíssimas até o topo, onde se encontram os cachos carregados do pequeno fruto avermelhado ou violáceo. Uma vez lá em cima, escolhem os que estão mais maduros e cortam o talo com uma pequena faca, para depois descer com ele na mão ou atirá-lo do alto. Ao chegar ao solo, o fruto é arrancado e colocado no aturá, que será carregado sobre a cabeça até as casas. Lá a colheita é deixada de molho por algumas horas e depois fervida até chegar ao ponto exato de fermentação: é o chamado vinho de açaí, sem qualquer graduação alcoólica, que, misturado com a tapioca, o beiju ou simplesmente com açúcar, é uma das delícias que amenizam as refeições. Como quase todos os produtos, é fabricado somente para ser consumido no dia, pois não são conhecidos – nem geram interesse – os métodos de conservação. O restante – que não costuma ser muito – é descartado.

Com a bacaba, bastante parecida em sua morfologia ao açaí, não se faz caxiri, somente um chibé de mingau. É processada de forma similar ao açaí: deixa-se amolecer em água morna e esmaga-se para extrair o suco. Outra bebida produzida nas aldeias à base de fermentação é o caapi, que é feito da casca do cipó esmagada em um pilão e diluída em água.

Nas últimas décadas, quase todos os talheres e utensílios de mesa foram substituídos por produtos industriais. Pratos, facas e garfos são comuns; as colheres metálicas existem e são usadas com limitações. Mas o recipiente específico para beber um chibé ou um caldo de *quinhapira*, para retirá-lo da panela entre os comensais ou para provar qualquer outra bebida, continua a ser a cuia. O fruto da cuieira, uma espécie de abóbora não muito grande, de casca dura e resistente, é cortado em duas metades e exposto ao sol até que, seco, suas sementes e a polpa restante possam ser retiradas por meio de raspagem e lixação com fibra de tucum. A cuia é, então, untada com resina e, quando está seca, recebe uma pasta de folhas fermentadas de mandioca, que deverá ser absorvida até que o vermelho laqueado dê lugar ao característico preto brilhante. Muitas vezes a parte externa das cuias é decorada com formas entalhadas, constituindo-se em objetos que, além de elegantes, chegam a ter uma boa comercialização nos mercados de artesanato das cidades.

Um dos objetos domésticos utilizados na cozinha que chamaram a minha atenção foram os forninhos de barro portáteis: verdadeiras peças de engenharia, perfeitas pela eficácia com a qual cumprem sua função. Feitos de argila branca ou rosa, com poucos componentes de ferro, consistem em cilindros de meio metro, mais estreitos no centro, com paredes de três ou quatro centímetros de espessura, que possuem uma abertura na base onde são introduzidos galhos cortados para fazer fogo; na parte superior coloca-se a panela, que encaixa com exatidão. Um sistema de ventilação – algumas ranhuras – permite que a circulação do fogo seja controlada sem perder calor. Mesmo que imite alguma forma originalmente apresentada por um forno industrial, hoje em dia são as mulheres das aldeias que o produzem e é vendido como um artigo indígena nos comércios especializados. De grande utilidade, simplicidade e fácil manejo, permite cozinhar em minutos um bom mingau ou aquecer água para o café. Sua produção é circunstancial e não faz parte, até onde pude saber, de um artesanato cerâmico permanente.

Apesar da existência de boas argilas, a cerâmica tradicional foi substituída entre os baré por produtos industrializados. Verificamos um fato curioso a esse respeito. Quando se move ou capina a terra nas roças, é muito comum que apareçam cacos dispersos de cerâmica entalhada ou pintada com cores avermelhadas ou pretas que remetem a antigos assentamentos abandonados. No entanto, o mais curioso foi notar o uso que dão às peças encontradas mais ou menos inteiras: se estão em bom estado, são colocadas em funcionamento automaticamente, até que o próprio desgaste as devolva à terra. Para o nosso desespero, ouvimos relatos sobre enormes jarros, talvez antigas urnas funerárias, destruídos por crianças em suas brincadeiras, que foram parar no rio.

PESCAR

São funções estritamente masculinas a pesca, que se realiza diariamente, e a caça, que costuma ser semanal, feita, às vezes, de forma coletiva. Dada a baixa produção de biomassa no rio Negro, devida à acidez da água, a pesca não é muito abundante e está submetida a um controle rígido, baseado principalmente em tabus alimentares. Não se pesca mais do que aquilo que se irá consumir no seio do grupo familiar; às proibições ordenadas miticamente pela mãe-d'água, que restringem e racionalizam a captura, deve-se acrescentar a presença da indústria pesqueira de grande escala, que, nas últimas décadas, dotada de navios com funis de extração e câmaras frigoríficas, tem dizimado a quantidade e a variedade de peixes e pôs em risco a sustentabilidade da pesca artesanal.

Entre as espécies mais consumidas estão a palombeta, o pirarucu gigante, o bagre, a piranha, o tucunaré, a traíra, o jacundá, o pacu, o peixe-boi etc., com os

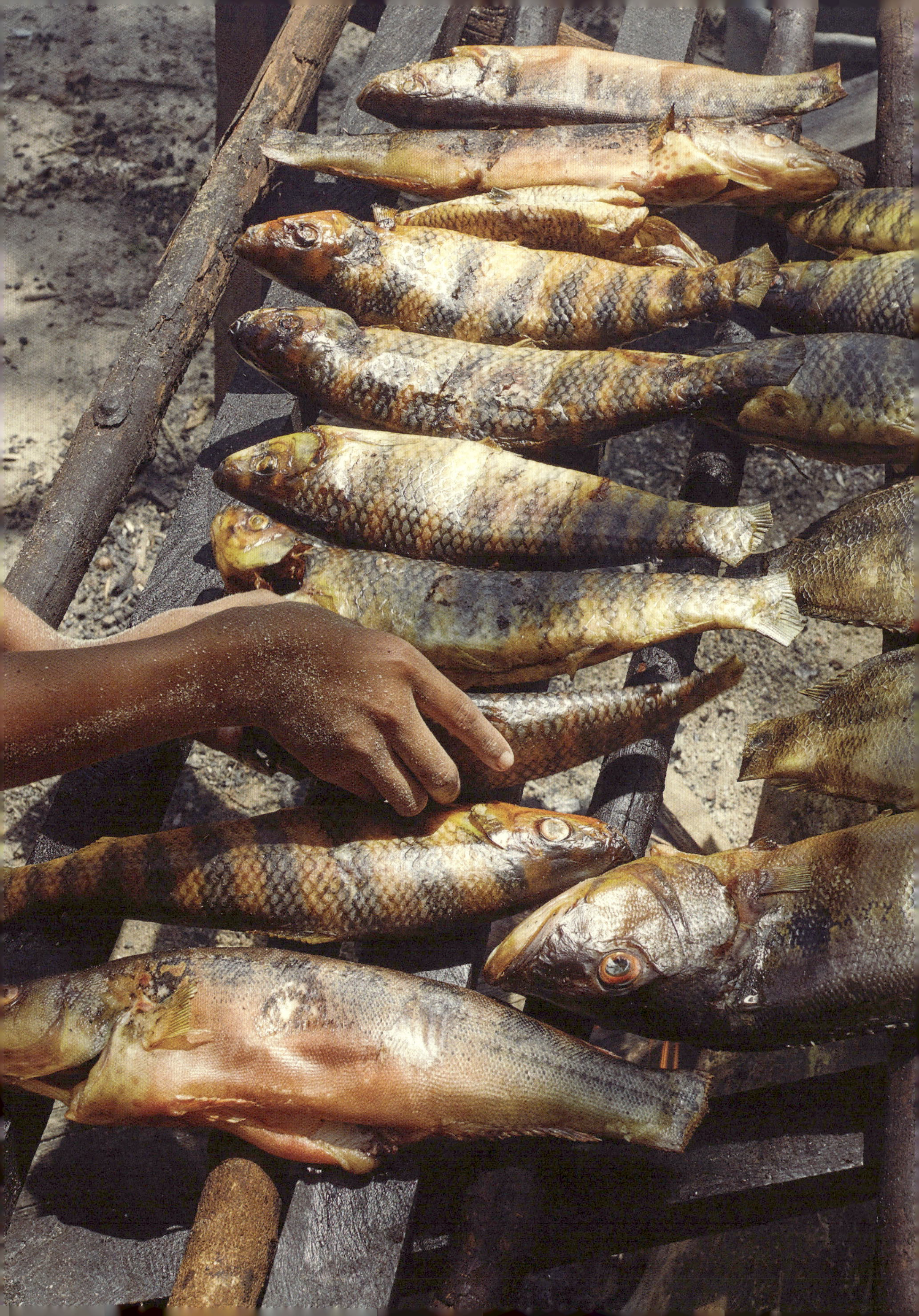

quais são preparadas deliciosas *quinhapiras* (caldo de peixe apimentado no qual se embebe o beiju) e *mujecas* (iguaria de peixe cozido, cujo caldo é misturado com farinha de mandioca ou com tapioca), ou que são comidos simplesmente assados ou defumados. Os métodos de pesca variam, ainda que os baré prefiram utilizar, em lugares estratégicos – particularmente durante a piracema, a desova –, cestos chamados matapi, de boca larga e corpo estreito, que servem de armadilha. Ou lançar-se diretamente à captura em canoas, munidos de anzóis, pouco antes do amanhecer, não sendo comum o uso de redes. Em alguns igarapés ainda se pratica o envenenamento das águas com timbó, um cipó que, ao ser golpeado por uma pedra, produz uma seiva tóxica que paralisa os peixes, o que facilita sua captura com arco e flecha ou diretamente com redes colocadas em um aro. O peixe constitui a base proteica da alimentação diária, complementada com a carne vermelha fornecida pela caça, praticada com menor assiduidade. Um dos empreendimentos promovidos por ONGS e pelo mercado de animais de estimação tem sido o cultivo de peixes ornamentais para abastecer a demanda das grandes cidades. Fonte de divisas para as aldeias, trata-se de um desvio da prática da captura tradicional de subsistência.

O BOTO

O boto é o delfim rosado de rio. Acredita-se que é uma masculinização de Iara, a mãe-d'água, ninfa ou sereia, confrontada com Boiúna, a sinistra cobra aquática, ainda que se fale também de seu caráter andrógino. De qualquer forma, abundam relatos sobre o boto em que esse ser benévolo, protetor da riqueza fluvial, aparece sob forma humana para atrair e arrancar das margens as donzelas desprevenidas, levando-as para o fundo do rio. Diz-se que possui órgãos sexuais semelhantes aos do homem; carregar um olho de boto é garantia de potência amorosa. Algumas lendas o descrevem como um homem que se veste de branco e usa chapéu para cobrir o furo que tem na cabeça, por meio do qual consegue respirar. Não respeita nem mesmo a mulher casada e, por isso, costuma-se atribuir ao boto os filhos de relações extraconjugais. Ninguém resiste à sua conversa sedutora. Por essa razão, as mulheres são proibidas de navegar a canoa ou deambular pelas margens do rio quando estão menstruadas, assim como de usar vestidos vermelhos, que atraem o fatídico Don Juan aquático. A dama que sucumbe a seu feitiço perde peso e fica amarelada; somente o pajé pode libertá-la. Odorico assegura que, antigamente, os baré consideravam o boto como uma deidade humana, que, despojada de suas características lúbricas, era uma figura séria e bondosa. *Acariquara* significa *cova do boto* – se bem que, durante o tempo em que estivemos ali, não vimos nenhum exemplar da espécie. Ninguém ousa pescar um boto; são muitos os relatos sobre a maldição que isso provoca.

CAÇAR

É assunto sério, no qual está em jogo o prestígio de um homem, tornar-se bom caçador. Hoje a caça se realiza, na maior parte das vezes, com espingardas, individualmente ou em grupo. Ainda que os mamíferos sejam o alvo preferido, não se desdenha a captura do jacaré, sendo muito apreciada a carne de sua cauda, assim como os dentes, utilizados na confecção de produtos artesanais. O mesmo se dá com aves de rapina como o gavião, galináceos como o mutum, ou pássaros aquáticos como o *uacará* – espécie de garça branca de tamanho avantajado, cujas penas são especialmente guardadas para uso ritual ou para escambo. Entretanto, o mais comum é a caça que se obtém em lugares específicos, que podem ser antigas roças abandonadas – capoeiras – ou áreas próximas a lagoas ou ilhas sem povoação humana. São muito apreciados animais como a queixada, a cutia, a capivara, a paca e a anta ou tapir – grandes roedores, bastante similares entre si, que fornecem carne abundante. Também fazem parte do cardápio o quati, a lontra – nútria de rio –, tartarugas de muitas variedades, cervos, diversas espécies de tatu, alguns tipos de macacos e algumas vezes até mesmo a onça – o jaguar –, cuja pele vimos ostentada com orgulho nas paredes das casas, e suas unhas e dentes, enfiados em colares.

Devido à relativa escassez de animais, a caçada segue regras muito precisas; os índios costumam navegar dias inteiros para ir caçar em certas ilhas – ainda que jamais invadam o território de outras aldeias –, e certamente nunca se capturam mais presas do que as necessárias, exceto apenas na véspera das festividades. Ademais, o principal regulador ecológico continua a ser o mito do Curupira, que é vigente em toda a América atlântica, até o rio da Prata.

O CURUPIRA

Viajante italiano hoje ilustre, que percorreu o rio Negro entre os anos 1881 e 1920, autor de um extenso *Vocabulário Nheengatu-Português*, o conde Ermanno Stradelli, que vincula à tradição guaranítica o relato do Curupira, descreve-o como um ser com corpo de menino e faz derivar seu nome dessa circunstância: *curu*, abreviatura de *curumi*, menino, e *pira*, corpo. O Curupira é a mãe do mato, gênio tutelar da floresta, que se torna benéfico ou maléfico para seus frequentadores, de acordo com o comportamento deles. É descrito como um menino de cabelo carmesim, com o corpo coberto de pelos e a particularidade de ter os pés virados para trás, de modo que suas pegadas possam dar aos caçadores a impressão de que ele se distancia quando na verdade está se aproximando. Também é descrito como um anão branco e loiro, com dentes azuis, que se transfigura em jaguar e costuma raptar crianças. Às vezes tem apenas um pé.

Contrariamente a outras versões guaraníticas do duende das selvas (como a lenda do Pombero, muito popular no Paraguai e no litoral argentino, representado com traços entre astutos e lascivos, dotado de atributos sexuais desmedidos, em total concordância com a antiga tradição grega dos sátiros marcados pelo priapismo), o Curupira carece de órgãos sexuais, até mesmo do orifício anal, característica que compartilha com alguns anões habitantes de mundos subterrâneos na saga de Poronominaré. Resto atávico da androginia primordial, faz presumir sua característica de entidade mais primitiva. Ainda que seja apontado como o senhor do trovão, ou seja, com o traço próprio de uma deidade celeste, é antes de tudo o guardião da selva: vigia para que se cace apenas para a satisfação das necessidades vitais, castigando aquele que mata desnecessariamente ou que causa a morte das fêmeas – principalmente se estiverem prenhes – de qualquer espécie, que garantem a reprodução, ou de animais muito jovens. Habilidoso para enganar, dono de uma grande capacidade de metamorfosear-se, às vezes transforma-se em um animal impossível de caçar: não some de vista, mas acaba sendo inalcançável, e o caçador é levado para longe de sua trilha até perder-se na selva. Nessas ocasiões, resta apenas um ardil engenhoso para desfazer o engano: fazer um novelo bem apertado com um fio de cipó, escondendo a ponta no centro, e lançá-lo ao longe, entre as árvores. O Curupira não resistirá e deixará de prestar atenção para entregar-se à tentação de desfazer a madeixa; assim, o caçador poderá retomar seu rumo e fugir sem ser perseguido.

Outras vezes, transforma-se em um animal que, ao ser alcançado pelo fogo ou pelas flechas, revela-se na pessoa de um amigo ou familiar do matador. Uma de suas aptidões é transformar o caçador em *panema*, ou seja, fazer recair sobre ele a fama de ser ineficaz em sua atividade, lesando assim seu prestígio social de modo quase irredimível. Em rigor, ele é o regulador, o artífice do tabu que regra o equilíbrio ecológico em um território escasso de vida animal.

Ouvi a história do Curupira dezenas de vezes, sussurrada com temor, à noite, em rodas de conversa masculina. Em algumas versões do mito, ele assumia o caráter de portador da morte. Com pavor, a voz trêmula, homens rudes, capazes de enfrentar diariamente as emboscadas da selva repleta de perigos, mencionavam ter visto essa ou aquela pessoa agonizante tornar-se, num transe final, um animal ávido por possuir o corpo. O Curupira pega o enfermo e o transforma em fera – explicaram-me –, despojando-o de qualquer característica humana. A crença que fundamenta o atual perspectivismo antropológico, de que todo animal foi humano, sem dúvida encontra aqui sua justificativa reversível. Por outro lado, numa sobreposição com Jurupari – deus genérico que coloniza os outros, tomando emprestados seus atributos –, costuma invadir os sonhos sob a forma de pesadelos. Mas não se trata de um ente abstrato, e, sim, de um animal informe que penetra os corpos adormecidos. Também, talvez pela sobreposição das potestades que regem Jurupari, algumas mulheres se veem atingidas por sua influência: se a comida estiver malcozida, desencadeiam-se terríveis consequências para elas.

O Curupira é a única entidade sobrenatural indígena que recebe oferendas, com as quais se obtém o favor de sua neutralidade. O registro mais antigo de sua presença, consignado pelo venerável José de Anchieta em 30 de maio de 1560, detalha:

> É cousa sabida e pela boca de todos corre que há certos demônios a que os Brasis chamam Corupira, que acometem aos índios muitas bezes no mato, dão-lhe açoites, machucam-nos e matam-nos. São testemunhas disto os nossos irmãos que viram algumas vezes os mortos por eles. Por isso, costumam os índios deixar em certo caminho, que por ásperas brenhas vai ter ao interior das terras, no cume da mais alta montanha, quando por cá passam, penas de aves,

> abanadores, flechas e outras cousas semelhantes, como uma espécie de oblação togando fervorosamente aos Curupiras que não lhes façam mal. (Câmara Cascudo, 1944, p. 25)

Hoje, alguns seringueiros ou caçadores adotam o costume indígena e fazem oferendas de pinga e tabaco na entrada da floresta. Diz-se que o Curupira se recolhe à sombra para degustar essas delícias e se distrai por algum tempo de sua função de controlador das matas, deixando o caminho livre. Entretanto, se alguém o tenta ver, ele desaparece a uma tal velocidade que se subtrai ao olhar humano.

Outras entidades obscuras que habitam a selva são Mira Kanga – cabeça humana falante que voa sem corpo, muitas vezes representada por uma coruja – e Manjuba, que ataca, às vezes, sob a forma de uma serpente aquática e rapta as crianças nas margens do rio.

TÉCNICA E INDIANIDADE

Ao que parece, a designação *baré* procede de épocas coloniais, pois significaria "branco", e marca o caráter mestiço ou, ao menos, a fluidez dos vínculos com os invasores portugueses, holandeses e espanhóis por parte dos caboclos ribeirinhos, quando começaram a ser percebidos como etnia diferenciada. Aquela disposição no sentido da manutenção das relações de diálogo, da mútua apropriação, do intercâmbio com outros grupos étnicos – não apenas *brancos* – é patente hoje em dia em um ponto que costuma constituir um sintoma delator dos preconceitos que os não indígenas têm para com os índios: a relação com a tecnologia.

Um lugar-comum das sociedades nacionais que se pretendem homogêneas e sem fissuras sustenta que a alteridade interna daqueles que não podem reconhecer-se plena nem sequer parcialmente na ideologia genérica da nação, que iguala e unifica tudo, define-se por suas carências – o que é admissível ou perdoável. Os índios são esse outro – incômodo, ainda que um tanto aceitável – porque algo lhes falta; são seres incompletos, embora eventualmente possam tornar-se redimíveis, ou seja, têm a opção de completude, desde que se verifique neles uma tendência a renunciar a sua diferença específica. Se fizessem isso seriam pelo menos assimiláveis, homologáveis como pares – ainda que nunca como iguais –, em suma, domesticáveis. Mas nesse caso deixariam de ser índios. Esse tem sido o dilema enfrentado pelos baré ao longo dos séculos.

Carentes de raciocínio abstrato, estando incapacitados para a ciência, ou, o que não passa de um correlato, da disposição adequada – para não dizer da inteligência – para o uso de tecnologias que lhes permitam a colonização e a transformação da natureza em função de suas necessidades, os índios seriam apenas aqueles que se mantêm como tais ao conservar seus estilos tecnológicos *primitivos*. O uso da tecnologia *civilizada* ou *branca* estaria, então, marcado por seu caráter fáustico. Posto que a perda da *inocência* da *alma indígena*, ou, para dizer de outro modo, a expropriação de sua natureza, seria para eles fatal, ao se tornarem presas das alienações modernas por meio do expediente da mera utilização de *nossa* tecnologia. Cativos em sua natureza virgem e inábil (que por sua vez se concebe como cativa da natureza),

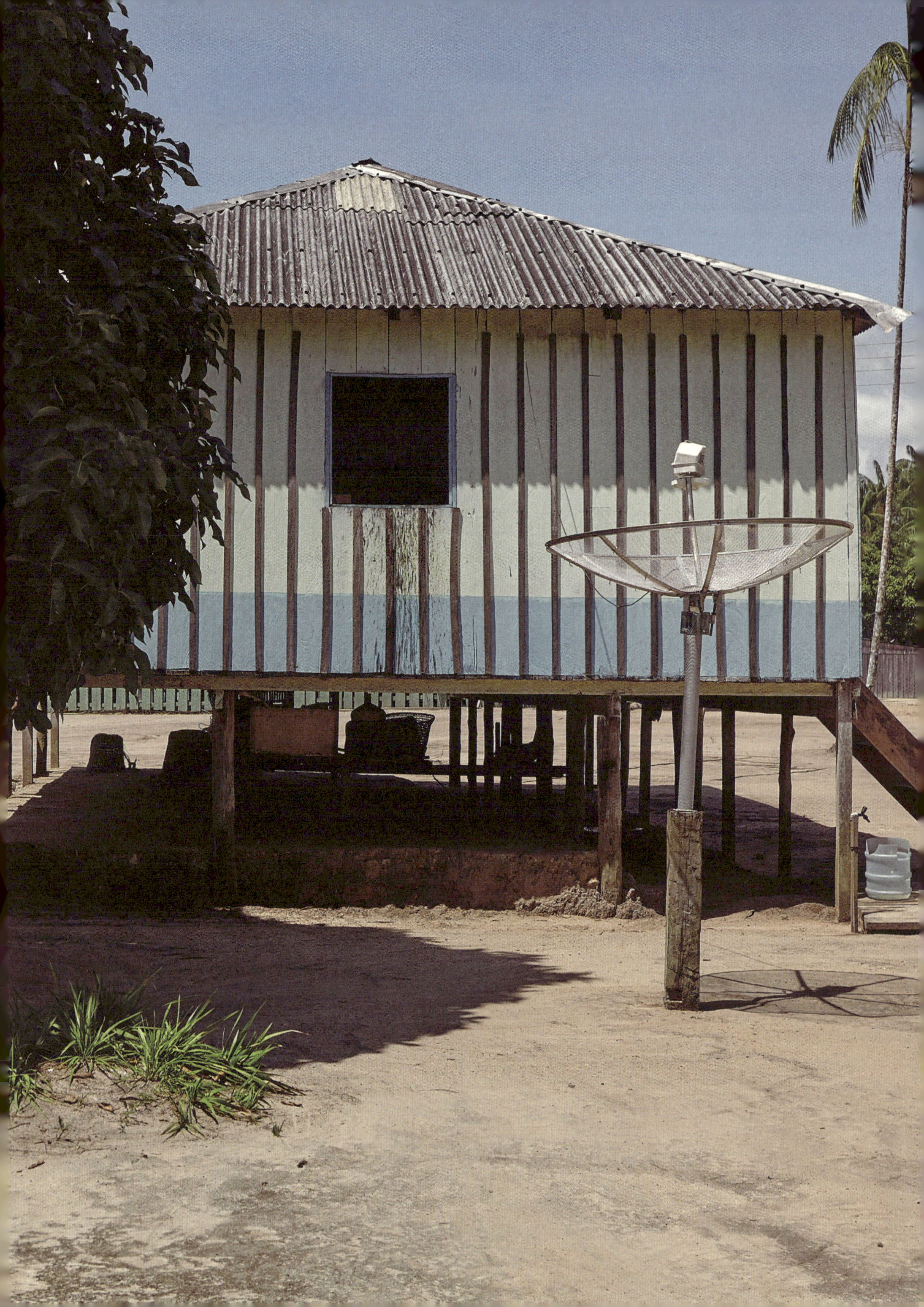

deles seria extirpado algo assim como uma essência da indianidade pelo mero contato com os dispositivos técnicos *brancos*, que, dessa forma, tornam-se, numa espécie de *animismo civilizado* diabólico, organismos autônomos de captura e transmutação de subjetividades. O pesadelo da autarquia tecnológica, que tem atormentado a imaginação ocidental[19], confere vontade e potência colonizadoras à técnica quando é colocado diante da mentalidade primitiva, que não buscaria nem sequer compreender o caráter daquele poder que a transmuta e formata. Nesse enfoque, sem dúvida, não conta absolutamente a modalidade crítica, soberana, com a qual o índio, como qualquer ser humano, tramita a instrumentalidade da técnica (na qual, diga-se, são especialistas: há milênios vêm pensando e dirimindo seu vínculo direto com a natureza por meio de criações técnicas ajustadas a seu objeto). Eis, então, o dilema a que estão fatalmente submetidos os pobres, brutos, inocentes e tolos índios: se usam a tecnologia de outro, perdem sua própria natureza; portanto, se hão de continuar a ser índios, deverão abdicar dela. A técnica acarretaria, assim, valores contaminadores que fariam tábula rasa das culturas primitivas ao chocar-se com elas e impor-lhes suas pautas. Desse modo, adotar a telefonia celular, por exemplo – algo que os índios, como nós, fazem com absoluta naturalidade –, já não é nem sequer um fato próprio da invasão cultural imposta pelos civilizados, mas, sobretudo, um ato de claudicação voluntária dos próprios índios em face do poderio, que aparece como irrefreável, do capitalismo tecnológico dominante. (Certamente, todo o arcabouço discursivo que sustenta a ideologia macerada pelas academias sobre a neutralidade das ciências e suas aplicações tecnológicas, com que os cientistas se eximem de sua responsabilidade nas catástrofes que alentam, assim como a reflexão crítica sobre suas mediações, capturas, alienações e transmutações do mundo da vida, que, com sua carga de humanismo, seriam aplicáveis apenas a humanos ocidentais urbanos, é derrubado num instante diante de enfoques desse tipo. Mas isso não impede que proliferem; afinal de contas, trata-se das mentiras convencionais da civilização que fundamentam sua impunidade e garantem sua reprodução acrítica.)

Para ser índio, deve-se continuar sendo aquele que se despojou e se despoja diariamente de sua condição material e se expurga de sua dimensão simbólica, enquanto se fustiga por sua não sujeição institucional ao Estado de direito e não se reconhece em seu modo específico de organização comunitária. (Digamos de uma vez: a vitimização do índio é também um grande negócio; paradoxalmente, às vezes acaba resultando no placebo de boas e não tão boas consciências enquanto mantém a indianidade blindada em um lugar que, em última instância, é tranquilizador. Os próprios conceitos de reserva ou parque nacional, ou de território indígena, nascem desse movimento moral ao colocar a diferença em um espaço físico e imaginário afastado e controlável, além de brindar o prestígio fácil da beneficência, do paternalismo conformista ou do assistencialismo de urgência a seus algozes diretos e indiretos. Situação esta que, certamente, é muito bem aproveitada pelos índios, já que abre uma brecha para seus apelos.)

Mas acontece que o índio não fica quieto: é curioso, indaga, testa, interage com o mundo e, entre outras coisas, adota tecnologias. E, assim, toca um ponto sensível, posto que, diante dos males que se cometem contra ele (entre os quais está o fato de que lhe é vedada a "usurpação" dos poderes técnicos com os quais o homem moderno

19—Pensar no supercomputador Hal 9000, de *2001: Uma odisseia no espaço*, o filme de Stanley Kubrick, que, de criatura, torna-se entidade demiúrgica.

dominou e destruiu o mundo), a impugnação prazerosa que produz ao utilizar a tecnologia *branca* é um escândalo que desarruma os lugares assinalados no mapa das identidades sociais. Não só os índios carecem de preconceitos com relação à tecnologia, provenha de onde for, como também fizeram dela, ao adquiri-la e adaptá-la a suas próprias coordenadas culturais, uma ferramenta eficaz no atual processo de etnogênese com o qual, em toda a América, a aboriginalidade começou a encontrar novas modalidades de resistência em um mundo que os condena à extinção, ao gueto ou à assimilação. O conhecimento científico e tecnológico já não é patrimônio exclusivo do Ocidente branco, mas começa a ser possuído soberanamente pelas etnias que ressurgem como sujeito histórico com potência ativa na história atual.

E isso nem sequer é novo: no decorrer dos séculos, os índios – nesse caso, os baré – têm adotado a tecnologia de grupos étnicos aliados ou até mesmo inimigos, como acontece com a maioria dos implementos que hoje em dia consideramos tradicionais: ralo, tipiti, peneira, banco, remo etc. Nesse sentido, a peça mais curiosa e emblemática dos usos soberanos da tecnologia que vi entre os baré foi um tipiti completamente trançado com tiras de plástico transparente em vez de fitas de casca de palmeira. Nesse objeto sincrético se condensa a adaptabilidade da mentalidade baré às condições históricas de contato interétnico, com sua carga material de imposição – o plástico – e sua dominação simbólica à maneira indígena. Sua eficácia como prensa de mandioca é equivalente ao caráter simbólico da etnicidade que ele possui em toda a bacia do rio Negro; essa função simbólica e prática em nada se vê anuviada pela apropriação do material industrial, mas o que acontece principalmente é uma revalorização da própria cultura. O formato indígena se sobrepôs à materialidade invasora, o plástico (emblema, aliás, da modernidade), cujas características – maleabilidade, fácil obtenção e transparência – o índio baré soube aproveitar em prol de seus próprios objetivos.

APARELHOS

A manhã está sombria. Caiu um aguaceiro e o silêncio é opressor. De repente, um reconhecível e inverossímil toque insistente, que mal se ouve, rompe a quietude. Das casas, do mato, de todos os lados surge um enxame de crianças que, rindo, correm apressadas, escorregando no barro, para atender ao telefone. Um orelhão – uma cabine de telefone público – situado exatamente no centro da aldeia, único meio de comunicação existente, trina na selva e provoca tensão no ambiente: não costumam ser boas as notícias quando alguém telefona. Mas, nessa ocasião, é apenas para avisar sobre nossa chegada, já um pouco tarde.

Na ribeira não faltam meios de comunicação. Ainda que o sinal de satélite costume ser ruim, ou nulo, os telefones celulares são habituais. Alguns rapazes os exibem como signo de distinção, às vezes até mesmo desligados, descarregados, atados a seu antebraço. Outros os utilizam para ouvir música – em geral, *reggaeton* ou *funk*, músicas populares toscas fornecidas pela indústria cultural de massa, certamente de qualidade muito baixa – enquanto passeiam ou descansam em suas redes. Nas cidades praticamente todos os índios usam celulares.

Algumas aldeias possuem estações de rádio. Instaladas em casinhas de madeira fechadas, funcionam por turnos, em determinados horários, para avisar sobre situações específicas: visitas, pedidos de auxílio sanitário, informações gerais. Em alguns casos, os sistemas foram providenciados pela FOIRN ou alguma das ONGS que pululam nos territórios indígenas; em outros, pelo Sesc, que, na ocasião de nossa visita, forneceu equipamento às aldeias que participaram do filme *Baré: povo do rio*, em agradecimento por sua colaboração e hospitalidade.

Em Acariquara uma estação meteorológica mantém o registro exato das precipitações. Consiste numa espécie de antena de satélite, mas diferente, encerrada em um recinto circular aramado e sustentado por robustos pilares de concreto que a protegem de roubos pouco plausíveis. De um lado, uma caixa transparente contém barômetros e outros sofisticados aparelhos de medição, que enviam dados a algum centro de análise na cidade. (Aliás, é conhecido o caráter absolutamente imprevisível das variações climáticas na região do rio Amazonas: em um único dia podem ocorrer ventos surpreendentes, tempestades violentas e um sol abrasador, com variações térmicas de cerca de 25 °C.) A poucos metros dali, em uma casinha de madeira meio desarranjada que havia pouco perdera sua única demão de pintura, meu olhar alcança uma mesinha com um microscópio. Trata-se de um laboratório instalado para o controle das doenças endêmicas que afetam a região, como a malária, que de tempos em tempos volta a se propagar. Alguns habitantes, explicam-me, receberam capacitação para usá-lo. Mas em geral é operado por médicos, enfermeiros ou técnicos de laboratório cuja presença é relativamente aleatória.

Todas as noites, o ruído dos motores geradores de energia, que funcionam a diesel, compete com o som dos televisores ou dos aparelhos de áudio que alimentam. As antenas de satélite alimentadas por células fotoelétricas, envelhecidas pelo calor do sol e pela obra das intempéries, parecem incrustações intergalácticas no meio da selva. A palavra "invasão" descreve bem essa presença cujo uso, felizmente, por motivos econômicos – o custo do combustível – é limitado a apenas algumas horas ao cair da tarde, o horário da novela. Ainda que às vezes se prolongue por mais tempo.

Diz-se que a televisão é uma janela para a alma de um povo. Ver televisão na selva, rodeado de homens, mulheres e crianças baré, é uma experiência singular. Tive a sorte de assistir aos jogos classificatórios para a Copa do Mundo de 2014. É sabido que os campeonatos mundiais são um convite para dar rédeas soltas às paixões nacionais mais exacerbadas, e o que prometia ser um momento incômodo, ao menos para mim, argentino, afinal, e portanto sujeito a todas as possíveis especulações de rivalidade futebolística, acabou sendo apenas um passatempo de escasso interesse. Notei a indiferença impressionante com que os jogos eram vistos, incluindo aqueles protagonizados pelo Brasil. Os lances mais excitantes do jogo eram recebidos com uma apatia singular; de fato, quase nenhum dos assistentes na casa comunal ficava para ver um jogo inteiro. Não poucos dentre eles estavam mais intrigados com o meu interesse e meus comentários e exclamações do que com o jogo em si. E não é que não gostem de futebol. Não há praticamente nenhuma aldeia que não tenha um grande campo, em geral dotado de gols com medidas oficiais e demarcado a cal com precisão, no qual à tarde se veem grupos de garotos calçados com chuteiras profissionais, com chinelos ou descalços, jogando não sem destreza. Vi diversos jovens indígenas muito habilidosos vestidos como celebridades do futebol profissional, o que inclui penteados extravagantes com colorações incomuns, *à la* Neymar, usando camisas de seus times favoritos. Assim como vi não poucas mulheres com um bom domínio de bola, com cintura para o drible e chute digno de um meio-campista experiente. No entanto, as classificatórias para a Copa do Mundo se apresentaram a mim como um espetáculo de interesse menor. Somente as novelas, a grande paixão nacional, com seu público masculino muito ativo, suscitam grande expectativa. Ninguém teve dúvidas em mudar de canal, para meu desespero, quando se disputava a classificação da Argentina: havia chegado a hora da novela da tarde.

Algumas vezes passei horas vendo uns programas inacreditáveis, de tão horrorosos, tratando de averiguar em vão o que pensavam meus circunstanciais companheiros de tertúlia indígenas na casa comunal. Lembro-me com vergonha de um programa de entretenimento em que três anões travestis zombavam de um afrodescendente – um negro, na ocasião, o apresentador do programa – e, por sua vez, eram submetidos a todo tipo de sarcasmo enquanto recebiam gozações quase discriminatórias da plateia, que aclamava com risos e gritos as tiradas nada felizes da audiência que, de casa, propunha por via telefônica novas formas de humilhação.

Outra vez aconteceu de eu assistir a um programa que mostrava ao vivo a violência policial, de uma crueza que espantava os índios, que viam ali a forma do inferno prometido pelas cidades. E outra vez – mas apenas uma vez – pude assistir a um programa desses que abundam no *prime time* televisivo do Brasil, apresentado por um conhecidíssimo pastor evangélico, com seus milagres de encenação e suas curas absurdas: uma pessoa da casa, com bom senso, simplesmente se levantou e desligou o televisor, dando por concluído o tão constrangedor espetáculo.

RIR

Estouram os risos. Nas onze aldeias em que mostramos o filme, sem exceção, todos os espectadores riram às gargalhadas exatamente nas mesmas cenas. Minutos depois de começar a exibição, uma mulher idosa, em primeiro plano, prepara um caribé para seu marido. A cena se passa no interior de sua casa. O homem diz algo em português enquanto, com uma cuia, prova a bebida. A mulher olha de relance para a câmera e sussurra para ele em nheengatu. Gargalhadas. Ela, explicam-nos, o advertira de que falasse na língua geral para parecer índio.

Todo índio é multilíngue, e, às vezes, essa situação se torna repleta de equívocos. Os índios adoram os equívocos. Não apenas pela oportunidade de desconcertar o que costuma haver de cerimonioso em algumas situações, sobretudo diante de estrangeiros, os quais gostam de surpreender tornando eminente a diferença linguística, mas também pela ocasião de explorar os múltiplos sentidos do mundo que se tornam notáveis no trânsito entre as línguas. Viver em estado de tradução permanente abre a própria condição mental à aceitação de que algo do mundo nos escapa se permanecemos no mero cárcere do idioma. A maravilha da natureza, de que somos parte, penetra na língua sob a forma do mito: para o índio há uma área de continuidade entre a fala das coisas, dos não humanos – animais, deuses, plantas e mortos são seus interlocutores naturais –, e a possibilidade de articular palavras. Falar é reafirmar um *continuum* entre a criação do mundo e o presente. É atualizar o mito. Quando Jurupari foi criado, sua boca foi aberta com um corte – do mesmo modo que, com a mulher, se lhe abriu a vagina –, feito com uma cauda de peixe. A fala e a procriação replicam a vida animal, sem solução de continuidade; dirimem o enigma da vida e da morte. Ao ser embebedado, queimado na fogueira e destripado por haver devorado alguns de seus filhos (a antropofagia, como sempre no Brasil, muitas vezes permeia os mitos), Jurupari retorna ao céu emitindo um som parecido com o das trombetas utilizadas no *kariamã*, mas deixa uma herança: a fala, ñenga.

O filme continua. Uma mulher idosa quase cega prepara um peixe às margens do rio. Ao filetar e marcar os lados com pequenas incisões – *picar o peixe* –, o público ri: "está fazendo isso muito mal", comentam as mulheres com picardia, cobrindo a boca com a mão.

Outro momento risonho do filme se dá durante a colheita de cipó para fazer os *adabi*, os fustes com que no ritual do dabucuri se tira o *saruãsa* – o mal – do corpo mediante fortes açoites. A cena é grave. O caráter religioso, denso, passa da tela aos espectadores. Alguns jovens estão sendo submetidos a uma série de provas que na realidade são ensinamentos secretos: ver em público essas cenas adquire nas aldeias o caráter de uma transgressão. Para muitas mulheres é como se verem colocadas em uma situação de intromissão em um âmbito que lhes está rigorosamente vedado. Trata-se de um ato cujo castigo é, até mesmo, a morte. Muitas desistem e vão para casa.

No filme se vê um homem robusto que retorce um cipó para arrancá-lo da palmeira. Em vão. Pendura-se, mas não consegue cortá-lo. Estouram, como um alívio, os risos. Depois, perto do final do filme, na grandiosa cena da sessão coletiva de açoites rituais que deixam marcas de sangue nas costas, as gargalhadas acodem unânimes quando, para acalmar transitoriamente a dor infligida às meninas, seus pais agarram-nas pelas mãos e as suspendem no ar. O esperneio e o pranto desconsolado provocam uma risada incontrolável em todos – inclusive nas próprias crianças, que se observam sofrendo.

INDÚSTRIA

Entre as indústrias extrativas que têm deixado seu rastro na paisagem fluvial está a dos barcos areeiros, que aqui e ali decoram algum trecho do rio: com seus cadáveres oxidados que lançam funis verticais como garras, arremedam insetos gigantes capturados nas redes do passado. Alguma plataforma petroleira abandonada e meio escondida em um igarapé se erige como uma ameaça sobre o futuro: a preocupação com o rumor de novos empreendimentos de prospecção e extração atualiza uma memória urdida por contaminação das águas, mortandade de peixes e abandono das aldeias. Para os índios, o petróleo é uma maldição. Não tanto seus subprodutos, como o óleo diesel, que soluciona tanto a alimentação dos motores das embarcações como a provisão de eletricidade. Lembro, intempestivo, a máxima de Lênin: "O socialismo é reforma agrária mais eletrificação rural". Aqui a propriedade da terra é coletiva, ainda que esteja em eterno processo de demarcação e homologação – o qual sucede não sem disputa –, mas encontra, em sua conjunção com a eletricidade, não mais uma versão do socialismo comunitário sonhado pelos utópicos do século xix, mas um dos mecanismos de acumulação primitiva capitalista. Pois a economia do óleo diesel requer produção mercantil, uma cadeia de comercialização e acumulação de dinheiro para garantir sua fluidez. E, evidentemente, apropriação privada: ainda que alguns serviços elétricos sejam comunitários – e se financiem com a cobrança de um imposto em dinheiro vivo destinado ao óleo diesel –, na maioria das vezes são solucionados de forma familiar com a compra e o abastecimento de um gerador. O mesmo acontece, às vezes, com algumas embarcações, que passam a servir como meios de transporte público, mas são de usufruto privado: em troca de algum dinheiro realizam o trajeto até as cidades ou aldeias vizinhas.

Um barco que serve de posto de abastecimento flutuante atravessa o rio várias vezes por mês, provendo as aldeias com subprodutos do petróleo. A passagem do barco a remo ao barco a motor, que modificou substancialmente a velocidade das comunicações e, com isso, a percepção do tempo, que se viu subitamente acelerado, acarretou a necessidade de gerar de modo continuado alguma forma de ingresso monetário que assegurasse sua provisão. Não é que não houvesse acumulação de dinheiro entre os índios; de fato, está ocorrendo desde os primeiros momentos de contato com o branco. Mas a economia do óleo diesel destinada a abastecer voadeiras e rabetas, além de ser substancial para o funcionamento da eletricidade, instalou entre os habitantes da ribeira uma certa cobiça que se evidencia na pressão que os maridos exercem sobre suas mulheres, produtoras de todo tipo de bens, principalmente agrários, mas também artesanais. Alguns artigos, como certas peças de artesanato tradicionais que têm sido substituídas por elementos industriais – zarabatanas e arcos, suplantados por espingardas e armas de fogo, ou tipitis, balaios e peneiras decorativas –, começaram a ser fabricados apenas para o mercado. Também têm surgido novos empreendimentos comerciais, como o cultivo de peixes ornamentais[20]. Há apenas meio século o viajante naturalista José Cândido de Carvalho escreveu:

> **Nesta região não se usa dinheiro, salvo em casos restritos. Tudo é negociado sob forma de permuta, ou escambo. O dinheiro é substituído pela farinha, pela banana, pelo peixe e por outras utilidades locais. Os índios desconhecem o valor do dinheiro, não sabendo contar os cruzeiros ou mil-réis. Aliás, um grande número deles se vê atrapalhado quando solicitado a contar mais de dez.**
> (Carvalho, 1952, p. 29)

A ânsia pelo dinheiro circulante (com seu correlato, a sede de ganância e o predomínio do esforço individual em detrimento do coletivo) reorienta as produções em direção à acumulação de excedente, ainda que isso não se dê sem resistência, em um processo no qual os valores fundados no conhecimento tradicional são os que desempenham um papel fundamental.

Vi representada a cobiça (atitude bastante alheia à cultura indígena, que costuma praticar o desapego com relação aos bens materiais, assim como propõe seu usufruto coletivo) desencadeada pela simples presença do óleo diesel em uma aldeia que havia recebido convidados para uma festa. A ocasião, etnograficamente privilegiada (o jogo de doações e intercâmbios de bens e mulheres que os antropólogos observam em quase todos os povos do mundo, dramatizado no rio Negro sob a forma do dabucuri), é a forma como a hospitalidade se vê retribuída pelo aporte de seus melhores produtos por parte do visitante. Assim, vi sair das barcas dos hóspedes uma grande quantidade de peixe, carne, beiju, caixas com frutas e outras coisas, que foram, sem nenhuma mesquinharia, colocadas à disposição das mulheres para preparar a festa. A cena, idílica, de genuína fraternidade entre povos, tinha um reverso que mostra completamente os resultados da modernidade. Ao anoitecer, alguns dos homens, tanto entre os anfitriões como entre os visitantes, fazendo-se de distraídos, dissimuladamente penduraram suas redes de dormir muito próximas do rio, a metros de suas embarcações, para prevenirem-se de um possível roubo de óleo diesel, caso viesse a ser cometido.

COMER

Entre as "pequenas diferenças incômodas e inadmissíveis" com que o viajante não indígena se depara em território baré encontra-se a ordem hierárquica observada estritamente nas refeições. Ressoa o sino pela manhã ou pela tarde, e uma fileira de mulheres e crianças

---

20—Ao indagar, descobri que não faltam ONGs oficiosas incentivando os índios a dedicarem-se à pesca e ao cultivo de peixes ornamentais, com a finalidade humanitária de que acumulem dinheiro e, assim, abasteçam as veleidades das classes acomodadas das cidades que desejam algo da natureza selvagem capturado em suas casas para recordar que são – que acreditam ser – os que a controlam.

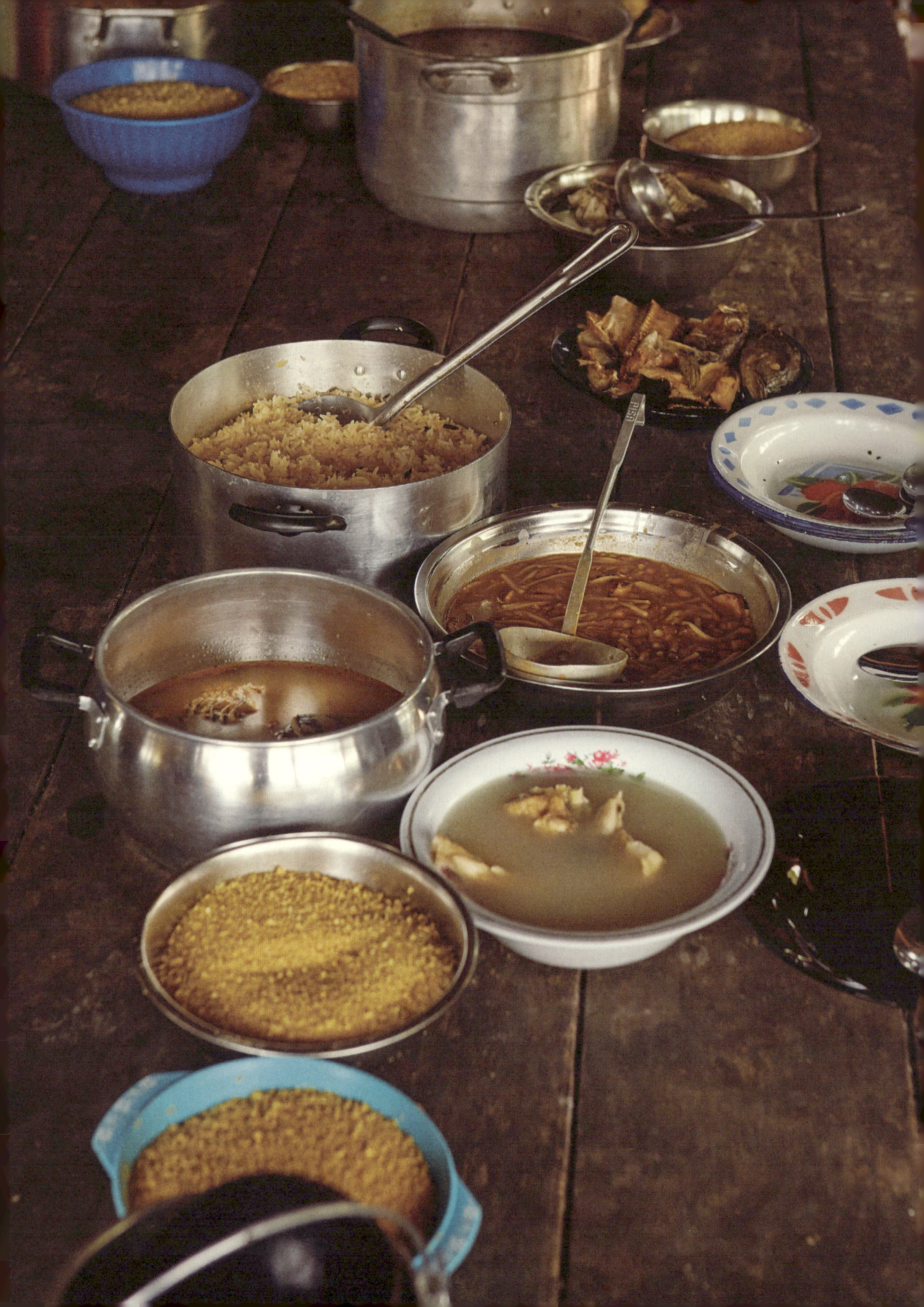

transportam até a casa comunal – a *Mira Angã* – os utensílios para tomar o café da manhã ou para lanchar. Uma vez dispostas as xícaras, as cuias, os copos, as garrafas térmicas com café, os recipientes plásticos com tapioca, potes com açaí, caçarolas com quinhapira fumegante, pratos repletos de beiju, tapioca ou peixe assado, entre outras delícias, as mulheres se retiram discretamente com suas crianças e esperam, pacientes, sentadas a um lado, enquanto olham os homens comer. Parece-me odioso. Os homens se fartam, indiferentes aos olhares de suas mulheres e filhos, enquanto falam sobre a pesca do dia ou se demoram comentando qualquer outro evento. Riem, fumam, fazem piadas, por mais tempo do que o indicado, sem deixar de dar conta do conteúdo de cada prato. Parece de propósito. As crianças esperam resignadas, as mulheres cochicham. Farto da situação, e ignorando deliberadamente a ordem patriarcal vigente, ousei convidar duas jovens mães, que nos observavam com mais fome que curiosidade, a compartilharem comigo a comida. Minha comida. Recebem o convite quase como um insulto. Não chego a entender o que dizem – ainda que conheçam o português, interpelam-me em nheengatu –, mas não deve ser algo agradável, a julgar por seu tom. Tenho de resignar-me, uma vez mais, à aceitação da alteridade sem tentar alterá-la. Pequena lição de ética.

POSITIVISMO

Durante uma conversa com Eduardo Viveiros de Castro em Buenos Aires, notei com surpresa que lhe causava espanto que o positivismo, que no Brasil havia gerado políticas de proteção ao indígena, na Argentina tenha sido a ideologia do genocídio. Enquanto o Brasil delimitava seu território nacional pelas mãos do general Cândido Mariano da Silva Rondon, cujo lema para enfrentar o encontro com tribos desconhecidas era "morrer se preciso for, matar nunca", que permitiu ao Estado brasileiro implementar políticas de integração, na Argentina o general Julio Argentino Roca, estritamente contemporâneo de Rondon, cometia genocídio das etnias que habitavam a Patagônia e o litoral do país sob as mesmas concepções filosóficas. O que Roca chamava de *deserto* – que no Brasil terá seu equivalente no sertão cantado por Guimarães Rosa e Graciliano Ramos – estava repleto de gente que, para o general que imporia a hegemonia inglesa na Argentina pela ponta de fuzis Remington e telégrafos, havia de ser expropriada de seu território e submetida a operações de escravidão, genocídio e etnocídio em grande escala. Pareceu-me interessante o equívoco fundamental que há aí: o positivismo – que implica a ideia de "ordem e progresso" inscrita na bandeira brasileira –, em sua articulação com o capitalismo de natureza colonizadora e expansionista, a longo prazo produz necessariamente não apenas a negação do outro étnico, social, cultural ou, o que é o mesmo, sua assimilação, sua tradução às novas coordenadas culturais impostas *manu militari*, mas também, sobretudo, a expropriação de suas condições materiais de existência para serem formatadas de acordo com o novo sistema produtivo. Se essa vocação apropriadora é moderada por valores da ordem da comiseração interessada na construção de uma nova religião laica – como no caso de Rondon e seu piedoso positivismo de raiz comteana, em sua articulação com a concepção teleológica da história que promete libertar os coletivos sociais dos empecilhos não modernos mediante sua imposição pela força –, torna-se a ideologia dominante hoje em dia, despojada de todo registro do *outro* como entidade a respeitar. Ligada ao agronegócio, que ao aliar-se à indústria química e genética rompe a ideologia clássica agrária, na qual primavam valores conservadores, e torna-se propulsora de um novo ímpeto na apropriação do espaço territorial, a ideologia triunfante do *desenvolvimentismo* contemporâneo se consolida em seu poderio devastador da indianidade ao imbricar-se com o evangelismo fundamentalista, que não poupa esforços para erradicar para sempre todos aqueles que provenham dos extramuros da crença em um deus único e vingativo. A isso somam-se o extrativismo renovado, com seus mecanismos de captura humana e devastação do nível ecológico básico, e a apropriação de padrões de DNA para abastecer a indústria genética, que, com esse fogo cruzado e à discrição, põe a indianidade em risco e ao mesmo tempo transforma os índios no último elo resistente da cadeia social, sobre o qual recai a responsabilidade de parar a destruição das condições materiais de existência da própria vida. Essa situação dramática põe em xeque as conquistas de um século de positivismo piedoso e multiplica as do positivismo genocida, não sem adquirir novas fontes ideológicas para legitimar sua destruição apropriadora. É por isso que o elo mais fraco – para seguir parafraseando Lênin – da cadeia de dominação, do qual provirá qualquer programa emancipador possível, é o índio, que se torna assim puro futuro libertador, não obstáculo de um passado esquecido e inativo. As etnias que habitam o rio Negro, inquietas com essa situação, hão de indagar em suas formas específicas de organização e resgate de sua aboriginalidade para encontrar o segredo de sua emancipação, chave para sua sobrevivência. E a nossa.

CEMITÉRIOS

Somos muitos. Não cabemos na pequena sala lateral dotada de uma mesa alta para as refeições. Fora dali chuvisca, mas assim mesmo decidimos sair. Há tábuas montadas sobre suportes, onde alguns garotos apoiam-se sobre os cotovelos e olham com uma curiosidade dissimulada. Aproximamo-nos, e de nossas caixas, transportadas do pequeno cais até a aldeia por uma fileira de crianças, alguém retira vários pacotes de biscoitos e outras guloseimas que todos olham com atenção, mas sem desespero. Vamos nos juntando. O silêncio pesa no ar. Apresento-me; com displicência me dão a mão, alguém arrisca um abraço, ninguém sorri. Dispomos nossas coisas sobre a mesa, as mulheres trazem suas caçarolas e travessas de plástico com iguarias que, com o decorrer dos dias, aprenderei a apreciar, e em pouco tempo estamos conversando numa língua balbuciada – meu português, mais desajeitado que nunca; o deles, muito cuidado, direto, preciso. Compartilhamos o que parece ser um café da manhã tardio. Quase sem nos dar conta, comemos ao lado de umas tumbas. Não são nada parecidas com o que se poderia supor de uma tumba indígena. Feitas de pedra reconstituída, sem dúvida de fabricação industrial – pergunto-me como terão chegado até ali –, assemelham-se com qualquer tumba cristã, católica, própria das cidades ocidentais, com suas cruzes padronizadas e inscrições latinas. Postas em ordem aleatória, mofadas e em sua maioria desconjuntadas por causa do afundamento do solo e da erosão do clima, constituem um pequeno cemitério situado no centro de São Francisco, que, mesmo parecendo de longa data, remonta apenas a duas gerações. (Um dos anciãos da aldeia me mostrou, enquanto comíamos, que ali estavam enterradas sua primeira mulher e sua mãe.) Em vão tentei averiguar se havia algum tipo de ritual de enterro, algo especial, propriamente indígena, baré. As pessoas morrem e nós as enterramos aqui, disseram.

Em outras aldeias vi cemitérios, já não no centro do povoado e, sim, mais retirados, obedecendo sem dúvida a motivos higiênicos, compostos em sua maioria por tumbas de crianças. Sem lápide, com dezenas de cruzes de madeira pintada coroando túmulos pequeninos, tristíssimos, testemunhavam alguma peste entre as que, de vez em quando, assolam a região. Porém, o mais assombroso foi uma resposta que recebi ao chegar a Acariquara. Ao perguntar a seu Leôncio, o *capitão*, onde se encontrava o cemitério, ele me respondeu: "Não temos, porque aqui nunca morreu ninguém". De fato, devido à proximidade com Santa Isabel, as pessoas que adoeciam eram trasladadas a hospitais e, se não eram curadas, exalavam seu último suspiro na cidade, onde acabavam sendo enterradas.

AVE CANORA

Durante uma das explorações que fizemos, embrenhando-nos à deriva por igarapés próximos a Cué-Cué, um som por demais conhecido surgiu não muito longe entre as árvores. Foi estremecedor. Tratava-se do canto – apenas dois assobios em glissando ascendente, afastados por uma terça e uma quinta na escala musical – do pequeno pássaro conhecido vulgarmente no latim falado no Brasil – o português – como cri-crió ou capitão e classificado taxonomicamente – ou seja, traduzido à única variedade do latim não falado – com o nome científico de *Lipaugus vociferans*. Ao leigo ou estrangeiro nada dizem essas vozes, mas sim o seu canto, ouvido dezenas de vezes como som incidental em filmes que o colocam em diversos continentes e períodos históricos, embora habite somente o Amazonas. Se tal canto torna-se característico em *Fitzcarraldo*, filme que se passa exatamente na região em que nos encontramos (e faz-se impossível não lembrá-lo quando navegamos por horas, em silêncio, as escuras águas mansas assediadas pelo verde contínuo), sua inclusão em produções como *Inteligência artificial* ou *Diamantes de sangue*, que o situam na América do Norte ou na África, para horror e escárnio de biólogos e ornitologistas rigorosos, termina por ser grotesca. De qualquer forma, cabe a pergunta: por que essa apropriação gratuita? São milhares os cantos que poderiam ser utilizados para nuançar situações, para dar verossimilhança à cenografia, o que, em princípio, abrangeria as aves que habitam naturalmente essas regiões. Mas o cinema – como toda ficção – afeta continuamente o estatuto de verdade de seus simulacros e coloca-nos diante do estranho paradoxo de que, às vezes, o verossímil somente se obtém com falsidades. Ou, o que dá no mesmo, com convenções. A razão, creio eu, funda-se no âmbito da experiência. Somente o pequeno *vociferans* consegue, ao cantar, irromper no murmúrio abafado da selva com um tom um tanto sinistro, pungente e melancólico que nos faz lembrar que os tristes trópicos ainda o são. De qualquer modo, é impossível não pensar que o efeito evocado pelo som é obra de seu uso cinematográfico, e não o contrário.

COMUNIDADE

"Como não se matam entre si?" – é a pergunta que me surge quase naturalmente após uns quantos dias transcorridos na placidez de uma aldeia. O tamanho das comunidades, embora ecologicamente perfeito e sustentável do ponto de vista econômico, torna redundante qualquer vínculo. Diariamente cruzamos várias vezes com as mesmas pessoas, quase todas aparentadas, que mantêm amáveis conversas sempre sobre os mesmos tópicos. As relações, muito estreitas (refeições compartilhadas, festas coletivas, trabalho conjunto, vida familiar), raramente se ampliam, salvo na ocasião de uma viagem, o que é muito pouco habitual, ou de casamentos, visitas ou migração forçada. Durante o dia, que é muito longo, visto que começa na metade da noite com a saída para pescar dos homens e os trabalhos na roça das mulheres, e estende-se até o anoitecer, há muito tempo para a vida social, porém, o espaço e as possibilidades de variação dos vínculos são muito limitados. Todos se conhecem, todos se frequentam; não há segredos, não há maior intimidade. Imagino que, na sociedade ocidental urbana tal como a conhecemos, essa situação de convivência obrigatória crisparia os nervos e terminaria por fazer estourarem as violências tácitas – ódios, ciúmes, rivalidades, jogos de poder – que são mitigadas apenas pela distância social e pelas mediações profissionais, técnicas e habitacionais que nos separam. Mas nas aldeias não ocorre nada disso: prima a concórdia e são raríssimos os momentos de disputa ou violência. Ao indagar sobre o tema, encontro-me com várias situações. Uma delas é que a contrapartida da inevitável vida comunitária que somos obrigados a levar é a solidão individual, para a qual existem possibilidades de cultivo que, a bem da verdade, resultam pouco recomendáveis. Pois a solidão, na selva, é má conselheira. Todos os pavores atávicos se ativam no homem solitário entregue à inermidade da natureza. A selva torna-se facilmente um pensamento triste, uma vertigem sem fundo, uma lembrança sombria que acompanha o passeante solitário como uma promessa não cumprida à espera de ocasião. Qualquer índio sabe, com certeza, que apenas a vida comunitária estanca a angústia da solidão última que nos aflige; estar só é estar em má companhia. É por isso que cuidam muito bem dos espaços e momentos de socialização: a casa comunitária ou a igreja são tão importantes para a preservação do equilíbrio social quanto a pesca, a roça ou as crenças que facultam aos homens viver de um modo determinado, com regras específicas, com tabus e proibições, sob o risco de destruir seu próprio mundo.

  Nas malocas o que se propugna é a construção de um espaço de encontro voluntário, por vezes presidido pelo chefe da aldeia, por outras ocupado somente por habitantes circunstanciais, onde são levantadas e dirimidas absolutamente todas as questões mais ou menos controversas, sejam coletivas ou familiares, com o simples instrumento do diálogo. Âmbito democrático por excelência, na casa comunal se come, se reza, se conversa, se discute, tomam-se decisões coletivas, cobram-se os impostos, canta-se, assiste-se à televisão, brinca-se, ri-se e fofoca-se durante horas e horas com o resultado mágico, comprovável, da tramitação do conflito de um modo pleno até sua resolução – ou simples dissolução. O papel do capitão é, nesse sentido, fundamental. Mais mediador que autoridade na tomada de decisões, sua ascendência moral é chave para a sanção ou a morigeração de tensões mediante o conselho. Homens retos, donos de uma altivez singular, os capitães devem legitimar seu mandato com a eficácia de suas intervenções.

O que mais conheci foi seu Leôncio, de Acariquara, um homem de 70 anos – ainda que sua aparência enxuta e sorridente e seu invejável estado físico não delate mais de meio século de vida. Leôncio fala muito, tem predileção por dar sermões e adora ouvir-se dando sermões. Lembra-me os refinados caciques da etnia ranquel com os quais o general Lucio V. Mansilla teve de firmar um pacto no deserto há um século e meio nos pampas argentinos. Foi católico, mas em algum momento não muito distante de sua vida mudou-se para São Gabriel da Cachoeira, onde assumiu o evangelismo de forma militante. Quando do seu retorno à aldeia, quis compartilhar a boa-nova, convertendo todos: foi convidado a mudar de estratégia – ou seja, abster-se de seu apostolado – ou a ir embora por onde chegara. Optou pelo primeiro.

Dono de uma mescla singular de linguagens alinhavadas como camadas históricas flutuantes em sua fala, não poupa a mistura da citação bíblica com o tom profético, acompanhado da afável consideração das diferenças religiosas aprendidas em sua infância com os salesianos, e, é claro, dispõe livremente de um acervo nunca abandonado de lendas e mitos aos quais amiúde se refere apelando ao nheengatu. É capaz de falar de Deus como um possesso, enquanto no aparelho de som toca como um mantra um disco riscado abominável de música evangélica, cujo volume ele não se dá o trabalho de abrandar. Do mesmo modo, sem solução de continuidade, pode contar uma fábula sobre um baú de ouro enterrado sob o fundo do rio vigiado por um boto, segredo familiar que, se revelado, levaria a aldeia à desgraça. Tudo isso sem que haja contradição aparente entre uma e outra ordem de coisas.

É bastante comum que seus discursos durante as refeições durem muito mais do que deveriam, o que, embora impaciente muitos, não é alterado em absoluto. A voz do capitão tem força de lei e deve ser respeitada, motivo pelo qual são toleradas as suas encíclicas profanas como um mal menor, um vício aceitável. Apenas uma vez aconteceu de vários rapazes que passavam as tardes em sua casa papeando me convidarem, sutil, mas não menos enfaticamente, a não responder ao chamado do sino para o jantar coletivo. Ficamos desfrutando um farto pedaço de porco assado do qual só teríamos obtido uma ínfima porção se o tivéssemos partilhado, enquanto ao longe ouvíamos as recriminações veladas de Leôncio, que pedia um maior exercício do debate e da participação comunitária. É assim que, às vezes, o regime coletivista se vê quebrado pela irreverência juvenil. Com seu escárnio dos longos discursos do capitão que atrasam a comida, eles minam sua autoridade moral. No entanto, isso é feito sem malícia, como um exercício crítico que distende as compulsões que por momentos resultam um tanto opressivas.

Leôncio iniciou-me nos segredos da mandioca, acolheu-me em sua própria casa, abriu as portas receosas de todos os vizinhos, colhemos açaí juntos e foi meu guia nos passeios pela floresta. Lembro-me de como me comoveu quando, com palavras simples e genuínas, ofereceu como culminação de seus ensinamentos sobre o modo de vida baré o seguinte princípio: "as riquezas que defendemos não são apenas para nós, mas para todos os homens bons do mundo". Nesse momento, senti um profundo agradecimento pelo raro privilégio que me foi concedido: o de poder viver o paradoxo de presenciar o refinado e generoso mundo indígena amazônico que resplandece em seu momento de maior perigo.

FIGURAS

O "motorista" – piloto – é uma das figuras sociais mais cosmopolitas: tem relações com todas as aldeias, trafica bens, notícias e favores, e possui a capacidade de resolver situações por sua mobilidade e autarquia. Daí o fato de que se torne rapidamente um potencial dirigente político. Também é por isso que os pilotos, imperceptivelmente, rivalizam entre si. Embora urbanizados, sua natureza é nômade; habitam na maior parte do tempo as águas, chegando a realizar viagens de dias e até meses sem que esse feito lhes cause qualquer desgaste. Lembram-me os caminhoneiros. Loquazes, sabem manter a reserva e, como todo índio, podem permanecer à espera por horas ou dias sem se ver por isso incomodados. Muito pelo contrário, em cada aldeia estão como em sua própria casa.

Diz-se que o segredo de um bom motorista é conhecer ao pé da letra os mitos das diversas etnias que pululam por todo o rio. Segundo o que me conta o magnífico narrador de histórias José Ribamar Bessa Freire, nas vicissitudes do mito da cobra-grande está codificada uma cartografia secreta que guia o piloto diante das encruzilhadas dos intermináveis meandros sem a necessidade de uma carta de navegação. Vi os pilotos fazerem curvas bruscas para evitar redemoinhos ou bancos de areia invisíveis em meio às águas imensas, sem mais norte que algum acidente quase imperceptível – uma pedra, uma árvore caída, um igarapé escondido – que marca lá das margens o rumo a seguir. Imunes aos vendavais ou ao calor, às tempestades que enfrentamos com chuvas daquelas que beliscam a pele, o risonho Marivelton, o sagaz Neguinho ou o estoico Evanildo foram sempre timoneiros de braço firme e hábeis informantes e mediadores da situação em cada estação de nossas andanças ribeirinhas.

Outra figura do cosmopolitismo aldeão é a do professor da escola. É amiúde um membro da própria comunidade que foi estudar na cidade e volta ornado com o prestígio do conhecimento, dotado de um salário – que o coloca muito acima na escala social – e ungido como porta-voz estatal. Isto é, transformado em membro de uma nova elite. Vítima e agente dessa forma paradoxal de neocolonização encoberta, por vezes sequer percebe a si mesmo como indígena e, ao contrário, concebe-se como um ex-índio bem-sucedido que vem executar o trabalho de desindianização dos seus.

Contudo, como indica Elio Fonseca Pereira em sua tese, a presença de educação laica estendida, contemporânea tanto do processo de auto-organização indígena das últimas décadas quanto da retirada dos salesianos, sem dúvida teve um papel vitalizador da etnogênese, ainda que a criação e manutenção de escolas indígenas continue repetindo padrões coloniais de forma mais ou menos acrítica. Se observarmos, por exemplo, as datas de demarcação de terras nos arredores de Santa Isabel, que nem a Funai reconhecia como território indígena até 1991, pode-se notar que foi o processo educacional continuado que produziu uma reativação do movimento organizado em termos de disputa política, territorial e educacional a partir do fortalecimento da FOIRN e da ACIRM. Mas a função das escolas não mudou muito: continuam sendo aparatos ideológicos do Estado, que capturam e formatam subjetividades para sua transmutação no modelo adequado a seus fins de integração. O índio desejado é sempre o índio assimilado, despojado de sua aboriginalidade, e a escola não deixa de cumprir essa função no desenho das políticas do Estado desenvolvimentista em expansão, que, na melhor das hipóteses, requer mão de obra modernizada em lugar de sujeitos insujeitáveis, inadequáveis por serem arcaicos e, sobretudo, diferentes.

Originalmente pensada para a integração, a escola propunha uma pedagogia dos símbolos e conceitos não indígenas: a cidadanização do índio adviria do acesso universal à informação sem sequer discutir a língua nem muito menos os conteúdos propostos e impostos pelo poder central. Com as mudanças ocorridas nos anos 1990, as secretarias de educação dos estados e municípios encararam com dúvidas e não sem imperícia a elaboração de novas políticas indigenistas para a região. No entanto, a participação, durante o último quinquênio, das comunidades e das primeiras levas de professores indígenas, agrupados no Copiam – Conselho de Professores Indígenas da Amazônia –, e do Movimento de Estudantes Indígenas do Amazonas (Meiam) em diversos fóruns realizados no próprio território das aldeias começou a pôr em crise a ideia mesma de educação *para* os índios e a propor uma utópica, porém não impossível, educação *dos* índios. De qualquer forma, embora as novas normativas falem do fortalecimento da identidade indígena e discursem acerca do reconhecimento das diferenças culturais e das tradições históricas de caráter étnico, a educação escolar básica e média continua sendo predominantemente levada à prática com base nos programas padronizados do Estado nacional[21]. E, é claro, apesar do proclamado bilinguismo oficial (e por que não multilinguismo?), exceto por um ou outro caso de elaboração de cartilhas em nheengatu ou tukano, a educação é oferecida em português, língua que alguns alunos mal conseguem falar – e nem sempre adquirida plenamente pelos próprios professores. Quando perguntei a vários docentes por que davam aulas em uma língua que notoriamente não era nem a deles nem a dos alunos, recebi como única resposta gestos ofendidos ou indiferentes.

De qualquer forma, no movimento indígena vem ganhando importância a discussão sobre o que significa dispor de um órgão estatal tão potente como a escola – e, de forma mais geral, o que fazer com o Estado, como construir instâncias de diálogo e interlocução ou, se for o caso, articular políticas em função de objetivos específicos. Nesse sentido, são os órgãos colegiados, com forte representatividade territorial, que deverão dar os passos em direção à articulação de políticas mais amplas, de um horizonte e alcance maior, o que não exclui a participação partidária. De fato, as primeiras experiências de governo indígena, embora marcadas pelo fracasso na gestão, significaram uma abertura à possibilidade de construção do poder de decisão sobre o próprio destino: nada mais, nada menos que a tão proclamada autodeterminação.

SHOW

A chegada foi desoladora. Acostumados a ser recebidos praticamente por toda a aldeia com sorrisos e abraços, foi mais do que estranho ver somente uma cadelinha prenha e sarnenta vir ao nosso encontro abanando o rabo. É a hora da sesta; talvez o calor, pensamos, tenha dissuadido os nossos anfitriões do ritual de acolhida costumeiro. Nessa aldeia haviam sido filmadas algumas cenas cruciais do filme e o vínculo com seus habitantes era muito estreito; a situação parecia estranha e possivelmente pouco auspiciosa. Desembarcamos, tiramos nossos equipamentos e começamos a montar o telão no qual à noite projetaríamos nosso filme para um público hipotético. Ninguém; somente uns urubus sigilosos atravessavam as ruas sonolentas. Após algum tempo, com visível cansaço, alguns vizinhos saíram de suas casas para dar-nos o que não pareciam boas-vindas.
Uma epidemia de gripe – estávamos no inverno, embora a temperatura não nos recordasse – dissuadira o restante das pessoas de comparecer, explicaram. Além disso, em uma aldeia vizinha instalara-se um pequeno hospital de campanha que atendia principalmente problemas de oftalmologia – muito frequentes entre os baré – e odontologia, motivo pelo qual os mais velhos, dentre eles alguns dos protagonistas do filme, não se encontravam no povoado. Por outro

21—Li em Acariquara o livro de história oficial do Brasil proposto para o ensino médio. Atravessado por um pensamento democrático e politicamente correto, ele dá valor às diferenças étnicas, mas carece de referências à história específica da região. Retirei meu exemplar de uma pequena sala da escola onde havia centenas de livros intocados. Fora da escola, nunca vi ninguém lendo. Nem mesmo os professores.

lado, observaram, dentro de algumas horas continuariam as festas juninas, que haviam começado na noite anterior, como pudemos constatar ao ver os restos de uma fogueira de São João – estávamos em pleno solstício – fumegando no centro da aldeia. A exibição do filme, imaginamos, não teria muito sucesso. Lembrei-me dos relatos de Koch-Grünberg, que, um século antes, sofria as consequências de chegar às vésperas de uma festa a uma aldeia: imagens de desolação atormentavam sua mentalidade europeia. A corrupção pelo álcool e certo relaxamento dos costumes proporcionavam um escarmento à sua moral puritana por ter chegado em um momento inoportuno.

    Eu havia cometido a imprudência de afastar-me do grupo e, levado pela curiosidade e pelo tédio – já estávamos percorrendo o rio havia alguns dias, e eu via muitas vezes as mesmas cenas repetidas, quase sem variações –, metera-me entre as casas mais afastadas. Estava tirando fotos aqui e ali quando fui interceptado por um grupo de rapazes bastante bêbados, visivelmente desconcertados com a minha presença. Era o intruso ideal: gringo cara-pálida, argentino, meio perdido, com um domínio quase nulo da língua indígena que, percebi, usavam deliberadamente contra mim (depois comprovaria que eram fluentes no português que então se recusavam a falar); eu era para eles o alvo perfeito. Estava só. Eram muitos. E estavam alcoolizados. Não foi fácil convencê-los dos nobres motivos de minha presença, mas, finalmente, após uma negociação que não excluiu alguns empurrões e um acalorado intercâmbio de palavras, fui convidado a ir ao que parecia ser a continuação da festa da noite anterior. Por fim, revigorados pela presença de um público novo e deixando de lado todo tipo de suspeitas, subiram a um palco improvisado e ligaram os aparelhos de som. Foi incrível assistir a um *show*, nos moldes dos transmitidos pela televisão, de travestismo e erotismo *trash* no meio da floresta amazônica, protagonizado por uns rapagões que haviam bebido demais e brincavam de seduzir uns aos outros com danças que acreditavam ser sensuais, iluminados pelo clarão das luzes estroboscópicas e movendo-se ao som da estrondosa música *rave* de fundo. As meninas da aldeia observavam absortas, não muito entusiasmadas, o espetáculo que seus primos, namorados e irmãos ofereciam, esmerando-se para reproduzir coreografias difíceis demais para o estado em que se encontravam. Foi assim que quase todos acabaram caindo do palco, rindo e reclamando das contusões. Alguns dormiram ali mesmo.

ANIMÁLIAS

Ao contrário de outras regiões fluviais selvagens, a bacia do rio Negro, pela acidez de suas águas, não é repleta de mosquitos. Em seu lugar, abundam todo tipo de insetos, como as mutucas, que arrancam pedacinhos de carne enquanto sugam do desprevenido sua cota de sangue, deixando dolorosas feridas que se infectam rapidamente. As aranhas também são de dar medo, bem como diversos tipos de vermes subcutâneos que desenham mapas ardentes em seu percurso. No entanto, os perigos naturais mais prementes estão no mato e são fundamentalmente as víboras, que às vezes não respeitam os limites tácitos da habitação humana e realizam incursões audazes nas casas e ruas. Em uma ocasião, enquanto tínhamos uma conversa agradável sob um beiral que nos protegia do calor intenso do meio-dia, vimos um pequeno sapinho colorido correr entre os nossos pés e, segundos depois, sentimos cair do teto de palha uma serpente verde – conhecida como cobra-cipó, dona de um veneno poderosíssimo –, que o pegou com sua picada letal e o devorou em um piscar de olhos. Intrigado, perguntei pelos remédios caseiros para os casos de picadas ou, mais genericamente, para qualquer tipo de moléstia. Um segredo partilhado por poucos, a coleta das chamadas *pussangas* é realizada somente quando há evidência da doença. Não há – pelo menos foi o que disseram – uma farmacopeia reunida preventivamente; entre outras razões, porque os remédios ou placebos conhecidos são eficazes somente quando estão frescos, recém-colhidos ou cortados da planta medicinal. Quando alguém é picado por uma serpente, costumam-se fazer sangramentos; porém, se for muito venenosa, o mais provável é que a vítima morra, a não ser que consiga de forma rápida uma voadeira que a leve até um hospital da cidade. Somente em alguns lugares havia soro antiofídico.

Os relatos sobre o tamanho das víboras adquirem estatuto de lendas. Com ceticismo acautelado, em conversas com outros homens enquanto jogávamos dominó – um dos modos habituais de matar o tempo –, ouvi relatos de caçadas fantásticas ou simples avistamentos de animais capazes de devorar jacarés imensos, antas crescidas e até seres humanos. O que considerei em algum momento como um exagero natural – instigado até a exacerbação apenas por minha presença –, quando retornei foi confirmado: a imprensa trouxe a notícia de que a algumas centenas de quilômetros dali uma retroescavadeira despedaçara acidentalmente uma serpente de uns vinte metros de comprimento, com diâmetro de mais de um metro. Em seu corpo hospedava um enorme jacaré parcialmente digerido.

Outro episódio funesto, cujo significado preferi não indagar, ocorreu quando certa manhã, ao chegar para o desjejum na casa comunal, deparei-me com uma grande agitação. Havia certa exasperação no ar, as pessoas falavam aos gritos, o que não era habitual. Ao chegar, vi um rastro de sangue no chão: um morcego atacara um cão durante a noite. Imediatamente senti que me olhavam com suspeita. Alguém me sugeriu ficar de fora. Só me ocorreu dizer que era preciso tomar medidas urgentes de precaução com o pobre cãozinho, no qual provavelmente o morcego inoculara raiva. Nesse dia notei que me evitavam.

SANITÁRIOS

A noite traz uma rara quietude. Os sons da selva penetram nas aldeias: o coaxar de milhares de rãs e sapos mistura-se com o canto dos grilos e cigarras; a cada tanto, uivos lancinantes de animais indefiníveis lembram-nos que a poucos metros a selva se fecha sobre nós. Um cachorro late ao longe. A luz das lanternas de querosene esmorece nas casas. O zumbido de insetos interceptados no voo por hábeis morcegos, que costumam atingir o tamanho de um pombo, confunde-se com o dos galhos que crepitam sob o passar de um lagarto, uma serpente ou um rato. Uma vez uma paca ou uma queixada – outros, mais exagerados, falam de uma improvável onça – passeou pelos quartos em que estávamos hospedados e raspou seu lombo contra a parte inferior das redes onde dormíamos nosso sono reparador.

Quase todos os índios – nós também – utilizam lanternas a pilha que vêm com uma espécie de tira para amarrá-la na cabeça: o espetáculo de estranhos vaga-lumes tecnológicos que atravessam a noite rumo aos alagadiços para resolver suas necessidades fisiológicas é bastante inquietante. Em algumas aldeias como Iábi, Tabocal e Acariquara haviam sido construídos banheiros anexos à escola ou à igreja, porém eles eram usados somente pelos visitantes – nós. Questão cultural: raramente os baré fazem uso do vaso sanitário para suas necessidades e, naturalmente, desconhecem o conceito de bidê. Áreas tacitamente delimitadas funcionam como grandes banheiros públicos ao ar livre onde não é improvável encontrar algum habitante que, livre de vergonha, se entrega à natureza com paciência e unção. Ainda assim, os baré dedicam um cuidado especial à higiene pessoal: demoram-se em múltiplos banhos de rio por dia, faça chuva ou tempestade, frio ou calor. A cena das mulheres lavando a roupa nas pedras é habitual; o sabão, o xampu e o condicionador são bens altamente valorizados. Embora alguns lugares possuam poços e água encanada, usada principalmente para o asseio pessoal ou a limpeza da louça utilizada nas refeições, preferem a água do rio – geralmente isenta de bactérias – para a cocção dos alimentos ou a elaboração de todo tipo de bebidas.

DANÇAR

Não é fácil ter contato com a música indígena. Restrita na atualidade às situações ritualísticas – festas coletivas públicas ou ritos de passagem –, já são raros nas ribeiras os sons provenientes de instrumentos autóctones. Pelo ar ressoa apenas a abominável música transmitida pelo rádio, pela televisão e, às vezes, por algum aparelho de som mais sofisticado. Os instrumentos – basicamente tambores – são guardados nas igrejas, junto ao altar, marcando, assim, seu caráter sagrado e seu uso ritual implícitos – o que proíbe o acesso dos não iniciados a eles. Nas casas costuma-se ter flautas feitas com ossos e alguns tipos de aerófonos de cana tocados durante certas danças. A maracá do pajé ou do benzedor é um atributo inalienável de sua função; portanto, tampouco é possível assistir à sua execução em situações corriqueiras.

A dança do uacará, registrada em São Francisco para o filme, consiste na reunião no pátio central da aldeia de quase todos os membros da comunidade – homens, mulheres, jovens e idosos – que, em casais, com seus impecáveis trajes de algodão branco, cocares de penas e pinturas corporais, movimentam-se em círculos, de braços dados, dando passinhos curtos ao som de um tamborim e de alguns pífanos. Destacam-se no grupo duas personagens antagônicas: o uacará, um homem fantasiado de garça, coberto por um tecido branco e com duas peças de madeira longas e planas que simulam o bico e, ao bater-se entre si, produzem um som similar ao da ave; e o caçador, que persegue sua presa com uma espingarda carregada de cartuchos de festim e acaba, entre risos, "matando" todos os dançarinos, que caem no chão contorcendo-se.

Outra dança, executada à noite, ao calor do batucar de um pequeno tamborim tocado pelo benzedor, leva o compasso de um flautista que emite com seu instrumento de osso – um crânio de veado pequeno – dois sinais sonoros que funcionam como ordens. Imitando o andar atrapalhado e lento de um pássaro grande

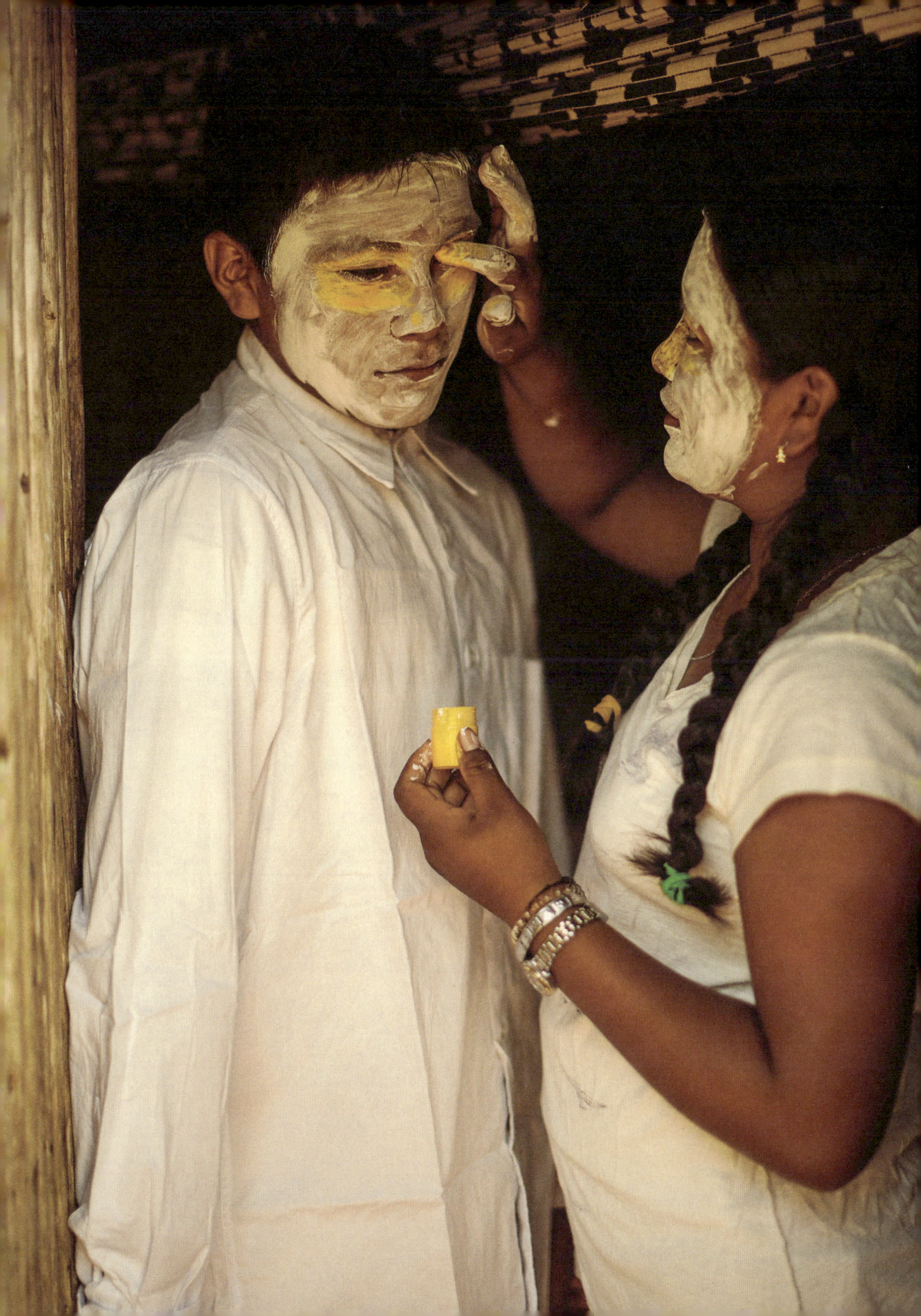

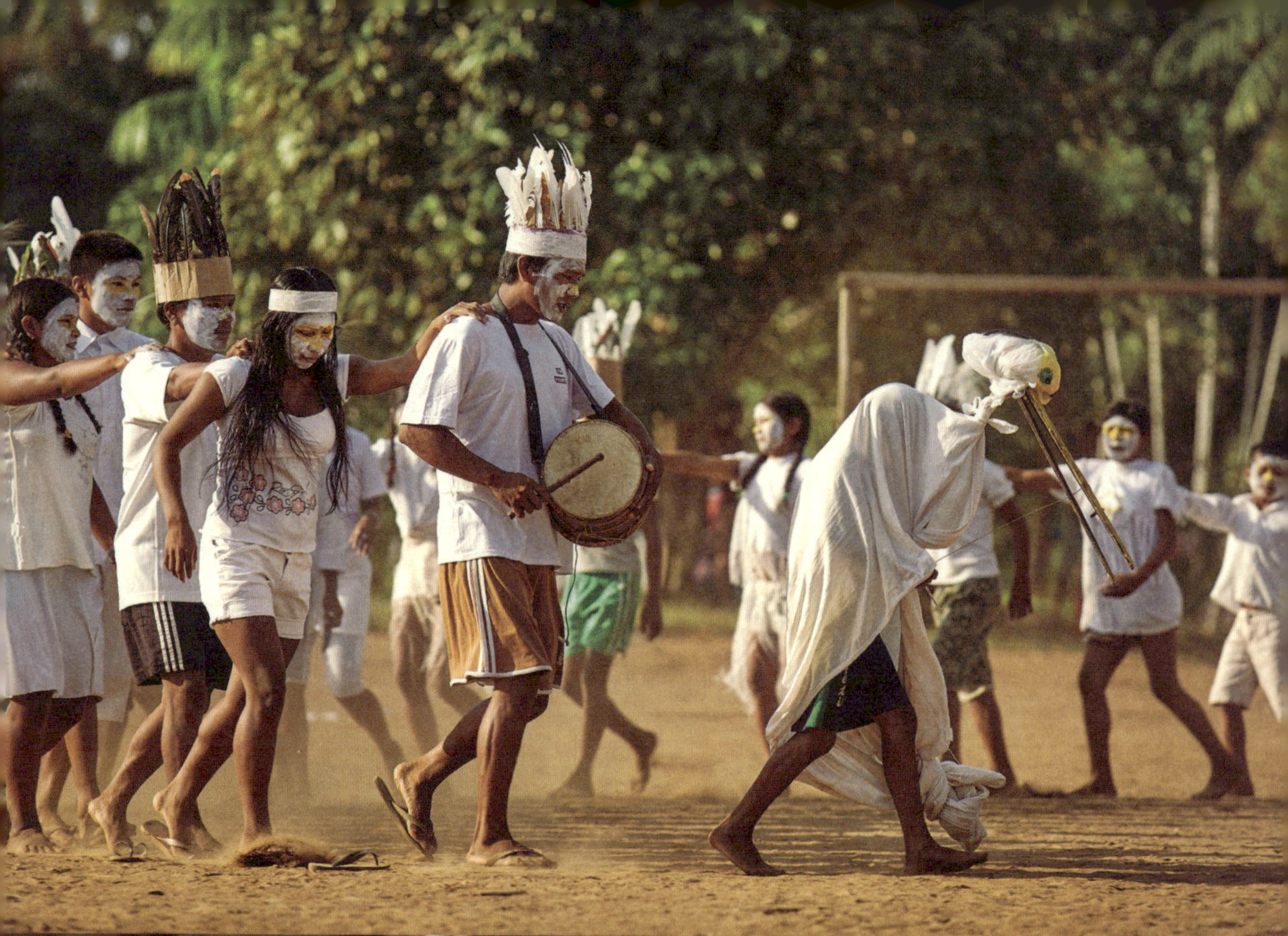

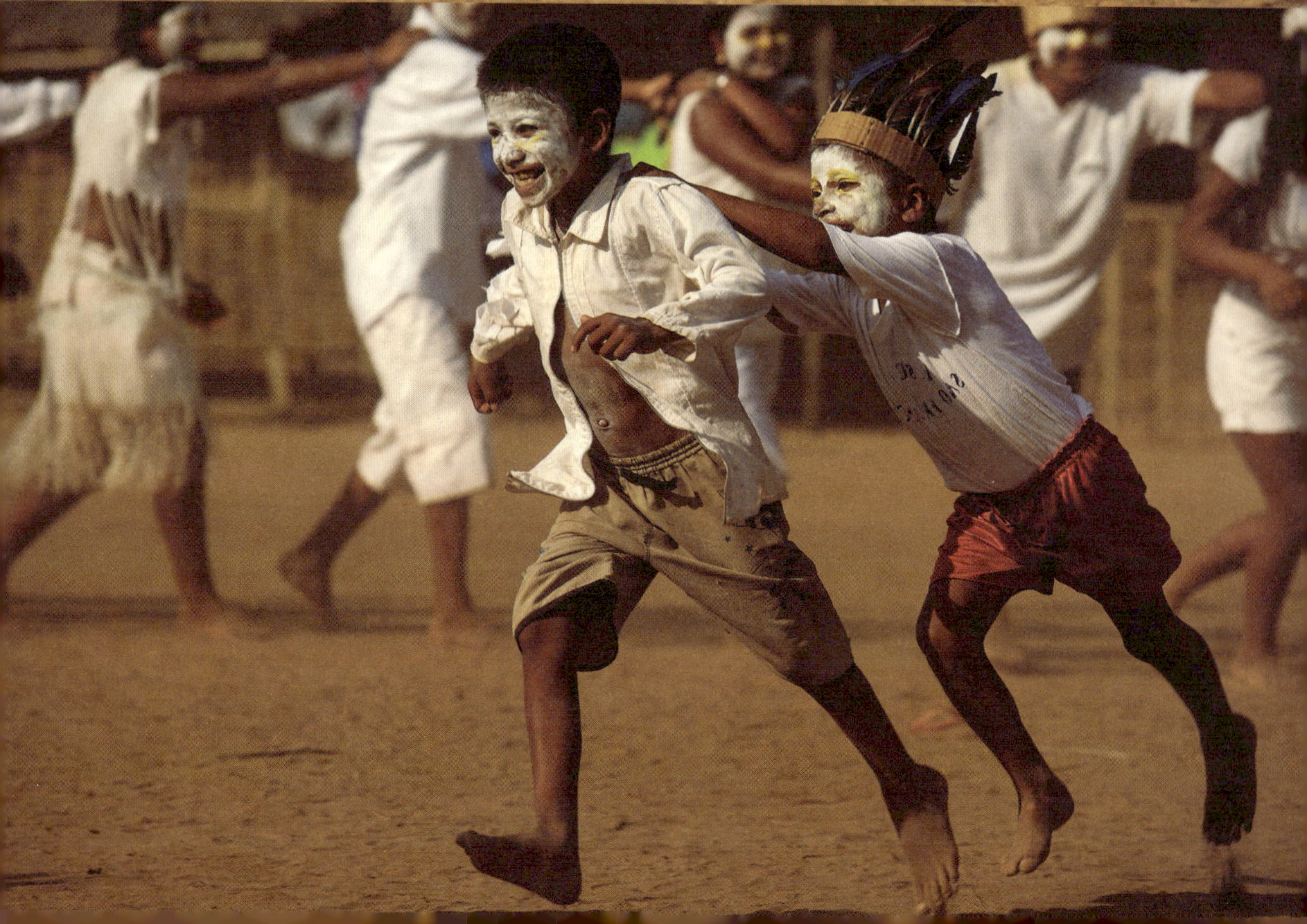

demais, os dançarinos levantam uma perna e a deixam suspensa no ar. Nesse gesto reproduzido por todo o cortejo, balançam-se em um pé só até apoiar-se na outra perna e vão dando pulinhos dentro da casa comunal, seguindo o bater monocórdio da música. Nesse caso, trata-se de uma dança puramente masculina que mescla a unção sagrada com a comicidade. Nessas danças são usados enfeites de penas – de gavião, arara, papagaio etc. – na cabeça, uma espécie de tanga ou saia de palha e, às vezes, chocalhos nos tornozelos, com os quais os dançarinos seguem o ritmo. Em outras festas, utilizam-se flautas de cana chamadas de *cariço*, similares ao *sikus* andino e à flauta de Pã, que acompanham a dança do tangará. Mas é claro que a ocasião privilegiada para a música é o *kariamã*, onde o protagonismo pleno fica para as potentes trombetas xerimbabo.

POLÍTICA

A palavra "política" é empregada pelos baré, como por quase todos os índios, para referir-se às modalidades não indígenas de praticá-la. Isso os coloca em uma situação paradoxal: terão de encontrar outra palavra para denominar os modos de exercer a soberania sob suas próprias formas de organização, com as quais têm composto seus vínculos com outras etnias e com a sociedade nacional.

A forma mais desenvolvida de associação conseguida até o momento foi a FOIRN, Federação das Organizações Indígenas do Rio Negro. Fundada originalmente para lutar pela demarcação de terras, vem se constituindo como mediadora perante a política *de fora*, institucional, estatal e não governamental, com a peculiaridade de ter encontrado mecanismos de eleição e representação que exploram as formas propriamente indígenas de gestão. Sua área de competência (30 milhões de hectares, 11 dos quais já estão demarcados) está situada nos municípios de São Gabriel, no alto rio Negro, Santa Isabel, no médio rio Negro, e Barcelos, no baixo rio Negro. A FOIRN reúne 23 grupos étnicos estabelecidos em mais de 750 comunidades, com um total aproximado de 50 mil indígenas. Compreende 89 associações territoriais, sendo que a maioria delas está localizada na área de controle administrativo da cidade de São Gabriel da Cachoeira. Sua estrutura de representação está articulada em cinco coordenadorias regionais, quatro das quais estão estabelecidas nesse município, enquanto a outra atende aos outros dois.

Nascidas nos anos 1970 como movimentos sociais voltados principalmente para a defesa contra o avanço das indústrias extrativas, sem reconhecimento do Estado como representantes legítimas[22] e contando com pouco apoio de organizações como o Cimi (Conselho Indigenista Missionário) e a ABA (Associação Brasileira de Antropologia), as primeiras associações indígenas territoriais do rio Negro, antecessoras da FOIRN, foram abrindo caminho na luta contra os grandes projetos de integração nacional propostos às custas dos povos indígenas. A resistência diante de projetos como o da Calha Norte, marcado por interesses econômico-militares, encontrara certo apoio em alguns líderes indígenas que aceitavam, em princípio, a demarcação de terras sob a forma restrita de colônias agrícolas descontínuas. Isso provocou entre os habitantes da bacia do rio Negro uma reação que foi incitando debates em torno das

22—Somente em 2004 o Estado brasileiro assinou o convênio 169 da Organização Internacional do Trabalho que reconhece o direito de associação dos indígenas.

reivindicações a fazer ao poder governamental. Terra, saúde e educação começaram a ser exigências das associações territoriais, que tiveram de percorrer um longo caminho para superar as dificuldades de adaptação às normas administrativas do Estado, as quais assumem, sob o aspecto do reconhecimento da igualdade jurídica, o caráter de imposições às quais é preciso adequar-se. Foi assim que a experiência indicou o caminho a seguir. A emergência da etnicidade como núcleo fundante da cidadania e da ação coletiva foi se consolidando juntamente com a organização, o que significou uma forte ruptura com o passado: o índio já não era massa disponível e moldável, mas, sim, um sujeito ativo em busca de emancipação. Nesse contexto, foram se envolvendo com a FOIRN alguns órgãos nacionais e internacionais que atuaram como mediadores ou facilitadores. O Cimi e o Centro Ecumênico de Documentação Indígena – em um momento histórico dos corpos eclesiais caracterizado pelo auge da teologia da libertação que colocou não mais a submissão, mas a promoção dos povos indígenas, no centro de suas ações – trabalharam a favor da demarcação, enquanto outras organizações menores cederam espaço aos projetos militares.

Forjada no calor desses debates, a FOIRN admite também alguns precedentes em associações de caráter econômico promovidas pelos salesianos nos anos 1970 e 1980. Em 1984, realizou-se a primeira reunião de líderes indígenas, com 66 caciques, principalmente do alto rio Negro e afluentes, na qual foram tomadas atitudes contra a invasão de terras pelos garimpeiros e empresas de mineração amparadas pelos militares que administravam as concessões. Nessa etapa, o indigenismo católico enfrentou o projeto Calha Norte e levou à construção de organizações indígenas sólidas, que derivou na realização da Segunda Assembleia de Povos Indígenas do Alto Rio Negro em abril de 1987. Com 450 indígenas presentes, durou três dias e nela nasceu a FOIRN. Foi a primeira associação indígena do país.

Mas essa etapa fundacional foi perpassada por conflitos de diversos tipos. Em 1989, por exemplo, foram delimitadas as *florestas nacionais*, Flonas, que são áreas protegidas de domínio público, reservadas para a produção florestal e o extrativismo, objetivo atingido com o apoio de alguns líderes indígenas. Como consequência disso, nos primeiros tempos houve lutas intestinas que puseram a Federação à beira do colapso. Um de seus dirigentes máximos, por exemplo, declarou-se em Brasília a favor dos projetos de mineração, motivo pelo qual foi repudiado.

A Federação sofreu também as tentativas de manipulação da Funai em concordância com a ação dissolvente das empresas de mineração, que instigavam disputas entre seus líderes, mas foi superando cada uma dessas instâncias. A partir dos anos 1990, a luta contra o projeto de realização das colônias indígenas, oposto à demarcação, ampliou a base associativa da FOIRN, que começou a ser vista como um instrumento de grande eficácia para a discussão e gestão de políticas de proteção. Foi fundamental para o fortalecimento da instituição a assinatura de um convênio de assistência econômica com a Horizonte 3000, uma organização austríaca de financiamento, bem como a viagem de seus dirigentes ao Equador, onde conheceram a experiência da Federação Aschuar, que já contava com quase quatrocentos centros de ação territorial. Além disso, a ação do Instituto Socioambiental – ISA na elaboração de laudos para a demarcação de terras foi essencial na consolidação de políticas voltadas para esse fim. Em 1998 já haviam sido demarcados mais de 10 milhões de hectares, o que foi feito junto à Funai, ao ISA e ao PPTAL (Projeto Integrado de Proteção às Populações e Terras Indígenas da Amazônia Legal), com financiamento da Alemanha, do Banco Mundial e do governo brasileiro. A partir de então, iniciou-se uma etapa de discussão de novos projetos de gestão territorial.

Enquanto isso, nos anos 1990, consolidou-se todo tipo de atividades e conquistas que deram uma grande presença à FOIRN em todo o território: conseguiu-se um sistema de navegação próprio, realizou-se o projeto de narradores indígenas, com publicações, encontros e conferências, e foram impulsionados projetos de piscicultura. Com o ISA, que desenvolve políticas fortes de assessoria e gestão na área, foi elaborado o projeto de educação escolar indígena do alto rio Negro, atualmente em processo de implementação em cerca de vinte comunidades.

A organização em regionais foi uma das chaves do sucesso político da Federação, pois viabiliza o surgimento de representantes para as diversas instâncias de governo do organismo – assembleia, conselho diretor ou direção –, garantindo a democracia controlada da gestão. Mas os coordenadores de área enfrentam a dificuldade de que a delegação de poder não é um costume muito comum entre os indígenas, que preferem a presença direta de seus principais líderes. A democracia representativa, então, vê-se interpelada pela tradição, sustentada por lideranças locais exercidas pelos anciãos, frequentemente figuras xamânicas ou de grande ascendência moral que ficam atadas a seu poder territorial. Na dialética entre tradição e assunção de novos desafios, perfilam-se formas inéditas de representação que dão lugar ao protagonismo dos jovens. De todo modo, a construção dessas novas instâncias não desconhece certo cruzamento entre redes de parentesco tradicionais, etnias em estado de redefinição – como no caso da baré, que acompanhou seu processo de reetnização com a experiência de gestão na própria FOIRN – e território. Essa trama complexa, sujeita à hegemonia, decide a eleição de representantes, motivo pelo qual frequentemente surgem tensões que costumam ter sua origem reconhecida em disputas étnicas de longa data que atuam como um questionamento da representatividade.

Além disso, após quase três décadas de experiência na construção da FOIRN, estaria ocorrendo uma transformação no associacionismo indígena: de reivindicações territoriais e legais, passa-se atualmente à busca de eficácia econômica na articulação com o mercado e a sociedade civil. De qualquer modo, os líderes da FOIRN estão cientes de que o organismo existe para ampliar e defender direitos, embora um balanço negativo da articulação com o governo, que nem sempre cumpre os compromissos assumidos, coloque em questão o papel do Estado como promotor da autodeterminação.

Um desses eixos está marcado pela relação com a Funai. Tema complexo, porquanto o questionamento do organismo por grande parte dos povos indígenas brasileiros, certamente com base na ineficiência real de muitas de suas intervenções, bem como no seu papel neutralizador de líderes a partir de sua integração ao sistema burocrático estatal, trouxe como consequência o afastamento da Funai como entidade oficial de demarcação de terras indígenas. Esse poder foi delegado em parte pelo parlamento, mediante a proposta de emenda constitucional de outubro de 2013, a PEC 215, que concede a uma aliança espúria entre o agronegócio, as madeireiras, os evangélicos e as empresas de mineração o poder de decisão sobre o que consideram "muita terra para pouco índio". Seria essencial que o movimento indígena amazônico, por meio da FOIRN, fosse reconhecendo a necessidade de construção política no sentido de conseguir representantes indígenas no parlamento ou em cargos executivos, tanto municipais quanto estaduais e federais, para defender suas posições. Pois é com o apoio dessas instâncias que são realizadas as políticas públicas que decidem sobre seus direitos e interesses. A PEC 215 é um exemplo notório disso. Como vem ocorrendo com sucesso em países como Bolívia ou Equador, os índios devem passar do terreno da defesa concentrada no território ao da articulação de seus organismos representativos com o jogo político nacional, o que, como se viu, embora não esteja isento de riscos, determina a eficácia de suas intervenções e, em última instância, garante a sobrevivência dos povos e culturas ameaçados.

Na maloca da FOIRN, localizada em São Gabriel da Cachoeira, funcionam os diversos departamentos – juventude, mulher, comunicação etc. – e desenvolvem-se projetos de pesquisa e promoção como os Pontos de Cultura, que pressupõem o mapeamento e a valorização de conhecimentos tradicionais efetuados pelos próprios indígenas, não sendo menor sua extensão de caráter comercial por meio da

Wariró, uma moderna loja próxima da sede onde se vende artesanato de altíssima qualidade[23]. A Assembleia Geral da FOIRN, seu órgão máximo de governo, é bianual; seus balanços e propostas são aprovados por aclamação da maioria. Uma urdidura complexa de representações legitimadas em cada estágio constitui uma verdadeira escola política de gestão da coisa pública, que vai das aldeias às dimensões municipais e estatais. É a coesão de sua construção de poder que pode impedir o avanço de algumas das propostas de retrocesso vigentes. Um exemplo é a Comissão Especial para o Aproveitamento de Minerais em Terras Indígenas criada pelo governo federal, que antecipa o fim da autodeterminação ao supor a perda da soberania nos territórios demarcados, uma das maiores conquistas do movimento indígena da América Latina. A fluidez da democracia direta à maneira indígena – que consiste em *mandar obedecendo* ao desígnio geral por um tempo determinado, mantendo contato com as comunidades – é o alfa e o ômega da emergência política dos povos da região, que tem os baré como um dos grupos étnicos mais ativos e vitalizadores.

No entanto, algumas situações deverão acalmar-se antes de que se possa visualizar essa dimensão política do ser social ativada de forma plena, pois isso supõe instâncias de articulação – de diálogo – de entidades coletivas certamente muito distintas em suas naturezas, histórias, modos e fins. Uma delas é a atitude dos não índios para com os povos indígenas que, ao romper a inércia e irromper na vida pública com seus próprios estilos, não poucas vezes carregados de fortes valores de ruptura, comportam um furioso desafio às suas próprias crenças. Em seu núcleo está, em primeiro lugar e em última instância, a inefável e absurda pergunta ontológica.

O QUE É UM ÍNDIO?

Pois, assim como nenhum branco se pergunta o que é um negro – nem negro algum, naturalmente, se interroga sobre o que é um branco –, nenhum índio pergunta nem se pergunta o que é um branco: ele já o sabe. Muito menos se pergunta quem tem direito a sê-lo. Nem se, por ser, é credor de direitos – à existência, em primeiro lugar. Contudo, não há branco que não se pergunte o que é um índio, ou que não meça nem emita pareceres sobre em que proporção e até que ponto o índio é índio e se lhe cabe algum direito por esse simples fato: o de ser. Cometer tal absurdo ontológico, o de arrogar-se o poder de emitir pareceres sobre o ser de outros, é sua prerrogativa. O escândalo moral que implica simplesmente essa pergunta é seu modo de tramitar a própria identidade e pensar sua própria natureza, ou seja, sua diferença. Isso ocorre, sobretudo, após o contato com indígenas, embora raramente seja necessário para um branco algum tipo de conhecimento real, baseado na experiência, para perguntar-se e decidir o que (ou, talvez, quem) é um índio.

Essa pergunta é filha bastarda de uma relação problemática e culposa: a dos não indígenas com aqueles que quase sempre foram apenas, de uma forma ou de outra, suas vítimas. Às vezes, é formulada em nome do Estado: a decisão sobre a quem conceder direitos (como se fossem uma graça e não, precisamente, um direito, o direito

23—"A casa comercializa artigos com valor agregado, feitos de forma tradicional a partir de matérias-primas recolhidas e processadas de forma sustentável – respeitando a capacidade de recomposição da natureza –, como bolsas de fibra de tucum, cerâmica tukano, cestos yanomami, pimenta em pó, farinha de tapioca, pupunha, mandioca e artesanato de várias etnias. Os produtos tradicionais compartilham as vitrines da Wariró com livros, vídeo e CDS com músicas sobre os mitos e as histórias dos povos do rio Negro. A Wariró possui um vínculo direto com os mestres artesãos indígenas, que vendem seus produtos de forma direta, justa e sem intermediários. A casa também reúne os artesãos com os interessados na compra de seus produtos, promovendo encontros de intercâmbio cultural. Além da venda de produtos indígenas, a Wariró divulga suas vendas local e nacionalmente por meio de feiras, exposições nacionais e internacionais" – extraído da página da FOIRN na internet.

24—Um caso extremo – e, portanto, exemplar – dessa situação é o dos huerpes, habitantes da província argentina de San Juan. Embora se considere a etnia como desaparecida há três séculos, bem como sua língua – os dialetos milcayac e allentiac – e os rastros perceptíveis de suas tradições, alguns milhares de membros que reclamam para si essa origem e identidade – alegando, entre outras coisas, a ocupação imemorial do território – reivindicam o reconhecimento estatal. O paradoxo é que o Estado argentino requer a presença desses traços perdidos – destruídos pela conquista e colonização efetuada pelo mesmo Estado durante seu processo de construção – para proceder com o reconhecimento dos huerpes como etnia preexistente, o que desencadearia uma série de eventos jurídicos como a legitimação das reivindicações territoriais e o direito ao nome, entre outros. Não há nada além do padrão de DNA e, principalmente, da autoidentificação dos habitantes da região que comprove que os sujeitos demandantes pertencem à dita etnia. Existem, sim, elementos mais que patentes – em suma, a própria história – que incriminam o Estado pelas operações que destruíram a condição de vida desses seus habitantes: pura e simplesmente um claro etnocídio, cujos efeitos reais pretende-se negar para conceder às suas vítimas apenas o direito de ser.

de todo sujeito a ter direitos) é precedida pela pergunta sobre o que é e pela suspeita, que se pretende razoável, sobre se o é. Mais concretamente: um índio deve demonstrar aos não índios, detentores do poderio estatal, que é índio. Os demais sujeitos de direito definem-se por sua atuação e por suas demandas. O índio, não. Haveria algum tipo de essência que o facultaria ao recebimento de benefícios, mas, principalmente, para o branco, haveria falhas nessa essência que colocam em questão esses direitos potenciais[24].

SER OUTRO

Nas últimas décadas, particularmente a partir do quinto centenário da chegada dos espanhóis à América, tem-se refletido sobre o vínculo entre os dois mundos sob a ótica da alteridade. Essa reflexão, coincidente com a reemergência dos povos indígenas como sujeitos políticos autônomos que, com suas revoltas, questionam o lugar subalterno que lhes foi conferido, produziu-se depois de mais de um século no qual sua assimilação ou sua tradução a outras coordenadas identitárias – como camponês, operário, pobre ou marginal – havia obscurecido, se não obliterado, sua própria existência. Subitamente o outro, às vezes escrito em maiúsculas, extraído das arcas das filosofias existenciais que floresceram no período entre guerras da Europa, conheceu uma renovada utilidade como conceito-fetiche. E, como todo conceito em vias de transformar-se em lugar-comum, teve sua utilidade até tornar-se um argumento para não pensar: uma mera comodidade.

O outro, esse conceito paradoxal que define algo a partir do que não é, marcando tanto a diferença quanto a oposição, de acordo com a original distinção hegeliana, cobrara carta de cidadania universal (na limitada universalidade autoconferida pelo discurso filosófico europeu ocidental) com o auge do pensamento de Sartre, Merleau-Ponty e Emmanuel Levinas para refletir sobre os massacres padecidos – autoinfligidos – pelos europeus no sangrento século XX. Esse conceito, ressuscitado de escuras reminiscências teologais, extraído da configuração alegórica proposta no quinto capítulo da *Fenomenologia do espírito* para retratar a dinâmica libertadora da pugna entre amo e servo, de cuja resolução dramática proviria a redenção, retornava ao cenário das ideias para alertar sobre o trágico desvio de rumo que acabara por declinar os sonhos da modernidade em pesadelos totalitários. Um tanto tardiamente, a realidade dos campos de concentração e extermínio nazistas – e, em menor medida, soviéticos – foi instigando o pensamento crítico a responsabilizar-se por essa sinistra pulsão retornante que levava as sociedades mais avançadas a cometer os piores crimes, colocando em questão a própria existência do humano.

Mas, certamente, demorou bastante para que a questão do outro fosse utilizada como marco conceitual no movimento discursivo que equipara as vítimas desvalidas não europeias (pobres, terceiro-mundistas e demais agrupamentos humanos etnicamente incorretos) com as vítimas brancas e ocidentais. E durou pouco. Pois, nessa passagem, o outro foi tingindo-se pouco a pouco de estranheza até deslizar de forma quase imperceptível para o radicalmente inassimilável. Em algum momento o humanismo homologante que nivela diferenças sofreu uma retração: os outros começaram a ser construídos e visibilizados não mais como pares, mas como o não equiparável, e essa operação era levada adiante com os mesmos discursos com que se fustigava a própria barbárie civilizada; no final das contas, tudo parecia ter sido uma espécie de mal-entendido. As boas consciências ocidentais retornavam ao redil; seus rançosos instintos raciais, sempre à espreita, sobrepunham-se ao sonho da igualdade. Pois, como mostravam as formas extremas da alteridade (e ali estavam o canibalismo e os fundamentalismos no centro da cena como prova), em suma, nada havia em comum entre o índio e o europeu: o reino das diferenças atualizava seu poderio segregador, provendo exemplos para tornar a erigir as intransponíveis muralhas do desdém, do desprezo e do ódio. Tratava-se, portanto, de um erro situado nos próprios fundamentos da visão que supunha substâncias universais comuns, compartilhadas.

A assunção desse erro que colocava em questão a universalidade do humano tornava factível o retorno da diferença abissal. Agora o outro havia retornado como Outro: imenso, monstruoso, inadaptável, alheio. Em suma, não assimilável nem dialetizável. Do índio animalizado ao muçulmano fundamentalista, a figura do outro tornou-se um recurso útil para justificar a ativação de mecanismos de exclusão, controle, domínio, hegemonia ou simples e diretamente extermínio. No limite: a vida reduzida a *bios*, ao seu caráter de mera vida orgânica sem existência. É o movimento que se tem definido nos últimos anos com o termo biopolítica, cuja forma mais extrema, legitimada pelo discurso e pelas práticas científicas aceitas, não é mais o campo de extermínio ou a aniquilação *manu militari*, mas o mapeamento e a manipulação genética, métodos silenciosos e não menos eficazes que aquelas formas mais brutais.

Em contrapartida, o discurso chamado pós-colonial tentou encontrar a voz inaudível desse outro, auscultando o ponto de fuga que lhe permitisse iluminar novas verdades relativas. Todavia, para que isso fosse possível, devia aceitar o mais inaceitável para o logocentrismo ocidental: sua capacidade de impugnação das próprias certezas. Ou seja, um impossível. Essa tentativa descolonizadora acabou sendo um gesto confirmatório, um puro conforto bem pensante das consciências ocidentais que colidiu com o obstáculo de sua autossuficiência. Pois o próprio limite que lhe impede dar conta da alteridade mais radical que constitui a voz do outro torna-se instância dramática: quando a vítima recobra sua voz, os sentidos do mundo explodem e os demônios ocultos que assediam o *logos* ocidental como um pesadelo se ativam sob a forma do horror retrátil diante do abominável. Esse outro indesejado, no final das contas, está ali e articula sua palavra plena.

Em sua obra *Catatau*, o poeta Paulo Leminski plasmou muito bem o desarranjo produzido pelo choque civilizatório. Imaginou – propôs – um distraído René Descartes, perdido em uma viagem alucinante pelo Brasil feraz, sendo submetido, como portador soberano do *logos*, à prova da alteridade. Aquele que fundara com seu *cogito, ergo sum* o pensamento moderno, escindido em uma mente sem corpo e em um corpo descarnado, sem paixões inteligíveis, abrumado pela voluptuosidade da natureza, descobrirá em suas andanças uma "excentricidade focal do pensamento que desmantela a Extensão descontínua". Para o atordoado racionalista, o Brasil é um "mundo despreparado para essa aparição do olho". O discurso da razão vê-se comovido pela irrupção sensorial do universo visual: "Este mundo é o lugar do desvario; a justa razão, aqui, delira". Para o Descartes de Leminski, nas selvas de línguas, sensualidades e indianidades, "reina um silêncio onde o pensamento não entra". A geografia humana exclui-se do mapa: só resta uma geografia natural. Nesse mundo mal calibrado "que não se justifica", o filósofo/poeta faz a pergunta-chave, fatal: "Que perguntas perguntar?" (Leminski, 1989, p. 17).

ETNOGRAFIAS

Muitas figuras inscritas no discurso etnográfico realizaram a experiência de assumir a alteridade de forma vivencial para tratar de formular as perguntas adequadas. Mas foram poucos os que, a partir disso, romperam a malha discursiva inicial. Pois o desafio não é sequer perguntar, mas perguntar-se e fazê-lo de um modo que não ocorra o retorno da própria pergunta; é o descentramento final que permite compreender, ou seja, abraçar os sentidos sendo outro com esse outro que se assume como onerosamente novo. Já não se trata apenas de dar conta de algo que preexiste de parte de um eu ou de um nós que permanece incólume perante a presença daquilo que é interrogado. Não. Na dialética de sujeitos que dialogam, de outros que se sabem tais, algo novo se constitui. Já não é questão de aplicar formas pré-formadas de pensamento a algo como o real, que estaria pré-constituído, como se isso que é real não fosse um sujeito com perguntas, desejos, imaginários, cosmovisões postas em diálogo, cujo ponto de transição aponta para além da alteridade. Trata-se, então, de percorrer a nova e inusitada senda proposta pelo encontro.

O que os não índios procuramos quando vamos ao encontro da indianidade? Ou melhor, o que encontramos olhando por entre as fissuras de nossa cegueira epistemológica, perpassada de etnocentrismo, logocentrismo, falocentrismo e antropocentrismo, sem sequer o estar buscando deliberadamente? Como na arte do conhecimento zen, existe o inaudito à espera, que requer um descalabro de nossas certezas para proferir sua palavra, para desvelar uma verdade.

Entre aqueles que se entregaram à experiência do encontro com a indianidade, apresento como caso – qualquer um poderia ampliar a lista de exemplos – o do operário e futuro sertanista alemão Curt Unckel (1883-1945). Sua história é conhecida. Na biblioteca da fábrica prussiana onde fatigava sua juventude, descobriu a literatura de viajantes: certamente frequentou von Martius, Rugendas, Humboldt, talvez Max Schmidt ou, quem seria seu amigo epistolar, Theodor Koch-Grünberg. Em algum momento sonhou ser um deles; quase sem perceber foi preparando seu destino. Aprendeu tupi com o duvidoso auxílio de um dicionário e de uma gramática; recriou em noites de estudo seus sons improváveis e, com as austeras economias de seu magro salário, empreendeu a viagem. Em seus bolsos só levava uma passagem sem retorno e um punhado de perguntas. Dois anos depois, chegava caminhando a uma aldeia guarani no estado de São Paulo. Para surpresa dos aldeãos, aquele gringo inverossímil dirigiu-lhes a palavra em sua própria língua. Poucos anos depois, recebeu seu batismo: mudara de pele, renascera como Curt Nimuendajú ("o que constrói sua própria casa").

Embora o longo périplo pelas aldeias de diversas etnias do Xingu e da Amazônia o tenha transformado em um especialista – fonte de consulta ineludível da etnografia guaranítica, como reconheceu o próprio Lévi-Strauss – e também causado sua morte pelas mãos de fazendeiros, Unckel/Nimuendajú nunca vacilou em sua rotina de descrever suas experiências em um alemão substancioso para revistas que quiçá não leria. Aí estão seus livros sobre os tikuna e suas colaborações reunidas no *Handbook of South American Indians*. Sua busca um tanto desesperada pelo resgate das tribos "não contaminadas" levou-o a prescindir do estudo dos índios miscigenados, "aculturados", submetidos à ação de salesianos e comerciantes, os quais lamentava não ter conhecido décadas antes. Sua imersão no universo indígena foi sincera, e suas pesquisas são de uma imaculada honestidade intelectual; porém, assim como em Lévi-Strauss, não há um rompimento do *logos* eurocêntrico nele, embora haja, obviamente, uma valorização dos saberes e modos de vida indígenas, cujas formas concebia como um atavismo irredento, ainda que somente suscetível de tutela, e não como uma potência de reformulação do mundo civilizado.

Esta última foi a visão adquirida, após uma não menos árdua deriva, pelo antropólogo argentino de origem alemã Gunther Rodolfo Kusch. Distinto filósofo de viés fenomenológico forjado no rigor das salas de aula do peronismo, nos anos 1940, Kusch realizou uma virada vital que resultaria estratégica para sua visão do mundo: abandonou a cosmopolita Buenos Aires e foi viver na solidão da Puna, no norte do país, na fronteira com a Bolívia, onde descobriria as velhas matrizes do pensamento ameríndio. Na fala popular, nos mitos, nas crenças coletivas, pré-colombianas, há saberes que precisam ser interrogados para a reconstrução de uma língua filosófica emancipada de imposições coloniais. Para Kusch, o povo coya, de língua aimara, é o equivalente do que foram os gregos para a filosofia europeia: ir ao seu encontro é uma das chaves de um recomeço. A América profunda, como titulou um de seus livros, ainda tem de proferir sua palavra. E essa palavra libertadora deve encontrar sua voz política revolucionária. Há um necessário, urgente, devir-índio do pensamento crítico latino-americano para que os povos possam reencontrar sua veia libertária. Nesse sentido, sua tentativa é de uma radicalidade patente: a tentativa de descobrir que a pátria é o outro.

Por fora desses códigos, mas com a agudez de visão – valha o paradoxo – que o caracteriza, Jorge Luis Borges deixou em *Elogio da sombra*, livro de 1969, um conto intitulado "O etnógrafo", que plasma muito bem a experiência radical do encontro com a indianidade. O argumento, que retoma o velho tema do cativo ou do fugitivo dos ataques indígenas do século XIX nos pampas argentinos, que volta transformado de sua experiência vital na "barbárie" e que Borges explorara em não poucas ocasiões, alcança nesse apólogo uma dimensão filosófico-política que permaneceu desconhecida para seus leitores – incluindo quem escreve estas linhas, que pratica uma ininterrupta paixão como leitor de Borges há três décadas.

O argumento é simples, quase banal: um estudante texano decide realizar sua experiência de campo[25]:

> **Na universidade aconselharam-no a estudar línguas indígenas. Há ritos esotéricos que persistem em certas tribos do oeste. Seu professor, um homem idoso, propôs-lhe viver em um acampamento para observar os ritos e descobrir o segredo que os feiticeiros revelam ao iniciado. Ao retornar, escreveria uma tese que as autoridades do instituto publicariam. (Borges, 1969, p. 11)**

O estudante viveu dois anos entre os homens vermelhos; em algum momento já era outro: "chegou a sonhar em um idioma que não era o de seus pais". Seu aprendizado – seu descarnar-se – foi exaustivo: "acostumou seu paladar a sabores ásperos, cobriu-se com roupas estranhas, esqueceu os amigos e a cidade, chegou a pensar de uma maneira que sua lógica rejeitava". Ao término de sua quase imperceptível iniciação, "o sacerdote ordenou-lhe que se lembrasse de seus sonhos e que os confiasse a ele ao clarear do dia". Para sua surpresa, o estudante "comprovou que nas noites de lua cheia sonhava com bisões. Confiou esses sonhos repetidos ao seu mestre; este acabou revelando-lhe sua doutrina secreta". Sua tarefa estava cumprida: "Uma manhã, sem se despedir de ninguém, Murdock [esse era seu nome] foi embora". O que se segue faz parte do preço inescapável de quem vai ao encontro de sua própria alteridade: "Na cidade, sentiu saudades daquelas tardes iniciais na pradaria em que havia sentido, fazia tempo, saudades da cidade. Dirigiu-se ao escritório do professor, disse-lhe que sabia o segredo e que tinha decidido não o publicar". O diálogo produzido por Borges bem poderia ter sido ditado por Sócrates a Platão, ou por um velho mestre zen.

25—A tradução dos trechos do conto de Borges foi feita a partir do original espanhol citado pelo autor do presente texto. (N. do E.)

> "Está preso ao seu juramento?" – perguntou o outro. "Não é essa a minha razão" – disse Murdock. "Naquelas terras distantes aprendi algo que não posso dizer". "Por acaso a língua inglesa é insuficiente?" – observou o outro. "Nada disso, senhor. Agora que possuo o segredo, poderia enunciá-lo de cem modos diferentes e até mesmo contraditórios. Não sei muito bem como lhe dizer que o segredo é precioso e que agora a ciência, a nossa ciência, me parece uma mera frivolidade". [...] "O segredo, aliás, não vale o que valem os caminhos que me conduziram a ele. São caminhos que devem ser percorridos."

O conto termina, seco e irônico, com uma moral velada:

> O professor lhe disse com frieza: "Comunicarei sua decisão ao Conselho. O senhor está planejando viver entre os índios?" Murdock respondeu-lhe: "Não. Talvez não volte à pradaria. O que me ensinaram os homens de lá vale para qualquer lugar e qualquer circunstância".

CERIMÔNIA DO ADEUS

Os baré, como quase todos os índios, falam, habitam a linguagem do mito. Ou melhor: são falados, ou seja, lançados ao mundo da vida pelo mito. Após organizar um pouco o mundo, Jurupari – *mão sobre a boca* – deixa somente a palavra. Mão sobre a boca: esse significado etimológico do nome do deus está carregado de ambiguidade. A mão é para calar, para demudar, para prevenir, para advertir, para abençoar? É claro que esse dom sagrado deve ser preservado com sumo cuidado: a palavra não é para alardear, apenas para dizer verdade. O insulto avilta sua natureza, torna-a arma contra si mesma e contra quem a ofende ao proferi-lo. Falar é um ato grave. Ninguém fala olhando-se. Fazê-lo seria cometer o tipo de indelicadeza própria dos brancos. O desafio altivo da palavra direta, espetada no rosto, reserva-se apenas para ocasiões que vaticinam a guerra. Os indígenas em situação de conversa mantêm principalmente uma atitude displicente, aparentemente casual. Fala-se quando há algo a dizer. E, quando se fala, fala-se muito, o suficiente, até que tudo se torne claro, diáfano, inequívoco. Caso contrário, o que se faz é calar. É por isso que não existe o silêncio incômodo. O silêncio é compartilhado como um bem apreciado. Pode-se estar muito tempo em silêncio com um baré. É um dos modos mais simples, plenos e genuínos de estar com uma pessoa: simplesmente sendo. Sentado à beira do rio com Jurandy, com Leopoldo ou seu Filó, ou com Ulysses, ou navegando com Sandra, com Marina ou Marivelton, ou pescando com Leôncio, ou rezando ou dançando na casa comunitária, ou sussurrando em silêncio antigas palavras de gratidão quase perdidas no meio da selva, ou vendo as crianças que saltam nuas na água, abraçadas, rindo... algo da experiência baré do mundo, algo que poderia chamar de sabedoria, dom, altivez ou simplesmente bondade, beleza ou retidão, ou seja, *puranga*, foi-me dado para contemplar. Espero ser fiel a esse acaso.

REFERÊNCIAS BIBLIOGRÁFICAS

AIKHENVALD, Alexandra Y. "Traditional culture, Ethnic stereotypes and globalisation in the Tariana discourse". *Journal of Iberian and Latin American Studies.* 9(1), pp. 29-48, jul. de 2003.

ALBERT, Bruce, e RAMOS, Alcira Rita (orgs.). *Pacificando o branco: cosmologias do contato no norte amazônico.* São Paulo: Unesp/Imprensa Oficial do Estado, 2002.

ALVES DA SILVA, A. Brüzzi. *A civilização indígena do Uaupés: observações antropológicas, etnográficas e sociológicas.* 2. ed. Roma: Librería Ateneo Salesiano, 1977.

ATLAS DE LAS RELIGIONES de *Le Monde Diplomatique.* Buenos Aires: Capital Intelectual, 2009.

BERTHIER BRASIL, Altino. *O caríua e outros contos amazônicos.* Manaus: Governo do Estado do Amazonas, 1978.

BORGES, Jorge Luis. *Elogio de la sombra.* Buenos Aires: Emecé, 1969.

CÂMARA CASCUDO, Luís da. *Antologia do folclore brasileiro*. São Paulo: Martins, 1944.

CARVALHO, José Cândido M. de. *Notas de viagem ao rio Negro*. Rio de Janeiro: Museu Nacional, 1952.

CORA, María Manuela de: *Kuai-Mare: mitos aborígenes de Venezuela*. Caracas: Monte Ávila, 1972.

CUNHA, Manuela Carneiro da. *Índios no Brasil: história, direitos e cidadania*. São Paulo: Claroenigma, 2012.

DESCOLA, Philippe. *Más allá de naturaleza y cultura*. Buenos Aires: Amorrortu, 2012.

EMPERAIRE, Laure (org.). *Dossiê de registro do sistema agrícola tradicional do rio Negro*. Brasília: ACIMRN/Iphan/IRD/Unicamp-CNPq, 2010. FOIRN (Federação das Organizações Indígenas do Rio Negro). Revista *Wayuri*. [s/d].

FREIRE, José Ribamar Bessa. *Da língua geral ao português: para uma história dos usos sociais das línguas na Amazônia*. Rio de Janeiro: UERJ, 2003. FREITAS, Newton: *Amazonia: leyendas Ñangatú*. Buenos Aires: Editorial Nova, 1943.

GONDIM, Neide. *A invenção da Amazônia*. São Paulo: Marco Zero, 1994.

GUIDO, Angelo. *O reino das mulheres sem lei: ensaios de mitologia amazônica*. Porto Alegre: Livraria do Globo, 1937.

HUGH-JONES, Christine. *From the Milk River: Spatial and temporal processes in northwest Amazonia*. Nova York: Cambridge University Press, 2007.

HUGH-JONES, Stephen. *The palm and the pleiades: initiation and cosmology in northwest Amazonia*. Nova York: Cambridge University Press, 2007.

KOCH-GRÜNBERG, Theodor. *Del Roraima al Orinoco*. Tomo II. Caracas: Ediciones del Banco Central de Venezuela, 1981.

_____. *Dois anos entre os indígenas: viagens no noroeste do Brasil (1903/1905)*. Manaus: Edua/FSDB, 2005.

LEMINSKI, Paulo. *Catatau*. Porto Alegre: Sulina, 1989.

LÉVI-STRAUSS, Claude. *Tristes trópicos*. EUDEBA, Buenos Aires: Eudeba, 1955.

_____. *La alfarera celosa*. Buenos Aires: Paidós, 1986.

FIGUEIREDO, Paulo Maia. "Desequilibrando o convencional: estética e ritual com os baré do alto rio Negro (Amazonas)". Tese de doutorado. Rio de Janeiro: PPGAS/Museu Nacional/UFRJ, 2009.

MEGGERS, Betty J. *Amazonia, un paraíso ilusorio*. Buenos Aires: Siglo XXI, 1976.

ORICO, Osvaldo. *Mitos ameríndios e crendices amazônicas*. Rio de Janeiro: Civilização Brasileira, 1975.

PEREIRA, Manuel Nunes. *Moronguêtá: um Decameron indígena*. 2. ed. vol. 2. Brasília: Civilização Brasileira, 1980.

POVOS INDÍGENAS DO RIO NEGRO: *uma introdução à diversidade socioambiental do noroeste da Amazônia brasileira*. 3. ed. São Paulo: FOIRN/ISA, 2006.

RIBEIRO, Berta G. *O índio na cultura brasileira*. Rio de Janeiro: Revan, 1987.

_____. *Os índios das águas pretas: modo de produção e equipamento produtivo*. São Paulo: Edusp, 1995.

RIBEIRO, Darcy. *Os índios e a civilização: A integração das populações indígenas no Brasil moderno*. 3. ed. São Paulo: Companhia das Letras, 1996.

SANTOS, Eurico. *Histórias, lendas e folclore de nossos bichos*. Rio de Janeiro: Edições O Cruzeiro, 1957.

SCHADEN, Egon. *Aculturação indígena: Ensaio sobre fatores e tendências da mudança cultural de tribos índias em contato com o mundo dos brancos*. São Paulo: Pioneira/USP, 1969.

SOARES, Renato Martelli. *Das comunidades à Federação: associações indígenas do alto rio Negro*. Dissertação de mestrado. São Paulo: USP, 2012.

SOUZA, Márcio. *História da Amazônia*. Manaus: Valer, 2009.

VIVEIROS DE CASTRO, Eduardo. *La mirada del jaguar: introducción al perspectivismo amerindio. Entrevistas*. Buenos Aires: Tinta Limón, 2013.

WRIGHT, Robin (org.). *Transformando os deuses: igrejas evangélicas, pentecostais e neopentecostais entre os povos indígenas no Brasil*. vol. 2. Campinas: Editora da Unicamp, 2004.

_____. *História indígena e do indigenismo no alto rio Negro*. Campinas: Mercado de Letras, 2005.

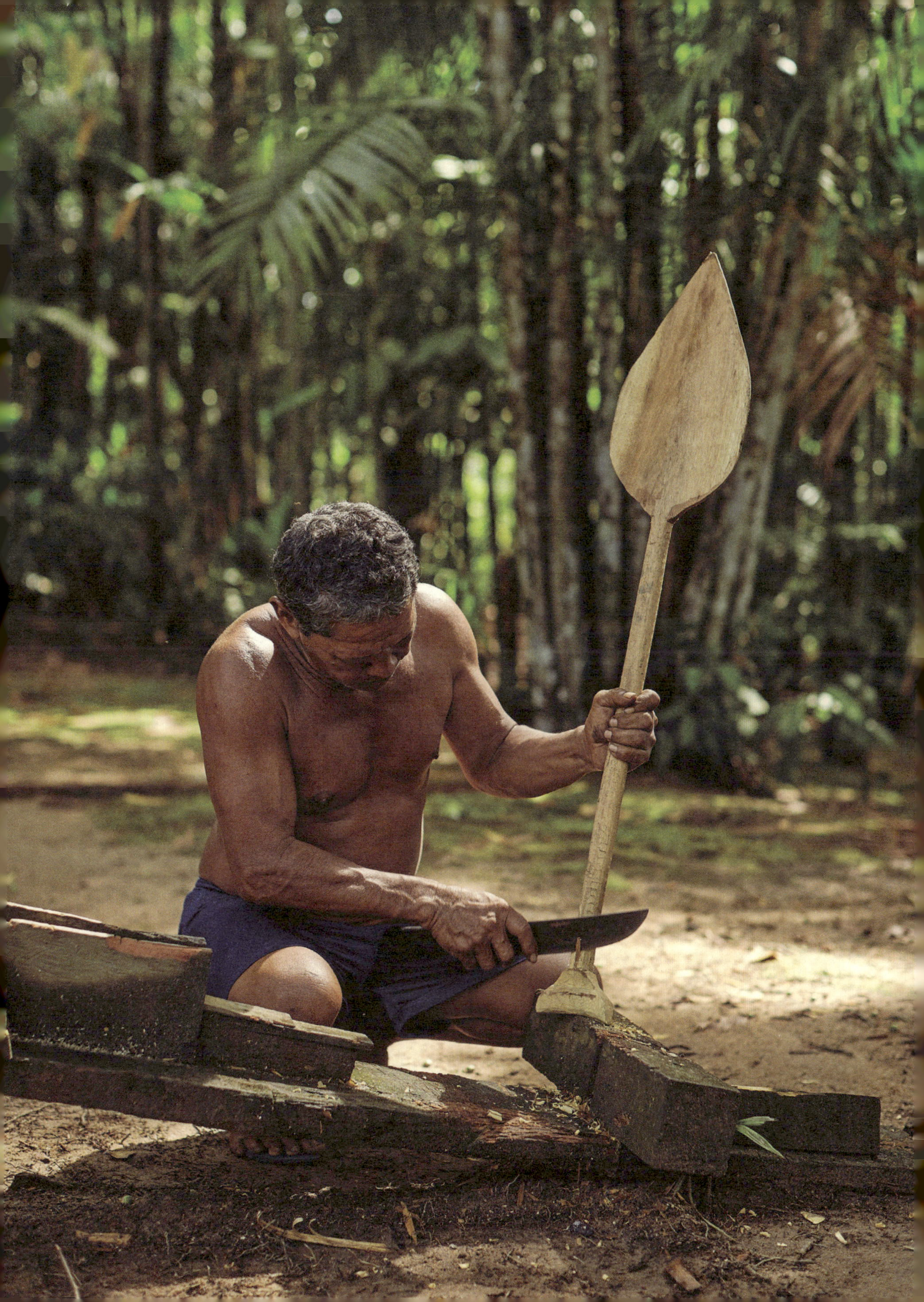

BARÉ

BETO RICARDO

EM PAUTA

CHEGUEI PELA PRIMEIRA VEZ A SÃO GABRIEL da Cachoeira (AM), cidade indígena distante mil quilômetros a noroeste de Manaus, em abril de 1987, a convite de Álvaro Sampaio Tukano, para participar de uma grande reunião dos povos indígenas da região com militares do Exército, ocasião em que foi fundada a FOIRN – Federação das Organizações Indígenas do Rio Negro.

O assunto em pauta era o apoio dos militares à mobilização das lideranças indígenas de toda a região, por meio da implantação do projeto Calha Norte, uma iniciativa focada no estabelecimento de bases territorializadas permanentes ao longo da faixa de fronteira ao norte da calha do rio Amazonas. Esse esforço previa, para a região do rio Negro – também denominada, no jargão geopolítico, Cabeça do Cachorro –, o aumento da graduação do comando instalado na cidade de São Gabriel e a implantação de sete pelotões de fronteira: Maturacá, Cucuí, Tunuí, São Joaquim, Iauaretê, Querari e Pari-Cachoeira.

A chegada do Exército anunciava uma alteração importante no modelo de presença do Estado Nacional na região, em substituição àquele baseado na parceria FAB - Força Aérea Brasileira/Missões Salesianas, que vigorou no rio Negro e afluentes por décadas, no século XX.

Essa empreitada neo-pombalina de equacionar a relação com os missionários católicos salesianos e os povos indígenas era uma questão crucial para o Exército.

Com respeito ao domínio salesiano na fronteira, por exemplo, houve uma disputa de espaço. Os vôos dos aviões da FAB, fundamentais para o transporte de carga e passageiros, foram progressivamente redirecionados para os pelotões do Exército; assim como uma parte importante do sistema de atendimento de saúde.

Aos índios "aculturados", residentes em centenas de comunidades ribeirinhas na remota região transfronteiriça com a Colômbia e a Venezuela, prometeram a implantação de Colônias Indígenas e de Florestas Nacionais, num arranjo territorial descontínuo, contrariando a posição das lideranças nativas pelo reconhecimento de uma área extensa e contínua como terra indígena.

E não faltaram promessas de benefícios derivados de uma suposta concentração de esforços assistenciais interministeriais (telecomunicação, escola, saúde, abastecimento, energia e projetos econômicos) para as comunidades indígenas acima da Ilha das Flores, situada na confluência dos rios Negro e Uaupés.

E qual não foi a surpresa do coronel que comandava os militares presentes na grande reunião ocorrida no ginásio lotado do Colégio São Gabriel quando irrompeu no plenário um professor baré que fez um discurso didático para desconstruir a afirmação do militar sobre a delimitação das comunidades indígenas virtualmente beneficiadas por políticas públicas específicas – afinal, o "mapa" do Exército excluía as populações indígenas da sede do município e arredores, as situadas ao longo da estrada São Gabriel-Cucuí e também as do médio e baixo rio Negro, onde mora a maioria dos baré –, e concluiu, num tom eloquente: "Coronel, aqui todo mundo é índio!", para delírio e aplauso demorado da platéia. O coronel retirou-se da mesa visivelmente contrariado e o professor começou ali uma carreira política que o levou, alguns anos depois, a ser eleito prefeito de São Gabriel.

Esses novos tempos do rio Negro foram marcados pela perda de força da Missão Salesiana, pela redefinição das prioridades pastorais da diocese católica e pela instalação de bases militares e ampliação do recrutamento de indígenas para compor a base da tropa, além do estabelecimento de outras instituições governamentais de ensino e assistência, da chegada de missões evangélicas e de empresas de mineração, como também da emergência do movimento indígena.

A FOIRN se fortaleceu com o estabelecimento de uma sede-maloca na cidade de São Gabriel da Cachoeira e, sobretudo, com o reconhecimento oficial do Governo Federal, da demarcação e homologação de um conjunto de terras contíguas, cuja extensão total soma quase 12 milhões de hectares. Some-se isso a implementação de uma extensa rede de comunicação por radiofonia, os resultados de uma geração de projetos-piloto, o controle temporário do Distrito Sanitário Especial Indígena do Rio Negro, as jornadas rio acima do Balcão da Cidadania, a criação da Wariró, casa de produtos indígenas do rio Negro, a formulação do Programa Regional de Desenvolvimento Indígena Sustentável do Rio Negro e o surgimento de uma centena de associações locais afiliadas e agrupadas em cinco sub-regionais, com o apoio de organizações da sociedade civil do Brasil e do exterior.

Nesse novo e complexo ambiente institucional e intercultural, os baré forneceram, por assim dizer, uma boa parte das chamadas lideranças do movimento indígena do rio Negro. Somente nas diretorias eleitas da FOIRN, entre 1987 e 2013, cinco dos oito presidentes foram da etnia baré, com parte dos quais tive o prazer de conviver e trabalhar pelos direitos indígenas do rio Negro e à qual este livro está, em boa hora, dedicado.

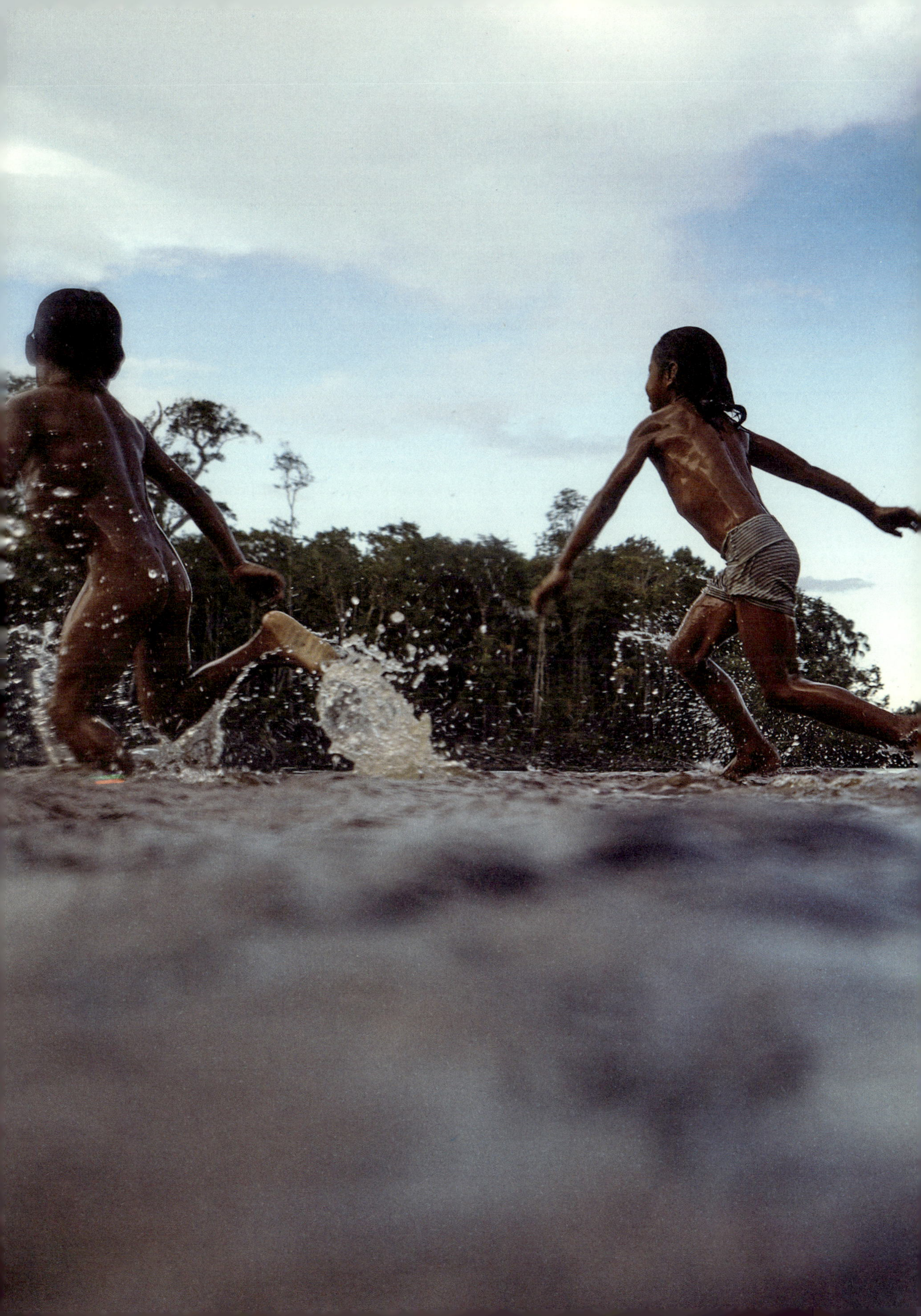

SOBRE OS AUTORES

BETO RICARDO é antropólogo e coordenador do Programa Rio Negro do Instituto Socioambiental – ISA. Um dos fundadores do CEDI – Centro Ecumênico de Documentação e Informação, onde idealizou e coordenou o projeto Povos Indígenas no Brasil (1978-92), foi membro da coordenação da campanha pelos direitos indígenas na Constituinte (1996-98) e um dos líderes da luta contra as barragens do rio Xingu (1988-89). Recebeu o Prêmio Ambientalista Goldman/92. É sócio fundador da CCPY – Comissão Pró-Yanomami, do NDI – Núcleo de Direitos Indígenas, do Instituto Socioambiental – ISA, do projeto Vídeo nas Aldeias, do IDS – Instituto Democracia e Sustentabilidade e do Instituto ATÁ.

BRÁZ FRANÇA BARÉ é presidente/fundador da ACIBRN - Associação das Comunidades Indígenas do Baixo Rio Negro (1988-90). Foi presidente da FOIRN – Federação das Organizações Indígenas (1990-96) e coordenador geral do convênio do DSEI/FOIRN (2002-04). Ocupou os cargos de administrador adjunto da Funai – Fundação Nacional do Índio (1999-2002) e de coordenador operacional da demarcação das terras indígenas do alto e médio rio Negro pelo Instituto Socioambiental – ISA (1998-99).

EDUARDO GÓES NEVES é arqueólogo com atuação em pesquisa e educação em arqueologia amazônica. É graduado em História pela Universidade de São Paulo e doutor em Arqueologia pela Universidade de Indiana. No Museu de Arqueologia e Etnologia da USP, é professor titular de arqueologia brasileira e coordena o Programa de Pós-Graduação em Arqueologia e o Laboratório de Arqueologia dos Trópicos. É professor do Programa de Pós-Graduação em Antropologia Social da Universidade Federal do Amazonas, pesquisador do Cesta – Centro de Estudos Ameríndios da USP e coordenador do grupo de pesquisa "Ecologia Histórica dos Neotrópicos", do CNPq. Presidiu a SAB – Sociedade de Arqueologia Brasileira (2009-11) e compôs a diretoria da SAA – Sociedade de Arqueologia Americana (2011-14). É membro do Conselho Assessor da Fundação Wenner-Gren de Pesquisas Antropológicas e editor da Revista de Arqueologia da Sociedade de Arqueologia Brasileira.

EDUARDO VIVEIROS DE CASTRO é etnólogo americanista, com experiência de pesquisa na Amazônia. Doutor em Antropologia Social pela Universidade Federal do Rio de Janeiro, com pós-doutorado pela Université Paris X, é professor de etnologia no Museu Nacional/UFRJ, professor titular de antropologia social na UFRJ e membro da equipe de Recherche en Ethnologie Américaniste do CNRS – Centre National de la Recherche Scientifique, da França. Recebeu os prêmios de Melhor Tese de Doutorado em Ciências Sociais da ANPOCS (1984), Médaille de la Francophonie da Academia Francesa (1998), Prêmio Erico Vanucci Mendes do CNPq (2004), Ordem Nacional do Mérito Científico (2008) e Doutorado Honoris Causa pela Université Paris Ouest Nanterre La Défense (2014). Entre suas publicações, destacam-se *From the Enemy's Point of View: Humanity and Divinity in an Amazonian Society* (1992), *A inconstância da alma selvagem* (2002) e *Há mundo por vir? Ensaio sobre os medos e os fins* (2014, com Déborah Danowski).

GUILLERMO DAVID é escritor e tradutor. Curador do Museu Nacional de Gravura de Buenos Aires, foi diretor do Museu Histórico de Bahía Blanca e curador da Biblioteca Nacional da Argentina. É autor dos livros *Witoldo – O la mirada extranjera* (1998), *Carlos Astrada – La filosofía argentina* (2004), *Perón en la chacra asfaltada* (2006), *El indio deseado – Del dios pampa al santito gay* (2009), *Ulmen – El imperio de las pampas* (2011), *Lenguaraces egregios – Rosas, Mitre, Perón y las lenguas indígenas* (2013) e *Antonio Berni: Juanito y Ramona* (2014). Traduziu obras de Proust, Gramsci e Raymond Williams, entre outros. Colabora com diversas publicações periódicas sobre temas culturais, particularmente sobre a questão indígena na Argentina e em toda a América.

MARINA HERRERO é indigenista, ativista em direitos humanos e sociedades tradicionais em risco e coordenadora do programa Diversidade Cultural, na Gerência de Programas Socioeducativos do Sesc São Paulo. É graduada em dança e coreografia pela Escuela de Danzas Clásicas y Estudios Coreográficos e em música e violino pelo Conservatorio de Música del Teatro Municipal de Bahia Blanca, Argentina. Foi diretora e coreógrafa das companhias de dança Proposta, no Ballet Stagium, da Cia. da Rua, *Ad Libitum* e Tarantos – Cia. de Arte y Baile Flamenco. Assessorou a Secretaria da Cultura do Estado de São Paulo na área de dança. É coautora do livro *Jogos e brincadeiras na cultura Kalapalo* (2010) e organizou a publicação *Prêmio Culturas Indígenas* I e II. Trabalhou como roteirista e pesquisadora para os filmes *Kwarìp, mito e rito no Xingu* e *A vitória dos netos de Makunaimî* e como argumentista e pesquisadora de *Louceiras* e *Baré: povo do rio*.

MARIVELTON BARROSO BARÉ é diretor da Federação das Organizações Indígenas do Rio Negro – FOIRN. Atuou como coordenador do Projeto Diagnóstico Participativo do Médio Rio Negro da Associação das Comunidades Indígenas do Médio Rio Negro – ACIMRN (2011), onde também foi secretário do Departamento de Adolescentes e Jovens Indígenas (2007). Foi membro pesquisador do levantamento de dados para o dossiê do Sistema Agrícola Tradicional do Rio Negro "Patrimonio Imaterial Brasileiro dos Povos Indígenas do Rio Negro" (2009) e secretário da Coordenadoria das Associações Indígenas do Médio e Baixo Rio Negro – CAIMBRN (2009-12).

PAULO MAIA FIGUEIREDO é graduado em Ciências Sociais pela Universidade Federal de Minas Gerais e doutor em Antropologia Social pelo PPGAS/Museu Nacional da Universidade Federal do Rio de Janeiro. Desde 2010, é professor adjunto da Faculdade de Educação da UFMG. Desenvolve trabalhos na área de antropologia, com ênfase em etnologia sul-americana e educação indígena, tendo realizado pesquisa de campo com os baré (alto rio Negro). Também é um dos idealizadores e coordenadores do forumdoc.bh – Festival do Filme Documentário e Etnográfico – Fórum de Antropologia e Cinema, realizado anualmente desde 1997 pela Associação Filmes de Quintal em parceria com a UFMG em Belo Horizonte.

PISCO DEL GAISO é fotógrafo. Nos anos 1990, fotografou para a revista *Trip* e o jornal *Folha de S.Paulo*, onde recebeu o prêmio internacional King of Spain. Especializou-se em futebol na revista *Placar*, onde trabalhou até a Copa do Mundo de 1998. Em 2004, lançou o livro *Turismo rural brasileiro*. Iniciou, em 2010, a produção do ensaio "Cuniã, o lago da menina" em Rondônia. Dedica-se também à fotografia publicitária e documentários em vídeo, incluindo projetos pessoais como um curta-metragem sobre o pintor Manuel Gibajas, para o Cine Amazônia, e a história da sanfona de oito baixos.

ULYSSES FERNANDES é bacharel em Ciências Biológicas. Realizou pesquisa junto ao Instituto Nacional de Ciência e Tecnologia dos Hymenoptera Parasitóides da Região Sudeste Brasileira (INCT – HYMPAR/Sudeste), na Universidade Federal de São Carlos. É membro da SBE – Sociedade Brasileira de Entomologia e da SBPC – Sociedade Brasileira para o Progresso da Ciência. Como indigenista, faz pesquisa de campo entre etnias do alto Xingu desde 1996 e da Terra Indígena Raposa Serra do Sol – RR (macuxi, wapichana e taurepang) desde 2009. Realizou também trabalhos junto aos kariri-xocó e fulni-ô de Alagoas e Sergipe, os baré do alto e médio rio Negro (AM) e as etnias wayana-apalai (norte do Pará, Suriname e Guiana Francesa), resultando na publicação de três livros e produção de cinco documentários em longa metragem e um em curta metragem.

THE P
PEOP

BARÉ
RIVER
LE

BOOK FLAPS

"PROFESSOR, CAN YOU TELL ME WHO I AM? Funai says that I'm Baré, but I'm not Baré. Do you suppose I'm Baré?"

This distressing question was posed to me by a student in the Indigenous Teacher Training Program for Residents of Manaus, organized in 2006 by the Municipal Office of Education. I joked:

"Who am I to tell you who you are?"

That is when he told me about his life. Until he was two, he had lived along the Uaupés River, in his father's community, which is Tukano, along with his mother, who is Karapanã. There, living among his relatives, he babbled his first words in Tukano, but heard lullabies in Karapanã. Both languages belong to the eastern Tukano linguistic family. His father was then hired to work at a far-away farm, in a rural area around Manaus, where people speak Portuguese. At home, however, communication took place exclusively in Nheengatu, an inter-ethnic means of communication that then became his native language.

On the other hand, the Baré, who had acquired Nheengatu and become bilingual, stopped speaking Baré – an Arawak language – after a few generations, and only have Nheengatu left – which is based on Tupi and has become their language of identity, now coexisting bilingually with Portuguese. A similar linguistic shift took place with people who spoke other languages, which is why they were identified as Baré by Funai. Now, this Tukano-Karapanã-Baré speaking teacher, who is also competent in Portuguese, wanted to know how to relate these languages with his identity, which is the question that the book in your hands is attempting to resolve.

The people who wrote these words and took these pictures are researchers from different universities and different fields of knowledge, in addition to two Baré leaders, intellectuals who have built their knowledge within indigenous assemblies and through their struggle for land, education, healthcare and culture. Neither of the two speak Baré, a language that was banned in Brazilian territory, and is only used by a handful of elderly people in San Carlos, Venezuela. Both are Nheengatu-Portuguese bilingual, and they are aware of the fact that the last Baré speakers are buried in Manaus, a veritable cemetery of indigenous languages.

"Today, 500 years later, we still recall the sad stories told to us by our grandparents," writes Bráz França, historical leader of the Negro River. He offers us myths, teachings and sacred rituals "that can't be found in any book or government office," but instead are recorded in memories and passed along from father to son. It is all there: the origin story and the destiny of the Baré people, Jurupari and his flutes, Mira-Boia, Poronominaré, the *kariamã* and *dabucuri* initiation rituals. Evidence of the efficacy of this oral transmission mechanism that traversed three languages is a young Baré by the name of Marivelton Barroso – the other author – 23 years of age, who tells us tales of enchantment, dances and rituals, domesticated manioc and the culinary traditions that make up the Baré identity.

The reader is able to cross-reference these reports not just with the pictures taken by Pisco Del Gaiso, which are as beautiful as they are informative, but also with the other essays written based upon academic research, such as the one by anthropologist Paulo Maia Figueiredo, who after spending a great deal of time in communities around the region wrote the ethnography of the Baré culture, describing their rituals, recording narratives, in addition to getting into the documentation of the history of the Negro River. He writes eloquently about "the typical dilemma in the Negro River region – the identification of people with indigenous language," for which Eduardo Viveiros de Castro, his doctoral advisor, notes: The Indians who now "are Indians again" have reconquered their Indian-becoming, "they have relearned what history extinguished, connecting the points that tenuously subsist in the family, local and collective memory."

Excavations in this mound of words are accompanied by the archeological studies conducted along the Negro River, of which there are very few, as reported by Eduardo Góes Neves, summarizing what has been done up to this point. He points out gaps and assesses "the immense potential of historical information that the archeology in this region still has yet to reveal." Despite scant early archeological evidence, it allows us to underscore the "silent dynamic nature" of the Baré, "who remake themselves, every day, quietly, in the towns, villages and cities along the Negro River."

The Baré identity, besieged by religious and technological invasions, can also be looked upon through the sharp eyes of Argentine essayist Guillermo David, who observed from a different angle Baré daily life, which he shared with them. Nothing got past him. He spoke with the elderly. One of them, when questioned about his memories of the Baré language spoken by his mother, mentioned words in Spanish learned along the *balatais* of Venezuela. Guillermo also noted the absence of Baré prejudice with respect to technology and the use they make of it as an effective tool in the process of ethnogenesis. Smack dab in the middle of the forest, he watched many television shows and 2014 World Cup classifier matches, with what ended up being an unfounded fear "of what promised to be an uncomfortable moment, at least for me, as an Argentine."

Finally, Beto Ricardo, who witnessed the birth of FOIRN and the land struggles, gives his testimony about the indigenous movement and its relationships with different military and religious institutions.

I'm not Baré, am I Baré? That is what this book is about. These authors have returned to the Baré their ability to self-identify.

JOSÉ R. BESSA FREIRE

PRESENTATION

DANILO SANTOS DE MIRANDA

One can discover others inside oneself, and realize that one isn't a homogeneous substance, and radically different from everything that is not oneself; self is other. But every other is a self too, a subject like oneself.

TZVETAN TODOROV

In his book *The Brazilian People, the Formation and Meaning of Brazil*, anthropologist Darcy Ribeiro makes the statement that, once the Indians' initial illusion about the white man had passed, the inhabitants of our land during the pre-colonial period:

> began to see the slaughter that would engulf them. (...) with the destruction of indigenous social life, the denial of all of their values, the plundering, captivity, so many Indians lay in their hammocks and let themselves die, as only they have the power to do. They died of sadness, knowing that every possible future would be the most horrible negation of the past, an undignified life to be lived by real people. (...) Those who still could, fled into the deep jungle, horrified by the destiny that lay before them in mingling with the whites, be it in the missionary Christendom or in the colonial viciousness. Many of them carried within their contaminated bodies the infirmities that would decimate them and so many other harmless, innocent people.

Since the first contact between Indians and whites, many different ethnicities have been decimated by disease; the adoption of different forms of looting and enslavement; the annihilation of languages, beliefs and cultures; the systematic use of violence. Over centuries this contact has been conflict-laden, and that is how it remains today.

Shaped within this context, *Baré: the river people* captures memories, stories, customs and experiences of an ancestrally relevant Amazonian social group. A people that have watched their own image and significance dissolve along with other indigenous communities, which has significantly impacted their own perception of themselves. If they are no longer Indians, they likewise cannot consider themselves white. So then, who are the Baré?

Along the banks of the Negro River, the Baré inhabit a painful middle ground that places them among those acculturated, dispelling any chance at identification either as true indigenous representatives or white men.

When we think about the Baré, we must move beyond a simple retooling of the Western imagination away from worldviews in which Indians are considered inferior beings, ignorant of the knowledge needed to live in capitalist societies. We need to think effectively about giving new meaning to their culture, as well as placing value on their identity.

Through a documentary and this book, Sesc's initiative with the Baré seeks to find solid footing for this people's ability to resist, to socially and culturally reinvent themselves, guarding against the prejudices around them. The Baré are on a path of rebuilding their identity, urgently needing to understand themselves, but the perception of the other cannot be ignored.

Along these lines, the Cultural Diversity Program develops many activities aimed at recognizing, respecting and preserving identities, as well as the material and nonmaterial heritage of various ethnic and social groups in Brazil. *Baré: the river people* is part of this perspective.

Sesc believes that a dialog with the singularities of the native populations in Brazil, along with a reflection on their life conditions, reinforce its institutional commitment to socio-educational and cultural actions in the pursuit of a more egalitarian society that respects differences and alterity.

THE INDIAN IN BECOMING

EDUARDO VIVEIROS DE CASTRO

Nonetheless, if any of our forefathers could see us in the state that we're in, and we asked them why 500 years ago they used to live free and peacefully, they would undoubtedly tell us: "We weren't Indians."

BRÁZ FRANÇA BARÉ

I HAVE NO RIGHT nor do I have any of the relevant facts that would allow me to speak about the Baré people. I have nothing to say that would be truly relevant with respect to this people, of whom I have no personal experience. Nearly everything I know about the Baré I learned by reading the dissertation written by my former student, Paulo Maia, as well as the excellent essays that comprise this book. It is prudence, much more than modesty, that compels me to suggest that readers would do best to read them for themselves. Yet the little that I know might allow me at the very least to say one or two words *based upon* the Baré people, about what they "symbolize", their own exemplary, paradigmatic value, when one considers the complex history imposed upon these people after the invasion of the Americas by the Europeans: a history marked by military occupation, territorial expropriation, the decimation of their ranks through illness (both physical and metaphysical) visited upon them by invaders, economic enslavement, political repression, a ban on their language, the brutal treatment of their children in missionary boarding schools (an especially vile chapter of the Catholic Church's history in the Amazon), ideological violation via destruction of what the indigenous hold sacred, and the virulent imposition of an outsider's religion. Amerindians suffered, and have continued to suffer in certain respects, a long abominable rosary of violence at the hands of the prideful representatives of "Christian civilization" and/or the "Brazilian nation" (using these two expressions as synonymous both internally and externally is nothing short of ironic).

How does one survive such a methodical ethnocide, or even better, how does one recover from it and how can a people be *remade*? How does one recover the memory and reinvent a place within the foreign, narrow and unstable interval between "Indians" and "non-Indians", which opens then closes for the native peoples of the continent? The Baré represent one answer to these questions today. The exemplarity of these ancient people of the Rio Negro resides therein, a people who played such a key role within the dynamic Pre-Colombian cultural and count among their distinctions having their name associated with one of the preeminent indigenous mythologies on the continent, as recorded by Stradelli, Brandão de Amorim, and Barbosa Rodrigues. This exemplarity does not consist of sharing in the same sad narrative of de-Indianization: of being captured by a fraudulent corrupt "civilization" endeavor. It consists instead of their capacity to resist, to react, to *flip* this narrative, showing the so-called "Brazilian people" that they are, given that they continue to be, a patent and latent multiplicity of peoples in a state of constant flux. That they contain an immense subconscious reserve of differences capable of generating myriad other futures than the one beckoning us, which the powerful have ordained as the only one possible, the only one desirable, and even as the only one thinkable, purely and simply because it has been already realized.

But if Brazil is truly the country of the future, it is because it is the country where the Indians have not been yet ended, given that what is normally called the "future" in Brazil is increasingly similar to what other countries' past. This past of capitalist powers of previous centuries, that enter the 21st century in a clear state of decline, after having rendered the planet literally unbreathable (I am referring to the climate catastrophe set in motion by the Industrial Revolution, a technological-economic mutation among the conditions of which one must include the invasion and sacking of the Americas, two-and-a-half centuries ago). If our true future, if any future at all, remains within our grasp, it is only because "Brazil" – the oligarchs and bureaucrats and powers-that-be who through oppression, exploitation and destruction have acquired the curious habit of speaking on its behalf, and more than that, of imagining themselves synonymous with Brazil – was *unsuccessful* in completely abolishing its own past, its pre-Brazilian past. If Brazil still has any chance at a future, it is because the obvious political competency held by the dominant classes has always been offset by a phenomenal anthropological incompetency. Thanks be to Jurupari.

"We weren't Indians," as in the epigraph the ancient Baré who lived at the eve of the European invasion would say to the contemporary Baré. This modern Baré I am sure has heard often in a depreciative tone of voice that the Baré "are no longer Indians"; that Brazil was home to people who were still "true" Indians, and people who are *no longer* Indians, are a type of negative Indian (in the photographic sense of the word). In fact they *are no longer a people*, because they are now subsumed into "the people".

Pay close attention, however, because they are the "Brazilian people", but are not exactly non-Indians. They aren't Indians *anymore*, but they aren't non-Indians – meaning white – either. They aren't anything. They are whatever someone else finds it convenient to call them. And when they try to recover any sort of status – legal, anthropological, collective, distinctive – of being Indian, when they invert the stereotype and claim they are Indians *because* they are Baré, and not non-Indians because "Baré" is the name of Indians who aren't Indians anymore, then they stand accused of being fake Indians. That is, of being Indians who let themselves being deceived and defrauded by the promise of the white man (by governments that banned their language, missionaries who banned their rituals and kidnapped their children, traders who introduced them to alcoholism, bosses who transformed them into "customers"), that if they stopped being Indians they would become white people instead. They never did. They got stuck in the middle. They are neither Indian or non-Indian, neither "Christians" nor "pagans", or worse, both at the same time. A secret Indian, an Indian rejected by the "real" Indians and by the "real" white people. They suffer from their domesticated entrenchment, but in full possession of their indomitable indigenous consciousness. And faced now with the problem – strictly speaking, the solution – of resuming their Indian-becoming. Because, as Deleuze and Guattari said, even the women, before anything else the women, need to surrender to their woman-becoming, because "woman" is not an identity they were given, rather it is a position divergent from that of the masculine (and white and Christian and European) majority. We can say the same of Indians. The Indians who are "still" Indians are those who did not stop persevering with their Indian-becoming over all of these centuries of conquest. The Indians who are now "reverting to being" Indians are those Indians who are reacquiring their Indian-becoming, who accept diverging again from the majority; who have relearned that which was no longer taught to them by their ancestors. Those who recall that which was erased from history, by connecting the points tenuously subsisting in familial and collective memories to create a new path, where the dashed line left in the past is filled with a continuous one.

The nationalist doctrines of Latin American miscegenation, as proposed by José Antonio Kelly in the context of the Yanomami concept of "turning white", is based upon a double negation: a "neither-nor": the *criollo*, which is to say, member of the dominant class born of the old colony, the *new owner of a new nation*, is someone who is established simultaneously by a negation-affirmation of the indigenous world and by negation-affirmation of the European world. He needs to affirm his "Indianness" to the extent that he must distinguish himself politically from the colonial model, but he needs to deny it or face being forced to acknowledge the preexisting, prevailing rights of indigenous people to the land. And he needs to affirm his European-ness (his Christianity, literacy and "culture") in order to be able to deny these rights to the Indian. But he needs to deny it in order to make a legitimate claim to the new land that has become a "nation", in other words, the State, in order to be able to subordinate the native peoples. Now the Yanomami model of "turning white", as Kelly has shown, is the exact opposite of this *double bind* that imprisons the post-colonial dominant class/ethnicity. It is a model that Kelly calls *anti-miscegenation*, which operates by addition or double affirmation, rather than subtraction or double negation. If the mestizo as the post-colonial ideal is an anthropological entity that is *neither* an Indian *nor* a white – *but is white*, because the colony turned Nation-State is an effect of the European invasion – then the anti-mestizo as an ideal for the indigenous people who face Eurocentric modernizing pressure is an anthropological entity that is both Indian and white at the same time – *but is Indian*, since the theory of transformation in action here is an indigenous theory, not a white one; a theory that specifically presupposes the refusal of One, of the State which is established by de-establishing peoples under its transcendent expansion.

The anthropological vulgate that accompanies the theory of miscegenation in Brazil as likely throughout the rest of Latin America, initially operates as a zero-sum model: the more whites, the fewer Indians, and the more Indians, the fewer whites. As if the Indian and white "cultures" cancelled each other out, were unable to occupy the same space imagined as limited and narrow (the "head", perhaps). But this zero-sum which might ideally tend toward a 50-50 situation – the ideal mestizo, let's say – is in fact just another fraud. Since the ideal of the mestizo is not the ideal mestizo, but the mestizo undergoing *whitewashing*. The whiter the better, that is the truth behind the ideology of supposed Brazilian miscegenation: the "improved blood", the influx of European immigrants to teach the lazy Indians to work, and so on and so forth – everybody in Brazil knows what I am talking about, because everybody in this country has heard this said before. Reciprocally, the more Indian, the worse; the less white, the worse; and the worse it gets the longer that philosophy of history (let's call it that) is perpetuated among us according to which the "Indian" is something that one can only insist on continuing to be, or cease being little by little: it is impossible to go back to being Indian, just like it is possible and desirable to keep turning white (*but it is impossible to become completely white*). This is why there is such a ruckus now among the dominant classes and their "organic intellectuals" whenever people like the Baré, among so many others throughout Brazil, decide to revert to being Indians, to recapture their traditions, to revive forms and contents that had been repressed, banned and cursed as part of the "civilizing process". These people are rowing against the current, inverting history's unilinear march, refusing the realization of the Spirit and the advent of the Millennium. Quite right. (Theological-political note: who could have foreseen that it would be the Indians who would don the mask of the *katechon*?)

Against this zero-sum conception of our pseudo-miscegenation, indigenous anthropological theories believe that it is perfectly possible – which is not to say that it is easy or risk free – to be white and Indian at the same time, or even better, following different times, contexts and occasions. It is possible, in the sense of it "should be possible", to accrue symbolic Indian and non-Indian positions, to control the modes and moments of an essentially *reversible* transformation. It is possible to "be white" in an indigenous way, which is to say, to deploy dominant cultural codes based upon indigenous priorities, objectives and strategies, and above all, based upon indigenous anthropology, the indigenous theory (or theories) of culture, which have little to do with our essentialist theories of culture.

Eliane Brum, noted journalist and author, one of the few voices in the Brazilian press who was able to make herself heard through the curtain of silence strung up by this same press, thanks to her courage, talent and tenacity, observed that:

> **There is nothing more authoritarian than telling someone they are not what they are. That is also part of the annihilation offensive, by invoking the fallacious issue of what is a "true Indian" and a "false Indian", as if there were some sort of a "certificate of authenticity". This strategy is even more vile because the goal is to convince the country that indigenous peoples do not even have the right to claim belonging to the land that they claim for, because they don't even belong to themselves. In the logic of the explorer, the ideal thing would be to transform everyone into poor people, residents of the outskirts of cities, dependents of a government handout. In this geographic and symbolic place, no privilege would be jeopardized. And there would be nothing between the powerful interests and the greed land**[1].

Indeed, *transforming Indians into the poor*, which is what the "explorer" intends, is also the objective accomplishment of the worldview of the "leftist progressivism" that has taken over the government, but equally proliferates beyond it, within our white European-descended left: to wit, that view that conceives of the Indian as a sub-species of the "poor". This conceptual metamorphosis makes the Indian the welcome object of a hurried necessity, that of transforming him paternally into one who is "not poor", pulling him out of his abjection and making him a "citizen", shifting him from a "less than us" to an "equal to us" condition. Poverty is a condition that must be remedied, it is an unjust difference that must be abolished. For now we have to swallow a "government program", running just behind the harvester, the pesticide, the irrigation pivot, the dam, all financed, of course, by the superior prowess of our agricultural capitalism. But an Indian is something other than a poor person. He does not want to be made into someone "equal to us". What he wants is to be able to remain different from us: *precisely* different from us. He wants us to recognize and respect his distance.

Once again, this is the left's crucial choice on our continent at this point in world history: thinking of "Indians" – i.e. every minority on the planet – as "the poor", or thinking of "the poor" as "Indians" and *acting politically toward that direction*. Because being poor is a "major" concept, the poor are the majority; being poor is a *State concept*: one that is "statistical" in nature. But it so happens that the overwhelming statistical majority of this poor majority is an ethnic minority, political minority, sexual minority, racial minority. Because in Brazil, everyone is an Indian, except for those who aren't. And who isn't? The people who capitalist witchcraft and the colonial machine were able to turn into "poor people" (You lose, Indian! Tough luck, black man!), or those who want to make the poor a little less poor, just enough so that, like all good workers in a country that is rapidly advancing at a frenetic pace, they can afford (on credit, obviously) that cell phone or television that we import from China. But before we are able, both here and "out there", to transform all the world's Indians into poor people, the poor will have to turned themselves back into Indians. The world is changing, and not in the direction that the intellectual heirs of the 19th and 20th centuries imagined. The Baré are proof of that.

1—Eliane Brum, "A ditadura que não diz seu nome", http://brasil.elpais.com/brasil/2014/03/31/opinion/1396269693_200037.html. Viewed on August 29, 2014.

INTRODUCTION TO THE SECOND EDITION

MARINA HERRERO
ULYSSES FERNANDES

The second edition of *Baré: the river people* follows a year after the book was first released, reflecting the interest aroused by this compilation in which several authors present a broad reflection on the preservation of the identity of the Baré people. Therefore, in this introduction we will briefly outline the book's history and the current challenges faced by indigenous peoples in Brazil, particularly the Baré, in order to contextualize this edition according to present circumstances.

Since the book's launch in March 2015, publicizing events have been held with the presence of indigenous communities on the banks of the Negro River in the state of Amazonas and in the city of Belém. The book was distributed among approximately fifty communities that are home to remaining Baré groups and aroused the interest of students and professors from the Federal University of Amazonas, which offers education degrees in Intercultural Indigenous Studies and Nheengatu, the language spoken today by the Baré. The documentary *Baré: povo do rio*, available at <www.sescsp.org.br/bare>, was nominated for the TAL award – Latin American Television – in Montevideo, Uruguay, in the category "Best Production of Social Relevance". The documentary also won an award for "Artistic Achievement in Documentary Films" in the second edition of Telas – International Television Festival of São Paulo. Both events occurred in 2015.

Pleased with the impact of the project among local communities, Sandra Gomes Castro, a teacher and city councilor in Santa Isabel do Rio Negro (AM), affirms that the book has contributed to the self-identification of individuals as belonging to the Baré people, as they recognize their own cultural traits in the recorded memories. She states: "While in the past being a Baré meant suffering discrimination, the current ongoing recovery of the Baré identity enhances the self-esteem of those who felt no identification in the past. And the book contributes to this process."

Marivelton Barroso Baré, director of the Federation of Indigenous Organizations of the Negro River – FOIRN, affirms that the publication of the book was a great boost for the revitalization of Baré culture:

> The retrieval of cultural and historical aspects via the narratives and descriptions featured in the book was extremely important for the self-image and valorization of the Baré identity, the identity of a people placed in direct contact with the white man and who saw their original language become extinct. I know people who identified with the book's content and felt motivated to recover the ability to communicate in Nheengatu, the language used today by the surviving Baré.

Marivelton explains that the Baré people came close to be considered extinct in the early 1990s. Since then, much has been achieved and conquered, and today the Baré people are undergoing a process of revitalization. Their indigenous lands have been demarcated and they are now the 15th most populous indigenous group, with more than 1,900 individuals.

Still according to Marivelton:

> Very little was known about the Baré people. But today, despite the loss of the language, the Baré are alive and surviving. The book provided an excellent means to disseminate information about our people, revealing aspects of our history from colonial times to the present. It also served as a tool for research and contributed to the enhancement of our self-image. Taking part in this project was rewarding for me.

In the last two decades, Brazil has strived to adapt to a number of provisions related to the rights of indigenous peoples. The country has become a benchmark in land demarcation policy in the Amazon region, and has established an internationally recognized legal and administrative framework. There has been progress in providing differentiated services for indigenous peoples in health, education and social assistance. In December 2015, the country held the first National Conference on Indigenous Policy, which culminated with the creation of the National Council on Indigenous Policy. The Baré attended the conference and used the book and the documentary resulting from this project as a reference point of their identity.

Paradoxically, we are presently facing a disturbing lack of progress regarding new demarcations, while serious threats of setbacks emerge, accompanied by the weakening of the main government bodies working in favor of indigenous peoples.

Budget constraints affecting Funai (National Indian Foundation) and conservative pressures on the Legislative and Judicial powers, which are essential to counter the continuous attacks on the rights of indigenous peoples, are increasingly undermining conditions for the demarcation and defense of indigenous territories against invasion for logging and mining purposes.

The Judiciary has at times played a vital role in avoiding the prevalence of predatory economic interests, such as when the Supreme Federal Court prevented the eviction of indigenous peoples from their lands in various Brazilian states.

However, in times of crisis and institutional instability, the rights of indigenous peoples must be even more vigorously defended, given the several threats of setbacks seen recently.

The Executive should also take the initiative in proposing measures to assert indigenous rights, expanding its scope of action by strengthening government bodies such as Funai.

The Judiciary is currently flooded with demarcation processes disputed by non-indigenous persons holding State granted land titles. Enormous so-called "development projects" make free use of the "stay of court decisions" as a legal artifice to avoid questioning by indigenous peoples.

This has worried the UN Special Rapporteur on rights of indigenous peoples, Victoria Tauli-Corpuz, who, on an official visit to Brazil in March 2016, verified compliance with the recommendations of the previous rapporteur and investigated complaints of possible violations of the rights of these peoples.

After visiting several states, she met with representatives of native peoples and civil and governmental organizations and reported on the problems encountered, outlining the main challenges facing Brazilian indigenous peoples. In her final report, Victoria lists the main threats and challenges to indigenous populations in Brazil:

- **proposed constitutional amendment (PEC) 215, and other legislation that undermine the rights of indigenous peoples to land, territories and resources;**

- **misinterpretation of articles 231 and 232 of the Constitution in the indigenous land Raposa Serra do Sol judicial decision;**

- **introduction of the temporal framework and imposition of constraints on indigenous peoples' rights to possess and control their lands and natural resources;**

- **stalling of demarcation processes, including 20 demarcations of indigenous lands pending Presidential ratification, such as that for Cachoeira Seca in the state of Pará;**

- **failure to protect indigenous peoples' lands from illegal activities;**

- **ongoing evictions and constant threats of further evictions of indigenous peoples from their lands;**

- **profound and ever increasing negative impacts of mega-projects in or close to indigenous peoples' territories;**

- **violence, killings, threats and intimidation perpetuated with impunity;**

- **lack of consultation in relation to policies, legislation and projects impacting on indigenous peoples' rights;**

- **inadequate provision of health care, education and social services, as evidenced by indicators related to youth suicide, cases of illegal adoption of indigenous children, infant mortality and alcoholism;**

- **accelerated loss of indigenous languages.**

This report also suggests the need for the communities and organizations that defend them to take initiatives leading to proactive measures to oppose the abovementioned threats.

The "consultation protocols" are provided for in Convention 169 of the International Labor Organization – ILO, of which Brazil is a signatory, and address the requirement of prior consultation to indigenous peoples regarding any project impacting them or that may affect their rights. The proactive initiatives generated by these "consultation protocols" help communities to position themselves and serve as benchmarks to define the boundaries of territories.

A further proactive measure concerns the self-demarcation of lands. Delay in concluding demarcation processes usually results in irreversible and devastating consequences for the peoples awaiting them. In many of these processes the Executive claims to be constrained while waiting for decisions of the Judiciary or approvals by the Legislative. Left with no option, indigenous peoples have resorted to occupying territories, leading to litigation.

The long periods waiting for the completion of demarcation processes, added to the absence of State authority independent of local authority in litigation areas, have created conditions for the outbreak of violence against indigenous peoples, with attacks and killings of their leaders.

The unjustifiable impunity of violence, the growing number of killings, the weakening of state institutions for the protection of native populations, the arbitrary criminalization of those who oppose interests, the promotion of prejudice against indigenous people among the public in general, all lead to situations that induce confrontation, representing a huge risk of setbacks.

The subjunction of indigenous peoples to high-impact development projects, without prior consent and due respect for the effective implementation of constraints or measures to mitigate damage, is completely at odds with the ILO Convention 169 and the UN Declaration on the Rights of Indigenous Peoples.

The indigenous lands of the Negro River, distributed over a large geographical area, are home to multiple ethnicities and languages, with each site having its own history of contact. The region's complexity is further compounded for including the borders between three countries: Brazil, Colombia and Venezuela.

The current context evidences the importance of FOIRN, headquartered in São Gabriel da Cachoeira, 800 km from Manaus, and directed by Marivelton Barroso Baré, one of the authors included in this collection. FOIRN consists of 89 local associations representing 750 villages and covering 23 ethnic groups.

As an example of the benefits of FOIRN initiatives, in 2015, the city of Santa Isabel do Rio Negro held the 2nd local round of the National Conference on Indigenous Policy, which brought together over two hundred participants from seven ethnic groups. On that occasion, proposals were drawn from debates related to the topic "Assessing the relationship of the Brazilian State with indigenous peoples in the middle and lower Negro River."

The work groups composed of indigenous representatives stressed the immediate need for demarcations in the lower Negro River. The initiative fostered debate and reflection among the indigenous participants and served as a conduit to report complaints and forward claims.

A further noteworthy example is FOIRN's support for regional development initiatives related to sustainable tourism and community-based activities, alongside local associations and with the participation of other entities. These initiatives aim to ensure the protection and preservation of the territories, generate resources and local employment, and highlight the respect for regional ways of life. The ensuing funds must be distributed in a manner that is transparent and appropriate to collective interests.

A recent and innovative example is the "Tourist Circuit of Santa Isabel do Rio Negro", to be operated by an indigenous team. The project will include hiking trails, canoeing, gastronomy and handicraft on a river trip in one of the most exuberant regions of the Negro River. FOIRN and the Social Environmental Institute – ISA are even considering setting up an indigenous travel agency.

In a recent interview published on the ISA website, Marivelton Barroso Baré states:

> Over the years, the communities have been discussing alternative projects to generate income and guarantee the sustainability of the population. Through their organizations, they are determined to build an innovative tourism circuit, with natural, historical and mythological attractions. FOIRN's goal is to support tourism in indigenous lands and organize the creation of their own travel agency.

In the hope that our reflection may contribute to this cause, we wish you a good reading and thank everyone who has helped us in the various stages of the project.

INTRODUCTION

MARINA HERRERO
ULYSSES FERNANDES

IN 2009, GERSEM BANIWA, anthropologist and indigenous leader of the Negro River region, an area also known as "Cabeça do Cachorro" [Dog Head], was asked what native people, in his opinion, would be the most indicated, given their social dismantling, to be focused on a sociocultural research aimed at cultural revitalization. "Without a shadow of a doubt, you have to choose the Baré," he responded. And thus was born "*Baré: povo do rio*" ["Baré: the river people"].

The Baré people are long past the phase of being at a "symbolic" risk of ceasing to be Indians. They have lost their language, and other indigenous peoples in the same territory do not consider them Indians. Obviously this hasn't made them white either, since the whites considered them "acculturated" Indians; which is to say they are treated as a less valuable sub-category. In their own state of Amazonas, Baré has become the name of a soda, and a racist qualifier in the expression "*leseira baré*" ["Baré laziness"]. The Baré themselves even believe that because they have lost their mother tongue, they no longer have the right to self-identify as Indians, like the Baniwa and other ethnicities in the same region, who still have theirs. All this matters in relations with others, since within their community it does not make much difference; only when it is time to fight for collective rights. And it is with that specific goal of contributing to revitalization that the *Baré, povo do rio* project has been proposed, to create and develop a documentary and publication covering the historic transformations that these people have undergone through the present day: the social and religious influences that they have suffered; the language, *Nheengatu*, imposed upon them that is still spoken today; and the fact that, despite it all, they have managed to preserve their cultural traditions: their beliefs, festivals and rituals that only with tremendous difficulty they have managed to continue to practice.

This project seeks to document and publicize the how the Baré currently live, to tell a little of their history and rituals – some that are still secret owing to the constant persecution by churches, which in their attempt to impose their own values, seek to convince them that their traditions and customs are "demonic" – in addition to the struggles and conquests of this brave and courageous people. They have subsisted on a majestic but naturally poor river, where there is not an abundance of fish or game, owing to the extremely acidic composition of the waters, which also impacts the flora, making it less rich than other areas of the Amazon basin. Nonetheless, they have been there for centuries, defending their piece of arid land, where they have only been able to grow manioc and cultivate their traditions.

In order to participate in this undertaking – much more a passion than a mere anthropological study – a team of authors was invited to produce this publication: the director of the Federation of Indigenous Organizations of the Negro River (*Federação das Organizações Indígenas do Rio Negro* – FOIRN) and main collaborator on this project, Marivelton Barroso Baré, with the goal of giving voice and opportunity to the protagonists; along with the former president of that same organization, Bráz França Baré, who has also contributed a chapter. *Baré, povo do rio* also contains chapters by the following authors/researchers, who were invited because they are intensively involved in either the field or issues in question. Eduardo Góes Neves, a specialist in Amazonian archeology at the Universidade de São Paulo, wrote a chapter about pre-Baré culture, which is to say, ancient history or the prehistory of the region's indigenous groups. Paulo Maia Figueiredo, anthropologist and professor at Universidade Federal de Minas Gerais, who lived for a number of years among the Baré, writes mainly about their culture and rituals, addressing their recent history and shamanism among these people. Guillermo David, writer and essayist, whose work focuses on political and anthropological issues, provides an account of the Baré's existence, in which he reflects on the paradoxes of "Indian-ness" experienced in a world under a banner of cultural blending, catastrophes, confrontations and sovereign choices, also exploring the spiritual world and the Baré's unique way of relating to other societies. Pisco Del Gaiso, renowned photographer, with a vast body of work focusing on indigenous and riverine populations, was tasked with the photo-documentation of the entire project.

The documentary's executive producer was Ulysses Fernandes, and it was directed by Tatiana Toffoli. Filmed in its entirety on the middle and upper Negro River, it addresses first and foremost the current situation of the Baré's lives, recounting some of their legends given through statements and scenes filmed in the villages and rivers of the region, and also covering (for the very first time) the *Cariamã* initiation ritual that has been closed to outsiders until now, when the initiates are first introduced to Jurupari flutes.

Baré, povo do rio is the fifth project of a partnership that has lasted 12 years. Except for the first few projects, done with the Kalapalo, wherein the focus was defined by the protagonists themselves ("The games and toys of the Kalapalo culture" and "Kwarìp, rites and myths on the Xingu"), later projects were slated using a very similar sequence of events, which ended up creating a particular workflow. It went this way with the Macuxi of Raposa Serra do Sol, the Kariri-xocó of the lower São Francisco, in Alagoas, and now with the Baré along the Negro River.

Among the main objectives is a strengthening of the self-esteem and self-determination of the actors, by revitalizing traces of their cultural traditions, producing a piece (either literary and/or cinematographic) that then serves as a source of information about their ethnicity, a reference for young people, and also acting as a "foot in the door" or "business card", or even a cultural identity document, which, as we all know, can be a powerful tool when indigenous peoples and traditional communities are fighting for collective rights. We call this kind of social technology "symbolic resignification".

The start of each new project is guided by the need to project and strengthen the culture of a certain ethnicity or group, either owing to the current urgency of a matter, as was the case of the Macuxi, or to the group's needs that have made contact with invading civilizations either very early on in their history or with great frequency, as in the case of the Kariri-xocó. These groups are almost always referred to as "acculturated Indians", or not even that, but instead *caboclos, ribeirinhos, seringueiros, caiçaras*, etc. Marginalized by the population at large and by other indigenous people, who do not consider them Indians because they do not maintain many of their traditional customs and especially their original language, they are often forgotten even by anthropological or ethnographic bibliography.

Once the direction was defined, research was employed aimed as much as possible at our objective: books, articles, documentaries, interviews, lectures, etc. We also sought to involve specialists, academics and intellectuals. In this regard, we have relied on recommendations from people who belong to the group being studied, then start contacting and exchanging information directly with the parties involved.

The next stage involves the technical visits. Trips are made to the region and to villages, living among the groups for a period of time, during which information is gathered; data are collected; and through many conversations, debates, interaction, field notes, interviews, photographs and filming, a pre-project is developed with the Indians.

Thereafter, we seek out partners to join the project and contribute content. These include the Indians themselves, anthropologists, linguists, *sertanistas* [indigenous experts], photographers, film directors, etc. With the written material in hand, the project is modified and an initial film script is produced, which is then sent and submitted for approval by the indigenous community involved. Once their response has been received, adjustments and corrections are made. During this phase, the project is submitted for institutional evaluation, to receive approval for the budget.

Shooting schedules are chosen based upon climatological factors and the villages' own cultural calendars. The film director, photographer, authors, observers and technical team are then brought on board, and we return to the indigenous area and start filming material. These trips can last more than a month, and more than one may be necessary. With this material in hands, we start editing and assembling the documentary.

Once the first cut is finalized, we head back to the communities that participated in the filming and the project as a whole to exhibit the film on the big screen to everyone in the village, and show them the book's photographs and texts to their analysis. Modifications are made based upon the opinions heard, with responses to complaints in order to ensure the participant's leading role. The film and the book are then finalized.

At the time of their release, an event is held with the Indians direct participation, either by bringing a representative delegation to São Paulo or taking the celebration to them.

Once ready, the products are distributed free of charge to schools, museums, book stores, non-governmental organizations, research centers, and many are sent directly to the villages and indigenous associations that participated. Another batch is put up for sale. SescTV starts to show the documentary, which is also presented on educational channels, at cultural exhibitions and festivals.

In addition to the benefits of visibility gained by promoting the book and the film, Sesc offers other forms of compensation. In the case of the Baré, one of their most pressing needs is how hard it is to communicate with the outside world. Therefore, for each of the ten villages involved, we provided a complete radiophone station, including an antenna, solar panel, battery and transmitter-receiver radio. The few communities that already had a communication system preferred getting fuel for their boats or community power generators.

In order for the proposal to be completed, the next step is for a delegation of the communities in the project to come in the city of São Paulo and other cities throughout the state. During this phase, a series of activities takes place with the participation of teachers, leaders, musicians and people who conduct rituals, storytellers, artisans, all of whom are indigenous people. In keeping with the same policy of empowerment and self-determination that has guided the entire project, it is the communities themselves that decide who will participate during this phase. The trip is organized, and if necessary a mediator or tour guide is sent to accompany departures and the actual trip. When they arrive in the city of São Paulo, the indigenous representatives receive full support and assistance for both lodging and travel.

Scheduling is planned to last at least a day for each participating Sesc unit, involving a few units located inland, in the state capital, and along the coast of São Paulo. When there is interest and partners have requested it, community centers and schools in the regions where Sesc works also receive presentations. Programs generally include activities for children with toys and games, followed by conversation rounds, activities for adults, a screening of the documentary, demonstrations in public areas (dances, music, rituals), and at the end of the day, a large roundtable discussion is held with everyone, conducted and mediated by the coordination team, where our guests, students, teachers and general public can participate in the ideas-sharing between Indians and non-Indians, and enjoy an opportunity for an authentic exchange, so we all can learn to live together. At that point, it is also usual to promote the sale of arts and crafts that the Indians usually bring with them. Whenever possible, they are also offered the opportunity for tourism and relaxation, with visits to other indigenous communities, interesting spots for shopping (especially to buy the supplies needed for them to make their arts and crafts), in addition museums and cultural tourism spots, in accordance with what each group wishes to do.

It doesn't always fit in with the socio-educational schedule, but putting on an event focusing on various matters is also part of the project. In the case of the Baré, the focus is the manioc crop, which was recently awarded the title of Intangible Heritage by the National Historical and Artistic Heritage Institute (*Instituto do Patrimônio Histórico e Artístico Nacional* – Iphan).

Cultural revitalization projects are developed while respecting ongoing efforts to gather, analyze/understand and return information. Since they are projects focused on revitalization, social action and community intervention, the main goal is to reinforce identities and empowerment, goals that are tough to assess using indicators. To date observational and listening tools have been used to grasp the degree to which the products developed (films, books) are appropriate, as well as the potential transformations and later initiatives carried on in the community. The scope of these actions is visible, but it well known that there is a major challenge ahead: developing a system to assess the projects' quality based upon real-world indicators that make it possible to measure results.

KURUMIM WASÚ

MARIVELTON BARROSO BARÉ

MY NAME IS MARIVELTON RODRIGUES BARROSO, and I'm a native Baré from Santa Isabel do Rio Negro, formerly known as Tapurukuara. I am now, in December of 2013, a member of the current board of directors of the Federation of Indigenous Organizations of the Negro River (*Federação das Organizações Indígenas do Rio Negro* – FOIRN) for the 2013-2016 period. Our task involves articulating policy for the indigenous movement in the region of the middle and lower portions of the Negro River, which encompasses the towns of Barcelos, Santa Isabel do Rio Negro, and a part of São Gabriel da Cachoeira. There are eleven grassroots organizations located around the main channel and tributaries of the Negro River. During the 22 years that I have been alive – I was born on March 20, 1991 – I have viewed my childhood and understood my life through my identity as being indigenous. I did not feel different, but the way I live, my everyday life, I am different, because I lived in the town of Santa Isabel do Rio Negro, in a neighborhood called Santa Inês, also known as a *povoado* [settlement], which was called that name by non-indigenous people because it is a small place where only indigenous people lived, some from there, and others that had come from up the river.

I am a son of an indigenous man, raised by my grandparents. The first thing affected by contact is that from the time I was very small, all we ever speak is Portuguese, and that is how it has been my entire life. On my father's side, yes, we spoke the language called Nheengatu, which my grandparents spoke well, but when contacting outsiders we only spoke Portuguese, especially children, initially because not much value was placed upon indigenous culture in Santa Isabel. By that point it was already quite hard to self-identify, because of so much discrimination; you hear it so much from people, "you're backward, just like an Indian", or "that's just like an Indian", things of that nature. On the other hand, having or being part of a family on my mother's side that isn't entirely indigenous and feeling discrimination firsthand so often can cause so much sadness at certain points in time.

As I grew up, I could see that in my blood there was real cultural and ethnic pride inside of me, a young person, who for social reasons was nearly swept away by the realities faced in daily city life. Now I am more mature, and I understand how society really is. I began to see the positive side of moving toward having a better future. I befriended an indigenous girl, who is also from the Baré tribe, and we had twins, a boy and a girl, who were born in 2006. Later on I began to spend time at the Association of Indigenous Peoples of the Middle Negro River (*Associação das Comunidades Indígenas do Médio Rio Negro*

– ACIMRN). There were always people there, and that made me curious as to why so many people spent so much time there, with so much to talk about. Through Mr. Joaquim Rodrigues Costa, who is also Baré, I started to attend these meetings and I saw that they were talking about politics and the matter of how to defend indigenous rights for the people who lived in Santa Isabel, and little by little I became more engaged. My first task was to work as the janitor at the association's head office, and later I became a radio operator. It was in 2007 that I started working as the coordinator in the Middle Negro River Department for Indigenous Adolescents and Youth. In 2008, I became the secretary of the Coordination Office for Indigenous Associations for the Middle and Lower Negro River (*Coordenadoria das Associações Indígenas do Médio e Baixo Rio Negro*), and in 2012 I was elected Director of FOIRN, which is my current position. Today I am here to talk a bit about the tribe that I belong to.

With the current insight I have of globalization and modernity, I see what has happened when Indians have contact with non-Indians. Not that long ago, the Baré generally lived – they still do – along a canal of the Negro River, off the main waterway. The history that we know, heard and learned is that missionaires' arrival ended up being a major cultural loss for the Baré people. For the Catholic Church, it was an important advance to educate and indoctrinate the Indians.

We shouldn't be called "Indians" – rather, we are a distinct people, like there are Argentines or Spaniards – just because some people, mistakenly thinking they were going to another land, disembarked here and thought they had just discovered Brazil, when it was actually already inhabited by a different kind of people who lived in the forest. That is how we ended up being called Indians, not only the Baré, but all of the different peoples who lived there, and a few that haven't been wiped out, are still surrounded by nature and natural resources. We kept our customs, our languages and original beliefs, respecting nature, our ancestors, our mythologies, our living and breathing histories lived out at all times, respecting our sacred places, safeguarding us from things that were culturally prohibited.

Our initiation rituals for both men and women were always practiced as a way of preparing oneself for a new phase of life, and once someone goes through it, after they are all done, they are prepared for their path in life. In fact, for us, it is a way of passing on knowledge and receiving wisdom from our wisest elders, who will advise us on how to prepare or move through life, either on our own or within our families.

The enchanted ones are a respected belief among the Baré. We always mention Curupira, mother of the forest and of nature, who keeps us from disrespecting nature, from doing the wrong thing, like things that are not pleasing to nature; for example, letting a fish burn when it is being cooked, because that causes thunder, winds, storms, what we call the *saruã*. Over time and with familiarity with non-indigenous people and educators, the sayings that made up Indian civilization, Baré civilization, which most people of this immense river are, were the first ones affected, and they became religious. Today we have a belief that is felt along the entire Negro River about what are called the "saint feasts" in communities, which take place in different months, depending on the saint's day, where the festival's employees, the stewards, the coordinators, the host, each person has a role to play in these feasts. They fulfill their vows seeking to cure illnesses and others like that, for whatever reason that they make vows to the saints.

As already mentioned, we can see how this has had an impact over the years through modern times: the Arawak Baré language is no longer spoken along the Negro River. In general, people only speak Nheengatu, also called "common tongue". Sure, our cultural dance practices are still alive and well, which we use and can show in the region of the Negro River above São Gabriel da Cachoeira. Today we represent a tenth of all indigenous people in the entire country. Back in the day, until 1990, we were nearly considered extinct in the region. There was not to be any more Baré people on the Negro River. But we have fought for our territorial rights and territorial guarantees, and the Baré have positioned themselves and shown everyone that we are not extinct. We were alive and we were there. We were just wearing a mask so as to not identify ourselves to outsiders, because at that time there was a lot of discrimination against being indigenous or a descendent of an indigenous person. Because of that pressure, that made us call ourselves *caboclo* or mestizo, because we didn't want to be identified as Indians.

Our culture and ethnicity are better articulated today and stronger than they were 15 years ago. These days, it can be said that other indigenous peoples still think that the Baré are a people without a culture, that they do not speak their native tongue, but we do have our culture. Just because we don't speak our own language doesn't mean that we aren't indigenous anymore. Just like the Baré, there are other tribes today along the Negro River that don't speak their own tongue; they speak a borrowed language, just like what happened with our Baré, which is clearly and visibly the result of contact with the white man in the region. We are heirs the consequences of manipulative interests, not of our living well as indigenous peoples. Today we are focused on restoring our culture, searching for those things that white people used to call "diabolical", which nearly led our practices to extermination.

Today I see communities located in the places where the Baré people live their traditional agricultural lives, where they plant and harvest crops, where there is an immense variety of cassava, which we use to make flour, *beiju*, *curada*, tapioca flour, *beijucica*, *marapata*, *pé de moleque*, etc.

We also make *tucupi*, because that is part of our culinary tradition. The *quinhampira* [a spicy fish] is made with this ingredient and makes a delicious dish, served with beiju, and like we say in our own language: "the dog doesn't get any, because there are no leftovers." Furthermore, we fish in our traditional ways, and we also smoke fish, which is a method for conserving it. It is prepared on a grill, a type of platform, over a fire, where you put it on like you are going to grill it, but somewhat differently, where the heat of the fire cooks it slowly. These are the most common things that we do in the communities. These are the most visible things seen by visitors, both non-indigenous and indigenous alike, who come around and participate in community activities.

> *Now I am going to tell you about events or places, as we say, where things or stories that we respect have happened. I have learned this from the elder Baré.*

ORIGIN OF MANIVA (CASSAVA)

In the old days there was no *maniva*, or cassava. One day, a boy left his village to hunt and fish in a nearby stream. But he didn't find anything, so he went to the headwaters of the stream to catch some shrimp. When he got there, he started looking for shrimp, making noise, and all of a sudden he heard some birds fly by. He grew quiet to listen, and he heard a seed drop and make a noise. He stopped hunting for shrimp and went to where he heard the noise, and he saw a beautiful tree, which was different from any other tree he had seen before, and beneath the tree, the ground was uncluttered. Under the tree he saw many animal and bird tracks, where they had pecked away when the seed had fallen. When he saw that, he set a trap to catch the animals and then he went home. The next morning he went to go look at his trap.

When he got there, he saw some white dough on top of his trap. It was starch, which happened because he had stuck the trap in manioc, which is the root of the maniva. It was at that moment that the owner of the cassava, Napirikuri, appeared. And he said to the boy, "Don't be afraid, take this white dough and show it to the others, because this little tree is the maniva. If you plant this tree in your fields, you will grow so much more cassava and use it to make much more food, and then you will never be hungry. If you obey me, you will not suffer by working too much. I will teach you how to do it."

The boy took the white dough home, but he did not show it to anyone. He baked it and hid the food, and he only ate it at night when he was in bed. When he ate the dough, the crumbs fell onto his grandmother's hammock. The grandmother ate the crumbs and liked it. Later she asked her grandson what he was eating. The boy tried to fool her, but she insisted three times, saying that she was hungry and she wanted to eat more, so the boy showed her all of the white dough he had baked.

The next day, he took everyone to see the maniva tree, and he told them that he had heard the Baré god, Napirikuri, and he explained to everyone that the dough would be a new source of food. Since they already knew what it was like, they began to plant their fields just like Napirikuri had told them to, because on the larger cassava tree, on each branch, there were other species of manivas that they could remove to plant in their fields. That is why the Baré still plant maniva even today.

ORIGIN OF THE PUPUNHA (PEACH-PALM)

The Baré god, Napirikuri, one day gathered all of the men to look for the *pupunha* fruit, but no one wanted to look. Only Bacurau agreed to do it and told the god, "I'll go at night, at midnight, and I will come back in the morning at five o'clock."

He left at the time he said. When he arrived in the city of the enchanted, he saw four pupunha plants: one was green, one was yellow, one was red, and one other tiny peach-palm was the *paxiúba pupunha*.

When the appointed time approached, around four in the morning, Napirikuri said to his brother, "Let's wait over there on the rock." And that is where they went. At the appointed time, Bacurau showed up and left the pupunha in the basket.

The Baré god ordered them to try it and see what pupunha tasted like. Bacurau, being more waggish and naughty, grabbed the peach-palm and bit into it, and they asked him what it tasted like.

Bacurau responded "*Yausara Kuá*". Since Bacurau still makes "Kuá" even today, pupunha is still with us, and the bacurau turned into a bird forever more.

THE ORIGIN OF WATER

A long time ago, among the Baré people, there lived two *kunhã muku puranga* [beautiful girls]. They lived on the moon. The moon did not know which girl it wanted to be with, so it decided to make a bet, asking the two girls to shoot arrows at its necklace. The one who hit the target would get to keep it. The two girls accepted the bet; only one of them hit the target and thus got to marry the moon, in accordance with the bet.

As a result, the other girl grew very sad and deeply hurt, and she started to cry a great deal, because she didn't get to marry the moon. Her beautiful tears ran across the earth and turned into water.

THE ORIGIN OF FIRE

A long time ago there was no fire in the world. Only the alligators had fire to make their food. When they opened their mouth, they breathed fire. The Baré god, Napirikuri, wanted very much to steal the fire from the alligators. But he didn't know how to do it! When he would visit the alligators, he would watch them very carefully and imagine what he might do to bring fire to his people, since they had never seen it. So he stared at the alligators.

One fine day, the alligators were breathing fire from their mouths, and Napirikuri was just watching when he had an idea.

He challenged the alligator to a fight and it accepted. The two began to fight, and in the end, Napirikuri won, since he was able to cut off the alligator's tongue. Fire was in the tongue, and so the alligator got scared and ran into to the water, which is where it remains to this very day.

THE ORIGIN OF NIGHT

One day, Napirikuri said, "What can we do to keep our people from suffering from so much work and illness after we die? Because the best thing is to find a way for them not suffer so much. Let's go find Cajubi, to accompany our grandfather." Two people went with him. When they came upon an old man called Dainary, they said: "We are here; we came in search of the night." But he was sleeping. The Baré god said to Cajubi, "Now you get that old man, the owner of the night, and grab a piece of Brazil wood and jab him until he wakes up." They did as he ordered, until he woke up. He sat up, opened his eyes, and wiped away the rheum and threw it at Cajubi's head and asked, "What kind of night do you want? Because there are three different kinds. One option is that you can eat three times at night until morning. Another, you only eat twice a night; and the last, you only eat once a night."

Napirikuri then asked for the night when you only eat once, and thus the night chosen by his grandfather for him was delivered. He asked them to get some red *embira* [a bush plant] to carry the night, and he was given the following recommendation: "Be careful when carrying the night and don't open it along the way, because if you do, then everything will turn dark." So they started on their way back. Half way home, Napirikuri told them he had to urinate, and the other man kept watch over the night. However, the one keeping watch was too curious and couldn't contain himself, so he opened the pot, which had been sealed with *ambaúba* [a species of tree] leaves. When he did that, disobeying the old man, it got dark, and everyone slept right where they were. That is why there is night to this day.

THE STORY OF NAPIRIKURI

In olden days, when the world began, there were three brothers: Napirikuri, who lived on a mountain; another named Coidaré, who lived in the Cubate River near his aunt, and Mathinai, who was the Majuba. One fine day, Napirikuri invited his brothers to go fishing with him in the Cubate River. Every night they went fishing, and they only killed small fish.

Their aunt had a daughter who cleaned the fish that they caught. One day she was eating when all of a sudden, she began choking. Seeing this, their aunt began to complain, saying that they only killed little fish. At that, they decided to kill big fish. In the middle of the night, they took their *turi* (torch) and went to the river. Napirikuri appointed himself the chief, and they set off in a canoe.

They sat: one in front, one in the middle, and one in the back. All of a sudden, Napirikuri told his brothers, "Let's make a *paraná-mirim* [little stream]." To make that happen, they touched the land with the canoe stern, which in the blink of an eye turned into a little stream. So they travelled down it. Shortly thereafter, they saw two *jandiá* fish with the heads switched around, one facing forward and the other facing backward. It was a *majuba*, and soon they found the grandmother in the position of the *jandiá*; there were two enormous *traíras* fish.

Like before, they made another little stream to get past. Further along, they encountered a *puraqué* [electric eel], so they made another little stream to get around it. They continued to row and came upon their grandmother, who was already with a *tucunaré-açu* fish, because these were the fish that Napirikuri preferred. Upon seeing the *tucunaré*, the younger brother said that he would shoot it with his arrow, but Napirikuri cautioned him to be very careful, because then he could eat it. Since this was how Napirikuri, the Baré god, lived.

CURUPIRA AND OTHER STORIES

One day, a man said to his son, "Son, let's hunt." "Yes, father, let's go," responded the boy. Early the next morning they went into the jungle to hunt. They spent a week in the jungle, but they were unable to kill anything.

The next week, they went even further and encountered a sounder of wild boars. They were able to kill eight and went back to where they were camping. They prepared enough food to eat, and the rest they smoked. When they realized how much food they had, the older son said, "Go up the tree, and when you get to the top yell really loudly, because people often get lost in the jungle." When they did that, it did not take long to hear a scream in response, and to their surprise, who should arrive but Curupira, who said to them, "What do you men want?" And the old man answered, "We were calling you to eat with us." And Curupira began to eat. At the same time, another man yelled from far away and started to get closer. The food was already running out, and when the old man saw that, he cooked more. At the same time, Curupira said to them, "I want more food for myself. If you don't give it to me, I'll eat you all." Then a man suddenly appeared and said to them, "I want to eat," but the old man said that there was no more food for him.

So he responded, "Well, if you don't have any food, I am going to eat this monster in front of me." Growing afraid, Curupira ran into the jungle and disappeared. The man said, "Get out of here, Curupira. I really was going to eat you. That's so you learn and understand how to respect people who walk through nature trying to find food to survive."

Now I want to tell you the stories of what happened in the region over a long period of time, far away in the region of the Jurubaxi River, near the town of Santa

Isabel. These are stories told by the men who know the region, passed along by oral tradition in the middle of the night in communities where conversations took place about the old days. In this river there is a place called Jurupari Lake. This is a place with many stubborn critters and irapuca [turtles], but there is respect for this place, because when the river dries up, it looks like a church: it is often called the church of the enchanted. In the old days, the shaman who lived and moved around there, through blessings, blinded the "enchanted" owner, so he could not do harm to the people who came to enjoy its abundance.

PIXANA LAKE

In the past, it happened like this: once upon a time, a young man had a terrible dream. It was not a good dream. The next day, his chief invited him to go fishing in this lake, but he did not want to go. The chief insisted, and he ended up going. When he got there he saw all of his friends were excited and happy, diving to catch river turtles. So he decided that he would also dive.

When he dove into the water to catch a large *piraiwa* [catfish], it swallowed him up. A large whirlpool suddenly formed in the middle of the lake that dragged the young man to the bottom. The others were afraid, and they went back to their huts to gather their weapons and return to the lake. But the next day, when they were approaching a beach, they saw the catfish and the young man's foot sticking out of the fish's mouth, so they shot it with a harpoon.

The fish spat out his body, which was all melting, and it returned to the bottom of the lake. The old men say that there is a hole at the bottom of this lake, because the harpoon, which had a huge cord, did not float. Days after this happened, a clam-digger found the float for the harpoon buoy and pulled it out. When he looked at it, he saw that the enormous catfish was dead. Since then, the locals have called this place the *Piraíba Poço* [Catfish Pond], which is what they still call it today.

These are just a few of the stories about the many special places in this region. There are so many different special places in this region, and there are also some animals that they have to be respected when walking through the woods to fish or hunt, like the Waribacana: this animal appears from time to time at the headwaters of the Ãiuri River, in the Acarabixi Lake. It is a very dangerous animal. When it comes up behind you, it growls "*ow, ow*", and it is dangerous for the following reason: if you jump into the water to swim away, it will go after you. If you run or climb a tree, it will also come after you and eat you and leave nothing behind. That is why we say, when people die mysteriously and we cannot find their remains, it was this beast that ate them. This happens rarely.

MIRA KANGA (HUMAN HEAD)

In the old times, in a village, a boy lived with his mother, two brothers and a sister. One of the children got sick, and each day grew weaker and did not want to eat anything. One day, the other brother decided to take him to see the *cacuri* [fish trap]. Even though he was very sick and weak, the brother went with him. When they got there, the brother who was well began to catch fish and throw them into the canoe. The brother who was sick began to eat the fish that were raw and even still alive. When one brother looked at the other, his teeth looked like very-sharp piranha teeth, because he was smiling. He jumped into the cacuri and scared his brother, who rushed back to the village.

When he got home, he told his mother what had happened at the cacuri. All of a sudden, the brother appeared from nowhere in a different form: it was his head, but he had parrot's feet, and he sat on his shoulder and would not get off no matter what he tried, and it was just his brother, who had transformed into Mira Kanga. He ate everything that the boy was going to eat, and so the boy was growing weaker as the days passed, because he had no food. When he was quite weak and nearly dead, his mother thought to make him a flour gruel that had lots of peppers and offered it to the son. So that is what she did. She poured all the water she had into the *darapi* [clay pot] and made a nice gruel, with lots of peppers, and offered it saying, "Eat this gruel, my son, it has been so long since you have eaten." But the Mira Kanga ate it, and his mouth began to burn, and he got off the boy's shoulder in search of water to drink, but there was none in the house, so he had to go to the river. When he got back to the house, he could not get inside. That is the origin story for Mira Kanga. That is why today our shoulder is deep on both sides: that was where the parrot's feet held on to us.

These are stories and events that already occurred; I mean, all these things happened in these places, and they still exist today.
   Kuekatu-retê (Thank you very much).

BARÉ-MIRA IUPIRUNGÁ ORIGIN OF THE BARÉ PEOPLE

BRÁZ FRANÇA BARÉ

INTRODUCTION

This essay, written by the author, is a summary of a 125-page chronical, which took nearly five years to write and includes tales on the origin of the Baré people.

The Baré are the descendants of a person who traveled on the outside of a great ship and was imprisoned by a group of warrior women at the confluence of the Negro and Solimões rivers. This shorter version will give you a brief summary of this origin story, its key actors, their difficulties, obstacles, and ultimately, how they overcame them.

The Negro River, which has always been the birthplace of this people, was occupied from Manaus up through the Curucuí and Buburí waterfall upriver, where the town of São Gabriel da Cachoeira is now located. Undoubtedly, for these people to end up settling this entire portion of the Negro River, they had to struggle mightily for thousands of years in order to be able to carve out this space. We currently know that much of this tribe lives in Colombia and Venezuela, following invasions by white Europeans after the Portuguese arrived in the 1500s. On the Negro River, this migration took place in the middle of the 17th and 18th centuries, during periods punctuated by the extraction of rubber and other natural renewable products, like *seringa*, *piaçaba*, *cipó-titica*, Brazil nuts and others. From that point forward, many things have been lost and forgotten, as will be seen in the author's narration.

Neither their origin story nor their teachings and sacred rituals have been recorded in any book or official registry. Instead, the record can be found in their memories, passed on from parent to child, generation after generation.

Because they live on the Negro River, these were the people who had first contact with Portuguese, Dutch, French and Spanish colonizers. Current tribal living standards would certainly be rejected by their elders, since their behavior is so completely different from the one taught by their ancestors.

After their initial contact with white men, the tribe's day-to-day life gradually began to change. The overseers' oppression and the impositions of the first missionaries forced them to accept new doctrines and thus abandon and forget their practices and sacred rituals.

Those of us who have resisted as members of the people who dominated the entire Negro River region know very little of everything that we were taught. The author's complete story may never be published, since it was prepared solely for the knowledge and use of the family.

The great messenger, Tupana, never abandoned his people when they strictly followed his guidance. However, after they began to disrespect the rules of the tribe, Poronominaré came one last time to say, "From this point forward, you will be dominated, treated poorly and humiliated by other people. The day that you remember me, you shall go to the river, bathe in it, clean your face, so that the great Tupana can recognize you and return everything that has always belonged to you." After that, the Baré people began to disintegrate, some because they grew submissive toward their overseers, and others because they followed a new belief system.

The National Indian Foundation (*Fundação Nacional do Índio*) already decided that the Baré people in the middle Negro River have gone extinct. Currently, through the Federation of Indigenous Organizations of the Negro River (FOIRN *Federação das Organizações Indígenas do Rio Negro*) and upon the creation of the Association of Indigenous Communities in the Lower Negro River (Acibrin *Associação das Comunidades Indígenas do Baixo Rio Negro*) and the Association of Indigenous Communities of the Middle Negro River (ACIMRN *Associação das Comunidades Indígenas do Médio Rio Negro*), which sought to encourage the Baré people to assume their original identity and to stake their claim to enjoy their rightful property, they have improved their situation and started a process of recovering the Baré identity. This loss of identity started with the arrival of non-indigenous people, who cruelly enslaved and annihilated local populations, especially the Baré people, because they were the ones who occupied the land around the Negro River.

BARÉ-MIRA IUPIRUNGÁ – ORIGIN OF THE BARÉ PEOPLE

Kuirí Açu ambêu panãram, maiê taá barrita iupirungá: "Now I will tell you of where the Baré began," said our historians in the past. And this is how they started the story:

In olden times, when the world was new, a large ship entered the Negro River, which came from an even larger river, filled with people, and paired off two by two. Only one man traveled on this ship, on the outside. He was not allowed in because he did not have his mate. As they passed through the falls of the Negro River, they got so close to the riverbanks that the passengers saw that there were many people on the bank. The man who traveled on the outside could not resist temptation, and he jumped off and swam to the riverbank. When he got there, he was grabbed by a group of warrior women who were accustomed to only accepting women into their group. When they needed to have children, they captured men from other tribes for mating, and if they gave birth to a female child, they kept it. If it were a male child, they would kill it. That would have been the destiny of the man who swam from the ship to the river's edge, who was given the name Mira-Boia ("man-snake"), were it not for his slightly different physical build from the one with which they were familiar. So they resolved to spare his life, and later Mira-Boia was subjected to a rigorous masculinity test.

The warrior women then prepared a great feast for the first full moon. A large bonfire was started in the yard, a great deal of fruit and wild honey was collected. The festival and its various rituals lasted for eight days. On the last day of the festival, the group made the following decision: Mira-Boia would continue to live with the group, under the condition that he give each of them a child. He was told to spend three nights with a woman during her fertile period. Once his mission was complete, he would be executed, along with any male children that were born.

Mira-Boia then began to live with the group for a long period of time, under these conditions, until he gave the last woman a child, and this last woman was Tipa (Nightingale), a beautiful young woman who was experiencing her first fertile period. Because she was the youngest, she was the prettiest and dearest of the whole group, and she had the privilege of living with Mira-Boia until her pregnancy showed for the rest of the group.

Because of that decision, Tipa and Mira-Boia began to live as a couple, and when she realized that she was pregnant, she had already fallen madly in love with her companion. The same thing happened with Mira-Boia. As he was destined to die, she was able to convince this man she already considered her husband to run away. So, during the new moon, the two ran away together, sneaking off when the warriors had left to hunt and collect honey and fruit, which were to be served during the execution festival for the man who had given so many new female warriors to the group.

When they escaped, Mira-Boia and Tipa went very far away from the group, where they lived for a long period of time. They were afraid that the warriors would find them and attack them.

As time went on, Mira-Boia's family grew large. One beautiful afternoons, the entire family would go to the river's edge to enjoy another day of harmony and happiness. And they saw that they could be an even larger family. However, Mira-Boia and Tipa had produced more boys than girls, and that started to cause disputes, confusion and even fights among the brothers. Mira-Boia and Tipa grew increasingly concerned. They had to find a way to control this growing difficult situation. So Mira-Boia and Tipa decided to invoke the spirits of nature to provide them with some guidance on the problem.

They went out every day before dawn to some hidden place, where they waited for the sun to rise and to ask protection for their large family. For a week they repeated the invocation to the nature spirits. One day, when they arrived at the invocation site, they saw someone sitting on top of a pile of dry leaves. Mira-Boia and Tipa grew very scared and fainted. When they came to, they saw that the person was in the same spot, but now was looking at them, and said, "Do not be afraid, I am Poronominaré, and I have come to you at the behest of Tupana to tell you that he (Tupana) has heard you and will grant your request."

Tupana's, messenger, who identified himself as Poronominaré, talked with them and told them that on that day, before it got dark, a man would arrive who would end up living with them for a long time. When they got back to their hut, they brought their entire family together to tell them about what they had seen, and to talk with the person who appeared among them. He ordered them all to take a bath and to prepare to receive the man who would arrive as night fell.

So, before it grew dark, when everyone was at the riverbank waiting for the man to arrive, he appeared from nowhere and said, "What you are thinking is pleasing to Tupana, and he sent me to teach you all how you should live and work, and that will guarantee food every day. I will live with you until you have learned everything that I have come to teach you."

THE MESSENGER AND HIS TEACHINGS

So he began to live with them for a long period of time. He taught them how to make a canoe, paddle, to plant crops, to set traps to catch game, fish, and train the new group for war. He spent many years there, and he did not just teach them, but also explained to them how they could use what they had learned to do things, such as:

> The festival of *Dabukuri*, which is how they would praise Tupana in times of plenty with fish, game and fruit. The festival of Dabukuri also served to unify, strengthen, and always keep the people happy;

> The *adabi*, which wasn't actually a festival, but rather a gathering of men and women, so that the people could remember the teachings of their elders and continue always doing the good. That was how they were able to prepare to overcome every type of obstacle in their life. It was during these festivals that the elders chose the young people who would become *curandeiros* (medicine men), healers and shamans;

> The *kariamã*, which was a week-long festival in which the medicine men, healers and shamans had the mission of preparing all children between the ages of 10 and 12 to purify their body and spirit for this first phase

of life. This preparatory ritual was to be repeated when the children reached 14 and 16 years of age. (Details of this ritual cannot be made public.)

When this small group had learned everything there was to teach them, Poronominaré organized a great festival with *Dabukuri*, *adabi* and *kariamã*, to ready them for their new path, saying, "Now you know everything you need to know to live. Go back to Tipa's land and take all of the women who may still have children to make them your women. Then you will be great in number, respected and known and called the Baré-Mira (Baré people)."

With that said, he mysteriously disappeared.

So then the group, still under the command of Mira-Boia and Tipa, began to prepare all of the materials necessary to make the great trip to Tipa's land. They did this so that they could comply with Tupana's recommendation, delivered by his messenger, Poronominaré, which was to attack and imprison all of the women in the group.

But these preparations took a long time, because, although Poronominaré had taught them how to make canoes and oars, he had not taught them how to paddle. That caused a great deal of confusion. The canoe was tossed around by the river current and winds, which is why they became very angry with Poronominaré, because he had not taught them how to paddle. So they decided to invoke the messenger so that they could kill him, because they already had weapons and training. Poronominaré came, but he did not appear in bodily form. They could only hear his voice, which said, "I taught you how to make the canoe and the oars. Tupana gave each and every one of you a brain and much intelligence, use them to get from one side of the river to the other in this canoe."

From that point on, the group tried many times to get the canoe to go anywhere in any direction. They took long sticks, and they were able to control the large canoe, but only in the shallow river, because in the deeper parts, the sticks did not reach the riverbed, and they would lose control of the canoe and be taken by the river current, so they ended up grabbing on to tree branches.

One fine day, they saw a flock of ducks swimming up the river against the strong current. That made them curious to see how these animals moved up the river. They followed the flock, and when the ducks came near, they paid a great deal of attention to the movement that they made in the water with their feet. The people who saw it went immediately back to the hut to tell the others what they had discovered after watching the ducks swim. When they learned the news, all of the men who had a paddle soon went down to the canoe to test it out and discovered that truly they had learned to control their instruments, all they needed to do was to use their heads and their intelligence.

Mira-Boia then gathered together his entire family to tell the family that now the men had to train a lot to paddle the canoe, so they then built many other canoes, and later, they went to Tipa's land to rescue all the women in that group.

So over time they were able to fully control the canoe and their oars. By the time that happened, many canoes were ready.

PREPARATIONS FOR MIRA-BOIA'S ATTACK

This type of action required a great deal of concentration, fasting and sacrifice. They had to stay away from women for a week, during the full moon, only eat fruit and bee's honey, and communicate with Tupana through the rituals taught by Poronominaré.

The men who were selected for this mission met every night to discuss strategy and directions for their destination, and how they should act to catch the women without hurting or killing any of them. Tipa knew all about the group's customs, for example: every other year they had a big festival and would cast down their arms, and their weapons were kept in a place that Tipa knew about; on the third night, they slept when the moon was right in the middle of the sky, and after that, they would all return to the hut until the sun rose the next day.

So it was decided that the matriarch, Tipa, would travel with her sons and grandsons on this adventure, because only she and her husband knew how to get there on the river; although in the past, when they had escaped, they had traveled through the jungle for many years, not on the river.

They then began to organize the rescue team: canoes, oars, hunting and fishing weapons, and get ready especially for war. When everything was ready, they began their big journey.

Although Tipa was quite old, she took command of her small army. When they arrived at their destination, they remained hidden nearby for a week, carefully observing the warrior women.

They saw that the warrior women had returned from their big hunt, and they also had started their large yearly festival. They saw that the group was much smaller than when Tipa had been a part, which was favorable to Tipa's army. Nonetheless, they carefully planned out to the smallest detail, as well as the hour and minute when to attack.

In the middle of the third night of the festival, when the dancers and warriors had returned to the hut, while they slept, the men surrounded the central hut and seized all the weapons that the women had hidden in a certain place. Once that was done, they paid attention to any movement inside the hut, waiting for the day to come.

When the sun began to rise, at Tipa's command, they began to play their war instruments, flutes and horns, imitating the sounds of wild animals. The women awoke in fear, because they did not know what was happening: "We are surrounded. Our enemy will kill us," they said to one another.

They agreed to leave the central hut in three separate groups, at the same time, without using the hut's only door, and that is how they left, running in three groups towards their weapon stockpile. But these weapons had already fallen into the hands of their powerful enemies. They realized that they were beaten. They had no weapons and they were surrounded, but they still tried to escape. The men easily overpowered them. Then, after all of them had been captured, they were gathered together in the middle of the yard so that Tipa could tell them why they had been attacked and imprisoned, also talking in the language of the warrior women.

"Listen well to what I am about to tell you. I am Tipa, who fled with a man many years ago. These men that you are seeing are my sons and grandsons. We came here not to hurt or to kill any of you. We came to take you away with us."

When they heard Tipa's voice, the old women who had remained inside the hut came out, and they recognized the woman who had fled from the group, taking Mira-Boia with her. The old women gathered and started to curse Tipa, calling her false, a traitor, and that they would kill her that very moment. However, they couldn't do anything, because their warrior women had been overpowered and disarmed. The only thing to do was to surrender, so no one had to die. But they had to accept their defeat. At that time, the warrior women had been completely overpowered and surrounded by Tipa's soldiers, and they were waiting for the worst, which in their minds would be their deaths.

But that is not what they heard from the men who had overpowered, because they were told that they were all going to travel with the men to a very distant place, which was Mira-Boia's new land, and their entire generation. Therefore, they should remain calm and obey all orders given to them, that way nothing bad would happen to any of them.

Mira-Boia, at that time, gathered around him everyone who had not gone on the expedition and said to them, "Your grandmother and brothers are on their way home, but they can only travel at night. The wind keeps them from traveling during the day. That is why we will have to go and meet up with them, taking more canoes with us." Since none of them knew the river channel, Mira-Boia had to accompany them on this rescue voyage. Two weeks later they arrived near their lands, bringing with them all the women of child-bearing age. They also saw all the children, from adolescents all the way down to newborns (the story says that the group disappeared a short time later, since they could not have any more children).

Now Mira-Boia and Tipa realized they had a big problem: there were so many people that now needed more food, and even stricter rules to obey their commands. Two weeks after their arrival, everyone had recovered all their energies. Mira-Boia gathered everyone together under a clear full moon to announce the new rules that would be followed from that point on. He ordered everyone who was capable of hunting and fishing to hunt and fish.

When the hunters and fishermen came back, with plentiful game and fish, they planned a big feast during a week with no moon, as that is what Poronominaré had instructed them to do; the light was from the fire around the yard.

When the three-night feast ended, the group learned how they would live from that day forward under the new rules, which included the following: all the single men would stand in front of the girls brought from the old group, and one by one, the girls would freely choose the men who would become their husbands from that day forward. The same was true for the older women as well.

There were two women left over at the end, who, according to the procedural rules, had no choice, since the division had to be equal. So from that point on, these two went to live with Tipa and Mira-Boia, and they bore Mira-Boia's children, who, despite his advanced age, still had a great deal of energy, and he led his group until the final moments of his life.

A few years later, the group had increased in size a great deal, and Mira-Boia, who had grown quite tired, met again with all of his children, grandchildren, and great grandchildren to provide his last bits of advice and to divide the generation into multiple separate groups.

THE BARÉ PEOPLE AND THEIR DESTINY

It did not take long for the number of people to grow immensely. With so many people living in the same place, disputes arose, since it was necessary to walk even farther to hunt and fish. The space was already small for this number of people, and they had to walk even more to tend to their lands. So it came to pass that they were all facing a new problem. That was why Tipa and Mira-Boia, who quite old, decided to separate the families into different places. Some went to one river bank, and others to another river bank.

At this time, the whole group only had one shaman, one healer, and one medicine man, and only a single man who made the *tipiti* [a cylindrical straw basket used to extract a poisonous acid from wild manioc], *balaio* [basket made of straw], *cumatá* [a type of sieve], *urupema* [tool], *tapecua* [a type of fan made of straw used to stoke up the fire] and others.

So it was agreed that each family, as they prepared their new dwellings, would choose a young person to learn how to become a shaman, another to become a priest, another a medicine man and another to make utensils for producing cassava flour. However, the young person could only learn how to make one utensil for preparing the flour; so whoever learned to make baskets, could not make sieves. That way they would always need one another, and there would always be constant contact among the groups.

In fact, all the families went their separate ways when Mira-Boia and Tipa died.

So that is where the Baré people come from, who over thousands of years were able to occupy the entire length of the Negro River to Cachoeira de Tawa (village), where the first occupants of this site, which today is called São Gabriel da Cachoeira, were the brothers Curucuí and Buburí.

Poronominaré, Tupana's messenger, came back many times to visit and instruct the people. The group grew so much that it came to totally rule over the lower and middle region of the Negro River. However, at this waterfall, Curucuí and Buburí had a fight, so they decided to divide up the space, Curucuí on the one side and Buburí on the other.

This was how Tipa and Mira-Boia were able to become the parents of a great people, who until the white man arrived, were strong and respected throughout the entire region.

"WE WERE NOT INDIANS"

Aicué curí uiocó, Paraná-assú sui, peruaiana, quirimbaua pirrí pessuí: "Your largest and most powerful enemy will appear from the large river." This was the message that Poronominaré, the great Tupana messenger, used to try to warn the people who had ruled these lands since before 1500. Perhaps shamans and chiefs would have imagined that this powerful enemy was an epidemic, or the angry winds, an insurrection from the jungles, or even the revenge of Curupira. But at no point did they ever imagine that the enemy would be a white man, who came from the seas, as witnessed by the eyes of the Tupiniquim and Tupinambá tribes, and so many other native peoples along the Atlantic coast. Many years later, the same story would be repeated on the lands of the brave Xavante, Kaiapó, Juruna and Kayabi, in the central west, among the Tarumã, Baré and Manao, at the confluence of the Negro and Solimões Rivers, and among the Tukano, Baniwa, Desana and others to the extreme north, on the upper Negro River.

It is possible that they were received with great surprise and admiration, showing them first a friendly face, offering presents and attempting to communicate through gestures and signs. Then, they returned to their home countries to tell the king of the discovery of new lands, inhabited by dirty or savage Indians. Upon hearing the news, the King of Portugal would naturally have sent many ships with thousands of people to these lands, with authorization to occupy and overpower as much space as possible in the lands, which had been occupied up to that point by their true owners, using whatever means necessary.

As this was happening, these tribes could never have imagined the barbarousness that the white man would be capable of. They had no idea that they had been sentenced to die, in genocides, and ethnic cleansing, massacres, oppression and discrimination against those who were – from that point forward – known as Indians.

Along the main stretch of the Negro River, inhabited by the Baré people, and along its tributaries, inhabited by the Tukano, Desana, Arapasso, Wanano, Tuyuka, Baniwa, Warekena and others, the same violence was meted out. Entire populaces and villages were decimated by French, Dutch and Portuguese invaders. White traders, accredited by their provincial governments, were given carte-blanche to practice criminal acts against indigenous peoples. Not even the great warrior chief Wayury-Kawa (Ajuricaba) was able to save his people from the invading hordes, because the fight was completely lopsided: while Indians fought with arrows and darts, the white men shot powerful cannons against men, women, and children, who tried to stop them from taking their lands. Even after he had been captured, chained and injured, Ajuricaba preferred to die, throwing his chained body into the river.

Today, 500 years later, we still recall the sad stories that our grandparents told us. They said that the first traders who appeared along the Negro River brought with them merchandise like phosphorus, knives, machetes and fabrics, which they used to try to convince the indigenous people to produce rubber, nuts, *balata*, brushes, *cipó-titica* (liana) as well as other natural products. Since these products failed to provoke local interest, the traders started to use violence, attacking villages and imprisoning men and women to take them to the groves, nut orchards, rubber forests, or palm tree orchards, located along the Branco, Uacará, Padauiri and Preto Rivers. Many never returned from these places, because some were unable to survive their masters' poor treatment, and others fell victim to contagious diseases, like yellow fever, influenza, smallpox or measles. Even today, the descendants of the Baré, Tukano, Baniwa and Warekena who live along these rivers, live a life of slavery. There are people older than 60 who have never even seen the Negro River. All they know is their master's laws.

Until the start of the 20th century, it was normal operating procedure for a white man to use indigenous men and women for simple domestic work, or even much more difficult work, like serving as rowers in the giant canoes that traveled from Tawa (São Gabriel) to Belém do Pará, taking products and returning with merchandise, on a trip that could take between six and ten months. Many rowers were unable to return and died during their master's trip. For those who were used to extracting rubber or other products, they were required to produce and deliver a specific quantity of product, and if they didn't, they were whipped in the yard. Those who were made to watch were forced to laugh in order not to suffer the same fate.

That was around the time that the first missionaries appeared. They wanted to put the indigenous peoples into villages, with the goal of freeing them from the clutches of their masters, and to force them to believe in God through Catholic evangelism. However, this attack was even worse than any physical suffering, because it forced the indigenous peoples to abandon many of their cultural practices, like healing, Dabukuri festivals, rituals for preparing young people, and paying homage and thanking the great creator of the universe. These things were all treated as diabolical, according to missionary law. In the large mission buildings, schools were created where the indigenous people were forced to speak Portuguese and to pray in Latin.

During the first decades of the century, in the lower region of the Waupes River (Uaupés) river, on the island of Bela Vista, the Albuquerque family had established its home. A member of this family, who was known as Manduca, not because he was a good person, but because he was wicked and a drunk, was given the title of Director of Indians by the former Indian Protection Services. Manduca Albuquerque made a point of spreading his fame far and wide along the Waupes, Tiquié, and Papuri Rivers. All the people who lived along these rivers had to produce rubber and flour. At this time, he purchased one of the first engines that transported his production and his men, but the indigenous people had to row even when the engine was working, and they could only travel seated or laying down. It is said that one day he traveled in his motor boat to Manaus, when some of the indigenous people decided to kill one of his most evil henchmen. When Manduca arrived and heard the news, he ordered his henchmen to hold all the men and women in a certain place so that he could talk to them.

When these people arrived, he was already so drunk that he ordered everyone to be tied to an ant-infested orange tree until the next day. Then he decided that everyone should get back on his motor boat with him, and he would personally take them back.

On this trip, during a huge drinking session, he ordered people to jump into the water three by three. He then began to shoot his .44 rifle at everyone's head, and that is how he killed them all.

In the 1950s and 1960s, on the Waupes, Tiquié, Içana and Xié Rivers, manufactured products arrived through what were then called *regatões* (traveling salesmen), who also took advantage of cheap indigenous labor. They always had sugarcane rum, which the men drank to get drunk, and then sexually abuse both married and single women, as a way for their parents and husbands to pay off their debts.

Despite all the violence and massacres, one victory was gained: the demarcation of five indigenous lands on the upper Rio Negro, once again confirming the prophecy of the great Tupana messenger, Poronominaré. On one of his visits to the people, he was quite irritated, and said: *Puxí curí peçassa amun-itá ruaxara maramên curí pemanduari ixê, aramem curí peiassúca peiaxiú Paraná ribiiuá upê, pemucamém peruá, pericu-aram maam peiara, tupanaumeém ua peiaram* ("Now you will be ruled by other people, until you remember me. Then you will go to the river and bathe, and cry openly, so that in this way I can recognize you, and Tupana will return to you what has always belonged to you.").

Analyzing this great prophecy, we see that the Tupana people were not just the Baré. We can conclude that the people had to endure this long period of suffering. But once they recognized what was going on, they could then begin to take back their original rights. They would act like indigenous people, Brazilians, Amazonians, *São-Gabrielenses*. The important win, recognizing the more than 10 million hectares of demarcated land on the Negro River, was the result of a long-standing struggle. Nonetheless, if some of our forbearers could see the state that we are in, and we asked them why, 500 years ago, their lives were free and peaceful, they would surely reply: "We were not Indians."

A NET WOVEN WITH ANCIENT THREADS: SKETCHES OF THE ANCIENT HISTORY OF THE NEGRO RIVER

EDUARDO GÓES NEVES

ONE OF THE MOST IMPORTANT ISSUES in Brazilian archeology is understanding the impact that European conquerors had on the ways of life of the indigenous population who inhabited what today we call Brazil, prior to the start of the 16th century. Despite the tremendous advances made in research over the last twenty years, there are no clear answers to this question. However, what we do know is that in many parts of the Amazon now covered by what appears to be virgin forests – located in remote, uninhabited areas – there are abundant signs of human presence in the past.

In the case of areas near the banks of the Amazon River, what is written by the first Europeans who came through the region shows that some of these places, like the falls of the Tapajós River, currently the location of Santarém in the state of Pará, were densely occupied in the past. These days, if someone were to travel by boat from Macapá, at the Amazon falls, to Tabatinga, on the border with Colombia and Peru, thousands of miles upriver, they will find large swaths of indigenous lands formally recognized only on the upper Solimões, far to the west of Manaus. In fact, an examination of a map with the distribution of indigenous lands in the Amazon region will show that the majority are located along the fringes of the basin, in regions bordering Colombia, Venezuela and Guyana, or then at the headwaters of the tributaries on the southern bank of the Amazon, like the upper Xingu, Tapajós and Madeira.

Despite an intense contemporary push for self-recognition of indigenous heritage by people who live along the banks of the Amazon River, the powerful impact that European colonization had on this area is undeniable and comparable to what happened in the northeast and southeast of Brazil. To have an idea of the demographic density of some of these areas in the pre-colonial past, Gaspar de Carvajal, the chronicler of the first European expedition that went down the Amazon River, led by Francisco de Orellana, stated, on the crossing from the once-province of Machiparo, located some place along the upper Amazon in the territory now between Ecuador and Peru, that those approximately eighty leagues were so densely populated "that it was a marvelous thing to behold" (Papavero et al., 2002, p. 30).

Archeology is a privileged source of information about the indigenous pre-colonial past in Brazil. These days, most archeologists who work in Brazil no longer use the term "prehistory of Brazil", because it does not do justice to the rich history of the people who inhabited what today we call Brazil prior to the arrival of Europeans. In place of the term "prehistory", they now use such terms as "pre-colonial history" or even "ancient history". Ancient history is perhaps the best term because it takes into account the aforementioned historical richness, at the same time allowing us to establish a comparative perspective with other regional histories around the planet. Thus, for example, at the same time that Charlemagne was crowned emperor by Pope Leo III in 800 CE, the first signs of occupation appear in the central Amazon region by groups who probably spoke Tupi languages, which originated further to the south in the basin of the upper Madeira River.

The Brazil that we know today is a recent geopolitical phenomenon, resulting from actions taken by Portuguese rulers during the colonial period and later diplomatic missions from the start of the republican period. Brazil, therefore, did not exist before April 22, 1500. In fact, it did not exist throughout nearly all of colonial history, since the land was divided into hereditary captaincies, and then into two independent states: Brazil and Maranhão. It was only after independence that these two states merged into one, but at the expense of many wars and great bloodshed. The prime example in the Amazon was the *Cabanagem* social revolt, which began in 1835 and lasted more than ten years, mobilizing indigenous and riverine populations inland and making the entire region ungovernable by the empire's centralized power for almost a decade.

These caveats aside, there are a few more or less characteristic standards that allow one to talk about something like "Brazilian archeology", or as we shall attempt herein, the "ancient history of Brazil", and in particular, the "ancient history of the Negro River". The people who inhabit Brazil's current territory arrived here at least 12,000 years ago, but this occupation might stretch even farther back in time. Genetic data indicate that contemporary indigenous groups maintain a biological proximity to Asiatic populations, which supports the idea, defended by most archeologists, that the occupation of the Americas started with a crossing of the Bering Strait, at the extreme northwest of the continent, between Siberia and Alaska. However, a series of unresolved matters on this subject persist: if in fact the colonization of the Americas started in the northern continent, then how does one explain that the site with the oldest dates accepted – Monte Verde – is located in southern Chile, at the extreme opposite end? In Brazil there is evidence that different parts were already occupied 11,000 years ago by people who had distinct modes of life as well as diversified cultural patterns.

The indigenous groups who occupied Brazil and the rest of South America prior to the arrival of the Europeans did not have a written language. That means that they did not produce written documents about themselves, which makes the archeologist the best source that we have for studying ancient history. We can also consult written documents from the first Europeans who arrived here at the start of the colonial period. For more remote periods, however, or even for places where Europeans would arrive much later, we have to use archeology as a source of information.

People commonly think that archeologists study the past, but that is not correct. Archeologists study phenomena of the present: archeological sites and other types of records that travel through time, often millions of years, to current times. This is not just a semantic distinction; rather it defines from the outset the possibilities and limitations that archeology offers to understanding the past. The past is a foreign country, a strange land, to which we can never return. Any attempt to reconstitute it will always be speculative, subject to variations in moods, interests or agendas. None of this is anything terribly new: for decades historians knew that any pretense of an objective understanding about the past would be illusory.

In the case of archeology, this task is even more complex. There was a time, in the 1960s, when, inspired by a radical positivist illusion, archeologists were concerned with building an exact-science framework for the discipline, similar to physics. Consequently, general laws regarding human behavior and other types of generalizations were proposed, as if the capacity to produce rules was the only way to ensure scientific authenticity. That project collapsed rather ingloriously in the 1980s, although certain redoubts remain in academic departments around the world.

Given these provisos, the knack that archeologists have for revealing obscure or surprising details about the past and its inhabitants is surprising. I am speaking especially about the archeology of populations with no written records, known as pre-historical and pre-colonial archeology, or even archeology of people "without a history".

The practice of archeology requires a healthy dose of hope and even naivety: you have to have a lot of faith to believe that the study of pieces of rock and ceramic shards buried or scattered along the ground can produce any type of knowledge. However, like a miracle, it is possible.

Our species, *Homo sapiens*, has been around for about 200,000 years, of which only the last 4,000 or 5,000 years have been recorded in any sort of writing. In other words, our capacity to record our own history only extends to 2.5% of the time that we have lived on the planet. If we consider the antiquity of our most remote ancestors who lived on the African savannahs about six million years ago, that historical period is even smaller: between 0.05% and 0.1%. Performing these small miracles constitutes the practice of archeology. This nearly puerile hope is shared with other professions obsessed with the past, but perhaps it shares its greatest similarities with astronomy, since the shining stars or radio waves that today reach antennas or modern telescopic lenses are travelers that started their journey through time and space thousands or even millions of years ago.

In the end, what is the goal of studying archeology and why is it so important to define it as a present-day phenomenon? Archeologists are social scientists who are trying to understand the history of past populations, but for their investigations, they use different sources than those used by historians. While historians use written documents as their main albeit not exclusive source for studying the past, archeologists use another source: objects, structures, features, tombs, organic remains and other types of detritus. Written documents, even the driest of reports, always carry with them the matter of intent. Any pretense of objectivity or neutrality is also an indication of intent. Historians are bound by their profession to be critical of documents that they use to extract the information sought. The sources employed by the archeologist, however, are mute. Pieces of rock, charcoal remains, bivalve shells, shards of earthenware, pollen samples, pieces of roof tiles, seeds are all profoundly silent – the silence of stones and tombs – in comparison to written records.

For lack of a better name, the study of archeology has a goal that can be defined as an "archeological record", or using an alternative that makes more sense in Portuguese, an "archeological heritage" [*patrimônio arqueológico*]. The problem, though, is using the term "heritage", which comes burdened by a series of connotations, as well as legal and political expectations. But in the absence of a better option, we shall continue to use "record".

The most important characteristic of the archeological record is its hybrid nature. It is a mistake to think that archeologists only work with objects, with what is called "material culture". Although fragments, or even complete objects, are an important part of the archeological record, the record itself is a combination of both cultural and natural components that also includes elements not modified by human activity. Because of the hybrid nature of their object of study, good archeologists retain a little of the renaissance dream of general knowledge about human societies and nature. This is also why it is common for the archeological professional and academic training to take such different paths: although the trend is toward creating more and better archeological programs in Brazil, most working archeologists did undergraduate programs in the social sciences, biology, geography, geology or even art.

It is clear that in a world where the production and dissemination of knowledge is increasingly fragmented, the utopia of general knowledge is out of reach, but there is still some consolation for archeologists, in that at least we can still ask questions that can be answered through investigating the archeological record. This is the place, within the scope of these questions, where archeology's peculiarity resides: the difference between objects of study and the questions that may arise from these objects establishes at the outset the field in which the archeologist can best operate and provide a unique contribution, which only this profession can provide.

In the new world, it is with the anthropology of indigenous societies – also known as indigenous ethnology – that archeology has established its most consistent dialogue over the years, and it is specifically at those points of convergence and divergence emerged from this conversation that we can find examples of its scope and interpretative possibilities. These convergences and divergences come from the difference of the object being studied: ethnological fieldwork affirmed the classic ethnographic model, through which researchers remained in the field for long periods of time, studying a particular society in minute detail, normally with a group inhabiting small settlements, like villages or towns. After this intense period of observation, the ethnographer returned from the field with a detailed record of the forms of material production of the society studied, as well as demographic data, information on religion, kinship systems, artistic production, etc. In fact, the information has been so detailed that one could include, for example, an accurate census of all the inhabitants of that community.

Continuing this comparative exercise, we can go back in time and imagine a similar community, except around 1000 CE somewhere in the Brazilian Amazon. We know that there were no anthropologists or archeologists at that time, and that the community a thousand years ago was different, for example, from contemporary indigenous cultures. Nonetheless, for the purposes of this exercise, it is worth continuing with this example.

The people who lived in these communities probably piled the soil to build embankments that they then built their houses upon. In some cases, these embankments were laid out in a circle, around an internal yard. The houses were made of straw and wood, as were most of the things kept inside, except for ceramic pots and artefacts made of rock. In fact, depending on the site, rocks are fairly scarce in the Amazon, and they were not commonly used, for example, as building materials. The organic waste slowly deposited behind the houses, like charcoal remains, animal bones, seeds, leaves etc., caused slow changes to the soil coloration and composition, which little by little darkened and acquired a less acidic pH. Let us imagine that this community was occupied for two centuries, and throughout that period of occupation, new embankments were being built, houses were rebuilt, and more trash was deposited.

One fine day, for some unknown reason, the village is abandoned and almost instantaneously overtaken by the jungle, where there had once been residences and activity. Some of the seeds thrown into the yards bear fruit, and the trees planted by the former owners continue to grow, and little by little the undergrowth takes over the area of abandoned objects. The objects made of straw, feathers or wood start to rot, while those made of ceramic and rocks can only break, it is harder for them to decompose. Houses crumble and trees grow over them. Animals dig burrows in the middle of the dark earth, and occasionally people who live in other places visit this overgrown area to collect fruit or to hunt. It is not uncommon that this land will later be occupied more than once, and a city might even take root there. After all, the most common thing in the Amazon is for modern cities to be built on archeological sites.

After this long story, the archeologists finally show up, and what they find is far from an accurate record of what happened there in the past. Thus, contrary to their ethnographer colleagues who are able to make accurate records of activities and their meanings in communities in specific times and places, archeologists are normally faced with contexts replete with interference that they try to make some sense of, as if they were old coverless books with pages ripped out or unnumbered, full of notes and ideas, the order of which is changed as time passes.

It is perhaps for that reason that archeologist Lewis Binford came up with the term now known as the "Pompeii premise": the idea that the archeological site of Pompeii is so famous for the mere fact that it is unique, because it presents the city frozen in time following the eruption of Vesuvius. Cases like this are exceedingly rare in archeology. That is why archeologists do not do paleo-ethnographies; their major contribution derives from the possibility, offered by the archeological record itself, of understanding history over long periods of time, perhaps hundreds or even thousands of years.

On the Negro River, the available ethnographic and historical data show that different ethnic groups currently occupy the region. The different ethnicities are associated with the languages spoken by these populations. The Negro River appears to have been occupied for millennia by the Baré, their ancestors, and similar groups, like the Manao – whose name gave origin to the name of the capital of Amazonas (Manaus) – all of whom speak the Arawak family of languages. At the end of the 15th century, the Arawak languages were the most widely spoken in the Americas, all the way from the Bahamas, in the Caribbean, to the *Pantanal* in the Brazilian state of Mato Grosso, and from the foot of the Andes, near Cusco, to the falls of the Amazon River. For some authors, the Negro River was the original home of these people, owing to the quantity and diversity of speakers of these languages found there. Along the Branco River, the largest tributary of the Negro River, there are speakers of different languages of the Karib family, like Macuxi and Taurepang; and along the headwaters to the north bordering Venezuela, there are also people who speak the Yanomami languages. On the upper Negro River, on the border with Colombia and Venezuela, are speakers of nearly twenty languages of

Eastern Tukano family, like Tukano itself, and of Maku family languages.

In order to get an idea of the scope of this cultural diversity, while in the Negro River basin alone there are speakers of five linguistic families (Arawak, Karib, Tupi-Guarani, Eastern Tukano, and Maku), all contemporary European languages belong to a single language family, the Indo-European, with the exception of Basque, which is singular, and Hungarian, Estonian and Finnish, which belong to another family.

It is clear that the linguistic diversity found today among the people of the Negro River was already prevalent in the region prior to any colonization by Europeans. The only exception would perhaps be the Nheengatu, the language spoken today by the Baré and other people who once spoke Arawak languages, which may have been introduced by Europeans and used as the lingua franca in the region. Although archeological data also indicate the possibility of occupation, at least upon the lower Negro River, of people who spoke Tupi languages as early as the 10th century (Moraes and Neves, 2012).

With such a large number of languages, one would expect that the indigenous inhabitants of the Negro River to be polyglots, and that expectation is borne out. Anyone who lives in the region speaks at least three distinct languages fluently: their mother's language and their father's language, which are normally different, because there is a rule that prescribes marriages among people who speak different languages, known as "linguistic exogamy", along with Portuguese, in the case in Brazil, or Spanish, in the case of Colombia and Venezuela, the neo-Latin languages that replaced Nheengatu as the lingua franca.

Rules about weddings between people who speak different languages along the Negro River show that the best way to understand life among its inhabitants is from a regional perspective. Normally, women move to their husband's homes after marriage. In some cases, the distance between the villages might not be much, but in others, the distance between the birth place and the residence after marriage might be great. In addition to building a regional network that connects local populations spread out over long distances, the relationship networks established by marriage rules also create a rich context that stimulates biodiversity of the plants farmed and harvested. Perhaps the best example of this is manioc: we know that this plant reproduces through planting its stalks, which are also called *manivas*. When traveling between villages, to visit mothers, sisters or daughters, the women of the Negro River give and receive as gifts stalks of maniva with different properties. For example, there are some that are good for producing quality flour or "tucupi", or are pest-resistant or even have a shorter production cycle. The same is true for different types of peppers or fruits. This flow of plants over time created a complex and sophisticated agricultural-forestry system, comprising hundreds of varieties, which have

been registered as part of Brazilian Cultural Heritage by the Institute of National Historic and Artistic Heritage. At present, this system has gone beyond the limits of the upper Negro River and expanded toward Manaus, a city that today has neighborhoods on its outskirts populated by people who are parts of these networks built along the upper part of the river, nearly a thousand kilometers away. The dynamics that impel this web of relationships to transform and expand, generally in the government's shadow, have served as the antidote to the obsolete and politically dangerous idea that contemporary indigenous populations are condemned to disappear and be absorbed by Brazil's larger national society.

In addition to the Negro River, regional systems were described in other areas of the Amazon and the northern part of South America. Ethnographic descriptions come from areas currently located along the fringes of Brazil's colonial borders and those of their neighbors: the upper Xingu River in central Brazil, the Ucayali basin, in Peru, the highlands of the Guyana. Historic literature likewise refers to cases where those systems were completely disassembled during the colonial period, in areas where few indigenous societies survived, like the Lesser Antilles and the middle Solimões River.

The ethnographic literature demonstrates that there is a wide variety to be found in the structure and functioning of these systems. In most cases, like that of the upper Negro River, the highlands of Guyana and the upper Xingu River, they are characterized by specialized local production of goods – wood benches, beaded necklaces, carrying baskets, ceramic earthenware – which circulate through wider trade regions. The nature and method of interactions vary. In some cases, the prerogatives of certain local groups for specialized production may be based upon the immediate availability of raw materials, but economics alone are not adequate for explaining patterns of specialized production and distribution of goods.

‡

As the name itself indicates, the Negro River is a black-water river. Black-water rivers are common in the Amazon, but none of them are of the size and volume of the Negro, which is one of the things that make it so beautiful. In the summer, when waters are low, long white sandy beaches pop up that contrast with the green of the jungle, the deep blue equatorial sky and the reddish-black waters. The origin of the dark waters has been researched since the time of Alexander von Humboldt, Alfred Russell Wallace and Richard Spruce, European scientists who spent time on the Negro River in the 19th century. We now know that the color is due to the geological conditions of the river basin. The Negro River and its main tributaries flow from geologically ancient areas of granite outcroppings and sandstone escarpments of the Guianas plateau. That is why soils in the region are commonly sandy, which also causes a very particular type of vegetation typical to the basin, known as Amazonian *campinarana* or *caatinga*. Owing to the characteristics of the sandy soils, which are not as rich in nutrients and have good drainage, the campinarana jungles are normally more open than the typical Amazonian rainforest: trees are smaller and thinner. Furthermore, also as a consequence of these characteristics, plants in the region developed a series of chemical defense mechanisms against predators, as well as specific regional adaptations, mainly along the upper Negro River, one of the most bio-diverse in the Amazon.

In the rainy season, leaves that fall have their secondary compounds like tannins diluted by the water. As with every cup of tea ever made, the water is darkened by these compounds, and because of the sandy soil, which is rather porous, part of this water penetrates the soil below until it finds a rocky base or water table, where it is carried to the source. The native peoples who have inhabited the Negro River basin for millennia have developed crops and management systems to deal with these apparent ecological limitations. Apparently, they have not been a barrier to successful human occupation, as we shall see below.

‡

At the start of European colonization in 1541 and 1542, after a series of setbacks, a small exploratory expedition that had started its travels along the equatorial Andes, went down the Napo and Amazon River until they reached its mouth, on the Atlantic Ocean. The expedition, led by Francisco de Orellana, included a chronicler, Brother Gaspar de Carvajal, who left us the first written report of the indigenous people of the Amazon basin. Since its rediscovery at the end of the 19th century, Carvajal's report has been a precious, albeit vague, source of the lifestyles of these people prior to European colonization. It also constitutes the first text written about the Negro River, particularly where the waters of the Solimões and Negro Rivers meet. Carvajal wrote,

> prosegiendo nuestro viaje, vimos una boca de otro rio grande a la mano siniestra, que entraba en el que nosotros navegávamos, el água del cual era negra como tinta, y por esto le pusimos el nombre del Río Negro, el cual corría tanto y con tanta ferocidad que en más de veinte leguas hacía raya en la otra agua sin revolver la una con la otra.[1]
> (Papavero et al., 2002, p. 31)

Although they live quite far from the urban centers of the country, the indigenous people along the upper and middle Negro River had contact, from the start of colonization, with Europeans, who were already establishing missions there in the 17th century. This contact became more intense, regular and constant starting in the 18th century. Curiously, however, this history of coexistence, which was not always peaceful or harmonious, was not able to dismantle the social organization patterns in regional networks that are still seen today in the region. Portuguese colonizers' interest in the Negro River and the people who lived along it was always related to capturing slave labor, one of the key economic activities during the colonial period in the Amazon. Throughout the 17th century, Portuguese military and religious expansion along the lower Amazon River and the Tocantins, Xingu and Tapajós rivers, led to the extermination or enslavement of the people who lived on these rivers. The city of Manaus was founded in 1669, during this expansionist movement, which sped up in the 18th century, when the Negro River became the new frontier of economic expansion of the metropole.

With the establishment of European colonies and settlements along the coast, the ancient trade and war customs in the Guianas were transformed. Coastal areas became important centers for the acquisition of goods produced in Europe, as well as centers of consumption of indigenous slave labor. As a consequence, different local groups started to compete for access to this flow of merchandise. As of the 17th century, the Portuguese began battling with other Negro River populations, like the Manao, for the imprisonment and trade of indigenous labor. The Manao, like the Baré, were speakers of an Arawak language and lived in the region of the middle Negro River, upstream from Barcelos. From that region they could reach, through the Branco River, the trade routes that linked the middle Negro River to the Guianas and their Dutch colonizers. These routes certainly dated to a pre-Colombian era, however they took on new importance and meaning with the establishment of European colonies along the coast.

Evidence shows that back in the 17th century products brought from Europe by the Dutch were already reaching the central Amazon region (Sweet, 1974, p. 252), although it is not clear what involvement the Manao had in these trade networks. Starting in the 17th century, they took an increasingly important role in this network, providing urucu, manioc graters and basketry (Porro, 1987). With an increased demand for indigenous slaves, the Manao traded their ancient role of crafts provider for that of slave-labor provider. It is likely that other groups in addition to the Manao were also involved in slave-labor trade networks, and the oral tradition on the Uaupés River bears that out. In the 1720s, the Manao sought direct access to the Dutch, without intermediaries (Dreyfus, 1993, p. 32), which justified the war they undertook against the Portuguese in 1724. From that point on, the Portuguese occupation of the Negro River intensified, culminating in the construction of the Fort at São Gabriel da Cachoeira in 1761, and the founding of the town of Barcelos, the first provincial capital of São José do Rio Negro, in 1758.

The precise definition of ethnic group delimitations, and the social and political organization in the past, is a complex, sometimes impossible task. The very existence of the regional systems mentioned herein demonstrates the classic formulations of "state" or "tribe" do not really get to the heart of the variability and dynamics of the fluid political arrangements done and undone in the past. On the other hand, direct or indirect involvement of local indigenous groups with Europeans who at the same time were undergoing their own process of defining nation-states, led to what has come to be called "tribalization": the emergency of a stricter definition of ethnic or political borders, forming "tribes" which were more or less defined. A classic example of this took place among a group of people who spoke Tupi-Guarani languages and lived on the Atlantic Coast between Rio de Janeiro and São Paulo in the 16th century. They became involved in the dispute between the French and Portuguese for control of recently-discovered territories, which certainly exacerbated conflicts among local groups that surely existed prior to colonization. Tribes arose from this involvement who came to be known in the literature as Tamoio or Tupinambá. Therefore, although it is possible to state that the Baré and Manao ancestors continuously inhabited the Negro River basin for more than 2,500 years, it is also certain that ethnic denominations, or ethnonyms, are of a far more recent coinage.

The oldest evidence of human occupation along the Negro River basin is found at the Dona Stella site, near Manaus, which dates back to approximately 6500 BCE. Located in a typical campinarana, next to a stream that empties directly into the right bank of the Negro River, the Dona Stella site has records of a series of camps occupied by groups who produced chipped stone objects, including two-sided projectile tips, the raw materials for which were found hundreds of kilometers away to the north in the region presently occupied by the town of Presidente Figueiredo. Exploration of these distant outcroppings required identifying and mapping the land, small streams or sites next to rapids or waterfalls, which were not always accessible by navigation. We know that some of the oldest evidence for occupation in the Amazon come from the *terra firma*, like the sierra of Carajás or the alto Guaporé, which indicates that from the very beginning there was an indistinct preference for occupying riverine or *terra firma* areas. Therefore, the choice of occupying the Dona Stella site could in its own way be elucidative, since despite inhabiting a Mesopotamia between two of the largest rivers in the world, the Negro and the Solimões, ancient inhabitants chose to occupy or at least spend part of their time along the banks of a small stream, rather than near the large rivers themselves.

Clearly this is just a partial picture, because ancient occupations along the floodplains of the Negro, Solimões, or Amazon Rivers have not yet been identified. It is perfectly plausible – nearly a truism – that the occupants of the Dona Stella site would have had a settlement system that included stays of various lengths along these floodplains, principally in the summertime, when the rivers are lower, the streams are dry, beaches crop up, a time that would clearly favor fishing, hunting mammals like manatees, and collecting important resources like tracajá turtle eggs buried in the sand. Those familiar with the beaches of the Negro River know that it would be nearly impossible for these places not to be at least seasonally occupied. In any event, the location of the Dona Stella site shows that at the start of the Holocene, *terra firma* locations were also occupied, even in proximity to the largest rivers.

Though still incipient, research on occupations from the early Holocene around Manaus show a pattern that correlates these occupations or sites with the presence of prairie lands. In Manaus, near the Tarumã-Açu stream, archeological digs performed on a building site identified various sites and occurrences of this nature, sometimes buried under thick layers of sand, sometimes cropping up in ancient sand removal sites. These sites, which are hard to outline and still have not been precisely dated, have bifacial stone tools very similar to those found at Dona Stella (Py-Daniel *et al.*, 2011). In Iranduba, regional surveys also show some correlation between sites with bifacial stone tools and sandy areas. Right now we do not know if these correlations result from the fact that it is easier to archeologists to find these sites, since the sands are covered by prairies, which has sparser vegetation, or if this reflects a preference for these sites by ancient inhabitants.

There is still is no paleo-botanical data available, but it is likely that the first inhabitants of the Negro River had a lifestyle based on hunting, fishing, and managing of both domesticated and undomesticated plants. This way of living is still found in the region of the upper Negro River, among the different groups who speak Maku and live in parts of Brazil and Colombia. These people have a sophisticated understanding of the forests and their riches, much more than the riverine groups like the Baré. Therefore, contrary to the perspective that would view these people as fossilized representatives, in modern times, of a backward way of living which was discarded with the advent of agriculture, the archeological record along the Negro River demonstrates surprising stability over millennia,

---

1—"proceeding on our trip, we saw on the left side the mouth of another large river, which emptied into the one we navigated along, whose water was as black as paint, which is why we gave it the name "Negro" River, which was so powerful and relentless that, for more than twenty leagues, it left a rift in the other water without the two mixing."

of occupations based upon hunting, fishing and natural agricultural practices, with a relatively small contribution from domesticated plants. In fact, it is growing increasingly clear, when one studies the archeology of the Amazon region, especially the relationship between humans and plants, that the limit between what is domesticated and what is not is tenuous at best. Perhaps a better example would be açaí (*Eutherpe oleracea* and *Eutherpe precatoria*): in modern times, this is an economically important plant, to the point of being exported. However, açaí is technically a wild plant that was not domesticated for human activity in the past. What one finds, in the case of açaí, is that managing wild resources, principally palm trees, can assure reasonable productivity in contexts of highly urbanized societies, as is currently the case. It is more than enough to provide a reliable economic foundation for populations of lower demographic density, like the hunter groups of the Negro River.

Contemporary inhabitants who speak Maku languages along the upper Negro River make extensive use of blowguns, which are marvelous weapons, up to two meters long, and allow them to silently hunt the animals who live in the treetops. We have no idea how long blowguns have been in use. At the Dona Stella site, the projectile tip identified nearly intact appears to suggest that this was more a symbolic object than an actual part of a hunting weapon.

‡

Although extensive, there is still very little archeological research done along the Negro River, beyond the pioneering work of Peter Hilbert around Manaus in the 1950s (Hilbert, 1968); Mário Simões, along the middle and lower course in the 1960s-1970s (Simões, 1974; Simões and Kalkmann, 1987); Neves (1997) along the upper Negro River in the 1990s; and the *Projeto Amazônia Central* (Central Amazon Project) and projects associated thereto at the confluence of the Negro and Solimões Rivers, between 1995 and 2010 (Neves, 2013). Hardly anything has been done along the middle Negro River, except a study about rock carvings in the region (Valle, 2012) and a master's thesis that provides some very interesting data about archeology along the Unini River, a tributary on the right bank of the Negro River (Lima, 2014). These recent studies demonstrate the immense potential for historical information that archeology in this region will provide.

Perhaps in light of the paucity of research, there are still major gaps in our understanding of the ancient history of the Negro River. Paradoxically, we know more about human occupation in the ancient Holocene, between 10,000 and 7,000 years ago, than we know about the middle Holocene, 7,000 and 3,000 years ago. There is still no good explanation for it, but one possibility is the action of the most seasonally important events of that epoch (Neves, 2007). The fact of the matter is, starting 3,000 years ago, or around 1,000 years BCE, the signs of human occupation become more clear and abundant, allowing for clearer correlations between archeological and contemporary settlements.

Most archeologists working today in the Amazon River basin accept the hypothesis that ancient indigenous populations in the region made significant and long-lasting modifications to the natural conditions of the biomes of this vast area of lowland South America. This hypothesis is supported by data produced in different contexts in the Amazon region, either in areas adjacent to the floodplains of rivers with white, clear, or black water, or in areas found between rivers. However, we still have to establish the cultural, demographic, and social contexts in which these natural modifications or landscaping occurred, since human occupation of the Amazon was not cumulative, but rather punctuated by rotations between long periods of stability interspersed with rapid episodes of change (Moraes and Neves, 2012; Neves, 2011). Landscapes have a history: they are shaped by time, space and form.

On the Negro River and throughout a broad expanse of the Amazon region – from west to east, along a straight line for nearly 1,300 kilometers from the Japurá mouth to Santarém, and north to south for more than 700 km from the lower Branco River to Manaus – there are sites with settlements dated as far back as 1000 CE, which contain deposits with fragments of beautiful ceramics with decorative patterns similar to one another, including those that are incised and shaped and have abundant use of yellow, orange, wine and red paint, called *pocó-açutuba* (Neves et al., 2014). It is plausible that the groups who produced Pocó-Açutuba spoke similar languages among themselves, in a manner akin to the group of speakers of the Tupi-Guarani family along the Atlantic coast at the start of the second millennium of our era. If this hypothesis is correct, it is likely that these groups spoke languages of the Arawak family, based upon an old hypothesis posed by Max Schmidt (1917) and Erland Nordenskiold (1930).

The hypothesis of a correlation between the speakers of Arawak languages and groups who made incised and shaped ceramics, as is the case with the Pocó-Açutuba, was introduced and has been the subject of discussion since the start of the 20th century. The fact that the Pocó-Açutuba is a set of the oldest incised and shaped ceramics found until now in the Amazon lends support to this hypothesis, although it does not prove it. It is certain, however, that the Arawak languages were the ones most broadly spread throughout the lowlands of South America (Urban, 1992). How members of Arawak-speaking peoples spread is still controversial, but many authors (Ericksen, 2011; Lathrap, 1970; Heckenberger, 2002; Hornborg, 2005) associate the process with the adoption of manioc farming. This hypothesis shares many of the same foundations as the arguments made by Renfrew (1987) to explain Indo-European expansion: that the adoption of agriculture caused a demographic increase with a subsequent geographic expansion – or "demic diffusion" – of specific populations – in the case of the Amazon, speakers of the Arawak family of languages. According to Lathrap (1970), evidence of this expansion can be seen at sites with ceramics that have incised and shaped decoration found throughout the Amazon and northern South America. Heckenberger (2002) further refined Lathrap's theory and added that, in addition to the archeological evidence previously proposed, villages were set up in a circle, a pattern clearly associated with the occupation of the first villages of people who spoke the Arawak languages on the Caribbean Islands.

The indigenous peoples who produced Pocó-Açutuba ceramics were groups who exploited and managed the Amazon using technology apparently new for the time, which must have included a greater emphasis on the cultivation of domesticated plants, though it cannot be confirmed that they were farmers, since wild plant management also appears to have remained important. That technology allowed them to spread out over a large area, occupying spaces that had been empty or had been previously inhabited by culturally distinct populations. At this time there is no evidence demonstrating the association between types of conflicts and the start of Pocó-Açutuba occupations, which suggests the establishment, between groups who already inhabited these areas, of some type of relationship that would allow the incorporation of these people either through trade or marriage, as is currently the case in areas influenced by the Arawak, such as along the upper Negro River.

At the Lago das Pombas site, located on the Unini River, Márjorie Lima (2014) identified layers of anthropic black earth dated to around 300 CE associated with Pocó-Açutuba ceramics. Black earth, as the name implies, is soil that has been modified with fertility improved by human activity in the past. These soils, found throughout the entire Amazon region, are remarkably stable, in addition to being highly fertile, which allows them to retain large amounts of nutrients for centuries, something uncommon among tropical soils, which quickly lose their nutrients leached out by intense rains.

Around Manaus, near the mouth of the Negro River, settlements associated with Pocó-Açutuba ceramics are even older still, as old as the 4th century BCE, i.e. roughly 2,300 years ago. If the hypothesis is correct that posits that these settlements were occupied by Arawak speakers like the Baré, then this might give us an idea of the length of time that these groups have occupied this area, which first occurred, for example, during the epoch that Alexander the Great formed his ephemeral empire. We still do not know the origin of the Arawak family of languages. Ceramics with similar decorations, called Ronquin Sombra on the lower Orinoco River, have comparable dates in terms of antiquity to those settlements identified in the Amazon (Barse, 2000; Roosevelt, 1997). The distribution pattern of dates in the Amazon, however, does very little to elucidate the mystery. Although the dates for the first millennium BCE in the Caquetá-Japurá basin suggest that settlements originated in the northeast of the Amazon region, the dates published by Gomes (2011), and Hilbert and Hilbert (1980), indicate their presence at the end of the second millennium BCE in the Tapajós-Trombetas region.

When Christopher Columbus reached the island of Hispaniola in 1492, he found indigenous people, the Taino, who we now know spoke an Arawak language. The oral tradition of these groups and the archeological patterns themselves of the insular Caribbean have indicated for some time that the ancestors of the Taino were speakers of Arawak languages who emigrated from some place in the northern part of South America, probably Venezuela, and gradually occupied the entire archipelago, except for western Cuba (Rouse, 1992). The data on Pocó-Açutuba settlements on the Negro River show that the region was already part of this millennial web of relations among Arawak groups, which for thousands of years has connected the Caribbean, northern South American and the heart of the Amazon.

The transition between the first and second millennium CE was a time of profound changes in the Amazon. The region where Santarem is currently located began to solidify into a settlement that would in the future become quite large, perhaps comparable to the size of a city. On the upper Xingu River, straight roads were opened to connect large villages. On the Amapá coast, stone structures were built, aligned with the movement of the stars and associated with cemeteries. This change is also visible in the archeology along the Negro River. Evidence is found at archeological sites or reoccupied older sites containing fine ceramics, richly decorated with red, orange, black and white paint, known as part of what is called the "Amazon polychrome tradition".

The distribution of traditional polychrome sites covers a good part of the western Amazon, including the Madeira, Negro, Solimões and Amazon, Japurá, Içá, Napo and Ucaialy rivers. On the upper Napo River, in Ecuador, there are sites with polychrome materials located literally in the Andean foothills. Judging from the dates, the occupation process of these settlements took place relatively quickly: in just a few centuries, for example, the entire area that goes from the lower Amazon River, near Itacoatiara, to the Napo River, more than 2,000 kilometers away in a straight line, includes sites with signs of occupation associated with the polychrome tradition between the 9th and 12th centuries. The chronology of these sites suggest a population shift from east to west, and although there is a certain level of consensus in believing that the region of the upper Madeira River is the original center of the people who produced these ceramics, some of the oldest dates for these occupations were, for example, obtained on the middle Negro River, near Barcelos. This is just another way of saying that we still need a lot of research to better understand this history. Despite these uncertainties, some authors associate the distribution of polychrome tradition sites with the expansion, at least initially, of Tupi-Guarani language speakers moving into the western Amazon (Lathrap, 1970; Neves, 2013).

As already discussed, along the Negro River, the oldest occupations with polychrome ceramics date to the end of the 9th century. In addition to the Negro River itself, sites with these materials are visible along the lower portions of the Uaupés and Içana rivers. If the hypothesis connecting the polychrome expansion to the expansion of Tupi-Guarani speakers is correct, perhaps this would explain the broad dissemination of Nheengatu, which is a Tupi-Guarani language, across the region, even before European colonization. Despite this linguistic influence, groups like the Baré, who speak Nheengatu, have ways of life and worldviews that are perfectly compatible with those of their relatives who speak Arawak languages along the basin of the Negro River.

Unlike other parts of the Amazon, the threats hanging over the indigenous populations along the Negro River are relatively small, at least compared to those faced by the indigenous people of the Xingu and Tapajós rivers who are directly or indirectly threatened by the construction of large dams near where they live. The poor soil in the region also seems for the time being unattractive to freewheeling agricultural and livestock expansion, except maybe in the region of the upper Branco River, in Roraima. Perhaps the most beautiful part of the history of the Baré and other peoples along the Negro River is their silent dynamism: more than 2,000 years ago, their Arawak ancestors began colonizing this area, which later endured occupation by other indigenous groups, war, and the construction of cities and forts by Europeans. None of this was sufficient to curtail this long trajectory that quietly repeats itself day after day in the villages, towns, and cities of the Negro River.

THE BARÉ PEOPLE OF THE UPPER NEGRO RIVER
A BRIEF HISTORY [1]

PAULO MAIA FIGUEIREDO

THE ORIGIN OF THE ETHNONYM "BARÉ" is uncertain. My subjects – inhabitants of the upper Negro River in Brazil – when asked, said they did not know where the word came from. No one could even give a precise translation or establish a relationship of the term with any meaning. Perhaps, many said, the "ancients" knew. In any event, Baré was always the name given to their forebears who lived along nearly the entire Negro River, all the way to Venezuela, where we still find significant numbers of their descendants today.

Antonio Pérez (1988, p. 446) suggests that the term *bale* (or *bare*) was perhaps a derivative of the word *bári*[2] (white), which came to mean "white men", in contrast to "black men" or *táiñi* (black). Silvia Vidal (1993, pp. 88-89) presents the hypothesis that *Báale*, in addition to denoting the color white, clarity, and sunlight, was also the name of a great ancient chieftain (*wákali kumáleje*) of the Baré. Chiefs of this lineage, who no longer exist, were endowed with tremendous prestige and renowned for their capacity to lead in this vast territory. Another important characteristic of these ancient chiefs was that in addition to being polyglots – once they had to deal with peoples who spoke a different language – they were known as great shamans, since, according to Vidal, "they were in possession of supernatural powers."[3] Thus, they were quite different from today's "captains" and "heads of communities", which the Baré of old simply called the *wákali*, "minor leaders" who would not receive the attribute of *kumáleje*. To that end, Vidal reports, other compounds would be possible for the ethnonym from the name of the former leader/shaman Báale: *Báale-jéntibe* (sons of Báale), *Báale-kinánu* (Baré people), *Balénu* (the Baré) or *Báalenai* (as the Baré are customarily called by other peoples, like the Baniwa, the Curripaco and the Werekena).

The proto-Baré territory at the start of the 18th century, according to Antonio Pérez (1988), covered a vast region shared with many others that extended from the mouth of the Marié River, along the middle Negro River (on the right bank), to the edges of the two banks of the upper Negro River in Cassiquiare and the upper Orinoco. Further below, we show that you also need to take into consideration the fact that the Baré of the 17th and 18th centuries were not identified as a unified group with well-defined borders. The territorial influence of Baré subgroups or related groups (with similar languages) extended to the lower Negro River, advancing into the territory of the ancient Manao and Passé.

The Baré language[4], once spoken by the Baré ancestors along the upper Negro River, is now practically extinct. In 1927, Nimuendajú (1982, p. 176) reported that Baré, despite no longer being spoken in Brazil, was still a language used in Venezuela, in San Carlos, along the banks of the Guainía and in the Cassiquiare channel. In the 1990s, Cunha de Oliveira discovered that the Baré language was nearly gone, although he agreed that its survival was still assured by the "oldest members of this ethnic group, but middle-aged and young people are only partially fluent, or not fluent at all" (Oliveira, 1993, p. 8). His master's degree research was informed by only three informants who lived in the Cucuí region, on the Brazilian side of the border with Venezuela, and only one of them, Candelário da Silva (72 years of age), could speak Baré perfectly. The others were only semi-fluent.

During my research, between 2004 and 2007, I was personally able to verify in Cucuí that there was no longer a single person who spoke this language fluently or even semi-fluently. Meanwhile, in San Carlos, Venezuela, on a trip I took in 2004, we found someone who was semi-fluent in Baré. He was more than 70 years old, and as one of the informants for Cunha de Oliveira he confused Baré with Nheengatu, Baniwa and other languages[5]. However, it is worth noting that this language belongs to the northern Maipure branch (region of the upper Negro River), of the Arawak family; it is still common for us anthropologists, linguists and writers in general to say, as do some more "informed" indigenous people, that the "Baré are a people of the Arawak language", even though they do not speak it anymore. Nonetheless, it is important to note this cultural affiliation, since the Baré, despite no longer speaking their native tongue, still share countless cultural traits characteristic of other Arawak people in the region whose languages are still spoken, like the Baniwa, Curripaco, Werekena and Wakuenái, which in turn share cultural traits with the eastern Tukano, in the Uaupés basin.

So now we are faced with a dilemma common to the Negro River region: the identification of an indigenous people with a language. Historical sources show that there are a series of languages similar to Baré, and there are many different names for the same groups who speak a language known as being similar to Baré. This becomes clear in a report given by a Jesuit in the middle of the 18th century, as we will see later on. In any event, modern linguistics and anthropology have applied the term "Baré" to a particular language and people, despite dialectical variations (Oliveira, 1993, pp. 8-9). However, the term Baré may also be extended to broader use, wherein the identification between the people and a particular language is not fully taken into consideration.

That said, we can affirm that the indigenous population that lives in Brazilian territory and self-identify as Baré no longer speak the language of their ancestors, and only a few even know any words in this language; although the elderly claim that their grandparents and/or great-grandparents spoke Baré. Koch-Grünberg (1995) and Curt Nimuendajú (1982), who collected a list of words in Baré, drew attention to the fact that a good portion of the region's place names are in this language. As such, until the start of the 20th century, it was still possible to find people who spoke Baré along the middle and upper Negro River. From that time on, however, there was a substantial decline in the number of speakers, caused in large part by the advance of colonists and the enslavement of Indians and their inclusion in an extractive economy, which culminated with a heavy-handed missionary process in the region, which appears to be the nail in the coffin for abandoning indigenous languages in the region.

Currently, the Baré of the middle and upper Negro River regions are bilingual. They speak Nheengatu (general Amazonian language) – a language that, as many know, was first introduced by Jesuit and Carmelite missionaries when they founded the first missions in the 18th century – and Portuguese, which was deemed mandatory by the Pombaline ministry (post-1755) to replace Nheengatu (Farage, 1991, p. 43). However, we see that only with the arrival of Salesian missionaries, who founded the first mission in São Gabriel da Cachoeira, in 1914

1—Slightly modified version of the second chapter of my doctoral thesis in Anthropology, defended in March of 2009, at PPGAS/Museu Nacional/UFRJ. My advisor was Eduardo Viveiros de Castro.

2—The words and terms indicated below, based upon the work of Pérez (1988) and Vidal (1993) about the Venezuelan Baré, are in the Baré language.

3—One of the main characteristics of these chiefs or general leaders was that they exerted power over: 1) their own people, 2) the communities or "malocas" on the same river, where the chiefs were their younger brothers, either by blood or symbolically, 3) villages of kinfolk, and 4) other peoples whose chiefs were their allies or relatives by marriage (Vidal, 1993, p. 89).

4—The key studies on the Baré language are by: Lopez Sanz (1972); Pérez de Borgo (1992); Cunha de Oliveira (1993); Aikhenvald (1995) and Ramirez (2001). According to Cunha de Oliveira, the Baré language is also known in literature by other names, as Baria, Baraúna and Barawana (Oliveira, 1993, p. 3).

5—I invite the reader to peruse Appendix III of my dissertation (Figueiredo, 2009), which is a report of the trip I took along with linguist Henri Ramirez and two Baré Indians from São Gabriel da Cachoeira. The goal of our trip was to find the last speaker of the Baré language that we knew of along the upper Negro River, Don Simon Bolívar.

(Andrello, 2006, p. 105), through the religious-educational system established by them, did Portuguese become the most widely spoken language among the people of the Negro River region. In fact, the Salesians banned indigenous languages from their missions, including Nheengatu, and they also discouraged the use of these languages outside the missions as well.

However, it was not just the Baré who spoke Nheengatu[6]. On the two trips that I made on the Xié River (a tributary of the upper Negro River), I discovered that the Werekena, traditional inhabitants of this river, today has few speakers of their native tongue (Werekena), although everyone fluently speaks Nheengatu and most speak or understand Portuguese rather well. The Baniwa of the lower Içana River, based upon information supplied by the Baniwa Indians themselves there and in other regions, also speak Nheengatu. They also say that there are many who no longer speak Baniwa and are only bilingual in Nheengatu and Portuguese. The case was quite different on the middle and upper Içana River, where Baniwa is the most commonly spoken language, although Nheengatu and Portuguese are not totally unheard of.

In the region of the Uaupés River, among the eastern Tukano, all indications are that Nheengatu is currently hardly spoken at all. On their turn, the people who live in the basins of the Içana and Uaupés Rivers who migrated to the region from the Negro River below the mouths of those rivers normally speak (or understand) Nheengatu, and these communities are for the most part "mixed" or pluri-ethnic. Apart from the set of pluri-ethnic communities that extend along the upper Negro River, from São Gabriel da Cachoeira to the mouths of the Uaupés and Içana Rivers, we could roughly say, according to the Indians in the region, that the Baré live on the Negro River; the Tukano (Desano, Tuyuka, Miriti-Tapuya, Pirá-Tapuya, Wanano, Tariano[7] etc.) live on the Uaupés River; the Baniwa live on the Içana River; and the Werekena live on the Xié River.

In any event, Nheengatu is recognized on the Negro River as the language of the Baré[8], once a synonymous with a "civilized language", and this stigma can be found in the following statement made by Nimuendajú:

[...] as the trend toward such mutilations and "enrichments" today intensify, the lingua franca is fast approaching the last corrupting rung of "a jargon" which is on the brink of obliteration. That is about what it deserves, in my opinion, because the lingua franca along the Negro River is absolutely not, as many believe, the "language of the Indians", but rather, the "language of the whites". (Nimuendajú, 1982 [1927], p. 173.)

I find that statement to be rather negative and hastily unfounded. This statement assumes that Nheengatu is an "inferior language" or even an artificial language, created with the goal of facilitating catechism and domination of Indians to later impose Portuguese on its speakers. Perhaps it would be too much for Nimuendajú to have imagined at that time that the "function" of this language could be shifted or transformed, as admitted by Bessa Freire (1983), who allow for the consideration that, even as a language imposed by colonialists, as the vast majority of writers have delighted in stressing, Nheengatu[9] on the Negro River currently plays a "diverse function". Despite the fact that nowadays the term "function" is out of fashion, the idea of "diverse" is not, which would lead us to the understanding that Nheengatu is a "minor" language (Deleuze, 1979), but in a way that is very different from what is alluded to above. So one could say that Nheengatu was taken over time, by the Indians themselves of the Negro River, as a means of indigenous subjectivation, and as an important identity diacritic of the Baré, who endeavor today to maintain their singularity, in a continuous and unceasing process of resistance against the countless mechanisms of cultural destruction, political subjugation and social exclusion, as noted by Viveiros de Castro – deindianization processes fuelled by catechisation, missionarization, modernization, and citizen-making. (2008, p. 147).

In the communities on the upper Negro River where I did my field research, I observed that everyone, including children, demonstrated a preference of speaking Nheengatu, although Portuguese is also spoken constantly. However, it is worth noting that the Nheengatu spoken by the Baré today is not "pure" Nheengatu: it contains many Portuguese loaner words, and people switch back and forth, blending expressions in the two language. As one person who lives in São Francisco said, people do not speak "pure" Nheengatu or "pure" Portuguese, rather it is something else; a mixture between these two languages.

Whereas, in the town of São Gabriel da Cachoeira, Nheengatu is normally spoken by the Baré, especially at home or among family and friends, and Portuguese is used for broader social relations. So one could say that Nheengatu is used "at home" and Portuguese is spoken "in public". I also found that in São Gabriel da Cachoeira children and young people understand Nheengatu spoken by their parents and grandparents, however they do not speak it. They customarily affirm that they "listen" in Nheengatu but they do not know how to speak it. In conclusion, Nheengatu is used more frequently by the Baré who live in riverine communities than by those who live in the town. However, this may change, since schools in São Gabriel da Cachoeira have started incorporating classes into their curriculum for the three indigenous languages: Nheengatu, Tukano and Baniwa, languages more broadly spoken, respectively, in the regions of the upper Negro, Uaupés and Içana Rivers[10].

Consulting part of the bibliography on the region at the very start of my research, I found that both Nimuendajú (1982 [1927]), in his famous report for the Indigenous Protection Service (*Serviço de Proteção aos Índios* – SPI) about the region of the upper Negro River, as well as Eduardo Galvão (1979 [1959]) in another equally famous article about the "acculturation" on the upper Negro River, excluded the Baré from statistics on regional indigenous populations. Perhaps the Baré were included in an undefined and generic category of "*caboclos*", "civilized" and/or "not speaking the native tongue", which denoted an uncomfortable position somewhere between the indigenous and white populations in the region. This information is in stark contrast with the significant population living today in the region. In my opinion, this contrast is an indication of the historical relationship that the federal government, the *indigenismo* and anthropology have tipically maintained with this group of the Negro River.

The process of deindianization designed by the state, missionaries and anthropologists (and to a lesser extent, by the Indians themselves) in the Negro River region, as well as other places, did not end as expected. With respect to the Baré, their population has not stopped growing since the 1970s, contrary to previous estimates. In 2006, the Database for the Indigenous Peoples Program in Brazil, at the Socio-Environmental Institute (*Programa Povos Indígenas no Brasil, do Instituto Socioambiental*), the Baré population in Brazil was estimated at 10,275 (data from DSEI-FOIRN-Lev SGC2004, in Ricardo and Ricardo, 2006)[11]. Thus, the Baré went from having been "extinct" in the 1960s to a rather significant population in 2006, and that is related, among other things, to the process identified by Viveiros de Castro in an interview:

> **The 1988 Brazilian Constitution legally (ideologically) interrupted a secular deindianization project,** *merely by acknowledging that it had not been completed.* **And that is how communities distancing themselves from their indigenous roots began to realize that going back to "being" Indians – that is to become Indians again, to resume this incessant**

7—The Tariano Indians, as we now know, despite being an Arawak people in origin and language, were partially "Tukanized" and mainly speak Tukano and Portuguese. Concerning the Tariano, see Andrello (2006).

8—Unlike in Brazil, in Venezuela there appears to be a distinction between those who self-identify as Baré and Yeral, despite the fact that the latter are likewise descended from the Arawak. I am still not sure if this is a self-identification specific to the indigenous peoples who live in Venezuela, or if this is a differentiation created by governmental censuses or even by anthropologists who work in the region, who share this idea of "one people, one language; when the language is gone, so are its people". The fact is that anthropological literature written by researchers who work in Venezuela make a distinction between the Baré and the Yeral. Jonathan Hill (personal communication) reported that the Indians who migrated from Brazil to Venezuela and who speak Nheengatu are called the Yeral. He himself however admits that despite them being called thusly, they clearly descend from the Arawak language family (from Brazil), like the Baniwa, Werekena and especially the Baré. In any event, on the Brazilian side, despite the fact that some Indians say that they belong to the "Nheengatu tribe", what is more common are those who speak Nheengatu or the "general language" and self-identify as Baré.

9—There is no shortage of literature on Nheengatu or Amazonian general language ("LGA"); cf., bibliographies, books and articles by Bessa Freire (1983, 2003, 2004). For Nheengatu on the Negro River: stories and myths, cf. Rodrigues (1890, 1892), Stradelli (1929), Amorim (1987), Pereira (1967); list of words and stories, cf. Alves da Silva (1961); for a modern linguistic approach, cf. Taylor (1985) and Moore et al. (1993); dictionary, cf. Grenand and Ferreira (1989); grammar, legends and vocabulary, cf. Casasnovas (2006).

10—It is worth noting that Nheengatu, Tukano and Baniwa were, along with Portuguese, made joint official languages of the town of São Gabriel da Cachoeira, in a law passed on 11/22/2002 (Law no. 145/2002). The decree that governs this law was signed by former mayor, Juscelino Gonçalves, on 11/10/2006. This is the first time in Brazilian history that indigenous languages have been made official languages alongside Portuguese. Once this law was enacted, public offices in the town, like banks and hospitals, have gradually been obliged to provide services in Nheengatu, Tukano and Baniwa, in addition to Portuguese. Public documents and institutional advertising campaigns shall be written in the three languages. With this, the municipality assumed the duty of encouraging study of these languages and their use in schools, private institutions and by the media. All that is left is waiting to see how the standardization process of these languages will unfold.

11—According to Silvia Vidal (2002, p. 248), the Baré population in Venezuela is around 2,000 individuals.

6—It is important to note that my research was performed in the region north of the city of São Gabriel da Cachoeira. The region to the south, which still covers the towns of Santa Isabel and Barcelos, on the middle and lower Negro River, are also inhabited by the Baré and other Indians in the Negro River basin. Concerning the indigenous population of the middle and lower Negro River, see Meira (1991); Peres (2003); and Dias and Andrello (2006).

process of becoming Indians – could be something interesting. Converting, reverting, perverting or subverting (each to his own) the subjugation device used against them since the Conquest so as to turn it into a subjectivation device; stopping suffering from their own Indianness and starting enjoying it. This is an enormous collective abreaction, to use some old psychoanalytical terms. An ethnic carnivalization. The return of the national suppressed ones.
(Viveiros de Castro, 2008, pp. 140-41.)

It is in this *in-between* – between whites and Indians – that the Baré have been trapped since whites arrived along the principal waterway of the Negro River, their ancestral territory. After this initial sidetrack into the Baré language and territory, we now move on to a historic synopsis.

‡

The Portuguese began colonizing the Negro River in the second half of the 17th century, when the colonial economy of Grão-Pará and Maranhão was strongly dependent upon extraction of what were then called the "drogas do sertão" [drugs from backlands], which according to Nádia Farage, "consisted of a wide range of wild fruits and roots, mainly cacao, vanilla, sarsaparilla, urucu, clove, crabwood (andiroba), musk, amber, ginger and piaçaba palm" (1991, p. 25). However, extraction output during that period of time was irregular, which did not favor large investments, like the purchase of African slaves, whose prices were wildly overblown to offset the risks of this fluctuating economy. As such, Black slave laborers were considered unfeasible for the Grão-Pará region, being offset almost exclusively by the use of indigenous slave laborers (Farage, 1991, p. 24).

The hallmark of this phase of colonial exploitation and territorial occupation was the foundation of the São José do Rio Negro Fort in 1669 – where the city of Manaus would be founded later – as well as the rush to enslave indigenous people for labor, not just to building works, but also to serve the extractive economy underway. These movements or enslavement operations were known by the name "*tropas de resgate*" [rescue troops], a legal institution that dates to the 1750s.

In the decades following the fort's foundation, these "tropas de resgate" began to explore the entire length of the Negro River as well as its main tributaries, in order to establish contact and alliances with the Negro River indigenous populations. According to Andrello (2006, p. 72), this Negro River exploration phase was supported by Jesuit missionaries who founded the first missions on the lower Negro River. However, the Carmelites (Farage, 1991, p. 33; Wright, 1992, p. 212) were the ones who founded the first settlements in the middle half of the 18th century.

Robin Wright (2005, p. 29) claims that the historical defeat of the Manao by the Portuguese offensive left the door wide open for new tropas de resgate to enter the Negro River region, above the mouth of the Branco River. According to the author, between 1728 and 1755, the tropas de resgate worked constantly along the Negro River. It was during this time that the Carmelites founded the village of Santo Eliseu de Mariuá (Arraial de Mariuá), which, according to Andrello (2006, pp. 72-75), in addition to serving as the base where captured slaves were taken to the colonial capital, much later, around 1755, after the border treaty with Spain was signed (1750), the *arraial* [camp] was elevated to the category of Captaincy of São José do Rio Negro, although it still answered to Grão-Pará. Based upon official troop records plus private trafficking, Wright (2005, p. 211) estimates that between 1740 and 1750 nearly 20,000 indigenous slaves had been taken to the Negro River[12]. Many of these were the ancestors of the contemporary Baré, Tukano, Baniwa, Maku and Werekena.

One of determining factors for the success of the slave capturing process during the first half of the 18th century, according to Wright (2005, p. 52), was the fact that alliances had been formed by tropas de resgate or even private slavers with regional indigenous leaders, like the relationship established between Portuguese Francisco Xavier Mendes de Moraes and the brothers Cucui and Immu, leaders of the Marabitenas (Baré) nation.

In order to understand the extent of indigenous enslavement by the Portuguese colony in the northeastern region of the Amazon, Wright (2005, chap. 1) presents two important sources, which both date from the middle of the 18th century. The first is a translation of a document originally written in Latin – *Seqüente Notitiate de Rio Negro* – written by Jesuit priest Ignácio Szentmartonyi, who was on the Negro River in the 1750s. The second is the official record of the slave troop on the Negro River that worked on this channel from June 1745 through May 1747.

Wright found the first document at the National Library in Rio de Janeiro, which, according to the author, "corresponds to a type of military manifest containing information about the geography, location of villages, as well as linguistic and ethnographic data written by a series of slave-finding mission commanders and by the main Jesuit slave chaplain along the Negro River" (Wright, 2005, p. 27), Achiles Avogradi. As Wright states, the place names and "ethnic groups" indicated in this document are of great historical interest about indigenous life in the region, because it is a primary source that allows us to see, however partially, the indigenous occupation of the Negro River in the mid-18th century. Likely, this is one of the first historical references to the Baré Indians.

It is interesting to note that in the part of the document that Wright transcribes, the first indigenous "people" to be mentioned by Szentmartonyi were the Baré. Below is a passage from the document in which the Baré or related peoples are mentioned[13]:

> Upstream along the Negro River, the first you encounter is the Anavingena [Anavilhena] River, to the right, and then the Paravingena [Branco River]. Then to the left, is the Majuisshi, five day's travel from Arraial, where the *Baré can be found, who live along the Negro River*. Then to the left of the Majuisshi, you come to the Aisuara, where the same *Baré* are found; [...] To the east of the Iurubasshi, perhaps 10 [*lencarum*] away, is the Ajoanna, which is a little larger than the last [river]. The source, it is said, is a two-day trip from Japurá. There is an abundance of puxiri. On the lower part you find the remote *Mariarana nation, speakers of the Baré language*, and on the upper part of the river, you find the Maku. After a day and a half [of travel] the Ajoanna is followed by the Uenuisshi, which is larger than the former. A half day's travel from the source is the Japurá. The inhabitants nearest the source were the Manaos, today *the Amariavanas, Baré speakers*, other [inhabitants are] the Mepurí, who also speak *Baré*; higher still live the wandering Makuni. [...] After 8 days, the Shiuara is followed by the Mariah [Marié], of the same magnitude, which is already famous in our time because of the assassination of the Portuguese ambassador by Chief Manakazeri [Manacaçari]. The source of the Mariah goes all the way to Japurá. Its inhabitants are the *Barés*, Mepuris and Makus. (Then there is a change in the text, subtitled by a phrase in Italian – perhaps by Avogradi? – indicating that the description that follows is based upon information supplied by Mendes. The content of the following section is about the middle Negro River and its right side tributaries). Three days travel past Darahá, being as [far away] as Bereroa is to Mariua, the Marauiah [Marauiá] goes on, larger than the Isshiemiri. Then you find a mountain abundant in parsley; where the Jabanas [Yabahana] live, who have their own language, and *the Carnaus who speak Baré*. [...] Going up that river to the right is the Iuh [Ia] and the people who live there *are the Demakuris, who speak Baré*, and the Iaminaris. To the left, a distance equal to the distance between Mariua and Arikari, is the Shamani, *who are the Demakuris, Tibakenas and Cubenas people and other unknown people, all who speak Barena languages*; since Caburis has many Indians and an abundance of parsley, above which the river divides [...]. After the waterfall is Caua, smaller than the Isshie; it is inhabited by *a population of Demanaos, who speak Barena*. From the Caua source, where the Demakuris live, to the sources of the Caburi, it is a two-day trip. After Caua is the Imula, two days away, also inhabited by the *Demanaos*. From Imula to Maboabi, it is the same distance as that between Cabukuena and Bereroa, and it is as big as our Issie. It is inhabited by the *Demanaus*. Iabana is as far away from Maboabi as we are from Bereroa; it is inhabited by Kuenas, whose sovereign is Ioa, who, having left, lives in Pará. *The Kuenas speak a Barena language*. Maboabi is as far away from Iabana as Bereroa is from Mariua. It is inhabited *by the Maribitenas, who speak Barena, whose sovereign is Cucui*, who was invited to come. The Bacimunari live in Cassiquiare. Father Roman and the Portuguese were able to purchase 80 Bacimunari. The Mabanas live in Bacimuni, who have their own language, and the *Madavakas*[14]. After you arrive at Issie. Verikenas [Warekenas] live there, and have their own language, and the *Madavakas*. (Szentmartonyí, 1749 *apud* Wright, 2005, pp. 34-42, our italics.)

According to the report left by Father Szentmartonyi, it is clear that until the middle of the 18th century, the official tropas de resgate and private slave traffickers had already traveled and mapped the entire Negro River, all the way to the region of the upper Orinoco, in Venezuela. The document is also noteworthy given the fact that the Baré are not identified as a single "people" or "nation" of the Negro River, given that the references shift, sometimes in favor of "nation" (as suggested in the following passage: "*where the Baré live, who inhabit the length of the same river [the Majuisshi*[15]*]*"), and sometimes as a "linguistic family" that covered the different indigenous "nations"

12—For a detailed analysis of the Negro River's colonization, cf. in addition to the authors cited above (Wright, 1981, 2005; Farage, 1991; and Andrello, 2006), Sweet (1974), Vidal (1993) and Meira (1993, 1997).

13—The bracketed and parenthetical words or phrases have been added by Wright.

14—According to Vidal (1993, p. 4), Madawaka is also a dialectical variant of Baré.

related or affiliated to the Baré or Barena family (as noted in the following passage: "*the Mariarana nation, Baré speakers, the Demakuris, Baré speakers*", etc.).

Supported both by the Szentmartonyi report as well as the official tropas de resgate that worked along the Negro River between 1745 and 1747, in addition to other sources from the second half of the 18th century, Wright also supplies an extensive list of "groups" or "nations" included in this record. Nearly 300 names are listed. However, the author admits that these data are difficult to pin down, given the heterogeneity of the information listed, since:

> Some of these refer to groups who probably correspond to current tribes (the Portuguese during colonial times preferred the term "nations"). Other names can refer to subdivisions of tribes, clans, people who live in certain villages, etc. In many cases, the name may be nothing more than a specific village or village chief whose followers mention his name. Furthermore, there are problems resulting from linguistic differences between scribes and enslaved Indians, the undisciplined spelling in the 17th century by Portuguese colonials (which result in multiple spellings of the same name), as well as simple registration errors for unfamiliar names, like tribal names. (Wright, 2005, p. 59.)

However, the author notes that the endings of certain names provide a clue for identifying the linguistic affiliation of these words. For example, various names found with the endings *-minavi, -navi, -tana* e *-ary*, according to Wright, "are characteristic of the Arawak people in the region, meaning 'owners of', 'lords of'" (2005, p. 60).

In an alphabetical list of the "Enslaved Native Peoples of the Northeastern Amazon between the years of 1745-1747 (with possible identifications and localizations)", supplied by Wright (2005, pp. 61-70), we find the following references related to the Baré: Barivitena [baré?], Barabitena [Baré?; Marabitena?], Barena [Baré: Negro River], Iaminary (Baré? Iá River], Ihanhininula [Baré (Ihini): Negro River], Mabe, Maué (Baré: Xié, Miuá, Maroene, Anavexy, Xuara and Marié Rivers], Manitibitena (Baré: upper Negro River), Maratibitena (Baré: upper Negro River).

Given the plethora of names found in the documents that Wright presented, we can conclude from the author that the name Baré (Barena, Barivitena, among others) was used in the 18th century (and subsequently) not only to refer to "an" ethnicity of the middle and upper Negro River, but also to a "linguistic family" comprising the different indigenous peoples who inhabited the entire course of the Negro River and some of their tributaries to the Cassiquiare – peoples whose descendants later on would be identified along the Maipure branch of the northern Arawak linguistic family (Wright, 1992b; Lopez Sanz, 1972; González Ñañez, 1980; Vidal, 1993). In any event, a valid conclusion based upon the aforementioned sources is that the main channel of the Negro River is the traditional territory of the pluri-ethnic Baré nation.

We see that around 1755, the village of Mariuá (currently Barcelos) had become the capital of the captaincy of São José do Rio Negro[16]. The creation of this captaincy was part of a "package" of measures that sought to most effectively occupy the Negro River, given the border disputes with the Spanish to the north. However, the captaincy continued to be subordinate to the Grão-Pará government, under the command of Francisco Xavier Furtado (half-brother of the powerful Marquise of Pombal). The creation of this captaincy marks a new phase of Portuguese colonization, known by historians as the "Pombaline Period", the most significant aspects of which with respect to indigenous groups were the temporary exclusion of religious missionaries (especially Jesuits) from running indigenous missions in 1755 (Alves da Silva, 1977, p. 18), and later, in 1758, under the aegis of the Pombaline administration, the enacting of a formal law that put an end to indigenous slavery and created a new role: that of Director of Indians. Farage states, however, that "Indian's freedom in this context was certainly a political fiction" (1991, p. 47). In addition, the general language (Nheengatu) was banned, and Portuguese was imposed as the official language.

In 1761, Captain José da Silva Delgado was posted to the region of the upper Negro River, where he founded a series of localities:[17] São José dos Marabitanas (Fortaleza), Nossa Senhora do Guia, São João Batista do Mabé, Santa Isabel, São Gabriel da Cachoeira (Fortaleza), among others. Thereafter, Colonel Manoel da Gama Lobo D'Almada was entrusted with visiting and mapping the dominions of the Portuguese crown all the way to the headwaters of the Negro River (Andrello, 2006, p. 78), when he founded the settlement of São Marcelino at the Xié mouth in 1784 (Alves da Silva, 1977, p. 18)[18].

Of all the different rules instituted by this administration, one of particular importance encouraged marriage between white subjects of the Portuguese crown and the indigenous women who lived in these settlements (or who had "been brought" to them). According to Andrello (2006, p. 79), these incentive measures – those who married received honors and benefits – to the mix between Indians and (Portuguese) whites were seen as a mechanism that would allegedly guarantee the success of the policy implemented by the Pombaline administration in indigenous settlements that multiplied along the Negro River during this period, "because the children of these unions would not be gentiles, and hence could be counted statistically as part of the colonial population" (Andrello, 2006, p. 79).

However, the *aldeamento* [Indian reductions] system was abolished in 1798 (Farage, 1991, p. 168). As explained by Andrello, the captaincy magistrate, Francisco Xavier Ribeiro de Sampaio, upon commenting on mixed marriages between whites and Indians in *aldeamentos* along the Negro River, translates a nearly comical impression of these relationships: "Marriages of Whites, as encouraged by the Law enacted 4 April 1755, have been for the most part unsuccessful; because instead the Indian women are taking the customs of the Whites, these are taking on theirs" (*apud* Andrello, 2006, p. 80). It is paradigmatic that these first "marriages" between Indians and white men in the colony had been described in these terms. If the whites were adopting the customs of the indigenous women, we can only imagine what customs the children of these marriages would take on.

At the end of the Pombaline Period, according to Wright (1992, p. 212), the Negro River government in Barra (modern day Manaus) collapsed, and the colony recognized the failure of its project to "civilize the Indians" at whatever cost. This meant, admittedly, an "institutional void" (Andrello, 2006, p. 80) throughout the entire Negro River region, which allowed part of the indigenous people in mission reductions to return to their lands and recover, albeit partially, from the losses suffered. However, part of the indigenous population living in the *aldeamentos* was from the Negro River region, as seemed to be the case with the Baré, and the sources cited herein indicated that they inhabited various Carmelite missions and settlements along this river.

In any event, we should consider that, as suggested by Wright (1992), Vidal (1993), Meira (1997) and Andrello (2006), the population of the Negro River, shaped by the merging of various ethnicities in the *aldeamentos* and through marriages to colonial Portuguese, is a symptom of the historic transformation and merger process of sub-groups identified in historical sources as speaking the Baré languages, among others, indicating, in Andrello's view, "a drastic decrease in the ethnic diversity that existed along the Negro River prior to colonization, either through complete extinction or assimilation of the remnants of many other groups" (2006, p. 113).

‡

One of the legacies left by the missionaries who worked along the upper Negro River were the saint's day festivals, which, according to Wright (1992a, p. 212), at that time became one of the main forms of religious expression in the region. Wright observes that in the first quarter of the 19th century, only one Carmelite missionary periodically visited the upper Negro River and that these festivals had been completely integrated into the region's ritual calendar, both on the Brazilian and the Venezuelan sides. These festivals were enacted independently (in relation to missionaries and the church) by the region's indigenous population and by whites and caboclos who lived there. Later called saint's days, the festivals are a central part of what has been characterized as "popular Catholicism" or "Amazonian Catholicism" (Galvão, 1955; Pereira, 1989; Brandão, 1994; Tassinari, 2003).

Wright (*apud* Andrello, 2006, p. 81) calls attention to a peculiar social dynamics of the people who live along the main channel of the Negro River, related not just to the saint's day calendar in the middle of the 19th century, but also to the rise of a "new economy" instituted by Brazilian tradespeople who began to work in the area of the ancient fortifications of São Gabriel da Cachoeira and Marabitanas. This social dynamic reveals that already at that time, part of the "civilized" or "semi-civilized" indigenous population – as those who had "converted" to Catholicism and spoke Nheengatu were called – lived on family farms built along the banks of the upper Negro River. This population traveled frequently to the settlements, the colonial settlements of yore under the jurisdiction of missionaries and Indian directors, to celebrate patron saint's days or even to "create debt", thus starting a "new economy" based upon extractive products and/or compulsory labors for the "bosses" and "tradespeople", in exchange for merchandise that they brought to the region (Wallace, 1979).

In response to the excessive exploitation of the Baré, Baniwa and Werekena by a flourishing boat building industry in San Carlos and Maroa in Venezuela, at the same time a rebellion was brewing, which the Baré from San Carlos would engage in under the influence of a *zambo* (descendants of

---

15—According to Wright, this region along with the region of the Jurubaxi River on the middle Negro River was the "territory of the once-powerful Manao, who were scattered and brought to heel in the 1740s" (2005, p. 49).

16—A vast region that today comprises the states of Amazonas and Roraima.

17—Salesian Father Bruzzi Alves da Silva (1977, p. 23) also provides a list of "Negro River locations in the 18th century, indicating the Tribes", based upon information provided by Father Noronha, Xavier Sampaio, Rodrigues Ferreira and Braum. The Baré (the author has no problem identifying the tribe more generically, since his focus is identifying the tribes of the Uaupés) are indicated as present at the following locations (downstream towards upstream Negro River): Moura (RB), Poiares (RB), Barcelos (RB), Moreira (RB), Thomar (RB), Lamalonga (RB), Santo Antônio do Castanheiro Novo (LB), São José (LB), São Gabriel da Cachoeira (LB), Nossa Senhora da Guia (RB) e São José dos Marabitanas (RB) (LB = left bank and RB = right bank). Except for São José (99 souls), all of the rest are of a "pluri-ethnic" composition.

18—It is worth noting that the Baré continue to live in these same places. Some of them have become more like towns, like Santa Isabel and São Gabriel da Cachoeira, and the others ceased being referred to as villages and began to be called "communities".

Indians and Blacks) preacher named Father Arnaoud (Wright, 1992a, p. 213), on June 24, 1853, Saint John's Day. Such a response would anticipate an alleged "conspiracy against civilization", started in 1857, by the messianic and powerful Baniwa shaman, Venâncio Kamiko, which set in motion a series of millenarian movements or indigenous uprisings in the northeast Amazon, sharply repressed by the military (Wright and Hill, 1986; Wright, 1992a; Hugh-Jones, 1996).

Another characteristic of this transition to the 20th century was the introduction of the Negro River into the global rubber economy. Ermano Stradelli, who traveled in 1881 along the Negro River, from Cucuí, on the border with Venezuela and Colombia, to Manaus, describes a rather decayed and depleted picture of these ancient settlements along the river. The Italian compared what he saw to the report "Chorography Report on the Province of Pará, Negro and Marajó River", published in 1839, by a Portuguese man, Antonio Ladislau Monteiro Baena, who had traveled along the Negro River at the start of the 19th century. Marabitanas, an ancient fortification on the Negro River, which, according to Baena (*apud* Stradelli, 1991, pp. 208-9), at the start of the 19th century contained 1,500 homes(!), and São Marcelino, on the mouth of the Xié River, which had approximately 400 homes(!), had no more than twenty houses and four houses respectively, at the time Stradelli passed through them. This decay, found in nearly all the villages of the Negro River, would be directly related to elastic gum, in other words, rubber, considered to be both the "wealth and ruin" of the Negro River.

Stradelli travelled the Negro River during the dry season, when most of the population had travelled to rubber plantations along the middle and lower Negro River. The count supplies a detailed description of both the work routine in the rubber plantations as well as the logic of the indentured servitude system promoted by the masters. At a certain point in his narrative, he poses this question:

> But who enjoyed this profit? Certainly not the extractor himself, who, with very few exceptions, is in debt when he starts working, and he is in debt at the end. But in spite of it all, he will receive the credit necessary to survive until the next harvest, and instead of paying off his debts, he will increase them, and so on indefinitely. It is common to see people spend their entire life chronically drunk, and all he owns is a shirt and a canoe, but owing thousands and thousands of lire. And this habit is one of the most natural in the world, either for the debtor or the debt holder. *A man who owes nothing is someone without value*, and a tapuio (Indian) will never fully pay off his debt, or if he does, he'll have to create a new one immediately, so he can say he has a master (...). (Stradelli, 1991, p. 220, our italics.)

"Tapuio", as Andrello clarifies when referring to the same quote above, is a term used to allude to those Indians and mestizos from riverine communities and small farms along the middle and upper Negro River who in the summertime traveled en masse to the rubber plantations of the middle and lower Negro River. Andrello explains that identification thusly:

> (...) they were Barés, mamelucos [the offspring of an Indian and a white] and Tapuias in general (...). Later on some of them went up the Içana and Uaupés Rivers, extending their debts to the Indians on whom civilization had to be imposed. The only alternative left to the Indians on this river [Içana and Uaupés] was to invest in relationships with other civilizing agents, the missionaries (Andrello, 2006, p. 95).

Andrello goes even further to suggest that, among the "Barés", "Tapuios" or "Negro River groups", the compulsory debt assumed in exchange for merchandise from white traders played a central role, given that according to the author, it was a transition to a new condition, a status symbol (that of 'civilized'). Meanwhile, the groups on the Uaupés had other elements that were decisive, that were more spiritual than material, like baptism and receiving new names, in addition to adhering to the prophetic words of the "friends of God" shamans, who were the messiahs of the millenarian movements mentioned above. The division that the author proposes however, is questionable, given that, as Wright demonstrated (1992a, pp. 194-95; 2005, p. 157), the Baré of the upper Negro River as well as the Werekena of the Xié River, the Baniwa and Curripaco of the Içana and Guainia Rivers, were involved in one way or another in millenarian movements[19]. São Felipe, Santa Ana, São Marcelino and Marabitanas (locations of the main channel of the upper Negro River) would even have been a stage for the movements of de 1857-1859 (Wright, 1992a, p. 197). Furthermore, Alexandre Cristo, a follower of the Messiah Kamiko, was an Indian from the upper Negro River whose ethnicity was not ascertained by Wright, who only affirms that he had been raised by a Portuguese trader, Marques de Caldeira, around Marabitanas, a Baré and Marepitana village (Wright, 2005, p. 140).

The question as to why Indians allowed themselves to get into indentured servitude with their masters cannot be reduced to a simple answer, but what we can ask is what were the Indians, especially the Baré along the Negro River, doing with the little money or merchandise that they earned working on the rubber plantations. After describing the logic of the indentured servitude system cited above, if we can call it that, Stradelli then describes the other side of the coin:

> Once the rubber work is done, then the festivals start, and everyone rests[20]. People enjoy their leisure

time, and even the most frugal consume more than they earn, and they begin to spend against what they will earn in the future. These festivals lasted uninterruptedly from May through September. Every saint is celebrated. At these times poor peoples' homes are filled with people. They are packed to the gills, so much so that it is common for many to sleep on the boats they arrived in. (Stradelli, 1991, p. 221.)

Therefore, it is possible to assume that these debts are also related to the ritual logic that underpins these saints' day feasts. As Nunes Pereira suggests, in the festivals for the Divine, Saint Anthony and Saint Sebastian, among others, "the Indian found a way to associate their dabucuris to pagan manifestations that the raising and lowering of the festival masts provided them" (Pereira, 1989, p. 16). This is why I suggest we should take into account the fact that indebtedness and work in the rubber plantations performed by the Baré on the Negro River contributed and were related to continuity, although in other terms, of earlier forms of society, shared among all Indians in the region. To that end, saints' festivals, as I argued in my doctoral dissertation (Figueiredo, 2009), perhaps "replaced" and "modified" a space that had once been held by the ancient dabucuri, the goal of which, among others, was to expand social relationships among like groups and people through new alliances and marriages. Since, as recorded by naturalist Alexandre Rodrigues Ferreira (one hundred years prior to Stradelli's trip):

It is true that among them [the tribes of the Negro River], the dances should not be seen as fun, except as a very serious and important occupation. They are present in all the circumstances of their public and private life, and on those depends both the principle and the end of all of their decision making. If two villages have to reach an understanding, ambassadors from the two dance for one another, and that is how they demonstrate their peacefulness. If war is declared against an enemy, it is through a dance that their resentment is initially expressed, as well as the revenge intended. So this dance is a veritable scene where the gentiles perform their campaign. (Ferreira, 1983 [1787], p. 623.)

The Baré of the Negro River, stigmatized even today by the fact that they were in the middle of the path[21] through which various civilizing agents – tropas de resgate, missionaries, traders and others – penetrated the Negro River, ended up becoming "invisible" to the extent that their indigenous identifiers were slowly being "eclipsed" by favoring this supposed withdrawal from indigenous references. As such, they were soon seen as agents of this transitory (indigenous) state moving toward a new status (being civilized), or to be more direct, they had "turned white" to finally be incorporated, if even partially or to their detriment, by the Brazilian population.

It is important to note that the Baré, fruit of "miscegenation with civilized people" (Meira, 1997) or seen as Indians who have transformed themselves into white people, can be understood within a more generalized process characterized by Antonio Kelly (2005) as a "theory of turning white":

The process of "turning white" maintains important continuities with other forms of becoming other, and that, while it is a form of differentiation, is in fact a "truly indigenous" process. (...) a point of transforming into a white may be seen as an *innovation of the conventional Amerindian space*, retaining many of their characteristics. Both propositions suggest countless reserves in the face of the analyses that summarize all of this under the rubric of "historical change". (Kelly, 2005, pp. 227-28, our italics).

One "theory of turning white" in the Amazon as proposed by Kelly appears to be extremely relevant for thinking about and describing the "processes of differentiation" for the Baré in the upper Negro River. In my view, "turning white" in the Baré case should be taken as one of the ways of "Indian becoming", through which they construct their respective forms of differentiation within an intense and ancient inter-ethnic relationship context. The always unfinished "turning white" process

---

19—Despite the important differences between Arawak and Tukano messiah highlighted by Wright (1992a, p. 218, and 2005) and by Andrello (2006, p. 102).

20—It is possible that Stradelli did not attend a saint's day feast, since the last thing one does on these occasions times is to rest.

21—Because of their territorial position on the middle and upper Negro River, the Baré, as already noted, were the main sources of contact with colonizers and civilizing agents in the region. Thus, they may equally be considered, as Taylor suggests, as a "buffer tribe installed around the colonial establishments and the main communication hubs" (1992, p. 221).

that the Baré are engaged in[22], instead of producing an identity with the whites, produces a double difference – both from other indigenous peoples in the region and from the whites, which leads to a "differentiated identification". In the region, it is common to say that the Baré are "quasi-white" and that this "quasi" indicates the limit at which the difference reaches its irreducible point, despite having been caused by the identification with whites themselves. Therefore, the Baré "Indian becoming" is turning into "quasi-white".

Once I was talking with a Pira-Tapuyo Indian who lives on the upper Negro River in a Baré community, and he confessed to me that some Baré think they are "superior" to the Indians who live along tributaries of the Negro River (of the Içana and Uaupés Rivers, for example) because they identify traces of their habits back to the whites. Curiously, he noted the fact that the Baré are more accustomed to drinking cachaça than caxiri, in addition to coffee. In fact, these habits are frequently mentioned as distinctive traits of the Baré population of the upper Negro River, when compared to peoples from other rivers.

As noted by Bráz França (2000 [1999]) – a Baré Indian and one of the main leaders in the region – if Indians are not *naturally* distinct, we believe that in the case of the Baré, the fact that they have been traditionally considered as "quasi-white" means, among other things, that this was one of the ways that this indigenous group mobilized (*agency*) to distinguish themselves from other Indians in the region, as well as from whites. Thus, the Baré's "Indian becoming" is an active process of cultural and political differentiation from other Indians and whites in the region; "becoming white" is only possible thanks to the fact that they are not white, since identity is nothing if not a difference.

‡

In modern times in Brazil, the Baré continue to live along the main channel of the Negro River, in towns like Barcelos, Santa Isabel and São Gabriel da Cachoeira and in the district of Cucuí that marks the triple border between Brazil, Colombia and Venezuela, as well as in hundreds of small farms and communities dispersed along the entire river. In the portion upstream from São Gabriel alone, we found approximately 45 communities and more than 50 family small farms (2008 data).

The regional center of my doctoral research, done in 2004-2008, covered the portion of the upper Negro River consisting of the communities (starting at the Xié River mouth and going down the Negro River towards the town of São Gabriel) of São Marcelino (right bank), São Francisco de Sales (right bank), Tabocal dos Pereira (right bank), Mabé (left bank), Iábi (island), São Gabriel Miri (ilha), Cué-Cué (left bank) and Juruti (left bank), in addition to small farms spread over this entire portion of the river (Figure 2). This region coincides with the area of influence of the Association of Indigenous Communities of the Negro River (*Associação das Comunidades Indígenas do Rio Negro* – Acirne). If the Baré population in Brazil was estimated at 10,275 individuals (DSEI-FOIRN-LevSGC 2004 data, in Ricardo and Ricardo, 2006, p. 10), then in the region of Acirne, the total population is around 530 people (DSEI census data 2007, not published). In all of these communities and small farms, the majority of the population self-identify as Baré; however, in some places Indians from other regional ethnicities can be found.

The communities and small farms located on the right bank of this portion of the Negro River are in the Indigenous Lands of the Upper Negro River, created in 1998; the communities on the left bank are equally located on a Indigenous Land, called Cué-Cué/Marabitanas, but the entire demarcation process was only completed in April of 2013.

The history of the São Francisco de Sales community – where I stayed for the most part of my field research – according to Seu Filó, the community captain in 2007, started with an event that took place in the 1960s in the village of São Marcelino, when his father, Humberto Gonçalves[23], was captain of the village. The statements given by Seu Filó and his brothers Beto and Nilo Gonçalves, were the base upon which I reconstructed the following history.

Until the 1940s, São Marcelino was inhabited by both the Baré of the Negro River, as well as the Werekena of the Xié River. The settlement was also divided into two sections: in one lived the "Xié people", and in the other, the "Negro people". The relationship between the two sides was not very amicable, and there were frequent misunderstandings, conflicts and squabbles, especially at the time of saint's festivals, when people would drink to excess and tempers flared. In the middle of that decade, the "Xié people" decided to found their own community, not too far away from São Marcelino on the Xié River itself, which was given the name of São José. This community began to celebrate its patron saint. However, around 1950, under the influence of famous missionary Sophie Muller, people who lived in São José converted to Protestantism, abandoning Catholic saints and changing the community name to Vila Nova (or *Táwa Pisasú*, in Nheengatu)[24].

The social dynamic of the settlement of São Marcelino was not very different from that of other Negro River settlements, as noted by Wallace (1979 [1853]) and had remained the same since the middle of the 19th century. The settlements were inhabited seasonally by the indigenous population, who most of the time lived on family small farms around the settlements, where they planted their fields and did their everyday work. Bear in mind that the rubber boom on the Negro River lasted until the middle of the 20th century, and many families, especially the men, who had a connection with the São Marcelino settlement, when they weren't harvesting the rubber found around their farms, would travel to Colombia and Venezuela or to the middle and lower Negro River, where the main regional rubber plantations – and thus, most of the rubber-related work – could be found. Piaçaba was also collected. However, unlike rubber, this harvest continued until the 1990s, as Meira (1993) demonstrates in a paper dedicated entirely to fiber-extraction activities in the region. In certain tributaries of the Xié River, piaçaba was always abundant, and people who lived there and on the Negro River would migrate during the harvest, which took place in the rainy season.

Even with all of these population changes, until the 1960s, São Marcelino had, in addition to the chapel for the saint and two bells left by Carmelites (in the middle of the 19th century), 20 homes, mostly for Baré. The village also had a captain who insured the local peace, called upon villagers to collective works as cleaning, solved any disputes that might arise, encouraged villagers to assume responsibility, and in particular, to cover expenses for saints feasts, in addition to responding to demands and dealing with the "whites", including priests, traders and ultimately state agents.

The event that ended up dividing the population of São Marcelino once and for all (from the time it was founded, it was always divided) – giving rise to the community of São Francisco, which I mentioned at the start of this section – follows below. Some children who had been left alone in the settlement while their parents worked in the field once burned a wasp nest to feed the nightingales that they were raising. The fire ended up reaching the straw roof of one of the houses and spread quickly and burned nearly the entire settlement. Only two houses were left – built a short distance away from the others – and the chapel. Because of what had happened and the accusations made against the families of the children, the settlement was practically dismantled, and everyone who lived there ended up moving once and for all to nearby small farms, which included São Francisco, which up to that point had been the Gonçalves family farm, located about two hours away rowing, on the lower Negro River, from the former settlement.

At that time, there were only two houses in São Francisco: one of the couple Olívia dos Santos and Humberto Gonçalves who, as previously stated, was the captain of São Marcelino, and the other of his brother-in-law, Rafael Melgueiro, who was married to his sister, Ambrosina. The chapel bells and image from São Marcelino were transferred to there, as well as the festival celebrating the patron saint.

In the middle of the 1980s, São Francisco had grown enough to be called a community and even had a "little schoolhouse" (municipal primary school), like the ones built by nuns (Daughters of Maria Auxiliadora) in countless communities along the upper Negro River, Uaupés River, Içana River and Xié River (Cabalzar, 1999, p. 371).

During the time I did my research, of the eight children that Seu Humberto and Dona Olívia dos Santos (both deceased) had, three still lived in São Francisco with their respective families. The rest lived in São Gabriel da Cachoeira, and only would occasionally visit the community where they had lived, because it was their brothers who would visit them more frequently. Meanwhile, the three children of Seu Rafael Melgueiro and Dona Ambrosina (also both deceased), Seu Dengo, Seu Lindo and Seu Tipa, still live in the community with their families. Hence, the current population of São Francisco descends directly from these two families.

The community of São Francisco is located right next to the river, in front of a large island called Ilha do Abade, which blocks the view of the other side of the Negro River. In front of the community, a few meters from the river, is a small chapel, which in addition to the two bells brought from São Marcelino, has some images displayed on the altar, which include Saint Marceline, Saint Albert, and a portrait of Saint Francis of Sales, saints celebrated by the community, in addition to all the paraphernalia used in the festivals. Also noteworthy is a large communitarian house in front of the community with an attached kitchen, where group events, meals and meetings are held. During the saint's festivals, the house is transformed into a "ballroom" where dances are held.

Among the buildings at the front of the community and family homes, there is a large yard where children and young people play games and sports. On the left-hand side of this yard, facing the houses, is a small cemetery where only five people are buried. Most of the houses are lined up behind the main yard. Behind those houses, the community has a large grassy soccer field, where young people and adults play in the afternoon. Behind the field are small plots of land, in addition to paths ("picadas") that lead to distant fields.

Daily life in São Francisco follows the same pace as any other community along the Negro River. Women work in the fields every day – where they plant a variety of manioc and other tubers, like sweet potato and cará, fruits such as pineapple, sugarcane, cashew and cúbio – as well as performing domestic tasks. It is worth noting that Baré women do not

---

22—Despite the fact that this "turning into white" is not exclusive to the Baré, I believe that this is a process that strongly characterizes the meaning of being Baré in a pluri-ethnic context like the one along the Negro River.

23—Son of a Spanish immigrant João Gonzáles, he married a Baré woman in the settlement of Nossa Senhora do Guia, near the mouth of the Içana River, at the end of the 19th century.

24—About the work that Sophie Muller did in the Negro River region, especially the Içana River, cf. Wright (1999).

produce manioc caxiri. As such, all manioc production is used to manufacture flour, beiju, tapioca and other byproducts. In turn, men are responsible for the daily supply of fish and sometimes game (the Baré prefer fish to game), as well as manual labor, like building and remodeling homes, canoes, paddles, fish traps and other domestic utensils. As such, the local diet continues to be strongly focused on the consumption of fish, flour, beiju, peppers and fruits planted in the fields and yards, like açaí, pupunha, buriti, ingá, coconut, jambo, guava, abiu, inajá, among others, including the wild fruits collected in the jungle surrounding the community.

At present, extractive work is practically non-existent. Only cipó is sold, but it is increasingly scarce, and the little that remains in the region is used domestically, building houses, and making baskets and fish traps. The only income for the entire community comes from pensions, health agents and the teacher, and occasional social benefits from the State, like maternity assistance and the "*bolsa família*" (poverty reduction entitlement). However, given how bureaucratic the process is, not everyone is able to access these benefits. Excess flour production is a solid source of income: given the scarcity of the product in certain regions where there is higher population density, and as this is a staple of the local diet, the surplus can easily be sold in the town or even by the few traveling salespeople (*regatões*) who still work in the region.

Occasionally men, especially young men, spend time in São Gabriel da Cachoeira working as security guards, salesmen or construction workers, in order to earn money to purchase necessities like clothes, domestic utensils, fuel (gas and diesel oil), soap, salt, sugar, coffee and other processed foodstuffs. In any event, on a monthly basis (or every two months), salaried workers travel to São Gabriel da Cachoeira in order to receive their wages[25]. Frequently, people also go to San Carlos, in Venezuela, to purchase gas, given that the Venezuelan price of gas is infinitely lower than in Brazil[26].

The population of the São Francisco community in 2007 totaled 77 people, distributed across eleven "houses". Figure 3 gives a general overview of the community and indicates "domestic groups" (or dwellings).

There are six small farms connected to the community of São Francisco: Laranjal, São Pedro, São Marcelino 2, Uruá, Tuyuka Ponta and Acutiwaia. Laranjal is next to the community, which is only separated by a small stream. The others are farther apart (Figure 4). These small farms are inhabited by both extended and nuclear families, and daily life is led more or less independent of the community. Families at these farms, however, participate in the community life in São Francisco – children study at the school, families attend Sunday mass and are seen by the health agent, in addition to having houses in the community where they stay during festivals and other ritual occasions. The population at these small farms is around fifty individuals. Therefore, we can conclude that the total population of the São Francisco and associated small farms in 2007 was around 130 people, forming a typical Rio Negro Baré community.

25—São Francisco is a day's travel from São Gabriel da Cachoeira by a 5HP-motor canoe (rabeta); but it normally takes two days to return to the community.

26—In San Carlos, in 2007, fifty liters of gasoline were sold for 50,000 *bolívares* (local currency), which corresponding to roughly R$ 50.00. Whereas, a liter of gas in São Gabriel da Cachoeira cost approximately R$ 3.10. However, Venezuelan gas was not always available to Brazilian Indians, since in addition to the military outpost controlling the amount of fuel transported, the maximum allowed per person (canoe) was 200 liters.

"YASÚ YAFUMÁI YANERIMBAITÁ!" "LET'S SMOKE OUR XERIMBABOS!"[1]

PAULO MAIA FIGUEIREDO

THE FIRST TIME THAT I VISITED THE NEGRO RIVER in 2004, I did not have a defined research topic to write my doctoral dissertation as part of my Graduate Program in Social Anthropology through the Brazilian National Museum (UFRJ). My idea was simply to live with the *Baré* – an indigenous collective on the upper Negro River, who I had decided to research at the suggestion of my advisor, Eduardo Viveiros de Castro – and that slowly some path or direction would appear, allowing me to organize my fieldwork, since I could only understand the *Baré* society empirically, which is to say, based upon the very social relationships of which they were a part.

Thus, when I returned to the Negro River in May of 2005, after my first fact-finding trip the year before, I went directly to the community of São Francisco (not very far from the city of São Gabriel da Cachoeira, on the upper Negro River). Two days after my arrival, on May 30th, the community was already in the midst of a festival. They were commemorating their patron saint, São Marcelino (Saint Marcellin), who also lent his name to the neighboring community (former settlement[2]) on the upper Negro River, located on the mouth of the Xié River, which is where the ancient founders of São Francisco had come from. I was immediately introduced to hundreds of people who flocked in from their villages and communities for the festival in São Francisco. I was given the clear impression that the saints' day festivals would play a considerable role in my ethnography, given the joint investment made and the liveliness of the entire ritual. It is worth noting that during this second five-month stay on the Negro River, I ended up participating in seven other saint's festivals in different communities throughout the region, not just around São Francisco, but also in a Werekena community (Arawak) along the middle Xié River, in Tunun Cachoeira, in addition to the famous saint's day festival for Saint Joachim, at the mouth of the Uaupés, the site of an ancient settlement[3] of the same name.

In the community of São Francisco alone there are three saint-day festivals: one for Saint Marcellin, mentioned above, held between May 30 and June 2; one for Saint Francis de Sales, held between January 26-29; and one for Saint Albert, between August 4-7. Then you add the festivals that take place in neighboring communities that São Francisco has strong relationships with and the annual saint-day festivals in this stretch of the upper River Negro, and that ends up totaling 14 festivals. So we need to agree with Wallace, who, during his travel along the Negro River in the middle of the 19th century, had noted that "the inhabitants of Marabitanas [today a community located not far from São Francisco, upper Negro River] are famous for their festivals. It is said in the region that they spend half their lives at festivals, and the other half, preparing for them (...)" (Wallace, 1979, p. 172).

My field research was punctuated by these festivals, both in the community of São Francisco, as well as in other communities where inhabitants would travel en masse. On the one hand, it was clear from the very beginning that holding and participating in these saint-day festivals indicated social processes, in this case, rituals, that the native population of the upper Negro River engaged in, and that then made it part of a dynamic, equally transformational and relevant to any ethnography about these people.

On the other hand, one of the most salient aspects of ethnographies of the Northwestern Amazon region, for both the Arawak people, as well as eastern Tukano, concerns not the centrality of the saint's feasts, introduced by Catholic missionaries, who along with the Portuguese crown colonized and converted Indians in the region, rather a series of rituals (initiation and ceremonial exchanges) that circle around a central cosmological personage among local inhabitants, in the literature called the "Cult of Jurupari". In the words of Stephen Hugh-Jones:

> The Yurupary cult, like other secret male cults widespread almost lowland South American Indian groups, centers on the use of sacred musical instruments that women and children are forbidden to see. These cults serve to express and to reinforce a fundamental division between the sexes that permeates almost every aspect of society. The cult

---

1—Report of an initiation into the secrets of Jurupari with the Baré along the upper Negro River. Summary version slightly modified from the second chapter of my doctoral dissertation in Anthropology, defended in March of 2009 at PPGAS/Museu Nacional/UFRJ.

2—Founded in 1784, by Coronel Cabra Lobo D'Almeida, by order of the General Joaquim Pereira Caldas, with the intention of permanently occupying the upper Negro River, to offset Spanish expansionism in the region (Alves da Silva, 1977, p. 18).

3—The *aldeamento* [Indian reduction] of São Joaquim da Foz (do Uaupés) was founded by the Carmelites, who, through Royal Charter in 1694, were entrusted with spreading the catechesis along the Negro River (Alves da Silva, 1977, p. 17).

embraces all adult men, new members begin to be incorporated through rites of initiation at which they are shown the Yurupary instruments for the first time. Yurupary rites are thus rites of initiation but (...) they are much more than this. They are also the high expression of the religious life of the Barasana and their neighbours and as such have no single or simple interpretation. (Hugh-Jones, 1979, p. 4.)

Sadly, from the time I started my research, I had been led to believe, through both the literature available, as well as my *Baré* subjects, that these rituals had been abandoned. If they were still taking place, it was only in the most remote regions at the headwaters of the Uaupés and Içana Rivers.

Ettore Biocca, who traveled along the upper Negro River in the 1960s, participated in a *dabucuri* (a ceremonial exchange ritual) in a community called Ilha das Flores, near the mouth of the Uaupés and the town of São Gabriel da Cachoeira, when he had the chance to record the only recording that we have of songs in *Baré*, used to dance in ritual occasions. In addition to recording the songs, the Italian researcher gave the following report of his impressions of this encounter:

> Nei pressi di S. Gabriel, abbiamo assistito nel gennaio 1963 a una grande festa di cascirí (...), alla quale partecipavano Indi di origine diversa (Baré, Tukâno, Tariâna, ecc.). Sui dischi abbiamo inciso il 'canto Ben Un' e la 'danza e il canto Marié'. Abbiamo cercato di farci tradurre il testo di questi canti, in cui si sentivano ripetere parole di 'lingua geral' e parole Baré, forse non più comprensibili neppure agli stessi cantori. Il vecchio Baré, capo della denza, così ha tradotto il canto Ben Un: 'I nostri avi bevevano cascirí e non sono morti; noi, loro nipoti, berremo cascirí e non moriremo'. Ben piu drammatica è stata, invece, la traduzione del canto Marié: 'Siamo fligi di qui, resti dei Baré, cantiamo Marié; cantiamo la nostra miseria'. Penso che le parole non abbiano in realtà tradotto il canto, ma espresso l'amarezza dell'animo indio. (Biocca, 1983, v. 3, pp. 259-60.)[4]

I suppose that the *l'amarezza dell'animo indio* described by the author above is related to, among other things, an ethos characteristic of the region, from that time and probably even before: the Indians felt that, given the pressures imposed by "civilization", especially those imposed by missionaries, who from a very early time have been in the region – there is no shortage of reports about them persecuting traditional religions of the populations along the Negro River[5] – that they were "losing their culture", a culture centered strongly on the Jurupari blessings, chants, dances and sacred instruments.

The Marié chants appear to be widely popular throughout the Northeast Amazon region. Robin Wright and Jonathan Hill (1986), in a groundbreaking article on the millenarian movements in the region, affirm that Venâncio Kamiko, the most famous Baniwa messiah of the Negro River and leader of a movement against the "civilized" which started in 1858, would have evoked the powers of Kuwai (one of the names for the Jurupari in the region). The authors have this to say:

> Venancio's order that his followers dance "in rounds to the lugubrious and monotonous sounds of the words 'Heron! Heron!'" which was a significant symbolic act. The words "Heron! Heron!" are the translation of "*Máariye, máariye*", a pan-Arawakan musical verse that refers, among other things, to the white heron feathers used to decorated the sacred flutes and trumpets of Kuwái and are worn as a sign of prestige by ceremony owners. *Máariye* is a refrain sung at the beginning and end of each verse in a genre of sacred dance music called *kápetiápani* (whip-dance). The mythical origins of *kápetiápani* are found in the Kuwái myth cycle which describes and explain the first initiation ritual. (Wright e Hill, 1986, p. 43.)[6]

Throughout the course of my research, I asked my subjects along the upper Negro River about the Marié chant. They told me that in fact the ancients danced to this chant in the *dabucuri* and *kariamã* (initiation rituals). A few were still able to recall the melody of the song, but everyone claimed that it had been a very long time since they had danced the Marié.

As already noted, questions related to the ritual practice involving the use of sacred Jurupari instruments were frequently ignored by my subjects, which always disappointed me. I was told that these were things in the past. Seu Filó, head of the family that I lived with almost the entire time I was in São Francisco, used to tell me that his father had shown no interest in the Jurupari and even advised his children to not take interest in their ancient culture. His greatest wish was that his children would learn to speak Portuguese well and to study at the mission in São Gabriel, which is what in fact happened.

The wishes of the dearly departed Humberto Gonçalves – father of Seu Filó and grandson of a Spaniard who had migrated from Venezuela to Brazil in the second half of the 19th century and had married a Baré Indian woman in the village of Nossa Senhora do Guia, near the mouth of the River Içana – partially aligned with the missionary and educational policy implemented by the Salesians as soon as they arrived in the region in 1910. The success of that policy would depend, to a certain extent, on their ability to cut off future generations from their ancient culture. Initially, this split happened within the boarding school system itself, which took Indians away from their community life among their families, contributing toward decisively withdrawing them from their native culture, and indoctrinating them into a Christian-based education. Thus I constantly heard statements that the Baré had lost their Jurupari tradition, and that only a few people knew *just a little* about the matter, but they could never directly say who exactly was the guardian of this secret. It was also common for them to say that Baré culture was now restricted to the celebration of saints days. As noted previously, there are many such festivals along the Negro River.

This subject of "lost culture", as well as the loss of the Baré language and the last "real shaman", was always brought up when the conversation involved questions related to cultural traditions. I heard frequent comments that in modern times, the Baré along the Negro River were "way below" compared to the eastern Tukano ("Uaupés people") and the Baniwa ("Içana people"), because these still had "a lot of culture". They always pointed out the serious interest paid by the Federation of Indigenous Organizations of the Negro River (*Federação das Organizações Indígenas do Negro River* – FOIRN) and the non-governmental organizations (NGO) to the peoples and cultures along those rivers. Meanwhile, in the Baré's opinion of themselves, they had been "abandoned", and the most important reason why no one was interested in them was their "lack of culture and tradition". It is worth noting that between the 19th and 20th century, the *Baré* were mentioned in travel and ethnographic literature as being "cultured or civilized Indians," especially given the fact that they do not display the categorical stereotypes of other indigenous groups, among which the most significant is the Arawak maternal language, in this case, the Baré language.

Given the countless affirmations that the Jurupari was something old and no longer part of the current generation, I stopped talking about it, because I realized that bringing up this topic caused a certain discomfort among my subjects. I thought at the time that perhaps they had indeed lost the tradition of the sacred instruments of Jurupari, like so many of them had stated. However, even though they were evasive about the cult of Jurupari, my impression was that, in the absence of explicit mythical-ritual actualizations, a type of "mythical-virtual or submerged Jurupari" still persisted, which, in addition to informing daily practices, could at any time be actualized in rituals. What was hard to know is if that would happen at all while I was doing my field research, since an ethnography in large part depends on what the Indians are doing while the ethnographer is performing his or her research. At that time I was thinking more about a return of a cultural practice that was nearly lost, something along the lines of a "cultural revitalization project or workshop", than encountering the continuity of these practices, even despite the little information and large gaps of time between the performance of these rituals. So for the time being, I had to be satisfied with matters related to my subjects' more recent history, the daily life in the community, the indigenous policy enacted by schools and associations, in addition to the countless saints festivals frequently held.

In 2006, Seu Nilo, brother of Seu Filó (who lived with him in São Francisco), said that he and three of his sons and a grandson in 2005 had participated in a *kariamã* (initiation ritual into the Jurupari sacred flutes and trumpets), in the community of Iábi, located two communities down river from São Francisco, where Seu Nilo's two married daughters live.

4—"Near S. Gabriel, in January of 1963, we attended a large caxiri [dabucuri] festival, which was attended by Indians of various origins (Baré, Tukano, Tariana, etc.). We recorded the "canto Ben Un" and the "dança e canto Marié". We asked for them to help us translate the lyrics of these songs, in which we could repeatedly hear words in the *língua geral* and Baré words, which perhaps were not entirely comprehensible, even to the singers themselves. The old Baré, chief of the dance, translated the canto Ben Un this way: "our ancestors drank caxiri and did not die. We, their grandchildren, will drink caxiri and won't die." Far more dramatic however was the translation of the canto Marié: 'We are children from here, the last Baré, and sing Marié; we sing our misery.' I think that the words do not exactly translate the song, but they expressed the bitterness of the indigenous mood."

5—Recall the famous "Jurupari revolt", on November 6, 1883 in Ipanoré, on the Uaupés River, when the Franciscans, among them Father Coppi, would have locked the women from the village inside the church and had shown them the sacred Jurupari instruments and mask in order to disenchant them, to break the taboo on those objects. According Buchillet (in the reviser's note on the book by Alves da Silva, 1994, p. 260), that revolt "has been described by numerous authors (Coudreau, 1887/89, for example), including Father Coppi himself. Coudreau (*op. cit.*) said that Coppi, in order to keep from being killed by the Indians, made his escape afterwards by hitting them with a crucifix. Franciscan missionaries left the region and never went back. Missionary work in the region only began again in 1915 with the arrival of the first Salesian priests." That episode could also have served for Bruno Latour (2002), to start his brilliant work about the modern cult of "factish" gods.

6—Koch-Grünberg (1995a, p. 117), literally after having attended some saints festivals along the Negro River, on his trip through the region at the beginning of the 20th century, witnessed on the Ayari (tributary of the Içana), in a maloca *huhúteni* (Hohodene), the *dabucuri de ingá*. The German transcribes in his book the song for a dance he watched, to wit, the Marié. Sadly, the author does not provide any additional commentary about the famous song: *"máliehé-máli-é- máliehé/máliehé-máli-é- máliehé/ nunúyahá málie-hé/nunúyahá málie-hé"*.

Sadly, neither Seu Nilo nor his sons at that time would tell me in detail what had happened during the ritual, limiting themselves to saying that the Iábi people still knew a lot of things and had some of the Jurupari instruments. That was the first evidence I had that the Baré still kept up in some fashion with the tradition of Jurupari sacred flutes and other instruments. That same year I tried to get close to some Iábi people and I even spent a few days in their community during a saint's festival, but I did not learn any information about Jurupari. As was the case when I visited other communities, people were not particularly willing to talk, because I had aligned myself with the community in São Francisco.

The people of the Negro River, especially the uninitiated, are very afraid of Jurupari, while the initiated have a great deal of respect. Ultimately, people avoid talking about the subject as much as possible. In fact, one of the tips given to those who are undergoing initiation is that Jurupari should be kept a secret. They say that even if completely drunk, a *caboclo* still won't go running his mouth off about Jurupari, because if one does, something bad happens. One could even end up dead.

In December of 2006, I returned to the Negro River with the goal of completing my field research. I intended to spend four or five months in the region. However, in April of 2006, as soon as I returned to the community of São Francisco, after having spent three long weeks in São Gabriel da Cachoeira, I was informed that, in the Cué-Cué community – located down river, about two hours away by motorboat from São Francisco – they were holding a dabucuri, a rather characteristic and relatively diverse ritual practiced throughout the entire Northeast Amazon region[7], which among the Baré of the Iábi and Cué-Cué region (Figure 1) always involves the use of the sacred Jurupari instruments. From São Francisco, you could hear the flutes and trumpets being blown in Cué-Cué[8].

If until that time questions about the Jurupari were practically non-existent or only mentioned offhandedly, during my last month in the field of this supposed final stage everything changed. The Jurupari then became a priority matter, and the dabucuri in Cué-Cué, which I could not participate in, represented just the start of a series of occurrences and rituals related to the Jurupari that took place in the month of April of 2007. I could have never imagined that so many events, so incredibly relevant to my research, could happen in a single month. This was the most intense period of all my field work, which culminated in my initiation of the Jurupari sacred instruments, the memory of which I rescued from poorly traced, fragmented and repeated lines – as Lévi-Strauss characterized the ritual – and not without a certain measure of emotion on my part. The goal of this chapter is to report on this initiation, to present a first-hand account of the esthetics of the initiation ritual that the *Baré* continue to perform quite creatively along the upper Negro River.

BEFORE THE RITUAL

Holding the dabucuri in Cué-Cué allowed me and some of my subjects to pursue an interest that had never been developed before. To my surprise, in that same month of April, Lápi, a 22-year-old man, agreed to tell me about his Jurupari initiation in 2005. When I heard his report, I was impressed by the complexity and level of detail involved in the ritual of his initiation, as well as that of his brothers and other young men in the Iábi community. I had the strong impression that, despite all the statements to the contrary, at least along this part of the Negro River, the Jurupari tradition, despite all the transformations it had undergone, had been maintained. Therefore, I needed to learn more about the Jurupari among the Baré if I wanted this topic to be part of my ethnography, otherwise it would remain merely implicit.

So I had no other choice but to go back to the community of Iábi, where an old man named Leopoldo Barreto lived, who was considered one of the last Baré of the Negro River to uphold the tradition and knowledge about the flutes of the Jurupari. Old man Leopoldo is, as they say, the "master" of the *xerimbabos*, or sacred instruments, in this region.

Seu Nilo, who lives in São Francisco, has two daughters married to the two sons of Seu Leopoldo in Iábi. In the middle of January of 2007, one of his sons, also named Leopoldo, made the decision to move from Iábi with his wife and five children to a place near his father-in-law's small farm, called Uruá, an ancient farm that is very near São Francisco, on the other side of the river. I had met him back in 2005, but it was only after he had moved to Uruá that I became his friend. In fact, he was one of the people who most encouraged me throughout the short process that led to my initiation in the Jurupari.

One week after the dabucuri was held in Cué-Cué, I went to the Tabocal dos Pereira community to talk with the teachers at a school there[9]. At one point in our conversation, a child commented that "the Jurupari was blowing from as far away as Iábi." They were performing the menarche *kariamã* ritual for a girl named Kanka, the stepdaughter of one of old Leopoldo's sons. Sadly, I did not go to Iábi, because you cannot just arrive without notifying the community first, especially when it involves an occasion such as this. The fact is that in just three weeks – after countless frustrated attempts to even broach the subject – it was the second time they were performing rituals involving the sacred instruments; or as they are more commonly known in the region, the flutes of Jurupari: first in Cué-Cué, then afterwards in Iábi, neighboring communities.

The following week I returned to Tabocal, where I was able to hear and record eight Napirikuri tales that Eduardo told to me. These stories, as he himself pointed out, are very similar to the Baniwa tales he had read in a collection of myths from the Hohodene and Walipere-Dakenai on the Aiari River (a tributary of the Içana), published in 1993. He also agreed that the stories that he knew were "a little bit different" from those in the book, but not very. This was the first time that I heard the origin myth of the sacred Jurupari instruments from a native's mouth. However, Eduardo had never seen a sacred flute or trumpet, because he had not been initiated, like many other Baré along the Negro River, into the secrets of Jurupari. Nonetheless, even though he had not been through the initiation ritual, that had not kept him from learning many Napirikuri and Jurupari stories about ancient times from his grandparents.

The next morning, still in Tabocal, I had a conversation with Seu José Pereira (65), captain of the community. He said that he was thinking about holding a dabucuri in Tabocal, because he had never seen the flutes of Jurupari. He also said that many of the elders that he knew who had been initiated in the kariamã[10] were quite healthy, cheerful, and did not suffer from aches and pains, unlike himself and many other of the uninitiated old men, who had various maladies and were in constant pain. This was how he justified his rather tardy interest in Jurupari, saying that he hoped that after undergoing the kariamã ritual, his health would improve.

I took the opportunity to ask if I could participate in the (kariamã) dabucuri that he was planning. He said that it would depend on Seu Leopoldo in Iábi, because he was the only one who could actually perform the ritual. I continued to ask questions about when he was thinking of doing the dabucuri, and I offered, if he would like, to take him by motorboat to Iábi to talk with Seu Leopoldo. He agreed, and we went from Tabocal to Iábi by motorboat. The trip did not even take 20 minutes. When we got there, we were received by Casimiro, Seu Leopoldo's son-in-law, and he told us that Seu Leopoldo and his son Jurandir had gone to the town of São Gabriel. Back at the communitarian house, after a round of *xibé* (flour water), Seu José Pereira, the captain of Tabocal, explained the reason why we had come, and told Casimiro that I also wanted to participate in the kariamã. Immediately, and again to my surprise, Casimiro said that he agreed and thought it was possible to hold the kariamã the following week; but in any event we had to wait for Seu Leopoldo to get back, since he would have the final word. At the entrance of the communitarian house was a display of the famous *adabi*, ritual whips that had been used the week prior in Kanka's kariamã, who had menstruated for the very first time.

We left Iábi confident that everything would work out. I left the captain in Tabocal and went back to São Francisco. It was Friday, and Seu Leopoldo was set to return on Sunday. All I had to do was wait for the message from the Tabocal captain that could come at any time, letting me know if I could do the kariamã or not.

The news spread quickly through Tabocal and São Francisco. The school's coordination board even set a meeting on Sunday to find out if many students would be interesting in participating in the kariamã, because taking part in the entire ritual would mean missing nearly a week of school.

On Sunday, Seu Filó, captain of São Francisco, went to Tabocal to visit and check on how the meeting went. Upon returning, news greeted us that Leopoldo was back, but that we could not hold the kariamã that we had agreed to with Casimiro. I had built up such high expectations that when I got the news, I felt really let down. But I did not give up, and later on that Sunday afternoon, I talked at length with Leopoldo (the son) and asked if he thought that it was worth it for me to continue pushing his father to perform the rituals. He told me that if I wanted to, I should insist. So we agreed that the next

---

7—See Wallace ([1853] 1979), Koch-Grünberg ([1909/10] 1995b), Nimuendajú ([1927] 1982), Goldman ([1963] 1979), Reichel-Dolmatoff (1971, 1997), Eduardo Galvão (1979), Stephen Hugh-Jones (1979), González Ñañez (1980), Jean Jackson (1991), Robin Wright (1981), Jonathan Hill (1993), Wright and Hill (1986), Nicolas Journet (2011), Lasmar (2005), Cabalzar (2005) and Andrello (2006) for descriptions of the dabucuri and initiation rituals in the Northeast Amazon region.

8—I suspect that the sound range or "sound field" of the Jurupari flutes (the distance from which it is possible to still hear the sound of the flutes) says something about the most intensive extension of network of familial and territorial relationships among the communities along this section of the river. The same could be said about the "sound field" of a saint's feast – amplifiers and fireworks cover, even if partially, a "regional network" similar to the one proposed by Cabalzar (2000) for the Tuyuka space.

9—The school in Tabocal, like practically every other school in the communities of the upper Negro River, is being restructured. Based upon the new policy, each school can assemble their curriculum and a specific schedule based upon community activities. In 2006, the Tabocal school, previously called "Escola São Pedro", was renamed the "Escola Indígena Baré Napirikuri", the name of one of the main characters, along with Kuwai or Jurupari, from the cosmology that the Baré share with other Arawak groups in the region. That was one of the first signs of "cultural" changes that are being made to schools currently. If in the past the name of the school was connected to a Catholic saint, now the name of a Baré ancestor holds this honor. The transformation reveals themes from "traditional culture", which the Baré were "nearly losing", are being inserted in the curricular grid of the new indigenous school, contrasting and modifying Christian pedagogy inherited from the "schoolhouses" created by the Salesians in certain communities in the region in the middle of the 20th century.

10—The Baré generally use the words "dabucuri" and "kariamã" indistinguishably, but there are differences between the two. The first is an exchange ritual, and the second is an initiation rite that also includes an exchange ritual. All kariamã are dabucuri, but not all dabucuri are kariamã.

day, after he got back from the field, we would go to Iábi, and I would have a personal talk with the old man.

The next day, around noon, I heard the sound of a small outboard motor (used in canoes) that was coming up the Negro River. It was Jurandir, old Leopoldo's eldest son. When he arrived in São Francisco, he came to my house. During our conversation, he explained that a kariamã was something very serious, and it was not something that could just be planned just like that, which is why his father had decided not to perform the ritual. I realized that the problem was one of timing, not unwillingness to perform the ritual. Since they knew that I was "heading out to the city" no later than Friday to return the boat loaned to me by an NGO called *Saúde Sem Limites*, and the engine to ISA, they had thought that this was my departure date. So I told Jurandir that despite the fact that I had agreed to return the boat and the engine that week in São Gabriel, I could stay as long as possible in order to be able to participate in the kariamã. Jurandir said that he thought that if there were no rush, it would be possible to perform the ritual, but first he would have to talk to his father again. He said that he would return immediately to Iábi, and after that I should go there too. Since I had already made plans with Leopoldo to go to Iábi, all I had to do was wait for the scheduled time to head down the river.

When I got to Iábi, my conversation with the old man was pretty direct. He told me that it was not safe to do the kariamã for the captain in Tabocal, because most of the people who live there had not been initiated, and his fear was that there would not be respect for the Jurupari and that consequently, something bad might happen there. As the person officiating the ritual, he would be held responsible for any problem or mishap that might occur. During a dabucuri or kariamã, Seu Leopoldo added, "everything is dangerous."

Finally, Seu Leopoldo said that since I had come to him insisting that he perform the kariamã, he could not deny me. So, a kariamã in Iábi would be held for me, the *kariwa*[11] anthropologist, and whoever wanted to participate could show up, even the captain from Tabocal. Seu Leopoldo told me to come back early the next day, and we would start work. The ritual would last five days, starting on a Tuesday and ending on a Saturday morning. So I went back to São Francisco to gather my things and take my leave of the community, since after the ritual I would head directly to São Gabriel.

I went to Iábi early the next morning. No one from São Francisco wanted to go with me. I realized that most had not been initiated and were curious about Jurupari, but they were afraid of the ritual. More than anything, they were afraid of the fasting and the famous beatings with the adabi (ritual whips), and clearly, they were afraid of the Jurupari itself. When I was leaving São Francisco, Lamutcho, a twelve-year-old boy, tried to convince me not to participate in the kariamã, warning me,

"Oh, Paulo, you are going to regret it. You are going to get beaten up and will suffer from hunger, you'll see!"

THE RITUAL OF KARIAMÃ

DAY 1: 04/24/2007

Leopoldo and I were a little late in arriving in Iábi (Figure 2). We got there at 10:30 am, after a storm. At that time around 30 people lived in Iábi. This community looked more like a farm, where an extended family lived in five houses. When we got there we were received by Seu Leopoldo (the oldest man in the community, age 82), Jurandir[12] (his youngest son, age 34), Casimiro (son-in-law of Seu Leopoldo, age 44), Sarapó (son of Casimiro and grandson of Seu Leopoldo, age 17) and by the teacher Francisco (Baniwa Indian of the lower Içana, age 30). This was the group of men present at the start of the ritual[13]. Of these men, only Sarapó was single. The respective wives – Dona Alexandrina, Dirce, Marlene and the teacher's wife (whose name I did not write down) – and the children were not in the community when we arrived. They were probably at the field.

At 11:00 am, we sat down and ate at a table from a single bowl of a *kiñãpira* (fish cooked with a great deal of pepper, a very typical dish for the Negro River people) with small fish and some *beijus*. There was also a *tucupi* dish (with a very spicy cooked *manicuera*[14] sauce) to serve over the beiju. It was a light meal, and there would be few meals throughout the ritual. Women and children, as is customary, only eat after the men.

Around noon, Seu Leopoldo told us that we are going out into the jungle, and we would only return much later. Of the men present, I was the only one who had not been initiated. Francisco, the Baniwa teacher, had only been initiated two weeks prior, and he already had direct access to the sacred Jurupari instruments. At the haven we split up. I got into one canoe with Seu Leopoldo, he at the bow and I at the stern, and we rowed toward the Iá stream. The others got into another canoe.

After a period of time, we heard the sound of Jurupari being played far away, outside of our field of vision. I was impressed at the strength of the musical instruments' hum, the different timbres and the beauty of all the sounds played simultaneously – it was the first time that I had heard the Jurupari sound so clearly. The session appeared not to have lasted for more than 15 minutes. While that was happening, we continued to row up the Negro River until we reached the mouth of the Iá stream.

We entered into the stream and then set down on solid ground. When we got there, Seu Leopoldo said that we were going to pick *tucum*[15] leaves for the dabucuri that later we would hand over to the women. Minutes later, we heard the others arriving by the sound of one flute that is normally played separately, outside of the group session. Seu Leopoldo told me that this flute is called *Abu* or *Mawá* (an unidentified type of frog).

When everyone was there, we went into the jungle, and everyone (except for me and the old man) were responsible for gathering five bundles of new *tucum* leaves. During this work, at different intervals, the Abu flute was played. Everyone could see and touch the flute, except for me. I could not tell who blew the flute, or even where the sound came from, but sometimes I felt that the sound was nearby.

After about two hours of work, we got back together to smoke cigarettes and bind the *tucum* bundles. While we talked we were told that we could not drink water or eat any fruit that we might find on the path, because we were undergoing a ritual fast. If the fast were broken, a powerful storm might form over the transgressor, who, if attempting to protect themselves from the rain by taking shelter – in a hollow tree or a cave – would be immediately swallowed by Jurupari himself.

They also told me that when the flutes are played together, they should be played loudly and as long as possible, because while the sacred instruments are played on Earth, up in the sky Jurupari keeps one of his legs stretched out in the air. When the session lasts for a long time, Jurupari's leg falls asleep, meaning that the players, for having played so much, just like Jurupari wants them to, will have a long life.

Around 3:30 pm, Seu Leopoldo and I returned before the others to the community with the tucum bundles, a *pêra* (small basket made on the spot with woven palm leaves), and some umari fruits gathered by the old man. As we walked away, the trumpet sounded once again. Along the path, we were towed by another canoe that had a motor. We stopped at the mouth of the Iábi stream, which is quite near the community. Outside of my field of vision, but within the stream, they played the trumpets again. After the session, both the instruments as well as the tucum collected were left in the stream, and according to what they told me, left in the water.

Around 5:00 pm we arrived in Iábi. At the haven, Leopoldo told me that I should go to his father's house. He also said that while I was there, I should keep the two front doors closed, but if I wanted to, I could leave the door in the back open. I did as I was told.

At 5:30 pm, Seu Leopoldo called me to bathe with him, and he told me that the ablutions made during the kariamã should be "quick and light". Once back at his house, the old man offered me some coffee and told me that I did not need to worry about my fast, because he had already blessed the coffee. Even still, he told me to put just a little bit in my mouth, swish it around and then spit it out. After that shamanic procedure, the coffee can be drunk normally. He also said that if I wanted to, I could eat a saltine and lay down in the hammock, and that this also was not a problem, "because we had already taken baths."

During this break, I was alone at Seu Leopoldo's house. The men were talking in the communitarian house, separated from their wives, who were preparing the meal. At 6:00 pm, Jurandir came to get me to eat with them. I imagine that this only happened because I was a white anthropologist, and also because up to that point, I was the only one *kaximaro*[16].

In the outer yard between the communitarian house and Seu Leopoldo's house, women set two plates of tucupi on the ground, served with *saúva* and pepper and a few pieces of beiju. Jurandir said that all of us – the men – should crouch around the food and together grab a piece of beiju. We should dip it in the tucupi, put it in our mouth, and chew it quickly without swallowing. Then we should all stand up and spin around, jumping backwards and scream "*eeeeee*", then we should spit

---

11—*Kariwa*, Baré word for "white man".

12—The only demand made by Jurandir, Seu Leopoldo's youngest son, was that I was not allowed to take any photographs under any circumstances of the sacred instruments, or record their sounds. When the flutes were not present and/or being touched, if I wanted to, I could take pictures. Jurandir and I took a few pictures on a digital camera at certain points of the ritual.

13—At the start of the ritual, only people who lived in Iábi were present. Some of the boys from Tabocal, the neighboring community, who intended to be initiated, would arrive the next day, since the Diocesan Father Ivo was making his annual visit to the local communities and was spending the night in Tabocal, to say mass and perform baptisms, hear confessions and conduct weddings. The previous night he had been in São Francisco and the next day he would move on to Iábi.

14—Manicuera is a poisonous liquid extracted from the wild manioc, which can be made into sauces or beverages.

15—Fibers are extracted from this palm tree, which are normally worked by the women and transformed into fine thread and cords. They use a special technique that removes the fine layer of fiber that covers the new leaves. This fiber is then left in water for a few days and then is dried in the sun. After drying, the fibers can then be turned into thread. The women use one of their hands to rub a small quantity of fiber across their thighs to roll them up so they form a small thread or thin cord. When these lines are rolled up in large quantities, they form beautiful skeins that are stylized using different patterns. The stems of the leaves are also used to make fans for the men. Currently, the tucum is used both domestically in the communities, and it is sold in São Gabriel da Cachoeira.

16—*Kaximaro* is how they call a young man who is being initiated. Girls are called *kaximafo*. They said they were not sure if these names are from the Baré language.

the food out of our mouths outside the circle, which we did. The women nearby laughed a great deal at our performance.

We ate a few more pieces of beiju dipped in pepper, we drank a little *bacabinha xibé*[17], and the meal was done. I was told that during the kariamã, even initiated men must fast during the day and eat a light meal at night, while the kaximaro initiates should maintain a fast at all times. They can only have *karibé*[18] in the morning and xibé at night, and nothing during the day until the presentation of the kariamã, which only happens on the fifth and final day of the ritual.

Then we went to the communitarian house, where the men had met to smoke a cigarette and to talk amongst themselves. The subject was the visit that the priest would make to Iábi the next day. Another popular subject was the fact that there was going to be a party in Tabocal that night, because of the weddings taking place. We stayed at the communitarian house until 8:00 pm, when it was time to bathe.

Seu Leopoldo and I went to bathe by ourselves. Along the way he repeated that during the kariamã, everything had to be quick and light, you cannot be lazy. When it is time to bathe, for example, he recommends that as soon as you get to the water, you should jump in, wash yourself and get out quickly, without wasting time. The same held during the work in the jungle: if you are going to pick açaí berries, you have to be fast about it. If you find a mature plant, you must not waste your time; you have to get right to it and not drag your feet.

As we came back from bathing, we ran into Rogério (age 22) and Lauro (age 17), cousins to one another and grandchildren of Seu Leopoldo. These young men study in Tabocal and had just arrived to participate in the kariamã – they had been initiated at the same time in 2005. We also ran into Jurandir, who said that "my" kariamã would take place as if I were an Indian from the region. That was why whenever I heard the sound of Jurupari, I had to stand up. I could never be seated or laying down.

After bathing, while I went with Seu Leopoldo to smoke a cigarette on the river's edge, the others went to bathe. When we heard the sound of Jurupari coming from the shore, I stood up. Seu Leopoldo remained seated and said, "They are already smoking the *xerimbabos*." Xerimbabos is a word in the Nheengatu language for pets or farm animals, and that is how the Baré normally refer to the sacred Jurupari musical instruments. These instruments are also occasionally referred to as "animals", "beasts", "ancestors", and "grandfathers". Instead of saying that they are going to "play the xerimbabos" or even to play their flutes or trumpets, they normally say they are going to "smoke them". They say they do that for many reasons, not the least of which is to fool the women.

This time, they sounded differently and appeared to be stronger, because in addition to the "animals" being played relatively close to us, this session was augmented by the addition of the two young men. I imagined that another two flutes or trumpets were being played. When the Jurupari is played at the haven, women normally lock themselves in the house, most of them together in the same house, but not always.

After the session ended, the men went to bathe. From where we were, we could hear all of them get into the river and start to beat their hands on the water, and they made such a racket. After they got out, they just played their instruments one more time (then put them away, I imagine, along the stream).

Around 9:00 pm, we went to the communitarian house again to talk some more and smoke a few more cigarettes. I found people to be less enthusiastic, and there were no women around. A storm blew in, and before it hit, everyone decided to go to bed. Seu Leopoldo said that the next morning, after Father Ivo had come to Iábi to say mass and leave, we would go out into the jungle again for another day of work.

DAY 2: 04/25/2007

We woke up at 4:00 am, along with the chickens. I went with Seu Leopoldo to bathe. Along the path, we heard the sound of the Abu. I could not tell where the sound was coming from. We bathed quickly, as recommended, and went back to the house. Then the other men went to bathe. At the water's edge, the flutes and trumpets were played and then stopped when the men bathed. The men once again slapped at the water; then they started another session with the flutes and trumpets, which had been stored at the stream. The Abu was played again after the session. It seemed to me that it was always played separate from the other instruments, before and after the sessions in the jungle, during work, and while traveling along the river. While the men were still at the haven, Seu Leopoldo told me that women really like the Abu, especially to talk to this flute on the night of the kariamã blessing, when they are allowed to ask the "*vovô*" (grandfather) the sex of a pregnant woman's children and who will get married in the future.

At 8:00 am, the teacher taught the children a lesson. Everyone was waiting for the priest to arrive. I came back from breakfast at Seu Leopoldo's house, while everyone else waited at the communitarian house. Leopoldo (son) started talking to me and said that in olden times, the kaximaro, in addition to having their hair cut, could not sleep or even rest in their hammocks, only directly on the ground or above a tupé (mat), but that no longer happens. It is the same ritual, but these are different times.

Around 9:00 am, the priest arrived with three nuns. I stayed at Seu Leopoldo's house while everyone else went to the communitarian house to hear mass and to talk with the priest. It seemed to me that the most important subject among people in Iábi was to push the priest to rebuild the chapel, which was practically in ruins. Leopoldo did not go to mass, instead he stayed at the house with me. At 11:30 am, the priest and the nuns left.

When I left the house, I realized that more people had arrived in Iábi. From the community of Tabocal, because of the wedding party that must have lasted all night, four sleepy young men arrived who were to be initiated along with me: Kúli (30 years old), a single man who lives in Tabocal; Jacaré (25 years old), married with children, who also lives in Tabocal; Tene (26 years old), born in Tabocal, but for roughly 12 years has lived with part of his family in Puerto Ayacucho, in Venezuela, who was visiting his relatives in Tabocal for the first time since he had moved Tabocal; and Edmundo (26 years old), from São Francisco, who in 2006 married a woman from Tabocal and moved there, close to his father-in-law. In tow were Cesário (53 years old), son-in-law of Seu Leopoldo, who was in Tabocal, and Sebastião (39 years old), from the community of Cué-Cué, who went by the name of Sabá, son of one of the last "true shamans" in the region who had passed away in the 1990s.

There were fifteen men on this second day of the ritual: five of us were being initiated. At noon, we went to the haven. We split up into three canoes. The five kaximaro went in the first canoe. The rest went to get their xerimbabos. As we were pushing off with our oars, we could hear from far away the strong sound of the Jurupari. At that moment, Kúli exclaimed, "ah, wow!" We all sat quietly listening to the profusion of sounds of different tones and rhythms played simultaneously from far away. At the end of the session, we heard the sound of the Abu and we continued rowing towards the Iá stream, the same one that we had been at the day before.

As soon as we found ourselves on solid ground again, Seu Leopoldo gathered the kaximaro, and in the Nheengatu[19] language explained that throughout the entire kariamã, we needed to fast and not eat anything, not even jungle fruit, otherwise it would cause a strong storm to form. Furthermore, there was the imminent danger that whoever disobeyed this rule would be swallowed and killed by Jurupari, as we had been warned the day before. We were also advised not to drink water. We were to keep this up until Saturday morning, when the kariamã was presented. In other words, four days from now. Seu Leopoldo also told us we would collect bundles of tucum and fruit from the bacaba palm. Each man should pick about five bundles of tucum a day and as much mature fruits as were found. This should all be done quickly and steadily, without any laziness. The message was directed at the kaximaro, but it was meant for everyone present. As soon as the old man stopped speaking, we went into the jungle to look for tucum and fruits. Small groups and pairs formed to work (one of the groups was comprised of kaximaro). Each group went a different way. We were on an island in the middle of the river. We were also advised that the kaximaro should always stay together.

Throughout our work, Seu Cesário and Sabá stayed together, helping each other on their respective tasks. They spoke animatedly and treated one another as *semoangá* (*se* is the possessive article, "my *moangá*"), which means "my godfather's son" and/or "my father's godchild." Whereas everyone else calls one another *semũ*, which translated into English would be something like "my brother" (but not necessarily a blood brother). *Semũ* is a manner of referring to someone that is quite popular among native Nheengatu speakers along the Negro River, and demonstrates an intimacy among those who use the word. Women also call one another *seamũ*, which means roughly the same thing in the feminine, "my sister"[20].

We spent about two hours looking for tucum and bacaba in the jungle. Every now and then, we heard the sound of the Abu coming from different points of the island. We still could not tell who was playing this flute. I thought it might be Casimiro. Around 4:00 pm, we met to amass the material we had collected (around 40 bundles of tucum and four bunches of bacaba).

All of the materials collected were placed in the kaximaro's canoe. We then continued on, paddling in front of the rest. The Abu continued being played and then there was another session with the other instruments. We stopped in the shade on a pretty stone, alongside a large *cacuri* (fish trap), and we waited for everyone else to arrive, as agreed. Soon the canoes appeared, and one of them towed us to the place where there was another fish trap, belonging to Casimiro. We kept on paddling in front of the others, to the start of Ilha de Burita, in front of the Iábi community. Along the way, we heard the Jurupari sound again. Then the Abu was also played.

We arrived in Iábi around 5:00 pm. I went with the other kaximaro to a small house a ways away the community, where they were housed. The house was a single room, with mud

---

17—Xibé is the name given to a series of refreshing beverages. The "classic" xibé in the Negro River region is made with a mixture of water and flour. Whereas the açaí xibé is made of açaí "wine" (non-alcoholic juice) mixed with flour. Other palm fruits are transformed into "wine", and also work to make xibé.

18—Karibé (caribé) is a cold beverage made from a mixture of smashed beiju and water.

19—Throughout the entire ritual, conversations among the Baré switched back and forth between Nheengatu and Portuguese. However with me, they always spoke in Portuguese, because I am not fluent in Nheengatu, although I understand it.

20—The terms *semũ* and *seamũ* can probably be understood as "my other" as suggested by Viveiros de Castro (personal communication), a common way of saying "my same-sex sibling" in TG (Tupi-Guarani) languages.

walls and a roof made of *karanã* straw. We were told to keep the door and windows shut.

Around 6:00 pm, Casimiro came to Seu Leopoldo's house with a bucket filled with a potion he had prepared. He filled a gourd and handed it to me, telling me to drink the "shaman". I drank it all. Earlier he had quickly shown me a tuber he kept in his pocket that was a type of strong, rare, regional *pusanga* (jungle or homemade remedy in Nheengatu). When I gave the gourd back, Casimiro commented that people took this type of pusanga when they were ill, but he did not tell me what type of illness. He only said that we were drinking the "shaman" so we would not feel any pain in our body. However, he made it clear that you only use this "Shaman-pusanga" "when there is not a true shaman" to bless the kaximaro in the kariamã. He said that the "shaman-pusanga" was "taking the place" of the "real shaman". Casimiro left Leopoldo's house with a bucket full of the potion and went to the kaximaro house. After a few minutes, he came back with another bucket, this time full of water-and-flour xibé. Later on I found out that the tuber Casimiro called "shaman" was also known in the region by the generic name *pipiriaka* (in fact, this "shaman" was a specific type of pipiriaka[21]).

At 6:30 pm, I was called to come eat with the men. The meal was just like the one the night before, and in the same place. We squatted – 11 men – around the food, in the community yard outside the communitarian house, and wet a small piece of beiju in the peppery tucupi, brought it to our mouth, chewed a few times, yelled "*eeeee*", jumped backwards, and spit the food on the ground. The women who were gathered in front of the home of Dona Alexandrina, Seu Leopoldo's wife, laughed again.

At 8:00 pm, I was called to bathe, just like the night before. On the way to the water, I ran into the kaximaro. We arrived at the water's edge practically at the same time, and while we bathed, a strong storm blew up, with lightning and thunder. We bathed quickly, as recommended. I returned along to Leopoldo's house, and along the way I heard the Abu being played. Minutes later, the session with the xerimbabos started at the haven, and I remained standing while the instruments were being played. What happened was the same as the night before, the Abu opened and closed the two sessions before and after the collective bathing, and when the men bathed, they struck the water. The rain fell. No one left the house, and we fell asleep.

DAY 3: 04/26/2007

At 4:00 am the rain had still not let up. The rooster only crowed around 6:00 am. We bathed at 6:00 am, rather than at 4:00 am, as was the custom. Blame the rooster. I was spared the bath, because the rain was falling heavily. From Seu Leopoldo's house, I heard first the Abu's sound and then back-to-back sessions with the instruments, interspersed with bathing.

We ate bacaba porridge at around 7:00 am. Seu Leopoldo said that as soon as the rain stopped, we would go out into the jungle in search of açaí, and at the end of the day the kaximaro would see Jurupari for the first time.

As soon as the rain stopped, we went into the jungle. Once again we separated into three canoes, and Jurandir towed us towards the same spot of the island where we had stopped the day before. From there, we continued paddling in our canoe, and along the way, we heard the "animals" being played. We reached the designated spot at Casimiro's cacuri stone. When everyone else arrived, we went into the jungle to collect more tucum; again, five bundles per person.

By 1:00 pm we were already back at the cacuri stone. Seu Leopoldo was there with his grandsons making adabi[22]. As he tied tucum strands into the adabi, he pulled out a hank that he held with his toes (these dry tucum strands had already been prepared in advance and brought from the community). He said to me, "You, Paulo, later today you will feel the strength of the adabi for the first time!"

A few minutes later everyone else arrived, and with them there were three additional people from the neighboring community on Ilha de Guariba (or São Gabriel Mirim): Berlindo (41 years of age), married to one of Seu Leopoldo's granddaughters, and son-in-law of Casimiro; Joaquim (51 years of age) and his son Edvan, a thirteen-year-old boy, recently initiated in the Kanka kariamã (the initiation had taken place at the beginning of the month, with Francisco, the Baniwa teacher, who, like him, already had full access to the sacred instruments of Jurupari). These were the three additional people who joined the Jurupari troop.

We continued to circle the island looking for açaí. At certain spots, some people got out of the canoe and walked through the jungle looking for ripe fruits, while everyone else continued to skirt the banks in a canoe and picked up the açaí at another point of the island, at higher and lower spots. At 3:30 pm we stopped gathering açaí and kept floating downstream in the three canoes, waiting to go back to the cacuri stone, where we would see the "animals", that is, the sacred Jurupari instruments, for the first time. The meeting was expected to take place at 4:00 pm. In the interim, the teacher, Francisco, arrived in his *ubazinha* (little canoe) paddling from Iábi, after having taught a class to the children in the morning. There were eighteen men at this point, in four canoes, plus the little canoe that the teacher had just arrived in.

Seu Leopoldo's canoe went ahead of the others. After a while, as 4:00 pm neared, it was time for one of the most memorable aspects of the ritual: when the kaximaro are introduced to Jurupari. If before we could only hear it when it was out of sight, then soon we would not only be able to hear it, but also "see the sound" or at least what was making the sounds. In short, the secret would be revealed to us.

When we arrived, Seu Leopoldo was waiting for us there with his grandsons. We were placed, the five kaximaro, one next to the other, with our backs turned to the men. They told us to take off our shirts and tie them around our waist. We were told that as soon as we heard the sound of the Jurupari or the "animals", we were to immediately turn as quickly as possible in the direction that the sound was coming from. Before that, Seu Leopoldo walked around with a cigarette and blew smoke on each of the kaximaro. I was trembling and my heart pounded in my chest. The tension was palpable. When we had our backs turned, we hardly heard a thing. We could not tell what they were doing behind us. The men were being as careful and silent as possible.

All of a sudden, a wave of sound broke over our bodies. We immediately turned around and saw that they were right in front of us, just a meter away, holding the 11 instruments of different sizes and sounds, which were being played at the same time, directed at us. On the right side, three other flutes were played simultaneously. The elder Leopoldo played one of them. It was hard to stay on my feet, because the impact was so intense. The instruments were played so hard that it appeared that the sound exploded from the horns, invading the space and bodies of the kaximaro. Jurupari had blessed us for the first time.

Seu Leopoldo, Cesário and Francisco played similar flutes, but they were different sizes. They played separately, but not independently. At the start, everyone played in place, except for Seu Leopoldo's trio, which moved some three or four steps forward, then back, over and over again. After a few minutes, all of the instruments, flutes and trumpets, began to move in pairs in a single file, except for the trio, around the kaximaro. They walked around us three or four times, and finally we were entangled in the sound of the "animals", or ancestors of the Baré. Then the men stood in front of the kaximaro again, like at the beginning, and the session ended. I imagine that the session lasted somewhere between 10 and 20 minutes, but I completely lost track of time. I looked at my initiation companions and saw dismay in their eyes, perhaps out of emotion and fear. After all, from the time that they were very small, they had heard of the prohibited, fearsome xerimbabos or "animals" of the Jurupari, and it was at that very moment that part of the ambivalence of that being had been revealed, in exchange for the fact that they too now, like me, were part of the secret. Had we fallen into Jurupari's "trap"?

The flutes and trumpets were laid upon the ground in front of us. Jurandir (youngest son and apprentice of the elder Leopoldo) started his admonition, saying that the instruments were made from very simple materials; so simple in fact that it could kill anyone to whom the secret was revealed, especially women and uninitiated men. He also said that a traitor could be killed even if he was in a city far away (as far away as Belo Horizonte, thousands of kilometers to the south). Then, speaking in Nheengatu, Seu Leopoldo also talked to the kaximaro, advising them to lead good lives in this world, and get married and have children.

After the admonition, which the natives also call a "counsel", it was time to chew the pepper and receive a beating using the adabi that earlier Seu Leopoldo along with his grandsons had made. Casimiro called each of the kaximaro to the side of the rock and offered us a piece of very peppery beiju taken from a bowl. He ordered us to bite the pepper, but that we didn't need to swallow it. All we had to do was keep it in our mouth for a moment and then spit it out. What we could not do was blow or exhale to relieve the sting. Then Casimiro himself ordered each of us to lift our arms, and he struck us on the back with the adabi one time. He struck us right in the middle of the back. An adabi is normally so flexible that, with the force of the blow, it can wrap around a person's midsection and the tip will often sting the soft skin of your belly and leave a welt. After we, the kaximaro, chewed the pepper and were whipped with the adabi, everyone else whipped one another, each one a different way[23]. Not everyone lifted their arms or took off their shirt to be beaten – that is a prerogative of those who had already been initiated. Nonetheless, most took their beating without their shirts on and with their arms raised.

21—Consulting the field notes of anthropologist Eduardo Galvão on file at the Museu Goeldi I found the following reference: "Maquiritare – individual who transforms into a jaguar to attack and devour its victims. A person is transformed into a jaguar using a remedy that the individual rubs on their body, called the *piripiriáca*" (Galvão, 1955, book 2, p. 78). It is likely that the *pipiriaka* tuber is also known in Brazilian flora by the name priprioca or piri-piri (*Cyperus articulatus*).

22—A type of whip made out of a vine that is two centimeters in diameter and about a meter and a half long. The vine is called *makubí* (unidentified species). The vine itself is rather soft and malleable, and according to the men it was good for making the adabi. The vine is cut with a machete. One of the ends, the thickest one, is rougher and serves as the handle; the bark is removed from the rest of the vine on both sides. The intention is to leave behind a thin strip that is about a finger wide. After the vine is cut, the entire adabi except for the handle is covered with strands of tucum.

23— It is worth noting that the beating with the adabi requires technique. It was obvious that some knew how to deliver the beating better than others, and they were able to produce that unique snapping sound that received the immediate admiration from those present.

After the session with the pepper and adabi, Jurandir started a presentation of the instruments, explaining what they were made of and what materials were used. Then he spoke the name of each of the xerimbabos present, but did not provide greater details. The trumpets shown were as follows: a Mamanga couple (male and female), a Paca couple, a Uacari couple, a Caba couple, a Jacamim couple, a type of flute-horn called a Cutia, and the famous Abu or Mawá flute, both of which are solitary flutes; and lastly, the three different sized flutes called Uari, totaling fifteen "animals" among the trumpets and flutes. As soon as Jurandir completed the presentation of the xerimbabos, he said that the kaximaro could approach the instruments, pick them up and see how they were made. Instructions of how to blow them were minimal, and at the start we were nearly incapable of producing any sounds from the instruments.

Finally, we were invited to play the flutes with the others for an entire session, as well as we could. I played the Caba. I tried to imitate the breathing and intensity of breath as my companion, albeit unsuccessfully. We played in pairs, one in front of the other, with the trumpets pointing down, most supported on the ground with the "horns" of the "animals" and their "mouths" nearly touching. I have to admit, I could not keep up with my partner. For the most part, we played alternately, sometimes simultaneously, but always with the same intensity. I was so caught up in what I, my partner, and the "animals" were doing that I saw nothing of what happened around us. All of a sudden, Jurandir began to swing the trumpet in an arc pointed at the sky. Everyone played along, and ended playing to Jurupari in the sky, which served as a beautiful finale. Jurandir, playing the Paca, was the "leader" of the group. He was the person who controlled the start and finish of the sessions.

Still reeling from the impact of this "first contact", while we waited for the "beasts" in the two canoes, Leopoldo commented that the next day we were going to hand over the dabucuri – the fruits and tucum that we had collected – to the women, and as night fell, we would go into the school with all of the "animals". We would not leave there until it was time for the presentation of the blessed kariamã (ritual food), at dawn, to end the ritual. And so we went to Iábi. This time we were together in the four canoes. We were slightly more integrated with everyone else, but not entirely. We were still the kaximaro, since we still had not received the kariamã. Along the way, the Abu was played a few times; I even played it.

The Abu is the easiest instrument to "smoke". It is small and you only need one of your hands to block and/or release the passage of air through the "animal's rear end". The words "play" and "smoke" are clearly synonyms for the Jurupari instruments (trumpets and flutes), and these words are used interchangeably by the Baré. They practically do not use the words "flute" and "trumpet" to refer to the instruments. They prefer to use other names, like "animals", "xerimbabos" and "beasts".

In this essay, I am taking the liberty of using the same terms as the natives do from time to time.

We stopped at the tip of Ilha de Burita and left the bacaba and açaí collected throughout the day. The bundles were covered with a blue tarp. They told me that the fruit "would sleep" on that rock, because it is a beautiful place. We then continued on to the community, and this time we, the kaximaro, were the ones who hid the "animals" in the water in the stream. We arrived at the community around 6:00 pm. At the haven, the other kaximaro went to their house and I went to Seu Leopoldo's house.

At 8:00 pm we went to the water's edge to bathe. We the kaximaro went to go get the flutes from the stream. It appeared to me that the job of finding and stashing the xerimbabos in the stream would now be responsibility of the Jurupari initiates. Someone was already playing the Abu, and when the other instruments began to play, we were instructed to beat the water with our hands. Seu Leopoldo, Cesário and Francisco played the Uari like the day before. The Caba was not played. The "couple" was left resting on the rock at the haven.

The sound of the Uari is sweet and melodic. It requires a harmony between three different sounds and contrasts with the vigor of the trumpets, whose tones are much stronger, with a faster and harder rhythm. The Cutia produces an energetic, speedy sound: you breathe in and out through its body at a dizzying pace. During the first session the Uari players, one next to the other, moved around from the start, forward then turning and going backwards. The Paca, Mamanga, Uacari and Jacamim when played remained stationary. After a certain amount of time, the players began to walk around in a circle in pairs, one behind the other. Since Jurandir normally "smokes" the Paca, that was the instrument that led the round and defined the moment of the big finale. When it ended, we went and bathed, and when everyone was in the river, we slapped at the water.

We were invited to participate in the second session. Kúli and I grabbed the Caba, the only trumpet that had not been played in the previous session, and even though we did not know how to play it, we were able to coax a few sounds out of it, alternating breaths in and out. The strength was what the xerimbabos demanded. It was better than the last time. The hardest part was to walk around in a circle and play the instrument at the same time. By the end my face was completely numb from playing, and I was breathless.

After that we went to bed. Everyone seemed tired. The day had been intense and unforgettable, especially, I imagine, for the kaximaro, who were seeing all of this for the first time.

DAY 4: 04/27/2007

We woke up at 4:00 am, and I saw Seu Leopoldo blessing himself with a cigarette. He blew tobacco smoke on his own body, on his arm, torso and legs. The kaximaro went to retrieve the xerimbabos from the stream. The Abu was played first. At 5:00

am, we were all back at the haven, men and "animals" alike, and events unfolded just the same as the night before: during the first session, we did not participate, we hit the water and bathed quickly. The instruments are also played in the same order.

On the way back to the house, they said that a nurse from the health team at the Special Indigenous Sanitary Department (*Departamento Sanitário Especial Indígena* – DSEI) would be making a "semi-regular" visit to the community and that as soon as he left, we would go out and do the last day of work. The dabucuri would be presented this afternoon, around 4:00 pm. Leopoldo said that for a "normal dabucuri", without having kariamã, the procedure is the same one that we were doing, with the difference being that in a "normal dabucuri", no one is initiated. Another difference that he stressed was that, despite the fact that in the kariamã there is always a dabucuri that is handed over to the women, the kariamã does not end the same way as a "normal dabucuri", which is to say, after the dabucuri is given. The kariamã lasts the whole night through, and instead of "turning into a party", as they normally do during a "normal dabucuri", the men spend the whole night locked away from the women in a closed room, consecrating the kariamã with Jurupari until the next morning, when finally it is delivered to the kaximaro and kaximafo who eventually will be initiated. The contrast between a kariamã and a dabucuri, Leopoldo concluded, is that the former encompasses the latter, but not the opposite. In other words, no one is being initiated in the dabucuri; hence there is no kariamã to bless or to be presented.

After 9:00 am, once the health team left Iábi, Rogério gathered the kaximaro at his grandfather's house and offered us a bucket of karibé. Then we went back out into the jungle. It was our last day of work.

We left Iábi at around 10:30 am in the morning, in four canoes. The kaximaro followed separately in one of them, heading towards the other island near the community. We played the Abu as we walked. When we stopped, a few men got out to look for açaí in the jungle, and we remained in the canoes. We had the two pairs of Jacamim and the Paca, and the Cutia. Jurandir and Edmundo (kaximaro) grabbed the Paca; Sabá and Tene (kaximaro), Jacamim; Edvan, the Cutia; and Seu Leopoldo, Cesário and I, the Uari. The larger instruments – the Paca, Jacamim and Cutia – started the session. Then the Uari came in. We played the instruments while we were still in the canoes. Before Jurandir ended the session, Seu Leopoldo ordered us to stop playing the Uari and said that it was prettier when all of the "animals" played Jurupari in unison.

The island is located behind the Iábi, where we still had not ventured. It was nearly 11:00 am when all four canoes, with 18 people on board, were tied up and we floated downstream with the river currents. All of a sudden, in Nheengatu, Seu Leopoldo began to tell the origin myth of the sacred flutes and trumpets of Jurupari. Later on, I asked Leopoldo the younger if he could tell me the same story that the elder had told before. The myth he narrated in Portuguese was as follows:

> Napirikuri was performing the kariamã for his sons. Suddenly (it appears that the kariamã had started two or three days prior), Jurupari did appear. He arrived and said that he was going to help Napirikuri. "That is good," Napirikuri responded. "Go pick fruit so we can bring it for the dabucuri." They left to pick *uacu* (fruit). Then Jurupari himself climbed the uacu tree. Jurupari said, "I am going to pick uacu." He swallowed all the uacu and did not let a single one fall from above. When he was halfway finished, he missed a uacu, which fell to the ground. So the boys grabbed it, then made a fire and roasted it. Nearby there was a small stream where there were a few fish. They tied on some bait, using a small piece of the uacu, and they threw it in for the fish. They were able to catch a fish, an acará (angelfish), so they built a fire and grilled it. When they made the flames, the smoke rose to Jurupari's nose and he smelled it. He smelled the uacu and the fish. So Jurupari said: "They are making fire." He caused a terrible storm to rise and he turned into an enormous hollowed out tree trunk for the boys to take shelter in when the rain began to fall, so that he could eat them and swallow them. Jurupari called the boys, "Get in here to get out of the rain." And six ran in. When they went in, he closed it up and the rain passed. The boys were then inside Jurupari's belly.
>
> When Napirikuri arrived, he saw that six boys were missing. "Alright, let's go," Napirikuri said. So then they returned to deliver the dabucuri, those fruits. When they got there, Jurupari ordered them to set out six baskets for him to put the fruits in. So he started putting a male child, already dead, into each of the baskets, spitting them out of his mouth. So Napirikuri grabbed those boys – there still had not been a blessing that night, the last night. So I don't know if they buried the boys, no one knows. Jurupari rose over Napirikuri, and rose up into the sky.
>
> Napirikuri was concerned. It had already been a week since the boys had disappeared. So he said, "We have to take our revenge on Jurupari." He started to make dolls out of *molongó* wood. He made them look just like the missing boys, and he tied each one into place. He then charmed them so they could fly and pick up ants. He then toasted the ants, made a *caxiri* drink and put it in the *turua*, a clay pot. He then called Caba, but first he ordered

all the birds to call on Jurupari for him to come back. First he called the Urubu (vulture), Corocoró (ibis), all of these different birds of different colors. They flew into the sky to Jurupari, but when they got near the sun, they could go no further, because the sun burned them. So they came back. Caba said that she would be able to go. So she grabbed the caxiri and saúva and left. She was able to get past the sun, and she even got to the door in the sky, and she said who she was, and that Napirikuri had sent her to fetch Jurupari so that he would come back and bless the boys, since they were already quite hungry. Caba ordered Jurupari to open the door, and she was trying to go inside slowly, but he did not let her in. She said that she had the saúva and the caxiri, and that he should try them to make sure they were good. And Jurupari was there inside his house. Caba kept trying to force the door open. She pushed until she got the door open, but when she was halfway through the door, Jurupari slammed it shut again and Caba was nearly broken in half, which is why she now has such a tiny midsection, but she was finally able to get inside. Right, so then Jurupari tried the caxiri and the saúva, and he said it was good. Then he said, "I will come down to meet with Napirikuri." Jurupari sent a message through Caba to Napirikuri to wait for him at noon, when he would come down.

It was noon and Napirikuri was already waiting for Jurupari. So then a buzz started upwards from the ground (that is why, when we stop playing, we turn our flutes up). Right at noon, Napirikuri heard him coming by his buzz. And then he finally arrived. When he got there, Napirikuri talked with Jurupari. "I called you here because the boys are really hungry. You have to give a blessing so that they can eat tonight," said Napirikuri, "Bless the whole night through so tomorrow they may eat." Jurupari remained there until nightfall, when he began to bless the kariamã for the boys. Napirikuri told his companions that later they would gather a lot of wood to make a fire. Napirikuri also knew how to give a blessing. When he started to bless, he gave Jurupari caxiri and saúva non-stop. Napirikuri continued blessing and Jurupari kept eating saúva and drinking caxiri. He cast spells so that Jurupari would feel cold and get drunk, too, so later he could throw him in the fire.

Around midnight, Napirikuri asked Jurupari if he was cold. He said that he was, and Napirikuri continued casting spells for him to feel even colder. He once again asked Jurupari if he was cold, and Jurupari again responded that he was. So Napirikuri ordered his companions to light a fire. They made a small fire, next to Jurupari. He kept asking Jurupari if he was cold, and he said yes. So Napirikuri ordered them to build the fire larger, putting on more and more wood. Near dawn, the cold got worse and the fire was already really big. So he told his companions to get close to Jurupari and that when he stood up, they should push him into the fire. At dawn he was even drunker still. So Napirikuri's companions pushed Jurupari into the fire, he fell in and that was it. When he fell into the fire, they threw more firewood on top of him so that he could not climb out. They burned everything, until it exploded. When they put out the fire, the *paxiúba* (walking palm) grew in its place, in order to make these pieces out of "that one."

Then Uacutipuru, which is a type of little rodent, but it moves like a monkey along the treetops, began cutting the tree from the top down. At about six o'clock in the evening, the Uacutipuru felled the paxiúba, which is why when the sun is red at the end of the afternoon, we say that it is the tail of Uacutipuru. When Uacutipuru finished his work, Napirikuri gave a name to each type of flute made, since that was what Jurupari had already said to Napirikuri, because before, everything worked through Jurupari. His fingers were the flutes. He didn't need anything. He was the whole thing, all fingers and toes worked.

So that was that. When he died, Napirikuri took the flutes. Afterwards, from Jurupari's ashes and bones, the snake and the spider came out, every type of poisonous animal. Jurupari himself had already told Napirikuri that these animals would come out of him, because that would be how he would get his revenge when he died. So when we are in the dabucuri, when we are *saruã*[24], everything is dangerous, the snake, the spider – the spider not so much, but the snake, if it bites, it is very dangerous. That is why when we cannot drink xibé before we wash our mouth. We cannot drink xibé in the rain when it is drizzling. We have to wait for the rain to pass to be able to drink xibé, so the snake, spider, scorpion, something won't hurt you. Afterwards, Napirikuri found everything out, and he spread the animals out, and ordered them to live in one place. He did not leave everything out. Each one had to live in its lair, especially the *surucucu* (bushmaster), which never lives outside. It lives in its lair, in its place, so it is hard to find it around.

> When Napirikuri saw that everything was ready, he ended the kariamã. Guests left. They had already killed Jurupari. If they hadn't, the old man said that day, if Jurupari hadn't been killed, we would never be able to do kariamã or dabucuri, because we would not have these instruments that he left behind. (Leopoldo, Iábi Community, 2007.)

After he told us the myth about the ritual, no one said a word about the story told, and we split up among the different canoes again. Each group set out in search of more açaí and bacaba.

It was past 11:30 am when everyone met back up at the Yakutcho rock. Many *majubí* vines were left in Seu Leopoldo's canoe, which would be used to make the adabi that would be used at the presentation of the dabucuri. Each of the men had to make his own. While we waited for the others to come from the jungle, Seu Leopoldo made three *pindaíwa*, another type of whip, famous for its strength and the pain that it causes and the mark it normally leaves on the person whipped[25]. I was told that a pindaíwa beating was only given once to the kaximaro by the master of ceremony, in this case Seu Leopoldo himself, meant to mark the body of the kaximaro and the end of the kariamã ritual.

Unlike the adabi, the pindaíwa is not cut, rather it is made from a single branch of a bush of the same name, the base (or handle) of which is no more than two centimeters in diameter. The trunk and branches are dry and thin, and normally, from the middle through the tip, there are a few twigs (or sticks). Some of these twigs are ripped off, and the rest are pulled together and tied up firmly one by one using tucum threads, leaving most of the branch visible. The end of the whip is also normally forked. When you are getting beaten with the pindaíwa, the vine directly hits your back skin, despite the few strands of tucum. But with the abadi, this contact is softened by the strands of tucum that cover the entire whip. The Baré looked delighted to say that the difference between the two whips was that a beating with the adabi did not hurt as much as a beating with the pindaíwa, which leaves a characteristic mark. The advantage is that you only get a beating like this once in your life, during the first time in a kariamã; then never again.

Around noon, when most people had already gotten back from the jungle having collected açaí and bacaba, we gathered at the same Yakutcho stone and stayed there for more than an hour. Seu Cesário returned from the forest, playing the Abu along the way. When everyone was present, another session began with the instrument. This time I did not participate so I could more carefully watch Jurandir play the Paca with his companion. At the start, the pair began to play alternately, and when Jurandir blew, his companion breathed in, without removing his mouth from the trumpet. He filled his chest, pulling air through the flute. At some point, both blew and breathed at the same time, producing a homogenous, punctuated and intense sound. I was also able to watch the way Sarapó and teacher Francisco blew the Jacamim: in addition to taking turns or playing the trumpets simultaneously, sometimes the former blew twice while the latter responded once, back and forth. Normally the larger trumpets played once or twice, that is to say, sometimes the sound was continuous and direct, before breathing in for another blow, and other times, there would be a broken double blow. When that happened, the sound appeared to be doubled with two blows before a break to breathe in.

After the session, we once again went back to the tip of Ilha Burita, a place where we had spent a great deal of time, and where we would soon go to gather all of the material collected – the tucum, the açaí and the bacaba – in addition to fashioning the adabi for the arrival, when we would deliver the dabucuri to the women who were waiting for us with the children in the community.

As soon as we arrived at the edge of the island, the xerimbabos were put in the stream, in a shallow backwater protected by stones. Everyone grabbed one of the pieces of makubí vine from Seu Leopoldo's canoe. This is the vine used to make the adabi, and we began to fashion the whip. To test if the whip was turning out well, everyone shook their adabi in the air, to check its malleability. No one taught the kaximaro how to make one. Everyone worked together as if they already knew how to do it.

While we were absorbed in making the adabi, sorting out the bacaba and açaí grains, and tying the final bundle of tucum, someone said that one of the xerimbabos had disappeared. A Mamanga trumpet had disappeared. As more than one person said, the Mamanga might have been taken, or even "escaped" through the waters. Some boys dove in near where the trumpet had been placed and did not find anything. All that was left was one of the pair of Mamanga.

As soon as all of the adabi were made and the products put into the canoes for our arrival, another session with the xerimbabos was held. While the flutes were being played, the kaximaro were instructed to try out their respective adabi on one another. I smacked Jacaré and he did the same to me. Edmundo

---

24—Concept emphasized especially but not exclusively by the Baré, covered in the last sections of the chapter on Baré shamanism in my thesis (Maia Figueiredo, 2009).

25—I was told that there are many different types (colors) of pindaíwa, which is normally used as a fishing pole.

hit Tene, who also hit him back, and finally, Jacaré tried again and hit Kúli, which completed the cycle.

It was nearly 4:00 pm, the time set to arrive in the community to hand over the dabucuri to the women. We left the edge of the island, heading towards Iábi in four canoes tied together to form a ferry. The canoes held all the tucum, açaí and bacaba gathered over the four days of work (the dabucuri), all the xerimbabos, the adabi, the pindaíwa, the kaximaro, the initiated men, the tails, the gas, the machetes and a little *garapa* (sugarcane caxiri). We crossed the river playing the instruments. This time, the Abu was played at the same time as the other instruments. Excitement was written on everyone's faces.

When we reached the community's haven, no one was in the yard. All of the women, children and men who had not been initiated were locked in the school. Uninitiated men, it must be noted, at times like these are treated like women.

In the most absolute silence, we moved with our instruments to the door of the school, and all of a sudden, we played them all at once. The sound was focused and uncommonly powerful. It broke the silence like a lightning bolt. I imagined that from the point of view of someone locked inside the school, the sound could be both frightening and familiar. I was thinking about the women and children who had heard that and knew that this was something prohibited and dangerous. I thought of the mix of fear and admiration this mysterious sound provoked when it passed through the walls, probably invading the school.

After a few minutes, still in front of the school, the men continued to play the instruments, but they also began to walk clockwise in pairs (except for the Cutia, which is a solitary flute). The three people who played the Uari moved, one next to the other, forward and backward, apparently independently from one another. As soon as the Uari stopped playing, the session ended with the characteristic finale. After the session, the kaximaro beat one another with the adabi. The xerimbabos were put on the ground in front of the school and some of the men ran silently to the haven to gather the products that would be presented in the dabucuri. The women and children remained locked in the school. At that very instant, the sky did an about-face and it began to thunder, and the wind blew strongly.

The three main buildings in the community at that time were a small brick school, a chapel nearly completely ruined, which only had its struts and beams that held up a zinc roof, located to the left of the school (if you were in front, looking at it), and a small communitarian house without walls, surrounded by boards and also covered with a zinc roof, located next to the chapel. The products were brought in and placed in the yard in front of the communitarian house. The açaí and bacaba were separated into eight basins or *aturá* (baskets), one next to the other. Around 22 bundles of tucum were arranged in three piles, each one consisting of five to eight bundles, which were stood up and supported one another, forming a cone. The 18 adabi were all stuck into the ground behind the açaí containers, and they remained upright. This presentation was carefully made and quite attractive. They said that the tubs of açaí and bacaba arranged on the ground were the vomited boys that Jurupari had swallowed.

After we had arranged everything, another session was held in front of the school, where the women and children were still locked in. The session was just like the one before, with the single difference that this time, they began by walking in a circle, blowing their flutes and trumpets, walking in single file towards the haven.

We quickly returned to the community yard, where all our work, the dabucuri, was to be presented to the women. The men formed a long line, one after the other, each one behind their adabi, stuck into the ground. The door of the school was opened and the women and children came out. They looked at everything that had been collected and in a single file, one by one, they went to welcome the men with a handshake. As Jurandir said later on, at this moment, it felt like the men were returning from a long journey, with the fruits of their labor, and they were being greeted by their wives and children.

The dabucuri was finally presented to the women. Dona Alexandrina, Seu Leopoldo's wife, appeared with a large round sieve and passed it over top of the tubs of fruit and tucum. Somebody said that she was removing the saruãsa from the fruits and tucum offered. This act made the fruits and tucum safe, respectively for consumption and handling. When it was just about to rain, and the wind blew up even stronger, Seu Leopoldo appeared with a cigarette and began to blow smoke on the products of the dabucuri and then directly into the sky. By the way that he moved his arms, it appeared that he was trying to order the storm away, but he was unable to stop it.

We ran for cover into the chapel (the only thing left of the old building was the roof). Every man took his own adabi with him. I did not know it at the time, but the moment had arrived when the women would challenge the men with the adabi. The group formed a circle, with men on one side and the women on the other. Immediately a woman, Cesário's daughter, went into the center of the circle and called me by looking at me and giving a signal with her hands. I soon understood. As I grew close, she lifted her two arms and I was obliged to whip her. She was challenging me. I did not whip her hard, and then I gave my adabi to her, who responded to my timid lapping with a lashing that was real and much stronger than the one I had given her. From the audience I heard whispered comments, an exclamation that wanted to say something like, "*oooooo*, that was a good one!" After she was done, three more called me right in a row. I think it was a group of sisters and cousins. I confess that I was afraid. For a second I thought I was going to be beaten by all of the women present, but after the fourth lash, they decided to switch it up and called another man into the center of the circle.

I do not know how long this generalized lashing with the adabi lasted, maybe a half hour. At the beginning only the women were challenging the men. From the middle to the end of the session, anyone of either sex could challenge another. Those challenged could even be the same sex or the other. Children also were beaten, but the lashings were less intense. Normally the father or mother was the person who beat their own children. Most children are terrified and sob. Other children do not care and seem to enjoy it. As soon as the child gets a light whipping on their back, they are lifted by their father and mother and many times end up being soothed on their lap. One woman unprovoked told me that it was the Baré custom to use the adabi to cure someone of laziness, *aruãsá*, and to help the children to grow.

The enchantment and admiration that some lashes inspire are clear, the courage of the person giving the lashing, their experience and strength in the face of a stoic, oftentimes fearful attitude of the person receiving the lashing. During an adabi whipping, people change places immediately: once you are lashed you become the lasher. The position of the first lasher is challenging. He challenges a person and the challenged person turns their back and lifts their arms and prepares for the beating. Immediately following the lashings, the beater/challenger hands over that very same adabi so that the challenged, who switches places and beats their partner – the same who seconds before was the person inflicting the beating. Sometimes the challenger, as in my case, does not fulfill their role and ends up giving a weak (leaving no marks) beating to the challenged. In this case, it is possible that, to the surprise of one and all, the retribution, instead of commensurate with the lashing given by the challenger, deliberately exceeds it. Getting even on this type of unevenness, if warranted, never happens immediately – you don't get another turn – it can only come later. It is worth noting among the Baré, what they admire is when the crack of the adabi on the back of another makes a loud noise. That is when the beating is good and courageous.

The intensity lessened, and Seu Leopoldo interrupted the session to say he was ending it, and that soon, the men would go to the school where we would spend the night blessing the kariamã with the Jurupari instruments. Night was already falling and it was still raining. We spent some time comparing the scars the abadi left on our bodies. Some of the lashes were recalled, including those that were not that good, then we went to bathe in the river.

At 6:30 pm the dinner bell was rung, and perhaps because of the rain, we ate inside the communitarian house, and not outside, as is the custom. The kaximaro continued their fast and did not participate. The main dish was kudiári, made with flour and the broth of shredded fish. The women placed the food on the ground. The same ritual was followed, of crouching in front of the food, dipping a piece of beiju in the pepper sauce, putting it in the mouth, chewing, and then getting up all together, shouting "*eeeeeee*" and spitting the food outwards, and only then did we begin to eat. This meal was much more filling than the previous days, and we ended up drinking a great deal of açaí wine. The women also ate on the ground, right after the men. When the women finished we all remained seated on the benches in the communitarian house, smoking. Each of the women grabbed a bucket of açaí and walked in single file, offering each man a large bowl of it. Then we were the ones that grabbed the buckets and made the rounds offering açaí to the women. That açaí was the first collective consumption (except for the kaximaro) of part of the products offered to the women in the dabucuri.

After the meal and drinking the açaí, some of the women began to work on the tucum inside the communitarian house. That tucum, after processing, would be rolled into a hank by "unemployed" relatives who live in the city and then be sold in São Gabriel da Cachoeira. While they worked, the women said that the afternoon storm was caused by the men's carelessness with the xerimbabos (they were referring to the "escape", or disappearance of one of the Mamangas). Seu Leopoldo argued that the storm happened because some of the men had drunk garapa (sugarcane caxiri) while we crossed the river to arrive with the dabucuri, which should not have happened.

At 8:30 pm, when the kaximaro (except for me) went to get the "animals" from the stream, they ran into a jararaca (pit viper) on the way, which represents a terrible danger during a kariamã. Fortunately, the jararaca was killed before it could bite anyone. The instruments were brought to the haven, where all the men had gathered. Once again the women were locked up at home – most of them were locked up at Jurandir's house, some remained at Dona Alexandrina's house (Seu Leopoldo's wife). At the haven, the Jacamim trumpets were filled with water and taken along with the other "animals" in complete silence, to stand in front of Jurandir's house. Just like before, all of a sudden all of the instruments were played loudly, breaking the stillness. While the instruments were played, the water that was inside the Jacamins was emptied under the door of the house where the women were. They said that the women on the inside do everything they can to grab a little of this water, which quickly disappears through the dirt floor, because this water has healthy properties and helps children grow, bringing longevity to the women, and mainly contributing to uneventful births. That is why, when they are able to capture some of this water, they quickly put it on the head and body of the children and the bellies of the women.

The session took place normally. The larger trumpets, after a few minutes, circled clockwise in pairs, while the Uari were played with their characteristic movement, forward and backward. Before ending the session, the men started moving towards the haven. When we got there, the kaximaro were instructed to jump into the water and beat it with our hands. As soon as we finished bathing, we ended the session waving the flutes and trumpets in the air. Then the "animals" were "laid down" on the rocks at the haven, while the men went to bathe and beat the water for a short time.

The second session began at the haven and continued to the school. Once again the Jacamins were filled with water, but this time the water was spilled under the door to Dona Alexandrina's house. When we passed the communitarian house, we made a 360 degree turn clockwise, and we went directly to the school, which was dark, with all windows shut. Seu Leopoldo was already inside, with light coming only by torch, seated on a stool, smoking a cigarette, beating with the point of the pindaíwa on the kariamã (name given not only to the initiation ritual, but also to the food consecrated on the last night). The sound of the "animals" in that closed room was deafening, and my body was completely filled with the sound that reverberated throughout the school, and that intensity was reflected in the entrance into the *kariamãruka* (kariamã's house). We surrounded Seu Leopoldo and the kariamã playing the xerimbabos. We then placed the instruments turned towards the "center" of the ritual, towards the kariamã.

The kariamã were placed on the school floor and divided into three pots/pans (none made of clay): two of them were made of aluminum, with a lid made of embaúba leaves, and contained kiñápira (fish cooked with a great deal of pepper); the other container had a plastic lid and contained pieces of wild fruit.

The session ended with the instruments pointed towards the ceiling of the school (toward the sky). Afterwards, they were once again put on the floor around the kariamã. Seu Leopoldo continued blessing the kariamã. He was the *mutawarisá* kariamã (kariamã priest). He lifted the lid of the pans and blew tobacco into them to directly bless the food, and then he closed the lids again and stood up. He asked me to go get a pineapple, a cupuaçu and some bananas from the many fruits that I had exchanged for gas in São Francisco, so that they could also be blessed in this kariamã. I put the whole fruits into the plastic container where the other chopped fruit lay. What is most recommended – as Jurandir explained to me later – is to have a kariamã with a wide variety of fish, game, and peppers, in addition to the various types of wild fruit, since the kaximaro who will receive the kariamã will lick this blessed food and will be protected against any harm that this type of food could cause. Therefore, the greater the variety of fruits, fish and game blessed, the more complete the protection would be against the "retaliation" by these foods.

Armadillo meat is prized for the kariamã, as it is seen as a type of "meta-meat", which possesses all others within it. They say that armadillo meat contains the meat of the anta, the tapir, the agouti, the deer and others. So, when you bless the armadillo meat in the kariamã, it is as if all other meats are consecrated through it. Seu Casimiro told me that if a shaman were present, he would continue to bless the *kariamã* throughout the entire night without stopping, like Seu Leopoldo had at the start of the ceremony. On the one hand, people in the Iábi region normally say that there are no more "real shamans" nearby. On the other hand, they affirm that "when there is no shaman", the kariamã is partially blessed by Seu Leopoldo, since "most" of the blessing is made by the sacred instruments, which, according to them, are the Jurupari himself, the "shaman of all shamans".

Three families had arrived late afternoon for the presentation of the dabucuri, one from Tabocal and two from the Ilha de Guariba (as already noted, neighboring communities similar to Iábi). The three men who arrived were initiated, so they immediately became part of the group of men and began to participate in the activities. The rest of the family – women and children – stayed with the other women in the communitarian house, where they talked and told stories and worked on the tucum. The women also should not sleep. While they were working on the tucum, the men would bless the kariamã at the school all night long, until dawn.

During the breaks between one session and another at the school, people remained seated in the chairs spread out against the wall, forming a square. Spontaneously, small groups formed and conversations arose. Some gathered to hear a story being told, or some went away to smoke cigarettes by themselves. Some took the opportunity to nap on the floor. Parallel conversations were also frequent.

Berlindo (41 years old), who had arrived earlier from Guariba, explained to me that one can compare the kariamã with basic training for the army in São Gabriel: in both cases, you go hungry, some people eat; others do not. People are commonly forced to work. There are punishments, like whipping that seek to cause humiliation, in addition to endurance tests.

Everyone rose as the new session got started. It was nearly 11:00 pm. Throughout the night the kaximaro tried any instrument they desired. During this second session, I decided to play the other Uari flute, which I had tried to play rather unsuccessfully during the previous session. This time I believed I would be able to produce a sound. I imitated the way Casimiro played it and I even improvised with the notes or near-notes that I was able to coax out of the flute. The sound that I was able to make pleased me and I was encouraged even further. I believed that the "animal" had worked with me. I felt there was something else there, despite the fact that I was the one who played it. I think that generally that was the case. I was told that sometimes, when the xerimbabo is feeling lazy, there is no point in blowing it, because at these times, if the "animal" does not cooperate, then it will not produce a sound under any circumstances.

In order to avoid this undesirable behavior from the xerimbabo, it is recommended that you talk directly to it before the session, reaffirming that you are its owner. Better still, they suggest telling the "animal", with confidence, "Every xerimbabo has an owner, and I am your owner!" This way the xerimbabo cannot dawdle.

Between one session and another, in addition to smoking, drinking and listening to myths and stories, the Abu was the only instrument frequently played both inside and outside the school. It is at these times that the women in the communitarian house take the chance to speak with the Abu. They ask questions about the future. Women normally ask out loud in the communitarian house, "Abu, this child that is in my daughter's belly, what sex will it be?" Abu normally respond, "kurumi kurí kurumi kurí" (boy now, boy now or boy this time...) or "kuñatai kurí, kuñatai kurí" (girl this time), depending on the case. Another common question, that Seu Leopoldo commented on previously, is about the future spouse of single men and women. Jurandir told me that sometimes it is right, and sometimes not, but this is how you "celebrate". Jurandir himself told me that there is a special way to play the Abu, when the goal is to ask caxiri or cauim for the women. In the Abu's language, caxiri is called the *tchorôrôso*, so the men of the *kariamãruka* play the Abu in a way that sounds like it is saying: *tchorôrô tchô*. In the communitarian house, the women when they hear this sound/request, they answer, "Don't you worry so, because not long from now you will have a [caxiri or cauim] of your own".

LAST DAY: 04/28/2007

The third session took place at 1:40 am. We played the flutes and trumpets again directed toward the kariamã, and once again, I participated more than I observed the session. Like Leopoldo said later on, I had been able to get a sound out of that flute. However, even with my friend's approval, I did not know how or why I could play the flute that way. From what I gather, my performance did not bother anyone. I actually felt quite the opposite, a sort of approval for my participation, amateur and bumbling as it was[26].

After the session came the cigarette. We continued to sit around the kariamã, and Leopoldo started to tell Jurupari stories, especially Jurupari's adventures with a man named João, a character that appears in most stories told by young and old alike. Tupãna also entered the scene with Jurupari in some of the stories. Leopoldo's performance when he told stories was impressive. He was able to pitch his voice and punctuate his words with gestures and pauses that gave a great deal of life to the stories he told. It did not take long for most everyone to gather around him. Seu Cesário and Seu Leopoldo also took turns telling stories, but it was indeed Leopoldo's stories that made the biggest impression, and his stories were immense.

We continued to listen to Jurupari stories until it was time for the next session, the fourth, which took place around 3:30 am.

It was during this session that I decided to blow the Uacari, a large trumpet that I had not yet tried. This instrument, like the Mamanga, Paca, Caba, Jacamim and the Cutia, required uncommon and continuous strength from the player while playing. Some have stronger rhythms than others, but they are all rather fast, differently from the Uari and the Abu. The most impressive of this session was Leopoldo's performance on the Cutia. While everyone played in place in a circle facing the kariamã in the middle of the circle, Leopoldo began to play the Cutia in the most electrifying manner. He ran and jumped around us, like a skittish agouti running through the jungle.

The rooster crowed past 4:00 am. Normally it would be time to take a bath, as we had on previous days. While some were drunk on alcohol, others were drunk with sleepiness. The ambiance was one of drunkenness, and the fatigue most felt was evident. Between one story and another, the school was overtaken by a great silence. A man who arrived that night from Ilha de Guariba who was rather ebullient, intended to cut through the silence, exclaimed, "Ih, tá *sasiara*!" ("You are sad!"). He hoped to get Leopoldo to tell another story to break the sadness of the silence.

At 5:00 am, Seu Leopoldo sat on a stool and began to bless kariamã. After having blessed the kariamã, Seu Leopoldo got a package of tobacco as well as a bottle of ethyl alcohol. He handed the bottle over to his son, who diluted the contents with water. The measurement for this mixture – a common drink along the Negro River – is one part alcohol to two parts water.

As he offered tobacco and alcohol, Seu Leopoldo said that he had already "seen everything", that the kariamã was ready, it was completely blessed and that everything was good for the kaximaro who were initiating in Jurupari. He also said that we would have good long lives, because everything had taken place as planned, and no unforeseen circumstances arose during the ritual, which is the most important thing. He stated that if during the ritual everything takes place as planned, no one gets sick or has an accident. This is a sign that the work was done well, and as such, the expectations of the future lives of the kaximaro and participants involved are good. He emphasized that this would also depend in large part on the commitment assumed to safeguard the secret of Jurupari. He concluded by saying that soon we would bathe and then the kariamã would

---

26—I must point out that I do not play nor do I have any familiarity with any musical instrument.

be presented. To end the ritual, we would be beaten one last time with the pindaíwa. Once again, we were nearly there...

At 6:00 am, after the sun had risen, Jurandir grabbed the Paca for another session. Everyone chose a xerimbabo. The number of people present throughout the entire night was greater than the number of instruments available, and since one of the Mamangas had been lost, the other was not played and remained "laying" on the school floor. After a few minutes, Jurandir and his partner, who played the other Paca, left the school and we all followed them. We went toward the haven. I did not have the strength to blow the trumpet as we walked, the others did this with a great deal of resourcefulness. When we arrived, the session ended and the "animals" were placed on the rocky ground and we bathed. As soon as we left the river, the last kariamã session was held. Then the xerimbabos were hidden by the kaximaro in the stream, from whence they would only be retrieved for the next dabucuri or kariamã. No one knew when that would be. As the kariamãruka departed, the women had left the communitarian house and as usual had locked themselves in a house.

It was Saturday morning. The kariamã had started on a Tuesday around noon. The kaximaro (except for me) had arrived Wednesday morning, and since then they had fasted practically the whole time, only eating at specific times, in the morning and at night, consuming small portions of xibé and karibé, both cold foods. There had been a great deal of work throughout all of these days. The mood was one of exhaustion, especially for the kaximaro.

Finally, at around 7:00 am, the kariamã was ready to be presented. Since the xerimbabos had already been safeguarded, the women and children were in attendance. The two kiñápira pans – a bowl of chopped fruits and an aturá (cylindrical basket) of whole fruits – had been brought to the front of the communitarian house, where they would be presented. They were not transported in just any old way, rather the method was equally ritualized: each kariamã (container with consecrated food) was carried by two people at the same time, and moved some two or three steps, then it was put down, and the carriers then gave each other a lashing with the adabi. That was how the procession moved to the communitarian house, in a rather fragmented fashion. Women and girls also participated in transporting the kariamã. I imagine that they had to stop 15 times for each of the kariamã to reach the front of the communitarian house.

As soon as all the kariamã were placed on the ground in front of the communitarian house in the open air, the kaximaro were also lined up one next to the other in front of the food. We were asked to make a small hole in the ground with the handle of our adabi and everyone should stand in front of their respective hole. Seu Leopoldo knelt down and began to skin the whole fruit. On a separate plate, he placed a piece of kiñápira with a lot of pepper and mashed the peppers that were still whole into the fish, and alongside the mashed kiñápira, he placed small pieces of each consecrated fruit: cúbio, pineapple, cupuaçu, banana, guava, ingá and limes.

Seu Leopoldo stood up and with a plate in his hand, offered a few words – this was the hour of his final counsel. He repeated practically the same thing he had said to me before: that the kariamã had been a success; that the kaximaro had behaved properly; and that he expected that everyone would have a long and healthy life. He also stated that he was healthy at age 82, and he believed that he was still strong in large part because of Jurupari. He recalled his own kariamã, roughly 70 years before, which took place in the exact same spot. He told us that he would put a little kariamã in each of our mouths, and we should chew the meat and pepper for a few seconds, without sucking in air to relieve the sting. Then we were to spit the food into the hole that we had made with the adabi. With the fruit, we should only lick each piece offered and also spit it into the adabi hole. He then began to offer the kariamã to his left, starting with Kúli, then Jacaré, Edmundo, Tene and finally, me.

As soon as the kariamã had been given to us, Seu Leopoldo retrieved the three pindaíwa that he had made himself. In the same order, he lashed each one of the kaximaro with the pindaíwa. The lashing was not as strong as we had been led to believe. Much later, one of the kaximaro even complained. Seu Leopoldo then proclaimed the kariamã over and that the kaximaro could have their first meal after their four day fast. Everyone present could also eat a small piece of the kariamã. Everyone crowded around the kariamã to eat together with their children a piece of consecrated food. When parents offered their children a little kariamã, they ordered them to spit the food like the kaximaro had, and then gave them a tiny lashing with the adabi on their back. Then they hung the children by their arms and comforted them in their laps. Many adults, men and women, continued lashing one another with the adabi. One of the key goals of these beatings with the adabi is to remove the *saruãsa* from people, which is a concept hastily translated by Jurandir as "fear".

On a table set up next to the house, portions of kiñápira and beijus were served. The kaximaro eagerly ate their first post-fast meal; they were clearly famished. There was also a large quantity of açaí and bacaba xibé in many pans and buckets. Since neither of my parents, nor those of the other kaximaro were present for the ritual, Casimiro and his wife, Marlene, Seu Leopoldo's daughter, assumed the responsibility and role of parents of the kaximaro, especially the mothers, to repay the families that had helped in their son's and daughter's kariamã with beijus. These were distributed among all the men present.

It was nearly 9:00 am, and I, and nearly everyone else present, had been awake for nearly thirty hours. While some had already started leaving to go back to their respective communities, I went to rest in my hammock, because I was in a complete daze. As soon as I got to Seu Leopoldo's house, Casimiro found me to give me all of the adabi and pindaíwa as presents. He told me that I could do what I liked with them: I could leave them, take them with me, or even throw them away. He also said that he was giving me the adabi and pindaíwa because that had been my kariamã. Normally, the adabi and pindaíwa are kept by the community, so this offer appeared to be an exception.

Suddenly, all of the kaximaro came into the house. They arrived without saying much. Among the four who had been present, Edmundo, who is from São Francisco and with whom I had developed the strongest friendship, spoke on behalf of everyone else. He said that they had come to say goodbye to me, because they had to get back home after so many days far away from their families. They said that everything that we had been through together had been powerful and difficult, but all the same they were still happy to have been initiated in Jurupari. They ended by saying they hoped to see me again, whenever that might be, to continue our work with Jurupari. Everyone said goodbye, shook my hand and left.

Finally I laid down in the hammock to rest my body and spirit, and my heart started racing and I began to cry. I was immersed in an unfamiliar sensation. I was not really sure what had just happened to me and what the entire experience had meant. It had all been very powerful and intense to be only for the purpose of gathering data for a doctoral dissertation. My feeling was that only later I would understand what had happened during the entire process. When I finished crying, I fell into a deep sleep[27].

27—Perhaps the having seen and played the Jurupari had allowed me to experience something similar to what Márcio Goldman reported after hearing the drums of the dead in a Bahian candomblé ritual, "an experience that, although not necessarily identical to what my friends in Ilhéus had [I would say, my friends on the upper Negro River], shared with theirs a fundamental point of contact: the fact of being complete and not setting apart the different existential territories that we inhabit" (Goldman, 2006, p. 19).

PURANGA INDIANNESS UNDER SIEGE

GUILLERMO DAVID

THE HUG

Every culture writes poems about the river. There is the surf, and there is war. There is life and destiny, distance and mystery. And the arrival of others that signals either promise or threat. The river, for riverine peoples, is everything; it is them, the everlasting flow. However "you cannot step twice into the same river," warned Heraclitus of Ephesus, the philosopher of fire. Things are no longer what they were. The world is always something else.

The Negro River, the large dark-water river, is a horizontal vertigo snaking through the jungle. Its style, like nearly everything in the Amazon, is one of excess. At some points along its course, its depth can vary by thirty meters: what in the dry season you can see as a cliff rendered inaccessible, with shaky hanging stairs here and there, in the summer becomes a natural beach uncovered, just like any other. Whole rocks, frequently marked with enigmatic petroglyphs, disappear under the water in the rainy season; enormous nut trees can only keep their highest branches above the turbid surface, replete with omens. During the ebb, the *igapós* – flooded mangroves, which are normally inhabited by impoverished *caboclos* – look most like areas devastated by tsunamis or war.

In the face of the magnificent impression left by the river, any pretense of understanding falls flat: the first device we make use of, just so we can have a grasp of the unthinkable, is a pictorial comparison, because the Negro River is not analogous to any other river in the area. The jungle, the dark often sinister water, and the infinite oscillating refracted luminosity makes any difference pointless. So we don't think of the idyllic scenes from an impressionist's palate, but rather the shift between the simplicity of the customs agent Rousseau or Tarsila do Amaral, and the nightmares of Max Ernst and the pre-Raphaelite visions of the turbulent Turner. The dense jungle, populated by mysteries, becomes a nearly abstract power tangled up with the splendorous storms and thunderclaps, a fast changing atmosphere. It is the palate of a febrile and hallucinatory god. Just one day of travel along the river exposes us to a blistering sun, blond clouds, bestial storms that devastate the heavens, hurricane winds and rains of a thousand intensities, which leave behind pristine skies and rosy afternoons and starry nights like no other on the planet.

However, good children of the 20th century that we are, it was the movies that irreversibly shaped our vision. When flying over the dense jungle, of the deepest green, which is home to the most subtle shades of color, we cannot help but base our image on war movies set in Vietnam or old sepia-toned documentaries that portray lost villages, isolated tribes, legendary animals. It can be said that we lack an innocent eye over the Amazon: we are no longer subjects affected by a direct experience. We do not compare observations along the way with a sensory memory constructed over the length of one's life. We are tempered through the construction of modern subjectivity that has lost its connection with the living materiality and has delivered itself wholly over to the hegemony of the virtual eye of the West. This does us absolutely no good here, this spectral virtuality. Because we are reaching out to another that, no matter how much we ignore it, is already in us. Another that we, challenged by jungle dwellers, have to turn and face. Innocently, we carry knowledge within our body that we did not even know we possessed. When this is imposed upon us by chance, troubled by the discovery that we think we have recovered our animal nature, we sketch out brief urgent explanations. "It is characteristic of the species," we say, trying to convince ourselves. "Culture is what distances us," we halfheartedly argue. Or, as Spinoza said, we end up babbling, "no one knows what the body is capable of." Simple daily life among these communities should cause us to review our sleeping faculties, an appeal to the atavistic knowledge lying within the Native American that we at some point were.

The jungle is a communications dead zone: in the jungle, radars, satellite transmissions and radio waves are useless. They simply collapse – they do not work. The only reliable forms of social communication are the people who travel from one village to another, in *rabetas*[1], *voadeiras*[2], *batelões*[3] or *regatões*[4] that cut through the waters transporting entire families to and fro, as well as gasoline, wares, news and visitors. For people who live along rivers, time is measured by difficulties in navigation. Sometimes the boat normally travels upriver to the border or to Manaus; others, a transportation sailboat or fishing boat's arrival is announced by barking dogs in villages. A passing motorboat, preceded by the sound of its motor, is observed with a certain rude curiosity by people who live along the banks.

In June of 2013, I was invited to participate in a crucial stage of the production of the film *Baré, povo do rio*, a project undertaken by Sesc São Paulo, directed by Tatiana Tóffoli, with production, research and script by Marina Herrero and Ulysses Fernandes. The team had made two previous trips, and with a first cut of the film in hand, we traveled to 11 villages (from São Francisco, on the upper Negro River, to Acariquara, near Santa Isabel, on the Jurubaxi River, a tributary of the middle Negro River), where we showed a version of the nearly 120-minute-long film, and then opened the floor to criticism from the film's own stars. The goal of the film is to present the Baré people through interviews, and especially by recording the cycle of manioc, fishing and *cariamã* and *dabucuri* rituals, as moments of the ongoing ethnic reaffirmation process. This paper, something between an essay and a story, seeks to reflect this experience and to unite into a unique and singular contribution something that represents the tremendous amount of work on the part of my travel companions, the thoughts shared with the group.

The plane trip from Manaus to Santa Isabel, and then to São Gabriel da Cachoeira by boat, is like a false introduction to the life that we would encounter in the villages. Because like any great makeshift place, these cities placed in the midst of the jungle flaunt, not without occasionally grotesque obscenity, the intention of being somewhere along the civilizing vanguard, when in reality they are nothing more than the last bastion of the Phoenician invasion on ancestral indigenous lands. Places for activities of traders, traffickers, institutions of greater and lesser charity, evangelical pastors and border militia who act as a magnet for the populations of the Negro River, exert an irresistible attraction, that has such a devastating effect that the word ethnocide ends up being insufficient. Crowded piers, streets infested with multiplying stores overstuffed with Chinese crap at bottom-basement prices, with little to no utility, rickety constructions that scream penury, large slums filled with people not invited to the banquet, São Gabriel and Santa Isabel are the modern face of an indianness that, converted once again, gives shape to new civilization standards at each moment.

But sometimes spectral figures pass in front of you, recalling that the indigenous universe where the cities are embedded has other rules. I saw an entire Yanomami family walking single file in the middle of the street, carrying enormous hunting bows on their shoulders, and in their *balaios*[5] [baskets], the highest quality crafts to sell. An entire Yanomami family, removed from the urban rat race, in possession of the dignity of the warriors of old, immune to the barbarous seductions of that which call itself (not without implying a horrible paradox) "civilization". The scene is a powerful one. There is an unparalleled nobility to these tiny, half-dressed men and women, who walk confidently through a hostile environment. "They know who they are," I tell myself. I watch them go into stores and spread out along the aisles like someone who is heading out to hunt under the blistering sun, slow, assured, alert. In short order, they will exchange a bow or a pair of baskets for an ax, knife or machete, without even questioning the imbalanced barter. Their technology, one of a precision and beauty adapted to their needs, will be traded for some crappy industrial, anonymous junk. But something tells me that in their case, nothing is going to perturb their determination to continue being who they are.

While I am watching them on the street from above in my hotel at the river's edge, I am enjoying delicious grilled meat. The overcooked skewers we are eating, I was told, came from the different villages along the Anavilhanas archipelago, near Manaus, where they had abandoned their traditional crops and other production practices to dedicate themselves to meeting the demand, at prices that would be laughable if they weren't such a pittance (from R$ 1 to R$ 3 for every 100 units), from small restaurants for tourists and traveling merchants. It is this inequity or naturalized inequity that occasionally makes understandable the violent uprisings that certain indigenous groups at times have used to respond to such abuse. Every once in a while, someone will tell me, as if unraveling ancient memories, the remains of a saga of different insurrections and uprisings that shook the region in more turbulent times. (Somewhat more faintly, the name of the great *cacique* (chief) Ajuricaba still echoes, who at the start of the 18th century bravely challenged the Portuguese enslaving empire by hoisting the flag of his Dutch allies and entered combat: captured, he sacrificed himself jumping into the river, still shackled.)

But I will also discover the backstory of the famous *leseira baré* (Baré laziness), a dishonorable accusation that taints with prejudice the judgements of non-Indians, resulting in a type of resistance to integration of great strategic efficacy. This is a kind of indolence tempered with a certain misleading naiveté, a simulated disdain the Baré Indians use to amiably avoid the stimuli from the modern life, without ever ignoring them. It is an existential lesson: the vertiginous economic and technical harassment will be defeated by their stoic observance and noncompliance with its requests, a sort of primitive playfulness that refuses modernity, slipping through an unexpected tangent. Another temporality, another ethic, another world view, quite different from that of late Western capitalism, it will be one of the most noticeable traces of indianness survival under the forced integration conditions that we shall soon discover.

Half a day up the river submerges us in a silence that gradually heightens our senses. The desire to learn enters into a state of suspension; little by little we surrender to pure contemplation of the landscape along this meandering path, occasionally interrupted by some villagers that gaze upon us indifferently as we pass by. Punctuated by tiny villages with literary names, the body of water that the indigenous myths describe as a snake from the heavens, proposes bifurcated paths that spread charms among the different ethnic groups. Crossing the river cutting through the water at high speed presents us, like in a travelling shot in a French movie, with the wind in your face, the intensifying noise of the engines, the water splashing, a vague idea at the edge of our mind of the massive distances that weave our social fabric. It will take us a little while to figure out that what is unknown to us, which in a mistaken derivation we have put under the concept of *green desert*, for the river people it lacks mystery. The land is everything. Its map is printed in the Baré experience as a landscape that is equally personal, singular and collective.

When you get off the boat in São Francisco, on the upper Negro River, the first thing that happens is a hug. The entire village, one by one, hugs us. And they do it in a way that demonstrates the agreement that exists for the gesture: with a certain forced intimacy, the hug is a little longer than we are accustomed to; it is a little uncomfortable. We do not have a good idea of when it starts, much less when it ends. Sometimes we don't even know if it will bring a kiss on the cheek, as usually happens, or if we should remain within this circumstantial embrace. But there is something uncommon: without a shadow of a doubt, it is absolutely genuine. This is not our typical customary hug. As the days go by, we learn that physical contact, although the Baré tend to avoid it, is a central element in their socialization: it is a guarantee of truth.

Some men shake our hands timidly with a little veiled arrogance. They never squeeze, like men in the south are prone to, who attempt to show their manliness and display power; rather they show some indifference, a nearly calculated disdain. The handshake appears to be just another compromise to a custom that precedes something fundamental: it demonstrates the exact distance that we should maintain for the entire time that our stay lasts. I make note: not so close but not so far in

---

1—River vessel normally made of wood, similar to the eastern *sampana*, used for transport of both merchandise and people. It is powered by an outboard motor which has a long stem and a small propeller.

2—Modern vessel, made of fiberglass or aluminum, propelled by a powerful outboard motor. It can reach high speeds, and its bow literally flies over the water, which explains its name.

3—Larger lighter *chalana*, used to transport people and merchandise.

4—Sloop sailboat, used to sell or trade products in villages.

5—Cylindrical basket made of palm fibers.

the placement of our bodies, our gaze and our words. We are in the realm of courtesy.

The arrival ceremony lasts a specified amount of time: Seu Filó, the captain[6] of the village, smoothly conducts us to the cabana that will serve as our home. There are six or eight tree trunks planted firmly in the ground that hold up large hanks of damp straw roof. The design is totally functional and allows slight modifications. Cool in the summertime, it is leak-free and safeguards us from the nearly daily rains. Discrete wooden walls that in some cases are just the trunk, expose the holes that bring in the cooling breeze and the morning light. The dirt floor is kept clean, because it is swept constantly with brooms made of *piaçava preta*, a task performed silently, nearly imperceptibly, by elderly women. Hammocks are hung one alongside the other: sleep is a group activity here. There is no privacy, nor will there be, we discover. We do not miss it.

FOREIGN NATIVES

A series of stock phrases reveal the mistakes the figure of the Indian, aboriginal, indigenous, or the current politically correct term "person belonging to an ethnicity, *or first people*", elicits among non-Indians (whom the Indians incorrectly, in the absence of a better word, call *white people*). Considered *natives*, – which does not mean they are familiar with the nationality that the State has tried to impose upon them in order to assimilate them – they are for many no more than a historical remnant. Now execrable, now venerable, at times they are the subject of a certain folklorization that ends up exposing them to the symbolic market or the pious preservation policies, – and above all, to the contact with white people. Indians, who call themselves *Indians* (although influenced by close contact with anthropologists they do not use anymore the word *race*, which they substitute with *ethnicity*), are seen as nothing more than a hindrance to modernity, living witnesses to worlds gone by, anachronistic beings that will be fatally swept aside by history or mutated through a more or less compulsory assimilation or integration.

The romantic version to which beautiful souls are inclined, aware of the West's blame, considers them to be a type of rare jewel of the past, an attribute that should be maintained at the expense of their remaining endowed with an air of purity in their tribal ghetto, cultivating magical or pre-logical legendary or mythical thinking, incapable they are of abstract thought. These savages or barbarians, *races without laughter or science*, would be natural entities stripped of historicity, representing the idyllic infancy of humanity; *ecological animals* whose ancestral wisdom is just that: an unhelpful atavism, an object of study for the curious ones, which serves to recall the cloistered pre-historical universe. Even their mastering of nature is seen as part of their not belonging to the world of culture, which would explain their resistance to integrating into the capitalist production mode through flight, revolt or indolence. Malleable, unmalleable, indomitable, docile, physically inferior, physically superior, morally reprehensible and morally exemplary, the Indian became wise, obtuse, somewhat communist, apolitical, anti-nationalist and nationalists, fundamentalist and incredulous, credulous and pluralist, somewhat prone to power systems, at the same time democratic and authoritarian, taken by charismatic powers and subject to pre-political structures that resent their statist conversion, such as a race, a tribe, a clan or brotherhood, where there is no place to modern forms of representation. This is how sooner or later the Indians are always the blind spot of political thinking that does not even realize its own failure in the face of this elusive *object*.

TRAITS

The Baré people do not escape these equivocations. We are trying to clarify some of the key aspects for understanding them. First, we need to remember that the ambiguous Baré are a *pluriethnic nation*, comprised of a high percentage of individuals living in villages and not a few of them living in towns, who practice linguistic exogamy – in other words, men marry women from other ethnic groups, who speak different languages. They practice patrilineal succession, which is the nucleus and foundation of their fragile ethnic identity, and they communicate through at least one of three languages: Portuguese, imposed by contact with the *white* world, reinforced by state hegemony; Nheengatu[7], an antique variety of Tupi, imposed throughout the centuries by Catholic clergy of different orders, mainly Jesuits, Carmelites, Capuchins and Salesians as a general language (called the *general language* or simply *general*), which took the place of Baré, which no one speaks anymore. Then there are the maternal languages spoken by women and mixed with others by the children. Their presence is dominant along the middle and lower Negro River, especially in cities, where they achieve a certain predominance in nearly all activities, at the expense of their relative acculturation (we can already see the folds the concept assumes, permeated by paradoxes that barely cover their negative connotation). The search for healthcare, paid work or better education, along with joining the military, are some of the attractions that lead people, mostly the young, to move away from their riverside villages. The seduction of the barbarousness we call *civilization* spurs migrations that end up being devastating for the ethnicity. When they leave their communities, they are not just abandoning their village, family or relatives – many other abandonments will follow. Even though in a double movement of cultural reversal, the technical appropriation and educational enrollment, in other words, the integration that ends up taking place, contributes paradoxically to the current process of rebuilding the ethnic identity.

Like other Arawak groups, the Baré were not only linguistically *tupinizados*, but they were also forced into villages, which led to a partial detribalization. Outcast preyed upon economically, they suffered the rupture of inter-ethnic relations stabilized over centuries among the various indigenous people along the river – an authentic confederation – destroying the communal life of the *malocas*[8] (longhouses) and a good part of the complex web of exchanges that guaranteed the reproduction of the social framework and ecological balance of the region. The Baré underwent an acculturation process that bordered on ethnocide; their beliefs, often considered evil by the clergy who infested the river over centuries, were in a large part erradicated or turned into a hybrid, and their rituals, associated with demons, were the prey to an uncontrolled inquisitorial zeal. During the slave raids (human hunting expeditions that reproduced the ancient campaigns of the *bandeirantes* in southern Brazil), the Baré were subjected to the extractive cycle, marked by a search for the *drogas do sertão* ["drugs from the backlands" such as cocoa, vanilla, clove, cinnamon, etc.], losing to a certain extent their own agricultural traditions. With their autonomy injured, they were segregated, forced into cities, into the white culture, into a certain embarrassed miscegenation seen as a negative sign, receiving the derogatory name "caboclos" (from the Tupi *ca'a boc*, which means "from the jungle") or further to the north, called "tapuios", which supposes – and proposes – the dissolution of the ethnicity.

However, this history of successive syncretisms and miscegenations produced moments of rebellious outbreak, which shows the articulation at certain levels of collective autonomous power: the emancipatory attempt that was the *Cabanagem* revolt would not be comprehensible, nor would the sequence of uprisings undertaken by indigenous Messiah-figures, without the ethnic hybridization process that took place over five centuries. But it is no minor detail that these revolts ended in defeat, the memory of which today haunts them like a curse.

SUBMISSION AND HUMILIATION

When talking with some men in their seventies, it is common for their speech to be peppered with words from the Spanish, which they take as their forgotten ethnic language. One of the oldest men interviewed, when asked for his personal recollections about the Baré language, which his mother spoke, mentioned Spanish words learned on the *balata* plantations (a rubber variety similar to caucho, exploited by rubber workers) in Venezuela or Colombia. Modest as these men are, some of the elderly are embarrassed by the hidden enslavement they were submitted to by the *padroado* system during the rubber boom, since that reveals their weakness in the face of white culture's economic-cultural supremacy. But in this case, these are family memories: they speak about their grandparents, parents, relatives or just people they knew who were victims of the unchecked ambition unleased by the extractive industry that devastated the region, leaving in its wake an economic misery and moral bankruptcy among its inhabitants for having lost their ethnicity.

Added to this is the work of missionaries on borders and in chapels, which made a clean sweep of the regional common sense. The blame induced by this ideological crossfire marks with its stigma the Baré speech, in which stand out particularly those aspects that, undoubtedly enhanced by the Salesians, that emphasize their darker sides. As if it were a personal memory, I heard embarrassed reports of the human hunting expeditions of yore in which the Baré, victims of an oppressive system, turned collaborator and torturer. This would all explain and even justify the disdain or indifference they receive from other ethnicities. Since the middle of the 19th century, the Baré have been involved in hunting Indians for rubber workers (*caucheiros*), miners (searching for gold) and slave-owning missionaries, although some authors soften the matter by blaming Arawak exogamy for the kidnapping of women to strengthen clan alliances with other ethnicities – a version that would appear changed or overwritten into that report of hunting for humans. In fact, despite being stripped of fundamental traditions, exogamy continues to underlie the basic structure of

---

6—This name has overcome the use of the word *cacique* – these days, common among Indians in Brazil and nearly all of the Americas – or *tuxaua*, in Tukano. It was preceded by inspector, current during the first half of the 20th century, which according to Koch-Grünberg was a dignity granted by the mayor of São Gabriel to the heads of old families, representative of each region, who had some kinship with the Portuguese. Currently it is a position held by election, which takes place approximately every three years in the communities. Among their prerogatives is the right to collect a gas tax, in order to provide transportation to some villagers, to fuel power generators or supply other services. It is the captain also who upholds the village's political ties.

7—Spelling has changed over time: the ancient *nheengatu* was replaced by *ñengatú* or *yēngatú*.

8—"So vital to the social and religious life of the tribe was the circular layout that the Salesian missionaries (...) soon realized that the surest way to convert the Bororo was to make them abandon their village and move to one where the houses were set up in parallel rows. They then would be disoriented in every respect. All feeling for their tradition would desert them, as if their social and religious systems (these were inseparable, as we shall see) were so complex that they could not exist without the schema made visible in their ground plans and reaffirmed to them in the daily rhythm of their lives. (...)The layout of the village does not only allow full and delicate play to the institutional system; it summarizes and provides a basis for the relationship between Man and the Universe, between Society and the Supernatural, and between the living and the dead." Claude Lévi-Strauss (1955, pp. 210-11 and 223).

familial relationships. Among the Baré, the clan gives away its sisters and gains wives from other ethnicities, so linguistic and naming conventions are transmitted patrilineally.

TERRITORY

Occupation along the river – and not on the edges of streams and tributaries, the *igarapés*, or the hidden meanders of the floodplains, the *igapós* – is a privilege, according to myths, granted *ab origine* to certain groups. Which, paradoxically, was unfavorable to ethnic autonomy, since it exposes the Baré, and to a lesser extent, the Tukanos, predominant groups in demographic and territorial terms, to contact with the colonizing and missionary universe. However, at the end of the historic cycle, these days the Baré and Tukano groups are the most developed both politically and institutionally: the collegiate board of directors of the *Federação de Organizações Indígenas do Rio Negro* (Federation of Indigenous Organizations of the Negro River – FOIRN), since its foundation in 1987, has been a key agency for managing public policies in the territory, rotating among both ethnicities. In fact, at the time of our visit, the presidency was held by Almerinda Ramos de Lima, Tukano, the first woman to run the organization, who without a doubt represented a major victory for women and an also major effort on the part of the men to adapt. The region – known as *Cabeça do Cachorro* (Dog Head), located on the border of the state of Amazonas with Venezuela and Colombia – comprises several indigenous territories undergoing a demarcation process: the Indigenous Lands of the Middle Negro River I and II, Indigenous Lands of the Téa River, Indigenous Lands of the Yanomami, Indigenous Lands of the Balaio, National Amazon Forest, Pico da Neblina National Park and the Tapurucuara Environmental Protection Area. The Baré, concentrated mainly along the upper and middle Negro River, are found mostly in the towns of São Gabriel da Cachoeira, with an estimated population of 42,000 inhabitants; Santa Isabel (roughly 10,000 inhabitants) and Barcelos (25,000 inhabitants), and they represent a significant population of the entire basin all the way to Manaus. In 2008, São Gabriel was the first city with an indigenous government in all of Brazil, which led to identity recognition that caused a series of related policies, like the enactment of three official languages (Nheengatu, Tukano and Baniwa became official languages, although the entire region contains 22 spoken languages) and the strengthening of 42 indigenous associations of the region united under FOIRN. That said, although the indigenous region is better developed from a political and institutional standpoint, risks still lurk.

SHARED MATERIAL CULTURE

As Berta Ribeiro details in *Os índios das águas pretas* (1995), there are three phratries along the Negro River who make decisions about alliances through marriages, and whose triangulated relationships are governed by rather precise taboos. Thus, the Baré, Desãna, Tariana, Baniwa, Arapaso and Kubewa, among others, consider themselves brothers, which would initially prevent them from intermarrying (although today this rule has been violated). On the other hand, exogamic marriage is feasible with members of the Tukano phratry, which includes the Siriana and the Bará, as well as member of the Tuyuka phratry. These exchanges result in all sorts of adoptions or adaptations, especially technical, linguistic and cultural adaptations. For example, according to Ribeiro,

> (...) from the Baré, the Desãna received among other things, the *pirarucu* pattern of braiding the *tipiti*, in which they use three strands of *arumã* at a time, instead of two. They were the ones who taught this technique and pattern to the Desãna. That happened when the Indians of the Upper Negro River went to work in Barcelos to harvest *piaçaba* and nuts. (Ribeiro, 1995, p. 71)

In fact, despite the specificity of the attribution of functions that guarantee the confederated warp and weft of ethnicities, one can say that generally there is a shared traditional material culture among practically every riverine inhabitant of the Negro River.

Along the river, one sees a certain ethnic division of work with respect to the making of utensils. The manioc grater – the "ralo" – is exclusively made by the Baniwa, as is pottery. *Cuias* (gourds cut through the middle, decorated carefully, which are used as bowls for eating or drinking) are made by the Wanano. The Tuyuka specialize in making canoes. The Tukano make the treetrunk benches. The Makú are considered specialists in *aturá* or *uaturá* basketry, made of cipó-imbé. The *cumatá* (*Urupema*, in Tukano), baskets used to sift manioc flour, made of arumã, are currently made by nearly all the ethnicities. At some point, as the rubber boom ended, they were important trade substitutes, pushed by missionaries who redirected indigenous production to the market in their areas of influence. Many of the braids are made by men. The secret for making them is passed along during initiation, the *cariamã*. These specializations function within the inter-ethnic exchange system, ritualized through the *dabucuri*, to reinforce the clan alliances based upon an economic register that promotes the material complementarity among the different groups. Hence the importance of restoring rituals, which are symbolic bonuses – that is, moral insurance – of social reproduction.

Furthermore, there is a certain consensus in valuing the quality of the Baniwa basket-making, which pattern, easily recognizable by a delicate mixture of black and white strips with bands dyed with *urucum* red, implicitly functions as a tribal identification, and supposedly reflects, at the same time, mystical visions received by inhaling the *paricá*. Some of these geometric patterns are present on petroglyphs found under the waterfalls throughout the entire region, attributed to ancient deities. The Baniwa grater is also a fundamental element to the economy and identity of the manioc processing. It is made from a board that is pierced with sharp fragments of quartz or flint obtained from certain places considered sacred along the upper Negro River. Among the Baré, the women are largely responsible for bearing these elements that give shape to the material life of communities.

DEITIES

It only happens in books. And sometimes, not even there.

First comes the image. I see a woman seated, her back erect, gesticulating while she babbles hastily, as if she wanted to avoid that the stories heard over and over again to escape from her memory, to fade away when she speaks. But her memory is made up of bits and bobs, an accumulation of geological layers of a language that struggles to build a vertiginous present: the ancient words spring from her in torrents, which appear to have been invoked by a higher power than she, and she is just the mouthpiece.

The woman narrates, as if for the first time, the origin of the universe. I try to imagine under what circumstances in the urban world would we be able to watch this small unexpected miracle, which happens as naturally as the weather. I think, "I have never heard an origin story for the world except in terms of scientific speculation, and I always did so with an air of incredulity, attentive to the falsities that erode the consistency of the report." It occurs to me – an idea that I immediately reject, but that would come up time and again as the days passed – that the drama of the origin of the world, to us, modern day people, already lies forgotten. And its presence in our lives is part of a faded trail that is only summoned during these sublime moments between realms: death, pain, or why not, love. But that recollection, mostly fictional, is stolen from us by the machinery of technical and social mediations that constitutes the city, where sacred spaces must be designated – temples, memorials, sanctuaries, monuments – designed to bend the nature of the abominable things to the profane modernity. Perhaps only in churches, mosques or synagogues, in their older, more prestigious forms, which somehow weave a warning against the current annihilation of their sacramental mightiness, could we possibly catch a glimpse of that lost account, that today, almost without asking for it, in the middle of the Brazilian Amazon, is given to me as a present, an offering, a gift. The means by which traditional religiosity survives in villages is one of the keys of the ethnic framework, subject to the threat of multiple invasions. Old abandoned movie theaters, sports fields, casinos or even suburban garages are transformed into evangelical temples, and have taken over Latin American metropolises, harkening in the worst way possible the art of summoning the gods, or God. However, a scandalously false brand, which results in kitsch or farcical priestly bureaucracies (whose iterations make them no less effective), blocks the sacred unction, the mystical connection with a manifest afterlife, to be assumed for what it really is: a liberating – or oppressing – power that validates the world.

However, here in the community of Tabocal dos Pereira, under the eaves of the Ñapirikury school, which proudly displays its name on an enormous sign, painted carefully, I watch a young woman recite the story of the origin of the world. Seen as the bearer of a portentous memory, heir of oral tradition handed down over centuries of language refinement, skewed by a series of tragedies and insensibility, she summons the story of Ñapirikury. This god with the bouncing name, who here is simply known as *God* (who they normally compare, but just because they believe to make it easier for us, with Jesus Christ, a comparison that extends, to the horror of Catholic priests, to Jurupari), is invested with power by them simply saying his name. Evanildo, our guide, offers to translate the story told in Baniwa and Nheengatu for me, and he tells me what initially seems to be something natural – reading the word *Ñapirikury* on the façade of the school that was just given this name – was the fruit of an arduous debate which was not free from political struggles for the community's memories. The imposition of a sacred hero's name on a public space by the community itself – and as far as I know, the only one in the state of Amazonas – is, I think, a sign of the times. Contrary to the government's voices, this sovereign naming marks the advent of an indigenous consciousness, an awareness of its own mightiness, a sovereignty based upon their ethnic recovery, the resurgence of a deep core feeling that encourages the emancipatory hope of a continent.

But I could also see that the story I was offered made part of a profane ritual of exchange, which had evidently become customary since they started being visited by anthropologists or nosy white people in general. Since, seconds after having spoken, the woman turned to me and, in perfect Portuguese, made a series of claims in a reproachful tone, which resulted in an urgent request for a new oven for the manioc production facility.

ÑAPIRIKURY

Ñapirikury is a mythical word of Siuci or Hohodene origin – Baniwa phratries – which bears a clear colonial hallmark in their current articulation. According to today's accepted versions of the myth, which is repeated along the entire Negro River basin, different ethnicities scattered along the river had arisen at the same time, born of Ñapirikury. But it was the *whites* who had bathed first, losing their color and transferring their dirtiness to the river, which have since then run with black acidic waters. (Note the ambiguity of the report: whites are dirty and contaminate nature with their own filth, but they precede the other ethnicities, and hence only for that reason earn preeminence.) Other versions, more explicit in their colonial vocation, have the whites bathing, after birth, in a fountain of gold dust. Ñapirikury would have offered the Indians a shotgun – in other stories it was a coin – but only the whites knew how to use it, which is the source of their technical, cultural and economic supremacy.

As with any civilizing hero, the presence of Ñapirikury causes a rupture in the natural order: he is who decides to take the ability to speak from the animals and give it to humans, thereby cementing their differences. His son is Kuwai, who replicates the creationist powers of his father, especially in Venezuela, and he is summoned by shaman to cure diseases. Since, unlike in Christianity, it is the son who introduces evil to the world, for which he shall also be sacrificed.

It must be noted that Ñapirikury, as well as Jurupari, is a trans-ethnic god; his presence is accepted and incorporated quite naturally by the Baré, perhaps owing to their Baniwa neighbors, with whom they constantly trade. Thus he would be a deity that was transculturated into the Baré culture, over which, in fact, modernity is always imposing itself.

A set of myths led by the god, whose name means "they are inside the bone", narrates the cyclical origin, destruction and reconstruction of the world. Three brothers of the same name, called Ñapirikury, hidden in the bones of a dead man in the shape of three shrimps, were rescued and raised by a woman who watched their transformation into crickets, and then into humans. They gave the cosmos shape and took vengeance on the animals that had killed the men, but they were tricked and corralled against fire in a field. The brothers hid themselves in an *embaúba* tree, which, as the flames reached higher, exploded and sent them to the sky. Kuwai, son of Ñapirikury, is responsible (as Jurupari, of whom he is supposedly an avatar) for teaching and controlling the initiation of young people in a ritual that ends with the death of Kuwai himself by his father's hand that causes the world to be consumed in a great conflagration. From Kuwai's ashes turned into wood, Ñapirikury made the first sacred flutes, which emulate the sound of the god exploding and being ejected up into the sky.

Another part of the saga tells of a war of the sexes: women steal the instruments and reintroduce chaos into the world, which will only be controlled once the men recover the instruments. (That is the source of the ban on women seeing or touching the instruments, which could kill them). The core concept of the Baniwa cosmology, which permeates the Baré belief system and possibly prefigures a connection with the Christian ideas, is the certainty that the world of men is stained by evil, pain, sickness and death, the opposite of the celestial world of Ñapirikury, where good rules. The shaman and witchdoctor's war against evil in this world is mythic and made real through ritual.

MIRA MBOIA

Other lesser deities, reformulated and superimposed during the colonial period, share the Baré's origin of the world, name that under these new coordinates would mean "white man". A large ship carrying human couples would have sail up the Negro River a long time ago. A single man, for that reason excluded from the group, thrown himself off the boat and was kidnapped by warrior women who lived without men along the banks of the river. Because of his sexual endowments, he was called snake man, Mira Mboia, and taken on as a stud breeder. Based upon the myth, he was to mate with each Amazon and then be sacrificed. Instead, he fell in love with the young and beautiful Tipa, who fled with him to form a settlement on the lower Negro River, where their family prospered. At the end of three decades, the god Tupã[9] sent his messenger, Poronominaré, who taught them how to live well and returned the first man and woman to the village of the warrior women. This is the alliance that gave rise to the Baré. The report includes a retrospective prophecy, wherein Poronominaré warned of an evil that would come from the river, which would result in catastrophe for the Indians: those same white men.

PORONOMINARÉ

The internal library of each Indian is shaped by a series of tales received, recreated, retransmitted that knit their memory together in an unending palimpsest. Changes disseminate multiple meanings that illuminate fragments of the indigenous experience. Poronominaré is perhaps the most Baré of the creation gods. It was Brandão de Amorim who gathered the most complete version, reproduced by Câmara Cascudo.

A shaman named Kariuá (which in Tupi means "white") went out to fish and never came back. His daughter grew concerned and went to find him on the riverbank, where the moon surprised her. The girl stared at it and saw that there were shapes that left the moon and came to earth, right before she fell into a deep sleep. When she woke up, the moon had merged with the crimson-tinged sunset. She was overtaken by a great sadness. Her father in the meantime had returned home, and when he couldn't find her, he feared for her life. He inhaled *paricá*, and in his visions he was able to detect a human shadow going up to the sky, before sleeping. The situation repeated every day.

For a very long time, the girl went down to the river and also fell asleep. Once she dreamed that she had given birth to a translucent baby boy, the owner of all things. When she awoke, she realized she was in the river and swam to an island in the middle, but a fish bit her belly. When she emerged from the water, she realized that her belly was empty. The water continued to rise and flooded everything. A *curupira* – a jungle demon – sat beside her in a tree and offered her a potion to rub all over her body and drink. When the girl did this, she turned into a little *guariba* monkey.

Her father had already been warned that his daughter's son was on earth, so he bravely sought him out. One day in his dream, he saw people with bird heads. He grabbed his arrows and went into the jungle. As he walked, it seemed that he was finding his grandson in all of the animals. Finally, he found the people with bird heads, which included his grandson. He got near and gave his bow and arrow to him to go to hunt. Because he was doubtful about his grandson's identity, he resolved to test it and transformed into a lizard. His grandson, having recovered his human form, tried to hunt the lizard and gravely injured it, and it was barely able to get away. As night fell, the young man appeared before his grandfather bringing a lot of preys, and saying that only a lizard had escaped to him. When he saw the wound on his grandfather's head made by his arrows, he asked how he had done that to him: 'a *daridari* (type of mythological bird), blinded by the sun, hit me,' the grandfather claimed.

On that night, the shaman had a vision of his daughter transformed into a monkey, weak with hunger. He decided to go rescue her. He went by canoe with his grandson to the flooded plains, and they found her among branches, but they were unable to free her. So the old man threw a rock at her, and as it fell, his daughter opened up, transformed into a person and covered her son. Her belly was huge: she was pregnant. They went back home, she ate and slept. The next day she talked about her dream, in which she gave birth to her son on a large mountain, but she could not nurse him: a gang of hummingbirds and butterflies were responsible for feeding him. Her father questioned his own dream, in which the animals had revealed to him the birth of his grandson Poronominaré on Jacamim mountain. He went to the mountain, but he could not climb it, because it was filled with animals. So he transformed into an owl and flew up. Poronominaré was seated at the top with a blowgun in his hand. He split the land among all beings, showing each one their place. Night fell, and when the sun rose the next day, the only thing in sight was an owl resting on a rock. From far away, you could hear the sad dirges of Poronominaré's mother, while she was taken into the sky by a swarm of butterflies.

According to Lévi-Strauss, the Poronominaré myth maintains a certain affinity with lunar belief systems. Macunaíma's avatar, the hero of the *sertanejas* (backwood) sagas, he is an adventurer, womanizer, and like every good trickster, he wins over jealous Indians by using chicanery:

> he transforms them into animals, giving each a physical aspect and a gender that they will have from that moment forward. He finally comes across the Sloth, which acts astutely and states its good intentions. He attracts the hero to the top of tree and knocks him over into the void. Propelled by his weight, Poronominaré drills into the ground like a meteor and arrives at the underworld. The Sloth celebrates, thinking he has become lord of the Sun, the Moon, the stars, the earth, the water, the birds and other animals, everything… He promises himself that he will eat his victim, make a flute with his bones and play this flute to attract maidens.
>
> The cicadas receive Poronominaré in the underworld. They tell him that they will take him back to the surface when they return, upon the new moon at the end of summer. On the appointed day, the cicadas help Poronominaré to rise using a blowgun. He sees the Sloth singing by moonlight, boasting of having killed him. The hero strikes the Sloth with blow darts and he falls to the underworld. Poronominaré climbs the tree, unties his enemy's net and throws it to earth: the net transforms into a sloth, in the form that we know it today, "You will never sing in the moonlight again, from now on you will whistle in silence at night. You will be the chief of the sloths." (Lévi-Strauss, 1986, pp. 87-88.)

One of Poronominaré's representations is as a small winter frog, the symbol of fertility: *muiraquitã*. In Amazonian city stores, street markets, shopping malls or airports, you can buy little green stones carved into a frog, made by hand using tucum threads, at a reasonable price, which are offered as fertility amulets. According to legend, the *muiraquitãs* – a word in Tupi that means the notch in trees or in wood planks – are carried by the Amazon women – the *Icamiabas* – from the bottom of the river on the night they mate with the men with whom they have chosen to procreate, who can show them as proof.

JURUPARI

Likened to the devil by Catholicism, Jurupari is the most common deity along the Negro River and has been adopted by nearly all ethnicities. He has no physical form, but he is "incarnate", as they say, in the *paxiúba* flutes that imitate his voice in the initiation ritual. Allegedly his name is a corruption of the word *juropoari*, "hand over mouth", or "to take the words out of the

---

9—An abstract god, creator of all things, imported into the region by missionaries along with the Nheengatu language, who was opposed to Jurupari, similar to the devil. Originating in Tupi mythology, he has a spectral presence within Amazon ethnographic records.

mouth": it stops the scream of a person terrorized by nightmares, but it also governs the secret in his initiates. Other versions translate it as "the being that turns our hammocks", the bad dream that assaults the sleeper. But it also appears to allude to being careful in what one says, one of the crucial virtues for the Baré. Stradelli ascribes to it a highly unlikely African origin: nursemaids were responsible for spreading the story to terrorize children. The canonical version gives it a slightly biblical air, perhaps provided by the Jesuits, who mix in Genesis and the Gospels. Since Jurupari, legislator, civilizing hero, sometimes called the "Amazon Moses", is the son of a virgin named Ceuci: he was conceived non-sexually through the juice of the *curura do mato*, a fruit forbidden to young ladies, which had slid surreptitiously and voluptuously over his mother's body. Deity of the order, he was sent by the Sun to make over customs, so that the Earth would be turned into a perfect woman to marry, a task that still has not been completed, and that is why he remains among the living. So Jurupari is who overturned the original matriarchy. Initiations made in his name[10] reproduce this imposition by banning female participation. In the origin story, even his own mother had died for having access to that secret knowledge.

We had an interesting discussion around taboos related to Jurupari, after the film *Baré, povo do rio* was shown in the village of Iábi. That is where Leopoldo lives, who is not just the captain of the village, but also the last Baré medicine man[11] and protagonist of the film for the scenes where the young men are initiated. His son Jurandy, who inherited some of his father's mystical attributes, as well as a gift for leading, had his say after the showing: he did not agree with showing or even naming the paxiúba tree, which is the tree from which the *xerimbabos* (magical trumpets that are the gods incarnate) are made. According to the myth, they are part of the Large Snake named Boiúna, which once it was drawn and quartered, gave rise to the various ethnic groups found along the river – and moreover, women are prohibited from seeing him (but not hearing his sound, the deep and profound two-note buzz, which can be heard hundreds of meters away, and has a startling hypnotic effect). Each sacred flute is Jurupari and at the same time an animal: paca, jacamim, agouti, monkey. The discussion, which at points was rather tense, circled around two exhaustive options: cut this part out of the film or destroy it (neither alternative was possible, since this was a digital version on DVD), but after some arduous deliberation, the solution decided upon was to cover the screen with a sheet on successive showings when this moment of the film arrived, which only lasted a few seconds. Interestingly enough, no one was opposed to hearing them; they even offered to record the corresponding sound of each animal again in the forest, in order to be able to differentiate them from one another, which could only have been possible if a technician was present who had already completed his cariamã initiation.

It is worth noting that even a technical compromise, in this case a digital reproduction, was an obstacle to safeguarding from the taboo. However, after a quick internet search – including the FOIRN website – we found dozens of pictures and films, both historical and contemporary, of both xerimbabos as well as paxiúbas, freely accessible to one and all. When this fact was pointed out to the objectors, internet users, their answer was that it was not the Baré who had recorded them, rather it was people higher up the Negro River, people from ethnic groups like the Tukano, who are supposedly not so "acculturated". Once again, we saw the paradox of a culture resisting in an unexpected way.

MARCUS AND THE ALLIGATOR

It is a clear, sunny, nearly spring-like day. Strange for this time of year. Something sticks out of the silvery river water, breaking the sun's rays, and enchants me. It is a human head. A woman takes her morning bath with a child on her lap. Nude, virginal, lifting the baby, smoothly, playfully. They smile placidly: they look in each other's eyes. The scene plays out in slow motion, or at least it appears to be. Absolute serenity. She dunks her full head of hair slowly, leaning back as she holds the baby up high, away from the water. For a moment, his little fat squirmy body is suspended in the air: one of Michelangelo's angels, I think. Another image from the beginning of the world.

Every Baré village has about 150 inhabitants, maybe a little more. They all look like one another. Each couple has between two and four children. So there are always bands of small children who play, run around and explore jungle, taking their first hunt, nearly without supervision by their elders, in total freedom. In Acariquara, one of them caught my attention: Marcus. He is not yet old enough for school, but he already writes certain words in one of the languages he speaks – he does not even know how many there are. A little guy with a permanent sly smile that reveals some brownish teeth – like many Baré, who are also prone to eye diseases as cataracts and strabismus – he has a mild wandering eye.

Marcus is a natural leader: the others obey his wishes, which tend to be extremely willful. On those boring afternoons that tend to drag on, during the siesta, he is the guide to each of their activities. He is even my own guide.

A little more than a century ago, Joaquín Sorolla painted some Spanish children sunning themselves on a beach. A master of light, the Valencian was able to make their citrine skin, cured by nature, shine when touched by water and sun in a room in the Prado Museum in Madrid, exactly the same way the boys shine as they dive into and emerge from the Negro River here, in the state of Amazonas. When the river is low, they climb enormous rocks to jump and dive, but with the rains the river is very high and the rocks are covered, which is why Marcus carefully chose some strong branches of a nut tree, from which they fling themselves into the current. They could spend hours doing this, nude or nearly nude, full of laughter. The scene is idyllic. But like every paradisiacal image, danger lurks just around the corner.

I follow him every day to get into the water. I know that he is going to a safe, not too deep part of the river, far from the current, where there are no eddies. Despite the fact that it is winter, it is very hot, and in addition to the ritual baths they take every morning and every afternoon, a custom that we adopt nearly without realizing, it makes sense to refresh yourself often. But one day, just as they prepared to get into the water, I see the children, Marcus in the lead, stop at the edge of the river. They whisper and point, scouring the waters. Their normal festive spirit gives way to unmistakable signs of concern. They tell me that there is an enormous alligator in the river – two, maybe three meters long – lying in wait nearby on the bank of the islet, about 50 meters away, perhaps closer. I can't see it, but they can. "He lives there," they tell me quite naturally. "That's where," Marcus says, while pointing to some fallen tree trunks a short distance away, "the other one lives." Both live in their lairs mere seconds from where we take our daily restorative baths. I am absolutely terrified the moment I spot the nose of the saurian looming mere feet away, stony, hieratic, on the shimmering surface. Alarmed, I run for help from the other adults, who are watching television in the communitarian house. Among them is the father of one of the children. They dismiss my fear with a smile, telling me, "the alligators hunt at night." I am not at any risk. "In fact, the boys already know them."

When I told this story to an old friend in Buenos Aires, he pointed out my mistake with a little lesson on relativism. He reminds me that those boys share nature, vital spaces, with the alligators, the same way that we urban animals share ours, for example, with cars and buses, which rush down streets incautiously and actually are a greater mortal risk than those jungle predators. (In fact, based upon my research, that region has no recorded deaths of humans due to alligator attacks). For them, swimming in the river, my friend said, is like when we cross the street. It is something you do with the nearly automatic precaution of someone who is used to do it.

In any event, this natural danger experience caused an ancient terror, specific to our species, to pass through my body, actualizing it. When I saw a bunch of craniums in another village, I thought: no ritual protects them – us –, no specific knowledge. You can only be sure of your habits. This is the natural condition in its purest state, the coordinates of which we ignore. I decide not to go back into the jungle or the river by myself.

My small friends have beautiful, musical, literary names: there is no shortage of Marlisons, Dailsons, among which I include the names of my guides Marivelton and Evanildo. Their mixing of languages uncovers a curious fact: with low levels of schooling, until 6 or 7 years of age they make up, from their maternal tongue and scraps of different languages – their own and that of their friends, whose mothers almost always come from different linguistic groups – their usual hybrid speech, at times inextricable. I proved this by having various children draw me different types of animals, in an attempt at sylvan literacy, which allowed me to observe a marvelous discussion about names: each one fervently argued for the name corresponding to their mother's tongue for snakes, insects, fish or plants. They had no problem whatsoever happily allowing so much polysemy, while accepting that, in order to name the same thing, their friends at home used an entirely different word, which they would then incorporate into their own jargon, without even noting that what in fact they were doing was translating.

The sensory education of the Baré children takes place through a constant dialogue with nature over their first few years of life: they are capable hunters and can be seen running hither and yon, hand in hand, climbing palm trees, flinging themselves into the water from smooth rocks located high above the river, performing chores from the earliest ages. Many times I witnessed the scene captured on film, of two very small girls easily climbing an açaí palm, and upon reaching the very top, they gorge themselves upon high, their mouths ringed violet from the fruit, laughing. At another point, when we were exploring the surrounding forest when Marcus saw a very venomous snake. Carefully and fearlessly, he snagged it with a small stick and removed it from the path, but not before discussing at length with his traveling friends that this was a *sacaiboia*, a *suradeira*, or a *secorija*. At another time, as instructed by our producer Ulysses Fernandes, who happens to be a biologist, they searched tirelessly for different kinds of bugs, including terror-inflicting giant spiders that the children would handle quite naturally.

PETS

When we talk about Indians, we nearly always talk about identity to state differences. Nursing our guilty conscience, earned thanks to the thousands of years of Judeo-Christian thought, we usually mitigate or dodge its irreducibility, or we tend to believe it does not exist. However, when we come across a difference that there is nothing we can do to assimilate it, serious ethical dilemmas arise with respect to tolerance and recognition of the rights to be different: our threshold of accepting someone else's uniqueness becomes clear. Nearly coarse.

10—See doctoral dissertation and study by Paulo Maia Figueiredo (2009).

11—Figure similar to a shaman, although at a lower level of specialization, the medicine man has a series of magical knowledge he can use to conjure certain evils.

In Brazil, pets are called *esteemed animals*. However, rarely are domesticated animals esteemed less than they are among the Baré. For the shocked non-indigenous observer, the drama starts when you see the treatment given, for example, to dogs. To be a dog among Indians must be one of the very worst curses, which I have tried in vain to decipher. The best I could was surrender to an queasy from watching the poor treatment heaped upon the dogs, armed with a vague hypothesis that attributes their lack of consideration for dogs because of their *white* origin.[12] Or along the exact same lines, they do not belong to nature, to the jungle, which in some way justifies their exclusion from the condition of *estimable animal*.

I saw people of all ages, refined and affable folk, deliberately and furiously mistreat adorable puppies who begged for crumbs at breakfast. Once, a beautiful and sweet young mother, without interrupting her talk with a friend, violently kick a skeletal female dog in the ribs who, in her distraction, dared pass too close to the girl. Sometimes, the older boys, when bored or a little drunk, would delight in throwing rocks at the very packs who that same day had been taken to help on the hunt. The only exception was Marcus: he was gentle with the puppies and unconcerned about mange or fleas, things of that sort.

The domestication of monkeys, toucans, macaws and parrots is rather common, and they are kept tied up and treated quite well. In Campinas, in one of the most carefully modernized villages – street have names, it is wired for electricity, they have specific plastic baskets for batteries, they speak in a proud, politically correct way – there was a monkey that managed to escape captivity, and when swinging on a power line, had been shocked. The part where he had touched the power line, there was no skin left, all you could see was two white bones, ending in claws, which held him up. The children took great pains to treat him carefully in their games. Someone carried him to clean his wounds. In São Francisco, I met the monkey Cadu, whose leash was tied around his waist, who wheezed and embraced everyone around with a nearly human desperation.

On the other hand, no dog will never reach the status of pet by being given a name. They are anonymous beings who deserve no care; all they are good for is hunting. However, they are never kept tied up, like the monkeys. The same person who like any one of us (and here the word *us* takes on a specific difference) would demonstrate special affection for the monkeys imprisoned as pets – a fact that we can only see as a natural empathy toward a genetically proximate being that looks nearly human – would see absolutely nothing wrong in, guided by the mistreated dogs, hunting the same species of monkey to eat them. Paradoxes of the Indian nature. Seeing a monkey that looked just like Cadu stretched over a fire, grilling without even removing its skin, head, extremities and entrails, did not cause any shock to Cadu's owners, who didn't even bother to name – much less feed – their dogs.

The first time I ate monkey meat was in Acariquara. No one told me, but I figured it out. It was my first day alone in the village, they were testing me. They waited for me to stick my spoon into the thick spicy broth, which contained amorphous pieces of meat that smelled marvelous. I got my food, I saw them looking at me, and I ate. I liked it. I went back for seconds, and it was only then that I saw the ribs, the little bones floating in the broth. "That's monkey," my host warned me, a little late. I continued eating, and they didn't say anything else: they had accepted me. To my surprise, monkey meat is cartilaginous and tastes a lot like duck. "Tastes like human meat," I remember thinking, not without fear.

Although they do not really qualify as pets, the enormous amphibious turtles called *cabeçudos* (*Testudines pleurodira*) are part of the interior landscape of Baré dwellings. They are raised to get fat, and they are kept on their backs, so they cannot run away or bite someone unexpectedly. Seeing an animal slowly moving its feet in the air during the day seems unnecessarily cruel, but it does not disturb the Baré in the least; they remain impassive. The meat of the chelonian turtle (a protected species, but consumption is allowed on indigenous lands) is highly prized, and it is attributed with all sorts of powers – including aphrodisiacal. Watching one die is hard on the non-indigenous: their heads are cut off with an expert machete blow, and while one person holds the bottom half of the shell, another rips off the other half, uncovering the animals bloody viscera. This work is quite natural, the same that we forget takes place in slaughterhouses where they kill and cut up cows, pigs or birds that we consume in the city. A century ago, Koch-Grünberg (2005) described another way of preparing the chelonian turtle: "They put the animal on its back over a big fire, and it paddles its feet in the air slowly until it dies. Only then do they empty the shell and cut it up, because the meat comes more easily away from the shell. Sometimes they open a hole in the side of the animal while it is still alive, take out the intestines and roast it whole in the shell."

Despite efforts made by Christians over four centuries, they lack a concept of compassion, I told myself. It also seems plausible to conceive that the nearly sadistic pleasure they take in punishing the dogs for no reason is an act of vengeance. I chose to see indifference to animal suffering as the remainder of a resistant aboriginality, implacable in the face of exogenous cultural invasions. In fact, one of the first arguments I witnessed among Indians about what was and what wasn't Indian had to do with hunting the chelonian turtles.

The first draft of the film contained a turtle hunting scene, the hunt performed by children armed with scuba gear, who dove and came up with small animals, collected in baskets or bags. When shown, one viewer objected to including this scene, under the argument that the scuba gear wasn't exactly an indigenous accessory. It was a weird debate, if for no other reason than the Indians themselves did not see a problem with appropriating technology for practical uses (actually, the viewer in question, one of the most level-headed Baré I had met, used a cell phone, email and lived in the city), and it would only make sense if it was shown as an example of inter-ethnic contact. Only in front of us, capturing and attempting to interpret these situations in non-indigenous code, is it relevant to question "indianness" either by the difference or indifference.

Another animal that lives in the villages is the buzzard, whose prophylactic function is much appreciated. A carnivorous bird, it walks around looking for meat scraps, without being a pest. It lives quite well alongside domesticated chickens, which are not locked up in coops and walk around freely, even if they are owned and consumed by family members. It is quite funny when they try to grab one to kill it: groups of men, hard scrabble hunters, happily run to and fro trying to capture a chicken who puts up a good chase. Sometimes, when there is too much risk of ridicule, the bird is expeditiously shot. On the other hand, whoever kills a buzzard will turn into *panema*, that is, their prey will inexorably escape them.

WOOD

The rhythmic drumming between the machete and the ax breaks the afternoon stillness. I silently approach a corner of the woods where a group of men attentively observe and share opinions with one another quietly. Two of them are building a canoe, the rest are just watching. Utensils are lined up on boards that are smoothed and slowly bent until reaching the supports that will give it its shape. They make it look easy. In just a few hours, the boat, once it is caulked with pitch, will be on the water. On another day I observe the final sealing process for a small one- or two-person boat, made entirely of a tree trunk felled by machete. Sometimes they singe the inside, but in this case they just smoothed it out.

The Baré's woodworking skills are surprising. Their masterpiece is creating oars entirely out of a single piece of wood, which they can shape and polish in less than an hour. The result is amazing: the perfect cross-shaped handle fits right in your hand, and on the opposite end the heart-shaped paddle blade, used to row, or made of simple leaves, with a straight edge, if the function is to stir flour in the fire. Made of *pau amarelo* sometimes, for sale to tourists, they are made of pau-brasil, a protected species, only available for indigenous use inside demarcated territories.

One of those present invites me to visit him. It is a young Baniwa man who brings me to his spacious abode, held together with wattle and daub and a braided straw roof, which contains just two small plain carved seats. Our conversation is amiable, only interrupted by an embarrassed little girl who is stuck inside a cardboard box and watches the scene from her corner. I am a curiosity to her, because like most of the Indians I will meet on this trip, they have never seen an Argentine before. They ask about hunting, fishing and manioc in my country. I find it hard to give them a reasonably satisfying answer. Eduardo, that is his name, explains to me the art of Tukano benches, made of light and malleable rowan wood. Once cut, they are sanded and covered with a layer of powdered red pigment, called *caraiuru*. It is then varnished, with a mix of clay and sand, which gives it its blackish color. The seats used for rituals – his father is a medicine man, he explains to me proudly, who lives close to the Venezuelan border upriver – have red, black and white geometric patterns and respect the delicate curvature of the wood. He explains that these are the ones that are sold the most in the cities to tourists. I try to ask him about how he sees ethnic differences living in a Baré village and area. Just like the Arapaso who live a few meters away, he does not even understand my question, "Everyone here is *puranga*," he laconically responds.

CHURCHES

One of the most moving scenes I saw while showing the film took place on the first day that we arrived in Acariquara, on the Jurubaxi River, a tributary of the Negro. On a previous visit just six months earlier, in the same communitarian house where the film would now be shown, there had been a welcome feast. In the scene, the captain of the village, Seu Leôncio, asked a young man to bless the food, who said an "Our Father" that was repeated by the diners in a sort of improvised mass.[13] But now something extraordinary would happen: practically all of the same neighbors who appeared in the film, when watching the scene, stood up and joining hands in prayer, discretely murmured the prayer they had just seen on screen, repeated digitally. As was the case in Iábi, in light of the involuntary violation of the ban on showing the paxiúba, in Acariquara I verified the effectiveness of religiosity reproduced on devices that are

---

12—Philippe Descola (2012) postulated that, for the Equatorial Ashuar, excluding dogs from society – which includes nearly every species of animal and vegetable – is due to their promiscuity, which alters the rules of familial relations, in particular, exogamy.

13—Later out I found out the reason for that delegation: Leôncio had embraced evangelism in the city and was prevented from officiating Catholic ceremonies, as he had previously done.

allegedly destructive of all sacredness, as in the case of modern technological intercessions.¹⁴ Something that, in fact, we already knew from electronic churches, which are mostly evangelical and in an alliance with technology could exponentially extend their reach into souls and pockets. That puts into check the sound arguments made by Max Weber, transformed into a catch phrase of Western thought, which see modernity as a progressive desacalization of the world given over to technical rationality. Societal secularism coexists perfectly with technologically reproduced atavisms, no more as a matter of survival, but rather as a foundational core of the social being.

The wrong implicit presupposition with which I watched this new configuration of religious life was that the indigenous universe resisted to this type of communication, an assumption that was dismantled by the wise sovereign appropriation that Indians have exercised over modern advances. (In Acariquara itself I saw young high-school students having sociology classes in a modern home theater donated by a Japanese foundation. One night in the middle of the Amazon, listening to a subtitled video lecture by Pierre Bourdieu in French, while a group of boys and girls took notes on what the professor wrote on the blackboard – *habitus, intellectual field*, etc. – was one of the most unexpected experiences I have ever had.)

In any event, the question of *religious invasion* is one of the most crucial aspects for thinking about indianness under threat by hegemonic arguments between resistance discourses and new belief configurations that put ethnicity itself into doubt. Among the Baré, you can clearly see the presence of a traditional mythical universe, which has been nearly completely stripped of ritual, ruined over centuries by inter-ethnic relationships under colonial subalternity, bound up with crumbs of popular Catholicism, now pressed by new evangelical sects. Abandoned decades ago by missionaries, modest Catholic chapels that were at one time places to gather, hold rituals and perform adorations, are now empty of meaning, no mass, no cures, no parishioners, mute witnesses of the history along nearly the entire course of the river.

However, they are displayed proudly by villagers who keep them clean and every once and a while add this or that plastic or plaster saint to the altars. These altars, as with all good Brazilian syncretism, are replete with colorful ribbons, profane images that harken to a not-entirely-forgotten or disappeared past. In fact, not infrequently a lay deacon improvises mass before a somewhat disinterested flock. In Campinas do Rio Preto, an old chapel that burned down gave rise to a more profane god: an electrical generator that supplies the village – "the God of Light," the neighbors joke. At the same time, a new chapel has been populated by popular saints that do not exclude candomblé imagery. On the other side is the emblematic Jacamim Rock, an ancient indigenous site where Poronominaré, according to the myths, was born: this rock, some 15 meters high, emerges from one side of the river in haughty majesty. But one detail interferes with its nature: two small whitewashed brick chapels erected at the top that house Catholic saints, shameful whistleblowers of obscene expropriations of beliefs enacted by the Catholic church.

When you talk to river folk, nearly everyone agrees that the radical policy of ethnic destruction was carried out most extremely by the Salesians. Even among people who are the most faithful of Catholics – the elderly, mainly – the recollection of boarding schools is a personal stain one cannot forget. Many people, including Seu Filó, from São Francisco, witnessed the fury with which corporal punishment was meted out, as well as other types of abuse related to the vocation of stripping away the indigenous belief system, put into practice through the boarding school system, the systematic appropriation of children performed by the order throughout nearly the entire 20th century. If the boarders were caught speaking Nheengatu, they were severely punished. Punishments ranged from kneeling on corn, through carrying a heavy crucifix around their necks – which compelled them to a painful submission by forcing their heads to bend – to fastening their feets in shackles. These were the classic forms of reprimand, disciplinary subjugation and stripping of identity adopted by the religious order. The children were taught to read and write in Portuguese. For a long time it was the Brazilian government that signed off this policy, even financing it. Clearly, physical and moral discipline were meant to produce a conversion of an indigenous person into a non-indigenous person. This was the central goal of the order. Monitors were appointed for each boarder to permanently control them. This one practice was meant to level the children's culture, who, removed from their families in villages where they had been raised in absolute freedom, were now tormented by their supervised confinement – one as terrifying as unthinkable ordeal to them. That is the sort of damage caused by this boarding school system. Over the past few years, the state of Amazonas has recognized that subjecting children to this type of schooling was an evil to be corrected, which is why it has agreed to lower the retirement age by five years for people who suffered through it.

Additionally, the limits of evangelization are notorious when you read the writings of certain missionaries. One of the most emblematic cases, from the other side, is the extremely interesting book by the Salesian Alcionilio Bruzzi Alves da Silva, *A civilização indígena do Uaupés* [The Indigenous Civilization of the Uaupés], wherein, despite his exhaustive knowledge of the ethnic specificities that he gained over many years living with the Indians in the missions along the upper Negro River, he still repeats the blind ethnocentric prejudices that he was trained with. So, an Indian is selfish, jealous, greedy, vengeful, vain, false, irresponsible, thief, stupid, superstitious and lazy by nature, and ultimately their only redeemable, socially useful skill is to be used as a servant, artisan or slave. On the other hand, the redemptive Salesian evangelization vocation met its end when the boarding schools closed, after state subsidies were suspended in 1980, at which point the order withdrew from the region.

However, the generic Catholicism that remains as common sense among the Baré actually acts as a community brake on the advance of proselytizing evangelism. At this point, with few exceptions, the establishment of evangelical churches in villages has been especially unfruitful, and this resistance affirms the common-law character of Catholicism. In some places, like Campinas do Rio Preto, evangelical pastors have even been thrown out.

The most effective way for Pentecostals to gain a foothold is mainly to do so in cities. In Santa Isabel, just walking through the streets, I counted about twenty churches with bewildering names, which offer vertiginous salvation from the evils that merely being indigenous causes. The mechanism is simple enough: upon moving to cities, however young they may be, the indigenous undergo a break in relation to their world and tend to fall into problems with vices such as alcoholism, depression and even suicide – one of the highest suicide rates in Brazil is found in Manaus, São Gabriel, and Santa Isabel. Those who have left their homes, their known world, are rendered extremely fragile in their ability to survive, which ends up providing fertile grounds for the work of evangelical churches, especially their Pentecostal brethren, which promise redemption upon the removal of sin, and with that they mix with the most profound of indigenous beliefs and overlap in the experience with prophesizing that the region knows well. Robin Wright wrote several papers articulating the evangelical presence, which produced a mass conversion of Baniwa in the 1950s, and the immediately prior indigenous prophetic traditions, whose shamanic wars created the conditions for this arrangement. My hypothesis, which is merely a suspicion, is that the absence of medicine men among the Baré[15] – either caused directly by the dictatorship or as a side effect thereof, which pursued them and expelled them into Venezuela, which in the Baré imagination appears to be a place of refuge where their traditions are preserved – although it signified a step backwards in the continuity of those rituals (*cariamã* and *dabucuri*) that embolden social reproduction as a guarantee of solid beliefs, made it hard to make use of and convert the shamanic or prophetic structure into an evangelical pastoral system. The protestant ethic, with its emphasis on the individual placed in direct connection with the numinous without a priest's intervention, and in a permanent state of discrimination based on fighting the devil – who is allegedly lurking at the depths of these people – finds among Baré villagers a community spirit shielded by residual Catholicism, which is diffuse but firm. This is clearly not the case in cities, where the individual integration into the evangelical salvationist universe is at the cost of any ethnic identity. In order to purge the demon, one needs to place everything aside and turns into a white person, urban, modern, speak only Portuguese, with no ties to the world of the jungle. Ultimately, one has to be other. An impossible other.

SOWING AND HARVESTING

The Amazonian soil along the Negro River is nutrient-poor and has only a few centimeters of vegetative covering making it suitable for agriculture. Additionally, deforestation causes erosion and growing cycles are short, which is why any agricultural system at all is going to require rigorous soil control, which is fundamental for the survival of not only the humans but the environment as well. In the past, the burn took place when the proper constellations appeared in the sky and the cycle of rains connected to them began. Today, there is just a memory of that cycle, stripped of any mythical meaning.

In the villages, early in the morning after a frugal breakfast, a silent line of women leave in the near darkness to walk

---

14—I recall having talked in Buenos Aires with philosopher Jacques Rancière about the meaning of the intentional, in my understanding, location of evangelical churches in old movie theaters: this lay religion of modern man that proposes independent imaginary orbs now offered its communication power to the search for reshaping the world of beliefs. Old Lavalle Street, which for decades was a welcoming space for the cinematographic vanguard, has been transformed over the past few years into a chain of Pentecostal churches offered to cure what ails the soul. These old theaters became franchises of enormous evangelical churches that take advantage of the human drama perfoming device, superimposing it with scenes of a cure with properly dressed shamans: pastors, commonly having come from Brazil, who speak their seductive mixture of Portuguese and Spanish, and their ecstatic techniques, encourage suffers to join. Contrary to Rancière, for me, movies as a fictional machinery have this animistic universe in which beliefs are hatched – hence its communication efficacy – and appeal to modern man using the same imaginary approaches that are the foundations of revealed religions. Although the conjunction of iconoclastic religions finds its outer limit on the banning of symbols, the sufferers are transformed into palpable witness of devotions, interpreted by the voices of pastors who, like in the soap operas, instigate identification by viewers.

15—In his doctoral dissertation, Paulo Maia Figueiredo (2009) speaks of *shamanism without shaman* when considering the state of the Baré. Personally, I could only collect testimony about a shaman named Gregório Feliciano, who belongs to the Cué-Cué, deceased, whose son told me that he performed blessings with pepper, pitch and cigarettes for entire nights. "What medicine cures, the shaman does not. But what the shaman cures, the doctor cannot," says Seu Filó.

to the family field, with their contingent of boys and girls who will accompany them in their drudgery. This definite labor division whereby the majority of the labor related to farming and processing manioc is up to the women, is softened by the help provided by a few men, especially in deforesting and burning, as well as in removing weeds and preparing the ground.

The slash and burn method has been practiced in the region for 4,000 years and remains the same. In general, an area is chosen near the river that is a little sandy to keep rain from accumulating, which would cause the plants to rot. Then they mark off a circular area about a hectare in size, at a distance between 200 and 2000 meters from the village, and they clear out everything with axes and machetes; in some places they also use chainsaws. Then they perform a controlled burn. In a short period of time, the soil, clean and enriched, is ready for planting the tuber that will colonize the earth with its rhizomes, and at the end of a few months, will display their beautifully erect plants, with strong stems and fine spear-shaped leaves, ready for harvest. The greatest variety of manioc is found in the area of Acariquara where the National Historical and Artistic Heritage Institute [IPHAN – *Instituto do Patrimônio Histórico e Artístico Nacional*] declared the system that made full use of the tuber a cultural heritage and has registered more than a hundred different kinds. Each woman manages the cultivation of around thirty per field.

The generic name is "mandioca-brava" (*Manihot esculenta*), although there is never any lack of "mandioca-doce" (cassava, *Manihot utilissima*) introduced by missionaries, and other varietals in different colors, shapes, textures and degrees of toxicity that are identified by the plant's shape – called maniva – even if they are classified by other factors. The indigenous think that the varietals have the addition of a characteristic that links it to another type of plant. Therefore, there is maniva açaí, maniva pineapple, tucunaré, or agouti, maniva bank or pipe, because they are objects, plants or animals associated to the origin myth of manioc.

This exchange of plants is rather broad. To the varietals introduced on the family farm through trade or importation new characteristics are assigned to differentiate them, frequently based upon their physical aspects – small, white, reddish – or upon their origins, if it is known – from Pará, Cué-Cué, etc. According to an Iphan report, one Tukano version of the maniva myth associates the plants cultivated with plants in the forest:

> **Baaribo – a Tukano primordial deity – because he hated his son, decided to go away. However, before he left, he hid the *pés* (shoots) of manioc inside various tree trunks. He placed them standing up in the tree trunks. In the embaúba he left the shoots of the maniva *bere*. In the abacaterana, the shoots of the maniva *caroço de umari*, the white one. In the carapanaúba wood he hid the shoots for white maniva. In the *curunizeiro*, the shoots for maniva *curuni*. In the trunk of the piaba de Japurá, he hid the shoots of piaba de Japurá (...). He also hid the carás, sweet potatoes and ararutas in the jungle. That is how they became jungle plants, wild plants. (Emperaire, 2010, p. 84.)**

The analogy sometimes governs the name: small tubers correspond to a variety of inajá lump; the spindly appearance to a variety of açaí; the wrinkly surface, to the jabuti variety, etc. These associations populate the field with characteristics that represent worlds filled with wellbeing – that of the family community that the manivas should feed, and that of the natural environment they are a part of – and imply a social relationship: as beings that should be cared of and weeded, the manivas build ties with one another, with other plants and with the humans, which is why they are permeated with the vicissitudes of any relationship.

Just as there is *mother of manioc* – the mother plant that governs the destiny of the sowing, seeking its well-being, ensuring its prosperity – there are manivas that have *no mother*. This name is given to the plants that originate from unsown seeds grown in an old field or found somewhere else, which are subjected to an adaptation and control process; in other words, to domestication, through which they have to demonstrate their fecundity before becoming part of the *society of manivas*.

In addition to the *mother of the field*, located in the center, there are auxiliary or protector manivas, called the *medicine for the field*. The juice extracted from their roots is used to bathe manivas or to anoint the iron hoe that is used to do the sowing work.

Myths record the legend of the small frog, Aru, which, sent by Jurupari, appears after the burn, at the time of planting, announcing the presence of the *mother*, therefore auguring prosperity to the harvest. His absence, otherwise, means that the manivas will grow poorly, which sometimes is related to neglect on the part of the owner. However, the most popular legend, although it is nothing more than a vague legend, establishes that manioc was born of the grave of a dead girl.

Every field is planted from the center outward, to the edge of the burned circle, just as the beiju is opened from the center outward in the fire, habitually with a brush made of black piaçava. The owner of the field takes pride in the beauty of her plants, which are normally guarded by reddish manivas, located in the center, around the *mother*. On the outside, *tajás* (*Caladium bicolor*) are planted; domesticated plants are nicknamed as animals, and their poisonous red-tinged leaves safeguard the manivas: they keep away intrusions, animals, weeds and insects, obeying their owners. They are fed leftover meat, and like any domesticated beast, the plants are kept in cages, using a basket that covers them. If someone comes into the territory for example, the tajá jaguar would bellow, surprising the curious.

There is a certain unwritten hierarchy among the manivas, where the white ones, by having more starch than the others and sharing their prestige with the older ones, hold a privileged spot. Sometimes they are identified based upon their level of relationship with other beings: so there are siblings, friends or in-law plants, reproducing the characteristics of human relations. For example, pineapples are planted to supply the manivas with water (which is collected at the base of the leaves, although perhaps this is an analogy with the succulent provision of liquid from inside).

A manioc plant cannot be treated poorly or abandoned. You must dedicate yourself entirely to ensure output from each plant – the small rhizome shoot that will be planted to give rise to a new maniva – and you must save the space where it will be replanted the following year. The shoot is extracted and the stem is cut just above the soil level, and the stalk is left for a few days until it germinates, like in the myth, to then be cut into stakes and planted. The owner is responsible for the fate of her manivas. If for reasons beyond her control she needs to leave, she must transfer her field to another woman of her family, or, should none exist, she must remove all of her plants. She could never abandon them.

Whenever a woman either through marriage or migration arrives in a new region, her survival and that of her family will entirely depend, at least initially, on the other women in the village, who generally will offer her a few shoots to start her own field. In fact, stakes and seeds permanently circulate among clans joined by marriage. The transmission from mother to daughter or mother-in-law to daughter-in-law strengthens the family ties that you can see reflected in the evolution of land use, which, over time, will demonstrate greater biodiversity. The society of manivas that each field represents also reflects the social structure.

Every day, the women return with an *uaturá*[16] balanced on their heads, filled with large tubers. It is truly a sight to see how they analyze – with an expertise that only comes with experience accumulated and transmitted generation after generation – the sowed field, where the uninitiated barely could distinguish one plant from another, much less their degree of maturity. With knives, machetes or hoes, under the blazing sun, they bring to the surface the quantity of manioc necessary to feed their family for a few days, before returning on the path open in the jungle, walking slowly, helped by their young children and other women of the house – daughters, sisters, sisters-in-law – who transport enough wood and this or that fruit – pineapple, bacaba, açaí, umari, cupuaçu – gathered on the path or at the field itself. The weight on their heads can be anywhere from twenty to forty kilos. I saw old women, with no definable age, carry considerable weights on their erect bodies, straight-shouldered, without complaint.

The next step takes place in the *casa de mandioca* or *casa de farinha* (manioc or flour processing house) also called the *casa do forno* (oven house), a communal or family space (which is always governed by patrilocal kinship relations) where, under a broad straw roof, the harvested tuber is processed. A few ovens per village – broad circular surfaces made of cast iron (previously made of ceramic) about a meter and a half in diameter, held up by adobe supports and under which the fire is lit – is sufficient to produce the necessary amount of manioc flour.

The flour house is a worksite as well as a place for socializing, essentially for women. It is a pleasure to see the women talking and laughing for hours while they peel the tubers, removing the skin with a knife. Then they let them rest in the water until manioc *puba* is obtained, which is soft and slightly fermented and then mixed with grated hard manioc, squeezed out before being toasted. A mix of white manioc – rich in starch – and yellow manioc – which has higher beta-carotene content – is the basis of the process.

Seated open legged upon the floor, women support the grater – of Baniwa origin – on their chest, and move their hands up and down the rough surface of sharp stones, in order to grate the pulp. When a reasonable quantity is obtained, it is put into the *tipiti*, a press the men have made (a skill acquired during the cariamã) for the extraction of the *manicuera*, a toxic liquid that contains high doses of hydrocyanic acid. The tipiti, a symbol of indianness throughout the region, is a cylindrical tube made of palm fibers that can reach nearly two meters in length. At either end there are tightly woven rings[17] into which pieces of wood will be inserted, which will be suspended and secured both above and below. First they hang it from a tree trunk prepared in advance, and the lower end will have a horizontal piece of wood secured to it, which once it is passed

---

16—Aturá or uaturá: a cylindrical transportation basket, which has a long strap to fasten it to the head. It is traditionally made with strips of arumã, a *Marantaceae* plant which is the main basket making raw material. There are least three known types of uaturá: those with six, four or three corners, which is to say, either hexagonal, quadrangular or triangular in shape, and a circular rim, which is generally made of vines. Sizes and uses vary, and they are not just used by women. However, like most tools for flour processing, they are kept in the manioc house.

17—The sexualization of some elements connected to manioc processing, which is related to this idea of fecundity, of procreation, is often quite obvious. They consider the rings of the tipiti to be like vaginas, and the tipiti itself, because of its shape, is seen as either a penis or a uterus.

through the tipiti ring, will stretch it out using its own weight to do so. Sometimes, to twist it even more, the women sit on this wood to squeeze it further and extract even more liquid from the mass, which pressed out by the tipiti will drain into a bucket (normally a plastic or aluminum bucket). The liquid is left to decant, and once it is separated by density, the lightest part is extracted, which is called the tucupi and used to make tapioca.

Then the nearly-dry tipiti dough is extracted, and the grated manioc is pushed through a sieve called *cumatá* (or *urupema* when the weave is looser), which is generally hung from a tripod and used to remove the rest of the manicuera if there is any left. Afterwards, the dough is spread out in a hot oven and moved around with a black piaçava brush until it becomes toasted flour. Here begins an unparalleled universe of subtleties, because the inexperienced palate is incapable of detecting the nuance between different combinations of products made from manioc. Special note goes to the *beiju*, a pressed manioc pancake that is turned over on the oven with a fan made of braided tucum leaves shaped like a heart, or using a wood spatula that looks like an oar, but whose blade shaped like a heart is cut through the center. *Xibé* is the generic name for water mixed with some manioc byproduct. *Caribé* is a beiju dissolved in water or transformed into a puba dough (made from fermented manioc). *Caxiri* is a drink made with fermented manioc flour. A *curadá* is a pure tapioca beiju. *Massoca* is puba dough mixed with grated dough, and it is pushed through the tipiti and dried over a fire.

Within the limited repertoire of Baré culinary traditions, the nuances obtained in successive mixtures of certain manioc byproducts with other elements produce delicious variety. For example, with pupunha, the fruit of the pupunha palm, after it is cooked, grated and strained, what is left is boiled with manicuera, mixed with beiju and left to ferment. The result is a rather strong caxiri. As flour, manioc is added to all sorts of food, like broths, *quinhapira*, açaí wine, *mujeca*, among others, both as a complement and as a base.

Lately, a series of modernizations has been putting the traditional manioc uses at risk. One of them is substituting the traditional Baniwa grater with the cylindrical sharpened graters that the Indians have named *caititu* (this is the name of a type of wild pig known for its powerful bite), which is powered by a diesel engine. Similarly, since no one practices the *cariamã* anymore, there are few people, especially around cities, who are capable of making the tipiti. That is why it has been substituted by iron and wood mechanical presses, similar to those used to press grapes at industrial vineyards.

In Acariquara, a place blessed with the manioc culture, I participated in a program through IDAM [*Instituto do Desenvolvimento Agropecuário e Florestal Sustentável do Estado do Amazonas* – Agricultural and Sustainable Forestry Development Institute of the State of Amazonas], where nearly all of the women in the village as well as a delegation from Cartucho participated. A modern manioc house had been built, made of concrete, cement and topped with a zinc roof, perfectly painted with industrial paint, equipped with two external circulation ovens, a space for the electrical caititu and another for the press. The class was given by two specialists (men) from the city of São Gabriel da Cachoeira, but originally from Acariquara, who had come to teach them how to optimize manioc production for the market. It was a classic set up: those who for different reasons had migrated and gotten more education and had done their internship in *civilization*, brought their benefits upon returning, supported – financed really – by the government.

Expectations ran high. The building had taken many months and was built by masons from the city, based upon a design that emulated, with politically correct fanfare, traditional manioc houses. The place was spotless. The women received aprons and hairnets, which made them look like hospital workers, and then some 200 kilos of manioc from their fields were brought in to be ground. Among suspicious laughter and naked curiosity, and showing skeptical smiles, those women specialists watched while the motor devoured that mountain of tubers in just a few minutes. The IDAM instructors then placed the grated tuber into nylon bags and tried to press them. The process was hard not just because the bags, filled with wild manioc, could not stand up to the pressure and ripped, but also because the manicuera did not drain sufficiently and was stuck in the dough. Finally, after many attempts and a series of improvised adjustments, they were able to get a sufficient quantity of flour, which was baked in the ovens. Up to that point, everything went as planned: in less than two hours the entire process had been completed successfully.

However, the most interesting part was the opinions' exchange, which showed two totally different worldviews. The technicians took great well-intentioned pains to complete their mission and argued that the methods they presented were effective, a point that the women quickly and generously acknowledged. To the technicians, it was about not "wasting" time in the process, and obtaining more flour that could be sold. But upon reaching that point, the question raised was about what all of that was for, because no one there considered those hours spent grating a waste of time. It was time that they spent talking with friends and neighbors, strengthening social ties. Furthermore, hardly anyone had considered the possibility of processing manioc to be sold; although they did admit that the excess was sold to the traveling salespeople.

Entering this line of thought was a violation of the indigenous way of thinking, which proposes a measured consumption of natural products, under the threat of upsetting the ecological balance. I found this instructive to prove once again that resistance to technical modernization did not have so much to do with prejudices as one would expect, but rather was evidence that the traditional way of doing things is sustainable and that introducing changes into something that works so well – ultimately, abiding by the limits and potentials identifiable in nature – would alter a course that had already been proven through experience. Nonetheless, the younger women considered the possible economic (monetary) benefits an advantage that needed to be considered, without realizing the risks or losses that were in play. The fact is that for decades, money has been part of the way of life in villages, and women are the ones who mainly manage it. Circulation along the river generates exchanges and trades of all kinds, and money has been gaining ground, which is sometimes disturbing in its ability to dissolve traditional ties. Agricultural production clearly is not free from its grasp: in fact, we the visitors met our food needs by purchasing supplies from the indigenous.

The scope of plants and vegetables harvested for consumption, preparation or sale among the Baré is rather broad. Along with manioc, which is the *par excellence* base of all regional crops, they also plant sweet potatoes, peppers, pineapple, ingá, pupunha, sugarcane and banana. They harvest fruits like the açaí and bacaba, as well as seringa. They also harvest vegetable matter to make fabrics, as well as useful and decorative basketry, like piaçava or the fibers of the buriti palm, tucumã, miriti etc. All of these materials are processed somewhere other than the flour house, like family kitchens, for example.

Peppers are important as a spice, but they also play certain specific symbolic roles associated with rituals performed throughout the course of one's life. Maniva and peppers are passed down from generation to generation and are an essential part for transmitting matrilineal ethnicity. Beiju, flour, massoca and jukitaia pepper are what a woman should have on hand when she is about to give birth. (The blessed resin – *kãnta* – should also accompany the pregnant woman to prevent her from being attacked by Manjuba. These items, passed down as inheritances extends to other domestic utensils, like the *masariko*, a piece of wood that ends in a tripod, used to mix caribé or porridge). The *jukitaia*, toasted, dried or dehydrated pepper, ground with a pestle, which is normally prepared with ants and salts, should be blessed by a medicine man in order to be used in fish soup: a *quinhapira*. It is also pickled in *arubé* – water with puba manioc paste. During the cariamã, it is consumed in a fiery raw state by the medicine man and the young initiates. It is sometimes consumed by snorting it, which is to say, it is made into a powder that is then inhaled. It is grown near homes and in fields, and it is normally placed in holes made in tree trunks prepared with ashes. Among the most common varieties are the malagueta, murupi, urubu, *pênis de cachorro* (dog penis), *olho de periquito* (parakeet eye) and *merda de passarinho* (bird shit).

Rather close to the homes it is normal to see structures built using old canoes, suspended a meter to a meter and a half off the ground, under which other plants are grown, like onions, cilantro, tomatoes or basil, as well as ornamental flowers and plants. They look strangely like urban gardens and give a feminine touch to the villages.

Sometimes expeditions into the *caatinga* are organized. The caatinga is not good for farming, with its tall trees and high grass; it supplies wood or fruits, like the bacaba palm, sorva, cipós etc., in addition to medicinal plants. Other quests are made into the small streams, where the clay-laden earth tends to hide açaizais, *ingazeiros* and banana plants or wild pineapple, cacao, the resin tree (the resin will be used to pitch canoes or waterproof any type of surface, and also to be burned as incense during blessings), among other things. The search for miriti, tucumã and buriti palms, or trees like the imbaúba, the heart of which supplies fiber for fabric, crucial for making basketry, is no less prized than its edible fruits. It is common to see along the river, resting in a plastic bucket or aluminum pail, the yellowed tucumã leaves being soften after having been beaten against rocks to remove the thorns. Then they are washed to maintain their texture and malleability and dried until they are ready to be braided. Some of these palms are the raw materials of the extractivist economy, like piaçava, which supplies a strong long-lasting material to make baskets for nearly the entire Negro River basin. The same is true about the mangabeira and the different types of plants that produce latex and its multiple uses. As the last refuge of manual skills, basket-weaving has resisted the colonization of its functions by industrial elements. In every indigenous groups in the region, and among them, naturally, the Baré, there is a strong awareness of identity through basketmaking, and they are proud of that.

Although fruits like the pineapple and the ingá, a legume whose fruit looks like a snake climbing a bean tree, continue to be favored, the preferred fruit in the entire region without a doubt is açaí. Men, women and children, using only their feet and their hands (although sometimes they use a folded burlap bag and put it on their feet to create pressure against the trunk and help them climb), climb all the way up the tree to find the bunches of the small red or violet fruit. Once up there, they choose the ripe fruit and cut the stem with a small knife, then climb down the tree with it in their hands, or they throw it down. When they get to the ground, the fruit is pulled off the stem and placed in the aturá basket, which will be carried on their heads to their homes. There, the harvest is left soaking for a few hours and then boiled until it reaches the exact point of fermentation. It is called açaí wine, but there is no alcoholic content. It is mixed with tapioca, beiju or simply with sugar, and it is a delicacy that makes mealtimes pleasant. Like nearly every other product, it is only manufactured to be consumed that day, since preservatives are unknown and are of little interest. Whatever is left over, there is never much, is thrown out.

With bacaba, which is morphologically similar to açaí, caxiri is not made, only a porridge *chibé*. It is processed in a manner similar to açaí: it is left to soak in warm water then crushed to extract the juice. Another beverage produced in villages that is fermented is *caapi*, which is made of cipó crushed with a pestle and diluted with water.

Over the past few decades, nearly all tableware and utensils have been replaced by industrial products. Plates, knives and forks are common. Metal spoons exist and are used sparingly. Still, the specific recipient for drinking chibé or *quinhapira* broth, taken from the pan by diners or for trying any other beverage, continues to be the gourd. The gourd fruit, a type of small pumpkin, has a thick hard shell and is cut into two and left in the sun until dried, and the seeds and pulp can then be removed by scraping them out, then sanded with tucum fiber. The gourd is then covered in a resin, and when that is dry, it will be covered in a paste of fermented manioc leaves, which should be absorbed until the red lacquer gives rise to the characteristic shiny black. Oftentimes, the outside of the gourds are decorated with carved shapes. They end up as objects, which in addition to being elegant, make good money when sold in urban craft markets.

One of the domestic objects used in the kitchen that caught my attention were small portable clay ovens: veritably perfect engineered pieces, where form follows function. Made of white or pink clay, with very few metal pieces, the cylindrical ovens are about half a meter tall, rather narrow in the center, with walls that are three or four centimeters thick, with an opening at the base where kindling can be used to build a fire. The upper part holds a pan, which slides in perfectly. The ventilation system, grooves, allows the fire circulation to be cut without losing heat. Although they imitate in some way the original industrial oven, today village women produce and sell them as an indigenous artifact via specialized trade. The oven is extremely useful, simple and easy to use, and allows you to make a decent porridge in just minutes, or heat up water to make coffee. They are not produced regularly and are not part of the normal ceramic craft program, at least for the time being.

Although the clay is good, traditional ceramic ware has been replaced by the Baré with manufactured products. We found out something curious about this fact. When you move or weed land in the fields, it is common to find shards of carved ceramic pieces painted red or black, which show where old abandoned settlements once stood. However, the most curious thing was to see the use of those items that were found more or less intact: when they are found, if they are in good repair, they are automatically put to use. Once they wear out, they are put back in the earth. We despaired in hearing reports of enormous pitchers, sometime ancient funerary urns, being destroyed by children playing with them, which ended up in the river.

FISHING

Only men fish, and they fish daily. Hunting normally takes place once a week, and the men go in groups. Because of the low biomass production on the Negro River, owing to its acidic waters, fish are not abundant, and the fish that are available are subject to strict monitoring, based mainly upon food taboos. You do not fish for any more than will be consumed by your nuclear family. The prohibitions were mythically handed down by the *mãe-d'água* (Mother of the Water), and they restrict and organize the fish consumed. Furthermore, the presence of a large scale fishing industry, which over the past few decades, equipped with ships bearing extraction funnels and cooling chambers, have decimated the quantity and variety of fish and jeopardized the sustainability of small-scale fishing.

The species consumed the most are the palombeta, the giant pirarucu, catfish, piranha, peacock bass, traíra, jacundá, pacu, manatees, etc., which are used to prepare delicious *quinhapiras* (peppery fish stew that beiju is dipped into) and *mujecas* (a cooked fish delicacy, the broth for which is mixed with manioc flour or with tapioca), or that are eaten after grilling or smoking. Fishing methods vary, but the Baré prefer to use baskets strategically – particularly during spawning – called *matapi* that have a wide mouth and narrow body, and serve as a trap. Or they go fishing in canoes, armed with hooks, just before dawn. Nets are not commonly used for fishing. In some streams some still maintain the practice of poisoning the water with *timbó*, a vine that releases a toxic sap when beaten with a stone, and this toxic sap paralyzes the fish, which makes it easier to capture them with a bow and arrow, or using a small net tied to a ring. The fish is the protein base of the daily diet, complemented by hunted red meat, which is less common. One of the endeavors undertaken by non-profits in the area and the pet industry has been to grow ornamental fish to supply demand in large cities. This is a source of income for the villages, but it deviates from the traditional practice of subsistence fishing.

THE RIVER DOLPHIN

The *boto* is a pink river dolphin. It is believed that it is the masculinization of "Iara", the Mother of the Water, a nymph or mermaid identified with Boiúna, the sinister aquatic snake, which is also notable for its androgynous characteristics. In any event, stories abound of the dolphin being benevolent, protector of the riches of the river, appearing in human form to attract and drag unsuspecting maidens from the banks, taking them to the bottom of the river. It is said that their sexual organs are similar to those of a human man. If you carry the eye of the dolphin, it is a guarantee of your sexual prowess. Some legends describe it as a man who wears white and uses a hat to cover his blowhole, which is how it breathes. It does not even respect married women, and that is why the dolphin is seen as the guilty party for children born of extramarital relationships. No one can resist his seductive words. That is why women are forbidden from steering the canoe or walking along the river banks when they are menstruating, nor may they wear red, which attracts this aquatic Don Juan. A woman who succumbs to their spell loses weight and turns yellow. Only a medicine man can set her free. Odorico claims that in olden times, the Baré considered the dolphin to be a human deity, which stripped of its underhanded characteristics, was a serious and kind figure. *Acariquara* means the dolphin cove; although, the entire time we were there, we saw not a one. No one dares fish for dolphins. There are many reports of the evils this will cause.

HUNTING

This is serious business, and a man's reputation can be made if he has a good hunt. Today people hunt alone or in groups, often with rifles. Although mammals are the preferred targets, they are not unhappy to catch alligators, which are prized for their tail meat, as well as their teeth, which are used to make artisanal products. The same is true for birds of prey like the eagle, chickens like the mutum, or water birds like the uacará – a type of large black heron, whose feathers are special because they are used for rituals or for barter. However, the most common game is what is found in specific places, like old abandoned fields – *capoeiras* – or areas around lagoons or unpopulated islands. Animals like the queixada, the agouti, the capybara, the paca and the tapir – large rodents that are quite similar to one another – are prized, because they are an abundant source of meat. The quati and otter – river nutria – are also part of the menu, as are a variety of turtles, deer, many kinds of armadillo, certain types of monkeys, and sometimes even a jaguar, whose skins we saw displayed with pride on the walls of homes, and their teeth and nails strung onto necklaces.

Because animals are scarce, a hunt follows very precise rules: the Indians normally travel by river for days on end to hunt on certain islands – but they would never hunt in territory belonging to other villages – and they would also never capture more prey than necessary, except on the eve of festivities. Furthermore, the main ecological regulator continues to be the mythical Curupira, who guards the entire Atlantic coast, all the way to the Prata River.

THE CURUPIRA

The now-illustrious Italian traveler who wandered the entire Negro River between 1881 and 1920, author of the extensive *Vocabulário Nheengatu-Português* (Nheengatu-Portuguese Vocabulary), Count Ermanno Stradelli, who connected the story of Curupira to the Guaraní tradition, describes it as having a boy's body, and ascribes its name to that: *curu* is the abbreviation for *curumi*, boy, and *pira*, body. Curupira is the mother of the jungle, protective genius of the forest, who can visit good as well as evil upon visitors, depending upon how they behave. It is described as a boy with crimson hair, a body covered in fur, and feet turned backwards, so that its footsteps will give hunters the impression that it is walking away from them instead of growing closer. It is also described as a white blonde elf, with blue teeth, who transforms into a jaguar and kidnaps children. Sometimes, it only has one foot.

Contrary to other Guaraní versions of jungle elves (like the legend of Pombero, a very popular character in Paraguay and along the Argentine coast, described as both cunning and lustful, endowed with outsized sexual attributes, and very much resembling the priapic satyrs from the ancient Greek stories), Curupira has no sexual organs. It does not even have an anus, a characteristic shared with some dwarves who inhabit subterranean worlds in the saga of Poronominaré. An atavistic leftover of primordial androgyny, it assumes the characteristics of a more primitive entity. Although it is seen as the god of thunder, in other words, it is more specifically a celestial deity, more than anything else it is the guardian of the jungle. It ensures that people only hunt to meet their vital needs, punishing those who kill unnecessarily or who cause the death of females – especially the pregnant ones – of any species, which are meant to guarantee reproduction. It also punishes by killing the very young. A skillful trickster, it is a masterful shape-shifter, and sometimes it transforms into an animal that cannot be hunted. It does not disappear from view, but it becomes untouchable, and the hunter pursues it down a trail until it becomes lost in the jungle. His only hope is to employ a trick of his own: to make a tight ball of string using cipó strands, hiding the end in the center, and roll it out, among the trees. Curupira will not resist and will stop paying attention and will throw itself into to trying to undo the ball. That is how the hunter can find his way and escape without fear of being pursued.

Sometimes it turns into an animal that, when hit by fire or arrows, turns out to be a person who is a friend or family member of the killer. One of its skills is to turn the hunter into a *panema*, which is to say, it causes the hunter to be seen as an ineffectual hunter, harming his social prestige irredeemably. Strictly speaking, it is the regulator, crafting the taboo that governs the ecological balance in a territory scarce with animal life.

I heard the story of Curupira dozens of times, whispered in terror at night, as the men spoke. In some versions of the myth, it assumes the identity of Death itself. Fearfully, with trembling voices, these men who can react to the dangers of the jungle, mention that they have seen someone in a trance, agonizing, turning into an animal, having assumed the shape of that animal. Curupira takes the sufferer and transforms him into a beast, they explained to me, removing from him any remaining human characteristic. The belief that drives this current anthropological perspectivism, that every animal was human, without a doubt finds its reverse justification here. On the other hand, overlapping with Jurupari – a generic god who colonizes others, borrowing their attributes – it will invade your dreams as nightmares. But it is not an abstract entity, rather an amorphous animal that penetrates sleeping bodies. Perhaps it is also an overlap of the powers that Jurupari holds. Some women have been afflicted by his power: if food is cooked poorly, terrible consequences await them.

Curupira is the only indigenous supernatural entity that receives offerings, which are made to curry its neutrality. The oldest recording of its presence was given by the venerable José de Anchieta, who on May 30, 1560, stated that:

> Everyone knows and everyone speaks about certain demons that the Brasis call Corupira, which often attack Indians in the jungle, whipping, hurting and killing them. Witness to this are our brothers who have at times seen those it has killed. That is why the Indians will normally set down in a certain path leading to the hinterland through rough thickets, on the summit of the highest mountain, when passing by there, bird feathers, shakers, arrows and other similar things as a type of offering, given fervently to the Curupiras so they will cause them no harm. (Câmara Cascudo, 1944, p. 25)

Today, some rubber tappers or hunters adopt indigenous customs and make offerings of alcohol and tobacco when they enter the forest. It is said that Curupira withdraws into the shadows to enjoy these offerings and is distracted for a time acting as the regulator of the jungle, letting people pass freely. However, if someone tries to get a glimpse of it, it will disappear quickly, escaping the human eye.

Other obscure entities who inhabit the jungle are Mira Kanga – a speaking human head that flies without a body, oftentimes represented as an owl – and Manjuba, who sometimes attacks as an aquatic serpent and steals children from the banks of the river.

TECHNOLOGY AND INDIANNESS

The designation *Baré* appears to date back to colonial times, since it means "white" and denotes the mestizo character, or at least the fluidity of the relationships between the invading Portuguese, Dutch and Spanish and the river *caboclos*, when they began to be seen as having a different ethnicity. That willingness to maintain dialogues, mutual appropriation, exchanges with other ethnic groups, not just the whites, is clear today at a point that normally is a stumbling block over prejudices that non-whites have towards Indians: their use of technology.

A platitude of national societies that view themselves as homogenous and seamless, claims that the internal alterity of those who can not fully or even partially recognise themselves in the nation's generic ideology – which equalizes and unifies everything – is defined, admissible and forgivable, due to its shortcomings. Indians are this other – inconvenient, although somewhat acceptable – because they are missing something. They are incomplete beings, although they could potentially be redeemable; in other words, they have the option for wholeness, as long they renounce their specific difference. If they do so, they at least can be assimilated and confirmed as peers – although they will never be equals – ultimately, they can be "domesticated". But in this case they would no longer be Indians. This has been the dilemma faced by the Baré for centuries.

Lacking in any abstract logic, they are incapable of sciences, or rather, they are not adequately disposed, not to mention not intelligent enough, to use technology that would allow them to colonize and transform nature in light of their needs. Indians can only maintain and conserve their *primitive* technological styles. The use of *civilized* or *white* technology is thus marked by its Faustian nature. Given that the loss of the *innocence* of the *indigenous soul*, or to put it in another way, the expropriation of their nature, would be fatal were they to fall prisoner to modern alienations through the mere use of *our* technology. Captive to their virginal and skilled nature (which in turn is conceived as captive to nature), they would be stripped of their essential indianness, so as to speak, through their mere contact with *white* technological devices, which hence are turned into, in a kind of diabolical *civilized animism*, autonomous organisms meant to capture and transform subjectivities. The nightmare of the technological autarchy that has tormented Western imagination[18] bestows a colonizing will and power upon technology when it is placed before the primitive mentality that does not seek or even understand the nature of the power that transforms and shapes it. This perspective, undoubtedly, does not take into account that critical and sovereign modality with which the Indian, like any human, can process the use of technology (which, it should be noted, they are experts at doing: they have spent millennia thinking about and resolving their direct relationship with nature through the creation of technologies shaped for their purpose). So this is the dilemma that the poor, brutish, innocent and foolish Indians are subjected to: if they use someone else's technology, they lose their own nature. Therefore, in order to continue to be Indian, they must abdicate its use. Technology thus contaminates the values that would wipe clean primitive cultures upon running into these contaminants and being imposed upon them. Thus, using a cell phone for example, which the Indians, like us, do quite naturally, is no longer even a result of the cultural invasion imposed by civilization; instead it is a voluntary act of hobbling of the Indians themselves when faced by the power, which appears unstoppable, of the ruling technological capitalism. (Certainly, the entire discursive framework that supports the ideology chewed up and spit out by academics concerning the neutrality of science and its technological applications, which scientists use to exempt themselves from their responsibility for catastrophes brought about, as well as any critical reflection on their mediations, captures, alienations and transformations of this life's world, which, with all their humanism, would only be applicable to Western urban people, is dismantled in a blink of an eye faced with this sort of focus. This does not keep them from proliferating; after all, these are the conventional lies told by civilization to justify its impunity and ensure its uncritical proliferation.)

To be an Indian, one must continue to be that one who daily strip themselves of their material condition and purge themselves of their symbolic dimension, while whipping themselves for not submitting institutionally to the rule of law and not recognizing themselves in their specific mode of communitarian organization. (We shall say this once: victimizing the Indian is also a good business. Paradoxically, it sometimes ends up soothing good consciences and not so good consciences while keeping the indianness enclosed into one and ultimately assuring place. The very concepts of a reservation or national park or indigenous lands rise from this moral movement to place the difference onto a physical and imaginary space, which is distant and controllable, in addition to confer easy prestige of the beneficence, the conformist paternalism or the emergency relief policies on both their direct and indirect tormentors. Clearly, this is something that the Indians are quite willing to take advantage of, since it opens loopholes for their appeals.)

But the Indian does not stay quiet: he is curious, he ask questions, he tests, interacts with the world, and among other things, adopts technologies. Thus, he touches a sore spot, given that in light of the evils visited upon him (among which is the fact that his is banned from "usurping" the technological powers that modern man has used to dominate and destroy the world), the pleasurable challenge produced by using *white* technology is a scandal that upsets the place markers on the map of the social identities. Not only Indians are not prejudiced against technology, wherever it may come from, but they also have turned it, by acquiring it and adapting it to their own cultural coordinates, into an effective tool in the current process of ethnogenesis, with which, throughout the Americas, aboriginality began to find new means of resistance in a world that has already condemned it to extinction, to the ghetto or to assimilation. Scientific and technological know-how does not belong exclusively to Western whites; rather it is now being embraced by ethnicities that are rebuilding their history to actively shape their current lives.

This isn't even anything new. Over centuries, Indians, in this case, the Baré, have adopted the technology of all ethnic groups or even the technology of their enemies, as is the case with most implements that today we consider traditional: the grater, tipiti, sieve, bench, oar, etc. In fact, the most curious and emblematic piece of their sovereign use of technology that I saw among the Baré was a tipiti made entirely out of transparent plastic strips instead of palm bark. This syncretic object represents the adaptability of the Baré mentality to the historical conditions of inter-ethnic contact, which burdens them with a material imposition – the plastic –, and its symbolic domination in an indigenous manner. Its efficacy as a manioc press is equivalent to the symbolic character of ethnicity that it holds along the entire Negro River basin. This practical and symbolic function is in no way clouded by the appropriation of industrial material; rather, what happens mainly is a revalorization of their own culture. The indigenous method has been written over the invading materiality, the plastic (an actual emblem of modernity), whose characteristics – malleability, easy to obtain and transparent – the Baré figured out how to use for their own objectives.

APPARATUSES

The morning is somber. It rained torrentially and the silence is oppressive. All of a sudden, a recognizable and insistent sound that can barely be heard breaks through the quiet. From the houses, from the jungle, on all sides, one sees a swarm of children who laughingly and hurriedly run, slipping through the mud, to answer the telephone. A public phone booth is located smack in the middle of the village, the only means of communication in existence, rings through the jungle and causes tension in the environment. Good news does not come by telephone. But on this occasion, it is merely to notify them of our arrival, a bit belatedly.

They do not speak of means of communication along the river. Satellite signals are normally bad or nonexistent. Cell phones are common. Some boys use them as badges of distinction, even if they are turned off, powered down, attached to their arm. Others use them to listen to music, generally reggaeton or funk, silly pop music provided by the mass culture industry, certainly low quality, that they listen to as they walk or lay in their hammocks. In cities, practically all of the Indians use cell phones.

18—Think about the supercomputer Hal 9000 de *2001: A Space Odyssey*, a Stanley Kubrick film, which becomes a demiurgic entity.

Some villages have radio stations. Installed in closed wooden shacks, they operate in shifts, at specific times, to give news about specific situations: visits, requests for health care, general information. In some cases, the systems have been provided by FOIRN or non-profits that are overtaking the indigenous territories. At times the radio has been provided by Sesc, which at the time of our visit supplied equipment to the villages that participated in the film *Baré, povo do rio*, as a way of thanking them for their collaboration and hospitality.

In Acariquara, a meteorological station registers exact amounts of precipitation. It consists of a type of satellite antenna, but different, encased in a circular wire enclosure, held up by robust concrete pillars that protect it from unlikely theft. On the one side, a transparent box contains barometers and other sophisticated measurement devices, which send data to some center for analysis in the city. In fact, the Amazon River region is famous for the absolute unpredictability of its climate. In a single day there can be high winds, violent storms, and a scorching sun, with temperature swings of up to 25°C. Just a few meters away is a broken down shack with nearly all its paint stripped off, where my eyes come to rest upon a small table containing a microscope. This is a laboratory built to control endemic diseases that affect the region, like malaria, which rears its ugly head from time to time. I was told that a few locals had been trained to use it, but it is operated mostly by doctors, nurses or lab technicians who only show up here randomly.

Every night, the sound of the diesel generators competes with the television or radios powered by them. Satellite antennas powered by solar energy, weather-beaten by the sun and rain, look like intergalactic incrustations in the middle of the jungle. The word "invasion" is a good description of their presence, whose use fortunately is limited due to economic reasons – the cost of fuel – to just a few hours at the end of the day, when the soap opera is on. Sometimes, it is left on longer.

It is said that television is a window into a people's soul. To watch television in the jungle, surrounded by Baré men and women, is a unique experience. I was lucky enough to be able to watch the 2014 World Cup classifying matches. Everyone knows that the World Cup is an invitation to give free rein to heightened national passions, and what promised to be an uncomfortable situation, at least for me, an Argentine, and therefore the subject of wild speculation about the soccer rivalry, became just a scarcely interesting pastime. I noted the impressive indifference with which the games were watched, including Brazil's own matches. The most exciting matches were met with a singular apathy. In fact, hardly anyone stayed in the communitarian house to watch an entire match. Most were intrigued more by my interest, comments and exclamations than by the game itself. It isn't that they do not like soccer. Almost every village has an enormous field with official goals, precisely measured out using chalk, and nearly every afternoon you will see boys wearing professional cleats or flip flops, or going barefoot, playing skillfully. I saw many skillful young indigenous boys pretending to be professional soccer celebrities, including having extravagant hairdos in uncommon colors, *à la* Neymar, sporting the jerseys of their favorite teams. I also saw women who played well, skillfully dribbling, and a shot worthy of an experienced mid-fielder. But during World Cup classifiers, they appeared to have zero interest in the games. They avidly watch soap operas, the great national passion, including a very active male audience. To my despair, no one had any doubt about changing the channel, when Argentina was playing. It was time for the afternoon soap opera.

I spent a few hours watching television shows too horrible to be believed, while trying in vain to ascertain what my circumstantial Indian companions were thinking. I recall with shame a show in which three transvestite midgets mocked an Afro-Brazilian – a black man who at the time was the show's presenter – and were in turn subjected to every type of taunting while they were mercilessly teased with discrimination by the audience, who laughed and yelled at the unfortunate shots taken by the people at home who would call in to the show to suggest new forms of humiliation.

Another time I watched a live show about police violence. It was a cruelty that surprised the Indians, who saw there the hell promised by the cities. Another time – but just once – I watched a show quite common for Brazilian prime time these days, presented by a well-known evangelical pastor who staged miracles and absurd cures. Someone had the good sense to get up and simply turn off the television, putting an end to that uncomfortable spectacle.

LAUGHTER

They burst with laughter. In the eleven villages where we screened the film, without exception, everyone chuckles with laughter at the exact same scenes. Minutes after the movie starts, an old woman is shown preparing a caribé drink for her husband. The scene takes place inside her house. The husband says something in Portuguese, with a gourd in his hand to taste the drink. The woman glances at the camera and whispers something to him in Nheengatu. Then laughter. They explain that she warns him to speak the general language in order to appear more Indian.

Every Indian is bilingual, and sometimes this causes a lot of mistakes. Indians love mistakes. Not just the opportunity for bemusement, which can be ceremonious in certain circumstances, especially around foreigners, who they like to surprise through their linguistic differences, but also for the opportunity to explore the multiple meanings of the world that become notable as they move between languages. Living in a state of permanent translation opens up one's mind to accepting that we miss something if we focus too much on the mere prison of a single language. The beauty of nature, which we are part of, penetrates our speech as myths: for the Indian, there is an area of continuity between the speech of the things, of the non-humans – animals, gods, plants and the dead are their natural interlocutors – and the possibility of articulating words. Speaking is the reaffirmation of the continuum between the creation of the world and the present. It is actualizing the myth. When Jurupari was created, his mouth was opened by a cut – in the same way a woman's vagina was opened – using a fish tail. Speech and procreation replicate the animal life, without solution of continuity; it settles the enigma of life and death. After getting drunk and burning up in a bonfire, then being gutted for having devoured some of his children (cannibalism, as is always the case in Brazil, often permeate myths), Jurupari returns to the sky emitting a sound similar to the trumpets used in the cariamã, but he leaves us an inheritance: speech, *ñenga*.

The film goes on. A nearly blind old woman cleans a fish on the river bank. As she filets and slashes the sides with small incisions – *picar o peixe* – the audience laughs, "she's doing it all wrong", the women laugh naughtily, covering their mouths with their hands.

Another funny part of the film happens when the liana is being harvested to make the *adabi*, the stems of which in the *dabucuri* ritual are used to remove the *saruansã* – evil – from the body by whipping. The scene is tough. The intensity of that religious moment impacts the audience. The young people are undergoing a series of tests that in reality are secret teachings: watching these scenes in a public circumstance is taken as a violation in the villages. For many women, it is as if they are intruding somewhere that they are strictly banned from being. The punishment for doing so could even mean death. Many give up and go home.

In the movie there is a big man twisting a liana to yank it off the palm. In vain. He hangs on it, but he can't get it cut. The audience explodes with relieved laughter. Later on, near the end of the film, in a great scene of a ritual group whipping that leaves bloody marks on people's backs, everyone laughs uproariously when, in order to temporarily calm down the pain inflicted on some little girls, the parents grab them by their hands and swing them in the air. The kicking and uncontrollable sobbing causes everyone to laugh uncontrollably – even the children who were watching themselves suffer.

INDUSTRY

Among the extractive industries that have left their scars along the riverine landscape is that of the sand transport boats, which are always dotting some portion of the river with their rusted cadavers and vertical funnels that look like claws, mimicking gigantic insects captured in the nets of the past. Here and there an abandoned petroleum platform, half hidden in an igarapé, looks like a threat to the future: a concern about hearsay of new prospecting and extraction initiatives connect with a memory wrapped up with water contamination, fish die-offs and abandoned villages. For the Indians, petroleum is a curse. Not just its byproducts like diesel oil, which not only provides power for ship engines, but also electricity. Unbidden, I paraphrase Lenin's maxim, "Socialism is agrarian reform plus rural electrification." Here, land ownership is collective, even though it is under the eternal process of demarcation and validation – which remains disputed – but in conjunction with the electricity it finds, not just one more version of communal socialism dreamed of by utopian acolytes of the 19th century, but rather one of the mechanisms for primitive capitalist accumulation. Because the diesel-oil economy requires mercantile production, a commercialization chain, and the accumulation of money to ensure fluidity. And evidently, private appropriation: although some electrical services are communal – and financed by charging a cash tax for diesel oil – most of the time families purchase and supply their own generator. The same is true with some ships, which have become public transportation but are for private use; cash is exchanged to be taken to neighboring cities and villages.

A boat the serves as a floating supply vessel crosses the river many times a month, providing the villages with petroleum byproducts. The time it takes to travel by row boat and motorboat has substantially altered the speed of communications, and ultimately, the perception of time, which has been quickly accelerating, leading to the need to somehow continue to generate income to assure provisions. It isn't that the Indians have suddenly begun accumulating money. Actually, this has been happening since their very first contact with the white man. But the diesel economy used for their *voadeiras* and *rabetas*, in addition to being essential for the lights to work, has caused riverine inhabitants to develop a certain covetousness seen in the pressure that men place on their wives, the producers of assets in the family, mainly agrarian, but also crafts. Some articles, like certain traditional crafts that have been substituted by industrial elements – blowguns and arrows that have been discarded in favor of rifles and other weapons, or tipitis, balaios and decorative sieves – are now manufactured just for the market. There are also new commercial initiatives, like farming ornamental fish.[19] Less than a century ago, traveling naturalist José Cândido de Carvalho wrote:

19—When I asked, I discovered that there is no lack of helpful not-for-profit agencies encouraging Indians to dedicate their time to fishing and farming ornamental fish, with the humanitarian goal of accumulating money, and thus, satisfying the whims of the urban middle class who want something captured from the wild in their homes so they can remember who they are – what they believe themselves to be – and what they control.

> They only use money in this region under the strictest of circumstances. Everything is negotiated as a trade, or bartered. Flour, bananas, fish and other local utilities are used as money instead. Indians are unaware of the value of money, they can't tell a ten dollar bill from a thousand dollar bill. Actually, most of them cannot count past ten if you ask them. (Carvalho, 1952, p. 29)

The lust for cash (with its corollary, greed, and the prevalence of individual effort to the detriment of collective efforts) reorients production towards accumulating a surplus. This is not something unchecked; values founded on traditional knowledge still play the most important role.

I have seen first-hand what covetousness (this rather unusual attitude within indigenous culture, which is normally unattached to material goods, proposing instead their collective enjoyment) is unleashed by the simple presence of diesel oil in a village that had received guests to a party. The occasion, ethnographically privileged (the game of donations and exchange of goods and women that anthropologists observe in nearly all of the tribes of the world, dramatized on the Rio Negro as a *dabucuri*), is the method that hospitality is repaid by visitors by giving their best products to hosts. As such, I saw guests take large quantities of fish, meat, beiju, boxes of fruit and other things off of their boats, which were, without any pettiness, made available to women to prepare the party. This idyllic, genuinely fraternal scene among people was reversed in a way that fully demonstrates the results of modernity. At night, some of the men, both guests and visitors, covertly hung their sleeping hammocks close to the river, meters from their boats, to prevent any theft of fuel, if such a thing could occur.

EATING

Among the Small Bothersome Inadmissible Differences that the non-indigenous traveler encounters in Baré territory is the strictly observed hierarchy at mealtimes. The bell is rung in the morning or in the afternoon, and a line of women and children take to the communitarian house – the *Mira Angã* – the utensils needed to make breakfast or a snack. Once the mugs, gourds, cups and thermal coffee bottles are laid out, plastic recipients with tapioca, pots of açaí, casseroles of smoking quinhapira, plates heaped with beiju, tapioca or grilled fish, among other delicacies are displayed, then the women discreetly withdraw with their children and wait patiently, seated to one side, watching the men eat. I find this odious. The men stuff themselves, indifferent to the gaze of their wives and children, while they talk about the day's fishing, or they take their time commenting on this or that event. They laugh, smoke, make jokes, for longer than necessary, without even paying attention to the content of each plate. It seems as though they do it on purpose. The children wait, resigned, and the women nap. I got sick of it, and I deliberately ignored the current patriarchal order. I dared to invite two young mothers who had been watching with more hunger than curiosity to share the food. My food. They received the invitation almost like it was an insult. I have no idea what they said – although they know how to speak Portuguese, they spoke to me in Nheengatu. It must have been something unpleasant, judging by the tone. I have to resign myself, once again, to accepting alterity and not trying to change it. A small lesson in ethics.

POSITIVISM

During a conversation I had with Eduardo Viveiros de Castro in Buenos Aires, I noted with surprise that he was shocked that positivism, which in Brazil had generated indigenous protection policies, in Argentina had been the ideology of genocide. While Brazil was having its national borders drawn by the hands of General Cândido Mariano da Silva Rondon, whose motto in facing an encounter with unknown tribes was "die if you must, but never kill," allowing the Brazilian state to implement integration policies, in Argentina, General Julio Argentino Roca, a contemporary of Rondon's, rained down genocide on groups who lived in Patagonia and along the country's coast, using the same philosophical concepts. What Roca called the *desert* – which in Brazil will find its equivalent in the *sertão* sung about by Guimarães Rosa and Graciliano Ramos – was filled with people who, to the General who would impose English hegemony on Argentina through the barrel of a Remington and telegraphs, had their lands taken away and then were put to slavery, genocide and ethnocide on a grand scale. I found this fundamental equivocation interesting: that positivism, which implies the idea of "order and progress", as found on the Brazilian flag, in its articulation with a colonizing and expansionist capitalism, necessarily produces in the long term not only the denial of another ethnicity, society or culture, or its equivalent, their assimilation, their translation into new cultural coordinates imposed *manu militari*, but also, and especially, the expropriation of their material conditions of existence in order to conform them to the new system of production. If this appropriating vocation is tempered by compassionate interest in building a new lay religion – as was the case with Rondon and his pious Comtean positivism, in its articulation with a teleological conception of history that promises liberation to social groups from the non-modern shackles by imposing them by force – in modern times it has become the dominant ideology, stripped of any record of the other as an entity to respect. Tied to the agribusiness, which by joining the chemical and genetics industries has broken classical agrarian ideology where conservative values reined and become the driver behind appropriation of lands, the triumphant ideology of contemporary *developmentalism* consolidates its devastating power on indianness by cloaking itself in a fundamentalist evangelism that spares no effort to eradicate once and for all everyone who exists outside their belief in a single vengeful god. Add to that a renewed extractivist movement, whose mechanisms are employed to capture humans and devastate ecology at its most fundamental level, and the appropriation of DNA to supply the genetics industry, which with this crossfire and the discretion jeopardizes indianness and at the same time transform the Indians into the last resistance in the social chain, upon whom the responsibility falls to put a stop to the destruction of material conditions of life's existence itself. This dramatic situation puts in check the conquests of a century of pious positivism and multiplies those of genocidal positivism, not without acquiring new ideological sources to legitimize their appropriating destruction. That is why the weakest link – to continue paraphrasing Lenin – on the chain to domination, from which any potential emancipatory program will appear, is the Indian, who thus becomes our pure future liberator, not an obstacle to a forgotten inactive past. The ethnic groups who inhabit the Negro River, unhappy with this situation, will ask in their specific ways about the redemption of their aboriginal state as the key to their emancipation, key to their survival, and ours.

CEMETERIES

There are many of us. We don't fit into a small side room equipped with a tall kitchen table. It is raining lightly, but we still decide to go out. There are slabs propped up on supports where some of the boys rest their heads on their hands and look on with dissimulated curiosity. We approach, and from our boxes, transported from small piers to the village by a line of children, some take out cracker packages and other snacks that everyone looks at avidly, but not desperately. We get closer. The silence weighs heavy in the ears. I introduce myself, we all politely shake hands, some risk a hug, but no one smiles.We place our things upon the table, the women bring their casseroles and plastic trays containing delicacies that I will learn to enjoy as time passes by, and in no time at all we were speaking pidgin to one another, me with my always-crummy Portuguese, and them, speaking carefully, directly, precisely. We shares what appears to be a late breakfast. Almost without realizing it, we are eating next to tombs. They don't look like what I had imagined an indigenous tomb would look like. They are made out of fake stone, clearly manufactured, and I ask how they got there. They look like any other Christian, Catholic tomb that would belong in any western city, with their standard issue crosses and Latin inscriptions. Randomly set up, covered in mold and mostly falling apart because the soil has given way and the unforgiving climate has eroded them, they make up the small cemetery located in the center of São Francisco, which in spite of looking really old, dates only two generations back (one of the village elders showed me while we ate that his first wife and his mother were buried there). I tried in vain to discover any sort of burial ritual, anything special that was specific to the indigenous, to the Baré. People die, and we bury them here, he said.

The cemeteries I saw in other villages were not in the middle of the settlement, but on the outskirts, undoubtedly for public health reasons. Most of the tombs were for children. No headstones, but dozens of painted wooden crosses, crowning these tiny sad graves. They bore witness to some plague that every once and a while strikes the region. However, the response I received when I arrived in Acariquara was the most terrifying. When I asked the town captain, Seu Leôncio, where the cemetery was, he told me, "We don't have one, because no one has died here." In fact, owing to the proximity with Santa Isabel, people who get sick are transferred to the hospital there, and if they are not cured, they take their last breath in that city, where they then end up buried.

SONGBIRD

During one of our expeditions wandering around streams near Cué-Cué, we heard a screech. It was a birdsong, just two ascending glissandos, broken up by a third and a fifth on the musical scale, made by a small bird known commonly in the Latin spoken in Brazil – Portuguese – as the *cri-crió* or captain, whose taxonomic name – in other words, translating it to the only variation of unspoken Latin – is *Lipaugus vociferans*. To the layperson or foreigner this means nothing, but this bird's song has been heard, dozens of times as background noise in movies set on different continents and historical periods, although it only lives in the Amazon. This birdsong is a hallmark of the movie *Fitzcarraldo*, which takes place exactly where we are located (and it is impossible to forget it when we sailed for hours in silence, the dark waters beset by the oppressive green), but it also has been included in the movies "A.I." and "Blood Diamonds", which take place in North America and Africa, to the shock of derisive biologists and ornithologists who take their work seriously. In any event, one has to ask, why this song? There are thousands of birdsongs that could be used to enhance a scene, to assign a verisimilitude to the set, which could in principle include birds that naturally inhabit these particular regions. But the cinema, like all fictions, constantly pushes the bounds of truth, and its simulacra puts us in this strange paradox whereby verisimilitude is only obtained falsely. Or through conventions. The reason for that, I believe, is founded in the realm of experience. Only the small *vociferans* is capable of breaking the muffled murmur of the jungle with its slightly sinister, pungent, melancholy song, which to us harks back to the *Tristes Tropiques*, which are still just that. In any event, it is impossible not to think that the effect evoked by the sound is due to cinematography, and not the other way around.

COMMUNITY

"How is it that they don't kill one another," is a question that naturally comes to mind after some days spent among these placid villagers. The size of the communities, although ecologically perfect and sustainable from an economic point of view, makes any relationship redundant. We see the same people many different times a day, and they all look alike, and maintain amiable conversations about the same topics. These strict relationships (shared meals, collective parties, joint work, family life) rarely go beyond this, save the occasional trip, which is rather uncommon, for weddings, visits or forced migration. During the day, which is quite long, since it starts before dawn, when the men go out to fish and the women go to work in the fields, and extends until night falls, there is a lot of time for social life; however the space and the possibilities of variation of relationships are rather limited. Everyone knows everyone else. Everyone does the same thing. There are no secrets. There is no greater intimacy. I imagine that in the urban Western society that we are accustomed to, if we had to live with all of these people all the time it would get on our nerves and we would end up exploding in tacit violence – hate, jealousy, rivalries, power struggles – which is only mitigated by social distance and professional, technical and qualified mediations that separate us. But that does not happen in the villages. Agreement reigns and disputes or violence are quite rare. When I ask about it, I find myself in a variety of situations. One of them is that the counterpart of the inevitable community life that we are forced to lead is individual solitude, which can be cultivated in many possible ways, but when we get down to brass tacks, the results are hardly commendable. Because solitude in the jungle is poor advice. All of man's atavistic fears come alive when alone he gives in to the helplessness of nature. The jungle easily leads to sad thoughts, a bottomless vertigo, a somber recollection that accompanies the solitary traveler as an unfulfilled promise, awaiting the right occasion. Any Indian knows that communal life is the only thing that staunches the anguish of the ultimate solitude that afflicts us: being alone means that we are in bad company. That is why they take such good care of their social spaces and moments. The communitarian house or the church are just as important to preserving the social balance as is fishing, fieldwork or the beliefs that help men live a certain way, with specific rules, like taboos and prohibitions. Failure to do so could result in the destruction of their own world.

In the longhouses, what they are practising is the construction of a voluntary meeting space, sometimes presided over by the village chief, others, only occupied by circumstantial inhabitants, where all controversies, great or small, public or private, are settled simply through dialogue. A democratic environment *par excellence*, the communitarian house is where they eat, pray, talk and fight, make decisions, charge taxes, sing, watch television, joke, laugh, gossip for hours and hours, and deal with their conflicts until they are solved or simply dissolved – a truly magical and verifiable result. The role of the captain for this purpose is fundamental. More a mediator than an authority in decision-making, his moral high ground is key for sanctioning or mitigating tensions through his counsel. Upstanding and naturally haughty men, captains must legitimate their rule through the efficacy of their interventions.

The one captain I grew to know best was Seu Leôncio, in Acariquara. He was a jovial 70 year old, in great shape, who had the physical stamina of a man of fifty. Leôncio talks a great deal, has a predilection for giving sermons, and loves to listen to himself giving sermons. He brings to mind the refined chiefs of the Ranquel ethnicity with whom General Lucio V. Mansilla had to negotiate with 150 years ago on the Argentine pampas. He was Catholic, but at some point in his life not too long ago, he moved to São Gabriel da Cachoeira, where he became a militant evangelical. When he returned to the village, he wanted to share the good news, converting everyone: he was invited to change his strategy, in other words, to stop pontificating, or leave for elsewhere. He chose the former.

He speaks a singular mix of languages, his historical layers etched in his speech. He shares biblical quotes at great length in a prophetic tone, accompanied by an affable consideration of the religions differences learned as a child with the Salesians. He also openly speaks of legends and myths that he frequently refers to in Nheengatu. He is capable of talking about God like a possessed man while listening to his gospel music on a scratchy old record player, played at top volume. In nearly the same breath he will tell you a fable about a chest filled with gold buried at the bottom of the river, guarded by a dolphin, a family secret, that if revealed, would lead the village to ruin. He sees no apparent contradiction within any of this.

It is rather common that his speeches during meals last much longer than necessary, which, even though many find themselves impatient, nothing at all changes. The captain's voice is the word of law and shall be respected, which is why his profane encyclicals are tolerated as a lesser evil, an acceptable vice. Only once did it happen that some boys I was spending the afternoon with chatting, invited me subtly but most emphatically not respond to the dinner bell. Instead we enjoyed a large piece of grilled pork of which we would have only received the most paltry of portions if we had shared it with everyone, and from far away we could hear the recriminations made by Leôncio, who asked for healthier debate and community participation. This is how sometimes a collectivist system is broken by youthful irreverence. Their scorn of the captain's lengthy discourses that delayed meals undermines his moral authority. However, they do so without malice, rather it is a critical exercise that distends compulsions that at times are rather oppressive.

Leôncio initiated me into the secrets of manioc. He took me in to his own home, opened the doors of all his reluctant neighbors, we picked açaí together, and he was my guide on walks through the forest. I remember how moved I was when using simple and genuine words, he offered me the culmination of his teachings about the Baré way of life, distilled into the following principle: "the riches we defend are not just for us, rather they are for all good men of the world." At that moment, I felt immensely thankful for the rare privilege I was bestowed with: to live the paradox of witnessing the refined generous world of the indigenous Amazon people, who shine in the time of their greatest danger.

CHARACTERS

The "driver" – riverboat pilot – is one of the most cosmopolitan of social actors: he has relationships with all of the villages; he transports goods, provides news and favors, and is capable of resolving situations using his mobility and independence – which quickly makes him a potential political leader. This is also why pilots are imperceptibly rivals to one another. Although they are urban, they are nomads by nature; they spend most of their time on the water, taking trips that can last days or months, without it being in the slightest bit tiresome. They remind me of truck drivers. They are loquacious, but they know how to remain reserved, and like every Indian, can wait for hours or days at a time without feeling bothered. Much to the contrary, they are just at home in one village as the next.

It is said that the secret of a good pilot is knowing all the myths by heart of the various ethnicities found along the entire river. Based on what I was told by the magnificent storyteller, José Ribamar Bessa Freire, within the vicissitudes of the great snake myth a secret cartography is coded that secretly guides the pilot through the crossroads of the interminable, pointless meandering of a navigation map. I saw pilots make sharp cuts to avoid swirling waters or invisible sand bars in the middle of deep waters, without much guidance, avoiding a nearly imperceptible accident – a rock, a fallen tree, a hidden stream – which marks the banks in front of him. Immunes to storms or heat, to the heavy rains that pinched our skin, the jovial Marivelton, the wise Neguinho, or the stoic Evanildo were always firm helmsmen, capable informants and mediators of situations at every stop of our river wanderings.

Another cosmopolitan character in the village is the schoolteacher. He is often a member of the community who has gone to the city to study and returns endowed with the prestige of knowledge, and a salary – which puts him much higher on the social pecking order – and will often serve as a spokesman for the government. He has been transformed into a member of the new elite. Both victim and agent of this paradoxical neo-colonization, he sometimes does not even realize he is indigenous. On the contrary, he sees himself as a successful former Indian who has come to perform the work of de-indianizing his loved ones.

However, as Elio Fonseca Pereira writes in his thesis, the presence of an extended lay education, contemporary the process of indigenous self-organization over the last few decades as well as with the withdrawal of the Salesians, without a doubt played a vital ethnogenic role, although the creation and maintenance of indigenous schools continues to repeat colonial standards to a greater or lesser extent. If we see, for example, the dates that the lands were plotted around Santa Isabel, which not even Funai recognized as indigenous territory until 1991, we see that it was the continued educational process that produced a reactivation of an organized movement in terms of a political, territorial and educational dispute once FOIRN and ACIRM grew in strength. But the function of the schools hasn't changed much: they continue to be the ideological apparatuses of the state which capture and shape subjectivities for its transmutation into an appropriate integration model. An assimilated Indian is a good Indian, stripped of his aboriginality, and the school definitely plays this role in the design of developmental expansionist state policies, which under the very best of circumstances requires modern labor in the place of unruly subjects, who are inadequate because they are archaic and, above all, different.

Originally designed for integration purposes, the school proposes a pedagogy of non-indigenous symbols and concepts: indigenous citizenship would come from the universal access to information, but without even considering the language, much less the content proposed and imposed by central powers. With the changes that took place in the 1990s, state and municipal departments of education faced doubts and poor stewardship when preparing new indigenous policies for the region. However, during the last five years, the communities and first wave of indigenous teachers, affiliated under COPIAM [*Conselho de Professores Indígenas da Amazônia* – Council of Indigenous Teachers of the Amazon] and the MEIAM [*Movimento de Estudantes Indígenas do Amazonas* – Amazon Indigenous Student Movement], began to create this idea of education *for* the Indians in various forums held in the territory of the villages, and they proposed a utopic yet attainable education *of the* Indians. In any event, although new rules talk about strengthening indigenous culture and recognizing the cultural differences and historical traditions that are ethnic in nature, primary and secondary school continues to take place predominantly using standardized federal government programs[20]. And clearly, despite the proclaimed official bilingualism (and why not multilingualism?), except for specific cases of preparing booklets in Nheengatu or Tukano, education is provided in Portuguese, a language that some students barely speak, and it isn't always proficiently mastered by the teachers themselves. When I asked various teachers why they give lessons in a language that is clearly not their own or that of their students, the only response I got was offended or indifferent gestures.

In any event, within the indigenous movement, greater importance has been placed on the subject of what it means to have an important state agency such as a school, and in broader terms, how to build dialogue instances with the state, or in certain cases, articulate policies in light of specific objectives. To that end, they are affiliated bodies with strong representation throughout the territories, which should take steps toward articulating broader policies of greater scope, without excluding party participation. In fact, the first experiences of the indigenous government, though punctuated by weak management, would mean openness to the possibility of erecting decision-making power over their own destiny: this would be nothing more and nothing less than long sought after self-determination.

SHOW

The arrival was bleak. Normally, we were received by practically the entire village, with smiles and hugs. It was rather strange to see a straggly pregnant dog, tail a-wagging, as the only one to meet us. It was siesta time. Maybe it is the heat, we thought, perhaps the heat had kept our hosts from performing their customary welcome ritual. Crucial scenes of the film had been shot in this village, and the relationship with villagers was quite strong. It was really odd and inauspicious. We got off the boat, grabbed our equipment and began to put together the big screen that we would use to show our film that night to this hypothetical audience. Nobody, just the watchful vultures crossed the sleepy streets. After some time, visibly tired, a few people left their houses to give us a not-so-warm welcome. There was a flu epidemic – it was winter, although you couldn't tell by the temperature – that had dissuaded nearly everyone from showing up, it was explained. In addition, a nearby village had built a small hospital that mainly dealt with ophthalmological problems – which were common among the Baré – as well as dental problems, which is why the elderly, among them some of the film's main characters, were not around. On the other hand, they noted, the June festivals were ongoing, which had begun the night before, and we could see the detritus left behind following a São João bonfire – it was the solstice – smoking in the middle of the town. We figured that a screening of the film would be rather unsuccessful. I recalled the reports of Koch-Grünberg, who a century ago suffered the consequences of arriving upon the eve of a village festival: images of desolation tortured his European mentality. Corruption by alcohol and a certain relaxation of custom chastened his Puritan morality for having arrived at an inopportune moment.

I had unwisely left the group, and drawn by curiosity and boredom – we had already been on the river for many days and I had watched the same scenes over and over nearly without variation – I walked into one of the houses along the outskirts of town. I was taking photographs here and there, when I was intercepted by a group of very drunk boys, who were visibly put off by my presence. It was the ideal intrusion: a pale-faced gringo, Argentine no less, half lost, who spoke nearly no indigenous language, which, I realized, was being deliberately used against me (later I would learn that they spoke Portuguese fluently, yet they refused to do so with me). I was their perfect target. I was alone. They were not. They were drunk. It was not easy to convince them of the noble motives behind my presence, but after negotiations that involved some pushing and a heated exchange of words, I was invited to go to what appeared to me to be a continuation of last night's party. Ultimately, invigorated by the presence of a new audience, they left their suspicions behind and climbed onto the makeshift stage and turned on the sound equipment. It was incredible to watch a show, like something on television, a trashy show about sexy transvestites in the middle of the Amazon rainforest, performed by some strapping young men who had drunk too much and were playing at seduction using dances that they thought were sensual, illuminated by the spotlights and moving to the sound of bone-shaking rave music in the background. The village girls watched attentively, but they were not enthusiastic about the show put on by their cousins, boyfriends and brothers, struggling to reproduce choreographies too difficult for the state that they were in. That was how nearly everyone ended up falling off the stage, laughing and complaining about their injuries. Some slept where they fell.

ANIMALIA

Unlike other wild rainforest regions, the Negro River basin, because of its acid waters, is not mosquito-infested. Many different types of insects populate the region instead, like *mutucas*, which take chunks of their unsuspecting victim as they suck blood, leaving painful wounds that quickly grow infected. The spiders are also scary, as are various types of subcutaneous vermin that draw painful maps of bite marks as they move along the skin. However, the natural dangers of the highest order in the jungle are definitely the snakes, which sometimes do not respect those tacit borders of human habitation and dare to venture into homes and streets. One time, we were having a pleasant conversation under an eave that protected us from the intense midday heat, when we saw a small colorful frog run past our feet, and seconds later, we felt a green snake fall from the ceiling; known as the vine snake, it has an incredibly powerful venom. It caught the frog with a fatal bite and devoured it in the blink of an eye. Curious, I asked about home remedies in the event of a bite, or more generically, any other type of illness. A secret shared by very few, these things called *pussangas* are only harvested when there is evidence of an illness. At least from what I was told, they don't keep a stock of drugs handy for such emergencies, because the remedies or placebos are only effective if they are fresh, recently harvested or cut from the medicinal plant. When someone is bitten by a snake, they normally perform a bloodletting. However, if the snake is quite poisonous, it is more likely that the victim will die, unless they can find a fast boat that will take them to a hospital in the city. Only in places like that will they have anti-venom.

Stories told about the size of snakes take on legendary status. Skeptical, I had talks with other men while playing dominoes (a common way to kill the time) and I heard stories of these fantastic hunts or simple glimpses of animals capable of devouring entire alligators, even human-size tapirs. I figured that this was just an exaggeration, which made sense because I was alone with them. But when I returned a second time, their story was confirmed: we caught wind of a story reported in the press that just a few hundred kilometers from there, a backhoe had accidentally decapitated a snake that was twenty meters long, and more than a meter in diameter. Inside they found an enormous, partially digested alligator.

Another upsetting episode, the meaning of which I don't dare attempt to parse, happened one morning. When I arrived for the communal breakfast, people were agitated. There was a certain commotion in the air, people were shouting, which was uncommon. As I drew near, I saw a streak of blood on the ground: a bat had attacked a dog in the middle of the night. I immediately felt as though they were looking at me suspiciously. Someone suggested that I should go outside. The only thing that I could think of to say was that someone needed to take care of the poor dog, and quickly because that bat probably had rabies. That day, I noted that everyone avoided me.

BATHROOMS

Night brought its own set of issues. Jungle sounds penetrate the villages: the croaking of thousands of frogs and toads mixes with the crickets and grasshopper songs. Every once and a while, the piercing howls of undefinable animals remind us that we are just a few meters away from the jungle and that it is closing in on us. A dog barks far away. Kerosene lanterns dimly light the homes. The hum of insects intercepted in their flight by talented bats, which can grow as big as pigeons, mixes with the sound of twigs that snap when a lizard, snake, or rat walks over them. Once a paca or a queixada – the more dramatic among us said that it was a jaguar – came through the rooms where we were staying and slid its back along the lower half of the hammocks where we were getting our restorative sleep.

Nearly all of the Indians, us too, use battery-powered flashlights that come with a strap to tie it across your forehead: it is truly odd to see these strange technological fireflies moving through the night to find their way to the spots where they can relieve their physiological necessities. In some villages like Iábi, Tabocal and Acariquara, bathrooms had been built attached to the school or the church, but they were only used by us visitors. A cultural matter: rarely do the Baré use toilets, and naturally, they are unfamiliar with the concept of a bidet. There are spots that are tacitly used as large open-air bathrooms where it is not unlikely to find a villager, free of embarrassment, patiently abandoned to their bodily needs. Nonetheless, the Baré take special care of their personal hygiene: they take their time bathing in the river several times a day, whether it is raining or storming, cold or hot. The scene of women washing clothing on the rocks is normal: soap, shampoo and conditioner are highly prized. Although some places have wells and piped water, this is normally used for personal cleanliness or washing dishes after meals; they prefer the river water – generally bacteria free – for washing food or preparing any type of beverage.

DANCE

It isn't easy to come across actual indigenous music. In modern times, it is only played ritualistically – in public festivals or rites of passage – and rarely along the river do outsiders get to hear sounds from autochthonous instruments. What one hears is just the crappy music that they play on the radio or television, occasionally from a more sophisticated sound system. The instruments – basically drums – are kept in the church at the altar, which indicates their sacred nature and implicit ritualized use, banning the non-initiated from any access to them. At home people normally have flutes made of bones and hollowed out sugarcane, played during certain dances. The shaker of the medicine man or healer is an inalienable quality of his job. And as such, it is highly unlikely to run across it under mundane circumstances.

20—In Acariquara I read the book on the official history of Brazil submitted for secondary school. Clearly based upon democratic and politically correct thought, it assigns values to different ethnicities, but is lacking in specific historical references to the region. I got my copy from a small schoolroom where there were hundreds of books that had never been opened. Outside the school, I never saw anyone reading. Not even the teachers.

The dance of the *uacará*, recorded in São Francisco for the film, shows nearly the entire community – men and women, young and old – in the central yard of the village. Two by two, in their impeccable white costumes, feather headdresses and painted bodies, they move around in circles, arm in arm, taking short steps in time with the tambourine and *pifano* flutes. Two antagonistic figures emerge: the *uacará*, a man dressed as a heron, covered in white fabric and bearing two large pieces of long flatwood that simulate a beak and produce a sound similar to that of the bird when hitting one another; and the hunter, who pursues his prey with a rifle loaded with blank cartridges and ends up laughingly "killing" all of the dancers, who fall on the floor, twitching as if shot.

Another dance, done at night to the beat of a small tambourine played by a healer, is performed to the sound of a flautist who plays through his small bone instrument – a little deer cranium – with two sharp tones that function as orders. Imitating the slow uneven steps of a large bird, the dancers lift their leg and leave it hanging in the air. Everyone does the same move, balancing on one leg then the other, jumping back and forth inside the communitarian house, following the monotone beat. This is a purely masculine dance that mixes sacred unction with comity. Feathered decorations are used in this dance – from the eagle, the macaw and the parrot, etc., worn on the head, then a type of wrap or straw skirt, and rattlers worn on the ankles, which the dancers use to keep the rhythm. In other festivals, they use the sugarcane flutes called *cariço*, similar to the Andean *sikus* and the Pan flute, which accompany the dance of the *tangará*. However, the time when music is played most is during the *cariamã*, where center stage is taken by the powerful *xerimbabos* trumpets.

POLITICS

The word "politics" is used by the Baré, by nearly all Indians, to refer to the non-indigenous ways of doing it. This puts them in a paradoxical situation: they have to find another word to use for their own types of sovereignty and organization in the manners that they have been building their ties with other ethnicities and national society.

The most highly developed association so far has been FOIRN [*Federação das Organizações Indígenas do Rio Negro* – Federation of Indigenous Organizations of the Negro River]. Founded originally to advocate for the demarcation of indigenous lands, it was organized to act as a liaison with *outside* political bodies, either institutional, state and non-governmental, with the peculiarity of having found mechanisms for election and representation that exploit uniquely Indian styles of management. The area under their authority (30 million hectares, 11 of which have already been demarcated) is located in the towns of São Gabriel, on the upper Negro River, Santa Isabel, on the middle Negro River, and Barcelos, on the lower Negro River. FOIRN is the umbrella organization for 23 ethnic groups found in more than 750 communities, for an approximate total of 50,000 indigenous people. It encompasses 89 territorial associations, most of which are located in the administrative area of the town of São Gabriel da Cachoeira. Its representational structure is articulated into five regional coordination offices, four of which are located in São Gabriel da Cachoeira, while the other one serves the other two.

Founded in the 1970s out of the social movements that sought mainly to defend against the advances of the extractive industries, without any state recognition of legitimate representatives[21], and with very little support from organizations like Cimi (*Conselho Indigenista Missionário* – Missionary Indigenous Council) and the ABA (*Associação Brasileira de Antropologia* – Brazilian Anthropology Association), the first territorial indigenous associations on the Negro River, the antecedents of FOIRN, blazed the trail in the struggle of large national integration projects proposed at the expense of indigenous people. Resistance against projects like that of the *Calha Norte*, the hallmark of which was economic-military interests, had found support from certain indigenous leaders who accepted in principle the demarcation of lands under the restricted form of outmoded agricultural colonies. Among the inhabitants of the Negro River basin, this provoked a reaction that incited debates around claims to make to the government. Land, health, and education had their demands made by territorial associations, which had a long way to go to overcome the difficulties of adapting to the state's administrative rules, which assume, under the aspect of recognizing legal equality, the character of demands to which they needed to comply. And this experience showed the path to follow. The emergence of ethnicity as a founding core of citizenship and collective action was consolidated along with the organization, which meant a departure from the past: the Indian was no longer a disposable patsy; instead he became an active subject in search of his emancipation. It was within this context that FOIRN found itself getting involved with Brazilian and international agencies that work as mediators or facilitators. Cimi and the *Centro Ecumênico de Documentação Indígena* (Indigenous Documentation Ecumenical Center) – in a historic moment for ecclesiastical bodies, characterized by the rise of liberation theology that instead of forcing the Indians to submit, promoted indigenous peoples as the center of their actions – worked in favor of demarcating lands, while other smaller organization endeavored on more militant projects.

Forged in the heat of these debates, FOIRN also allows certain precedents in economic associations promoted by the Salesians in the 1970s and 1980s. In 1984, the first meeting of indigenous leaders was held, attended by 66 chiefs, mainly from the upper Negro River and its tributaries, wherein decisions were made against land invasions by miners and mining companies, supported by military groups that managed these land concessions. During this phase, Catholic indigenous policy confronted the *Calha Norte* development project and led to the building of solid indigenous organizations, which resulted in the holding of the Second Assembly of Indigenous Peoples of the Upper Negro River in April of 1987. With 450 indigenous representatives present, it lasted three days and resulted in the creation of FOIRN. It was the first indigenous association in the country.

But this nascent stage was fraught with its own conflicts. In 1989, for example, the FLONAS [*national forests*] borders were drawn, which are protected public areas strictly for forestry and extractive production, a goal that was reached with the support of certain indigenous leaders. Consequently, at the outset there was internecine struggles that nearly brought the Federation to its knees. One of its most important leaders, for example, declared in Brasília that he was in favor of mining projects, for which he was severely criticized.

The Federation also suffered from attempts on the part of Funai to manipulate it with actions dissolving the mining companies, which caused disputes among leaders, but they managed to overcome these problems. Starting in the 1990s, the struggle against the project to create indigenous colonies, which was opposed to demarcating lands, expanded FOIRN's association base, which then was seen as a largely effective instrument for the discussion and management of protection policies. Fundamental to the strengthening of the institution was the signing of an economic convention with "Horizonte 3000", an Austrian finance organization, as well as a trip by the associations' directors to Ecuador where they learned about the experience of the Aschuar Federation, which already had nearly 400 territorial action centers. In addition, the work of ISA (*Instituto Socioambiental* – Social Environmental Institute) in preparing land demarcation reports was fundamental to consolidating policies working toward that end. By 1998, 10 million hectares had been demarcated, which took place in conjunction with Funai, ISA and the PPTAL [*Projeto Integrado de Proteção às Populações e Terras Indígenas da Amazônia Legal* – Integrated Protection Project for the Indigenous Populations and Lands of the Legal Amazon], financed by Germany, the World Bank and the Brazilian Government. From that point on, a discussion phase began for new territorial management projects.

As that was going on, in the 1990s FOIRN got a major boost throughout the entire territory: it was able to obtain its own management system, born of a project by indigenous protagonists with publications, meetings and conferences, and driven by fish farming projects. Along with ISA, which develops strong aid and management policies in the area, an indigenous school-education project for the upper Negro River was prepared, which is currently being implemented in nearly 20 communities.

Regional organization was a key to the political success of the Federation, because it allows for representatives to rise to the various levels of agency governance – assembly, council board or board of directors – which guarantees a controlled management democracy. But area coordinators face difficulties in that the delegation of power is not a common thing among indigenous people, who prefer the direct presence of their key leaders. Representative democracy then finds itself mixing with tradition, sustained by local leaderships performed by their elders, frequently shamanistic figures or people with serious moral authority that are tied to their territorial power. In this dialogue between tradition and the taking on of new challenges, unexpected representation methods have given way to the active participation of young people. In any event, the construction of these new levels clearly finds overlap between traditional familial networks, ethnicities going through a redefining process – as is the case with the Baré, who have accompanied this re-ethnicization process with their experience in managing FOIRN itself – and territory. This complex web, subject to hegemony, decides representative elections, which is why tensions often arise from longstanding ethnic disputes on which objections to the representativeness are based.

Furthermore, after nearly three decades of experience building FOIRN, the indigenous association method itself is undergoing a transformation: territorial and legal claims are currently seeking economic efficacy in the relationship between the market and civil society. In any event, FOIRN leaders are aware that the agency exists to expand and defend rights, although a negative balance in their relationship with the government, which does not always meet the commitments it assumes, jeopardizes the role that the state plays as a promoter of self-determination.

One instance of this is the relationship with Funai. A complex issue, one that is faced by most Brazilian indigenous peoples, certainly based upon the verified inefficiency of many of its interventions, as well as its role in neutralizing leaders once they become members of the state bureaucratic system, resulted in Funai being removed as the official entity for demarcating indigenous lands. That power was delegated in part by the legislature through the proposal of a constitutional amendment in October of 2013, PEC 215, which gave decision-making power to a spurious alliance among agribusiness leaders,

---

21—Only in 2004 did the Brazilian government sign the International Labor Organization convention 169 that acknowledges the rights of indigenous association.

loggers, evangelicals and mining companies, over what they consider to be "a lot of land for very few Indians." It is essential to the Amazon indigenous movement, through FOIRN, to recognize the need to build policies that would allow indigenous representatives to be elected to Congress, as well as regional state and federal executive positions, to defend their positions. They need to do this because it is these bodies that are making decisions about their rights and interests. Bill PEC 215 is a notorious example of this. As has been the case in countries like Bolivia and Ecuador, Indians must move past defending land concentrated within their territory to promoting their representative agencies into the national political spectrum, which as has been seen, is not risk-free. It determines the efficacy of their interventions, and ultimately, guarantees the survival of threatened societies and cultures.

Several departments operate out of the FOIRN longhouse, located in São Gabriel da Cachoeira, such as those focusing on youth, women, communication, etc. There, they also develop research and promotion projects like *Pontos de Cultura*, which supports the mapping and prioritization of traditional knowledge created by the Indians, which is largely supported by a commercial endeavor called Wariró, a modern store near the office where only the highest quality artisanal crafts are sold[22]. The FOIRN General Assembly, the highest governance body, takes place twice a year. Balance sheets and proposals are approved by majority vote. A complex web of legitimated representations in each stage constitutes a veritable school for management policy of public goods, which rises from the villages and takes shape at local and state levels. The cohesion of their empowerment depends on some of the current proposals failing. One example is the Special Commission for Mineral Use on Indigenous Lands created by the Brazilian government, which anticipates the end of self-determination by supposing the loss of sovereignty over demarcated lands, one of the biggest conquests of the indigenous movement in Latin America. The fluidity of direct democracy in the indigenous way – which consists of *commanding while obeying* the general design for a certain period of time, maintaining contact with communities – is the alpha and the omega of emerging regional policies, which finds the Baré as one of the most active and vital ethnic groups.

However, certain situations need to be weathered before this political dimension of fully active social beings can come to fruition, because it assumes a conversation – a dialogue, really – between different group entities rather distinct in nature, history, customs, and intentions. One is the attitude held by non-Indians towards the indigenous peoples, which by breaking inertia and interrupting public life with their own ways are often carrying strong disruptive values, acting as a furious challenge to former's beliefs. At the core, both at the beginning and the end is this ineffable and absurd ontological question.

WHAT IS AN INDIAN?

Just as no white person would ask what is a black person, nor would any black person ask what is a white person, no Indian would ever ask what is a white person: he already knows; much less would they ask who has the right to be white. Nor if, in being white, they have rights – to exist, for starters. However, there is not a white person who does not ask what an Indian is or does not take measurements and give opinions about the extent and degree to which an Indian is an Indian, and whether, as such, they are entitled to any rights merely due to that fact. Engaging in a similar ontological absurdity – i.e. claiming the power to pass judgment on others' being – is the white person's prerogative. The moral scandal that this question implies is their way of processing their own identity and thinking about their own nature; in other words, their differences. This happens above all after contact with the indigenous. Although a white person rarely needs any type of real knowledge, based on experience, to ask himself and to decide what (or perhaps who) is an Indian.

This question is the bastard child of a problematic and guilty relationship: that of the non-indigenous with those who were almost always their victims one way or another. Sometimes the question is posed on behalf of the State: the decision about whom shall receive rights (as if they were a gift, rather than a right; the right of every person to have rights) is preceded by the question about what they are, and the suspicion, which is claimed to be reasonable, about whether they are. More specifically: an Indian needs to demonstrate to non-Indians, those who hold governmental power, that he is one. Everyone else is defined by their actions or demands. Not the Indian. There must be some essential thing that would give them the right to receive benefits, but above all, for white people, there must be flaws in that essence that put those potential rights in doubt[23].

BEING THE OTHER

In the past few decades, in particular as of the 500th anniversary of the Spaniards' arrival in the Americas, the relationship between these two worlds has been reflected upon from a perspective of alterity. This thought process, which coincides with the reemergence of indigenous populations as autonomous political subjects, who, with their revolts, question the subalternate role that they have been given, took place after more than a century of their assimilation or translation into other identity coordinates – as field hand, worker, poor or marginalized – having obscured, when not obliterated, their very existence. Suddenly the other, sometimes written in capital letters, taken from existential philosophical thought that flourished in the period between wars in Europe, has acknowledged a renewed utility as a fetish concept. And like any concept that seeks to become commonplace, its utility has even become an argument for not thinking: merely a convenience.

The other, this paradoxical concept that defines something based upon what it is not, marked both by difference as well as opposition, in accordance with the original Hegelian distinction, had required a letter of universal citizenship (within the limited universality self-conferred by western European philosophical though) with the rise of the teachings of Sartre, Merleau-Ponty, and Emmanuel Levinas to reflect on the self-inflicted massacres endured by Europeans in the bloody 20th century. This concept, revived from dark theological depths, extracted from the allegorical configuration of chapter five of *Phenomenology of the Spirit* to portray the liberating dynamic of the struggle between master and servant, the dramatic resolution of which would arise from redemption, returned to the scene of ideas to alert us to the tragic turn from a path that had ended up twisting our dreams of modernity into totalitarian nightmares. A little late, the reality of the concentration camps and Nazi extermination – and to a lesser extent, Soviet extermination – instigated critical thought to take stock of that sinister impulse that had led the most advanced societies to commit the worst crimes, placing human existence itself into doubt.

But it definitely took too long for the issue of the other to be used as a conceptual framework in the discursive movement that would raise non-European underprivileged victims (poor, third world and other ethnically incorrect human groups) to the same level as white Western victims. And it didn't last long. Because during this passage, the other was tinged ever so slowly as being foreign, until they slid nearly imperceptibly into being radically unassimilable. At some point the homogenizing humanism that leveled differences suffered a setback: the others began being constructed and rendered visible not as equals, but as not comparable, and that was done using the same discourses employed to lash out against civilized barbarousness itself; in the end, it all ended up looking like a misunderstanding. Good Western consciences returned to the fold; their rancid racial instincts, always lurking, overtook the dream of equality. Since, as shown by the extreme forms of alterity (and right there in the middle, cannibalism and fundamentalism serving as proof), in sum, the Indian and the European had nothing in common: the reign of differences modernized its segregating power, providing examples in order to erect insurmountable ramparts of disdain, contempt and hate. It was, in the end, a mistake based on the same principles of the view that had assumed common, shared, universal truths.

Assuming this error that had put the universality of man into question made this vast difference appropriate again. Now the other had gone back to being the Other: immense, monstrous, unmalleable, foreign. In short, unassimilable and non-dialectizable. From the untamable Indian to the fundamentalist Muslim, the figure of the other became a useful tool for justifying the activation of mechanisms of exclusion, control, domination, hegemony, or simple and direct extermination.

At the limit: life reduced to *bios*, to its character of mere and nonexistent organic life. This is the movement that has been defined in the past few years by what is termed "bio-politics", which in its most extreme form, legitimized by accepted scientific discourse and practices, is no longer an extermination camp or *manu military* annihilation, instead it is genetic mapping and manipulation, silent yet no less effective than their more brutal cousins.

On the other hand, so-called post-colonial discourse thinks that this other's voice is inaudible, sounding out the vanishing point that would allow it to illuminate new relative truths. However, in order for that to even be possible, one must accept the most unacceptable for Western logo-centrism: its

---

22—"The store sells value-added articles made traditionally from raw materials collected and processed in a sustainable way – respecting their natural replacement capacity, like tucum fiber bags, Tukano ceramics, Yanomami baskets, pepper, tapioca flour, pupunha, manioc and arts and crafts from various ethnicities. Traditional products share shelf space at Wariró with books, videos and music CDs about the myths and stories of the Negro River people. Wariró has a direct connection with master indigenous artisans, who sell their products directly at a fair price and without middle men. The store also connects artisans with people interested in purchasing their products, promoting cultural exchanges. In addition to selling indigenous products, Wariró promotes their wares at a local and national level through both national and international fairs and expos" – taken from the FOIRN website.

23—An extreme and therefore exemplary case of this situation is that of the Huerpes, who live in the Argentine province of San Juan. Although this ethnicity was considered extinct three centuries ago, as was their language – the *Milcayac* and *Allentiac* – as well as perceptible signs of their traditions, a few thousand members who claimed this origin and identity – alleging, among other things, their unbroken occupation of the territory – have requested acknowledgment by the government. The paradox is that the Argentine state requires the presence of these lost traces – destroyed by conquest and colonization carried out by the same State during its own nation-building process – to be able to proceed with recognizing the Huerpes as a preexisting ethnicity, which would trigger a series of legal events like the legitimation of territorial claims and the right to the name, among other things. There is nothing beyond a DNA standard, and above all, self-identification of people who inhabit the region, to prove that the people making these demands belong to the same ethnicity. In fact, there is patent proof – in sum, their history itself – which incriminate the State for actions that destroyed their way of life: purely and simply an ethnocide, the real effects of which they intend to deny by failing to recognize that their victims have the right to exist.

ability to challenge certainties. In other words, the impossible. The anti-colonizing attempt ended up being a confirming gesture, purely a comfort to the well-meaning Western consciousness that collided with the obstacle of their self-sufficiency. The very limit that would prevent it from accepting the most radical alterity that constitutes the voice of the other becomes a dramatic point: when a victim recovers his voice, the meaning of the world explodes and hidden demons harass the Western *logos* like a nightmare created in the form of retractable horror before the abominable. This undesired other, ultimately, is there and states its claim clearly.

In his work *Catatau*, poet Paulo Leminski does an excellent job portraying this disarray produced by clashes between civilizations. Imagine, he suggests, a distracted René Descartes lost on an insane journey through feral Brazil, being subjected, as the supreme bearer of *logos*, to the proof of alterity. That very person who first conceived of *cogito, ergo sum*, the essence of modern thought, split into a mind with no body and into a fleshless body, without intelligible passions, overwhelmed by the voluptuousness of nature, will discover on his wandering a "focal eccentricity of thought that dismantles the discontinuous Extension." For the stunned rationalist, Brazil is a "world unprepared for the appearance of the eye." Reasonable discourse is moved by the sensorial outburst of the visual universe. "This world is a place of delirium, reason here loses its mind." For Leminski's Descartes, in the jungle of languages, sensualities and indianness, "silence reigns where thought dares not enter." Human geography is not on this map: all that is left is a natural geography. In this poorly calibrated world "which is not justified," the philosopher/poet ask the key fatal question "What question do we ask?" (Leminski, 1989, p. 17).

ETHNOGRAPHIES

Many people involved in discursive ethnography have performed the experiment of assuming alterity as a way of life in order to be able to ask the right questions. But based upon that, very few have been able to break out of the initial discursive matrix. Since the challenge is not even to question, but to question and to do so in a way that does not allow a return to the very question itself; it is the final decentering that allows understanding, in other words, to embrace feelings by being an other with that other seen as onerously new. This is not just paying attention to something that preexisted apart from the "I" or "we" that remains unscathed by the presence of what is interrogated. No. In the dialectic of subjects who dialogue, of others who recognise themselves as such, something new is built. It is no longer a question of applying preformed thoughts to something real, which would be pre-constituted, as if that which is real were not a subject with questions, desires, imaginations, world views put into dialogue, the transition point of which points to something beyond alterity. What it is, then, is to walk along a newly blazed path proposed by the encounter.

What are non-Indians seeking when we encounter indianness? Better stated, what do we find when we look in the gaps of our epistemological blindness, permeated by our ethnocentrism, logocentrism, phallocentrism and anthropocentrism, without even deliberately seeking it out? Within the art of Zen, there is something unprecedented waiting that requires that we be knocked off our certainties to state its word, to reveal a truth.

Among those who have abandoned themselves in their encounter with indianness, I present the case – anyone could expand on this list of examples – of the story of the German worker and future *sertanista* Indian expert, Curt Unckel (1883–1945). His story is well-known. In the library of the Prussian factory where he labored away his youth, he discovered travel literature. Certainly he read Von Martius, Rugendas, Humboldt, perhaps Max Schmidt, or the one who would become his epistolary friend, Theodor Koch-Grünberg. At some point, he dreamed of becoming one of them, and even without realizing it, he was preparing for his destiny. He learned Tupi through the doubtful aid of a dictionary and grammar book. He spent nights studying improbable sounds, and squeezing every last penny of savings out of his meagre salary, he managed to take a trip. All he had in his pocket was a one-way ticket and a clutch of questions. Two years later, he arrived by foot at a Guarani village in the Brazilian state of São Paulo. To the surprise of villagers, that unlikely gringo spoke to them in their own language. A few years later, he was baptized: he changed his skin and was reborn as Curt Nimuendajú ("he who builds his own house").

Although after a long tour through villages of various Xingu and Amazonian ethnicities that transformed him into a specialist – an inescapable source of Guarani ethnography, as Lévi-Strauss himself acknowledged – and also caused his death at the hands of farmers, Unckel/Nimuendajú never changed his routine of describing his experience in ponderous German for magazines that he may not have ever read. So his books on the Tikuna and his collaborations are assembled in the "Handbook of South American Indians." His somewhat desperate search to rescue "uncontaminated" tribes led him to give up the study of miscegenated "cultured" Indians submitted to the work of the Salesians and traders, whom he lamented having not met decades prior. His immersion into the indigenous world was sincere, and his research bore an immaculate intellectual honesty. However, like Lévi-Strauss, he does not make a break with his Eurocentric *logos*, although he obviously valued indigenous knowledge and ways of life, whose forms he saw as an unredeemed atavism, which could only be protected and could not be considered a power for reshaping the civilized world.

The latter was a vision acquired after a no-less arduous detour taken by the Argentine anthropologist of German origin, Gunther Rodolfo Kusch. A philosopher of distinct phenomenological bias forged in the rigors of the Peron-era classroom in the 1940s, Kusch made a vital shift that would be decisive for his worldview: he left cosmopolitan Buenos Aires to live in solitude in Puna, northern Argentina, on the border with Bolivia, where he would discover the old ways of Amerindian thought. In popular speech, myths, pre-Colombian group beliefs, there is a wisdom that needs to be interrogated to reconstruct a philosophical language unshackled from colonial impositions. For Kusch, the Coya people, who spoke Aimara, were the equivalent of the Greeks to European philosophy: reaching out to them is one of the keys to a new beginning. *América profunda* ("Deep America"), as he titled one of his books, still has something important to say. And that liberating thought should find its revolutionary political voice. Latin American critical thought must undergo an urgent, necessary Indian-becoming for these people to reencounter their libertarian vein. To that end, his attempt is a radical thought: the attempt to discover that the homeland is the other.

Outside of these codes, but with the sharpness of vision – that is, the paradox – that characterizes him, Jorge Luis Borges crafted a story in the book *In Praise of Darkness*, from 1969, entitled "The Ethnographer" that properly portrays the radical experience of the encounter with indianness. The argument, which goes back to the old theme of the captive or fugitive from the indigenous attacks in the 19th century on the Argentine pampas, returning transformed from his vital experience among the "barbarians" that Borges often explores, achieves in this apology a philosophical-political dimension that remained unknown to his readers, including this writer himself, who has been a passionate reader of Borges for more than three decades.

The argument is simple, almost banal: a student from Texas decides to do his fieldwork:

> "At the university, he was advised to study indigenous languages. There are esoteric rites that have lasted among certain tribes in the West. His professor, an elderly man, suggested that he go live on a reservation, observe the rites, and discover the secret revealed by the medicine men to the initiates. Upon returning, he would write his thesis that the university authorities would see published." (Borges, 1969, p. 11)

The student spent two years among the red men; at some point he was now the other: "He even dreamed in a language that was not his parents'." His learning – the breaking down – was exhaustive: "He conditioned his palate to harsh flavors, covered himself in strange clothing, forgot his friends and the city, began to think in a fashion that the logic of his mind rejected." At the end of his nearly imperceptible initiation: "The priest ordered him to begin recalling all of his dreams, and to recount them to him at daybreak." To his surprise, the student confirmed that "...on nights with a full moon he dreamed of buffalo. He confided this recurrent dream to his master, who ended up revealing to him the tribe's secret doctrine." His task was complete: "One morning, without taking his leave of anyone, Murdock" [that was his name] "went away". What follows is part of the inescapable price that someone pays for reaching their own alterity. "In the city, he was homesick for those first few evenings he spent on the prairie when long ago he had felt homesick for the city. He went to his professor's office and told him that he knew the secret but that he had decided not to publish it." The dialogue that Borges wrote could have just as well have been stated by Socrates to Plato, or by an old Zen master:

> "Have you sworn an oath?" the professor asked. "That is not the reason," Murdock said. "In those faraway lands I learned something that I don't know how to say." "Is it perhaps because English is an insufficient language?" the professor asked. "That's not it, sir. Now that I know the secret, I could tell it in a hundred different, even contradictory ways. I don't know how to tell you that the secret is precious, and that now science, our science, seems to me to be mere frivolity." [...] "The secret in fact is not as important as the paths that took me to it. These are paths that each one must walk himself."

This dry and ironic tale ends with a veiled moral:

> "The professor coldly said to him: 'I will inform the committee of your decision. Are you planning to go live among the Indians?' Murdock replied, "No. I may never return to the prairie. What the men of the prairie taught me is good anywhere and in any circumstance."

DEPARTURE CEREMONY

The Baré, like nearly all Indians, speak and inhabit the language of myth. In other words: they are spoken, or rather, launched into the living world by myth. After Jurupari organized the world a little bit – *hand over mouth* – only the word is left. Hand over mouth: this etymological meaning for the name of god is loaded with ambiguity. The hand, is it to silence, to mute, to prevent, to warn, to bless? It is clear that this sacred gift should be preserved with the utmost of care: the word is not to boast, rather to speak the truth. Insult demeans it nature, it becomes a weapon against itself and against whomever offends by proffering it. Speaking is a serious act. No one speaks while staring. Doing so would involve committing the type of indelicacy limited to white people. The lofty challenge of a direct word, skewered on the face, is reserved solely for occasions

THE BARÉ AT ISSUE

BETO RICARDO

I first visited São Gabriel da Cachoeira (Amazonas), an indigenous town a thousand kilometers northeast of Manaus, in April of 1987, at the invitation of Álvaro Sampaio Tukano, to attend an important meeting between the region's indigenous population and members of the armed forces. The result was the founding of the Federation of the Indigenous Organizations of the Negro River, or "FOIRN".

The matter at issue was the military's support for mobilizing the indigenous leaders in the region, through implementation of the *Calha Norte* project, an initiative focused on establishing permanent territorial bases along the border north of the Amazon River basin. This undertaking entailed an increase, for the Negro River region – also known geopolitically as *Cabeça do Cachorro* or "Dog's Head" – to the command's rank installed in the town of São Gabriel and the establishment of seven platoons along the border: Maturacá, Cucuí, Tunuí, São Joaquim, Iauaretê, Querari and Pari-Cachoeira.

The Army's arrival heralded a significant change to the federal government's occupation model in the region, replacing the one based upon a partnership between the Brazilian Air Force and Catholic Salesian missions, in effect along the Negro River and its tributaries for many decades in the 20th century.

This neo-Pombaline approach of resolving the relationship with the Salesian Catholic missionaries and the indigenous populations was a crucial issue for the Army.

With respect to Catholic dominion along the border, for example, there was a dispute over space. Flights by the Brazilian Air Force, essential for transporting cargo and passengers, were progressively redirected to the Army platoons, as was a key piece of the healthcare system.

For those "acculturated" Indians living by the hundreds in riverine communities in the remote trans-border region with Colombia and Venezuela, they promised to implement indigenous colonies and to protect national forests, in an intermittent territorial arrangement that ran contrary to the position of native leaders, who sought recognition of a vast, contiguous region as "indigenous land" [*Terra Indígena*].

There was no shortage of promises made about the benefits of an alleged concentration of inter-ministerial assistance efforts (telecommunications, schools, healthcare, water and power supplies, as well as economic projects) to the indigenous communities above Ilha das Flores, located at the confluence of the Negro and Uaupés rivers.

And you can imagine the shock of the colonel in charge of the military officials at the big meeting, held in a crowded school gymnasium, when a Baré teacher interrupted to give

that presage war. The indigenous mainly converse in a careless, apparently casual manner. They only speak when there is something to say. And when they speak, they speak a lot, enough, until everything becomes clear, transparent, unmistakable. Otherwise, they remain silent. That is why there is no uncomfortable silence. Silence is a much appreciated collective good. You can spend a lot of time not speaking with the Baré. It is one of the simplest, fullest and most genuine ways of spending time with someone: simply being. Sitting at the river's edge with Jurandy, Leopoldo, or Seu Filó, or Ulysses, or on a boat with Sandra, Marina or Marivelton, or fishing with Leôncio, or praying or dancing in the communitarian house, or whispering in silence the ancient words of gratitude, nearly lost in the middle of the jungle, or watching children jump naked, arm in arm, into the water, laughing... something of the Baré experience in the world, something that could be called wisdom, power, haughtiness or simple kindness, beauty or righteousness, in other words, *puranga*, was given to me for contemplation. I hope I am up to it.

a lecture deconstructing the officer's affirmation about the delimitation of the indigenous communities virtually benefitted by specific public policies. After all, the Army's "map" excluded indigenous populations from the municipal seat and surrounding areas, those located along the São Gabriel-Cucuí road, and those in the middle and lower Negro River, where the majority of the Baré live. The teacher eloquently concluded: "Colonel, everyone here is an Indian!", to the audience's delight and extended applause. Visibly miffed, the colonel withdrew from the meeting, and right then and there the teacher began a political career that a few years later led to his election as the mayor of São Gabriel.

This new era along the Negro River has been punctuated by a weakened Salesian mission; a redefinition of the Catholic diocese's pastoral priorities; the installation of military bases; indigenous recruitment to strengthen military rolls; in addition to the establishment of other governmental education and assistance institutions, the arrival of evangelical missions and mining companies, along with the emergence of the indigenous movement.

FOIRN grew stronger after building a native base of operations in São Gabriel da Cachoeira, and especially following the federal government's official recognition of a set of contiguous lands that total nearly 12 million hectares. Added to that are an extensive radio-communications network; the results of a generation of pilot projects; temporary control of the Negro River Indigenous Special Sanitation District; trips upriver taken to deliver legal services to remote populations; creation of Wariró, a store selling Negro River indigenous arts and crafts; implementation of the Negro River Regional Indigenous Sustainable Development Program; and the emergence of 100 local affiliated associations, arranged into five sub-regional groups, with the support of non-governmental organizations in Brazil and abroad.

In this new, complex, institutional and intercultural environment, the Baré have produced, as it were, a large number of leaders within the indigenous movement along the Negro River. Of the elected FOIRN boards alone, between 1987 and 2013, five of the eight presidents have been of Baré ethnicity, a good many of whom I had the pleasure of interacting and working with in the struggle for indigenous rights along the Rio Negro, and to whom this book is, at long last, dedicated.

ABOUT THE AUTHORS

BETO RICARDO is an anthropologist and coordinator of the Rio Negro Program at the Social Environmental Institute – ISA. He is a founder of the Ecumenical Center for Documentation and Information – CEDI, where he envisioned and coordinated the project Indigenous Peoples in Brazil (1978-92). He was a coordinating member of the campaign for indigenous rights in the Constituent Assembly (1996-98), as well as one of the leaders of the fight against damming the Xingu River (1988-89). He received the 1992 Goldman Environmentalist Award. He is a founding partner of the Pro-Yanomami Commission – CCPY, at the Center for Indigenous Rights – NDI, at the ISA. He worked on the project Video in the Villages [*Vídeo nas Aldeias*] at the Democracy and Sustainability Institute – IDS and the ATÁ Institute.

BRÁZ FRANÇA BARÉ is the president/founder of the Association of Indigenous Communities of the Lower Negro River – ACIBRN (1988-90). He has been president of FOIRN, the Federation of Indigenous Organizations (1990-96) and general coordinator of the DSEI/FOIRN convention (2002-04). He has worked as an adjunct manager at Funai, the National Indian Foundation (1999-2002) and operating coordinator for demarcating indigenous lands along the upper and middle Negro River through the Social Environmental Institute (1998-99).

EDUARDO GÓES NEVES is an archeologist who works with research and education on Amazonian archeology. He has a degree in History from the Universidade de São Paulo (USP) and a Ph.D. in Archeology from Indiana University. At the Museum of Archeology and Ethnology at USP, he is the full professor of Brazilian archeology and heads the Graduate Program in Archeology and the Archeology in the Tropics Laboratory. He is a professor in the Social Anthropology Graduate Program at the Universidade Federal do Amazonas, a researcher at CESTA, the Center for Amerindian Studies at USP, and coordinator of the research group "Historical Ecology of the Neo-Tropics" at CNPq. He has presided over the SAB, the Brazilian Archeology Society (2009-11) and sits on the board of SAA, the Society of American Archeology (2011-14). He is a member of the Advisory Council of the Wenner-Gren Foundation for Anthropological Research and editor of the archeology magazine *Revista de Arqueologia* published by the Brazilian Archeology Society.

EDUARDO VIVEIROS DE CASTRO is an ethnologist specializing in the Americas, with Amazonian research experience. He holds a Ph.D. in Social Anthropology from the Universidade Federal do Rio de Janeiro with post-doctoral work at Université Paris X. He is a professor of Ethnology at the National Museum/ UFRJ, full professor of Social Anthropology at UFRJ and a member of the American Ethnology Research team at CNRS, the National Center for Scientific Research, in France. He received awards for the Best Social Sciences Doctoral Dissertation from ANPOCS (1984), Médaille de la Francophonie from the Academia Francesa (1998), Erico Vanucci Mendes Award at CNPq (2004), National Order of Scientific Merit (2008) and Honoris Causa Doctorate from Université Paris Ouest Nanterre La Défense (2014). Among his publications of note are: *From the Enemy's Point of View: Humanity and Divinity in an Amazonian Society* (1992); *The inconstancy of the savage soul* (2002); and *Is there a world to come? Essays on the fears and the ends* (2014, with Déborah Danowski).

GUILLERMO DAVID is a writer and translator. Curator of the National Museum of Engraving of Buenos Aires, he was the director of the Historical Museum of Bahía Blanca, and curator of the National Library of Argentina. He has authored the books *Witoldo – O la mirada extranjera* (1998), *Carlos Astrada – La filosofía argentina* (2004), *Perón en la chacra asfaltada* (2006), *El indio deseado – Del dios pampa al santito gay* (2009), *Ulmen – El imperio de las pampas* (2011), *Lenguaraces egregios – Rosas, Mitre, Perón y las lenguas indígenas* (2013) and *Antonio Berni: Juanito y Ramona* (2014). He has translated works by Proust, Gramsci and Raymond Williams, among others. He has collaborated on various cultural periodical publications, in particular regarding the indigenous issue in Argentina and the Americas as a whole.

MARINA HERRERO is an indigenist, an activist for human rights and traditional societies at risk, and the coordinator of the Cultural Diversity program in the Social-Educational Programs Management Department at Sesc São Paulo. She has a degree in Dance and Choreography from the School of Classical Dance and Choreographic Studies and in music and violin, from the Musical Conservatory of the Bahia Blanca Municipal Theater, Argentina. She was the director and choreographer for the dance companies Proposta, Ballet Stagium, Cia. da Rua, *Ad Libitum* and Tarantos – Cia. de Arte y Baile Flamenco. She acted as a consultant for the Secretariat of Culture in the State of São Paulo for dance. She co-authored the book: *Jogos e brincadeiras na cultura Kalapalo* (2010) and organized the publication of *Prêmio Culturas Indígenas* I and II. She worked as a writer and researcher for the films *Kwarìp, mito e rito no Xingu* and *A vitória dos netos de Makunaimî*. She is an organizer and researcher for *Louceiras* and *Baré, povo do rio*.

MARIVELTON BARROSO BARÉ is the director of the Federation of the Negro River Indigenous Organizations – FOIRN. He has worked as a coordinator on the Participatory Diagnostic Project of the Middle Negro River for the Association of Indigenous

Communities of the Middle Negro River – ACIMRN (2011), where he was also secretary in the Indigenous Adolescent and Youth Department (2007). He was also a researcher surveying data for the dossier on Traditional Agricultural Systems of the Negro River "Brazilian Immaterial Patrimony of the Indigenous People of the Negro River" (2009) and secretary of the Indigenous Association Coordination Office for the Middle and Lower Negro River – CAIMBRN (2009-12).

PAULO MAIA FIGUEIREDO has a degree in Social Sciences from the Universidade Federal de Minas Gerais, and Ph.D. in Social Anthropology from PPGAS/National Museum of the Universidade Federal do Rio de Janeiro. Since 2010, he has been an adjunct professor at the School of Education at UFMG. He studies Anthropology, with an emphasis on South America ethnologies and indigenous education, and he has done field research among the Baré (upper Negro River). He is also one of the creators and coordinators of forumdoc.bh – Documentary and Ethnographic Film Festival – Anthropology and Cinema Forum, hosted annually since 1997 by the Associação Filmes de Quintal in partnership with UFMG in Belo Horizonte.

PISCO DEL GAISO is a photographer. In the 1990s, he was a staff photographer at *Trip* magazine and the newspaper *Folha de S. Paulo*, where he received the international King of Spain award. His specialty was soccer at the sports magazine *Placar*, where he worked until the 1998 World Cup. In 2004, he released the book *Turismo rural brasileiro* (Rural Tourism in Brazil). In 2010, he started production on a piece entitled *Cuniã, o lago da menina* (Cuniã, the Girl's Lake) in Rondônia. He also works with advertising photography and video documentaries, including personal projects like the short about painter Manuel Gibajas, for Cine Amazônia, and the history of the accordion.

ULYSSES FERNANDES has a degree in Biological Sciences. He has done research with the National Institute of Science and Technology for Parasitoid Wasps (Hymenoptera) of the Brazilian Southeast (INCT – HYMPAR/Sudeste), at the Universidade Federal de São Carlos. He is a member of the SBE, the Brazilian Entomology Society, and the SBPC, Brazilian Society for Scientific Progress. As a researcher of indigenous populations, he has conducted field research among the ethnicities along the Upper Xingu River since 1996 and the Indigenous Lands Raposa Serra do Sol, in the state of Roraima (Macuxi, Wapichana and Taurepang) since 2009. He has also worked in conjunction with the Kariri-Xocó and Fulni-ô in the states of Alagoas and Sergipe, the Baré of the Upper and Middle Negro River (Amazonas) and with the ethnicities Wayana-Apalai (north of Pará, Suriname and French Guiana), which culminated in the publication of three books and the production of five full-length documentaries and one short documentary.

© Marina Herrero e Ulysses Fernandes, 2016
© Edições Sesc São Paulo, 2016
Todos os direitos reservados

1ª edição 2015
2ª edição 2016

Tradução do espanhol
Joana Bergman ["Puranga: a indianidade sitiada"]

Versão ao inglês
John Milo Milan, Anthony Sean Cleaver

Revisão do inglês
Ali Milan, Silvana Vieira

Preparação
Silvana Vieira

Revisão
Luiza Delamare, Valéria Ignácio

Capa, projeto gráfico e diagramação
TUUT

Fotografias
Pisco Del Gaiso
[exceto p. 63, de Tatiana Toffoli]

Mapas
TUUT
a partir de original do Instituto
Socioambiental – ISA

Ilustrações
TUUT
inspirado em original de Emmanuelle Grossi

B237

    Baré: povo do rio / Organização de Marina Herrero e Ulysses Fernandes; prefácio de Eduardo Viveiros de Castro. – 2. ed. – São Paulo: Edições Sesc São Paulo, 2016. –
    348 p. il.: Fotografias. Mapas. Bilíngue (português/inglês).

    ISBN 978-85-69298-93-9

    1. Antropologia. 2. Nações indígenas. 3. Brasil. 4. Povo baré. I. Título. II. Herrero, Marina. III. Fernandes, Ulysses. IV. Castro, Eduardo Viveiros de.

CDD 301

Edições Sesc São Paulo
Rua Cantagalo, 74 – 13º/14º andar
03319-000 – São Paulo SP Brasil
Tel. 55 11 2227-6500
edicoes@edicoes.sescsp.org.br
sescsp.org.br/edicoes
/edicoessescsp

Fontes	Karmina
	ITC Conduit
Papel	Pólen Bold 90 g/m²
	Supremo Duo Design 350 g/m²
Impressão	Nywgraf Editora gráfica
Data	Outubro de 2016